国有土地使用权案件胜诉实战指南

——典型案件办案思路和实务要点详解

唐青林　李　舒　杨　巍　编著

DISPUTES ON THE RIGHT
TO USE STATE-OWNED LAND
CASES AND RULES

中国法制出版社
CHINA LEGAL PUBLISHING HOUSE

前　言

近年来，我国基础设施建设和房地产行业迅猛发展，土地价值愈加凸显，因土地纠纷引起的诉讼大量增加。由于土地纠纷的标的额巨大，一旦发生纠纷，诉讼结果一般会对当事人产生重大影响。

我们是诉讼“战场”中战斗在第一线的律师，对于很多证据和事实清楚、本应胜诉最后却惨遭败诉的案件结果深有感触：一手好牌打烂了！

有时候则是另外一种场景：重大经济纠纷还没有出现，敏锐的当事人警觉地得到某种预警后，聘请律师团队协助他们构筑风险防范的篱笆，于是避免了纠纷的发生和重大经济损失。

出现土地纠纷后，如何避免败诉？如何避免深陷纠纷和讼累？如何通过司法途径解决争议、获得最佳的诉讼结果？

为了给出更好的策略建议，唐青林和李舒领衔的北京云亭律师事务所的重大疑难案件专业律师团队，结合最高法院和高级法院审理的400多个真实案例，精选极具代表性的99个土地纠纷问题进行深入分析和解读：从败诉方角度深度剖析败诉原因，从他人的败诉中吸取教训、总结经验。“前事不忘，后事之师”，作者希望通过系列败诉案例的解读，帮助企业家、公司股东、高管和公司法律顾问，从他人的血泪教训中不断总结与提高，避免掉进相同的“坑”里面。

本书共分九章，从国有土地使用权出让、国有土地使用权转让、国有土地使用权抵押、国有土地使用权租赁、国有土地使用权强制执行、合作开发房地产、集体土地流转、土地征收、土地行政九个方面，对土地纠纷案件进行讲解，选取的案例基本为最高人民法院及各省高级人民法院审判的真实案件。

本书的写作体例为：每篇包括裁判要旨、案情简介、裁判要点、实务经验总结、相关法律规定、裁判文书原文节选等部分。为了丰富每篇文章的内容，多数文章附有延伸阅读部分，这部分内容主要包含同类案件的裁判要旨、裁判文书及相关规定等。

本书作者力求通过最简练的语言对每个问题进行阐述，高度提炼案情（案情简介均保持在600字左右）和裁判要旨，旨在帮助公司股东、高管和公司法律顾问利用碎片化时间快速完成阅读，提高风险防范意识和能力。

由于水平有限，书中尚存在诸多不足之处，真诚希望得到读者的批评、指正。也欢迎读者就本书中的有关问题或案例与本书作者进行探讨，我们的电话号码是18601900636，电子邮箱是18601900636@ 163. com。

唐青林　李舒　杨巍

2019 年 12 月 4 日

阅读提示

一、本书解读的裁判文书，案件事实纷繁复杂，证据较多，往往涉及多个法律焦点。为了写作和理解方便，我们可能仅选取某个具体角度、某个焦点问题进行解读和评析，难免挂一漏万。如需要完整了解某个案件，请通过法院官方网站或其他渠道获取判决书原文进行研读。

二、与此同时，有些案件事实似乎相同的案件，却出现不一样甚至相反的判决结果，这可能是因为案件事实看似相同，实际上却存在某些细微但关键的差别，也可能是最高法院根据社会发展的变化调整了裁判规则和思路，甚至可能是法律法规本身出现了变化。判决书一旦作出就固化了，但是立法和司法实践是不断向前发展变化的。

三、我国不是判例法国家，除非是最高人民法院正式发布的指导性案例（根据《最高人民法院关于案例指导工作的规定》第七条规定，最高人民法院发布的指导性案例，各级人民法院审判类似案例时应当参照），否则即使是最高法院的判决书也并不具有指导另案判决的法律效力。

目 录

Contents

第一章 国有土地使用权出让

第二章 国有土地使用权转让

第三章　国有土地使用权抵押

第四章　国有土地使用权租赁

第五章　国有土地使用权强制执行

第六章　合作开发房地产

第七章　集体土地流转

第八章 土地征收

第九章 土地行政

第一章　国有土地使用权出让

001 经营性用地能否不经招拍挂直接协议出让*

——政府协议出让经营性用地所签订的合同无效

本案例认为，经营性用地应当采取招标、拍卖等公开竞价的方式出让，不能直接协议出让。需关注的是，根据相关司法案例及规定，《中华人民共和国物权法》及相关行政规定施行前，并非绝对否定协议出让经营性用地，详见延伸阅读部分。

裁判要旨

对国有土地出让用于工业、商业等经营性用途的，应当采取招标、拍卖等公开竞价的方式出让。政府与他人签订合同约定以协议出让方式提供经营性用地的，违反了《中华人民共和国物权法》第一百三十七条第二款的强制性规定，应当认定合同无效。

案情简介

一、2010 年，普格县政府与四川远星橡胶公司、雅安和鑫橡塑公司签订《项目投资协议》，约定普格县政府为四川远星橡胶公司、雅安和鑫橡塑公司在普格县新建公司办理用地手续，在签订协议后一年内交付国有土地使用权证，供地方式为协议出让，用地性质为工业用地，土地价格为 1 万元/亩。

二、后三鑫环保公司接手该投资项目并继续履行该协议，项目于 2011 年建成投产。项目建成不久，项目用地被确定为违法用地，三鑫环保公司承担违法占地 50.22 亩的罚款 837066.85 元，耕地占用税及滞纳金、罚款 932426.12 元，土地勘

---

* 案件来源：普格县政府与三鑫环保公司合同纠纷二审民事判决书［四川省高级人民法院（2015）川民终字第 1136 号］。

测等费用 56000 元。

三、三鑫环保公司向凉山中院提起诉讼，请求判令：普格县政府承担本项目用地产生的超约定税费 1825492. 97 元，立即为三鑫环保公司办理国有土地使用权证。凉山中院认为，合同当事人普格县政府在实际操作和履行过程中存在不当行为，判决：普格县政府赔偿三鑫环保公司 1825492. 97 元，为三鑫环保公司办理国有土地使用权证。

四、普格县人民政府不服，上诉至四川高院。四川高院认为，《项目投资协议》关于项目用地的约定违反了法律的强制性规定，应当认定无效，双方应共同负担约定无效所造成的损失，故判决：普格县人民政府向三鑫环保公司赔偿损失 884746. 48 元。

裁判要点

本案四川高院未支持三鑫环保公司要求普格县政府为其办理国有土地使用权证的诉讼请求，且改判普格县人民政府应支付赔偿金额的原因在于：

首先，《项目投资协议》关于项目用地的约定违反了法律的强制性规定，应认定为无效。《中华人民共和国物权法》第一百三十七条第二款规定：“工业、商业、旅游、娱乐和商品住宅等经营性用地以及同一土地有两个以上意向用地者的，应当采取招标、拍卖等公开竞价的方式出让。”该规定属于效力性强制性规定。本案《项目投资协议》约定以“协议出让”方式将土地提供给投资方作为工业用地，违反了上述规定，因此应当认定为无效，普格县政府不再根据该约定负有为三鑫环保公司办理国有土地使用权证的义务。

其次，因普格县政府与三鑫环保公司对国家法律关于国有土地使用权出让方面的规定都应是明知的，故双方对《项目投资协议》中关于项目用地约定的无效均有过错，根据《中华人民共和国合同法》第五十八条的规定，因该约定无效造成的损失应由双方共同负担。本案因《项目投资协议》关于项目用地的约定无效造成的财产损失为三鑫环保公司已承担的因违法用地所产生的罚款 837066. 85 元，耕地占用税及滞纳金、罚款 932426. 12 元，两项共计 1769492. 97 元。因此，普格县政府应向三鑫环保公司赔偿损失 884746. 48 元。

实务经验总结

前事不忘，后事之师。为避免未来发生类似败诉，提出如下建议：

一、当事人拟通过出让方式获取工业、商业、旅游、娱乐和商品住宅等经营性用地使用权时，应当采取参与政府组织的土地招标、拍卖、挂牌的方式。

二、根据《协议出让国有土地使用权规范（试行）》（国土资发〔2006〕114号），协议出让国有土地使用权的范围主要包括：（1）供应商业、旅游、娱乐和商品住宅等各类经营性用地以外用途的土地，其供地计划公布后同一宗地只有一个意向用地者的；（2）原划拨、承租土地使用权人申请办理协议出让，经依法批准，可以采取协议方式，但《国有土地划拨决定书》、《国有土地租赁合同》、法律、法规、行政规定等明确应当收回土地使用权重新公开出让的除外；（3）划拨土地使用权转让申请办理协议出让，经依法批准，可以采取协议方式，但《国有土地划拨决定书》、法律、法规、行政规定等明确应当收回土地使用权重新公开出让的除外；（4）出让土地使用权人申请续期，经审查准予续期的，可以采用协议方式；（5）法律、法规、行政规定明确可以协议出让的其他情形。

相关法律规定

《中华人民共和国物权法》

第一百三十七条　设立建设用地使用权，可以采取出让或者划拨等方式。

工业、商业、旅游、娱乐和商品住宅等经营性用地以及同一土地有两个以上意向用地者的，应当采取招标、拍卖等公开竞价的方式出让。

严格限制以划拨方式设立建设用地使用权。采取划拨方式的，应当遵守法律、行政法规关于土地用途的规定。

《中华人民共和国合同法》

第五十八条　合同无效或者被撤销后，因该合同取得的财产，应当予以返还；不能返还或者没有必要返还的，应当折价补偿。有过错的一方应当赔偿对方因此所受到的损失，双方都有过错的，应当各自承担相应的责任。

《中华人民共和国城市房地产管理法》

第十三条　土地使用权出让，可以采取拍卖、招标或者双方协议的方式。

商业、旅游、娱乐和豪华住宅用地，有条件的，必须采取拍卖、招标方式；没有条件，不能采取拍卖、招标方式的，可以采取双方协议的方式。

采取双方协议方式出让土地使用权的出让金不得低于按国家规定所确定的最低价。

《国务院关于加强土地调控有关问题的通知》

五、建立工业用地出让最低价标准统一公布制度……工业用地必须采用招标拍卖挂牌方式出让，其出让价格不得低于公布的最低价标准。低于最低价标准出让土地，或以各种形式给予补贴或返还的，属非法低价出让国有土地使用权的行为，要依法追究有关人员的法律责任。

《国务院关于加强国有土地资产管理的通知》

国有建设用地供应，除涉及国家安全和保密要求外，都必须向社会公开。商业性房地产开发用地和其他土地供应计划公布后同一地块有两个以上意向用地者的，都必须由市、县人民政府土地行政主管部门依法以招标、拍卖方式提供，国有土地使用权招标、拍卖必须公开进行。要严格限制协议用地范围。确实不能采用招标、拍卖方式的，方可采用协议方式。采用协议方式供地的，必须做到在地价评估基础上，集体审核确定协议价格，协议结果向社会公开。

《招标拍卖挂牌出让国有建设用地使用权规定》

第四条 工业、商业、旅游、娱乐和商品住宅等经营性用地以及同一宗地有两个以上意向用地者的，应当以招标、拍卖或者挂牌方式出让。

前款规定的工业用地包括仓储用地，但不包括采矿用地。

《国土资源部、监察部关于落实工业用地招标拍卖挂牌出让制度有关问题的通知》

二、明确范围，坚定不移地推进工业用地招标拍卖挂牌出让

（一）政府供应工业用地，必须采取招标拍卖挂牌方式公开出让或租赁，必须严格执行《招标拍卖挂牌出让国有土地使用权规定》和《招标拍卖挂牌出让国有土地使用权规范》规定的程序和方法。

（二）国务院31号文件下发前，市、县人民政府已经签订工业项目投资协议，确定了供地范围和价格，所涉及的土地已办理完农用地转用和土地征收审批手续的，可以继续采取协议方式出让或租赁，但必须按照《协议出让国有土地使用权规范》的有关规定，将意向出让、租赁地块的位置、用途、土地使用条件、意向用地者和土地价格等信息向社会公示后，抓紧签订土地出让或租赁合同，并在2007年6月30日前签订完毕。不符合上述条件或者超过上述期限的，应按规定采用招标拍卖挂牌方式出让或租赁。

（三）原划拨土地使用权人申请办理土地出让或改变土地用途的，按照土地管理的法律法规办理。

《国土资源部、监察部关于继续开展经营性土地使用权招标拍卖挂牌出让情况执法监察工作的通知》

二、明确政策，严格和规范执行经营性土地使用权招标拍卖挂牌出让制度

各地要严格执行经营性土地使用权招标拍卖挂牌出让制度。2002年7月1日

《招标拍卖挂牌出让国有土地使用权规定》实施后，除原划拨土地使用权人不改变原土地用途申请补办出让手续和按国家有关政策规定属于历史遗留问题之外，商业、旅游、娱乐和商品住宅等经营性用地供应必须严格按规定采用招标拍卖挂牌方式，其他土地的供地计划公布后，同一宗地有两个或两个以上意向用地者的，也应当采用招标拍卖挂牌方式供应。各地要严格按国家有关政策规定界定《招标拍卖挂牌出让国有土地使用权规定》实施前的历史遗留问题，不得擅自扩大范围，也不得弄虚作假，变相搭车。要加快工作进度，在2004年8月31日前将历史遗留问题界定并处理完毕。8月31日后，不得再以历史遗留问题为由采用协议方式出让经营性土地使用权。

《国土资源部关于进一步治理整顿土地市场秩序中自查自纠若干问题的处理意见》

三、对《招标拍卖挂牌出让国有土地使用权规定》实施前遗留问题的处理

对《招标拍卖挂牌出让国有土地使用权规定》（国土资源部令第11号）实施前遗留的问题，要认真清理、摸清底数。在此基础上，各市、县政府应当本着有利于政府宏观调控土地市场和公平、公正、公开的原则，确定历史遗留问题截止时间，但不得超过2002年7月1日。在截止日期前，市、县政府已经进行了前置审批，或者市、县政府已经与开发商签订书面项目开发协议的经营性用地，作为历史遗留问题，可以继续以协议方式出让，但应逐项登记、作出说明，并将受让人及受让地块位置、面积、用途、成交地价等向社会公布，接受社会监督。

除上述规定的情形外，对2002年7月1日以后，应当以招标拍卖挂牌方式出让却以协议方式出让，或者弄虚作假以2002年7月1日以前批准立项、取得建设用地规划许可证、签订书面项目开发协议为由而协议出让经营性用地的，应当按照有关规定改为以招标拍卖挂牌方式出让，并追究有关责任人的责任。

《广东省高级人民法院关于审理建设用地使用权合同纠纷案件的指引》

五、经营性建设用地以及同一土地有两个以上意向用地者，未采取招标、拍卖、挂牌等公开竞价方式出让的，应当依照合同法第五十二条第五项和物权法第一百三十七条的规定认定出让合同无效。

《山东省高级人民法院2011年民事审判工作会议纪要》

二、关于房地产纠纷案件

……

（一）关于以协议方式签订的土地使用权出让合同的效力问题

依据《城市房地产管理法》第12条的规定，土地使用权出让，可以采取拍卖、招标的方式，也可以采取双方协议的方式。根据这一规定，协议是土地使用权出让

的一种法定方式。2002年7月1日，国土资源部发布的《招标拍卖挂牌出让国有土地使用权规定》第11条规定，商业、旅游、娱乐和商品住宅等各类经营性用地，必须以招标、拍卖、挂牌等公开的方式出让，禁止以协议方式出让经营性用地。《物权法》第137条第2款也作了相似的规定。国土资源部的规定属于国家政策的范畴。根据上述规定，结合最高人民法院有关会议精神，2002年7月1日之后，凡是以协议方式签订的经营性建设用地使用权出让合同应依法认定为无效，但7月1日之前已经政府有关部门前置审批或者签订土地使用权出让合同的除外。

以下为该案在法院审理阶段，裁判文书中“本院认为”部分就该问题的论述：

普格县政府2010年3月18日系与四川远星橡胶有限责任公司、雅安和鑫橡塑有限责任公司签订的《项目投资协议》约定设立项目公司，最终经过县政府批准由投资人三鑫环保公司完成项目建设并投产。《项目投资协议》第二条约定“项目用地：（一）用地区位：项目用地区位为：……（二）用地面积：项目总规划用地面积为30-50亩。项目的实际用地面积以乙方设计需要和国土部门实际测量为准；（三）用地性质：工业用地；（四）供地方式：协议出让；（五）土地使用年限：五十年；（六）土地价格：壹万元/亩（包含土地出让及办证等一切税费）。……（七）国有土地使用证：甲方为乙方在普格县新建公司办理用地手续，并在甲乙双方签订协议后一年内向乙方交付国有土地使用权证”。本院认为，根据《中华人民共和国物权法》第一百三十七条第二款“工业、商业、旅游、娱乐和商品住宅等经营性用地以及同一土地有两个以上意向用地者的，应当采取招标、拍卖等公开竞价的方式出让”之规定，对国有土地出让用于工业、商业等经营性用途的，应当采取招标、拍卖等公开竞价的方式出让。本案案涉《项目投资协议》第二条约定以“协议出让”方式将土地提供给投资方作为工业用地，违反了《中华人民共和国物权法》第一百三十七条第二款的规定。因此，《项目投资协议》第二条中关于“项目用地”的约定违反了法律的强制性规定，应当认定无效。

因普格县政府与三鑫环保公司对国家法律关于国有土地使用权出让方面的规定都应是明知的，但双方仍在《项目投资协议》中进行违法约定，因此，两方对《项目投资协议》第二条中关于“项目用地”的约定无效均有过错，对因该约定无效所造成的损失双方各应承担同等责任。根据《中华人民共和国合同法》第五十八条“合同无效或者被撤销后，因该合同取得的财产，应当予以返还；不能返还或者没有必要返还的，应当折价补偿。有过错的一方应当赔偿对方因此所受到的损失，双方都有过错的，应当各自承担相应的责任”的规定，因《项目投资协议》第二条关于“项目用地”的约定无效造成的财产损失为三鑫环保公司已承担的因违法用地所产生的罚款 837066.85 元，耕地占用税及滞纳金、罚款 932426.12 元，两项共计 1769492.97 元，应由双方共同负担，因此，普格县政府应向三鑫环保公司赔偿损失 884746.48 元。

关于三鑫环保公司所主张普格县政府应赔偿土地勘测的费用 56000 元的问题，本院认为，土地勘测的费用系土地征收、出让中需委托第三方进行土地勘测定界而支出的费用，该费用应是三鑫环保公司取得土地使用权必然要支出的费用，因此，该费用不应认定为系《项目投资协议》关于“项目用地”的约定无效造成的财产损失。

对于三鑫环保公司所主张的普格县政府应为其办理国有土地使用权证的问题，本院认为，因《项目投资协议》第二条关于“项目用地”的约定无效，普格县政府不应再根据该约定负有为其办理国有土地使用权证的义务。

延伸阅读

裁判规则一：政府以协议出让方式提供经营性用地所签订的合同无效。（案例1—案例4）

案例1：陕西万里实业发展股份有限公司与陕西省泾阳县人民政府建设用地使用权出让合同纠纷二审民事判决书［陕西省高级人民法院（2015）陕民一终字第00188号］认为，“双方于2011年3月28日签订的《关于在泾阳建设万里钢材物流基地项目合同书》（以下简称项目合同书），违反了《物权法》第一百三十七条关于经营性用地应当采取招标、拍卖等公开竞价方式出让的规定，应为无效。泾阳县政府关于项目合同书有效的上诉理由不能成立，原审法院认定并无不当。合同无效后，双方应按照各自的过错承担责任。关于导致合同无效的责任划分问题，经营性用地应进行招拍挂是法律的强制性规定，具有民事行为能力的双方当事人均应知晓，现双方的项目合同书因违反该强制性规定而无效，双方均存在过错。故原审法院判令双方各自承担50%的责任并无不当，双方关于责任划分错误的上诉理由均不能成立。”

案例2：广东高时物流有限公司与揭阳空港经济区管理委员会、揭阳市揭东区人民政府合同纠纷二审民事判决书［广东省揭阳市中级人民法院（2016）粤52民终156号］认为，“本案系合同纠纷。根据本案各方当事人在二审中的上诉和答辩，本案争议焦点是空港管委会是否应与揭东区政府共同返还高时物流公司涉案款项16146000元及该款占用费。二审围绕该争议问题进行审理。高时物流公司与原揭东县人民政府（现更名为揭东区政府）于2010年12月28日签订的《物流园区项目投资合同》没有采取招标、拍卖等公开竞价的方式，将工业用地使用权以协议约定价款的方式出让，违反了《中华人民共和国物权法》第一百三十七条的规定，原审判决根据《中华人民共和国合同法》第五十二条的规定认定该合同无效正确，本院予以维持。”

案例3：嵊州领带物流股份有限公司与永福县人民政府合同纠纷再审民事判决书［广西壮族自治区桂林市中级人民法院（2015）桂市民再字第12号］认为，“本案争议的焦点是双方签订的项目投资协议书是否有效，是否符合法律规定。双方签订的项目投资协议，其主要内容为土地出让及出让价格和优惠政策。该‘协议书’涉及的土地出让属于依法应当进行招拍挂的土地，而该‘协议书’却是以土地包干价出让为主导。根据《中华人民共和国物权法》第一百三十七条第二款的规定，工业、商业、旅游、娱乐和商品住宅等经营性用地以及同一土地有两个以上意向用地者的，应当采取招标、拍卖等公开竞价的方式出让。由于该‘协议书’主要内容违反了法律、行政法规的强制性规定，依照《中华人民共和国合同法》第五十二条第（五）项之规定，应确认双方签订的项目投资协议书中涉及的土地出让及出让价格条款无效。依照《中华人民共和国合同法》第五十六条的规定，无效的合同自始没有法律约束力。因此，涉案项目投资协议书涉及的土地出让及出让价格条款部分对双方均无约束力。”

案例4：酒泉钢铁（集团）有限责任公司与陕西省泾阳县人民政府合同纠纷一审民事判决书［陕西省咸阳市中级人民法院（2017）陕04民初8号］认为，“本案中，《钢材集散地项目协议书》和《补充协议书》两份合同应为无效合同。第一，《钢材集散地项目协议书》和《补充协议书》两份合同均系被告在涉案土地未经招标、拍卖等公开竞价出让方式的情况下，与原告签订协议，收取土地出让金，违反了法律、行政法规的强制性规定，应当认定协议无效。”

裁判规则二：以协议出让方式办理用地审批手续的时间早于《中华人民共和国物权法》施行时间的，基于信赖利益保护原则，政府应继续办理协议出让手续。（案例5）

案例5：马鞍山市国土资源局与马鞍山市志民房地产开发有限责任公司不履行土地行政登记纠纷再审行政裁定书［安徽省高级人民法院（2016）皖行申字142号］认为，“依据‘正当程序’之精神，申请人应当为被申请人办理涉案土地相关手续，否则有违行政信赖原则之精神。申请人认为本案涉案地块未能办理协议出让是由于2007年10月1日《物权法》施行后，出现了商业用地禁止协议出让的内容，导致无法按照协议出让方式办理该地块的出让手续并颁发国有土地使用权证。本院认为，法不溯及既往作为一项基本的法治原则，表现在不能用后来制定的法律规范过去的事实和行为，只有这样，才能更好地维护社会秩序的稳定，保护社会公众期待的信赖利益。本案涉案地块以协议出让方式办理相关用地审批手续的时间早于《物权法》施行时间，且申请人对涉案地块建议按协议出让方式办理供地已经获马鞍山市人民政府批准，只是因申请人办理过程迟延导致未及时签订出让协议，基于对政府行政行为信赖保护之原则，申请人应当为被申请人办理协议出让手续。法律的具体规定固然可以变化，但诚信政府建设任何时候都不能缺位，这是依法治国的应有内涵。《中华人民共和国城市房地产管理法》第十三条规定，土地使用权出让，可以采取拍卖、招标或者双方协议的方式。商业、旅游、娱乐和豪华住宅用地，有条件的，必须采取拍卖、招标方式；没有条件，不能采取拍卖、招标方式的，可以采取双方协议的方式。采取双方协议方式出让土地使用权的出让金不得低于按国家规定所确定的最低价。根据本案实际情况，申请人通过协议方式向被申请人出让涉案土地并不违反法律禁止性规定。”

裁判规则三：按照国家有关政策规定，在 2002 年 7 月 1 日前未经市、县政府前置审批或者签订书面项目开发协议而在此后协议出让经营性用地的，应当按照有关规定改为以招标拍卖挂牌方式出让。完善招标拍卖挂牌手续的，属于对有关国有土地使用权出让合同的变更或者解除，影响到相关合同能否实际履行以及是否解除问题，不影响和限制合同的效力。（案例 6）

案例 6：南太置业有限公司与青岛市崂山区国土资源局建设用地使用权出让合同纠纷二审民事判决书［最高人民法院（2004）民一终字第 106 号，《最高人民法院公报》2007 年第 3 期（总第 125 期）］认为，“山东省人大常委会制定的《山东省实施〈中华人民共和国土地管理法〉办法》，是一部地方性法规；自 2002 年 7 月 1 日起施行的《招标拍卖挂牌出让国有土地使用权规定》，是国土资源部为加强土地管理而制定的部门规章。根据《中华人民共和国合同法》第五十二条第（五）项的规定和最高人民法院《关于适用〈中华人民共和国合同法〉若干问题的解释（一）》第四条‘合同法实施以后，人民法院确认合同无效，应当以全国人大及其常委会制定的法律和国务院制定的行政法规为依据，不得以地方性法规、行政规章为依据’的规定，只有违反法律和行政法规强制性规定的合同才能被确认为无效，地方性法规和行政规章不能作为确认合同无效的依据。因此，崂山区国土局提出双方签订的《国有土地使用权出让合同》违反山东省人大常委会制定的地方性法规和国土资源部制定的部门规章，应认定为无效的请求，于法无据，不予支持。此外，按照国家有关规定，在 2002 年 7 月 1 日前未经市、县政府前置审批或者签订书面项目开发协议而在此后协议出让经营性用地的，应当按照有关规定改为以招标拍卖挂牌方式出让。崂山区国土局提出其出让讼争土地的行为违反有关行政管理规定需要完善招标拍卖挂牌手续，无法继续履行《国有土地使用权出让合同》，属于对相关合同的变更或者解除，影响到相关合同能否实际履行以及是否解除的问题，不影响和限制合同的效力，不是认定合同无效的理由和依据。”

裁判规则四：原划拨、承租土地使用权人申请办理协议出让，经依法批准，可以采取协议方式出让。（案例 7）

案例 7：向绪家、田海洲等 27 人与桑植县人民政府土地行政登记二审行政判决书［湖南省高级人民法院（2015）湘高法行终字第 603 号］认为，“本案被诉行政行为是桑植县人民政府为尹明生、尹金燕、尹康颁发桑国用（2013）第 549 号《国有土地使用证》的土地登记行为。涉案争议的 205.45 平方米土地原为国有划拨地，土地使用权人为桑植县房地产开发公司，在桑植县人民政府为桑植县房地产开发公司颁发的桑国用（2005）第 25 号《国有土地使用证》范围内。根据国土资源部《协议出让国有土地使用权规范》4.3 的规定，原划拨、承租土地使用权人申请办理协议出让，经依法批准，可以采取协议方式出让。桑植县房地产开发公司作为原划拨土地使用权人可以以协议出让方式取得涉案的 205.45 平方米国有土地的使用权。2013 年 9 月 9 日，桑植县国土资源局与桑植县房地产开发公司签订《国有建设用地使用权出让合同》，约定将 1259.62 平方米的国有划拨土地使用权中的 205.45 平方米出让给桑植县房地产开发公司，合同项下宗地出让方案业经桑植县人民政府批准，该合同自双方签订之日起生效。自此，桑植县房地产开发公司即为涉案 205.45 平方米国有出让土地的使用权人。桑植县房地产开发公司在取得出让的 205.45 平方米国有土地使用权后，即具有转让该 205.45 平方米国有土地使用权的主体资格，可以依法转让给他人。”

裁判规则五：划拨土地使用权转让虽经过政府批准，但自然资源主管部门未依法组织地价评估、拟定出让方案并报市、县人民政府批准，拟转让的土地使用权也未在土地有形市场等场所公开交易确定受让人和成交价款，而实际上是由划拨土地使用权人事先确定受让人，并与受让人签订土地转让合同再补办其他转让手续的，该土地转让行为不符合法律规定。（案例 8）

案例 8：陈海鸥、陈瑞钱等与三亚市人民政府土地行政管理二审行政判决书［海南省高级人民法院（2016）琼行终 230 号］认为，“本案被诉的行政行为系南新农场在将其划拨土地使用权转让给椰林公司的过程中，三亚市政府依次办理的土地转移登记行为，该登记行为的合法性涉及南新农场转让行为是否合法的问题。根据国土资源部《协议出让国有土地使用权规范（试行）》第 7 章的规定，划拨土地使用权申请转让的，经市、县人民政府批准，由原土地使用权人持有关材料提出申请，市、县国土资源管理部门进行审查，符合办理协议出让手续条件的，组织地价评估、核定出让金额、拟定出让方案并报市、县人民政府审批；审批同意后，申请人将拟转让的土地使用权在土地有形市场等场所公开交易，确定受让人和成交价款；转让人与受让人签订转让合同，约定双方的权利和义务，明确划拨土地使用权转让价款；受让人持有关材料申请办理土地出让手续，市、县国土资源管理部门依法收回原土地使用权人的《国有土地划拨决定书》，注销土地登记，收回原土地证书，与受让方签订《国有土地使用权出让合同》，给受让方办理土地登记。本案中，南新农场作为原土地使用权人，与受让方椰林公司签订《土地转让合同》，转让其划拨土地使用权给椰林公司，经海南省农垦总局批复同意，要求其依法办理转让手续；为办理转让手续，三亚市政府先给南新农场办理土地初始登记，颁发了 8769 号证；后又给南新农场办理土地使用类型和用途的变更登记，并颁发了 10238 号证；接着办理了土地转移登记，将土地使用权转移登记到椰林公司名下，并给其颁发 12059 号证。在此过程中，三亚市政府批复同意给椰林公司补办划拨地出让手续，并要求其补交 40%地价款，椰林公司也按规定及时缴纳。从以上土地转让过程来看，南新农场申请划拨土地使用权转让经过了海南省农垦总局和三亚市政府的批准，但现有证据不能证明三亚市国土局依法组织了地价评估、拟定出让方案并报三亚市政府批准，拟转让的土地使用权也未在土地有形市场等场所公开交易确定受让人和成交价款，而实际上是南新农场先确定了受让人椰林公司，并与其签订《土地转让合同》再补办的其他转让手续，该土地转让行为明显不符合法律规定。”

裁判规则六：政府作出协议出让经营性用地的批复行为应认定为违法行为。若撤销该批复会给公共利益造成重大损失的，应责令政府采取补救措施。（案例 9）

案例 9：柘荣县骏达液化气有限公司与柘荣县人民政府土地行政批复二审行政判决书［福建省高级人民法院（2014）闽行终字第 229 号］认为，“柘荣县人民政府在明确涉案地块为商业用地且同一地块至少有两个意向用地者的情况下，未将该地块以招标、拍卖、挂牌等方式出让，而是批复同意柘荣县国土资源局将其协议出让给中石油福建分公司，违反了国土资源部《招标拍卖挂牌出让国有建设用地使用权规定》第四条和《协议出让国有土地使用权规定》第九条等相关规定。由于中石油福建分公司已取得涉案地块的国有土地使用权证，其加油站点亦已建成，若撤销该土地批复，会给公共利益造成重大损失，故应依法确认该批复行为违法，并责令上诉人柘荣县人民政府采取补救措施。综上，原审判决认定事实清楚，适用法律正确，程序合法，依法应予维持。上诉人认为一审判决遗漏了必须参加诉讼的当事人，缺乏事实和法律依据，其上诉理由不能成立，本院不予支持。”

002 变更土地用途是否需收回土地并重新招拍挂*

——土地出让后改变用途的程序不同于土地出让程序，故不适用强制招拍挂的规定

本案例认定土地出让后改变土地用途的程序不适用《招标拍卖挂牌出让国有建设用地使用权规定》第四条关于“工业、商业、旅游、娱乐和商品住宅等经营性用地以及同一宗地有两个以上意向用地者的，应当以招标、拍卖或者挂牌方式出让”的规定。但是实践中也应关注法律、法规、行政规定及土地使用权出让合同关于出让土地改变用途应当收回土地使用权实行招标拍卖挂牌出让的特殊规定或约定。

裁判要旨

土地供地出让与土地出让后改变建设用途是两种不同的程序，《招标拍卖挂牌出让国有建设用地使用权规定》第四条及《协议出让国有土地使用权规范（试行）》第4.3条均规定的是政府对其已收储土地进行出让的程序，而非土地使用者取得土地使用权之后办理变更土地用途登记的程序。

案情简介

一、2003年，南康市方正床单厂通过竞拍方式取得案涉地块的使用权，土地用途为工业用地。2004年，南康国土分局与南康市方正床单厂（个体工商户，经营者为赖正福）签订《国有土地使用权出让合同》。

二、2013年，赖正福向南康国土分局提交《关于请求办理南康市方正床单厂补交土地出让金的相关手续的请示》，请求办理案涉土地变更为居住用地的相关手续。南康国土分局向南康政府报告请示该事项，南康政府于2014年向南康国土分局作出康府办抄字（2014）177号抄告单，认为工业用地调整为商住用地应先由政府收回后，再编制土地拍卖方案进行网上公开拍卖出让。南康国土分局将该抄告单复印件送达给了赖正福。

---

* 案件来源：赖正福与赣州市南康区人民政府土地行政管理二审行政判决书［江西省高级人民法院（2016）赣行终1号］。

三、赖正福对抄告单不服，向赣州中院提起诉讼，请求：确认抄告单中关于南康市方正床单厂土地用途变更登记程序的相关行政行为违法；依法变更抄告单中关于南康市方正床单厂土地用途变更的登记程序；责令南康政府责成其下属部门在合理期限内依法给原告办理后续的土地用途变更登记及其他相关手续。赣州中院认为，抄告单针对南康市方正床单厂改变土地用途问题的意见符合法律规定，故判决驳回赖正福的诉讼请求。

四、赖正福不服，上诉至江西高院。江西高院改判：撤销南康政府作出的抄告单中关于南康市方正床单厂土地用途变更登记程序的内容。

裁判要点

江西高院改判撤销本案南康政府作出的案涉行政行为的原因在于：

第一，本案可通过重新签订土地使用权出让合同并调整土地使用权出让金的方式办理变更登记手续。本案被诉行政行为的内容属于土地用途变更登记程序问题。《中华人民共和国城市房地产管理法》第十八条规定："土地使用者需要改变土地使用权出让合同约定的土地用途的，必须取得出让方和市、县人民政府城市规划行政主管部门的同意，签订土地使用权出让合同变更协议或者重新签订土地使用权出让合同，相应调整土地使用权出让金。"据此，经批准同意改变土地用途的，土地使用者一般可通过签订土地使用权出让合同变更协议或重新签订土地使用权出让合同并调整土地使用权出让金的方式办理变更登记手续。而且案涉《国有土地使用权出让合同》第六条明确约定："本合同项下的出让地块，按照批准的总体规划是建设工业用地项目。在出让期限内，如需改变本合同规定的土地用途应当取得甲方和城市规划主管部门批准，依照有关规定重新签订土地使用权出让合同，调整土地使用权出让金，并办理土地使用权变更登记手续，换发土地使用权证书"。该约定在不违背法律、法规强制性规定的前提下，应当予以履行。

第二，本案土地用途变更并非应当收回土地使用权重新公开出让的情形。南康政府作出被诉行政行为时，关于改变土地用途应当收回土地使用权的强制性规定主要有《国务院办公厅关于清理整顿各类开发区加强建设用地管理的通知》（国办发〔2003〕70号）第四条关于"协议出让的土地改变为经营性用地的，必须先经城市规划部门同意，由国土资源行政主管部门统一招标拍卖挂牌出让"的规定，以及《国务院关于促进节约集约用地的通知》（国发〔2008〕3号）关于"土地出让合同和划拨决定书要严格约定建设项目投资额、开竣工时间、规划条件、价款、违约责任等内容。对非经营性用地改变为经营性用地的，应当约定或明确政府可以收回土地使用权，重新依法出让”的规定。但南康政府未提供证据证明案涉土地用途变更属于上述规定的应当收回土地使用权重新公开出让的情形。

第三，本案土地用途变更程序不适用《招标拍卖挂牌出让国有建设用地使用权规定》第四条关于“工业、商业、旅游、娱乐和商品住宅等经营性用地以及同一宗地有两个以上意向用地者的，应当以招标、拍卖或者挂牌方式出让”的规定及《协议出让国有土地使用权规范（试行)》第4.3条关于协议出让国有土地使用权范围的规定。土地供地出让与土地出让后改变建设用途是两种不同的程序，上述规定是政府对其已收储土地进行出让的程序，而非土地使用者取得土地使用权之后办理土地用途变更登记的程序。

实务经验总结

前事不忘，后事之师。为避免未来发生类似败诉，提出如下建议：

一、国有土地使用权人向行政机关申请变更土地用途时，行政机关一般无权作出收回该土地使用权并重新招标拍卖挂牌出让的行政行为，除非《国有土地使用权出让合同》约定或法律、法规、行政规定等明确该情形下应当收回土地使用权，实行招标拍卖挂牌出让。

二、土地使用权人无权直接诉请行政机关办理土地用途变更登记。《中华人民共和国土地管理法实施条例》第六条第二款规定，“依法改变土地用途的，必须持批准文件，向土地所在地的县级以上人民政府土地行政主管部门提出土地变更登记申请，由原土地登记机关依法进行变更登记”，据此，批准改变土地用途后应由土地使用权人自行持批准文件向自然资源行政主管部门提出变更登记申请。本案江西高院也因此驳回了赖正福办理变更登记的诉讼请求。

三、根据《中华人民共和国土地管理法》及相关司法解释的规定，不按照批准的用途使用国有土地的，自然资源行政主管部门可责令交还土地，处以罚款，且出让方有权解除土地使用权出让合同。

相关法律规定

《中华人民共和国城市房地产管理法》

第十八条 土地使用者需要改变土地使用权出让合同约定的土地用途的，必须取得出让方和市、县人民政府城市规划行政主管部门的同意，签订土地使用权出让合同变更协议或者重新签订土地使用权出让合同，相应调整土地使用权出让金。

《中华人民共和国城镇国有土地使用权出让和转让暂行条例》

第十八条　土地使用者需要改变土地使用权出让合同规定的土地用途的，应当征得出让方同意并经土地管理部门和城市规划部门批准，依照本章的有关规定重新签订土地使用权出让合同，调整土地使用权出让金，并办理登记。

《国务院办公厅关于清理整顿各类开发区加强建设用地管理的通知》

四、加强对开发区建设用地的集中统一管理。……协议出让的土地改变为经营性用地的，必须先经城市规划部门同意，由国土资源行政主管部门统一招标拍卖挂牌出让。禁止将以征用方式取得的农民集体所有土地用于农业园区开发。各省、自治区、直辖市人民政府要对种植、养殖等农业园区的建设用地标准（或比例）做出规定，防止将农用地转为建设用地，变相搞房地产。

《国务院关于促进节约集约用地的通知》

（十四）强化用地合同管理。土地出让合同和划拨决定书要严格约定建设项目投资额、开竣工时间、规划条件、价款、违约责任等内容。对非经营性用地改变为经营性用地的，应当约定或明确政府可以收回土地使用权，重新依法出让。

《招标拍卖挂牌出让国有建设用地使用权规定》

第四条　工业、商业、旅游、娱乐和商品住宅等经营性用地以及同一宗地有两个以上意向用地者的，应当以招标、拍卖或者挂牌方式出让。

前款规定的工业用地包括仓储用地，但不包括采矿用地。

《协议出让国有土地使用权规范（试行）》

4.3 协议出让国有土地使用权范围

出让国有土地使用权，除依照法律、法规和规章的规定应当采用招标、拍卖或者挂牌方式外，方可采取协议方式，主要包括以下情况：

(1) 供应商业、旅游、娱乐和商品住宅等各类经营性用地以外用途的土地，其供地计划公布后同一宗地只有一个意向用地者的；

(2) 原划拨、承租土地使用权人申请办理协议出让，经依法批准，可以采取协议方式，但《国有土地划拨决定书》、《国有土地租赁合同》、法律、法规、行政规定等明确应当收回土地使用权重新公开出让的除外；

(3) 划拨土地使用权转让申请办理协议出让，经依法批准，可以采取协议方式，但《国有土地划拨决定书》、法律、法规、行政规定等明确应当收回土地使用权重新公开出让的除外；

(4) 出让土地使用权人申请续期，经审查准予续期的，可以采用协议方式；

(5) 法律、法规、行政规定明确可以协议出让的其他情形。

8. 出让土地改变用途等土地使用条件的处理

出让土地申请改变用途等土地使用条件，经出让方和规划管理部门同意，原土地使用权人可以与市、县国土资源管理部门签订《国有土地使用权出让合同变更协议》或重新签订《国有土地使用权出让合同》，调整国有土地使用权出让金，但《国有土地使用权出让合同》、法律、法规、行政规定等明确应当收回土地使用权重新公开出让的除外。原土地使用权人应当按照国有土地使用权出让合同变更协议或重新签订的国有土地使用权出让合同约定，及时补缴土地使用权出让金额，并按规定办理土地登记。

调整国有土地使用权出让金额应当根据批准改变用途等土地使用条件时的土地市场价格水平，按下式确定：

应当补缴的土地出让金额=批准改变时的新土地使用条件下土地使用权市场价格—批准改变时原土地使用条件下剩余年期土地使用权市场价格

《中华人民共和国土地管理法》

第五十六条 建设单位使用国有土地的，应当按照土地使用权出让等有偿使用合同的约定或者土地使用权划拨批准文件的规定使用土地；确需改变该幅土地建设用途的，应当经有关人民政府自然资源主管部门同意，报原批准用地的人民政府批准。其中，在城市规划区内改变土地用途的，在报批前，应当先经有关城市规划行政主管部门同意。

《中华人民共和国土地管理法实施条例》

第六条第二款 依法改变土地用途的，必须持批准文件，向土地所在地的县级以上人民政府土地行政主管部门提出土地变更登记申请，由原土地登记机关依法进行变更登记。

《招标拍卖挂牌出让国有土地使用权规范（试行）》

4.3 招标拍卖挂牌出让国有土地使用权范围

（1）供应商业、旅游、娱乐和商品住宅等各类经营性用地以及有竞争要求的工业用地；

（2）其他土地供地计划公布后同一宗地有两个或者两个以上意向用地者的；

（3）划拨土地使用权改变用途，《国有土地划拨决定书》或法律、法规、行政规定等明确应当收回土地使用权，实行招标拍卖挂牌出让的；

（4）划拨土地使用权转让，《国有土地划拨决定书》或法律、法规、行政规定等明确应当收回土地使用权，实行招标拍卖挂牌出让的；

（5）出让土地使用权改变用途，《国有土地使用权出让合同》约定或法律、法规、行政规定等明确应当收回土地使用权，实行招标拍卖挂牌出让的；

(6) 法律、法规、行政规定明确应当招标拍卖挂牌出让的其他情形。

《国务院关于加强土地调控有关问题的通知》

五、建立工业用地出让最低价标准统一公布制度

……工业用地必须采用招标拍卖挂牌方式出让，其出让价格不得低于公布的最低价标准。低于最低价标准出让土地，或以各种形式给予补贴或返还的，属非法低价出让国有土地使用权的行为，要依法追究有关人员的法律责任。

《国务院关于加强国有土地资产管理的通知》

二、严格实行国有土地有偿使用制度

……

土地使用者需要改变原批准的土地用途、容积率等，必须依法报经市、县人民政府批准。对原划拨用地，因发生土地转让、出租或改变用途后不再符合划拨用地范围的，应依法实行出让等有偿使用方式；对出让土地，凡改变土地用途、容积率的，应按规定补交不同用途和容积率的土地差价。

……

《产业用地政策实施工作指引》

第一条　（产业用地政策含义）产业用地政策是指国务院、国务院办公厅及自然资源部等部门的规范性文件中规定的适用于特定行业的用地政策。上述特定行业不包括房地产业。

本指引引用的相关文件清单见附录，并可在中国政府网（www.gov.cn）或自然资源部门户网站（www.mnr.gov.cn）查询。

第二十六条　（限制改变用途与分割转让及探索抵押融资）对于落实产业用地政策供应的宗地，相关规范性文件有限制改变用途、限制转让或分割转让等规定的，原则上应当将限制要求写入划拨决定书或有偿使用合同，在分割转让审批中予以落实。其中，对经批准的用地，相关规范性文件规定该类用地禁止改变用途、容积率等土地使用条件用于其他建设的，自然资源主管部门要予以严格监管。

依据国办发〔2019〕5号文件的规定，探索允许营利性养老机构以有偿取得的土地、设施等资产进行抵押融资。

依据国办发〔2017〕21号文件的规定，探索允许营利性的养老、教育等社会领域机构以有偿取得的土地、设施等财产进行抵押融资。

《国土资源部、监察部关于进一步落实工业用地出让制度的通知》

一、明确政策，合理选择工业用地招标拍卖挂牌出让方式

……

（五）分期建设的工业项目，市、县国土资源行政主管部门可以通过竞单位面积地价的方式确定招标拍卖挂牌竞得人（中标人），一次签订国有土地使用权出让合同，支付土地出让价款，再按照土地使用标准分期供地。自出让合同签订之日起两年内，办理完供地手续。分期建设的工业项目，不得改变土地用途，不得兴建职工住房。改变土地用途用于商业、旅游、娱乐、商品住宅等经营性用途的，一律收回土地使用权重新招标拍卖挂牌出让。

三、明确约定工业用地出让各方的权利义务，加强合同履约管理

……

（二）工业用地出让期限内，受让人在符合规划、不改变土地用途的前提下增加容积率的，经核准，不再增收土地价款；需要改变土地用途的，必须取得出让人和市、县人民政府城市规划行政主管部门的同意，与出让人签订出让合同变更协议或者重新签订出让合同，由受让人按照批准改变时新土地使用条件下土地使用权市场价格与批准改变时原土地使用条件下剩余年期土地使用权市场价格的差额补缴出让金。出让合同或法律、法规、行政规定等明确改变土地用途应收回土地的，应当收回土地使用权，以招标拍卖挂牌方式重新出让。

《国土资源部、监察部关于继续开展经营性土地使用权招标拍卖挂牌出让情况执法监察工作的通知》

二、明确政策，严格和规范执行经营性土地使用权招标拍卖挂牌出让制度

各地要严格执行经营性土地使用权招标拍卖挂牌出让制度。2002年7月1日《招标拍卖挂牌出让国有土地使用权规定》实施后，除原划拨土地使用权人不改变原土地用途申请补办出让手续和按国家有关政策规定属于历史遗留问题之外，商业、旅游、娱乐和商品住宅等经营性用地供应必须严格按规定采用招标拍卖挂牌方式，其他土地的供地计划公布后，同一宗地有两个或两个以上意向用地者的，也应当采用招标拍卖挂牌方式供应。各地要严格按国家有关政策规定界定《招标拍卖挂牌出让国有土地使用权规定》实施前的历史遗留问题，不得擅自扩大范围，也不得弄虚作假，变相搭车。要加快工作进度，在2004年8月31日前将历史遗留问题界定并处理完毕。8月31日后，不得再以历史遗留问题为由采用协议方式出让经营性土地使用权。

《山东省高级人民法院2011年民事审判工作会议纪要》

二、关于房地产纠纷案件

……

（一）关于以协议方式签订的土地使用权出让合同的效力问题

依据《城市房地产管理法》第12条的规定，土地使用权出让，可以采取拍卖、招标的方式，也可以采取双方协议的方式。根据这一规定，协议是土地使用权出让的一种法定方式。2002年7月1日，国土资源部发布的《招标拍卖挂牌出让国有土地使用权规定》第11条规定，商业、旅游、娱乐和商品住宅等各类经营性用地，必须以招标、拍卖、挂牌等公开的方式出让，禁止以协议方式出让经营性用地。《物权法》第137条第2款也作了相似的规定。国土资源部的规定属于国家政策的范畴。根据上述规定，结合最高人民法院有关会议精神，2002年7月1日之后，凡是以协议方式签订的经营性建设用地使用权出让合同应依法认定为无效，但7月1日之前已经政府有关部门前置审批或者签订土地使用权出让合同的除外。

《重庆市国土房管局关于完善地价政策促进商业商务房地产去库存的通知》

一、依法出让的商业商务用地或商住用地（含居住用地），申请修改控制性详细规划，属以下情形之一的，国土部门应报经有批准权的人民政府批准收回国有土地使用权，并经规划部门依法修改控制性详细规划后，由国土部门按照法定程序重新招拍挂出让。

（一）整宗土地改变土地用途（用地性质）的（如：出让商业商务用地调整为居住用地）；

（二）原土地出让时设置了土地权利限制等前置条件未履行，或规划调整后将影响到合同履行的；

（三）已构成闲置土地的。

《浙江省人民政府办公厅关于加强土地出让管理工作的通知》

四、严格土地出让履约管理

（一）严格规划条件变更审批。土地出让成交后，一般不得改变土地用途和容积率等规划条件。确需变更土地用途和容积率等规划条件的，在符合《中华人民共和国城乡规划法》《浙江省城乡规划条例》等法律法规规定的前提下，应履行专家论证、公示等程序；涉及修改所在地块控制性详细规划的，应依法修改规划，不得以会议纪要、抄告单等文件形式替代规定的变更程序。规划、国土资源、建设等部门要加强土地出让后合同约定、规划条件执行情况的监督检查。

《安徽省国有经营性建设用地出让管理办法》

第十八条第一款　严格国有出让土地使用条件管理。任何单位和个人不得擅自改变土地使用条件。确需改变土地用途，须经出让方和规划管理部门同意，原土地使用权人可以与市、县国土资源管理部门签订《国有建设用地使用权出让合同变更协议》或重新签订《国有建设用地使用权出让合同》，调整国有建设用地使用权出让金，但《国有建设用地使用权出让合同》、法律、法规等明确应当收回土地使用权重新公告出让的除外。

《四川省人民政府关于进一步加强土地出让管理的规定》

（八）完善土地出让合同内容。土地出让成交后，必须在10个工作日内签订出让合同，受让人逾期不签订合同的，出让人应终止供地、不退还定金。土地出让合同应严格约定交地时间、开竣工时间、容积率等规划条件、价款及缴纳方式、违约责任等内容。出让价款缴纳期限不得超过1年，可一次性付款或分期付款；分期付款的，首次缴纳比例不得低于全部土地出让价款的50%且缴纳期限不得超过1个月。对工业用地改变用途的，必须明确约定由政府收回土地使用权，重新按规定程序出让。

（十）规范土地用途、容积率等规划条件调整。土地出让后，原则上不允许调整既定规划条件，确需调整土地用途、容积率指标的，必须符合法律法规政策规定并经政府常务会议审议决定。调整前和调整后的内容必须在批准调整后5日内向社会公示，公示时间不得少于20日。

《青海省人民政府关于进一步加强经营性建设用地招标拍卖挂牌出让管理的意见》

（九）严格规划条件调整。经营性建设用地出让后，原则上不允许调整既定规划条件；确需调整土地用途、容积率指标等规划条件的，由有关部门以听证会等形式听取利害关系人的意见并依法审查后，经土地出让领导机构集体决策，报同级人民政府批准。经批准调整容积率的，要按照批准调整时的地价，核定应补缴的土地出让价款。调整前和调整后的内容必须在批准调整后5日内向社会公示，公示时间不得少于20日。严禁保障性住房用地改变用地性质。改变保障性住房用地性质搞房地产开发的，已建成的没收违法所得；在建和尚未开工建设的收回土地使用权，重新招标拍卖挂牌出让。

以下为该案在法院审理阶段，裁判文书中“本院认为”部分就该问题的论述：

本案被诉行政行为即康府办抄字（2014）177号抄告单中关于“按以下程序办理：（1）先由政府按法定程序彻底收回土地（含地上建筑物，有租赁关系的由区国资办承接），注销原有土地使用证，并对原土地使用权属和地上建筑物进行合理补偿（地上建筑物的补偿价值由财政、审计部门联合审核确定）。（2）政府收回土地后，变更土地用途并重新出具规划设计条件，由政府委托有资质的评估机构按商住用地规划条件进行价值评估，评估价值由区财政局和审计局认定后，再编制土地拍卖出让方案，经区政府批准后依法进行网上公开拍卖出让”的内容，属于土地用途变更登记程序问题。对此，《中华人民共和国城市房地产管理法》第十八条规定：“土地使用者需要改变土地使用权出让合同约定的土地用途的，必须取得出让方和市、县人民政府城市规划行政主管部门的同意，签订土地使用权出让合同变更协议或者重新签订土地使用权出让合同，相应调整土地使用权出让金”。《中华人民共和国城镇国有土地使用权出让和转让暂行条例》第十八条及《江西省城市国有土地使用权出让和划拨管理条例》第十六条亦与该条内容一致。根据上述法律法规，经批准同意改变土地用途的，土地使用者一般可通过签订土地使用权出让合同变更协议或重新签订土地使用权出让合同并调整土地使用权出让金的方式办理变更登记手续。本案上诉人赖正福（南康市方正床单厂）与原南康市国土资源局于2004年签订的《国有土地使用权出让合同》第六条明确约定：“本合同项下的出让地块，按照批准的总体规划是建设工业用地项目。在出让期限内，如需改变本合同规定的土地用途应当取得甲方和城市规划主管部门批准，依照有关规定重新签订土地使用权出让合同，调整土地使用权出让金，并办理土地使用权变更登记手续，换发土地使用权证书”。该约定在不违背法律、法规强制性规定的前提下，应当予以履行。

经查，南康区政府于2014年7月24日作出本案被诉行政行为时，关于改变土地用途应当收回土地使用权的强制性规定主要有《国务院关于清理整顿各类开发区加强开发用地管理的通知》（国办发〔2003〕70号）第四条关于“协议出让的土地改变为经营性用地的，必须先经城市规划部门同意，由国土资源行政主管部门统一招标拍卖挂牌出让”的规定以及《国务院关于促进节约集约用地的通知》（国发〔2008〕3号）第三条第十四项关于“土地出让合同和划拨决定书要严格约定建设项目投资额、开竣工时间、规划条件、价款、违约责任等内容。对非经营性用地改变为经营性用地的，应当约定或明确政府可以收回土地使用权，重新依法出让”的规定。后国土资源部、国家工商行政管理总局发布的《国有建设用地使用权出让合同（示范文本）》（国土资发〔2008〕86号）在第十八条即增加了由出让人有偿收回建设用地使用权的情形，并在使用说明第十二条中明确，“本合同第十八条中，在土地出让期限内，非经营性用地改变为经营性用地的，应当按照《国务院关于促进节约集约用地的通知》（国发〔2008〕3号）的规定执行。国家新出台的法律政策对改变土地用途有规定的，签订出让合同时，应当按照最新规定填写”。但本案被上诉人在作出被诉行政行为时，并未提供证据证明涉案土地属于《国务院关于清理整顿各类开发区加强开发用地管理的通知》和《国务院关于促进节约集约用地的通知》规定的应当收回土地使用权重新公开出让的情形。

被上诉人提出其作出被诉行政行为的法律依据为《招标拍卖挂牌出让国有建设用地使用权规定》第四条关于“工业、商业、旅游、娱乐和商品住宅等经营性用地以及同一宗地有两个以上意向用地者的，应当以招标、拍卖或者挂牌方式出让”的规定及《协议出让国有土地使用权规范（试行)》第4.3条关于协议出让国有土地使用权范围的规定。被上诉人认为本案涉案土地已经调整规划为居住用地，不属于法律规定的可以采取协议方式补交土地出让金改变土地用途的情况，故其可以要求彻底收回土地使用权并重新招拍挂出让。本院认为，土地供地出让与土地出让后改变建设用途是两种不同的程序，《招标拍卖挂牌出让国有建设用地使用权规定》第四条及《协议出让国有土地使用权规范（试行)》第4.3条均规定的是政府对其已收储土地进行出让的程序，而非土地使用者取得土地之后办理变更登记的程序。且《协议出让国有土地使用权规范（试行)》在第4.3条规定协议出让范围的同时，于第八条专门规定了“出让土地改变用途等土地使用条件的处理”，即“出让土地申请改变用途等土地使用条件，经出让方和规划管理部门同意，原土地使用权人可以与市、县国土资源管理部门签订《国有土地使用权出让合同变更协议》或重新签订《国有土地使用权出让合同》，调整国有土地使用权出让金，但《国有土地使用权出让合同》、法律、法规、行政规定等明确应当收回土地使用权重新公开出让的除外。原土地使用权人应当按照国有土地使用权出让合同变更协议或重新签订的国有土地使用权出让合同约定，及时补缴土地使用权出让金额，并按规定办理土地登记”。《协议出让国有土地使用权规定》第十六条亦有一致规定。被上诉人根据《招标拍卖挂牌出让国有建设用地使用权规定》第四条及《协议出让国有土地使用权规范（试行)》第4.3条作出本案被诉行政行为的答辩理由不能成立，本院不予支持。

上诉人另请求被上诉人履行给其办理该宗地的土地用途变更补交土地出让金手续的法定职责，或责成下属部门在合理期限内依法给其办理后续的土地用途变更登记及其他相关手续。根据《中华人民共和国土地管理法》第五十六条关于“建设单位使用国有土地的，应当按照土地使用权出让等有偿使用合同的约定或者土地使用权划拨批准文件的规定使用土地；确需改变该幅土地建设用途的，应当经有关人民政府土地行政主管部门同意，报原批准用地的人民政府批准”的规定及《中华人民共和国土地管理法实施条例》第六条第二款关于“依法改变土地用途的，必须持批准文件，向土地所在地的县级以上人民政府土地行政主管部门提出土地变更登记申请，由原土地登记机关依法进行变更登记”的规定，批准改变土地用途后应由土地使用者持批准文件向土地行政主管部门提出申请，由土地行政主管部门依法审查处理。故该项诉请不属于被上诉人的法定行政职责，本院不予支持。

延伸阅读

裁判规则一：工业用地变更为商业用地的，必须采取招标、拍卖等公开竞价的方式出让。

案例1：广西柳州赐福房地产有限公司与防城港市港口区仙人湾加油站合同纠纷再审审查与审判监督民事裁定书［广西壮族自治区高级人民法院（2016）桂民申934号］认为，“赐福公司认为根据《合作开发合同书》第四条第4点约定，仙人湾加油站应在2014年4月前将涉案土地由工业用地转变为商业用地，但根据《中华人民共和国物权法》第九条规定：‘不动产物权的设立、变更、转让和消灭，经依法登记，发生效力；未经登记，不发生效力，但法律另有规定的除外。’第一百三十七条第二款规定：‘工业、商业、旅游、娱乐和商品住宅等经营性用地以及同一土地有两个以上意向用地者的，应当采取招标、拍卖等公开竞价的方式出让。’《中华人民共和国城市房地产管理法》第十八条规定：‘土地使用者需要改变土地使用权出让合同约定的土地用途的，必须取得出让方和市、县人民政府城市规划行政主管部门的同意，签订土地使用权出让合同变更协议或者重新签订土地使用权出让合同，相应调整土地使用权出让金。’《招标拍卖挂牌出让国有土地使用权规定》（国土资源部令第39号）第四条：‘商业、旅游、娱乐和商品住宅等各类经营性用地，必须以招标、拍卖或者挂牌方式出让。’土地性质的变更采取登记主义，需要取得出让方和市、县人民政府城市规划行政主管部门的同意，签订土地使用权出让合同变更协议或者重新签订土地使用权出让合同，相应调整土地使用权出让金后方可申请变更登记；工业用地变更为商业用地的，必须采取招标、拍卖等公开竞价的方式出让。”

裁判规则二：土地使用权转让合同约定转让后改变土地用途，通过政府以招拍挂的方式进行转让，该约定符合相关法律法规的规定。

案例2：安达市汇龙房地产开发有限公司、黑龙江双龙房地产开发有限公司、原审被告大庆市汇龙程宇购物广场有限公司建设用地使用权转让合同纠纷二审民事判决书［黑龙江省高级人民法院（2014）黑民终字第49号］认为，“关于汇龙开发公司主张通过招拍挂取得涉案土地使用权，无需向双龙开发公司支付转让款的问题。瀚尊开发公司出让取得了涉案土地使用权，依法有权利转让该土地使用权。其与汇龙开发公司签订《协议书》，约定将土地使用权转让，汇龙开发公司作为土地使用权受让人，应当支付转让价款。依据《中华人民共和国城市房地产管理法》第四十四条规定：‘以出让方式取得土地使用权的，转让房地产后，受让人改变原土地使用权出让合同约定的土地用途的，必须取得原出让方和市、县人民政府城市规划行政主管部门同意，签订土地使用权出让合同变更协议或者重新签订土地使用权出让合同，相应调整土地使用权出让金’；《中华人民共和国城镇国有土地使用权出让和转让暂行条例》第十八条规定：‘土地使用者需要改变土地使用权出让合同规定的土地用途的，应当征得对方同意并经土地管理部门和城市规划部门批准，依照本章的有关规定重新签订土地使用权出让合同，调整土地使用权出让金，并办理登记’，该条例第二十七条规定：‘土地使用权转让后，需要改变土地使用权出让合同规定的土地用途的，依照本条例第十八条的规定办理。’国土资源部发布的《招标拍卖挂牌出让国有土地使用权规定》第四条规定：‘商业、旅游、娱乐和商品住宅等各类经营性用地，必须以招标、拍卖或者挂牌方式出让。’涉案土地在转让时的用途为住宅用地，转让后的用途为建设商业用房。双方在《协议书》中明确约定，转让时通过政府以招拍挂的方式转让土地使用权，并约定了规划设计方案经政府批准后办理招拍挂手续，缴纳招拍挂保证金，土地出让金交纳的义务人为汇龙购物广场。该约定内容符合上述法律法规的规定。实际履行中，经政府有关部门批准后，安达市国土资源局对涉案土地按照上述规定，通过招拍挂形式对涉案土地使用权进行拍卖，并且汇龙开发公司通过竞拍取得商业用地使用权后，仍然向双龙开发公司支付转让款并出具欠据。综上，因汇龙购物广场、汇龙开发公司基于土地使用权转让协议约定、土地改变用途的事实、相关法律法规的规定，应当履行土地竞拍程序、缴纳土地出让金并给付转让款。汇龙开发公司主张取得涉案土地使用权与双龙开发公司无关，不应支付转让款的上诉理由不能成立，本院不予支持。”

003 开发商是否能分享土地出让收益？如何认定土地一级开发合同相关条款效力*

——土地整理合同中关于开发商可分享未来土地拍卖成交价款的约定合法有效

以往实践中，政府在土地一级开发过程中由于资金不足，常常会吸引社会资本参与，由政府部门与投资企业签订土地整理合同，约定由投资企业投入资金进行土地整理，土地将来挂牌交易时，如果投资企业最终取得土地使用权，则只需交纳土地出让金即可，如投资企业未能竞得，则政府按成交价一定比例返还给投资企业。该等约定是否有效，在司法实践中存在较大争议，但最高法院的裁判观点认为该等约定有效。

值得注意的是，2016 年 2 月 2 日财政部等四部门发布的《关于规范土地储备和资金管理等相关问题的通知》对该问题作出了规定："项目承接主体或供应商应当严格履行合同义务，按合同约定数额获取报酬，不得与土地使用权出让收入挂钩，也不得以项目所涉及的土地名义融资或者变相融资。"

裁判要旨

政府部门与企业签订土地整理合同，约定企业履行筹集资金完成土地的整理拆迁等义务，如果土地将来挂牌交易时由该企业取得使用权，则该企业仅支付土地出让金，不再支付其他费用；如果由其他主体取得，则该企业有权取得实际拍卖成交价与土地出让金的差额部分。该约定不属于以合法形式掩盖非法目的、损害国家利益的情形，应认定合法有效。

案情简介

一、于洪管委会与顺丰公司签订《协议书》及相关补充协议，约定：由顺丰公司对于洪新城段浑河滩地地块进行土地整理，顺丰公司承担筹集资金完成整理拆迁等义务；如果案涉土地将来挂牌交易由顺丰公司取得使用权，则顺丰公司仅支付土

---

* 案件来源：沈阳市于洪区于洪新城管理委员会与沈阳顺丰房地产开发有限公司、沈阳市于洪区人民政府、沈阳市人民政府土地整理合同纠纷二审民事判决书［最高人民法院（2013）民一终字第 72 号］。

地出让金，不再支付其他费用；如果案涉土地将来挂牌交易由其他主体取得，则顺丰公司有权取得实际拍卖成交价与土地出让金的差额部分。

二、后于洪区政府以市政府决定为由暂停案涉土地的拆迁工作，顺丰公司遂起诉至辽宁高院，主张于洪区政府单方撕毁合同，属根本违约，请求判令：继续履行案涉的相关协议；于洪区政府及于洪管委会连带赔偿投入开发成本损失363788778.89元、可得利益损失982014160元、违约金980万元。之后，顺丰公司表示在合同继续履行的情况下，可以放弃其他诉讼请求。

三、于洪管委会答辩称，土地整理协议有关土地出让价款收支的约定，违反《国务院办公厅关于规范国有土地使用权出让收支管理的通知》第一条、第二条等规定，应认定无效。

四、辽宁高院判决：顺丰公司与于洪管委会签订的《协议书》及补充协议合法有效，继续履行。

五、于洪管委会不服，上诉至最高法院，主张案涉协议的实质内容是为了保证顺丰公司获取超出土地出让金的十几亿元人民币的土地收益，显然会造成国有资产流失，请求改判于洪管委会与顺丰公司签订的《协议书》以及相关补充协议均属于无效协议。最高法院判决：驳回上诉，维持原判。

裁判要点

本案的主要争议焦点为案涉土地整理合同的效力。于洪管委会主张，案涉协议以合法形式掩盖非法目的、损害国家利益，应认定无效。

对此，最高法院认为：首先，《国务院关于加强国有土地资产管理的通知》（国发〔2001〕15号）、《国务院办公厅关于规范国有土地使用权出让收支管理的通知》（国办发〔2006〕100号）等国家有关部门发布的规范性文件，不属于法律、行政法规，不能依据上述规范性文件认定合同无效；其次，从案涉协议的内容来看，顺丰公司的收益数额存在着不确定性，案涉协议并非土地使用权转让合同，并未侵害公共利益。因此，案涉协议应认定为合法有效的合同。

实务经验总结

前事不忘，后事之师。为避免未来发生类似败诉，提出如下建议：

政府部门与企业签订土地整理合同，约定由企业先出资进行土地整理，待土地挂牌出让后企业可分享出让收益的，该等约定合法有效。政府无权以该等约定违反了相关规范性文件中关于土地使用权出让收支管理的规定为由，主张合同无效。

值得注意的是，财政部、国土资源部、中国人民银行、中国银行业监督管理委员会发布的《关于规范土地储备和资金管理等相关问题的通知》（财综〔2016〕4号）规定，“项目承接主体或供应商应当严格履行合同义务，按合同约定数额获取报酬，不得与土地使用权出让收入挂钩，也不得以项目所涉及的土地名义融资或者变相融资。对于违反规定的行为，将按照《预算法》、《政府采购法》、《政府采购法实施条例》、《政府购买服务管理办法（暂行）》等规定进行处理”。由于该通知也非法律、行政法规，亦不会影响土地整理合同的效力，但可能对合同的履行造成影响。

相关法律规定

《国务院关于加强国有土地资产管理的通知》

二、严格实行国有土地有偿使用制度

……

要进一步加强国有土地收益的征收和管理，任何单位和个人均不得减免和挤占挪用土地出让金、租金等土地收益。对于低价出让、租赁土地，随意减免地价，挤占挪用土地收益，造成国有土地资产流失的，要依法追究责任。

《国务院办公厅关于规范国有土地使用权出让收支管理的通知》

一、明确国有土地使用权出让收入范围，加强国有土地使用权出让收入征收管理

国有土地使用权出让收入（以下简称土地出让收入）是政府以出让等方式配置国有土地使用权取得的全部土地价款，包括受让人支付的征地和拆迁补偿费用、土地前期开发费用和土地出让收益等。……任何地区、部门和单位都不得以“招商引资”、“旧城改造”、“国有企业改制”等各种名义减免土地出让收入，实行“零地价”，甚至“负地价”，或者以土地换项目、先征后返、补贴等形式变相减免土地出让收入。

以下为该案在法院审理阶段，判决书中“本院认为”部分就该问题的论述：

本案的争议焦点是：于洪管委会与顺丰公司之间的协议效力应如何认定。

第一，于洪管委会、于洪区政府在诉讼中主张的《土地储备管理办法》（国土资发〔2007〕277号）、《国务院关于加强国有土地资产管理的通知》（国发〔2001〕15号）、《国务院办公厅关于规范国有土地使用权出让收支管理的通知》（国办发〔2006〕100号）等国家有关部门发布的规范性文件，不属于法律、行政法规，于

洪管委会、于洪区政府以案涉协议违反上述规范性文件为理由主张合同无效，不能成立，本院不予支持。

第二，关于《协议书》和《补充协议书（之一）》是否因违反《中华人民共和国招标投标法》的强制性规定而无效的问题，本院认为，案涉合同为土地整理合同，不属于《中华人民共和国招标投标法》第三条规定的必须招投标的合同范围。其次，从案涉协议书的内容来看，作为一方当事人的于洪管委会利用顺丰公司投入的前期资金完成土地整理工作，一方面节省了于洪管委会土地整理的前期投入，另一方面顺丰公司的收益确定方式为，如果未来顺丰公司通过合法程序取得案涉土地的使用权，则无需支付除土地出让金之外的其他费用；如果未来由其他主体取得案涉土地的使用权，则顺丰公司取得土地综合地价与土地出让金之间的差价。从该受益方式看，顺丰公司的收益数额也存在着不确定性。因此，从合同的内容来看，案涉协议也并未侵害公共利益。基于上述理由，本院认为，案涉协议并未违反招标投标法的强制性规定，应认定为合法有效的合同。

第三，根据《协议书》、《于洪新城浑河滩地拆迁工作协议》、《补充协议书（之一）》及沈阳市于洪区财政局于2007年9月11日向顺丰公司出具的信函，顺丰公司负担筹集资金完成案涉土地的整理拆迁等义务，顺丰公司的权利则为，如果案涉土地将来挂牌交易由顺丰公司取得，则顺丰公司仅支付土地出让金不再支付其他费用；如果案涉土地将来挂牌交易由其他主体取得，则顺丰公司有权取得实际拍卖成交价与土地出让金的差额部分。从上述协议的内容来看，于洪管委会与顺丰公司之间并非土地使用权转让合同。于洪管委会认为案涉协议以合法形式掩盖非法目的、损害国家利益从而无效的主张不能成立。

延伸阅读

一、认定政府部门与企业签订土地整理合同约定由企业先出资完成土地整理，再根据土地竞拍成交价格获得不特定的回报的，该约定损害了国家利益和社会公共利益，应当认定无效的案例

案例1：江苏亿佳房地产开发有限公司与淮安市清河城市资产经营有限公司、淮安市清河区人民政府合资、合作开发房地产合同纠纷二审民事判决书［江苏省高级人民法院（2015）苏民终字第00244号］认为，“简而言之，《西安路合作协议》就是亿佳公司向资产公司出借3000万元供其完成土地整理，而亿佳公司在该土地挂牌竞拍中根据成交价格获得不特定的回报。《西安路合作协议》约定的‘奖励’源自土地出让收益，2012年3月29日《协议书》中约定的2997万元奖励款也正是

应由国家获得的该地块的土地出让收益。这种变相减免土地出让金、挤占挪用土地收益的行为明显损害了国家利益和社会公共利益，不应得到法律的支持，因此，《西安路合作协议》、《协议书》均应认定无效，亿佳公司上诉认为协议有效，本院不予支持。”

案例 2：淮安市清江浦城市资产经营有限公司与江苏和润置业有限公司破产债权确认纠纷二审民事判决书［江苏省高级人民法院（2017）苏民终 668 号］认为，“案涉《框架协议》约定案涉地块的拆迁安置工作由资产公司负责，和润公司向资产公司提供土地前期整理资金 3000 万元，而和润公司根据案涉地块挂牌竞拍情况获得不特定的奖励或补偿。《框架协议》约定资产公司同意将返回到区财政的土地出让金首先用于拆迁补偿安置，如有结余，结余部分的 80%奖励给和润公司，作为对项目建设的奖励和支持。即将土地出让金全部用于土地拆迁补偿安置，如有余额奖励给和润公司，《框架协议》约定的奖励源自土地出让收益，系变相减免土地出让金、挤占挪用土地收益的行为，明显损害了国家利益和社会公共利益，不应得到法律的支持，因此，案涉《框架协议》应认定无效，资产公司关于《框架协议》合法有效的上诉理由，本院不予采信。”

二、认定政府与他人以固定收益加分成模式进行土地一级开发所签订的投资协议合法有效的案例

案例 3：四川千易投资有限公司与郫县安德镇人民政府合同纠纷申诉、申请再审民事裁定书［最高人民法院（2016）最高法民申 2548 号］认为，“原审判决认定本案双方签订的《土地整理协议》和《投资协议》是双方当事人的真实意思表示，不违反法律、行政法规的强制性规定，双方并不存在恶意串通，损害国家、集体或第三人利益的情形，也不存在《中华人民共和国合同法》第五十二条规定的其他导致合同无效的情形，认为该两份协议合法有效，并无不当。从两份协议的性质分析，双方签订的《土地整理协议》和《投资协议》，性质应为投资协议。名义上是土地整理，实际上是千易公司与镇政府之间约定固定收益加分成模式的土地一级开发市场的投资模式。”

004 棚户区改造项目中，政府能否预先承诺投资企业可优先摘牌土地*

——棚户区改造项目中，政府部门与企业之间关于企业先垫资拆迁、后优先摘牌土地的约定合法有效

实践中，一些政府部门在棚户区改造项目招商引资过程中，与投资企业签署合同约定：投资企业先垫付拆迁补偿金，在未来棚户区改造项目土地挂牌时优先摘牌，以吸引投资企业。该等约定是否符合土地管理的规定，是否有效？最高法院认可该等约定的效力，因此如果政府部门未履行给予投资企业优先摘牌机会的义务，则应当承担违约责任。

裁判要旨

政府部门与企业就棚户区改造项目未来的土地摘牌达成协议，约定企业在垫付拆迁补偿金后，政府部门可通过协调的方式给予企业优先摘牌的权利，垫付的拆迁补偿金计入成交总地价款的，该等约定合法有效。

案情简介

一、2008 年 7 月，锦州住建局与茂源公司就锦州市万年里棚户区改造项目达成《意向书》，约定茂源公司在万年里棚户区项目挂牌前，垫付拆迁补偿金 280 万元，锦州住建局就万年里棚户区挂牌条件予以协调，同等条件下茂源公司可以优先摘牌，垫付的拆迁补偿金计入成交总地价款。

二、茂源公司依约向锦州住建局支付 280 万元，锦州住建局出具收款收据，其中收款事由一栏载明“定金”。

三、2008 年 8 月，锦州住建局与茂源公司签订《协议书》，约定由茂源公司承担万年里片棚户区改造项目；锦州住建局承诺于 2008 年 9 月完成该项目土地出让挂牌工作，并为茂源公司落实该项目改造优惠政策；茂源公司应在规划红线内进行开发建设，包括大型超市 1 座、被拆迁人货币补偿以及回迁安置经济适用住房的投

---

* 案件来源：锦州市住房和城乡建设局、辽宁茂源置业有限公司与锦州市住房和城乡建设局、辽宁茂源置业有限公司合同纠纷申请再审民事裁定书［最高人民法院（2015）民申字第 2556 号］。

资或建设。

四、后因项目没有最后落实实施，锦州住建局返还茂源公司 280 万元。

五、茂源公司向锦州中院起诉，请求：锦州住建局返还定金 280 万元、赔偿违约损失 680 万元。锦州住建局在庭审中同意给付茂源公司 44 万元作为补偿。锦州中院认为，茂源公司支付的并非定金，故判决：锦州住建局给付茂源公司 44 万元。

六、茂源公司不服，上诉至辽宁高院，主张锦州住建局违反《意向书》的约定，未能实现茂源公司对案涉项目的优先摘牌，已构成违约，应赔偿损失。辽宁高院认为，《意向书》有效，锦州住建局已根本违约，且茂源公司支付的 280 万元为定金性质。故判决：锦州住建局在返还定金 280 万元的基础上，应再给付茂源公司 280 万元及 44 万元。

七、锦州住建局不服，向最高法院申请再审，最高法院裁定驳回其再审申请。

裁判要点

最高法院认为锦州住建局应返还定金的原因在于：

第一，《意向书》合法有效。《意向书》是锦州住建局与茂源公司就万年里棚户区改造项目今后摘牌或订立有关协议而达成的协议，双方约定了茂源公司在缴付 280 万元后，锦州住建局可通过协调的方式给予其“优先摘牌”机会。据此，该《意向书》是双方真实意思表示，不存在《中华人民共和国合同法》第五十二条规定的合同无效的情形，应当有效。

第二，茂源公司向锦州住建局缴付的 280 万元款项性质为定金。虽然《意向书》未约定该部分款项为定金，但锦州住建局出具的收据均载明“定金”和“退定金”的内容，且茂源公司一直主张该款项是定金。

第三，锦州住建局已违约，依据定金罚则应双倍返还定金。基于《意向书》的约定，锦州住建局在收取了 280 万元后即承担了必须协调并给予茂源公司“优先摘牌”机会的义务。但锦州住建局此后未能依约履行该义务，构成违约。依据《中华人民共和国担保法》第八十九条关于“给付定金的一方不履行约定的债务的，无权要求返还定金；收受定金的一方不履行约定的债务的，应当双倍返还定金”的规定，茂源公司有权向锦州住建局主张双倍返还定金。在锦州住建局已返还 280 万元基础上，锦州住建局还应当向茂源公司支付 280 万元。

实务经验总结

前事不忘，后事之师。为避免未来发生类似败诉，提出如下建议：

政府部门在棚户区改造项目中不应当随意与投资企业签订合同，承诺让投资企业在未来的项目土地挂牌中优先摘牌。因为该等约定合法有效，政府部门未按照合同约定履行给予投资企业优先摘牌机会义务的，应当向投资企业承担违约责任。

相关法律规定

《中华人民共和国合同法》

第五十二条 有下列情形之一的，合同无效：

（一）一方以欺诈、胁迫的手段订立合同，损害国家利益；

（二）恶意串通，损害国家、集体或者第三人利益；

（三）以合法形式掩盖非法目的；

（四）损害社会公共利益；

（五）违反法律、行政法规的强制性规定。

《中华人民共和国担保法》

第八十九条 当事人可以约定一方向对方给付定金作为债权的担保。债务人履行债务后，定金应当抵作价款或者收回。给付定金的一方不履行约定的债务的，无权要求返还定金；收受定金的一方不履行约定的债务的，应当双倍返还定金。

以下为该案在法院审理阶段，判决书中“本院认为”就该问题的论述：

一、关于《意向书》的效力以及双方是否约定了定金的问题。双方当事人于2008年7月21日签订的《意向书》是锦州住建局与茂源公司就锦州市万年里棚户区改造项目今后摘牌或订立有关协议而达成的协议，双方约定了茂源公司在缴付280万元后，锦州住建局可通过协调的方式给予其“优先摘牌”。据此，该《意向书》是双方真实意思表示，不存在《中华人民共和国合同法》第五十二条规定的合同无效的情形，应当有效。对于定金约定存在与否，茂源公司在起诉时主张《意向书》中的280万元系其基于取得“万年里棚户区改造项目”而向锦州住建局支付的定金，并就该主张提供了由锦州住建局出具的两张收款收据以及两张退款收据。从四张收据记载内容看，上面均写明了款项为“定金”。锦州住建局认可收据的真实性，但自称是内部工作人员书写失误所致，并提供茂源公司在2012年12月20日给锦州市人民政府的《关于锦州万年里棚户区改造项目拟请市政府帮助协调解决实际困难和问题的函》及2011年1月24日《关于锦州市凌河区万年里棚户区改造项目的情况报告》，主张茂源公司已认可280万元是其垫付的补偿款。对此，本院认为，首先，两张收款收据系于2008年8月5日出具，而退款收据是分别于2010年2月8日和2012年1月形成的，且无论是收款抑或退款均是通过锦州住建局的项目保证金账户，因此，对于四张分别出具的、先后历时近四年形成的收据均载明“定金”和“退定金”的内容，作为应当有着严格财务管理制度的政府机关，锦州住建局仅仅以其工作人员的笔误为由作出解释，明显不能成立。其次，茂源公司在《关于锦州万年里棚户区改造项目拟请市政府帮助协调解决实际困难和问题的函》中最后提出了“返还280万元定金，酌情补偿我公司前期损失”的主张，并非认可280万元性质为补偿款。再次，茂源公司在《关于锦州市凌河区万年里棚户区改造项目的情况报告》中明确主张“市建委向我借用资金是以收取定金的名义收取的”。据此，锦州住建局所提供的上述函件及情况报告证实茂源公司在此前一直提出有关定金的主张，并非茂源公司认可此款是补偿款。依据《最高人民法院关于适用〈中华人民共和国民事诉讼法〉的解释》第一百零八条第一款“对负有举证证明责任的当事人提供的证据，人民法院经审查并结合相关事实，确信待证事实的存在具有高度可能性的，应当认定该事实存在”的规定，二审法院认定茂源公司缴付的280万元款项为定金，并无不当。

二、关于二审法院依据定金罚则判决锦州住建局给付茂源公司280万元是否属于适用法律错误的问题。基于《意向书》的约定，锦州住建局在收取了280万元后即承担了必须协调并给予茂源公司“优先摘牌”机会的义务。但锦州住建局此后未能依约履行该义务，构成违约。前已论述，有证据证明《意向书》中约定的280万元款项为定金，故依据《中华人民共和国担保法》第八十九条关于“当事人可以约定一方向对方给付定金作为债权的担保。债务人履行债务后，定金应当抵作价款或者收回。给付定金的一方不履行约定的债务的，无权要求返还定金；收受定金的一方不履行约定的债务的，应当双倍返还定金”的规定，茂源公司有权向锦州住建局主张双倍返还定金。据此，在锦州住建局已返还280万元情形下，二审法院适用定金罚则判决锦州住建局支付280万元符合法律规定，并不存在适用法律错误的情形。

005 政府领导讲话和红头文件未写进土地出让合同，就不能据此主张政府承担违约责任*

——县领导讲话和政府红头文件只要没有写进土地出让合同就不构成合同的一部分，不能据此主张政府承担违约责任

对于政府领导讲话和红头文件中已明确作出的“承诺”，能否据此主张政府的违约责任？本案例认为，该等“承诺”并非合同内容，不能据此主张违约责任。因此，重大交易的任何条款均应当签订白纸黑字的书面合同。

裁判要旨

合同内容应通过当事人协商一致的合同条款体现。县领导的讲话和县政府的规定是宏观指导性的，并不当然构成合同的一部分。原告主张县领导的讲话和县政府规范性文件的证据证明力优于竞买须知等，法律依据不足，法院不予采信。

案情简介

一、2011 年 3 月 6 日，佟玲嫚经过公开竞价，竞得涉案黑山县 201101-3 地块，成交价 9300 万元，并于当日签订《拍卖成交确认书》。确认书约定，竞得人应在 10 个工作日内与委托人签订《国有土地使用权出让合同》。《拍卖成交确认书》签订后，佟玲嫚与黑山县国土局一直未签订国有土地使用权出让合同。

二、黑山县政府对案涉地块进行拆迁过程中，与拆迁户腾万利因拆迁补偿款金额无法达成一致，一直未动迁。2012 年 3 月 21 日，佟玲嫚利用黑山县政府房屋征收办公室的空白合同与腾万利签订房屋征收补偿安置协议书，黑山县政府房屋拆迁办公室其后加盖了公章。协议签订后，佟玲嫚向腾万利支付了安置补偿款 260 万元。

三、在辽宁黑山房地产暨商业地产招商推介会上，黑山县县长汪兴代表政府承诺“毛地竞拍，净地出让”，县委、县政府对中标标段基础设施量化工程建设保证到位，中标后 60 天内交付净地，如有违约政府承担全部责任。

四、2010 年 4 月 11 日黑山县政府发布的黑政发（2010）10 号《黑山县人民政

---

* 案件来源：佟玲嫚与黑山县国土资源局、黑山县人民政府建设用地使用权出让合同纠纷二审民事判决书［最高人民法院（2014）民一终字第 7 号］。

府关于鼓励支持房地产开发商参与危旧房棚户区改造有关政策的规定》承诺自开发企业竞标摘牌签约之日起90日内完成拆迁，并承诺完成拆迁区域内“两通一平”。

五、佟玲嫚已经向黑山县国土局交付5255万元土地出让金，案涉土地已取得建设用地规划许可证，所开发8栋房屋均已办理商品房预售许可证。

六、佟玲嫚提起诉讼，请求：（一）判令黑山县国土局与其签订《国有建设用地使用权出让合同》。（二）判令黑山县政府立即开通201101-3地块前的规划路。（三）判令黑山县国土局与黑山县政府赔偿经济损失142907743元（1. 违约金按9300万元的日1‰计算，暂计至2012年8月6日共计4185万元；2. 原告自行安置拆迁户损失拆迁赔偿费580万元；3. 由于延迟开工造成建筑材料报废、资金占用利息损失，共计2161700元；4. 由于无法施工，施工人员、技术人员需在现场待命，造成劳务损失418.8万元；5. 工程迟延导致58户解除预售合同，因楼盘均价下降导致合同差价损失4096224元；6. 额外承担安置费用34211819元；7. 商业信誉损失5000万元）。（四）由黑山县国土局与黑山县政府承担本案诉讼费用。

七、辽宁省高院一审判决：黑山县政府于判决生效后10日内给付佟玲嫚拆迁补偿款757401.20元，驳回其他诉讼请求。

八、佟玲嫚不服一审判决，向最高人民法院提起上诉。最高人民法院判决驳回上诉，维持原判。

裁判要点

没签书面的《国有土地使用权出让合同》，县政府领导讲话和县政府红头文件的“承诺”更没有写进《国有土地使用权出让合同》，仅凭领导讲话和县政府红头文件提出亿元级别违约责任的诉讼请求，缺乏法律和合同依据。

最高法院判决认为，“合同的组成部分，即合同内容，是指合同当事人依据法律规定和合同约定所产生的权利义务关系，从内在结构而言，应通过当事人协商一致的合同条款体现。本案中，黑山县领导的讲话和黑山县政府的规定，是宏观指导性的，并不当然构成合同的一部分，一审法院对此性质认定并无不当。佟玲嫚主张黑山县领导的讲话和黑山县政府规范性文件的证据证明力优于竞买须知等，法律依据不足，本院不予采信”。

虽然笔者不认同政府这种“不诚信”的行为，但是从法律上而言，合同具有相对性：当事人依法通过合同约定产生的权利义务关系，应通过当事人协商一致的合同条款体现。原告在没有签订《国有土地使用权出让合同》，更没有将县领导讲话、县政府的红头文件的内容写进合同的情况下，仅凭县领导讲话和县政府红头文件，试图主张政府违背净地交付时间、拆迁完成时间、拆迁区域“两通一平”等承诺的“违约责任”，是没有合同依据的。

本案至诉讼完成一直没有签署《国有土地使用权出让合同》，更加没有约定要把黑山县领导的讲话和黑山县政府规范性文件写入合同条款，因此这些内容并不当然构成合同的一部分。最高法院认为，“佟玲嫚主张黑山县国土局和黑山县政府承担违约责任的前提是具有法律规定或者当事人约定，但因本案佟玲嫚并未与黑山县国土局之间签订书面国有土地使用权出让合同，也未约定迟延交付土地的违约责任，黑山县领导讲话及政府文件规定不能作为国有土地使用权出让合同内容，佟玲嫚主张黑山县国土局和黑山县政府承担违约责任的事实依据和法律依据不足，本院不予支持”。

实务经验总结

前事不忘，后事之师。为避免未来发生类似败诉，提出如下建议：

一、和任何主体进行重大经济交往，都应该签署书面形式的合同。对于政府领导讲话和红头文件，只要未写进合同，就不能当然作为合同内容及主张违约责任的依据。在国有土地使用权出让领域，由于涉及的金额往往巨大，更加要签署书面形式的合同。

三线、四线城市的房地产公司高管尤其要注意：在拍得土地、签订成交确认书后，一定要及时与当地自然资源主管部门签订国有土地使用权出让书面合同，尤其要关注土地交付时间、交付要求等条款。在签订国有土地使用权出让合同之前，最好不要进行后续程序。

二、支付拆迁款时一定不要当“冤大头”。本案佟玲嫚给被拆迁对象支付了580万元拆迁补偿款，最后法院判决按照黑山县当地统一标准补偿757401.20元，差额400万元到底由谁来承担?

本案法院认为，是佟玲嫚与被拆迁人腾万利协商达成一致后支付了580万元拆迁补偿款，虽然黑山县政府房屋拆迁办公室加盖了公章，但并非黑山县政府对该补偿条件予以认可，支付拆迁补偿款的行为实际上是佟玲嫚个人的行为。即使当地政府拆迁办在开发商与拆迁户签订的补偿安置协议书上加盖公章，超出当地统一标准之外的补偿款仍然由开发商自行承担。

相关法律规定

《中华人民共和国城市房地产管理法》

第十五条第一款 土地使用权出让，应当签订书面出让合同。

第十六条　土地使用者必须按照出让合同约定，支付土地使用权出让金；未按照出让合同约定支付土地使用权出让金的，土地管理部门有权解除合同，并可以请求违约赔偿。

第十七条　土地使用者按照出让合同约定支付土地使用权出让金的，市、县人民政府土地管理部门必须按照出让合同约定，提供出让的土地；未按照出让合同约定提供出让的土地的，土地使用者有权解除合同，由土地管理部门返还土地使用权出让金，土地使用者并可以请求违约赔偿。

《中华人民共和国合同法》

第十条　当事人订立合同，有书面形式、口头形式和其他形式。

法律、行政法规规定采用书面形式的，应当采用书面形式。当事人约定采用书面形式的，应当采用书面形式。

第三十六条　法律、行政法规规定或者当事人约定采用书面形式订立合同，当事人未采用书面形式但一方已经履行主要义务，对方接受的，该合同成立。

以下为该案在最高法院审理阶段，判决书中“本院认为”部分就该问题的论述：

本院认为，根据当事人的上诉请求、理由及答辩意见，本案争议焦点为：（一）一审判决是否认定事实不清，包括：第一，案涉国有土地使用权出让合同是否成立；第二，黑山县领导的讲话和文件是否构成合同的组成部分；第三，当事人是否存在违约行为；（二）一审判决是否违反法定程序。

（一）一审判决是否认定事实不清。

第一，案涉国有土地使用权出让合同是否成立。根据查明事实，2011 年 3 月 6 日，竞买人佟玲嫚经过公开竞价，竞得案涉 201101-3 地块，并于当日签订了《拍卖成交确认书》，佟玲嫚于 2011 年 3 月 15 日至 5 月 19 向黑山县国土局共计支付 4255 万元土地出让金，2012 年 7 月 10 日，支付土地出让金 1000 万元。案涉土地已实际交付，并取得建设用地规划许可证，所开发 8 栋房屋均已办理商品房预售许可证。但佟玲嫚至今未与黑山县国土局签订书面国有土地使用权出让合同。

本院认为，国有土地使用权出让合同是市、县级人民政府土地管理部门作为出让方将国有土地使用权在一定年限内让与受让方，受让方支付土地使用权出让金的协议。根据《城市房地产管理法》第十五条规定，土地使用权出让应当签订书面出让合同。土地使用权出让合同由市、县级人民政府土地管理部门与土地使用者签订。《合同法》第十条第二款规定，法律、行政法规规定采用书面形式的，应当采用书面形式。即根据法律规定，本案国有土地使用权出让方黑山县国土局与受让方佟玲嫚应该签订书面国有土地使用权出让合同而未签订。《合同法》第三十六条规定，法律、行政法规规定或者当事人约定采用书面形式订立合同，当事人未采用书面形式但一方已经履行主要义务，对方接受的，该合同成立。本案竞买人佟玲嫚已经向黑山县国土局交付5255万元土地出让金，案涉土地已实际交付并取得建设用地规划许可证，所开发8栋房屋均已办理商品房预售许可证，即当事人完成了交付土地和支付土地出让金的直接影响合同成立及当事人订约目的的主要义务，且当事人亦认可签订成交确认书并实际履行合同。综上，本案国有土地使用权受让方佟玲嫚与出让方黑山县国土局之间国有土地使用权出让合同已经成立。一审判决认定案涉国有土地使用权出让合同未实际订立与事实不符，本院予以纠正。

第二，黑山县领导的讲话和文件是否构成合同的组成部分。本院认为，合同的组成部分，即合同内容，是指合同当事人依据法律规定和合同约定所产生的权利义务关系，从内在结构而言，应通过当事人协商一致的合同条款体现。本案中，黑山县领导的讲话和黑山县政府的规定，是宏观指导性的，并不当然构成合同的一部分，一审法院对此性质认定并无不当。佟玲嫚主张黑山县领导的讲话和黑山县政府规范性文件的证据证明力优于竞买须知等，法律依据不足，本院不予采信。

第三，当事人是否存在违约行为。本院认为，《城市房地产管理法》对于国有土地使用权出让方和受让方履约义务、违约责任等均有明确规定，该法第十六条规定，土地使用者必须按照出让合同约定支付土地使用权出让金；未按照出让合同约定支付土地使用权出让金的，土地管理部门有权解除合同，并可以请求违约赔偿。第十七条规定，土地使用者按照出让合同约定支付土地使用权出让金的，市、县级人民政府土地管理部门必须按照出让合同约定，提供出让的土地；未按照出让合同约定提供出让土地的，土地使用者有权解除合同，由土地管理部门返还土地使用权出让金，土地使用者并可以请求违约赔偿。但是，承担违约责任的前提是书面合同或实际履行合同中对于违约责任有明确约定。就本案而言，黑山县国土局与佟玲嫚分别完成了土地交付和支付部分土地出让金且对方接受的主要合同义务，合同已经成立，但是对于土地交付期限并未通过签订书面合同方式实际约定，对于土地出让金交付期限除《房地产拍卖须知》、《拍卖成交确认书》之外另无其他书面合同或其他方式约定。

根据二审查明事实，《房地产拍卖须知》第七部分拍卖程序第（四）项约定，佟玲嫚应在成交后3日内交齐拍卖佣金，在7日内交齐总价款的35%，签订土地出让合同后30天内交齐总价款的50%。一审判决认定佟玲嫚未按照规定交付合同价款50%违约在先，属认定事实不当。首先，当事人双方并未签订书面《国有土地使用权出让合同》，即依据《房地产拍卖须知》签订土地出让合同后30天内交齐合同价款50%的条件并未成就；其次，国有土地使用权合同虽已实际履行，但黑山县国土局亦未提供足以证明佟玲嫚存在未依约付款导致违约的事实依据。一审判决对此事实认定错误，本院予以纠正。

本院认为，佟玲嫚主张黑山县国土局和黑山县政府承担违约责任的前提是具有法律规定或者当事人约定，但因本案佟玲嫚并未与黑山县国土局之间签订书面国有土地使用权出让合同，也未约定迟延交付土地的违约责任，黑山县领导讲话及政府文件规定不能作为国有土地使用权出让合同内容，佟玲嫚主张黑山县国土局和黑山县政府承担违约责任的事实依据和法律依据不足，本院不予支持。

综上，一审法院对于合同成立、佟玲嫚支付土地使用权价款违约等事实认定有误，本院予以纠正。

(二) 一审判决是否违反法定程序。

根据查明事实，佟玲嫚与被拆迁人腾万利协商一致，虽然黑山县政府房屋拆迁办公室加盖了公章，但是并非黑山县政府对该补偿条件予以认可，实际是佟玲嫚个人的行为，二审开庭时佟玲嫚对此亦予以认可。佟玲嫚主张超出标准之外的补偿费用亦应由黑山县政府承担，法律依据不足，一审判决判令黑山县政府应按照当地统一标准，向佟玲嫚补偿757401.20元并无不当。作为土地受让方的佟玲嫚与腾万利之间、作为拆迁责任主体的黑山县政府与腾万利之间、支付滕万利拆迁补偿款的佟玲嫚与作为拆迁责任主体的黑山县政府之间是不同的法律关系。佟玲嫚与腾万利达成拆迁补偿协议，是其作为民事主体对其权利的处分，案涉争议为建设用地使用权出让合同纠纷，已经获得拆迁补偿款的腾万利对于案件处理结果没有法律上的利害关系，佟玲嫚上诉主张腾万利为无独立请求权第三人法律依据不足，以此主张遗漏当事人严重违反法定程序事实依据和法律依据不足，本院不予支持。

综上，本院认为一审判决对于合同成立、佟玲嫚违约等事实认定部分有误，应予纠正，但其处理结果并无不当。佟玲嫚上诉请求撤销一审判决、发回重审事实依据和法律依据不足，本院不予支持。根据《中华人民共和国民事诉讼法》第一百七十条第一款第一项之规定，判决如下：驳回上诉，维持原判。

006 与开发区管委会订立的土地出让合同是否有效*

——开发区管理委员会作为出让方订立的土地使用权出让合同，原则上应认定为无效合同

随着各种类型的经济技术开发区、工业园区等开发区的设立，出现了开发区管委会充当国有土地使用权出让主体，并以该主体身份出让土地的现象。以开发区管委会作为出让方与受让方订立的出让合同是否有效？对此，最高法院确立了如下裁判规则：

一、开发区管委会作为出让方与受让方订立的土地使用权出让合同，原则上应被认定无效（案例1—案例10）；

二、2005年《最高人民法院关于审理涉及国有土地使用权合同纠纷案件适用法律问题的解释》实施前，开发区管委会作为出让方与受让方订立的土地使用权出让合同，起诉前经市、县人民政府土地管理部门追认的，可以认定合同有效（案例11）。

裁判要旨

开发区管理委员会作为出让方与受让方订立的土地使用权出让合同，原则上应当被认定为无效。

案情简介

一、某开发区管委会与化纤公司签订《项目投资合同》，约定管委会将厂区（含土地、建筑物及附属设施、设备）转让给化纤公司，化纤公司分三年平均支付转让金。

二、化纤公司向法院提起诉讼，请求判令管委会将案涉土地及厂房等过户给化纤公司。

三、福建高院判决驳回化纤公司的诉讼请求。

四、化纤公司不服福建高院判决，向最高法院申请再审。最高法院裁定驳回其

---

* 案件来源：再审申请人福州宏伟兴业化纤有限公司与被申请人福建省罗源湾开发区建设发展公司、罗源湾开发区管理委员会合同纠纷申请再审民事裁定书［最高人民法院（2013）民申字第2283号］。

再审申请。

裁判要点

根据相关规定，土地使用权出让合同应当由市、县人民政府土地管理部门与土地使用者签订，开发区管委会作为出让方签订的出让合同原则上为无效合同。本案中管委会与化纤公司签订《项目投资合同》，约定将土地使用权及地上建筑物转让给化纤公司，违反了上述规定，因此最高法院认定该约定无效。

实务经验总结

前事不忘，后事之师。为避免未来发生类似败诉，提出如下建议：

一、拟受让土地使用权的当事人应当与市、县人民政府自然资源主管部门签订土地使用权出让合同，与开发区管委会签订的土地出让合同会被法院认定为无效合同，致使受让人不能获得拟受让的土地使用权。

二、当事人与开发区管委会签订的土地使用权出让合同被认定为无效合同后，可以根据《中华人民共和国合同法》相关规定，请求返还财产、赔偿损失。

相关法律规定

《最高人民法院关于审理涉及国有土地使用权合同纠纷案件适用法律问题的解释》

第一条 本解释所称的土地使用权出让合同，是指市、县人民政府土地管理部门作为出让方将国有土地使用权在一定年限内让与受让方，受让方支付土地使用权出让金的协议。

第二条 开发区管理委员会作为出让方与受让方订立的土地使用权出让合同，应当认定无效。

本解释实施前，开发区管理委员会作为出让方与受让方订立的土地使用权出让合同，起诉前经市、县人民政府土地管理部门追认的，可以认定合同有效。

《中华人民共和国土地管理法》

第五十三条 经批准的建设项目需要使用国有建设用地的，建设单位应当持法律、行政法规规定的有关文件，向有批准权的县级以上人民政府自然资源主管部门提出建设用地申请，经自然资源主管部门审查，报本级人民政府批准。

《中华人民共和国城市房地产管理法》

第八条 土地使用权出让，是指国家将国有土地使用权（以下简称土地使用权）在一定年限内出让给土地使用者，由土地使用者向国家支付土地使用权出让金的行为。

第十五条 土地使用权出让，应当签订书面出让合同。

土地使用权出让合同由市、县人民政府土地管理部门与土地使用者签订。

以下为该案在最高法院审理阶段，裁判文书中“本院认为”部分就该问题的论述：

原判决驳回化纤公司的诉讼请求并无不当。《解释》[①] 第二条规定：“开发区管理委员会作为出让方与受让方订立的土地使用权出让合同，应当认定无效。本解释实施前，开发区管理委员会作为出让方与受让方订立的土地使用权出让合同，起诉前经市、县人民政府土地管理部门追认的，可以认定合同有效。”根据本案查明的事实，案涉《项目投资合同》系管委会与化纤公司签订，其中第六条第七款约定：“租赁期满后，甲方（管委会）按厂区（含所有建筑物及附属设施、设备）建设的成本价（以审计部门审核确认的造价为准）将厂区（含土地）转让给乙方（化纤公司），乙方分三年平均支付转让金，转让金于每年6月1日前付清。”上述合同条款中包含土地使用权转让内容，根据上述《解释》规定，该条款应认定为无效；虽本案属于《解释》实施前由开发区管委会作为出让方与受让方签订合同的情形，但由于在本案起诉前并未经市、县人民政府追认，因此仍不能适用《解释》第二条第二款的除外条款，案涉合同第六条第七款仍应当认定为无效。由于上述合同条款无效，化纤公司诉请判令管委会及建设公司依据上述条款将案涉土地及厂房等设施过户给化纤公司缺乏法律依据和事实依据。此外，《解释》第二条第二款所规范的内容为《解释》施行前签订合同应如何处理的情形，亦即本《解释》特别规定对施行前签订的合同仍具有规范效力，故本案不存在违反《中华人民共和国立法法》“法不溯及既往”原则的情形；再者，《解释》第二十八条规定：“本解释自2005年8月1日起施行；施行后受理的第一审案件适用本解释。”本案受理于2011年，理应适用该《解释》处理案件。综上，原审判决认定事实清楚、适用法律正确，驳回化纤公司诉讼请求并无不当。化纤公司关于原审判决认定事实错误、遗漏事实以及适用法律错误的再审理由不能成立。

延伸阅读

裁判规则一：开发区管委会作为出让方与受让方订立的土地使用权出让合同，

① 本裁判文书摘录部分，《解释》为《最高人民法院关于审理涉及国有土地使用权合同纠纷案件适用法律问题的解释》的简称。

原则上应认定为无效。（案例1—案例10）

案例1：何伟忠与常熟市常昆工业园区管理委员会、常熟市国土资源局建设用地使用权出让合同纠纷一审民事判决书［江苏省高级人民法院（2015）苏民初字第00020号］认为，“结合本案所涉《意向书》的内容分析，该《意向书》的主要内容涉及出让土地的范围、年限、价格、土地交接前的前期工作，其本质属于土地使用权出让合同。由于涉及土地出让的本约只能由享有土地出让权利的常熟市政府土地管理部门与受让人签订，预约合同的主体和本约的缔约主体应当一致。根据原告提供的现有证据，本案中原告并未举证证明常熟国土局对土地出让意向书进行追认以及签订正式的土地出让合同，根据《中华人民共和国城镇国有土地使用权出让和转让暂行条例》第十一条、《最高人民法院关于审理涉及国有土地使用权合同纠纷案件适用法律问题的解释》第二条之规定，常昆工业园管委会无权签订土地使用权出让合同，其签订的《意向书》不能认定为土地使用权出让合同的预约，其效力应属于无效合同。”

案例2：山东锋叠津单置业开发有限公司与山东津单幕墙有限公司合同纠纷二审民事判决书［山东省高级人民法院（2016）鲁民终2005号］认为，“关于焦点问题二，一审法院认定上诉人与被上诉人签订的《合作协议书》为无效合同是否正确。首先，根据《城市房地产管理法》和《土地管理法》的有关规定，土地使用权出让是国家将国有土地使用权出让给土地使用者的一种行为，该行为由市、县人民政府的土地管理部门具体实施，其他任何部门和单位都无权实施出让行为。上诉人依据《国家高新技术产业开发区管理暂行办法》第八条之规定，认为高新区管委会规划土地建设管理局为对外签订土地使用权出让合同的有权机关，其签订的《国有土地使用权出让合同》合法有效，于法无据。同时，根据物权法不动产登记的有关规定，上诉人亦未提交充分的证据证明其享有涉案土地使用权。其次，上诉人主张其与高新区管委会签订的《合作意向书》第二条第5项系高新区管委会对上诉人土地拆迁补偿款计算方式的约定，第2项、第3项系政府为鼓励项目推进的约定，本院认为，《合作意向书》第二条第5项实际为返还‘拆迁补偿款’计算标准的约定，第3项更直接约定项目公司通过招拍挂方式取得涉案土地使用权，上述约定损害国家利益，一审法院认定并无不当。最后，上诉人与被上诉人签订的《合作协议书》，上诉人主张并不‘违反土地使用权招拍挂规则，而是完全遵照土地使用权招拍挂规则行事’，但协议书第5项明确约定上诉人保证按照其与政府签订的《合作意向书》的要求使被上诉人摘得涉案土地使用权显系对上述规则的违背，且该约定为合同主要内容及目的，因此一审法院认定《合作协议书》为无效合同正确，上诉人该上诉理由不成立，本院不予支持。”

案例3：襄阳大龙绿色食品有限公司与湖北汉川经济开发区管理委员会建设用地使用权出让合同纠纷再审审查与审判监督民事裁定书［湖北省高级人民法院（2016）鄂民申351号］认为，“双方签订《合同书》时，涉案土地性质为农村集体所有土地，本案二审终结时土地性质依然没有改变，依据《中华人民共和国土地管理法》第四十三条关于‘任何单位和个人进行建设，需要使用土地的，必须依法申请使用国有土地；但是，兴办乡镇企业和村民建设住宅经依法批准使用本集体经济组织农民集体所有的土地的，或者乡（镇）村公共设施和公益事业建设经依法批准使用农民集体所有的土地的除外。前款所称依法申请使用的国有土地包括国家所有的土地和国家征收的原属于农民集体所有的土地’的规定，本案涉及的农地转让因违反该法强制性规定而无效。此外，即使涉案土地依法被征收为国有土地，其出让主体也应为市、县人民政府土地管理部门或在起诉前被该土地管理部门追认，本案的出让主体为汉川开发区，亦不符合最高人民法院《关于审理涉及国有土地使用权合同纠纷案件适用法律问题的解释》第二条关于‘开发区管理委员会作为出让方与受让方订立的土地使用权出让合同，应当认定无效。本解释实施前，开发区管理委员会作为出让方与受让方订立的土地使用权出让合同，起诉前经市、县人民政府土地管理部门追认的，可以认定合同有效’的规定。原审判决根据上述法律、司法解释规定认定本案涉案合同无效并无不当。”

案例4：许昌继能电控电器设备有限公司与许昌市人民政府、许昌许电电气有限公司行政确认二审行政裁定书［河南省高级人民法院（2016）豫行终233号］认为，“本院认为，根据《最高人民法院关于审理涉及国有土地使用权合同纠纷案件适用法律问题的解释》第二条关于开发区管理委员会作为出让方与受让方订立的土地使用权出让合同，应当认定无效；解释实施前签订的合同在起诉前经市、县人民政府土地管理部门追认的，可以认定合同有效的规定，继能公司与开发区管委会签订的《国有土地使用权出让合同》发生在该解释实施前，但直至起诉前，许昌市土地管理部门未对该合同进行追认，所以，该合同不能成为上诉人将来拥有该宗土地使用权的合法基础。上诉人与被上诉人许昌市政府对许电公司颁发土地证的行政行为没有利害关系，故继能公司不具备诉讼主体资格。上诉人与许昌经济技术开发区签订合同基于信赖所产生的实际利益损失应当通过其他途径解决。一审裁定驳回起诉正确。”

案例5：烟台市国土资源局经济技术开发区分局与烟台开发区巨人房地产建筑开发总公司建设用地使用权纠纷再审复查与审判监督民事裁定书［山东省高级人民

法院（2016）鲁民申 185 号］认为，“原判决认定申请人与被申请人于 2004 年 5 月签订的调换土地协议无效是正确的，一是根据原审查明的事实，申请人与被申请人签订调换土地协议时，部分土地的所有权性质尚未发生变化，即部分土地仍属于农村集体土地，尚未被征收转性为国有土地。根据我国土地管理法等法律的规定，农村集体土地在未被征收转为国有土地的情形下不允许进入土地流转市场，因此，申请人与被申请人订立的调换土地协议中所涉标的物出让违反了法律的效力性强制性规定。二是该幅土地使用权出让行为发生于 2002 年 7 月 1 日后，自 2002 年 7 月 1 日开始我国对国有土地使用权的出让方式在政策层面做出重大调整，逐步减少协议出让土地的范围，对经营性土地使用权统一实行招拍挂方式出让。该政策的调整是法院在司法裁判中评判国有土地使用权出让合同效力的重要参照依据。三是依照我国土地管理法、城市房地产管理法以及最高人民法院《关于审理涉及国有土地使用权合同纠纷案件适用法律问题的解释》第一、二条的规定，有权代表国家出让国有土地使用权的是市、县人民政府土地管理部门，其他土地管理部门不能代表国家行使国有土地使用权的出让权利，就此而言，被申请人与申请人订立的调换土地协议也应认定无效。”

案例 6：温州宝真广告制作中心与浙江省平阳经济开发区管理委员会建设用地使用权出让合同纠纷一案再审民事裁定书［浙江省高级人民法院（2015）浙民申字第 3162 号］认为，“根据《中华人民共和国土地管理法》第四十三条的规定，任何单位和个人进行建设，需要使用土地的，必须依法申请使用国有土地。同时《中华人民共和国土地管理法》第四十四条第一款还规定，建设占用土地，涉及农用地转为建设用地的，应当办理农用地转用审批手续。此外，《最高人民法院关于审理涉及国有土地使用权合同纠纷案件适用法律问题的解释》第二条还规定，在该解释施行前开发区管委会作为出让方订立的土地使用权出让合同，起诉前经市、县人民政府土地管理部门追认，可以认定合同有效，否则无效。本案宝真广告中心与平阳经济开发区管委会签订《国有土地项目开发协议书》时，所涉地块的性质为集体所有，尚未依法办理征用、审批手续，且浙江省平阳县国土资源局在一审诉讼阶段出具告知书，明确本案《国有土地项目开发协议书》尚未得到追认，原审据此未支持宝真广告中心的诉讼请求，并无不当。”

案例 7：江苏索冠置业投资有限公司与南京六合经济开发区管理委员会合同纠纷二审民事判决书［江苏省高级人民法院（2015）苏民终字第 00492 号］认为，“根据《最高人民法院关于审理涉及国有土地使用权合同纠纷案件适用法律问题的解释》第二条的规定，开发区管理委员会作为出让方与受让方订立的土地使用权出让合同，应当认定无效。本解释实施前，开发区管理委员会作为出让方与受让方订立的土地使用权出让合同，起诉前经市、县人民政府土地管理部门追认的，可以认定合同有效。本案中，六合管委会与索冠公司于2001年9月17日签订协议将100亩国有土地使用权出让给索冠公司作为经营第三产业及房产开发用地，该协议的性质为土地使用权出让合同，现双方未提供证据证实该土地出让行为起诉前得到了市、县人民政府土地管理部门的追认，故2001年9月17日的协议应认定为无效。”

案例8：王学剑与肖雁文、陈飞等合资、合作开发房地产合同纠纷二审民事判决书［江苏省高级人民法院（2014）苏民终字第0285号］认为，“本院认为：《中华人民共和国城市房地产管理法》第九条规定，城市规划区内的集体所有的土地，经依法征用转为国有土地后，该幅国有土地的使用权方可有偿出让。根据《中华人民共和国土地管理法》和《中华人民共和国城市房地产管理法》的规定，土地使用权出让合同的出让方为市、县人民政府的土地管理部门，其他部门无权出让。《最高人民法院关于审理涉及国有土地使用权合同纠纷案件适用法律问题的解释》第二条规定，开发区管理委员会作为出让方与受让方订立的土地使用权出让合同，应当认定无效。《江苏省土地管理条例》第三十六条规定，城市规划区内的经营性房产等经营性项目用地，必须采取招标、拍卖方式出让。可见，法律禁止集体土地直接出让用作建设用地，必须先征用转为国有土地，出让主体是市、县人民政府的土地管理部门，开发区管理委员会无权出让，而且在出让时，对于经营性项目用地必须采取招标、拍卖的方式，其目的即是为了保护耕地，规范土地一级市场秩序，防止损害国家利益。本案中，蔡楼地块为集体土地，尚未依法征用转为国有土地，沛县开发区管委会本身不具备签订土地出让协议的主体资格，且蔡楼地块系用于商品房开发，未经过招标、拍卖程序即私下约定出让给陈飞。因此，沛县开发区管委会与陈飞签订的《协议书》无论从标的物、主体还是程序上均违反了法律强制性规定，依法应认定为无效。陈飞、王学剑与方海强、肖雁文签订的《联合开发协议书》系以《协议书》为基础，以尚不具备出让条件的蔡楼地块作为其合作的出资，因标的物违法亦应认定为无效，故王学剑主张《联合开发协议书》有效，没有事实和法律依据，本院不予支持。《联合开发协议书》既为无效，则王学剑主张方海强承担违约责任，应支付其违约金500万元，没有法律依据，本院亦不予支持。”

案例9：江苏省青华房地产开发有限公司与南京六合经济开发区管委会土地使用权出让合同纠纷二审民事判决书［江苏省高级人民法院（2012）苏民终字第0067号］认为，“最高人民法院《关于审理涉及国有土地使用权合同纠纷案件适用法律问题的解释》第二条规定，开发区管理委员会作为出让方订立的土地使用权出让合同，应当认定无效。涉案双方合同性质为土地使用权出让合同，应当依法确认无效。综上，管委会与青华公司签订的涉案合同性质应当依法确认为土地出让合同，管委会作为当地政府在经济开发区设立的一级管理机构，应明知土地使用权的出让须由市、县人民政府的土地管理部门依职权实施，管委会无权出让土地使用权，管委会明知自己在本案中行为是超越法定的民事行为能力范围和资格时，仍与青华公司签订土地出让合同，故管委会对涉案合同的无效应承担主要的过错责任。关于标准化厂房建设工程款的结算问题。2010 年 8 月 18 日，青华公司向管委会发函，称标准化厂房的工程款已基本结清。关于青华公司已支付开发总公司的 500 万元土地款，青华公司已诉至六合区法院，该案以调解方式结案，500 万元土地款的给付义务，开发总公司已履行完毕。关于青华公司请求管委会赔偿损失的问题，原审判决认为青华公司的诉讼请求与其所依据的合同效力不相符，青华公司基于合同无效而发生的损失，可另行向管委会主张，原判该认定并无不当。”

案例 10：安徽和县经济开发区管理委员会与安徽佳通钢管有限公司、钱仁强招商引资合同纠纷二审民事裁定书［安徽省高级人民法院（2012）皖民二终字第 00104 号］认为，“和县经开区管委会为了履行其行政职能，与宁波佳通公司就投资行为达成协议，协议核心内容除了约定宁波佳通公司投资规模及强度外，就是和县经开区管委会承诺其享受招商引资优惠政策及税收奖返等，该约定不属于民事交易关系，不属于民事合同范畴，故本案不属于民事案件受案范围。同时，根据《最高人民法院关于审理涉及国有土地使用权合同纠纷案件适用法律问题的解释》第一条、第二条规定，国有土地使用权出让主体为市、县人民政府土地管理部门，开发区管理委员会不具备国有土地使用权出让的主体资格。本案和县经开区管委会仅在协议中承诺为安徽佳通公司项目用地办理国有土地使用权证，而非土地的出让方。另案涉 100 亩国有土地使用权系安徽佳通公司通过和县国土资源局挂牌出让程序取得，并办理了相关的土地使用权证。和县经开区管委会既不是涉案国有土地使用权的出让方，也不是和县人民政府土地管理部门，故其直接诉请返还土地主体亦不适格。综上，和县经开区管委会上诉理由不能成立，本院不予支持。”

裁判规则二：《最高人民法院关于审理涉及国有土地使用权合同纠纷案件适用法律问题的解释》实施前开发区管委会作为出让方与受让方订立的土地使用权出让合同，起诉前经市、县人民政府土地管理部门追认的，法院认定合同有效。（案例 11）

案例 11：义乌市××司与义乌市××人民政府物权纠纷一案再审民事裁定书［浙江省高级人民法院（2012）浙民申字第 1185 号］认为，“根据《最高人民法院关于审理涉及国有土地使用权合同纠纷案件适用法律问题的解释》第二条第二款规定：'本解释实施前，开发区管理委员会作为出让方与受让方订立的土地使用权出让合同，起诉前经市、县人民政府土地管理部门追认的，可以认定合同有效。'案涉意向书系双方当事人自愿签订，且在该解释实施前已经义乌市发展计划局批复同意，义乌市建设局也对案涉项目颁发建设用地规划许可证，义乌市国土资源局也已作出义土预字（2004）130号具体建设项目用地预审意见，同意案涉项目用土地报批。原审综合上述事实，认定双方签订的《国有土地使用权转让意向书》已经义乌市政府土地管理部门追认而合同有效，并无不妥。根据意向书的约定，被申请人已全额支付土地出让金1070260元，并已经向相关部门申请办理了项目用地手续。2007年6月28日，案涉土地被义乌市国土资源局另行出让给案外人，致使双方当事人签订的意向书已无法实际履行。申请再审人虽主张系因被申请人的原因导致合同无法履行，但并未提供充分有效证据证明，应承担举证不能的不利法律后果。原审根据案涉土地在被申请人起诉时的司法评估价格与意向书约定的土地出让价两者的差价，认定被申请人的实际损失，并无不当。"

007 与街道办订立的土地出让合同是否有效*

——街道办作为土地出让主体订立的土地出让合同无效

《中华人民共和国城市房地产管理法》规定："土地使用权出让合同由市、县人民政府土地管理部门与土地使用者签订。"但实践中存在街道办、开发区管委会作为出让主体与他人签订土地出让合同的情形，该类合同是否有效？最高法院对此持否定态度，明确认定该类合同无效。

裁判要旨

土地使用权出让合同应由市、县人民政府土地管理部门与土地使用者签订，街道办作为国有土地使用权出让主体订立的国有土地使用权出让合同无效。

* 案件来源：德州振业建筑建材有限公司、高树岭与德州市德城区新华街道办事处建设用地使用权出让合同纠纷申诉、申请再审民事裁定书［最高人民法院（2017）最高法民申770号］。

案情简介

一、2010 年，华行公司与新华街道办订立《征用土地协议书》，该合同实为新华街道办向华行公司出让建设用地使用权，华行公司交付土地出让金并获得土地使用权。华行公司根据双方协议，向德州市德城区新华工业园管理委员会等部门支付征地款、耕地开垦费、耕地占用税及契税等费用共计 10935824. 2 元。

二、2015 年，华行公司与振业公司、高树岭订立《债权转让合同书》，将对新华街道办享有的到期债权及产生的利息、违约金和其他损失收益，转让给振业公司、高树岭，并通知新华街道办。

三、振业公司、高树岭向德州中院起诉，请求新华街道办向其支付征地款等。德州中院认为，新华街道办无权就建设用地使用权的出让订立合同，《征用土地协议书》无效。判决新华街道办向振业公司、高树岭返还价款、赔偿损失。

四、新华街道办不服，上诉至山东高院，主张《征用土地协议书》为有效合同。山东高院维持认定《征用土地协议书》无效，判决驳回上诉，维持原判。

五、新华街道办仍不服，向最高法院申请再审。最高法院裁定驳回新华街道办的再审申请。

裁判要点

最高法院认定《征用土地协议书》无效的原因在于：

《中华人民共和国城市房地产管理法》第十五条规定：“土地使用权出让，应当签订书面出让合同。土地使用权出让合同由市、县人民政府土地管理部门与土地使用者签订。”《中华人民共和国城镇国有土地使用权出让和转让暂行条例》第十一条规定：“土地使用权出让合同应当按照平等、自愿、有偿的原则，由市、县人民政府土地管理部门与土地使用者签订。”据此，土地出让合同应当由土地管理部门与土地使用者签订，且上述规定是效力性强制性规定。新华街道办并非土地管理部门，其作为国有土地使用权出让主体与他人签订土地出让性质的合同（《征用土地协议书》），违反了上述规定，因此该合同无效。

实务经验总结

前事不忘，后事之师。为避免未来发生类似败诉，提出如下建议：

一、拟受让土地使用权的当事人应当与自然资源主管部门签订土地出让合同，与街道办等其他没有出让权力的部门签订的土地出让合同为无效合同。

二、根据《中华人民共和国合同法》第五十八条的规定，合同无效的法律后果是：因无效合同取得的财产，予以返还；不能返还或者没有必要返还的，折价补偿。双方按过错承担损失赔偿责任。

相关法律规定

《中华人民共和国城市房地产管理法》

第十五条 土地使用权出让，应当签订书面出让合同。

土地使用权出让合同由市、县人民政府土地管理部门与土地使用者签订。

《中华人民共和国城镇国有土地使用权出让和转让暂行条例》

第十一条 土地使用权出让合同应当按照平等、自愿、有偿的原则，由市、县人民政府土地管理部门（以下简称出让方）与土地使用者签订。

《中华人民共和国合同法》

第五十二条 有下列情形之一的，合同无效：

（一）一方以欺诈、胁迫的手段订立合同，损害国家利益；

（二）恶意串通，损害国家、集体或者第三人利益；

（三）以合法形式掩盖非法目的；

（四）损害社会公共利益；

（五）违反法律、行政法规的强制性规定。

第五十八条 合同无效或者被撤销后，因该合同取得的财产，应当予以返还；不能返还或者没有必要返还的，应当折价补偿。有过错的一方应当赔偿对方因此所受到的损失，双方都有过错的，应当各自承担相应的责任。

以下为该案在最高法院审理阶段，裁判文书中"本院认为"部分就该问题的论述：

新华街道办作为国有土地使用权出让主体订立案涉《征用土地协议书》，违反了《中华人民共和国城市房地产管理法》第十五条关于"土地使用权出让，应当签订书面出让合同。土地使用权出让合同由市、县人民政府土地管理部门与土地使用者签订"的规定和《中华人民共和国城镇国有土地使用权出让和转让暂行条例》第十一条、《招标拍卖挂牌出让国有建设用地使用权规定》第四条的规定，原审法院据此认定案涉《征用土地协议书》无效并不违反《合同法》第五十二条关于违反法律、行政法规强制性规定的合同应认定无效的规定，新华街道办关于原审法院适用法律错误的第三项再审申请理由不能成立，本院不予支持。

延伸阅读

认定街道办作为出让方与受让方订立的土地使用权出让合同无效的案例：

案例1：金在圣、青岛金太阳食品有限公司与胶州市三里河街道办事处土地使用权出让合同纠纷民事裁定书［最高人民法院（2011）民监字第966号］认为，“三里河办事处在无权签订土地使用权出让合同的情况下，与金在圣、金太阳公司签订相关合同，存在明显过错。鉴于土地使用权出让合同不同于一般商事合同，金在圣、金太阳公司作为投资主体，在签订合同时，应当知道法律法规对土地使用权出让的规范与限制，应当知道法律对出让方主体资格的强制性规定。金在圣、金太阳公司在没有对出让方主体资格进行基本审查的情况下，贸然签订土地使用权出让合同，对合同的无效亦有责任。再审判决参考合同的履行利益，酌定三里河办事处在收取金在圣、金太阳公司土地转让费104.2万元的范围内承担赔偿责任并无不当。”

案例2：山东君道置业有限公司与临沂经济技术开发区芝麻墩街道办事处建设用地使用权出让合同纠纷二审民事判决书［山东省高级人民法院（2016）鲁民终244号］认为，“《中华人民共和国土地管理法》第四十三条第一款规定，任何单位和个人进行建设，需要使用土地的，必须依法申请使用国有土地；……。第六十三条规定，农民集体所有的土地的使用权不得出让、转让或者出租用于非农业建设；……。《中华人民共和国城市房地产管理法》第十五条规定，土地使用权出让，应当签订书面出让合同。土地使用权出让合同由市、县人民政府土地管理部门与土地使用者签订。本案中，芝麻墩街道办事处与君道公司于2012年5月17日签订的《合同书》约定，芝麻墩街道办事处将涉案土地出让给君道公司，由君道公司进行房地产开发，君道公司向芝麻墩街道办事处交付土地款，因此，双方当事人之间形成建设用地使用权出让合同关系，但由于涉案土地系农村集体所有的土地，不得出让用于非农业建设，且土地使用权出让合同的主体是土地所有权人，即国家，由市、县人民政府土地管理部门按照国家法律的授权和有批准权的人民政府批准授权，代表国家出让国有土地使用权，而芝麻墩街道办事处不具备土地使用权出让的主体资格，故该《合同书》违反了上述法律的强制性规定，应为无效合同，原审判决对于本案双方当事人之间的法律关系性质和效力的认定不当，应予纠正。”

案例3：青岛招万投资有限公司与胶州市九龙街道办事处建设用地使用权出让合同纠纷二审民事判决书［山东省高级人民法院（2016）鲁民终341号］认为，“《中华人民共和国土地管理法》第四十四条规定：建设占用土地，涉及农用地转为建设用地的，应当办理农用地转用审批手续。在土地利用总体规划确定的城市和村庄、集镇建设用地规模范围内，为实施该规划而将农用地转为建设用地的，按土地利用年度计划分批次由原批准土地利用总体规划的机关批准。在已批准的农用地转用范围内，具体建设项目用地可以由市、县人民政府批准。该款规定以外的建设项目占用土地，涉及农用地转为建设用地的，由省、自治区、直辖市人民政府批准。《中华人民共和国城市房地产管理法》第九条规定：城市规划区内的集体所有的土地，经依法征用转为国有土地后，该国有土地的使用权方可有偿出让。第十五条规定：土地使用权出让，应当签订书面出让合同。土地使用权出让合同由市、县人民政府土地管理部门与土地使用者签订。本案中，九龙办事处与隆鑫发公司于2011年签订的协议书，从内容及形式分析，均符合建设用地使用权出让合同的构成要件，应认定为建设用地使用权出让合同。九龙办事处不具备上述法律规定的土地使用权出让的主体资格，涉案土地亦无证据证明已经过相关政府部门的转用规划审批及招、拍、挂手续，双方签订的协议书因违反了法律的强制性规定，应认定为无效合同。”

008 土地管理部门签署成交确认书属具体行政行为，未签出让合同的仅可提起行政诉讼；提起民事诉讼的，驳回起诉*

——土地管理部门与土地使用权竞得人签署成交确认书的行为属于具体行政行为，未签署出让合同的仅能提起行政诉讼

土地招标拍卖挂牌过程中，出让人与竞得人签署成交确认书的行为属于民事行为还是行政行为？在此阶段发生争议应提起民事诉讼还是行政诉讼？本案例认为，该等行为属于具体行政行为，故应提起行政诉讼。

裁判要旨

自然资源行政主管部门通过拍卖、挂牌出让国有建设用地使用权，与竞得人签署成交确认书的行为，属于具体行政行为。在仅签署成交确认书但未签署土地出让

* 案件来源：天瑞集团三门峡铝业有限公司与河南省三门峡市陕县国土资源局、河南省三门峡市国土资源局等建设用地使用权出让合同纠纷二审民事裁定书［最高人民法院（2015）民一终字第19号］。

合同时发生争议的，竞得人应当提起行政诉讼。

案情简介

一、天瑞公司向河南高院提起民事诉讼称：2007 年 7 月，天瑞公司在三门峡市地产交易中心挂牌竞得某国有土地使用权，三门峡地产交易中心向天瑞公司送达了成交确认书，但三门峡国土局未及时与天瑞公司签订书面国有土地使用权出让合同。陕县国土局于 2013 年将天瑞公司已竞得的上述土地重新挂牌出让，并为受让人办理了土地使用权证。故请求判令：解除天瑞公司与三门峡国土局、陕县国土局之间形成的事实上的国有土地使用权出让合同关系，三门峡国土局、陕县国土局赔偿因违约行为给天瑞公司造成的损失。

二、河南高院审理认为，天瑞公司并未与三门峡国土局或陕县国土局签订国有土地使用权出让合同，也未向陕县国土局、三门峡国土局缴纳土地出让金，故天瑞公司与陕县国土局、三门峡国土局之间不构成国有土地使用权出让合同关系。故裁定：驳回天瑞公司对三门峡国土局、陕县国土局的起诉。

三、天瑞公司不服河南高院裁定，上诉至最高法院。最高法院裁定驳回其上诉，维持原裁定。

裁判要点

首先，土地使用权出让合同为要式合同。天瑞公司并未与三门峡国土局或陕县国土局签订国有土地使用权出让合同，也未向三门峡国土局或陕县国土局缴纳土地出让金，因此天瑞公司与三门峡国土局或陕县国土局之间不构成国有土地使用权出让合同关系。

其次，天瑞公司与三门峡国土局的下级部门三门峡市房产交易管理中心签订了成交确认书，参照《最高人民法院行政审判庭关于拍卖出让国有建设用地使用权的土地行政主管部门与竞得人签署成交确认书行为的性质问题请示的答复》的规定，土地行政主管部门与竞得人签署成交确认书的行为，属于具体行政行为。天瑞公司不服，应当提起行政诉讼。

因此，最高法院驳回了天瑞公司提起的民事诉讼。

实务经验总结

前事不忘，后事之师。为避免未来发生类似败诉，提出如下建议：

一、当事人竞得自然资源主管部门通过挂牌、拍卖方式出让的土地使用权并签署成交确认书，但未签订土地使用权出让合同时发生争议的，应当提起行政诉讼。该情形下当事人提起民事诉讼的，法院会驳回起诉。

二、当事人竞得土地使用权并签署成交确认书后，要及时要求与自然资源主管部门签署土地出让合同，向自然资源主管部门支付土地出让金，办理土地权属证书，以确保实际获得土地使用权。

相关法律规定

《最高人民法院行政审判庭关于拍卖出让国有建设用地使用权的土地行政主管部门与竞得人签署成交确认书行为的性质问题请示的答复》

土地行政主管部门通过拍卖出让国有建设用地使用权，与竞得人签署成交确认书的行为，属于具体行政行为。当事人不服提起行政诉讼的，人民法院应当依法受理。

《中华人民共和国城镇国有土地使用权出让和转让暂行条例》

第十一条 土地使用权出让合同应当按照平等、自愿、有偿的原则，由市、县人民政府土地管理部门（以下简称出让方）与土地使用者签订。

《中华人民共和国城市房地产管理法》

第十五条 土地使用权出让，应当签订书面出让合同。

土地使用权出让合同由市、县人民政府土地管理部门与土地使用者签订。

《中华人民共和国行政诉讼法》

第十二条 人民法院受理公民、法人或者其他组织提起的下列诉讼：

……

（十一）认为行政机关不依法履行、未按照约定履行或者违法变更、解除政府特许经营协议、土地房屋征收补偿协议等协议的；

……

以下为该案在法院审理阶段，裁判文书中“本院认为”部分就该问题的论述：

根据《中华人民共和国城镇国有土地使用权出让和转让暂行条例》第十一条的规定，土地使用权出让合同应当按照平等、自愿、有偿的原则，由市、县人民政府土地管理部门与土地使用者签订。因此土地出让方和受让方形成民事法律关系的基础应当是双方签订土地使用权出让合同。该合同为要式合同。本案中，天瑞铝业公司并未与陕县国土局或三门峡国土局签订国有土地使用权出让合同，也未向陕县国土局或三门峡国土局缴纳土地出让金，因此天瑞铝业公司与陕县国土局、三门峡国土局之间不构成国有土地使用权出让合同关系。三门峡市房产交易管理中心作为三门峡国土局的下级部门，虽然其于2007年7月2日与天瑞铝业公司就涉案的一个地块签订了成交确认书，但是根据《最高人民法院行政审判庭关于拍卖出让国有建设用地使用权的土地行政主管部门与竞得人签署成交确认书行为的性质问题请示的答复》[（2010）行他字第191号］的规定，土地行政主管部门通过拍卖出让国有建设用地使用权，与竞得人签署成交确认书的行为，属于具体行政行为。天瑞三门峡铝业公司不服，应当提起行政诉讼。陕县国土局对涉案宗地重新挂牌出让，亦属具体行政行为。故天瑞铝业公司起诉陕县国土局、三门峡国土局，不属于民事诉讼的受理范围。

延伸阅读

因土地使用权成交确认书发生争议，法院认为应提起行政诉讼的案例：

案例：南京栖霞建设股份有限公司与海口市国土资源局建设用地使用权出让合同纠纷二审民事裁定书［最高人民法院（2016）最高法民终454号］认为，“南京栖霞公司与海口市国土局就案涉地块仅签署了成交确认书，并未签订土地使用权出让合同，故南京栖霞公司有关案涉土地使用权出让合同已经成立的主张不能成立。案涉土地使用权出让公告虽有‘土地出让合同定金为挂牌成交价的10%，其缴交的竞买保证金自动转为土地出让合同定金和出让价款’之规定，但是在土地使用权出让合同尚未成立的情况下，南京栖霞公司为涉案地块缴交的竞买保证金16177.5万元转为土地使用权出让合同定金和价款的条件并未成就。故南京栖霞公司主张其缴交的竞买保证金已经自动转为土地使用权出让合同定金和出让价款的主张，没有事实和法律依据。本案中南京栖霞公司系针对海口市国土局解除成交确认书的行为所造成的损失主张赔偿。参照《最高人民法院行政审判庭关于拍卖出让国有建设用地使用权的土地行政主管部门与竞得人签署成交确认书行为的性质问题请示的答复》有关‘土地行政主管部门通过拍卖出让国有建设用地使用权，与竞得人签署成交确认书的行为，属于具体行政行为。当事人不服提起行政诉讼的，人民法院应当依法受理’的规定，海口市国土局解除成交确认书的行为属于具体行政行为，因该行为引起的争议应当通过行政诉讼的途径解决。南京栖霞公司亦另案就撤销海口市国土局解除成交确认书提起行政诉讼，可见南京栖霞公司亦认可海口市国土局签署和解除成交确认书的行为是行政行为。故南京栖霞公司有关原裁定认定本案不属于民事案件受案范围系适用法律错误的主张，本院不予支持。南京栖霞公司如认为海口市国土局解除成交确认书的行为侵犯其财产权等合法权益的，可依据《中华人民共和国行政诉讼法》第十二条的规定，通过提起行政诉讼的途径寻求救济。”

09 因土地出让合同产生的纠纷应提起民事诉讼还是行政诉讼*

——国有土地使用权出让合同纠纷属于民事诉讼受案范围

国有土地使用权出让合同纠纷属于民事诉讼受案范围还是行政诉讼受案范围？本案例认为该类纠纷属于民事诉讼受案范围，但由于本案裁判文书作出的时间在2015年修正的《中华人民共和国行政诉讼法》实施（2015年5月1日）前，最高法院提出了“修改后的行政诉讼法第十二条第（十一）项有将此类纠纷纳入行政诉讼范围的趋向”，以及“此法实施后此类纠纷是否按行政争议处理，应依据新修改的行政诉讼法及其司法解释作出判断”的观点。

本书作者在写作中也关注到2015年修正的《中华人民共和国行政诉讼法》实施后，已有高院裁判文书依据行政诉讼法认定此类纠纷属于行政诉讼的受案范围，可见目前司法实践中对国有土地使用权出让合同纠纷属于民事纠纷还是行政纠纷已出现分歧，有待未来司法实践予以明确。

裁判要旨

国有土地使用权出让合同纠纷属于民事诉讼受案范围，当事人因国有土地使用权出让合同产生争议并提起民事诉讼的，法院应当受理并进行实体审理。

案情简介

一、香江酒楼、香江公司清算组向海南高院提起民事诉讼称：2001年10月18日，海口市国土局与香江酒楼、香江公司就案涉土地的出让签订了《国有土地使用权出让合同》；香江酒楼、香江公司已缴清土地出让金及契税；海口市国土局未将案涉土地使用权证办理至香江酒楼、香江公司名下。故请求判令：海口市国土局将案涉土地交付给香江酒楼、香江公司清算组，并交付土地使用权证；若海口市国土局不履行上述义务，则赔偿香江酒楼、香江公司清算组经济损失118806506元。

---

* 案件来源：海南香江德福大酒楼、海南香江实业有限公司清算组与海口市国土资源局建设用地使用权出让合同纠纷二审民事裁定书［最高人民法院（2015）民一终字第83号］。

二、海南高院认为本案不属于民事诉讼受案范围，且香江公司清算组作为诉讼主体不适格，故裁定：驳回香江酒楼、香江公司清算组的起诉。

三、香江酒楼、香江公司清算组不服海南高院裁定，上诉至最高法院。最高法院裁定：撤销海南高院裁定，指令海南高院审理本案。

裁判要点

国有土地使用权出让合同应认定为民事合同，因此类合同引发的纠纷属于民事诉讼受案范围。原因在于：（1）国有土地使用权出让合同系当事人双方协商订立，遵循平等、自愿、有偿原则；（2）国有土地使用权出让合同双方当事人权利义务对等；（3）现行的《最高人民法院关于审理涉及国有土地使用权合同纠纷案件适用法律问题的解释》将国有土地使用权出让合同定性为民事合同，《民事案件案由规定》亦将“建设用地使用权出让合同纠纷”列为“合同纠纷”的下级案由予以明确。因此，最高法院认为海南高院以本案不属于民事纠纷为由驳回香江公司清算组及香江酒楼的起诉欠妥，指令海南高院审理本案。

实务经验总结

前事不忘，后事之师。为避免未来发生类似败诉，提出如下建议：

一、当事人因国有土地使用权出让合同发生纠纷应提起民事诉讼。主张国有土地使用权出让合同纠纷不属于民事诉讼受案范围的，法院可能不会支持。

二、值得注意的是，本案作出裁判文书的时间在 2015 年修正的《中华人民共和国行政诉讼法》实施（2015 年 5 月 1 日）前，最高法院认为，“修改后的行政诉讼法第十二条第（十一）项有将此类纠纷纳入行政诉讼范围的趋向，但该行政诉讼法直到 2015 年 5 月 1 日才实施，不能作为本案审理依据。至于此法实施后发生的法律行为产生争议是否按行政争议处理，再依据新修改的行政诉讼法及其司法解释作出判断”。本书作者在写作中也关注到 2015 年修改的《中华人民共和国行政诉讼法》实施后，已有高院裁判文书依据该法认定国有土地使用权出让合同纠纷属于行政诉讼的受案范围，可见司法实践中对国有土地使用权出让合同纠纷属于民事纠纷还是行政纠纷已出现分歧，有待未来司法实践予以明确。

三、自然资源主管部门通过拍卖、挂牌出让国有建设用地使用权，与竞得人签署成交确认书的行为，属于具体行政行为。在仅签署成交确认书但未签订土地出让合同时发生争议的，竞得人应当提起行政诉讼。（请参阅本书文章：《土地管理部门

签署成交确认书属具体行政行为，未签出让合同的仅可提起行政诉讼；提起民事诉讼的，驳回起诉》）

相关法律规定

《最高人民法院关于审理涉及国有土地使用权合同纠纷案件适用法律问题的解释》

第一条 本解释所称的土地使用权出让合同，是指市、县人民政府土地管理部门作为出让方将国有土地使用权在一定年限内让与受让方，受让方支付土地使用权出让金的协议。

《中华人民共和国城镇国有土地使用权出让和转让暂行条例》

第十一条 土地使用权出让合同应当按照平等、自愿、有偿的原则，由市、县人民政府土地管理部门（以下简称出让方）与土地使用者签订。

《中华人民共和国城市房地产管理法》

第十五条 土地使用权出让，应当签订书面出让合同。

土地使用权出让合同由市、县人民政府土地管理部门与土地使用者签订。

第十六条 土地使用者必须按照出让合同约定，支付土地使用权出让金；未按照出让合同约定支付土地使用权出让金的，土地管理部门有权解除合同，并可以请求违约赔偿。

《中华人民共和国行政诉讼法》

第十二条 人民法院受理公民、法人或者其他组织提起的下列诉讼：

……

（十一）认为行政机关不依法履行、未按照约定履行或者违法变更、解除政府特许经营协议、土地房屋征收补偿协议等协议的；

……

《最高人民法院关于适用〈中华人民共和国公司法〉若干问题的规定（二）》

第十条 公司依法清算结束并办理注销登记前，有关公司的民事诉讼，应当以公司的名义进行。

公司成立清算组的，由清算组负责人代表公司参加诉讼；尚未成立清算组的，由原法定代表人代表公司参加诉讼。

以下为该案在最高法院审理阶段，裁判文书中“本院认为”就该问题的论述：

本案国有土地使用权出让合同目前仍应认定为民事合同。

首先，国有土地使用权出让合同系当事人双方协商订立，遵循平等、自愿、有偿原则。《城镇国有土地使用权出让和转让暂行条例》第十一条规定："土地使用权出让合同应当按照平等、自愿、有偿的原则，由市、县人民政府土地管理部门与土地使用者签订。"这表明土地管理部门代表国家与土地使用者签订出让合同时二者的法律地位是平等的。国有土地使用权出让合同系国家作为土地所有者与土地使用者签订的设定用益物权（土地使用权）的合同，政府土地管理部门作为土地所有者的代表，与作为合同相对方的土地使用者系平等民事主体。

其次，国有土地使用权出让合同双方当事人权利义务对等。土地管理部门的主要权利是收取土地出让金，主要义务是在一定期限内向对方提供土地使用权；土地使用者的主要权利是在一定期限内获得相应土地使用权，主要义务是支付出让金和按照法律法规规定及合同约定的用途开发利用土地。房地产管理法第十五条规定："土地使用者必须按照出让合同约定，支付土地使用权出让金；未按照出让合同约定支付土地使用权出让金的，土地管理部门有权解除合同，并可以请求违约赔偿。"第十六条规定："土地使用者按照出让合同约定支付土地使用权出让金的，市、县人民政府土地管理部门必须按照出让合同约定，提供出让的土地；未按照出让合同约定提供出让的土地的，土地使用者有权解除合同，由土地管理部门返还土地使用权出让金，土地使用者并可以请求违约赔偿。"上述规定赋予了双方当事人平等的合同解除权，守约方享有的违约赔偿请求权应属于民事权利性质。

本院注意到，目前在理论界和司法实践中确有观点认为国有土地使用权出让合同系行政合同。其主要理由是：国有土地使用权出让合同的出让方为政府调控管理土地资源和执行土地政策的土地管理部门，即行使行政职权的行政机关；合同目的是土地管理部门通过签订出让土地合同这一管理方式，合理保护及开发利用有限的土地资源，进而实现社会公共利益；合同内容中将土地管理部门的法定职责细化为不得协商的合同条款，且与合同相对方的权利义务并不对等；合同履行方面土地管理部门享有优益权：可以为实现公共利益和行政管理目的，在履约中单方变更、解除合同，甚至可以依法单方作出行政强制、行政处罚行为。这些观点也具有一定的合理性，考虑到相关合同中融入了行政职权、对合同纠纷的审理需要对行政行为的合法性展开审查等因素，通过行政诉讼对行政行为的合法性与合同争议一并审查，亦便于争议的一揽子解决。

但是，现行的《最高人民法院关于审理涉及国有土地使用权合同纠纷案件适用法律问题的解释》将国有土地使用权合同定性为民事合同，《民事案件案由规定》亦将"建设用地使用权出让合同纠纷"列为"合同纠纷"的下级案由予以明确，审判实践中基本依据上述司法解释之规定均将此类案件作为民事诉讼案件审理。在现行法律没有修改的情况下，本案纠纷不宜作为行政争议纳入行政诉讼的范围。本院还注意到，修改后的行政诉讼法第十二条第（十一）项有将此类纠纷纳入行政诉讼范围的趋向，但该行政诉讼法直到2015年5月1日才实施，不能作为本案审理依据。至于此法实施后发生的法律行为产生争议是否按行政争议处理，再依据新修改的行政诉讼法及其司法解释作出判断，此处不予赘述。

综上所述，本案虽因香江酒楼、香江公司与新华通讯社海南分社的划拨土地使用权转让合同引发，但在海口市政府审批同意案涉划拨土地使用权转让后，已经转化为香江酒楼、香江公司与海口市国土局之间的国有土地使用权出让合同纠纷，国有土地使用权出让合同纠纷属于民事诉讼受案范围，原审法院应当受理并进行实体审理。香江公司清算组因主体不适格，原审裁定驳回其起诉并无不当。香江酒楼系本案适格主体，原审裁定以本案不属于民事纠纷为由同时驳回香江公司清算组及香江酒楼的起诉欠妥。如果香江公司清算组在本院指令原审法院审理后能提交加盖香江公司公章的变更原告申请书，将香江公司变更为原告，原审法院应依法审查后确定其原告资格。

延伸阅读

一、法院认定国有土地使用权出让合同纠纷属于行政诉讼受案范围的案例（案例1）：

案例1：保山市宏晨进出口有限责任公司与保山市国土资源局隆阳分局建设用地使用权出让合同纠纷二审民事裁定书［云南省高级人民法院（2015）云高民一终字第293号］认为，“国有土地使用权出让合同，是行政机关代表国家与相对人签订的将国有土地使用权在一定期限内出让给行政相对人，相对人支付土地出让金并按合同的规定开发利用国有土地的合同。隆阳区国土局与宏晨公司签订《国有建设用地使用权出让合同》的行为，属于行政机关履行行政管理职责的行为。故《国有建设用地使用权出让合同》属于行政合同。《中华人民共和国行政诉讼法》第十二条规定：‘人民法院受理公民、法人或者其他组织提起的下列诉讼：……；（十一）认为行政机关不依法履行、未按照约定履行或者违法变更、解除政府特许经营协议、土地房屋征收补偿协议等协议的；……。’本案即属于相对人认为行政机关未依照约定履行行政合同的情形，属于行政诉讼受案范围。《中华人民共和国民事诉讼法》第一百二十四条规定：‘人民法院对下列起诉，分别情形，予以处理：（一）依照行政诉讼法的规定，属于行政诉讼受案范围的，告知原告提起行政诉讼；

……。’最高人民法院《关于适用〈中华人民共和国民事诉讼法〉的解释》第二百零八条第三款规定：‘立案后发现不符合起诉条件或者属于民事诉讼法第一百二十四条规定情形的，裁定驳回起诉。’综上，宏晨公司提起的诉讼不属于民事诉讼的受案范围，原审裁定驳回起诉并无不当。”

二、法院认定国有土地使用权出让合同纠纷属于民事诉讼受案范围的案例（案例 2—案例 4）：

案例 2：江西恒达置业有限公司与万安县国土资源局建设用地使用权出让合同纠纷二审民事裁定书［江西省高级人民法院（2016）赣民辖终 58 号］认为，“本案系被上诉人江西恒达置业有限公司依据其与上诉人万安县国土资源局签订的《国有建设用地使用权出让合同》提起的要求上诉人万安县国土资源局支付违约金、赔偿有关费用等的诉讼。《最高人民法院关于审理涉及国有土地使用权合同纠纷案件适用法律问题的解释》系现行有效的司法解释，依据该解释，国有土地使用权出让合同是平等民事主体之间签订的合同，因履行合同发生的争议应作为民事案件受理。”

案例 3：王进辉与永顺县国土资源局建设用地使用权出让合同纠纷二审民事判决书［湖南省高级人民法院（2015）湘高法民一终字第 275 号］认为，“土地行政主管部门在土地使用权出让合同法律关系中，只代表国家对土地使用权进行处分，并不是以土地管理者的身份出现，其与合同相对方受让人系平等主体；《最高人民法院关于审理涉及国有土地使用权合同纠纷案件适用法律问题的解释》已明确将国有土地使用权合同纠纷案件归入民事案件审理范围。因此，一审法院将本案作为民事案件受理并无不当。”

案例 4：酉阳土家族苗族自治县麻旺镇平桥村六组与酉阳土家族苗族自治县国土资源和房屋管理局其他申请再审行政裁定书［重庆市高级人民法院（2015）渝高法行申字第 00683 号］认为，“平桥村 6 组的诉讼请求为：请求确认酉阳县土房局和林真荣签订的渝地（酉）划转合字（2011）第 158 号《重庆市国有土地使用权出让合同》违法并予以撤销。《中华人民共和国行政诉讼法》第十二条第（十一）项、《最高人民法院关于适用〈中华人民共和国行政诉讼法〉若干问题的解释》第十一条第二款并未将国有土地使用权出让合同作为属行政诉讼受案范围的行政协议进行列举，而根据《最高人民法院关于审理涉及国有土地使用权合同纠纷案件适用法律问题的解释》之规定，国有土地使用权出让合同纠纷属民事审判权限范围，故平桥村 6 组就前述国有土地使用权出让合同提起的诉讼不属于行政诉讼受案范围。一审法院以此为由裁定驳回平桥村 6 组的起诉，二审法院予以维持并无不当，平桥村6组的申请再审理由不能成立。”

010 不符合土地竞买条件而委托他人竞买属恶意串通，已签署的成交确认书无效*

国有土地招标拍卖挂牌过程中，串通投标行为为相关规定所禁止，司法实践中认为该等行为将导致成交确认书无效。

裁判要旨

国有土地使用权招标、拍卖、挂牌过程中，当事人因不符合竞买条件而委托他人参与竞买土地的行为属于恶意串通，根据《招标拍卖挂牌出让国有建设用地使用权规定》第二十五条的规定，受托人与国土资源局签署的成交确认书无效。

案情简介

一、莱芜市国土资源局拍卖一宗土地，莱芜正顺公司因拖欠政府土地出让金不符合竞买条件，故山东正顺集团和魏晓东签署协议，约定委托魏晓东参与竞买，竞得后由莱芜正顺公司进行开发建设。后魏晓东竞得该宗土地，与莱芜市国土资源局签署成交确认书。

二、二审法院判决确认莱芜市国土资源局与魏晓东签署的成交确认书无效。

三、魏晓东不服，向最高法院申请再审。最高法院认为魏晓东的再审申请不符合《中华人民共和国行政诉讼法》（1990年版）第六十三条第二款的规定，决定不对该案进行再审。

裁判要点

最高法院认定魏晓东与莱芜市国土资源局签署的成交确认书无效的原因在于，莱芜正顺公司因拖欠政府土地出让金不符合竞买条件，因而委托魏晓东参与竞买，这一行为属于恶意串通参与竞买。根据《招标拍卖挂牌出让国有建设用地使用权规

* 案件来源：魏晓东与莱芜市泰和房地产开发有限公司、莱芜市国土资源局土地行政拍卖纠纷驳回再审申请通知书［最高人民法院（2013）行监字第64号］。

定》第二十五条的规定，中标人、竞得人采取行贿、恶意串通等非法手段中标或者竞得的，中标、竞得结果无效。因此，案涉土地成交确认书因违反了上述规定而无效。

实务经验总结

前事不忘，后事之师。为避免未来发生类似败诉，提出如下建议：

一、根据《招标拍卖挂牌出让国有建设用地使用权规定》第二十五条的规定，中标人、竞得人有下列行为之一的，中标、竞得结果无效：（1）提供虚假文件隐瞒事实的；（2）采取行贿、恶意串通等非法手段中标或者竞得的。据此，当事人在参加土地竞买过程中实施上述行为的，成交确认书无效。

二、目前司法实践倾向于认同国有土地使用权招标、拍卖、挂牌出让过程中，国土资源部门与竞得人签署成交确认书形成的是行政法律关系。根据《中华人民共和国行政诉讼法》第六十三条的规定，“人民法院审理行政案件，以法律和行政法规、地方性法规为依据。……人民法院审理行政案件，参照规章”。因《招标拍卖挂牌出让国有建设用地使用权规定》是国土资源管理部门出台的规章，故可参照该规定认定成交确认书的效力。

相关法律规定

《招标拍卖挂牌出让国有建设用地使用权规定》

第二十五条 中标人、竞得人有下列行为之一的，中标、竞得结果无效；造成损失的，应当依法承担赔偿责任：

（一）提供虚假文件隐瞒事实的；

（二）采取行贿、恶意串通等非法手段中标或者竞得的。

《中华人民共和国行政诉讼法》

第九十二条 各级人民法院院长对本院已经发生法律效力的判决、裁定，发现有本法第九十一条规定情形之一，或者发现调解违反自愿原则或者调解书内容违法，认为需要再审的，应当提交审判委员会讨论决定。

最高人民法院对地方各级人民法院已经发生法律效力的判决、裁定，上级人民法院对下级人民法院已经发生法律效力的判决、裁定，发现有本法第九十一条规定情形之一，或者发现调解违反自愿原则或者调解书内容违法的，有权提审或者指令下级人民法院再审。

以下为该案在最高法院审理阶段，裁判文书中“本院认为”部分就该问题的论述：

《招标拍卖挂牌出让国有建设用地使用权规定》第二十五条规定：“中标人、竞得人有下列行为之一的，中标、竞得结果无效；造成损失的，应当依法承担赔偿责任：（一）提供虚假文件隐瞒事实的；（二）采取行贿、恶意串通等非法手段中标或者竞得的。”本案中，根据一审法院对你的调查材料以及你与山东正顺建设集团有限公司签订的协议看，你参加竞买的目的不是竞得后自己进行开发建设，而是由莱芜市正顺房地产开发有限公司进行开发建设，莱芜正顺公司因拖欠政府土地出让金不符合竞买条件，由山东正顺集团和你签署协议，委托你参与竞买，这一行为属于恶意串通参与竞买。依据上述事实和规定，原审判决确认莱芜市国土资源局与你签署的成交确认书无效并无不当。至于你提出的原审判决程序违法以及被申诉人为非法低价获得土地利用各种手段排斥竞争等申诉理由，没有提供相关证据予以证实，依法难以支持。

011 土地挂牌出让中的串通竞买行为是否构成串通投标罪*

——国有建设用地使用权挂牌出让过程中竞买人的串通竞买行为不构成串通投标罪

关于国有建设用地使用权挂牌出让过程中竞买人的串通竞买行为是否构成串通投标罪的问题，司法实践中裁判观点不一，该等行为仍具有构成刑事犯罪的风险。

裁判要旨

国有建设用地使用权挂牌出让过程中，竞买人采取行贿方式串通竞买，以低价获得国有建设用地使用权的，该行为不符合串通投标罪的犯罪构成要件。

---

* 案件来源：《刑事审判参考》（总第106集）第1136号案例，张建军、刘祥伟对非国家工作人员行贿案。

案情简介

一、2009 年 11 月，经濉溪县人民政府批准，濉溪县国土资源局挂牌出让某地块国有建设用地使用权。张某某、刘某某伙同他人在国有建设用地使用权挂牌出让过程中，贿买参与竞买的其他公司的负责人放弃竞买，共计行贿 840 万元，使杨某以低价获得国有建设用地使用权。

二、濉溪县检察院以被告人张某某犯对非国家工作人员行贿罪、串通投标罪、诈骗罪、破坏监管秩序罪，以被告人刘某某犯对非国家工作人员行贿罪、串通投标罪、诈骗罪，向濉溪县法院提起公诉。濉溪县法院判决：张某某犯对非国家工作人员行贿罪，判处有期徒刑六年，并处罚金人民币六百万元；刘某某犯对非国家工作人员行贿罪，判处有期徒刑三年，缓刑四年，并处罚金人民币五十万元。

三、张某某以濉溪县法院判决对其量刑过重为由，向淮北市中院提出上诉。淮北市中院裁定驳回上诉，维持原判。

裁判要点

法院认定张某某、刘某某犯对非国家工作人员行贿罪的原因在于：

首先，张某某、刘某某伙同他人在国有建设用地使用权挂牌出让过程中，贿买参与竞买的其他公司的负责人放弃竞买，共计行贿 840 万元，数额巨大，根据《中华人民共和国刑法》第一百六十四条第一款的规定，其行为均已构成对非国家工作人员行贿罪。

其次，张某某、刘某某在国有建设用地使用权挂牌出让过程中采取行贿方式串通竞买，使杨某以低价获得国有建设用地使用权，该行为不符合串通投标罪的犯罪构成要件。

实务经验总结

前事不忘，后事之师。为避免未来发生类似败诉，提出如下建议：

一、关于国有建设用地使用权挂牌出让过程中，竞买人的串通竞买行为是否构成串通投标罪的问题，虽然本案例认定该等行为不构成串通投标罪，但是实践中仍有案例认定该等行为构成串通投标罪。因此，竞买人不应在国有建设用地使用权挂牌出让过程中实施串通竞买行为，该等行为仍具有构成刑事犯罪的风险。

二、根据《招标拍卖挂牌出让国有建设用地使用权规定》第二十五条，中标人、竞得人采取行贿、恶意串通等非法手段中标或者竞得的，中标、竞得结果无效。

相关法律规定

《中华人民共和国刑法》

第二十五条　【共同犯罪的概念】共同犯罪是指二人以上共同故意犯罪。

二人以上共同过失犯罪，不以共同犯罪论处；应当负刑事责任的，按照他们所犯的罪分别处罚。

第二十六条　【主犯】组织、领导犯罪集团进行犯罪活动的或者在共同犯罪中起主要作用的，是主犯。

三人以上为共同实施犯罪而组成的较为固定的犯罪组织，是犯罪集团。

对组织、领导犯罪集团的首要分子，按照集团所犯的全部罪行处罚。

对于第三款规定以外的主犯，应当按照其所参与的或者组织、指挥的全部犯罪处罚。

第二十七条　【从犯】在共同犯罪中起次要或者辅助作用的，是从犯。

对于从犯，应当从轻、减轻处罚或者免除处罚。

第一百六十四条第一款　【对非国家工作人员行贿罪】为谋取不正当利益，给予公司、企业或者其他单位的工作人员以财物，数额较大的，处三年以下有期徒刑或者拘役，并处罚金；数额巨大的，处三年以上十年以下有期徒刑，并处罚金。

第二百二十三条　【串通投标罪】投标人相互串通投标报价，损害招标人或者其他投标人利益，情节严重的，处三年以下有期徒刑或者拘役，并处或者单处罚金。

投标人与招标人串通投标，损害国家、集体、公民的合法利益的，依照前款的规定处罚。

以下为该案在法院审理阶段，裁判文书中“本院认为”部分就该问题的论述：

被告人张建军、刘祥伟伙同他人在国有建设用地使用权挂牌出让过程中，贿买参与竞买的其他公司的负责人放弃竞买，共计行贿840万元，数额巨大，其行为均已构成对非国家工作人员行贿罪。张建军、刘祥伟采取行贿方式串通竞买，使杨坤以低价获得国有建设用地使用权，该行为不符合串通投标罪的犯罪构成要件；指控张建军构成诈骗罪的证据不足；张建军虽有破坏监管秩序的行为，但其不属于依法被关押的罪犯，故不构成破坏监管秩序罪。在共同行贿犯罪中，张建军参与预谋并积极实施，起主要作用，系主犯，应按照其参与的全部犯罪处罚；刘祥伟帮助联络、磋商，起次要作用，系从犯，且已退缴赃款，有悔罪表现，可从轻处罚。根据刘祥伟的犯罪情节及悔罪表现，没有再犯罪的危险，宣告缓刑对所居住社区没有重大不良影响，予以宣告缓刑。

延伸阅读

一、认定国有建设用地使用权挂牌、拍卖出让过程中，竞买人的串通竞买行为构成串通投标罪的案例

案例1：何某串通投标罪二审刑事判决书［宿迁市中级人民法（2014）宿中刑二终字第00069号］认为，“上诉人何某在参与竞买挂牌出让的国有建设用地使用权过程中，与其他竞买人串通，损害国有建设用地使用权出让人的利益，情节严重，其行为已构成串通投标罪。上诉人何某与同案关系人夏某、陈某等人以及原审被告人郁某系共同犯罪，被告人何某在共同犯罪中起次要作用，系从犯，应当从轻处罚。上诉人何某犯罪后自动投案，如实供述自己的罪行，系自首，可以从轻处罚。上诉人何某在本院审理期间，检举揭发他人犯罪，经查证属实，具有立功表现，可以从轻处罚。上诉人何某主动退出违法所得，可以酌情从轻处罚。上诉人何某在缓刑考验期间又犯新罪，应当撤销缓刑，实行数罪并罚。”

案例2：泗阳泽园房地产开发有限公司、夏某、陈某、吕某、章某犯虚报注册资本罪，公司、企业人员受贿罪，对公司、企业人员行贿罪二审刑事裁定书［宿迁市中级人民法院（2013）宿中刑二终字第0079号］认为，“上诉人章某及原审被告人夏某、陈某、吕某在参与竞买挂牌出让的国有建设用地使用权过程中，原审被告人夏某给予上诉人章某及原审被告人陈某、吕某人民币250万元，上诉人章某及原审被告人陈某、吕某在收取人民币250万元后消极竞买，损害国有建设用地使用权出让人的利益，情节严重，其行为符合串通投标罪的构成要件，均已构成串通投标罪。”

案例3：彭某革、廖某军、邓某勇犯串通投标罪二审刑事裁定书［湖南省郴州市中级人民法院（2015）郴刑二终字第159号］认为，“上诉人彭某革与原审被告人廖某军、邓某勇经多次商谋，在参加桂阳县公开拍卖国有土地使用权过程中相互串通投标，损害国家利益，情节严重，其行为均已构成串通投标罪。在共同犯罪中，彭某革及邓某勇、廖某军均起主要作用，均系主犯，应按其参与的全部犯罪处罚。案发后，邓某勇、廖某军均自动到案，如实供述自己的罪行，是自首，可从轻处罚。”

二、认定国有建设用地使用权挂牌、拍卖出让过程中，竞买人的串通竞买行为不构成串通投标罪的案例

案例4：丁云龙受贿案一审刑事判决书［醴陵市人民法院（2013）醴法刑初字

第387号］认为，“关于被告人丁云龙伙同田伊串通竞买获利300万元的行为不构成串通投标罪的辩解和辩护意见。经查，(1) 串通拍卖行为与串通投标行为二者概念不同。串通投标是指投标人相互串通投标报价，损害招标人或者其他投标人的利益的行为。串通拍卖则是指在拍卖过程中，竞买人之间相互串通，损害国家、集体或者公民合法权益的行为。二者概念的内涵和外延均无包容关系。(2) 调整的法律规范不同。依照《招投标法》第五十三条之规定，投标人相互串通投标或者与招标人串通投标的，构成犯罪的，依法追究刑事责任。《拍卖法》第六十五条则规定，竞买人之间、竞买人与拍卖人之间恶意串通，给他人造成损害的，拍卖无效，应当依法承担赔偿责任。由工商行政管理部门对参与恶意串通的竞买人处最高应价百分之十以上百分之三十以下的罚款；对参与恶意串通的拍卖人处最高应价百分之十以上百分之五十以下的罚款。可见，对严重的串通投标行为，《招投标法》规定应当追究刑事责任；而《拍卖法》对串通拍卖行为仅规定了行政处罚。故从立法本意上看，二者不能混同。(3) 法无明文规定不为罪，法无明文规定不处罚，依照罪刑法定原则，对被告人丁云龙串通拍卖的行为不宜认定犯罪。1997年刑法将串通投标行为纳入刑法第223条的调整范围，但实际上，1990年5月国务院《城镇国有土地使用权出让和转让暂行条例》出台时就已经明确了土地使用权出让、转让的方式有‘协议、招标和拍卖’三种。对已经明确的三种土地出让方式，1997年刑法并未将串通拍卖行为纳入刑法调整的范畴，且此后的修正案亦未对串通拍卖行为入罪做修改。(4) 刑法的解释原则的要求。刑法的解释是指对刑法规范含义所作的阐明。对串通投标做出扩张解释延伸至拍卖领域有滥用刑罚权之嫌。2002年5月9日，国土资源部以11号令发布的《招标拍卖挂牌出让国有土地使用权规定》明确了‘招、拍、挂’属于三种不同的土地出让方式；2007年国土资源部以39号令颁布的《招标拍卖挂牌出让国有建设用地使用权规定》亦再明确‘招、拍、挂’三种土地出让方式。最高法院或者最高检对此亦未作出相关司法解释。《最高检、公安部关于公安机关管辖的刑事案件立案追诉标准的规定（二）》第七十六条对串通投标案中的投标人亦未作扩大解释。综上，不宜将被告人丁云龙伙同他人串通拍卖获利的行为以串通投标罪论处。对被告人及其辩护人认为指控的该行为不构成犯罪的意见，本院认为应予以采纳。”

案例5：李某某非国家工作人员受贿案二审刑事裁定书［普洱市中级人民法院(2014) 普中刑终字第6号］认为，“上诉人李某某作为国有企业墨江县城市建设综合开发公司聘任的经理，在公司中行使管理权，其身份属以工代技的工人身份，不具备国家工作人员身份，应视为非国家工作人员。本案中，上诉人李某某与徐某某伙同其他人员，利用墨江县城市建设综合开发公司国有企业的资质，在国有土地挂牌出让招投标过程中，与参与竞标的昆利房地产开发公司串通投标，故意放弃竞标，使得该公司当然获得国有土地的开发使用权，严重损害国家利益，并从中收受他人贿赂人民币 135000 元，其行为已触犯国家刑律，构成非国家工作人员受贿罪，依法应予以刑事处罚。”

012 交付土地不符合净地条件，受让人能否解除出让合同*

——国土局未按土地出让合同约定条件交付土地的，受让人享有合同的法定解除权

本文梳理了国有土地使用权出让中净地交付问题的相关裁判规则：（1）国土局未按土地出让合同约定条件交付土地的，受让人享有合同的法定解除权（主文案例）；（2）土地不具备净地出让条件，属于依法禁止出让的情形，国土资源部门作为出让人在土地出让过程中隐瞒该重要事实，违反应尽的合同义务，导致受让人合同目的无法实现的，受让人有权解除《成交确认书》（延伸阅读案例 1）；（3）虽然土地出让合同未约定交付土地标准，但拆迁安置等义务是国土资源部门的法定义务（延伸阅读案例 2、案例 3）；（4）国有土地出让合同可约定土地上房屋、墓地等的拆迁义务主要由受让人承担（延伸阅读案例 4）。

裁判要旨

一、土地挂牌出让前必须完成安置补偿，做到净地出让。国土资源局作为负责土地开发建设与管理的政府职能部门，将尚不符合条件的土地进行出让，不仅违反相关政策和法律规定，还将会对土地使用权出让合同的相对方构成违约。

二、土地是否属于无权利瑕疵的净地，涉及受让人合同目的能否顺利实现，是土地使用权出让合同关系中的重要内容。严格按照合同约定的条件向受让人交付土

---

* 案件来源：怀宁县兴安房地产开发有限公司与潜山县国土资源局建设用地使用权出让合同纠纷申诉、申请再审民事裁定书［最高人民法院（2017）最高法民申 451 号］；上诉人怀宁县兴安房地产开发有限公司与被上诉人潜山县国土资源局建设用地使用权出让合同纠纷二审民事判决书［最高人民法院（2015）民一终字第 345 号］。

地是出让人的一项主要合同义务，出让人违反该义务将导致受让人的合同目的不能实现，该情形下受让人享有合同的法定解除权。

案情简介

一、兴安公司通过公开竞拍方式取得1365号宗地的开发使用权，于2013年11月与潜山县国土局签订《国有建设用地使用权出让合同》，约定出让和交付的土地现状应是权属清晰，无地上建筑物，四至及界址点明确，交付时间为11月18日。合同签订后，兴安公司支付了该宗土地的第一期出让金10220万元。

二、双方在办理土地交付手续时，经现场测量，兴安公司发现有垃圾中转站建筑物占用了案涉宗地面积，遂拒绝在《交付土地确认书》上签字。

三、兴安公司向安徽高院起诉，请求：解除《国有建设用地使用权出让合同》；潜山县国土局退还兴安公司已支付的土地出让金10220万元，并按照每日146000元支付自2013年11月18日起至合同解除之日的违约金。安徽高院认为，垃圾中转站占用的面积为19.34平方米，只占宗地总面积的0.07%，并不影响兴安公司对案涉宗地的开发建设，潜山县国土局的违约行为尚不构成合同解除的条件，故判决：驳回兴安公司的诉讼请求。

四、兴安公司不服，上诉至最高法院。最高法院认为，潜山县国土局的行为导致兴安公司的合同目的无法实现，判决：解除《国有建设用地使用权出让合同》；潜山县国土局退还兴安公司土地出让金10220万元，并按照每日51100元支付自2013年11月18日起至本判决生效之日止的违约金。

五、潜山县国土局不服，向最高法院申请再审，主张原审将占比仅0.07%的面积误差放大成再审申请人根本性违约，没有事实依据。最高法院裁定驳回潜山县国土局的再审申请。

裁判要点

最高法院改判解除《国有建设用地使用权出让合同》的原因在于：

第一，潜山县国土局构成根本违约。按照双方签订的《国有建设用地使用权出让合同》约定，出让和交付的土地现状应是权属清晰，无地上建筑物。又据国土资源部《闲置土地处置办法》第二十一条关于“市、县国土资源主管部门供应土地应当符合下列要求，防止因政府、政府有关部门的行为造成土地闲置：（一）土地权利清晰；（二）安置补偿落实到位；（三）没有法律经济纠纷；（四）地块位置、使用性质、容积率等规划条件明确；（五）具备动工开发所必需的其他基本条件”的规定以及国土部门的其他相关规定，出让人应当做到净地出让。而且严格按照合同约定的条件向受让人交付土地是出让人的一项主要合同义务。本案潜山县国土局拟交付土地上建有垃圾中转站，占用宗地面积 19.34 平方米，极大降低了该宗地的品质，极有可能导致兴安公司失去对该宗地开发建设的商业价值。因此潜山县国土局已构成根本违约。

第二，兴安公司享有约定解除权。双方签订的《国有建设用地使用权出让合同》第三十七条约定：“出让人延期交付土地超过 60 日，经受让人催交后仍不能交付土地的，受让人有权解除合同。”潜山县国土局未在合同约定的时间内向兴安公司提供符合合同约定的土地，故兴安公司有权依据双方签订的《国有建设用地使用权出让合同》，行使约定解除权。

第三，兴安公司享有法定解除权。《中华人民共和国合同法》第九十四条规定：“有下列情形之一的，当事人可以解除合同：……（四）当事人一方迟延履行债务或者有其他违约行为致使不能实现合同目的……”《中华人民共和国城镇国有土地使用权出让和转让暂行条例》第十五条亦明确规定：“出让方应按照合同规定，提供出让的土地使用权。未按合同规定提供土地使用权的，土地使用者有权解除合同，并可请求违约赔偿。”本案由于潜山县国土局未能按约交付土地，致使本案的合同目的不能实现，因此兴安公司亦享有法定解除权。

实务经验总结

前事不忘，后事之师。为避免未来发生类似败诉，提出如下建议：

一、根据 2012 年修订的《闲置土地处置办法》，自然资源主管部门出让的土地应当符合下列要求：（1）土地权利清晰；（2）安置补偿落实到位；（3）没有法律经济纠纷；（4）地块位置、使用性质、容积率等规划条件明确；（5）具备动工开发所必需的其他基本条件。自然资源主管部门及其工作人员违反上述要求供应土地的，依法给予处分；构成犯罪的，依法追究刑事责任。

二、自然资源主管部门未按土地出让合同约定提供土地使用权的，受让人有权行使法定解除权，并有权请求自然资源主管部门承担违约责任，赔偿损失。

相关法律规定

《中华人民共和国城镇国有土地使用权出让和转让暂行条例》

第十五条 出让方应当按照合同规定，提供出让的土地使用权。未按合同规定提供土地使用权的，土地使用者有权解除合同，并可请求违约赔偿。

《闲置土地处置办法》

第二十一条 市、县国土资源主管部门供应土地应当符合下列要求，防止因政府、政府有关部门的行为造成土地闲置：

（一）土地权利清晰；

（二）安置补偿落实到位；

（三）没有法律经济纠纷；

（四）地块位置、使用性质、容积率等规划条件明确；

（五）具备动工开发所必需的其他基本条件。

《中华人民共和国合同法》

第九十三条 当事人协商一致，可以解除合同。

当事人可以约定一方解除合同的条件。解除合同的条件成就时，解除权人可以解除合同。

第九十四条 有下列情形之一的，当事人可以解除合同：

（一）因不可抗力致使不能实现合同目的；

（二）在履行期限届满之前，当事人一方明确表示或者以自己的行为表明不履行主要债务；

（三）当事人一方迟延履行主要债务，经催告后在合理期限内仍未履行；

（四）当事人一方迟延履行债务或者有其他违约行为致使不能实现合同目的；

（五）法律规定的其他情形。

第九十七条 合同解除后，尚未履行的，终止履行；已经履行的，根据履行情况和合同性质，当事人可以要求恢复原状、采取其他补救措施，并有权要求赔偿损失。

第九十八条 合同的权利义务终止，不影响合同中结算和清理条款的效力。

以下为该案在最高法院审理阶段，裁判文书中“本院认为”部分就该问题的论述：

（一）关于潜山县国土局是否构成根本违约的问题

本案中，双方签订的《国有建设用地使用权出让合同》系当事人的真实意思表示，不违反法律法规的强制性规定，原判决认定合法有效正确。按照合同约定，出让方应按现状交付土地给受让人。又据国土资源部《闲置土地处置办法》第二十一条关于“市、县国土资源主管部门供应土地应当符合下列要求，防止因政府、政府有关部门的行为造成土地闲置：（一）土地权利清晰；（二）安置补偿落实到位；（三）没有法律经济纠纷；（四）地块位置、使用性质、容积率等规划条件明确；（五）具备动工开发所必需的其他基本条件”规定以及国土部门的其他相关规定，出让方应当做到净地出让。潜山县国土局作为国有土地职能管理部门，对于上述规定应当知晓。故原判决认定，对于本案所涉的出让标的物土地应为权属清晰，无地上建筑物，具体面积和界限如出让宗地平面界址图所示，并无不妥。经一审法院组织双方当事人进行实地测量，垃圾中转站占用宗地面积 19.34 平方米，双方当事人对该测量结果均予以认可。潜山县国土局在再审申请中主张，1365 号宗地图将垃圾中转站建筑物西边 19.34 平方米涵括在内属于测量上的误差，真实的土地现状完全是净地，因与本案原审查明的事实不符，本院不予确认。原审判决以出让的土地情况不符合《国有建设用地使用权公开出让公告》、《国有建设用地使用权拍卖出让须知》和《拍卖公告》等合同文件所载情况，认定潜山县国土局已构成违约，有事实和法律依据。

潜山县国土局主张在本案所涉相关文件中清楚载明“其相邻建筑关系均由竞得人自行妥善处理”，原审确定相邻建筑物之间的距离退让义务给出让人，存在明显不妥。由于垃圾中转站占用 1365 号宗地面积为 19.34 平方米，原审判决根据《城市环境卫生设施规划规范 GB50337-2003》有关生活垃圾中转站设置标准，确定合理避让的范围，得出面积误差明显大于 0.07%。本案所涉相关文件中载明的“其相邻建筑关系均由竞得人自行妥善处理”，根据文义解释，应为出让土地界址点之外的相邻建筑物。基于出让方出具的 1365 号宗地测绘图、受让方支付的价款和对应的面积、出让方在出让土地之前未明确说明受让方需对垃圾中转站合理避让以及受让方将土地用于商业开发须有整体美感等原因，原审判决确认与垃圾中转站之间的距离退让义务属于出让人，并无不当。故潜山县国土局主张其不构成违约，没有事实和法律依据，本院应不予支持。

（二）关于本案《国有建设用地使用权出让合同》应否解除的问题

本案双方当事人《国有建设用地使用权出让合同》第三十七条约定：“……出让人延期交付土地超过 60 日，经受让人催交后仍不能交付土地的，受让人有权解除合同。”出让方潜山县国土局在本合同中的主要义务是按约交付净地，但潜山县国土局未在合同约定的时间内向兴安公司提供符合合同约定的土地。经兴安公司催促，潜山县国土局曾于2013年11月21日向兴安公司交付土地，但因涉案宗地不符合合同约定，所以兴安公司拒绝受领该土地。由于潜山县国土局未能按约交付符合合同约定的土地，从而使兴安公司有权依据约定解除事由解除合同。合同法第九十四条规定："有下列情形之一的，当事人可以解除合同……（三）当事人一方迟延履行主要债务，经催告后在合理期限内仍未履行；（四）当事人一方迟延履行债务或者有其他违约行为致使不能实现合同目的……"由于潜山县国土局未能按约交付土地，致使本案的合同目的不能实现，原审认为兴安公司亦享有法定解除权，并无不当。再审申请人潜山县国土局主张原判决解除合同违背了《最高人民法院关于审理买卖合同纠纷案件适用法律问题的解释》第二十三条的规定，上述规定是对瑕疵担保义务所产生的减价请求权的适用，需以买受人同意接受标的物为前提。本案原告兴安公司一审诉讼请求是解除合同，故原审未适用上述规定，依法判决解除合同，处理正确。潜山县国土局主张不应解除合同，没有事实和法律依据，本院应不予支持。

延伸阅读

裁判规则一：土地不具备净地出让条件，属于依法禁止出让的情形。自然资源主管部门作为出让人在土地出让过程中隐瞒该重要事实的，违反了应尽的合同义务，导致受让人合同目的无法实现，故受让人有权解除《成交确认书》。（案例1）

案例1：浙江国都控股有限公司与海口市国土资源局建设用地使用权出让合同纠纷二审民事判决书［最高人民法院（2014）民一终字第00045号］认为，"海口市国土局在发出《出让公告》、收取国都公司2亿元竞拍保证金乃至签订《成交确认书》之时，土地上尚有三座寺庙未与被拆迁人签订拆迁安置补偿协议，相关补偿款的数额及拆迁完成时间等问题尚无定论。也就是说，海口市国土局出让案涉土地时，土地尚不具备净地出让条件，属于依法禁止出让的情形。《成交确认书》约定签订《出让合同》之日即交付土地之日，而案涉寺庙的拆迁安置进程表明海口市国土局根本无法在约定日期交付符合约定、法定出让条件的土地。而且，一审、二审期间，海口市国土局未能举证证明其事先已经将出让地块属于尚未完成拆迁安置补偿的实际情况向国都公司以及其他竞拍者释明，也未能证明国都公司是在对此事项已知晓情形下仍然愿意参与竞拍的事实。本院认为，土地是否属于无权利瑕疵的净地，涉及到受让人合同目的能否顺利实现，是土地使用权出让合同关系中的重要内容，如实进行告知和披露是出让人的一项主要合同义务。海口市国土局隐瞒该重要事实，违反了应尽的合同义务，已经构成违约。国都公司认为该重大瑕疵行为影响土地的整体开发利用并导致国都公司合同目的无法实现，理由成立。另外，一审判决将海口市国土局出具的928号《通知》上记载的时间作为该通知向国都公司的送达时间，属于事实认定错误，本院予以纠正。实际情况是：国都公司解除《成交确认书》相关函件的送达时间在先、海口市国土局通知国都公司签订《出让合同》及作出《解除成交决定》的时间在后。国都公司提出解除《成交确认书》，符合《合同法》第九十四条第四项'当事人一方迟延履行债务或者有其他违约行为致使不能实现合同目的'的规定情形，其要求确认该解除行为效力的诉讼请求，依法应当予以支持。"

裁判规则二：虽然土地出让合同未约定交付土地标准，但拆迁安置等是国土资源部门的法定义务。（案例2、案例3）

案例2：横山县国土资源局与榆林市蓝杉房地产开发有限公司建设用地使用权出让合同纠纷二审民事判决书［陕西省高级人民法院（2015）陕民一终字第00216号］认为，"关于应否解除合同以及横山县国土资源局是否应承担利息及其他损失的问题：双方于2012年2月15日签订的《国有建设用地使用权出让合同》系双方真实意思表示，其内容不违反法律、行政法规的强制性规定，应为有效。在土地使用权出让合同关系中，作为受让方的合同目的，是支付出让金为对价取得土地使用权，通过对土地进行开发、使用和经营等活动，实现一定的经济利益。本案中，自2011年9月29日蓝杉房地产公司以拍卖方式竞得涉案土地至本案审理之日已经四年有余，但涉案土地上的第三方建筑物并未得到有效解决，导致蓝杉房地产公司不能实现开发利用涉案宗地的合同目的，合同应予解除。故横山县国土资源局关于不应解除合同的上诉理由不能成立，原审法院认定并无不当。对于横山县政府是否应承担利息及损失的问题，为了保证合同目的能够实现，确保用于出让的土地符合现行法律和政策规定、不存在不利于合同目的实现的障碍和瑕疵，是提供土地使用权一方当事人的基本合同义务。根据国土资源部国土资电发（2007）36号《国土资源部关于加大闲置土地处置力度的通知》第二条的规定：'实行建设用地使用权净地出让，出让前，应处理好土地的产权、补偿安置等经济法律关系……'，以及《闲置土地处置办法》第二十一条的规定：'市、县国土资源主管部门供应土地应当符合下列要求，防止因政府、政府有关部门的行为造成土地闲置：（一）土地权利清晰；（二）安置补偿落实到位；（三）没有法律经济纠纷……'，故横山县国土资源局的基本合同义务为以净地交付。另外，拆迁安置是政府依法享有的公权力，政府以外的任何自然人、法人无权实施。因此，虽然双方约定以现状交付，但并不能否定横山县国土资源局拆迁安置的法定义务。由于横山县国土资源局不履行自己的法定义务，导致合同解除，存在过错，横山县国土资源局应向蓝杉房地产公司返还土地出让金及利息并赔偿损失，故上诉人关于不应当承担利息及其他损失的上诉理由不能成立，原审法院认定亦无不妥。”

案例3：盐城鑫富达房地产有限公司与滨海县国土资源局建设用地使用权出让合同纠纷二审民事判决书［江苏省高级人民法院（2014）苏民终字第00374号］认为，“根据该合同约定，滨海国土局应在鑫富达公司交清土地出让金后将符合净地标准的土地交付给鑫富达公司；滨海国土局延期交付土地超过60日，经催交后仍不能交付土地的，鑫富达公司有权解除合同。鑫富达公司已于2011年8月19日按合同约定全额缴纳了土地出让金8520710元，滨海国土局应按合同约定将净地交付给鑫富达公司。至于净地的标准，双方在合同中没有明确约定，原审判决参照国土资源部《闲置土地处置办法》第二十一条的规定确定净地的标准，即净地需要土地权利清晰；安置补偿落实到位；没有法律经济纠纷；地块位置、使用性质、容积率等规划条件明确；具备动工开发所必需的其他基本条件。根据原审法院于2013年11月28日到涉案土地的现场勘查情况，刘古斗在涉案土地东北区域内种植有7棵大树、若干棵小树。因刘古斗认为其对部分涉案土地享有承包经营权，且对征地补偿标准有异议而未领取补偿款并拒绝交地。因刘古斗问题尚未解决，故原审判决认定涉案土地不符合‘土地权利清晰、安置补偿落实到位、没有法律经济纠纷’的净地标准，并无不当。……根据《中华人民共和国合同法》第九十四条的规定，当事人一方迟延履行债务或者有其他违约行为致使不能实现合同目的，当事人可以解除合同。故鑫富达公司请求解除合同有法律依据，滨海国土局提出的鑫富达公司无权解除合同的上诉理由不能成立。至于涉案土地上仍存在他项权的问题，鑫富达公司已向本院出具承诺书，承诺如抵押问题未能解决，滨海国土局可在返还土地出让金时扣除相关款项。故该问题可在合同解除后双方协商解决。”

裁判规则三：国有土地出让合同可约定土地上房屋、墓地等的拆迁义务主要由受让人承担。（案例4）

案例4：黄山市凤凰岛开发有限公司与歙县国土资源局、歙县深渡镇人民政府建设用地使用权出让纠纷申请再审民事裁定书［最高人民法院（2012）民申字第427号］认为，“二审判决关于因凤凰岛公司违约而案涉合同解除的认定有相应的事实和法律依据。两份《国有土地使用权出让合同》第五条均约定，歙县国土资源局出让的土地使用权为现状土地条件。《补充协议》第十一条约定，深渡镇政府协助凤凰岛公司妥善协调处理好项目开发期间的相关问题（包括遗留问题），并配合凤凰岛公司做好建设施工中各种矛盾纠纷的调处工作，提供相关服务。前述约定说明，案涉土地上房屋、墓地等的拆迁义务应由凤凰岛公司承担，深渡镇政府承担的仅是协助义务。凤凰岛公司所称歙县国土资源局和深渡镇政府至今未完成涉案土地上房屋拆迁、墓地搬迁，造成其无法开发，与双方合同约定内容不符。凤凰岛公司未按《补充协议》约定履行其投资义务，符合《补充协议》第五条约定的案涉合同解除的条件，歙县国土资源局有权解除案涉合同，歙县国土资源局2010年9月2日作出的《关于解除〈国有土地使用权出让合同的补充协议〉等合同（协议）的通知》发生合同解除的效力。"

013 未办理农用地转用审批是否影响土地出让合同效力*

——未办理农用地转用审批手续的土地使用权出让合同无效

本文梳理了农用地转用审批手续的相关裁判规则：（1）建设占用土地，涉及农用地转为建设用地的，应当办理农用地转用审批手续，未办理农用地转用审批手续的土地使用权出让合同无效（主文案例）；（2）建设占用土地，涉及农用地转为建设用地的，一般由国务院、省、自治区、直辖市人民政府批准办理农用地转用审批手续（延伸阅读案例1—案例3）；（3）土地利用总体规划的原批准机关，有权在土地利用总体规划及土地利用年度计划确定的建设用地规模范围内，批准将农用地转为建设用地（延伸阅读案例4、案例5）；（4）政府未办理农用地转用审批手续即开始使用农用地，并实施征收工作的，属于违法用地（延伸阅读案例6—案例8）。

裁判要旨

一、建设占用土地，涉及农用地转为建设用地的，应当办理农用地转用审批手续。未办理农用地转用审批手续的土地使用权出让合同无效。

二、合同部分内容无效，但不影响其他部分效力的，应当认定合同其他部分内容有效。

---

* 案件来源：青岛乾坤木业有限公司与青岛市国土资源和房屋管理局崂山国土资源分局建设用地使用权出让合同纠纷二审民事判决书［最高人民法院（2007）民一终字第84号］，载于《最高人民法院公报》2008年第5期（总第139期）。

案情简介

一、2003 年 1 月，崂山国土资源分局与乾坤公司签订《国有土地使用权出让合同》，合同涉及的 146383 平方米的出让土地中，部分土地经批准已转为建设用地，其余部分未经批准，仍然为农用地。

二、2005 年 6 月，崂山国土资源分局以乾坤公司未按合同约定如期缴纳全部土地使用权出让金等为由，作出撤销与乾坤公司签订的《国有土地使用权出让合同》的决定。

三、由于崂山国土资源分局单方解除合同，乾坤公司未能受让合同项下的土地，乾坤公司认为崂山国土资源分局违反合同约定，给其造成各项经济损失 1200 余万元，故向山东高院起诉，请求判令崂山国土资源分局履行《国有土地使用权出让合同》，向乾坤公司交付合同项下的全部土地。山东高院认为，《国有土地使用权出让合同》部分有效，乾坤公司亦部分履行了付款义务，故判决：崂山国土资源分局向乾坤公司交付合同项下已经审批转为建设用地的土地。

四、崂山国土资源分局不服，上诉至最高法院。最高法院认为，乾坤公司未在合同约定的期限内履行合同有效部分的缴纳土地出让金的义务，解除合同的条件已经成就，崂山国土资源分局解除合同的行为有效。最终最高法院改判：驳回乾坤公司的诉讼请求。

裁判要点

最高法院改判驳回乾坤公司诉求的原因在于：

第一，案涉《国有土地使用权出让合同》部分有效，部分无效。崂山国土资源分局出让的土地中，部分土地经批准转为建设用地，其余部分未经人民政府批准，仍然为农村集体土地。根据《中华人民共和国土地管理法》第四十四条规定，“建设占用土地，涉及农用地转为建设用地的，应当办理农用地转用审批手续”。最高法院据此认定本案中涉及未经政府批准办理农用地转用的土地的部分合同无效。又根据《中华人民共和国合同法》第五十六条的规定，部分合同无效，不影响其他部分效力的，其他部分仍然有效。故本案合同中经过政府批准的部分土地使用权出让有效，未经政府批准的部分土地使用权出让无效。

第二，乾坤公司未交齐合同有效部分的土地出让金，崂山国土资源分局有权解除合同。案涉《国有土地使用权出让合同》约定，受让人延期支付土地出让金超过

6个月的，出让人有权解除合同。鉴于该合同部分有效，乾坤公司应在合同有效部分的范围内履行义务。而乾坤公司向崂山国土资源分局交付的土地出让金未达到合同有效部分土地的出让金总额，应认定乾坤公司未在合同约定的期限内履行合同有效部分的缴纳土地出让金的义务。因此，解除合同的条件已经成就。崂山国土资源分局根据《中华人民共和国合同法》第九十三条第二款的规定，行使了合同解除权，且已经通知了乾坤公司，解除合同的行为有效。

实务经验总结

前事不忘，后事之师。为避免未来发生类似败诉，提出如下建议：

一、当事人与自然资源主管部门签订土地使用权出让合同后，应当按约及时缴纳土地出让金。本案如果乾坤公司已经缴清了合同有效部分所对应的土地出让金，崂山国土资源分局则无权解除合同，乾坤公司仍有可能获得该部分土地。

二、我国对农用地转为建设用地实行严格的审批制度，自然资源主管部门出让的土地未办理农用地转建设用地审批手续的，土地使用权出让合同无效。但根据《中华人民共和国合同法》第四十二条的规定，该情形下受让人可以主张由出让人承担缔约过失责任。

三、当事人可以在合同中自由约定一方解除合同的条件，解除合同的条件成就时，享有解除权的一方可以解除合同。当事人亦可在合同中自由约定解除权行使期限，期限届满当事人不行使解除权的，解除权消灭。

相关法律规定

《中华人民共和国合同法》

第四十四条 依法成立的合同，自成立时生效。

法律、行政法规规定应当办理批准、登记等手续生效的，依照其规定。

第五十六条 无效的合同或者被撤销的合同自始没有法律约束力。合同部分无效，不影响其他部分效力的，其他部分仍然有效。

第九十三条 当事人协商一致，可以解除合同。

当事人可以约定一方解除合同的条件。解除合同的条件成就时，解除权人可以解除合同。

《中华人民共和国土地管理法》

第四十四条 建设占用土地，涉及农用地转为建设用地的，应当办理农用地转用审批手续。

永久基本农田转为建设用地的，由国务院批准。

在土地利用总体规划确定的城市和村庄、集镇建设用地规模范围内，为实施该规划而将永久基本农田以外的农用地转为建设用地的，按土地利用年度计划分批次按照国务院规定由原批准土地利用总体规划的机关或者其授权的机关批准。在已批准的农用地转用范围内，具体建设项目用地可以由市、县人民政府批准。

在土地利用总体规划确定的城市和村庄、集镇建设用地规模范围外，将永久基本农田以外的农用地转为建设用地的，由国务院或者国务院授权的省、自治区、直辖市人民政府批准。

以下为该案在最高法院审理阶段，裁判文书中“本院认为”部分就该问题的论述：

（一）关于《国有土地使用权出让合同》效力的认定问题。本合同虽约定合同须经山东省人民政府批准方可生效，但在合同签订前，合同项下的84亩土地已经山东省人民政府批准，由农业用地转为建设用地，故这部分土地未经审批不影响相应部分的合同效力；合同项下其余部分土地尚未办理农用地转用审批手续，按约定合同尚未生效，依法不得出让。崂山国土资源分局认为合同已经成立但未生效，不应认定部分有效、部分无效。本院认为，涉案合同是双方当事人的真实意思表示，内容不损害国家、集体和第三人的合法权益，且已经过公证，应认定已经成立。我国《合同法》第四十四条规定：“依法成立的合同，自成立时生效。法律、行政法规规定应当办理批准、登记等手续生效的，依照其规定。”《土地管理法》第四十四条规定：“建设占用土地，涉及农用地转为建设用地的，应当办理农用地转用审批手续。”据此认定本案中未经政府批准农转用土地的部分合同无效。根据《合同法》第五十六条的规定，部分合同无效，不影响其他部分效力的，其他部分仍然有效。就本案情况看，认定部分合同无效，不会影响其他部分的效力。因此，应当认定合同中经过政府批准的84亩土地使用权出让有效，未经政府批准的131亩土地使用权出让无效，其他合同条款仍然有效。对于崂山国土资源分局关于涉案合同项下转让的土地是不可分物，不适用量上的部分有效、部分无效的上诉主张，本院不予支持。

……

（三）崂山国土资源分局是否有权解除合同。解除合同的前提是合同已经生效。涉案《国有土地使用权出让合同》第31条约定，受让人延期支付土地出让金超过6个月的，出让人有权解除合同。该合同未约定行使合同解除权的期限，也未约定出让方在解除合同前要进行催告。鉴于该合同部分有效，乾坤公司应在合同有效部分的范围内履行义务。涉案合同于2003年1月16日签订，截至2003年3月26日，乾坤公司向崂山国土资源分局交付土地出让金488万元，未达到84亩土地的出让金总额。因此，解除合同的条件已经成就。崂山国土资源分局根据《合同法》第九十三条第二款的规定，行使了合同解除权，且已经通知了乾坤公司。其未对乾坤公司进行催告，并不构成违约。对崂山国土资源分局关于乾坤公司没有按期付清合同项下全部土地出让金，其有权解除合同的主张，本院应予支持。对乾坤公司关于解除合同的条件未成就，崂山国土资源分局无权单方解除合同的主张，本院不予支持。

延伸阅读

裁判规则一：建设占用土地，涉及农用地转为建设用地的，一般由国务院、省、自治区、直辖市人民政府批准办理农用地转用审批手续。（案例1—案例3）

案例1：张怀东与辽宁省抚顺市顺城区人民政府征地补偿纠纷再审行政裁定书［最高人民法院（2016）最高法行申3839号］认为，“应当指出的是，根据《中华人民共和国土地管理法》第四十四条的规定，涉及农用地转为建设用地的，由省、自治区、直辖市人民政府批准。本案中，顺城区政府2006年征地过程中，征收农用地转为建设用地，未经辽宁省人民政府或者国务院批准，尽管之后有部分被征收土地经辽宁省政府批准补办征地手续，但是，未批先占的事实说明，顺城区政府2006年征收并占用集体土地的行为显然属于违法征地。顺城区政府应当尽快完善相关土地征收的审批手续，并按照辽国土资发（2010）16号《关于公布辽宁省征地区片地价表的通知》的精神，妥善处理善后事宜，切实保障被征地农民的合法权益。”

案例2：天心（南京）木业有限公司、溧水区东屏镇人民政府合同纠纷再审审查与审判监督民事裁定书［最高人民法院（2017）最高法民申187号］认为，“天心公司并无充分证据证明溧水区政府同意东屏镇政府出让土地使用权的行为，并且根据《中华人民共和国土地管理法》第四十四条规定，‘建设占用土地，涉及农用地转为建设用地的，应当办理农用地转用审批手续。建设项目占用土地，涉及农用地转为建设用地的，由省、自治区、直辖市人民政府批准。’溧水区政府对农用地转为建设用地并无审批权限，即使其同意东屏镇政府出让土地使用权，亦不能因此认定案涉合同条款有效。”

案例3：金雪虎、裴信国与浙江省人民政府建设用地审批及行政复议再审行政裁定书［最高人民法院（2016）最高法行申 4978 号］认为，“宁波市人民政府甬政土审（2014）104 号《关于鄞州区洞桥镇土地利用总体规划 2014 年第一次规划修改方案的批复》和甬政土审（2014）110 号《关于鄞州区洞桥镇土地利用总体规划 2014 年第二次规划落实方案的批复》可以证明，在涉案土地征收审批前，宁波市人民政府已依法对鄞州区洞桥镇土地利用总体规划进行调整，涉案土地已非基本农田，且耕地面积亦为 25.2508 公顷。根据《土地管理法》第四十四条、第四十五条的规定，再审被申请人浙江省人民政府享有作出被诉建设用地批复的法定职权。”

裁判规则二：土地利用总体规划的原批准机关，有权在土地利用总体规划及土地利用年度计划确定的建设用地规模范围内，批准将农用地转为建设用地。（案例 4、案例 5）

案例 4：于中民与河南省新乡市人民政府土地行政批复纠纷再审行政裁定书［最高人民法院（2016）最高法行申 3124 号］认为，“本案被诉行政行为系新乡市人民政府作出的新政土（2010）90 号《关于封丘县 2010 年度第一批次乡镇建设用地农用地转用的批复》。《土地管理法》第二十一条第四款规定：‘乡（镇）土地利用总体规划可以由省级人民政府授权的设区的市、自治州人民政府批准。’河南省人民政府同意将乡级土地利用总体规划授权新乡市人民政府审批，故新乡市人民政府有权审批乡（镇）土地利用总体规划。根据新乡市人民政府批准的《封丘县黄德镇土地利用总体规划（2006—2020 年）》内容，本案所涉的南于村 4.3604 公顷集体土地均为规划建设用地。《土地管理法》第四十四条第三款规定：‘在土地利用总体规划确定的城市和村庄、集镇建设用地规模范围内，为实施该规划而将农用地转为建设用地的，按土地利用年度计划分批次由原批准土地利用总体规划的机关批准。’据此，新乡市人民政府作为黄德镇土地利用总体规划的原批准机关，有权在黄德镇土地利用总体规划及土地利用年度计划确定的建设用地规模范围内，批准将农用地转为建设用地。因此，再审申请人于中民有关新乡市人民政府越权审批的主张，缺乏法律依据，本院不予支持。”

案例 5：佛山市顺德区容桂街细滘股份合作经济社与佛山市人民政府、周华铨行政登记申诉行政裁定书［最高人民法院（2015）行监字第 2088 号］认为，“经审理查明，案涉土地于 2003 年 6 月 13 日取得佛山市顺德区规划国土局作出的顺规土补（2003）69 号《关于历史遗留违规建筑工程用地问题的批复》，即案涉土地的补办建设工程手续已在顺府发（2003）9 号《关于妥善处理历史遗留违规建设工程问题的通知》规定的期限内申报完毕。本案中，案涉土地于 2001 年转为国有土地，且在原容桂镇土地利用总体规划范围内。依据《中华人民共和国土地管理法》第四十四条第三款及广东省国土厅粤国土（1999）70号《关于贯彻省委粤发（1999）9号文件精神支持顺德市率先实现现代化试点有关事项的通知》第十条的规定，佛山市顺德区人民政府具有案涉土地的农用地转用手续的审批权。因此，佛山市顺德区人民政府以顺府办发（2004）28号文、佛国土资顺纪要（2009）10号《会议纪要》将其职权范围内违规建设工程用地手续的完善时间延长至2009年10月31日，并未违反上述法律规定。原判决据此认定周华铨申请补办违规建设工程用地手续符合上述文件规定，并无不当。”

裁判规则三：政府未办理农用地转用审批手续即开始使用农用地，并实施征收工作的，属于违法用地。（案例6—案例8）

案例6：徐立梓与湖北省大冶市人民政府、湖北省大冶市金湖街道办事处违法征地纠纷再审行政裁定书［最高人民法院（2016）最高法行申2735号］认为，“本案的争议焦点有两个，一是大冶市政府使用徐立梓等88人承包经营的土地是否合法；二是涉案土地是否应交由徐立梓等88人复耕。关于第一个争议焦点，依据《中华人民共和国土地管理法》第四十四条的规定，建设占用土地，涉及农用地转为建设用地的，应当办理农用地转用审批手续。现有证据足以表明，大冶市政府未经批准即开始使用徐立梓等人承包的农村土地，并已具体实施了相应的征收工作，属于违法用地。原审法院确认大冶市政府用地违法，事实认定清楚，法律适用正确。关于第二个争议焦点，依据《中华人民共和国国家赔偿法》第四条、第三十二条、第三十六条的规定，违法使用土地的应当予以退还。但是本案的特殊性在于，大冶市政府先行违法征地占地以后，办理了农用地转用审批手续，获得了‘三批文’。在‘三批文’有效的情况下，徐立梓等88人以先期违法用地为由要求复耕的请求与‘三批文’的内容相抵触。同时，按照《中华人民共和国土地管理法》第三十七条、《闲置土地处置办法》的规定，对于闲置土地的认定和处置应由相关政府部门依法组织实施，徐立梓等88人以土地闲置为由要求复耕应当先向政府部门请求救济。故徐立梓等88人要求复耕土地的再审请求，本院无法支持。”

案例7：葛忠诉鞍山市人民政府、鞍山市立山区人民政府等行政占地案申诉行政裁定书［最高人民法院（2010）行监字第649-1号］认为，“根据《中华人民共和国土地管理法》的相关规定，建设占用土地，涉及农用地转为建设用地的，应当办理农用地转用审批手续。征收农用地的，应当先行办理农用地转用审批手续，并依据批准权限办理征地审批手续。2007年5月10日，在未取得国务院和辽宁省人民政府土地征收批准文件的情况下，立山区政府、沙河镇政府将葛忠承包地上的附着物强制拆除，在违法强拆的基础上，葛忠的承包地被强制占用，为此，在国土资源部及辽宁省土地监察部门的监督下，鞍山市国土资源局已经对鞍山市交通局违法占用土地的行为进行了行政处罚。鉴于上述事实，自 2007 年 5 月 10 日至 2008 年 4 月 22 日期间，鞍山市三级政府占用葛忠承包土地的行为属违法占地，是不争的事实。”

案例 8：丘伟彬等 104 人与乳源瑶族自治县乳城镇人民政府土地征收行政纠纷二审行政判决书［广东省高级人民法院（2016）粤行终 247 号］认为，“因建设需要征收农用地的，应当依照相应审批权限和程序，先行办理农用地转用审批手续和征地审批手续，然后才能由县级以上地方人民政府予以公告并组织实施。本案中，乳城镇政府代表乳源县政府与宋田村民小组签订了《征地协议书》，并由宋田村民小组领取了补偿款，但该征地的批准机关仅为乳源县政府，征地方案至今没有取得有批准权限的机关批准。乳城镇政府代表乳源县政府与宋田村民小组签订上述《征地协议书》，征用了丘应才承包经营的土地，违反法律的强制性规定。因此，原审判决确认该《征地协议书》违法，并无不当。”

第二章　国有土地使用权转让

014 转让房地产公司股权竟被认定非法倒卖土地使用权罪，但股权转让合同有效*

——房地产公司的股权转让行为不改变土地使用权主体，不应纳入土地管理法律法规的审查范畴

本案例为2016年10月31日最高法院第二巡回法庭发布的跨省重大民商事和行政案件典型案例，最高法院认为，本案典型意义在于：一方面对刑民交叉案件的区分处理标准进行了强调；另一方面，进一步明确在股权转让行为中，不应因涉及取得目标公司的土地使用权即认定转让为无效。

值得注意的是，实践中确有部分法院认定通过转让房地产公司股权获取土地使用权的行为构成非法倒卖土地使用权罪，例如本案最高法院判决中援引的(2015)营刑二终字第00219号刑事裁定书。因此，对于该等刑事风险，企业家必须重点防范。

裁判要旨

转让持有土地使用权的公司的100%股权虽然被认定构成非法倒卖土地使用权罪，但股权转让合同并不必然归于无效。该等股权转让行为不改变土地使用权之主体，故不应纳入土地管理法律法规的审查范畴，而应依据《中华人民共和国公司法》中有关股权转让的规定对股权转让合同进行审查。

案情简介

一、2010年4月，恒岐公司（股东为周盈岐一人）与沙建武签订《公司股权

---

* 案件来源：付学玲、沙沫迪等与周盈岐、营口恒岐房地产开发有限公司等股权转让纠纷二审民事判决书［最高人民法院（2016）最高法民终222号］。

转让合同书》，约定恒岐公司、周盈岐将全部股权转让给沙建武，并将涉案土地使用权转让给沙建武，股权转让款分期支付。

二、沙建武依约支付第一笔款后，周盈岐并未如约将土地相关资料的原件交给沙建武。2010 年 7 月，恒岐公司取得土地使用权证书，但未将该证书交给沙建武。后周盈岐因此次股权转让被认定构成非法倒卖土地使用权罪并被追究刑事责任。

三、沙建武因病去世，付学玲、王凤琴、沙沫迪为沙建武法定继承人。

四、付学玲、沙沫迪、王凤琴向辽宁高院起诉，请求：解除《公司股权转让合同书》，并由周盈岐及恒岐公司返还股权转让款本金 8200 万元及利息，支付违约金。周盈岐、恒岐公司提起反诉，主张周盈岐与沙建武以股权转让形式倒卖土地的行为属于违反法律强制性规定的犯罪行为，该股权转让合同应属无效，请求：确认《公司股权转让合同书》无效，付学玲、沙沫迪、王凤琴共同给付各类经济损失。

五、辽宁高院认定《公司股权转让合同书》有效，判决：解除《公司股权转让合同书》，周盈岐、恒岐公司返还付学玲、沙沫迪、王凤琴股权转让款及利息。

六、周盈岐、恒岐公司不服，向最高法院提起上诉。最高法院判决：驳回上诉，维持原判。

裁判要点

最高法院认定本案《公司股权转让合同书》合法有效的原因在于：

第一，合同效力应当依据《中华人民共和国合同法》第五十二条之规定予以判定。《公司股权转让合同书》约定的内容属股权转让的具体措施及方法，并未违反法律法规的效力性强制性规定，亦未损害国家、集体或其他第三人利益，合法有效。

第二，《公司股权转让合同书》存在以股权转让为名转让公司土地的性质，且周盈岐因此合同的签订及履行而被另案刑事裁定认定构成非法倒卖土地使用权罪，但最高法院认为，无论是否构成刑事犯罪，该合同并不必然归于无效。本案沙建武欲通过控制恒岐公司的方式开发使用案涉土地的行为不改变土地使用权的主体，因此不应纳入土地管理法律法规的审查范畴，而应依据《中华人民共和国公司法》中有关股权转让的规定对该股权转让合同进行审查。在无效力性强制性规范对合同义务予以禁止的前提下，合同合法有效。

实务经验总结

前事不忘，后事之师。为避免未来发生类似败诉，提出如下建议：

一、当事人可通过转让房地产公司股权的形式实现土地使用权转让的目的，该行为并非土地管理法律法规的审查范畴，在股权转让合同不违反其他效力性强制性规定的情形下，股权转让合同合法有效。

二、需关注的是，针对以股权转让形式实现土地使用权转让的目的是否构成非法倒卖土地使用权罪的问题，实务中存在较大争议。实践中确有部分法院认定该等行为构成非法倒卖土地使用权罪，例如本案中提到的（2015）营刑二终字第00219号刑事裁定书。有鉴于此，企业家在实施房地产公司股权转让行为时，应当尽量保证符合相关法律法规关于土地使用权转让条件的规定，或尽量事先与当地政府部门沟通，取得当地政府的同意，或者低调行事，至少是不要在当地政府的明确反对下进行。

相关法律规定

《中华人民共和国合同法》

第五十二条　有下列情形之一的，合同无效：

（一）一方以欺诈、胁迫的手段订立合同，损害国家利益；

（二）恶意串通，损害国家、集体或者第三人利益；

（三）以合法形式掩盖非法目的；

（四）损害社会公共利益；

（五）违反法律、行政法规的强制性规定。

《中华人民共和国城市房地产管理法》

第三十九条　以出让方式取得土地使用权的，转让房地产时，应当符合下列条件：

（一）按照出让合同约定已经支付全部土地使用权出让金，并取得土地使用权证书；

（二）按照出让合同约定进行投资开发，属于房屋建设工程的，完成开发投资总额的百分之二十五以上，属于成片开发土地的，形成工业用地或者其他建设用地条件。

转让房地产时房屋已经建成的，还应当持有房屋所有权证书。

《中华人民共和国城镇国有土地使用权出让和转让暂行条例》

第十九条　土地使用权转让是指土地使用者将土地使用权再转让的行为，包括出售、交换和赠与。

未按土地使用权出让合同规定的期限和条件投资开发、利用土地的，土地使用权不得转让。

《中华人民共和国公司法》

第七十一条 有限责任公司的股东之间可以相互转让其全部或者部分股权。

股东向股东以外的人转让股权，应当经其他股东过半数同意。股东应就其股权转让事项书面通知其他股东征求同意，其他股东自接到书面通知之日起满三十日未答复的，视为同意转让。其他股东半数以上不同意转让的，不同意的股东应当购买该转让的股权；不购买的，视为同意转让。

经股东同意转让的股权，在同等条件下，其他股东有优先购买权。两个以上股东主张行使优先购买权的，协商确定各自的购买比例；协商不成的，按照转让时各自的出资比例行使优先购买权。

公司章程对股权转让另有规定的，从其规定。

以下为该案在最高法院审理阶段，裁判文书中“本院认为”部分就该问题的论述：

关于《公司股权转让合同书》的效力问题。本院认为，合同效力应当依据《中华人民共和国合同法》第五十二条之规定予以判定。在上诉中，周盈岐、恒岐公司主张《公司股权转让合同书》第六条第一款、第二款、第四款第一项、第二项因违反法律法规的强制性规定而无效，其无须履行否则会给社会造成危害。但经审查上述条款，第六条第一款约定了合同生效后，恒岐公司所有董事及法定代表人即失去法律赋予的所有权利，意在表明沙建武受让全部股权后即实际控制恒岐公司；第二款约定了合同生效后，涉案土地交由沙建武开发使用；第四款第一项约定沙建武支付第一笔5000万元转让款后，恒岐公司应将涉案土地的所有资料原件交由沙建武保管，沙建武可开发使用，勘探、设计、施工、销售等相关人员可进入；第四款第二项进一步约定恒岐公司应当将工商、税务有关证件交给沙建武，印章由恒岐公司派人持有并配合使用。可见，上述条款约定的内容属股权转让中的具体措施及方法，并未违反法律法规所规定的效力性强制性规定，亦未损害国家、集体或其他第三人利益。此外，本院已经注意到，该《公司股权转让合同书》存在以股权转让为名收购公司土地的性质，且周盈岐因此合同的签订及履行而被另案刑事裁定［(2015) 营刑二终字第00219号刑事裁定书］认定构成非法倒卖土地使用权罪，但对此本院认为，无论是否构成刑事犯罪，该合同效力亦不必然归于无效。本案中业已查明，沙建武欲通过控制恒岐公司的方式开发使用涉案土地，此行为属于商事交易中投资者对目标公司的投资行为，是基于股权转让而就相应的权利义务以及履行的方法进行的约定，既不改变目标公司本身亦未变动涉案土地使用权之主体，故不应纳入土地管理法律法规的审查范畴，而应依据《中华人民共和国公司法》中有关股权转让的规定对该协议进行审查。本院认为，在无效力性强制性规范对上述条款中的合同义务予以禁止的前提下，上述有关条款合法有效。另，在周盈岐签署的《公司股权转让合同书》中约定将周盈岐所持100%的股权予以转让，虽然该合同主体为恒岐公司与沙建武，但鉴于周盈岐在其一人持股的恒岐公司中担任法定代表人，且股东个人财产与公司法人财产陷入混同的特殊情形，即便有合同签订之主体存在法人与股东混用的问题，亦不影响该合同在周盈岐与沙建武之间依法产生效力。因此，周盈岐、恒岐公司提出部分条款无效的主张缺乏法律依据，本院不予支持。

延伸阅读

认定转让持有土地使用权的房地产公司股权构成非法转让、倒卖土地使用权罪的案例：

案例 1：张洪正非法转让、倒卖土地使用权罪一审刑事判决书［浙江省武义县人民法院（2015）金武刑初字第 628 号］认为，“被告人张洪正违反土地管理法规，非法转让、倒卖土地，情节特别严重，其行为已构成非法转让、倒卖土地使用权罪，公诉机关指控成立，本院予以支持。关于被告人张洪正是否构成本罪的问题。被告人张洪正作为浙江武义展润健身器材有限公司的法定代表人，在其与武义县国有土地资源局签订的合同中，双方明确约定投资总额为 4200 万元，土地转让必须完成投资总额的 25%，而涉案土地的投入明显未达到转让条件，被告人张洪正名义上转让的是公司股权，实质上转让的是依股权享有并控制的国有土地使用权，系采用阴阳合同的办法，以转让股权为名，行非法转让、倒卖土地使用权之实，其辩护人辩称被告人张洪正的该行为仅仅是转让股权，并非转让土地使用权，与事实不符，不予采信。”

案例 2：邓某甲非法倒卖土地使用权罪一审刑事判决书［安徽省淮北市相山区人民法院（2014）相刑初字第 00002 号］认为，“被告人邓某甲伙同他人以牟利为目的，违反国家土地管理法规，以股权转让的名义非法倒卖国有土地使用权，涉案土地面积 132.74 亩，情节特别严重，其行为已构成非法倒卖土地使用权罪，应依法惩处。”

案例 3：朱某甲、吴某非法转让、倒卖土地使用权罪一审刑事判决书［浙江省义乌市人民法院（2014）金义刑初字第 2867 号］认为，“被告人朱某甲、吴某以牟利为目的，违反土地管理法规，非法倒卖土地使用权，情节特别严重，其行为均已构成非法倒卖土地使用权罪。公诉机关指控成立，应予支持。被告人朱某甲、吴某犯罪以后自动投案，如实供述自己的罪行，系自首，依法均可以减轻处罚。被告人朱某甲、吴某主动退出违法所得，均可以酌情从轻处罚。被告人朱某甲、吴某获得土地使用权后，未按出让合同的规定进行投资开发和利用，就以股权转让的形式将土地作价非法转让、倒卖牟利，其实质是倒卖土地使用权，故辩护人陶旭明提出被告人朱某甲没有以牟利为目的转让土地使用权，以转让股权的形式转让土地使用权的合同是有效的，股权转让不等同于土地转让，不构成非法倒卖土地使用权罪的辩护意见，与法不符，不予采纳。"

案例 4：吕某、周某犯非法转让、倒卖土地使用权罪一审刑事判决书［浙江省磐安县人民法院（2015）金磐刑初字第 138 号］认为，"针对本案被告人及辩护人所提辩解及辩护意见，经查：（1）被告人吕某获得土地使用权后，未按出让合同的规定进行投资开发和利用，就以股权转让的形式将土地作价非法转让、倒卖牟利，其实质是非法转让、倒卖土地使用权；被告人周某明知吕某未在本案所涉的土地中投资开发，转让出让的土地违法，仍积极协助办理相关转让手续，且在黄某无力投资开发本案所涉土地时，又与黄某协商转让、倒卖事项，从中分别获利 10.5 万元和 50 万元。因此，被告人周某及三辩护人所提被告人吕某、周某的行为是股权转让，而不是土地使用权转让，二被告人不构成犯罪的辩解和辩护意见，与法不符，本院不予采纳。"

案例 5：单某、俞某犯非法转让、倒卖土地使用权罪一审刑事判决书［浙江省绍兴市越城区人民法院（2015）绍越刑初字第 24 号］认为，"2010 年 5 月 6 日，被告人单某、俞某共同出资注册成立浙江港越汽车销售服务有限公司（以下简称'港越公司'），同年 11 月 23 日，港越公司以人民币 1260 万元的价格竞标拍得绍兴市袍江经济开发区汽车城 G2-6 地块，并花费人民币 22 万元对该地块进行了平整。2011 年 2 月 22 日，被告人单某、俞某以牟利为目的，在未经土管部门许可，且不具备土地使用权转让条件的情况下，以公司股权转让的方式，私自将 G2-6 地块土地使用权以人民币 2800 万元的价格转让给温州开元集团有限公司和温州捷顺汽车技术服务有限公司，被告人单某、俞某共计非法获利人民币 1518 万元。……被告人单某、俞某以牟利为目的，违反土地管理法规，非法转让土地使用权，其行为均已构成非法转让土地使用权罪，且系共同犯罪。公诉机关指控的罪名成立，本院予以支持。"

案例 6：应某国非法转让、倒卖土地使用权罪一审刑事判决书［浙江省磐安县人民法院（2016）浙 0727 刑初 00094 号］认为，"依照我国国有土地使用权转让的相关规定，依法转让土地必须符合土地出让合同的约定，诺唯斯公司以出让的方式取得国有土地使用权，其合同明确约定必须要完成开发投资总额的百分之二十五以上的投资以后方能进行转让。涉案土地使用权转让给周某时，土地上仅有土地平整、围墙和挡土墙建设，扣除土地出让金外其他固定资产投资总额仅 159.972 万元，未达到合同约定的投资要求。……应某国获得涉案土地使用权后，未按出让合同规定的期限和条件进行投资开发和利用土地，在政府依法督促按照合同投资建设未果并提出回购要求的情况下，仍以公司股权转让的形式将 26.23 亩土地作价非法转让，从中牟取非法利益两百余万元，情节特别严重，其行为已构成非法转让土地使用权罪。"

案例 7：杨成美非法转让、倒卖土地使用权罪一审刑事判决书［浙江省永嘉县人民法院（2016）浙 0324 刑初 578 号］认为，"被告人杨成美等人以牟利为目的，借用他人名义受让空壳公司苍某公司股份，以苍某公司名义获取涉案土地使用权，后以转让公司股份名义转让涉案土地使用权，属于以股份转让形式掩盖非法倒卖土地使用权目的的行为，应以非法倒卖土地使用权罪论处。"

015 未完成投资总额 25%，以转让房地产项目公司股权形式实现项目转让，股权转让合同是否有效*

——现行法律不禁止以转让房地产项目公司股权形式实现土地使用权转让的目的

《中华人民共和国城市房地产管理法》第三十九条规定，以出让方式取得土地使用权的，转让房地产时，属于房屋建设工程的，须完成开发投资总额的百分之二十五以上。那么能否通过转让房地产公司股权的形式，实现不满足上述条件的土地使用权转让的目的？本案例认为，公司股权转让关系不同于作为公司资产的土地使用权转让关系，以转让房地产公司股权形式实现土地使用权转让目的的股权转让合同合法有效。

* 案件来源：薛惠玶与陆阿生、江苏苏浙皖边界市场发展有限公司、江苏明恒房地产开发有限公司委托代理合同纠纷二审民事判决书［最高人民法院（2013）民一终字第 138 号］。

裁判要旨

公司股权转让与作为公司资产的土地使用权转让为两个独立的法律关系，现行法律并无效力性强制性规定禁止以转让房地产项目公司股权形式实现土地使用权或房地产项目转让的目的。

案情简介

一、薛惠玶委托陆阿生收购并且代持明恒公司85%股权，后陆阿生与边界公司签署《股权转让协议》，将明恒公司85%股权转让给边界公司。

二、薛惠玶向江苏高院起诉，主张其为明恒公司股权的实际出资人，但陆阿生却以股权所有人身份，将案涉股权转让给边界公司；陆阿生故意以转让项目公司股权的形式，变相转让土地使用权，违反了《中华人民共和国城市房地产管理法》第三十九条关于房屋建设工程没有完成开发投资总额25%以上的，不得转让的规定。故请求：确认陆阿生与边界公司签订的《股权转让协议》无效；陆阿生办理股权回转登记，明恒公司予以配合；陆阿生、边界公司对薛惠坪的损失承担连带赔偿责任。

三、江苏高院认定《股权转让协议》有效，判决：陆阿生偿付薛惠玶损失29540395元。

四、薛惠玶不服，上诉至最高法院。最高法院判决：驳回上诉，维持原判。

裁判要点

第一，法院未支持薛惠玶请求确认陆阿生与边界公司签订的《股权转让协议》无效的原因在于：首先，薛惠玶主张，案涉《股权转让协议》实质是以股权转让形式转移土地使用权的行为，系以合法形式掩盖非法目的，应认定为无效。但是现行法律并无效力性强制性规定禁止以转让房地产项目公司股权形式实现土地使用权或房地产项目转让的目的。其次，陆阿生与边界公司签订《股权转让协议》转让本案争议股权的行为构成无权处分，根据《最高人民法院关于审理买卖合同纠纷案件适用法律问题的解释》第三条第一款规定，“当事人一方以出卖人在缔约时对标的物没有所有权或者处分权为由主张合同无效的，人民法院不予支持”。因此无权处分不影响股权转让合同的效力。

第二，法院未支持薛惠玶请求陆阿生办理股权回转登记的原因在于：陆阿生与边界公司签订《股权转让协议》，将案涉股权转让给边界公司，并已依照法律规定办理了变更登记，且薛惠玶并未提供充分证据证明边界公司受让该股权时存在恶意以及股权转让价格不合理。根据《最高人民法院关于适用〈中华人民共和国公司法〉若干问题的规定（三）》第二十五条及《中华人民共和国物权法》第一百零六条第一款的规定，边界公司已取得了案涉股权。

但是根据《最高人民法院关于适用〈中华人民共和国公司法〉若干问题的规定（三）》第二十五条第二款规定："名义股东处分股权造成实际出资人损失，实际出资人请求名义股东承担赔偿责任的，人民法院应予支持。"法院据此判令陆阿生返还薛惠玶案涉股权交易溢价款的相应对价 29540395 元。

实务经验总结

前事不忘，后事之师。为避免未来发生类似败诉，提出如下建议：

一、当事人可通过转让房地产公司股权的形式实现土地使用权或房地产项目转让的目的，即使该土地使用权不满足《中华人民共和国城市房地产管理法》规定的土地使用权转让的条件。

二、名义股东私自处分登记在其名下的股权时，构成无权处分，但满足如下条件的，受让人即取得该股权：（1）受让人受让股权时是善意的；（2）股权以合理的价格转让；（3）股权已办理变更登记。此时，实际出资人可请求名义股东承担赔偿责任。

相关法律规定

《中华人民共和国城市房地产管理法》

第三十八条 下列房地产，不得转让：

（一）以出让方式取得土地使用权的，不符合本法第三十九条规定的条件的；

（二）司法机关和行政机关依法裁定、决定查封或者以其他形式限制房地产权利的；

（三）依法收回土地使用权的；

（四）共有房地产，未经其他共有人书面同意的；

（五）权属有争议的；

（六）未依法登记领取权属证书的；

（七）法律、行政法规规定禁止转让的其他情形。

第三十九条 以出让方式取得土地使用权的，转让房地产时，应当符合下列条件：

（一）按照出让合同约定已经支付全部土地使用权出让金，并取得土地使用权证书；

（二）按照出让合同约定进行投资开发，属于房屋建设工程的，完成开发投资总额的百分之二十五以上，属于成片开发土地的，形成工业用地或者其他建设用地条件。

转让房地产时房屋已经建成的，还应当持有房屋所有权证书。

《最高人民法院关于适用〈中华人民共和国公司法〉若干问题的规定（三）》

第二十五条 名义股东将登记于其名下的股权转让、质押或者以其他方式处分，实际出资人以其对于股权享有实际权利为由，请求认定处分股权行为无效的，人民法院可以参照物权法第一百零六条的规定处理。

名义股东处分股权造成实际出资人损失，实际出资人请求名义股东承担赔偿责任的，人民法院应予支持。

《中华人民共和国物权法》

第一百零六条 无处分权人将不动产或者动产转让给受让人的，所有权人有权追回；除法律另有规定外，符合下列情形的，受让人取得该不动产或者动产的所有权：

（一）受让人受让该不动产或者动产时是善意的；

（二）以合理的价格转让；

（三）转让的不动产或者动产依照法律规定应当登记的已经登记，不需要登记的已经交付给受让人。

受让人依照前款规定取得不动产或者动产的所有权的，原所有权人有权向无处分权人请求赔偿损失。

当事人善意取得其他物权的，参照前两款规定。

《最高人民法院关于审理买卖合同纠纷案件适用法律问题的解释》

第三条 当事人一方以出卖人在缔约时对标的物没有所有权或者处分权为由主张合同无效的，人民法院不予支持。

出卖人因未取得所有权或者处分权致使标的物所有权不能转移，买受人要求出卖人承担违约责任或者要求解除合同并主张损害赔偿的，人民法院应予支持。

以下为该案在最高法院审理阶段，裁判文书中“本院认为”部分就该问题的论述：

一、关于薛惠玶与陆阿生之间法律关系的性质

本院认为，虽然薛惠玶与陆阿生之间未签订委托收购股权并代持股权的书面合

同，但薛惠玶向陆阿生汇付款项的事实客观存在。对该笔款项的性质，陆阿生虽然主张为借款，但未能提供任何证据证明。一审判决综合全部案件事实，依据优势证据原则认定双方之间存在薛惠玶委托陆阿生收购股权并且代持股权的关系，理据充分，并无不当。陆阿生就此提起上诉，但未能提供证据足以否认一审判决的认定，本院对陆阿生的该项上诉主张不予支持。

二、关于陆阿生与边界公司签订的《股权转让协议》效力问题

基于前述，陆阿生与边界公司签订《股权转让协议》转让本案争议股权的行为构成无权处分。《最高人民法院关于审理买卖合同纠纷案件适用法律问题的解释》第三条第一款规定，当事人一方以出卖人在缔约时对标的物没有所有权或者处分权为由主张合同无效的，人民法院不予支持。根据上述规定，薛惠玶主张陆阿生与边界公司签订的《股权转让协议》无效，无法律依据，本院不予支持。此外，在薛惠玶未能提供充分证据证明陆阿生与边界公司存在恶意串通损害其利益的情况下，亦不能因此否认案涉《股权转让协议》的效力。

薛惠玶主张，案涉《股权转让协议》实质是以股权转让形式转移土地使用权的行为，系以合法形式掩盖非法目的，应认定为无效。本院认为，公司股权转让与作为公司资产的土地使用权转让为两个独立的法律关系，现行法律并无效力性强制性规定禁止以转让房地产项目公司股权形式实现土地使用权或房地产项目转让的目的。薛惠玶的该项主张无法律依据，本院不予支持。

三、关于薛惠玶诉请陆阿生办理股权回转登记，并由明恒公司配合履行变更义务是否有事实和法律依据的问题

陆阿生系记载于股东名册上的明恒公司股东，边界公司与其签订《股权转让协议》受让其股权，并已依照法律规定办理了变更登记。在本案中，薛惠玶并未能提供充分证据证明边界公司受让该股权时存在恶意以及股权转让价格不合理。参照《中华人民共和国物权法》第一百零六条第一款规定，薛惠玶主张办理股权回转登记，并由明恒公司配合履行变更义务，理据不足，本院不予支持。但参照该条第二款规定，薛惠玶作为案涉股权的实际权利人，有权向无权处分人陆阿生请求赔偿损失。虽然薛惠玶在本案一审中就一审判决第（一）项所判损失并未提出明确的诉讼请求，但本院认为，应客观全面地分析当事人的诉讼目的，准确理解当事人的诉讼请求。本案中，虽然薛惠玶要求办理股权回转登记的诉讼请求无法得到支持，但原判决在综合全部案情基础上，为公平保护双方当事人利益，判令陆阿生返还薛惠玶案涉股权交易溢价款的相应对价 29540395 元，符合本案实际，并无不当，本院予以维持。

延伸阅读

裁判规则一：学校举办者变更不导致划拨土地使用权人的变更，不违反《最高人民法院关于审理涉及国有土地使用权合同纠纷案件适用法律问题的解释》第十一条关于未经合法批准转让国有划拨土地使用权的应当认定为无效的强制性规定。

案例1：武威新世纪试验学校、陶龙海与武威市凉州成人中等专业技术学校确认合同无效纠纷申诉、申请再审民事裁定书［最高人民法院（2016）最高法民申752号］认为，“尽管本案《武威少年军校资产转让协议》名称及其内容，为武威少年军校的资产转让，包括该校土地使用权、固定资产、教学附属设施、低值易耗品，同时该协议亦约定了武威少年军校将其开办、命名批文、民办学校许可证等一系列办学手续和建设手续交与凉州技术学校，由凉州技术学校在武威少年军校的原址上继续办学。《武威少年军校资产转让协议》第十五条明确约定武威少年军校名称及校牌转让后，由凉州技术学校经营管理，按国防教育要求办学。因此，原审法院判决对上述《武威少年军校资产转让协议》性质认定为名为资产转让，实为学校举办者变更，符合事实。上述《武威少年军校资产转让协议》虽有国有土地使用权转让的约定内容，但该国有划拨土地的使用权人在《武威少年军校资产转让协议》履行前后没有发生变更，仍然在武威少年军校名下，不涉及土地使用权性质、用途的变更，并非真正意义上出让土地使用权变更土地使用权人。新世纪学校、陶龙海以本案《武威少年军校资产转让协议》违反了《中华人民共和国合同法》第五十二条第（五）项及《最高人民法院关于审理涉及国有土地使用权合同纠纷案件适用法律问题的解释》第十一条关于未经合法批准转让国有划拨土地使用权的应当认定无效的强制性规定，应当确认无效的理由，不能成立。”

裁判规则二：公司在转让股权时，建设用地使用权的价值是决定股权转让价格的重要因素，但不能认为该公司股权转让的性质就变成了土地使用权转让，进而认为其行为是名为股权转让实为土地使用权转让而无效。

案例2：马庆泉、马松坚与湖北瑞尚置业有限公司股权转让纠纷二审民事判决书［最高人民法院（2014）民二终字第264号］认为，“关于本案所涉股权转让协议及补充协议是否有效的问题。首先，根据《中华人民共和国公司法》第七十一条的规定，有限责任公司的股东之间可以相互转让其全部或者部分股权。股东向股东以外的人转让股权，应当经其他股东过半数同意。乘风公司的股东马庆泉、马松坚同意将其持有的乘风公司的全部股权转让给瑞尚公司，双方签订了股权转让协议并已实际履行，且办理了公司股权变更登记手续。本案股权转让协议及补充协议的内容和形式并不违反法律法规的强制性规定。第二，瑞尚公司主张本案所涉合同系名为股权转让实为土地使用权转让，规避法律关于土地使用权转让的禁止性规定而无效。股权转让与土地使用权转让是完全不同的法律制度。股权是股东享有的，并由公司法或公司章程所确定的多项具体权利的综合体。股权转让后，股东对公司的权利义务全部同时移转于受让人，受让人因此成为公司股东，取得股权。依据《中华人民共和国物权法》第一百三十五条之规定，建设用地使用权，是权利人依法对国家所有的土地享有占有、使用和收益的权利，以及利用该土地建造建筑物、构筑物及其附属设施的权利。股权与建设用地使用权是完全不同的权利，股权转让与建设用地使用权转让的法律依据不同，两者不可混淆。当公司股权发生转让时，该公司的资产收益、参与重大决策和选择管理者等权利由转让方转移到受让方，而作为公司资产的建设用地使用权仍登记在该公司名下，土地使用权的公司法人财产性质未发生改变。乘风公司所拥有资产包括建设用地使用权（工业用途）、房屋所有权（厂房）、机械设备以及绿化林木等，股权转让后，乘风公司的资产收益、参与重大决策和选择管理者等权利，或者说公司的控制权已由马庆泉、马松坚变为瑞尚公司，但乘风公司包括建设用地使用权在内的各项有形或无形、动产或不动产等资产，并未发生权属改变。当然，公司在转让股权时，该公司的资产状况，包括建设用地使用权的价值，是决定股权转让价格的重要因素。但不等于说，公司在股权转让时只要有土地使用权，该公司股权转让的性质就变成了土地使用权转让，进而认为其行为是名为股权转让实为土地使用权转让而无效。股权转让的目标公司乘风公司为有限责任公司，依据我国公司法的规定，依法独立享有民事权利及承担民事责任，公司股东的变更不对公司的权利能力和行为能力构成影响，不论瑞尚公司购买乘风公司全部股权是为将乘风公司名下的工业用地土地使用权性质变性后进行房地产开发或是其他经营目的，均不因此而影响股权转让合同的效力。”

案例3：湖南金长润科技实业有限公司、湖南兴嘉置业发展有限公司与深圳泰邦地产有限公司、湖南兴荣投资有限公司等股权转让合同纠纷再审民事裁定书［最高人民法院（2013）民申字第611号］认为，“本案合同约定的转让标的是股权，而不是土地使用权，转让合同应当认定有效。本案中，通过2006年3月31日签订的《股权转让及合作协议》以及2006年7月5日签订的《湖南兴荣投资有限公司股东股份转让协议》，兴嘉公司和金长润公司将兴荣公司30%的股权转让给泰邦公司。其后，通过2010年1月31日签订的《股权内部转让合同书》及其《补充协议》及2010年2月1日签订的《湖南兴荣投资有限公司股东股份转让协议》，兴嘉公司和金长润公司将兴荣公司另外的70%的股权转让给泰邦公司。两次股权转让后，虽然泰邦公司受让了兴荣公司100%的股权，但因金长润公司、兴嘉公司、泰邦公司都不是浅水湾项目建设用地使用权的主体，浅水湾项目建设用地使用权并未因此发生流转，仍处于兴荣公司名下。泰邦公司持有兴荣公司100%的股权后，其与兴荣公司仍属两个相互独立的民事主体，不能以泰邦公司受让了兴荣公司100%的股权，就当然认定该股权转让行为实为建设用地使用权转让行为，进而以该行为目的非法为由，否定股权转让合同的效力。金长润公司、兴嘉公司关于本案合同系以股权转让的合法形式掩盖转让土地使用权的非法目的，依法应当认定无效的申请再审事由，没有事实和法律依据，应当不予支持。”

案例4：江苏高成房地产开发有限公司与福中集团有限公司股权转让纠纷再审民事判决书［江苏省高级人民法院（2014）苏商再终字第0006号］认为，“《公司法》允许股权自由转让，而土地使用权的转让则须经过政府主管部门的批准。政府批准证书上的土地使用权人是公司，而股权转让并不引起公司名下土地使用权的转让，土地使用权人仍然是公司，因此，股权的任何转让都不会导致批准证书上的土地使用权人的变更，因而不涉及非法转让、倒卖土地使用权问题。高成公司主张涉案股权转让触犯《刑法》的申诉理由无事实依据，不能成立。”

016 转让土地时未完成城市房地产管理法规定的投资总额的25%，合同是否有效*

——转让土地时未完成城市房地产管理法规定的投资总额的25%的，不能据此认定合同无效

《中华人民共和国城市房地产管理法》第三十九条规定，转让以出让方式取得的土地使用权时，属于房屋建设工程的，须完成开发投资总额的百分之二十五以上。违反该规定转让土地的，是否会影响转让合同的效力？本案例认为，该规定属于管理性强制性规定，违反该规定并不会导致转让合同无效。

* 案件来源：四川省聚丰房地产开发有限责任公司与达州广播电视大学合资、合作开发房地产合同纠纷二审民事判决书［最高人民法院（2013）民一终字第18号］。

裁判要旨

土地转让时未满足《中华人民共和国城市房地产管理法》规定的“完成开发投资总额的百分之二十五以上”等条件的，不能据此认定土地转让合同无效。

违反法律、行政法规的强制性规定而无效的合同，是指违反了法律、行政法规中的效力性强制性规定，管理性强制性规定不能作为认定合同无效的依据。《中华人民共和国城市房地产管理法》第三十九条第二项和《中华人民共和国城镇国有土地使用权出让和转让暂行条例》第十九条关于土地未按出让合同约定进行投资开发就不得转让的规定是法律、行政法规中的管理性强制性规定，《招标拍卖挂牌出让国有建设用地使用权规定》和《事业单位国有资产管理暂行办法》是行政规章，均不能作为认定土地转让合同无效的依据。

案情简介

一、2008 年达州广播电视大学（以下简称“电大财校”）与四川省聚丰房地产开发有限责任公司（以下简称“聚丰公司”）签订《合作开发协议书》，约定电大财校出让土地使用权作为投资，聚丰公司以现金全额投资并独立开发建设学府铭苑；电大财校有权按约定获取 2500 万元人民币，教学用房、运动场的开发效益，且不承担项目开发建设风险；聚丰公司享有独自开发部分的土地使用权。

二、2011 年，电大财校向聚丰公司发出《解除函》，称因达州市政府决定对学校临街出让土地以招拍挂方式公开进行交易，学校已无法履行《合作开发协议书》，决定解除此协议。

三、聚丰公司向四川省高院提起诉讼，请求判令电大财校立即全面履行《合作开发协议书》。

四、电大财校答辩称，双方签订的《合作开发协议书》性质是土地使用权转让合同，该合同违反了《国有资产评估管理办法》第三条第一项、《中华人民共和国城镇国有土地使用权出让和转让暂行条例》第十九条、《中华人民共和国城市房地产管理法》第三十九条相关规定，且该土地使用权没有通过招、拍、挂的方式转让，也违反了《事业单位国有资产管理暂行办法》第二十八条的规定，因此，合作开发协议应当认定为无效。

五、四川省高院判决驳回聚丰公司的诉讼请求。聚丰公司不服四川省高院判决，向最高人民法院提起上诉，最高人民法院判决：撤销四川省高院的判决，电大财校继续履行与聚丰公司签订的《合作开发协议书》。

裁判要点

电大财校主张《合作开发协议书》无效的依据，并不是法律、行政法规中的效力性强制性规定，而是法律、行政法规中的管理性强制性规定和行政规章。而《中华人民共和国合同法》规定，必须是违反法律、行政法规中的效力性强制性规定，才会导致合同无效，因此电大财校关于合同无效的主张无法得到法院支持。

最高人民法院认为，“因‘违反法律、行政法规的强制性规定’而无效的合同，是指违反了法律、行政法规中的效力性强制性规定，法律、行政法规中的管理性强制性规定不能作为认定合同无效的依据。……《国有资产评估管理办法》、《招标拍卖挂牌出让国有建设用地使用权规定》和《事业单位国有资产管理暂行办法》系行政规章，而《城市房地产管理法》第三十九条第二项、《城镇国有土地使用权出让和转让暂行条例》第十九条为法律、行政法规中的管理性强制性规定，均不能作为认定合同无效的依据。电大财校关于合同无效的主张，缺乏法律依据，本院不予支持。聚丰公司和电大财校之间订立的《合作开发协议书》是双方当事人真实的意思表示，不违反法律、行政法规的强制性规定，合同有效”。

实务经验总结

前事不忘，后事之师。为避免未来发生类似败诉，提出如下建议：

一、事业单位须谨慎签订以出让方式取得的土地使用权的转让合同，一旦签订后再以土地转让合同违反《中华人民共和国城市房地产管理法》第三十九条第二项、《中华人民共和国城镇国有土地使用权出让和转让暂行条例》第十九条等管理性强制性规定或者违反其他国有资产管理领域的相关行政规章主张合同无效的，法院不会支持。

二、合作开发房地产合同约定“提供土地使用权的当事人不承担经营风险，只收取固定利益”的，该合同实质上为土地使用权转让合同，双方当事人之间并非合作开发关系。

相关法律规定

《中华人民共和国合同法》

第五十二条 有下列情形之一的，合同无效：

（一）一方以欺诈、胁迫的手段订立合同，损害国家利益；

（二）恶意串通，损害国家、集体或者第三人利益；

（三）以合法形式掩盖非法目的；

（四）损害社会公共利益；

（五）违反法律、行政法规的强制性规定。

《最高人民法院关于适用〈中华人民共和国合同法〉若干问题的解释（一）》

第四条　合同法实施以后，人民法院确认合同无效，应当以全国人大及其常委会制定的法律和国务院制定的行政法规为依据，不得以地方性法规、行政规章为依据。

《最高人民法院关于适用〈中华人民共和国合同法〉若干问题的解释（二）》

第十四条　合同法第五十二条第（五）项规定的“强制性规定”，是指效力性强制性规定。

《中华人民共和国城市房地产管理法》

第三十九条　以出让方式取得土地使用权的，转让房地产时，应当符合下列条件：

（一）按照出让合同约定已经支付全部土地使用权出让金，并取得土地使用权证书；

（二）按照出让合同约定进行投资开发，属于房屋建设工程的，完成开发投资总额的百分之二十五以上，属于成片开发土地的，形成工业用地或者其他建设用地条件。

转让房地产时房屋已经建成的，还应当持有房屋所有权证书。

《中华人民共和国城镇国有土地使用权出让和转让暂行条例》

第十九条　土地使用权转让是指土地使用者将土地使用权再转让的行为，包括出售、交换和赠与。

未按土地使用权出让合同规定的期限和条件投资开发、利用土地的，土地使用权不得转让。

以下为该案在最高法院审理阶段，裁判文书中“本院认为”部分关于合同性质和效力问题的论述：

本院认为，涉案合同虽然冠以“合作开发协议书”之名，但合同中明确约定电大财校只享有固定开发收益，不承担开发经营的风险。根据最高人民法院《关于审理涉及国有土地使用权合同纠纷案件适用法律问题的解释》第二十四条“合作开发房地产合同约定提供土地使用权的当事人不承担经营风险，只收取固定利益的，应当认定为土地使用权转让合同”的规定，《合作开发协议书》性质为土地使用权转让合同。一审法院关于合同性质的认定有误，本院予以纠正。

根据最高人民法院《关于适用〈中华人民共和国合同法〉若干问题的解释（一）》第四条“合同法实施以后，人民法院确认合同无效，应当以全国人大及其常委会制定的法律和国务院制定的行政法规为依据，不得以地方性法规、行政规章为依据”的规定，以及合同法解释二第十四条关于“合同法第五十二条第（五）项规定的‘强制性规定’，是指效力性强制性规定”的规定，因“违反法律、行政法规的强制性规定”而无效的合同，是指违反了法律、行政法规中的效力性强制性规定，法律、行政法规中的管理性强制性规定不能作为认定合同无效的依据。本案中，电大财校主张合同无效的理由是《合作开发协议书》违反了《国有资产评估管理办法》第三条第（一）项、《招标拍卖挂牌出让国有建设用地使用权规定》、《事业单位国有资产管理暂行办法》第二十八条，以及《城镇国有土地使用权出让和转让暂行条例》第十九条、《城市房地产管理法》第三十九条第二项的规定，但《国有资产评估管理办法》、《招标拍卖挂牌出让国有建设用地使用权规定》和《事业单位国有资产管理暂行办法》系行政规章，而《城市房地产管理法》第三十九条第二项、《城镇国有土地使用权出让和转让暂行条例》第十九条为法律、行政法规中的管理性强制性规定，均不能作为认定合同无效的依据。电大财校关于合同无效的主张，缺乏法律依据，本院不予支持。聚丰公司和电大财校之间订立的《合作开发协议书》是双方当事人真实的意思表示，不违反法律、行政法规的强制性规定，合同有效。

017 土地转让时未完成开发投资总额25%以上，受让方能否诉请过户土地*

——以出让方式取得的土地使用权转让时未完成开发投资总额25%以上的，受让方不得诉请办理土地使用权过户登记

《中华人民共和国城市房地产管理法》第三十九条规定，以出让方式取得的土地使用权转让时，属于房屋建设工程的，应当完成开发投资总额的25%以上。该规定属于管理性强制性规定，违反该规定并不会导致土地使用权转让合同无效，但是未完成开发投资总额的25%以上的，受让方能否诉请过户土地？本书作者经检索最高法院与地方高院判决，发现法院对待该问题存在不同的裁判观点。但是综观最高法院近几年作出的判决，最高法院基本持不能诉讼过户土地的观点。基于2007年施行的《中华人民共和国物权法》第十五条确立了物权行为和债权行为的区分原则，本书作者倾向于认同完成开发投资总额的25%是物权变动的条件，未完成的不能诉请过户土地，而该条件并不影响土地使用权转让合同这一债权行为的效力。

裁判要旨

《中华人民共和国城市房地产管理法》第三十九条关于以出让方式取得的土地使用权转让时，属于房屋建设工程的，投资应达到开发投资总额25%以上的规定，是对土地使用权转让合同标的物设定的对于物权变动的约束，是行政管理部门对不符合法定开发投资条件的土地在办理土地使用权权属变更登记问题上作出的限制性规定。基于司法权不能代替行政权作出行政许可的精神，当事人诉请过户不符合法定开发投资条件的土地使用权的，法院不予支持。

案情简介

一、国凯公司与合正公司签订《合作开发合同》、《补充合同》及《协议书》，约定：国凯公司出地、合正公司出资合作开发项目；在符合转让条件时，国凯公司

* 案件来源：广西合正房地产开发有限公司与南宁市国凯实业有限责任公司、南宁金沙湾实业有限责任公司建设用地使用权纠纷申请再审民事裁定书［最高人民法院（2015）民申字第1951号］。

须将本项目土地使用权人变更为合正公司；国凯公司在本合作项目中的收入不少于7600万元，其他收益归合正公司所有。

二、合正公司向南宁中院起诉称，其已按合同约定超额支付合作收益款给国凯公司，但国凯公司没有依约将该土地使用权过户至合正公司名下，请求判令：国凯公司将讼争土地使用权过户给合正公司。南宁中院判决支持了合正公司的诉讼请求。

三、国凯公司不服南宁中院判决，向广西高院提起上诉称，本案讼争土地不符合完成开发投资总额的25%以上的法定转让条件，土地转让存在法律障碍和行政管理障碍，合同事实上履行不能，应当解除。广西高院认为，本案讼争合同虽然有效，应当继续履行，但土地转让过户条件尚未成就，判决：撤销南宁中院判决；合正公司与国凯公司继续履行《合作开发合同》、《补充合同》及《协议书》。

四、合正公司不服广西高院判决，上诉至最高法院，最高法院裁定驳回其再审申请。

裁判要点

首先，根据《最高人民法院关于审理涉及国有土地使用权合同纠纷案件适用法律问题的解释》第二十四条的规定："合作开发房地产合同约定提供土地使用权的当事人不承担经营风险，只收取固定利益的，应当认定为土地使用权转让合同。"本案讼争合同名为合作开发，实质是国凯公司不承担任何经营风险，以收取固定收益形式转让案涉土地使用权，由合正公司支付相应的对价款项，因此本案应当定性为土地使用权转让合同纠纷。

其次，根据《中华人民共和国城市房地产管理法》第三十九条的规定，以出让方式取得的土地使用权转让时，属于房屋建设工程的，投资应达到开发投资总额的25%以上。该规定是对土地使用权转让合同标的物设定的对于物权变动的约束，是行政管理部门对不符合法定开发投资条件的土地在办理土地使用权权属变更登记问题上作出的限制性规定。由于案涉土地不符合上述法定开发投资条件，土地转让条件尚未成就，基于司法权不能代替行政权作出行政许可的精神，法院不予支持合正公司关于土地过户的诉讼请求。

实务经验总结

前事不忘，后事之师。为避免未来发生类似败诉，提出如下建议：

虽然以出让方式取得的土地使用权转让时，未完成开发投资总额的25%以上不影响土地使用权转让合同的效力，但是该情形下受让方向法院请求判令转让方过户土地的，法院不予支持。土地使用权受让方在签订合同时可采取如下措施确保顺利取得土地使用权：(1) 约定分期支付土地转让价款，将土地转让价款的支付与不动产过户登记手续的办理挂钩，避免不动产过户登记手续办理完毕前款项已全部支付到对方账户；(2) 约定办理不动产过户登记手续的时限及相应的违约金，督促转让方及时配合办理过户登记手续。

相关法律规定

《中华人民共和国城市房地产管理法》

第三十八条　下列房地产，不得转让：

(一) 以出让方式取得土地使用权的，不符合本法第三十九条规定的条件的；

(二) 司法机关和行政机关依法裁定、决定查封或者以其他形式限制房地产权利的；

(三) 依法收回土地使用权的；

(四) 共有房地产，未经其他共有人书面同意的；

(五) 权属有争议的；

(六) 未依法登记领取权属证书的；

(七) 法律、行政法规规定禁止转让的其他情形。

第三十九条　以出让方式取得土地使用权的，转让房地产时，应当符合下列条件：

(一) 按照出让合同约定已经支付全部土地使用权出让金，并取得土地使用权证书；

(二) 按照出让合同约定进行投资开发，属于房屋建设工程的，完成开发投资总额的百分之二十五以上，属于成片开发土地的，形成工业用地或者其他建设用地条件。

转让房地产时房屋已经建成的，还应当持有房屋所有权证书。

以下为该案在最高法院审理阶段，裁判文书中“本院认为”部分就该问题的论述：

原判决以土地过户条件尚未成就，基于司法权不能代替行政权作出行政许可的精神，未予支持合正公司关于土地过户的诉讼请求是否适用法律确有错误。

根据《合作开发合同》的约定，在“项目符合转让条件后20个工作日内，将项目土地的使用权人变更”为合正公司，故案涉土地使用权过户到合正公司名下的前提是项目符合转让条件。《中华人民共和国城市房地产管理法》第三十九条规定，土地转让时投资应达到开发投资总额的25%，该规定是对土地使用权转让合同标的物设定的于物权变动时的约束，是行政管理部门对不符合法定投资开发条件的土地在办理土地使用权权属变更登记问题上作出的限制性规定。2012年12月12日，南宁市人民政府出具《关于广西合正房地产开发有限公司与南宁市国凯实业有限责任公司等合同纠纷一案有关意见的复函》，认为案涉土地“目前不符合土地转让条件”，原判决据此认定土地转让条件尚未成就，不支持合正公司关于土地过户的诉讼请求并无不当。合正公司关于原判决以土地转让不符合《中华人民共和国城市房地产管理法》第三十九条为由，不支持合正公司关于土地过户的诉讼请求系适用法律错误的再审申请理由，本院不予支持。

延伸阅读

一、土地使用权转让时未完成开发投资总额的25%以上，法院认定不能诉请过户土地使用权的案例

案例1：辉县市豪韵房地产开发有限公司与高鸿让、段晶炜建设用地使用权转让合同纠纷申请再审民事裁定书［最高人民法院（2013）民申字第276号］认为，“《中华人民共和国城市房地产管理法》第三十八条、第三十九的规定针对的是土地使用权进行物权变动时的条件；《最高人民法院关于审理涉及国有土地使用权合同纠纷案件适用法律问题的解释》第九条的规定，仅仅强调起诉前转让方取得出让土地使用权证书或者经过政府批准同意转让的合同有效，并未明确没有取得或者没有经过政府批准的法律后果。……因此，豪韵公司以案涉《协议书》适用法律错误为由申请再审的理由均不成立。”

案例2：淮安市华海房地产开发有限公司与淮安市大成建筑有限公司建设用地使用权纠纷二审民事判决书［江苏省高级人民法院（2014）苏商终字第00532号］认为，“在本案中，大成公司在未按照出让合同约定进行投资开发或完成开发投资总额的25%以上情况下，将案涉土地使用权转让，违反了上述法律法规规定和国有土地使用权出让合同的约定，使该土地使用权发生物权变动的条件尚不具备，而不能在相关主管部门办理土地使用权转让手续，即本案土地使用权转让合同在法律上已存在履行不能，而该履行不能是因为大成公司的投资开发未达到法定标准所致，故应属于大成公司违约，其应承担相应的违约责任。大成公司虽然辩称2010年9月18日大成公司与投资公司签订的补充合同及2011年12月26日大成公司与投资

公司签订的土地开发合作协议约定由投资公司投资满25%再行转让过户，但该约定恰能证明大成公司在签订土地使用权转让合同时明知未完成开发投资总额的25%的土地使用权不得转让的规定。对于该规避法律的约定，本院不予支持。由于案涉土地使用权转让合同在法律上履行不能，不能达到合同目的，华海公司请求判令解除双方合同、大成公司立即退还土地使用权转让金1095万元及利息的诉讼请求应予以支持。大成公司如认为华海公司应赔偿解除合同给自己所造成的损失，可另行主张。由于案涉土地使用权转让合同应予解除，大成公司的反诉主张亦不能成立。"

案例3：湖南松德房地产开发有限公司与安仁县圣博置业有限公司建设用地使用权转让合同纠纷二审民事判决书［湖南省高级人民法院（2015）湘高法民三终字第121号］认为，"对于双方争议的合同是否有效问题，关键在于区分合同生效要件和物权变动要件。《中华人民共和国城市房地产管理法》第三十九条规范的是土地使用权过户问题，即转让房地产完成开发投资总额25%以上的才能过户，否则相关行政部门不予办理过户登记手续，不发生物权变动的效力。但该条款并非对土地使用权转让合同的效力进行限制，本案《土地转让的合同》亦不存在违反法律、行政法规强制性规定的情形，故安仁圣博公司关于《土地转让的合同》无效的上诉理由不成立，本院不予支持。"

二、土地使用权转让时未完成开发投资总额的25%以上，法院认定可以诉请过户土地使用权的案例

案例4：桂馨源公司诉全威公司等土地使用权转让合同纠纷二审民事判决书［最高人民法院（2004）民一终字第46号，《最高人民法院公报》2005年第7期（总第105期）］认为，"关于投资开发的问题，城市房地产管理法第三十八条关于土地转让时投资应达到开发投资总额25%的规定，是对土地使用权转让合同标的物设定的于物权变动时的限制性条件，转让的土地未达到25%以上的投资，属合同标的物的瑕疵，并不直接影响土地使用权转让合同的效力，城市房地产管理法第三十八条中的该项规定，不是认定土地使用权转让合同效力的法律强制性规定。因此，超凡公司关于《土地开发合同》未达到25%投资开发条件应认定无效的主张，本院亦不予支持。"最高法院二审维持了一审法院作出的"全威公司与超凡公司应于判决生效之日起五个工作日内依该合同第三条第2款的约定，办理完成土地过户的相关手续"的判决。

案例5：至胜房地产公司与科恩房地产公司、杨智培，居苏、至胜建筑公司、阳光伟业公司、至胜物业公司土地使用权转让合同纠纷一案二审民事判决书［云南省高级人民法院（2014）云高民一终字第362号］认为，"至胜房地产公司上诉主

张因至胜房地产公司对该三宗土地的投资未达到总投资25%，土地使用权转让给科恩房地产公司违反《中华人民共和国城市房地产管理法》第三十八条、第三十九条的规定，双方签订的关于该三宗土地使用权转让的合同无效。对此，本院认为，《中华人民共和国城市房地产管理法》第三十八条、第三十九条属于管理性规范，根据《最高人民法院关于土地转让方未按规定完成土地的开发投资即签订土地使用权转让合同的效力问题的答复》及《最高人民法院关于废止1997年7月1日至2011年12月31日期间发布的部分司法解释和司法解释性质文件（第十批）的决定》，土地转让方未按规定完成土地的开发投资而进行转让的，并不影响转让合同的效力，双方所签转让合同有效，上诉人主张转让合同无效的理由不成立，本院不予支持。”云南省高级人民法院判决：“由被告普洱至胜房地产开发有限公司于本判决生效后3日内将本案所涉坐落于普洱市思茅区凤凰路40号的三宗土地（土地使用证号分别为普国用（2004）第00556号、普国用（2012）第000272号、普国用（2012）第000312号）及相关资料交付第三人普洱科恩房地产开发有限公司，并同时由普洱至胜房地产开发有限公司向土地登记机构申请办理该三宗土地的使用权变更登记手续，普洱科恩房地产开发有限公司协助办理。”

018 土地出让金未缴清是否影响土地使用权转让合同效力*

——土地出让金是否缴纳属于土地使用权出让合同当事人的权利义务内容，土地出让金未全部缴清不导致土地使用权转让合同无效

《中华人民共和国城市房地产管理法》规定，以出让方式取得的土地使用权转让时，应当按出让合同约定已经支付全部土地使用权出让金。那么如果未缴清全部土地出让金是否会影响土地使用权转让合同的效力？最高法院公报案例认为，土地出让金的缴纳与否不影响土地使用权转让合同的效力。

裁判要旨

土地出让金的缴纳问题，属于土地使用权出让合同当事人的权利义务内容，缴

---

* 案件来源：桂馨源公司诉全威公司等土地使用权转让合同纠纷二审民事判决书［最高人民法院（2004）民一终字第46号］，载于《最高人民法院公报》2005年第7期（总第105期）。

纳与否不影响土地使用权转让合同的效力。

案情简介

一、2003年9月，全威公司、超凡公司与桂馨源公司签订《土地开发合同》，约定：全威公司、超凡公司将某以出让方式取得的土地转让给桂馨源公司，土地转让价款为2860万元；桂馨源公司于9月30日前将200万元转入全威公司账户作为定金；全威公司、超凡公司在两个月内将该宗土地过户给桂馨源公司指定的公司。

二、因全威公司、超凡公司未按合同约定办理过户手续，桂馨源公司向广西高院提起诉讼，请求判令全威公司与超凡公司继续履行合同。广西高院判决：桂馨源公司、全威公司、超凡公司继续履行《土地开发合同》，全威公司与超凡公司按约定办理完成土地过户的相关手续。

三、超凡公司不服广西高院判决，上诉至最高法院，主张本案土地使用权未全部付清国有土地出让金，未达到完成投资开发总额25%以上的投资标准，《土地开发合同》违反了法律法规的强制性规定，应认定无效。最高法院判决驳回上诉，维持原判。

裁判要点

首先，土地出让金的缴纳属于土地出让合同当事人的权利义务内容，是否得到完全履行不影响对案涉土地使用权转让合同效力的认定。因此超凡公司上诉主张《土地开发合同》签订时土地出让金未全部缴清违反了法律强制性规定，应认定该合同无效，最高法院不予支持。

其次，《中华人民共和国城市房地产管理法》第三十九条关于土地转让时投资应达到开发投资总额25%以上的规定，不是认定土地使用权转让合同效力的效力性强制性规定，因此不会导致《土地开发合同》无效。

实务经验总结

前事不忘，后事之师。为避免未来发生类似败诉，提出如下建议：

一、《中华人民共和国城市房地产管理法》关于以出让方式取得的土地使用权转让时应当已经支付全部土地使用权出让金，以及投资应达到开发投资总额的25%以上的规定属于管理性强制性规定，违反该规定不会导致土地使用权转让合同无效。故转让方签订合同后再以未缴清土地使用权出让金或者投资未达到开发投资总额的25%以上为由，主张土地使用权转让合同无效的，法院不会支持。

二、虽然未缴清土地使用权出让金不会影响土地使用权转让合同的效力，但是根据2016年1月1日起施行的《不动产登记暂行条例实施细则》第三十七条的规定，申请国有建设用地使用权变更登记的，应当提交国有建设用地使用权出让价款、税费等缴纳凭证，因此未缴清土地出让金会导致不能顺利办理物权变动登记，受让人也就不能实际取得物权。而且根据上述规定，未缴清土地出让金也不能进行土地使用权的首次登记。故土地受让方应当在签订土地使用权转让合同前，向不动产登记部门申请查询拟受让土地使用权是否已办理不动产登记、土地出让金缴纳情况等相关信息。

相关法律规定

《中华人民共和国城市房地产管理法》

第三十八条 下列房地产，不得转让：

（一）以出让方式取得土地使用权的，不符合本法第三十九条规定的条件的；

（二）司法机关和行政机关依法裁定、决定查封或者以其他形式限制房地产权利的；

（三）依法收回土地使用权的；

（四）共有房地产，未经其他共有人书面同意的；

（五）权属有争议的；

（六）未依法登记领取权属证书的；

（七）法律、行政法规规定禁止转让的其他情形。

第三十九条 以出让方式取得土地使用权的，转让房地产时，应当符合下列条件：

（一）按照出让合同约定已经支付全部土地使用权出让金，并取得土地使用权证书；

（二）按照出让合同约定进行投资开发，属于房屋建设工程的，完成开发投资总额的百分之二十五以上，属于成片开发土地的，形成工业用地或者其他建设用地条件。

转让房地产时房屋已经建成的，还应当持有房屋所有权证书。

《中华人民共和国合同法》

第五十二条 有下列情形之一的，合同无效：

（一）一方以欺诈、胁迫的手段订立合同，损害国家利益；

（二）恶意串通，损害国家、集体或者第三人利益；

（三）以合法形式掩盖非法目的；

（四）损害社会公共利益；

（五）违反法律、行政法规的强制性规定。

《最高人民法院关于适〈用中华人民共和国合同法〉若干问题的解释（二）》

第十四条　合同法第五十二条第（五）项规定的“强制性规定”，是指效力性强制性规定。

《不动产登记暂行条例实施细则》

第三十四条　申请国有建设用地使用权首次登记，应当提交下列材料：

（一）土地权属来源材料；

（二）权籍调查表、宗地图以及宗地界址点坐标；

（三）土地出让价款、土地租金、相关税费等缴纳凭证；

（四）其他必要材料。

前款规定的土地权属来源材料，根据权利取得方式的不同，包括国有建设用地划拨决定书、国有建设用地使用权出让合同、国有建设用地使用权租赁合同以及国有建设用地使用权作价出资（入股）、授权经营批准文件。

申请在地上或者地下单独设立国有建设用地使用权登记的，按照本条规定办理。

第三十七条　申请国有建设用地使用权及房屋所有权变更登记的，应当根据不同情况，提交下列材料：

（一）不动产权属证书；

（二）发生变更的材料；

（三）有批准权的人民政府或者主管部门的批准文件；

（四）国有建设用地使用权出让合同或者补充协议；

（五）国有建设用地使用权出让价款、税费等缴纳凭证；

（六）其他必要材料。

以下为该案在最高法院审理阶段，判决书中“本院认为”部分就该问题的论述：

全威公司、超凡公司与桂馨源公司于2003年9月18日签订的《土地开发合同》约定，全威公司、超凡公司将柳州市柳石路153号土地使用权转让给桂馨源公司，桂馨源公司向全威公司、超凡公司支付2860万元土地转让价款，故本案性质为土地使用权转让合同纠纷。该《土地开发合同》为三方当事人协商一致后作出的真实意思表示，内容亦不违反法律规定。合同签订前，柳州市国土资源局已同意全威公司以出让方式取得讼争土地的使用权，双方订有《国有土地使用权出让合同》。本案一审起诉前全威公司办理了国有土地使用权证，讼争土地具备了进入市场进行依法转让的条件。而土地出让金的交纳问题，属土地出让合同当事人即柳州市国土资源局和全威公司之间的权利义务内容，其是否得到完全履行不影响对本案土地使用权转让合同效力的认定，故超凡公司提出的因《土地开发合同》签订时未取得国有土地使用权证及土地出让金未全部交清违反法律强制性规定应认定该合同无效的上诉主张，本院不予支持。关于投资开发的问题，城市房地产管理法第三十八条关于土地转让时投资应达到开发投资总额25%的规定，是对土地使用权转让合同标的物设定的于物权变动时的限制性条件，转让的土地未达到25%以上的投资，属合同标的物的瑕疵，并不直接影响土地使用权转让合同的效力，城市房地产管理法第三十八条中的该项规定，不是认定土地使用权转让合同效力的法律强制性规定。因此，超凡公司关于《土地开发合同》未达到25%投资开发条件应认定无效的主张，本院亦不予支持。

延伸阅读

关于土地出让金未缴清不影响土地使用权转让合同效力的案例：

案例1：辉县市豪韵房地产开发有限公司与高鸿让、段晶炜建设用地使用权转让合同纠纷申请再审民事裁定书［最高人民法院（2013）民申字第276号］认为，"《中华人民共和国城市房地产管理法》第三十八条、第三十九的规定针对的是土地使用权进行物权变动时的条件；《最高人民法院关于审理涉及国有土地使用权合同纠纷案件适用法律问题的解释》第九条的规定，仅仅强调起诉前转让方取得出让土地使用权证书或者经过政府批准同意转让的合同有效，并未明确没有取得或者没有经过政府批准的法律后果。至于案涉《承诺书》中有关豪韵公司要在一周内办好过户手续或所有股权转让事项一节，该意思表示仅仅是豪韵公司同意在一周内召集公司全体股东将所持有的股权全部转让给受让方高、段二人，即豪韵公司承诺的义务仅仅是'召集股东开会'而已，股权如何转让、怎样转让并不包括在《承诺书》的内容中，不存在案涉《协议书》违反公司法有关公司股份转让规定以及以合法形式掩盖非法目的的情形。因此，豪韵公司以案涉《协议书》适用法律错误为由申请再审的理由均不成立。"

案例2：申请人洛阳国裕房地产开发有限公司与被申请人洛阳祥云置业有限公司建设用地使用权转让合同纠纷再审民事判决书［河南省高级人民法院（2016）豫民再239号］认为，"原审以国裕公司与祥云公司于2011年10月9日订立的土地使用权转让合同及补充协议不符合《中华人民共和国城市房地产管理法》第三十九条规定，认定土地使用权转让合同及补充协议无效不妥。《中华人民共和国城市房地产管理法》第三十九条规定：‘以出让方式取得土地使用权的，转让房地产时，应当符合下列条件：（一）按照出让合同约定已经支付全部土地使用权出让金，并取得土地使用权证书；（二）按照出让合同约定进行投资开发，属于房屋建设工程的，完成开发投资总额的百分之二十五以上，属于成片开发土地的，形成工业用地或者其他建设用地条件。转让房地产时房屋已经建成的，还应当持有房屋所有权证书。’该规定应属于管理性规范而非效力性规范，国裕公司未完成开发投资总额的百分之二十五以上，违反上述规定不是认定土地使用权转让合同无效的法定条件。”

案例3：惠州市惠燃实业发展有限公司与惠州市地成实业开发总公司建设用地使用权转让合同纠纷再审复查与审判监督民事裁定书［广东省高级人民法院（2015）粤高法民一申字第1380号］认为，“惠燃公司通过与国土部门签订土地使用权出让合同取得涉案土地使用权，并取得了土地使用权登记；但实质上，惠燃公司并未向国土部门支付土地出让金，惠燃公司是通过与地成公司签订《土地转让合同书》并支付相应对价而获得涉案部分土地使用权的。地成公司虽然未取得涉案土地使用权的物权登记，但与土地的相关部门签订了合同，并支付了相应的对价，取得了相应的合同权利，其与惠燃公司签订《土地转让合同书》实质上是将其合同权利转让给惠燃公司，为有权处分。这种合同权利的转让，不受《城市房地产管理法》第三十九条的规制，况且《城市房地产管理法》第三十九条为管理性规定，非效力性强制性规定，并不影响合同效力。”

案例4：至胜房地产公司与科恩房地产公司、杨智培，居苏、至胜建筑公司、阳光伟业公司、至胜物业公司土地使用权转让合同纠纷一案二审民事判决书［云南省高级人民法院（2014）云高民一终字第362号］认为，“《中华人民共和国城市房地产管理法》第三十八条、第三十九条属于管理性规范，根据《最高人民法院关于土地转让方未按规定完成土地的开发投资即签订土地使用权转让合同的效力问题的答复》及《最高人民法院关于废止1997年7月1日至2011年12月31日期间发布的部分司法解释和司法解释性质文件（第十批）的决定》，土地转让方未按规定完成土地的开发投资而进行转让的，并不影响转让合同的效力，双方所签转让合同有效，上诉人主张转让合同无效的理由不成立，本院不予支持。”

案例5：再审申请人吴忠市太阳山凤凰商贸有限公司、王兴与被申请人丁向东、一审第三人周福贵建设用地使用权转让合同纠纷申请再审民事裁定书［宁夏回族自治区高级人民法院（2014）宁民申字第184号］认为，“《中华人民共和国城市房地产管理法》第三十八条规定属于管理性规范，并非效力性、强制性规范。凤凰商贸公司、王兴依据该条规定主张三方《协议书》有关涉案土地使用权转让的约定无效，并认为原判适用法律错误的再审申请理由不能成立。”

案例6：江苏佰泰置业有限公司与淮安市盱眙经济开发有限公司建设用地使用权转让合同纠纷二审民事判决书［江苏省高级人民法院（2014）苏民终字第0088号］认为，“根据《最高人民法院关于适用〈中华人民共和国合同法〉若干问题的解释（一）》第四条及《最高人民法院关于适用〈中华人民共和国合同法〉若干问题的解释（二）》第十四条之规定，合同法实施后，人民法院确认合同无效，应当以全国人大及其常委会制定的法律和国务院制定的行政法规为依据，不得以地方性法规、行政规章为依据。且合同法第五十二条第（五）项规定的‘强制性规定’，是指效力性强制性规定。法律、行政法规中的管理性规定不能作为认定合同无效的依据。本案中，佰泰置业公司主张合同无效的理由是认为其违反《中华人民共和国城市房地产管理法》第三十九条的规定，但该规定系法律的管理性规定，不能作为认定合同无效的依据。”

019 已抵押的土地可否转让？土地使用权转让合同是否有效*

——转让设有抵押权的土地使用权仅在办理过户手续时受到限制，不影响土地使用权转让合同的效力

《中华人民共和国物权法》第一百九十一条规定，转让抵押财产应当满足经过抵押权人同意或者受让人代为清偿债务的条件。如果不满足上述条件，转让设有抵押权的土地使用权而订立的合同是否有效？

关于该问题，目前司法裁判观点并不统一，有的法院认定土地使用权转让合同有效，有的法院认定土地使用权转让合同无效。本书作者认为，基于2007年施行的《中华人民共和国物权法》第十五条确立的物权行为和债权行为的区分原则，物权法对抵押财产转让规定的限制条件应理解为物权变动的条件，不满足该限制条件并不影响土地使用权转让合同这一债权行为的效力。而且最高法院已有案例认定土地使用权上设有抵押权不影响土地使用权转让合同的效力。

* 案件来源：湖南远和置业发展有限公司与湖南日月投资有限公司、彭潮建设用地使用权转让合同纠纷一审民事判决书［湖南省高级人民法院民事判决书（2014）湘高法民三初字第1号］。

裁判要旨

土地使用权上设有抵押权的事实，仅会导致土地使用权转让办理过户手续时受到限制，不影响土地使用权转让合同本身的效力。

案情简介

一、2011 年 6 月，远和公司与日月公司签订《土地使用权转让合同》，约定：日月公司向远和公司转让其以出让方式取得的案涉国有土地使用权，转让价款为 18300 万元，合同签订后 3 日内先支付 5000 万元，日月公司在收到 5000 万元后的 30 天内办理过户手续。案涉土地使用权已设立抵押担保。合同签订后，远和公司向日月公司支付了首期土地转让款 5000 万元。

二、2012 年 12 月，双方签订《补充协议》，约定日月公司自行解除案涉土地使用权的抵押，并向国土部门提供该土地使用权过户所需的全部资料；在解除土地使用权抵押后 60 天内将案涉土地使用权过户到远和公司。

三、远和公司向湖南高院提起诉讼，请求判令：双方继续履行《土地使用权转让合同》及《补充协议》；日月公司将案涉国有土地使用权过户至远和公司名下；日月公司向远和公司支付延期过户违约金 4575 万元。日月公司答辩称，案涉土地使用权设立了抵押担保，且投资未达到开发投资总额的 25%以上，依法不得转让，应依法认定合同无效。

四、湖南高院判决：远和公司与日月公司继续履行《土地使用权转让合同》及《补充协议》，日月公司给付远和公司违约金 15770959 元。

五、日月公司不服湖南高院判决，上诉至最高法院。因日月公司未按期缴纳上诉费用，最高法院裁定本案按自动撤回上诉处理。

裁判要点

本案法院认定案涉土地使用权转让合同有效，未支持日月公司关于合同无效主张的原因在于：

第一，《中华人民共和国城市房地产管理法》第三十九条第一款第二项关于土地转让时投资应达到开发投资总额 25%的规定属于管理性规定，并非效力性规定，拟转让的土地投资是否达到开发投资总额的 25%以上，并不影响土地使用权转让合同的效力。

第二，土地使用权设有抵押权的事实，仅会导致土地使用权转让办理过户手续受到限制，而不影响土地使用权转让合同本身的效力。土地使用权转让合同的签订并不影响抵押权人的权利，抵押权人仍可以就该抵押物行使抵押权。本案双方已在合同中明确约定，由日月公司提供置换物解除抵押后，为远和公司办理土地使用权变更登记，故日月公司应继续履行合同，提供置换物解除抵押。

实务经验总结

前事不忘，后事之师。为避免未来发生类似败诉，提出如下建议：

一、土地使用权上设有抵押权，并不会导致土地使用权转让合同无效。转让方以此为由主张合同无效，不履行合同的，法院不予支持。

二、虽然转让设有抵押权的土地使用权不会导致转让合同无效，但是如果不满足物权法规定的转让条件，受让方将无权直接诉请办理过户登记手续。根据《中华人民共和国物权法》第一百九十一条的规定，转让抵押财产应当经过抵押权人同意或者受让人代为清偿债务，才能产生物权变动的效力。因此，土地使用权受让方在签订土地使用权转让合同前应当前往不动产登记部门，查询拟受让的土地使用权有无抵押负担，以免影响办理过户登记及取得物权。

三、如当事人欲受让设有抵押权的土地使用权，可在合同中明确约定转让方应在约定期限内解除抵押及相应的违约责任，并将价款支付与转让方履行该项义务挂钩，避免抵押权消灭前价款已支付给对方。

相关法律规定

《中华人民共和国物权法》

第十五条 当事人之间订立有关设立、变更、转让和消灭不动产物权的合同，除法律另有规定或者合同另有约定外，自合同成立时生效；未办理物权登记的，不影响合同效力。

第一百九十一条 抵押期间，抵押人经抵押权人同意转让抵押财产的，应当将转让所得的价款向抵押权人提前清偿债务或者提存。转让的价款超过债权数额的部分归抵押人所有，不足部分由债务人清偿。

抵押期间，抵押人未经抵押权人同意，不得转让抵押财产，但受让人代为清偿债务消灭抵押权的除外。

《中华人民共和国城市房地产管理法》

第三十八条　下列房地产，不得转让：

（一）以出让方式取得土地使用权的，不符合本法第三十九条规定的条件的；

（二）司法机关和行政机关依法裁定、决定查封或者以其他形式限制房地产权利的；

（三）依法收回土地使用权的；

（四）共有房地产，未经其他共有人书面同意的；

（五）权属有争议的；

（六）未依法登记领取权属证书的；

（七）法律、行政法规规定禁止转让的其他情形。

第三十九条　以出让方式取得土地使用权的，转让房地产时，应当符合下列条件：

（一）按照出让合同约定已经支付全部土地使用权出让金，并取得土地使用权证书；

（二）按照出让合同约定进行投资开发，属于房屋建设工程的，完成开发投资总额的百分之二十五以上，属于成片开发土地的，形成工业用地或者其他建设用地条件。

转让房地产时房屋已经建成的，还应当持有房屋所有权证书。

以下为该案在法院审理阶段，判决书中“本院认为”部分就该问题的论述：

根据《中华人民共和国合同法》第四十四条“依法成立的合同，自成立时生效。法律、行政法规规定应当办理批准、登记等手续生效的，依照其规定。”及《中华人民共和国物权法》第十五条“当事人之间订立有关设立、变更、转让和消灭不动产物权的合同，除法律另有规定或者合同另有约定外，自合同成立时生效；未办理物权登记的，不影响合同效力”之规定，涉案《土地使用权转让合同》及《补充协议》经双方当事人协商一致已经成立并生效。被告日月公司辩称《土地使用权转让合同》及《补充协议》违反了《中华人民共和国城市房地产管理法》第三十九条第一款第二项关于土地转让时投资应达到开发投资总额25%的规定，应为无效合同。本院认为，《中华人民共和国城市房地产管理法》的该项规定属于管理性规定，并非效力性规定，拟转让的土地是否达到25%以上的投资，并不影响土地使用权转让合同的效力。被告日月公司以其转让的土地未达开发投资总额的25%为由主张合同无效，缺乏法律依据，本院不予支持；被告日月公司主张涉案土地在转让时已设置了抵押担保，违反了《中华人民共和国城市房地产管理法》第三十八条第一款第二项关于"司法机关和行政机关依法裁定、决定查封或者以其他形式限制房地产权利的"不得转让的相关规定，转让合同应无效。经审查，涉案土地之上设定了土地抵押的事实已在合同中明确约定，双方当事人对此均明知且涉案合同及补充协议还约定了由日月公司提供置换物解除抵押，再为远和公司办理土地使用权变更登记，故涉案土地之上的抵押权应由日月公司提供置换物予以解除。土地使用权转让合同的签订并不影响抵押权人的权利，抵押权人仍可以就该抵押物行使其抵押权。因涉案土地上设定有抵押权的事实，仅令土地在办理过户手续时受到限制，而不影响土地使用权转让合同本身的效力。因此，被告日月公司的该项主张没有法律依据；日月公司还主张涉案土地被司法冻结，亦违反上述规定而应归于无效。根据查明的事实，原告远和公司与被告日月公司签订涉案《土地使用权转让合同》的时间是2011年6月20日，签订补充协议的时间为2012年12月5日，而涉案土地被司法查封、冻结的时间是2013年10月24日，表明在签订涉案合同及补充协议时涉案土地上并没有司法查封、冻结的事实。况且司法查封、冻结的事实及法律后果仅导致土地使用权过户登记受限制，而不影响土地使用权转让合同的效力。综上，涉案合同及《补充协议》是双方当事人的真实意思表示，合同内容不违反法律、行政法规的禁止性规定，为合法有效合同，双方当事人均应严格履行合同。

延伸阅读

一、认定转让设有抵押权的土地使用权订立的合同有效的案例（案例1—案例4）

案例1：再审申请人福时来（中国）体育用品有限公司与被申请人晋江绮达鞋材有限公司及一审第三人中国工商银行股份有限公司晋江支行建设用地使用权转让合同纠纷申请再审民事裁定书［最高人民法院（2013）民申字第345号］认为，"至于涉案土地上设有抵押权能否过户的问题，属于执行中解决的事项，不影响本案合同的效力。"

案例2：忠毅（清远）电子塑胶五金有限公司与清远市新世纪拍卖有限公司建设用地使用权转让合同纠纷二审民事判决书［清远市中级人民法院（2013）清中法民一终字第4号］认为，"关于上诉人与被上诉人于2009年8月4日签订的《土地转让协议》是否有效的问题。本案事实表明，上诉人与被上诉人在2009年8月4日签订的《土地转让协议》约定：上诉人转让给被上诉人的土地位于清远市毅力工业园旁，包括两块已办有国有土地使用证的部分土地和周边一些未办理土地使用证的土地。其中已办理土地使用权证部分的面积为115450.78平方米，未办理土地使用权证部分的面积为24781.95平方米。虽然上诉人将上述已办理土地使用证的国有土地使用权抵押给了中国农业银行股份有限公司清远分行并办理了国有土地他项权证，且《中华人民共和国物权法》第一百九十一条第二款有‘抵押期间，抵押人未经抵押权人同意，不得转让抵押财产，但受让人代为清偿债务消灭抵押权的除外’的规定，但该条规定并非针对抵押财产转让合同的效力性强制性规定，上诉人仅以转让该国有土地使用权未经抵押权人中国农业银行股份有限公司清远分行同意为由主张转让合同无效，本院不予支持。”

案例 3：张桂林、王秀兰与裴燕、张家全、贾长娥、张成、张阳、李相文、樊海涛、牛胜山、杨红伟、王秀兰建设用地使用权转让合同纠纷一审民事判决书［邓州市人民法院（2013）邓法民初字第 2128 号］认为，“被告裴燕与二原告张桂林、王秀兰签订的土地使用权转让协议，被告裴燕、张成与第三人李相文等人签订的土地使用权转让协议，被告裴燕、张成、张阳与第三人李相文等人签订的土地使用权转让补充协议均系签订双方在平等、自愿基础上的真实意思表达，且不违反法律、行政法规的强制性规定，均为合法、有效的协议。二原告作为自然人虽无资格进行房地产开发，并不影响二原告签订协议的效力。二原告与被告裴燕签订的协议尽管涉及到房产开发，但并非以合法形式掩盖非法目的。被告裴燕与二原告签订合同时，尽管土地已经抵押，且协议未经抵押权人同意，但物权法关于抵押人未经抵押权人同意，不得将抵押物的物权进行转移变动，系为约束物权变动而设立的，对债权的效力不产生约束力，并不影响协议的效力，故五被告，第三人李相文等人称二原告作为自然人无资格进行房地产开发，二原告与被告裴燕签订的协议以合法形式掩盖非法目的，被告裴燕与二原告签订合同时，土地已经抵押，协议未经抵押权人同意，依法应认定为无效合同的理由不能成立。”

案例 4：王明元、孙丽萍、姚毅诉四川兰尼尔服饰有限公司、南充市中小企业和农业产业化融资担保有限公司国有建设用地使用权转让合同纠纷一审民事判决书［南充市嘉陵区人民法院（2016）川 1304 民初 1327 号］认为，“《中华人民共和国物权法》第一百九十一条第二款‘抵押期间，抵押人未经抵押权人同意，不得转让抵押财产，但受让人代为清偿债务消灭抵押权的除外’，该条规定并非针对抵押财产转让合同的效力性强制性规定，因此，该土地使用权转让协议有效。”

二、认定转让设有抵押权的土地使用权订立的合同无效的案例（案例 5）

案例 5：桂林佳泽商贸有限责任公司与申剑智凯、叶露芳建设用地使用权转让合同纠纷二审民事判决书［桂林市中级人民法院（2015）桂市民一终字第 478 号］认为，“叶露芳、申剑智凯在与佳泽公司签订《土地使用权转让合同》后，因无法在约定的还款日即 2014 年 4 月 30 日前归还款项，佳泽公司则依据该转让合同要求叶露芳、申剑智凯履行转让涉案土地的义务。双方争议的标的物为涉案土地的转让，系建设用地使用权转让合同纠纷。根据《中华人民共和国土地管理法》的规定，土地使用权可依法转让。但作为佳捷公司的法定代表人叶露芳在与佳泽公司签订《土地使用权转让合同》（2013年8月25日签订）之前，既于2013年7月11日与一审第三人深通银行签订了《抵押借款合同》，以涉案土地作抵押，为佳捷公司借款500万元进行担保，并在灵川县国土资源局办理了土地使用权抵押登记。根据《中华人民共和国担保法》第四十九条第一款，'抵押期间，抵押人转让已办理登记的抵押物的，应当通知抵押权人并告知受让人转让物已经抵押的情况；抵押人未通知抵押权人或者未告知受让人的，转让行为无效。'经审理查明，叶露芳、申剑智凯未将涉案土地已办理抵押的情况告知佳泽公司，也无证据证明叶露芳、申剑智凯将转让行为通知了一审第三人深通银行并取得同意，故，一审法院认定叶露芳、申剑智凯转让涉案土地行为无效是正确的。"

020 已被查封的土地可否转让，土地转让合同是否有效*

——转让被查封的土地订立的转让合同合法有效，但受让方不能请求过户土地

《中华人民共和国城市房地产管理法》第三十八条规定，司法机关和行政机关依法裁定、决定查封的土地、房产不得转让。基于物权行为与债权行为的区分原则，上述规定限制的是房地产的物权变动，而不影响转让合同这一债权行为的效力。

裁判要旨

转让已被查封土地订立的土地使用权转让合同只要是当事人的真实意思表示，合同即合法有效，但在解除查封前，土地使用权转让合同不能发生物权变动的效力，因此受让方不能直接请求过户土地。

---

* 案件来源：韶关市佳和印染有限公司与韶关市万通房地产有限公司建设用地使用权转让合同纠纷申请再审民事裁定书［最高人民法院（2013）民申字第874号］。

案情简介

一、佳和印染公司拥有某土地使用权，因涉诉被法院轮候查封。佳和印染公司与万通房地产公司、鸿晖置业公司签订《土地使用权转让协议》，约定佳和印染公司将上述土地使用权转让给万通房地产公司、鸿晖置业公司，由佳和印染公司完成地块的解封工作。万通房地产公司依约支付了2047.97万元给佳和印染公司及其指定第三人，但佳和印染公司未依约对案涉土地办理解封及过户。

二、万通房地产公司向韶关中院提起诉讼，请求：确认《土地使用权转让协议》有效并继续履行，佳和印染公司立即办理涉案土地的解封手续及搬迁厂房，将该土地及地上建筑物交付给万通房地产公司，支付违约金1000万元，将涉案土地使用权办理至万通房地产公司名下。第三人鸿晖置业公司请求佳和印染公司支付违约金1000万元给万通房地产公司和鸿晖置业公司。

三、韶关中院判决：确认《土地使用权转让协议》有效并继续履行；佳和印染公司将案涉土地及其拥有所有权的地上建筑物交付给万通房地产公司；佳和印染公司支付违约金600万元给万通房地产公司、鸿晖置业公司；佳和印染公司在消除查封等法律障碍的前提下，将案涉土地使用权办理至万通房地产公司名下。

四、佳和印染公司不服韶关中院判决，向广东高院提起上诉。广东高院判决驳回上诉，维持原判。

五、佳和印染公司不服广东高院判决，向最高法院申请再审。最高法院裁定驳回佳和印染公司的再审申请。

裁判要点

第一，本案《土地使用权转让协议》合法有效。《土地使用权转让协议》是佳和印染公司、万通房地产公司及鸿晖置业公司的真实意思表示，且签订转让协议时三方对查封事实均实际知晓并接受，因而《土地使用权转让协议》对佳和印染公司、万通房地产公司及鸿晖置业公司具有法律约束力。

第二，佳和印染公司不能直接请求过户土地使用权。涉案土地已由法院依法查封，在查封或者以其他形式限制房地产权利的情形解除前，《土地使用权转让协议》不能发生物权变动的效力，也不能对抗债权人。根据《中华人民共和国城市房地产管理法》第三十八条第二项关于“下列房地产，不得转让：……（二）司法机关和行政机关依法裁定、决定查封或者以其他形式限制房地产权利的……”之规定，佳和印染公司名下的土地使用权须在消除法律障碍之后才能流转。故法院判决佳和印染公司在完全解除查封等法律障碍的前提下，协助办证部门将案涉土地使用权办理至万通房地产公司名下。

实务经验总结

前事不忘，后事之师。为避免未来发生类似败诉，提出如下建议：

一、基于《中华人民共和国物权法》确立的物权行为与债权行为的区分原则，土地使用权被查封的事实并不会导致土地使用权转让合同无效，只是物权变动受到限制。因此该情形下转让方不能以土地使用权被查封为由主张合同无效，不履行合同。而受让方不能直接请求过户该土地使用权，只能依约请求交付土地。

二、根据合同法相关规定，合同约定的违约金过分高于造成的损失的，当事人可以请求法院或仲裁机构调减违约金。

相关法律规定

《中华人民共和国城市房地产管理法》

第三十八条 下列房地产，不得转让：

（一）以出让方式取得土地使用权的，不符合本法第三十九条规定的条件的；

（二）司法机关和行政机关依法裁定、决定查封或者以其他形式限制房地产权利的；

（三）依法收回土地使用权的；

（四）共有房地产，未经其他共有人书面同意的；

（五）权属有争议的；

（六）未依法登记领取权属证书的；

（七）法律、行政法规规定禁止转让的其他情形。

《中华人民共和国物权法》

第十五条 当事人之间订立有关设立、变更、转让和消灭不动产物权的合同，除法律另有规定或者合同另有约定外，自合同成立时生效；未办理物权登记的，不影响合同效力。

《中华人民共和国合同法》

第一百一十三条第一款 当事人一方不履行合同义务或者履行合同义务不符合约定，给对方造成损失的，损失赔偿额应当相当于因违约所造成的损失，包括合同履行后可以获得的利益，但不得超过违反合同一方订立合同时预见到或者应当预见到的因违反合同可能造成的损失。

第一百一十四条 当事人可以约定一方违约时应当根据违约情况向对方支付一定数额的违约金，也可以约定因违约产生的损失赔偿额的计算方法。

约定的违约金低于造成的损失的，当事人可以请求人民法院或者仲裁机构予以增加；约定的违约金过分高于造成的损失的，当事人可以请求人民法院或者仲裁机构予以适当减少。

当事人就迟延履行约定违约金的，违约方支付违约金后，还应当履行债务。

《最高人民法院关于适用〈中华人民共和国合同法〉若干问题的解释（二）》

第二十九条 当事人主张约定的违约金过高请求予以适当减少的，人民法院应当以实际损失为基础，兼顾合同的履行情况、当事人的过错程度以及预期利益等综合因素，根据公平原则和诚实信用原则予以衡量，并作出裁决。

当事人约定的违约金超过造成损失的百分之三十的，一般可以认定为合同法第一百一十四条第二款规定的“过分高于造成的损失”。

以下为该案在最高法院审理阶段，裁判文书中“本院认为”部分就该问题的论述：

土地使用权转让是指土地使用者将土地使用权再转移的行为，包括出售、交换和赠与。佳和印染公司是依法取得涉案土地使用权的土地使用者，在使用年限内，其可以依法转让涉案土地。据一、二审法院查明的事实，佳和印染公司与万通房地产公司签订《土地使用权转让协议》时，涉案土地已由法院依法查封，在查封或者以其他形式限制房地产权利的情形解除前，《土地使用权转让协议》不能发生物权变动的效力，也不能对抗债权人，但由于《土地使用权转让协议》是佳和印染公司、万通房地产公司及鸿晖置业公司的真实意思表示，且签订转让协议时三方对查封事实均实际知晓并接受，因而《土地使用权转让协议》对佳和印染公司、万通房地产公司及鸿晖置业公司具有法律约束力。该协议内容也并未发生变更。各方履行的仍是《土地使用权转让协议》。

延伸阅读

一、认定土地先被查封后签订土地使用权转让合同，不影响土地使用权转让合同效力的案例

案例1：惠州好好食品有限公司与惠州市丽涛经贸发展有限公司项目转让合同纠纷二审民事判决书［广东省高级人民法院（2008）粤高法民一终字第278号］认

为，“本案所涉土地使用权转让合同也不因1号厂房用地被法院查封而无效。最高人民法院《关于适用〈中华人民共和国合同法〉若干问题的解释（二）》第十四条规定：‘合同法第五十二条第（五）项规定的“强制性规定”，是指效力性强制性规定’。虽然1号厂房用地被法院查封涉及合同效力，但只有违反法律、行政法规中效力性强制性规定的合同才能被确认无效，而违反管理性强制性规定的合同仍应确认有效。由于转让被法院查封的房地产不涉及社会公共利益，应认定为违反法律、行政法规中的管理性强制性规定，故相关土地使用权转让合同仍应确认为有效。”

二、认定签订土地使用权转让合同后土地被查封，不影响土地使用权转让合同效力的案例

案例2：湛江市土地开发总公司与湛江市华银公司项目转让合同纠纷二审民事判决书［广东省高级人民法院（2010）粤高法民一终字第168号］认为，“关于《中侨大厦建设用地转让合同》是否有效的问题。土地总公司与劳建公司于1997年3月6日签订的《中侨大厦建设用地转让合同》是当事人的真实意思表示，内容未违反法律、行政法规的强制性规定，应认定有效。虽然上述当事人在签订合同后，‘中侨大厦’建设用地被依法查封，‘中侨大厦’建设用地和项目的受让方亦未取得该建设用地的权属证明，但基于物权变动的法律效果不影响债权合同效力的原则，该合同应对上述当事人产生约束力。原审关于因‘中侨大厦’建设用地被依法查封致土地总公司的转让行为自始无效，故转让合同及基于转让合同而签订的合作合同也应自始无效的认定不当，本院予以纠正。”

案例3：新希望六和饲料股份有限公司与青岛三金泰车业有限公司建设用地使用权转让合同纠纷再审复查与审判监督民事裁定书［山东省高级人民法院（2015）鲁民申字第641号］认为，“山东省平度市人民法院依案外人金港公司、康泰公司申请，于2012年10月11日分别作出（2012）平商初字第2494号、2495号民事裁定书，查封了涉案土地、房屋，但三金泰公司与新希望公司签订的《资产转让合同》及《补充合同》系2011年3月23日和2011年8月22日签订，在山东省平度市人民法院出具裁定书之前，因此，涉案标的物虽因三金泰公司与案外人存在其他纠纷而被原审法院另行查封，但不影响三金泰公司与新希望公司之间合同的履行。”

案例4：湖南远和置业发展有限公司与湖南日月投资有限公司、彭潮建设用地使用权转让合同纠纷一审民事判决书［湖南省高级人民法院（2014）湘高法民三初字第1号］认为，“根据查明的事实，原告远和公司与被告日月公司签订涉案《土地使用权转让合同》的时间是2011年6月20日，签订补充协议的时间为2012年12月5日，而涉案土地被司法查封、冻结的时间是2013年10月24日，表明在

签订涉案合同及补充协议时涉案土地上并没有司法查封、冻结的事实。况且司法查封、冻结的事实及法律后果仅导致土地使用权过户登记受限制，而不影响土地使用权转让合同的效力。”

021 一地数卖，花落谁家[*]

——一地数卖且均未办理变更登记，先合法占有、投资开发土地的受让方优先取得土地使用权

一地数卖，花落谁家？本文通过分析13个案例，根据相关司法解释，总结出一地数卖四种情形的裁判规则：（1）已经办理土地使用权变更登记手续的受让方优先取得土地（案例1）；（2）均未办理土地使用权变更登记手续的，已先行合法占有并投资开发土地的受让方优先取得土地（案例2、案例3）；（3）均未办理土地使用权变更登记手续，又未合法占有、投资开发土地的，先行支付土地转让款的受让方取得土地（案例4—案例7）；（4）合同均未履行的，依法成立在先的合同受让方取得土地（案例8）。此外，一房数卖情形下，法院认为可参照适用一地数卖的裁判规则（案例9—案例12），详见延伸阅读部分。

裁判要旨

土地使用权人作为转让方就同一土地使用权订立数个转让合同，在转让合同有效的情况下，均未办理土地使用权变更登记手续的，先行合法占有并投资开发土地的受让方优先取得土地，并可向法院请求转让方履行土地使用权变更登记等合同义务。

案情简介

一、1996年12月，金霞公司与长沙市交通局签订《土地使用权转让协议》，约定金霞公司将43000平方米国有土地使用权转让给长沙市交通局，转让价款500万元。协议签订后，转让价款已支付完毕。

二、金霞公司因未及时偿还工行五一路支行的贷款，被工行五一路支行起诉至

---

* 案件来源：长沙金霞开发建设有限公司与长沙市交通运输局国有土地使用权转让合同纠纷二审民事判决书［最高人民法院（2015）民一终字第163号］。

长沙中院。在该案审理后，双方当事人与江湾公司达成调解协议，约定由江湾公司代金霞公司偿还所欠工行五一路支行的贷款本金 3830 万元和利息 59.1407 万元，金霞公司将包括案涉土地在内的土地使用权证和权益交给江湾公司，湖南高院于 2009 年 7 月作出民事调解书确认了上述调解协议。

三、金霞公司向湖南高院提起诉讼，请求解除与长沙市交通局签订的《土地使用权转让协议》。长沙市交通局提起反诉，请求金霞公司将案涉土地使用权变更登记至长沙市交通局；金霞公司赔偿长沙市交通局经济损失 4952700 元。江湾公司以第三人身份加入本案诉讼，请求确认包括案涉土地在内的土地使用权归江湾公司所有。

四、湖南高院判决：金霞公司将案涉国有土地使用权登记至长沙市交通局名下。

五、金霞公司、江湾公司不服湖南高院判决，向最高法院提起上诉。最高法院判决驳回上诉，维持原判。

裁判要点

金霞公司先后与长沙市交通局、江湾公司签订协议转让案涉土地，但均未办理变更登记手续。根据《最高人民法院关于审理涉及国有土地使用权合同纠纷案件适用法律问题的解释》第十条第二项规定："均未办理土地使用权变更登记手续，已先行合法占有投资开发土地的受让方请求转让方履行土地使用权变更登记等合同义务的，应予支持。"长沙市交通局先行占有涉案土地并在该土地上投资建成长沙汽车北站，法院据此认定金霞公司应将涉案土地使用权变更登记至长沙市交通局名下。江湾公司因此未取得案涉土地。

实务经验总结

前事不忘，后事之师。为避免未来发生类似败诉，提出如下建议：

一、土地使用权受让方在签订土地使用权转让合同前，应前往不动产登记机构查询土地的权属主体、查封、抵押等情况，以确保土地权属清晰，不存在妨碍土地使用权转让的事实。

二、土地使用权受让方在签订土地使用权转让合同后，要及时办理过户手续。土地使用权转让合同中可约定转让方协助办理过户登记手续的时限及相应的违约责任，以督促转让方积极配合办理相关手续。

三、如遇客观原因暂时不能办理变更登记手续，土地使用权受让方也要先行请求转让方交付土地，并占有投资开发该土地，以确保出现一地数卖的情形时能优先取得土地。

四、一地数卖，未能取得土地使用权的受让方仍可以根据合同法相关规定请求转让方承担违约责任并赔偿损失。

相关法律规定

《最高人民法院关于审理涉及国有土地使用权合同纠纷案件适用法律问题的解释》

第十条　土地使用权人作为转让方就同一出让土地使用权订立数个转让合同，在转让合同有效的情况下，受让方均要求履行合同的，按照以下情形分别处理：

（一）已经办理土地使用权变更登记手续的受让方，请求转让方履行交付土地等合同义务的，应予支持；

（二）均未办理土地使用权变更登记手续，已先行合法占有投资开发土地的受让方请求转让方履行土地使用权变更登记等合同义务的，应予支持；

（三）均未办理土地使用权变更登记手续，又未合法占有投资开发土地，先行支付土地转让款的受让方请求转让方履行交付土地和办理土地使用权变更登记等合同义务的，应予支持；

（四）合同均未履行，依法成立在先的合同受让方请求履行合同的，应予支持。

未能取得土地使用权的受让方请求解除合同、赔偿损失的，按照《中华人民共和国合同法》的有关规定处理。

以下为该案在最高法院审理阶段，判决书中“本院认为”部分就该问题的论述：

就涉案土地，金霞公司在1996年12月31日已与长沙市交通局签订了《土地使用权转让协议》的情形下，又于2009年7月17日，将涉案土地通过5号调解书转让给江湾公司，金霞公司上述转让行为均未办理土地使用权变更登记。根据《最高人民法院关于审理涉及国有土地使用权合同纠纷案件适用法律问题的解释》第十条第二项规定：“土地使用权人作为转让方就同一出让土地使用权订立数个转让合同，在转让合同有效的情况下，受让方均要求履行合同的，按照以下情形分别处理：……（二）均未办理土地使用权变更登记手续，已先行合法占有投资开发土地的受让方请求转让方履行土地使用权变更登记等合同义务的，应予支持。”长沙市交通局先行占有涉案土地并在该土地上投资建成长沙汽车北站，一审法院据此认定金霞公司应将涉案土地使用权证变更登记至长沙市交通局名下并无不当。江湾公司称应将涉案土地确权给该公司所有的上诉理由不能成立，本院不予支持。

延伸阅读

本书作者在写作中另检索到 12 个案例，根据相关司法解释，归纳出一地数卖四种情形的裁判规则。此外，有案例认为一房数卖也可参照适用一地数卖的裁判规则。具体如下：

裁判规则一：一地数卖，已经办理土地使用权变更登记手续的受让方优先取得土地。（案例 1）

案例 1：梅忠与肖劲松房屋买卖合同纠纷再审民事判决书［新疆维吾尔自治区高级人民法院（2011）新审一民提字第 139 号］认为，“且依据本院再审查明事实，本案再审期间，黄忠臣已将本案争议房产的土地使用权证及房屋（在建工程）登记证明表登记在自己名下。上述司法解释第十条第（一）项规定：‘已经办理土地使用权变更登记手续的受让方，请求转让方履行交付土地等合同义务的，应予支持’，梅忠要求肖劲松办理本案争议房产的过户手续的诉讼请求亦因与上述规定不符，本院不予支持。梅忠对于其因与肖劲松签订的售房协议书不能履行而受的损失，可另案主张。”

裁判规则二：一地数卖，均未办理土地使用权变更登记手续的，已先行合法占有投资开发土地的受让方优先取得土地。（案例 2、案例 3）

案例 2：东莞市利成电子实业有限公司、河源市源城区宝源房地产发展有限公司与东莞市晶隆实业发展有限公司、东莞市大岭山镇房地产开发公司、东莞市大岭山镇颜屋村村民委员会及麦赞新、蔡月红项目转让合同纠纷再审民事判决书［最高人民法院（2012）民提字第 122 号］认为，“由于麦赞新代表长新公司通过签订《协议书》约定将长新公司股权及‘莲湖山庄’项目转让给李炳，李炳已先后向麦赞新支付股权转让款和项目转让款共计 6363 万元，并经麦赞新和长新公司的授权，已实际接管长新公司和合法先行占有包括涉案 11 块土地在内的‘莲湖山庄’项目并进行了开发建设，涉案标的物不动产已发生了重大变化，根据《物权法》占有制度的立法目的，在占有人有权占有的情况下，为保持和维护现有物的事实秩序和法律秩序，事实上已不能按照《转让合同书》的约定履行交付涉案标的物。虽然利成公司、宝源公司在与长新公司签订《转让合同书》后也先后向长新公司支付了 6000 多万元的项目转让款，但作为签约在先的李炳已先行合法占有涉案土地，也先行支付了涉案土地使用权的部分转让价款并进行开发建设。根据《合同法》第一百一十条关于当事人一方不履行非金钱债务或者履行非金钱债务不符合约定，事实上不能履行的规定和《最高人民法院关于审理涉及国有土地使用权合同纠纷案件适用法律问题的解释》第十条的规定，利成公司、宝源公司要求长新公司继续履行的主张，理据不足，本院不予支持。”

案例 3：西安荣凯实业集团有限责任公司与西安博汇房地产开发有限公司建设用地使用权纠纷二审民事判决书［西安市中级人民法院（2009）西民二终字第 1472 号］认为，“现西安荣凯实业集团有限公司系刘翠琴与刘爱芳投资建立，刘翠琴与赵锦辉将《协议》约定的 10.262 亩土地转与西安荣凯实业集团有限公司，并已向西安荣凯实业集团有限公司移交了其持有的该宗土地《国有土地使用权证》、向相关方发出了变更该宗 10.262 亩土地使用权登记手续的通知，西安荣凯实业集团有限公司亦已实际占有使用该宗 10.262 亩土地多年。《最高人民法院关于审理涉及国有土地使用权合同纠纷案件适用法律问题的解释》第十条第二项规定‘均未办理土地使用权变更手续，已先行合法占有投资开发土地的受让方请求转让方履行土地使用权变更登记等合同义务的，应予支持’，故西安荣凯实业集团有限公司要求西安博汇房地产开发有限公司办理国有土地使用权过户登记手续的理由成立，应予支持。原审判令西安博汇房地产开发有限公司履行办理土地使用权变更登记手续等义务，并无不妥。”

裁判规则三：一地数卖，均未办理土地使用权变更登记手续，又未合法占有投资开发土地的，先行支付土地转让款的受让方取得土地。（案例 4—案例 7）

案例 4：河北冀丰房地产开发有限公司与石家庄市金之源化工有限公司建设用地使用权纠纷申请再审民事裁定书［最高人民法院（2016）最高法民申 1325 号］认为，“关于二审判决未予支持冀丰公司关于金之源公司应继续履行《土地使用权转让协议》的主张是否适当的问题。冀丰公司与金之源公司于 2011 年 8 月 28 日签订的《土地使用权转让协议》第十一条第 1 项约定：‘协议签订后，若甲方单方面解除合同，应按履行合同定金和已交付土地使用权转让金（借款）的四倍赔偿乙方损失，退还乙方履行合同定金和已交付土地使用权转让金（借款）；若乙方单方面解除合同，应按履行合同定金和已交付土地使用权转让金（借款）的四倍赔偿甲方的损失。’该条系对单方解除合同情形下所应承担违约责任的约定，即因一方行为导致合同解除时，解约方应承担相应的违约责任。（2014）石民二初字第 00005 号民事调解书已经确认涉案土地转让给承租人石家庄市金河石油化工有限公司（以下简称金河公司），在金之源公司单方解除合同且二审判决依据合同约定并结合本案查明的事实判令其支付相应违约金的情况下，冀丰公司再行主张继续履行《土地使用权转让协议》没有合同依据。冀丰公司主张其一审提交的《公证书》、发票、交接清单及收据等证据显示，其已实际占有涉案土地，根据《最高人民法院关于审理涉及国有土地使用权合同纠纷案件适用法律问题的解释》第十条关于占有优于交款的次序规定，其诉求理应得到支持。本院认为，上述证据仅能证明冀丰公司在金之源公司仓库内存放有部分机器设备及材料，不足以充分证明其实际占有涉案土地。因此，二审判决综合考虑合同约定、冀丰公司另案诉请撤销（2014）石民二初字第00005号民事调解书被判决驳回诉讼请求、涉案土地上有金河公司财产、合同履行的可行性以及对土地资源的有效利用等因素，在判令金之源公司支付违约金的前提下，未予支持冀丰公司关于金之源公司应继续履行《土地使用权转让协议》的主张，并无不当。"

案例5：玉林市联创房地产开发有限公司与庞玉龙、黄永进建设用地使用权转让合同纠纷一案再审民事判决书［广西壮族自治区高级人民法院（2013）桂民再字第12号］认为，"由此，在黄永进将涉案土地使用权分别与庞玉龙、联创公司签订协议，庞玉龙和联创公司均请求继续履行合同取得涉案土地使用权，且两份合同均有效的情况下，根据《最高人民法院关于审理涉及国有土地使用权合同纠纷案件适用法律问题的解释》第十条第一款'土地使用权人作为转让方就同一出让土地使用权订立数个转让合同，在转让合同有效的情况下，受让方均要求履行合同的，按照以下情形分别处理：……（三）均未办理土地使用权变更登记手续，又未合法占有投资开发土地，先行支付土地转让款的受让方请求转让方履行交付土地和办理土地使用权变更登记等合同义务的，应予支持'的规定，以及因该条款规定的'先行支付土地转让款'可以是全部支付，也可以是按照合同约定部分支付，根据先予履行优先的原则，应由先支付土地转让款的受让方和转让方订立的土地使用权转让合同继续履行，并由该受让人取得转让土地的使用权。因此，本案应当履行庞玉龙与黄永进签订的《房地产合作协议书》。"

案例6：玉林市巍和投资有限公司与广西玉林投资股份有限公司土地使用权纠纷再审复查与审判监督民事裁定书［广西壮族自治区高级人民法院（2016）桂民申227号］认为，"玉投公司先后分别与巍和公司、温威签订转让涉案土地协议后，巍和公司并未依约支付相应的土地款，而温威已依约支付了相应的土地转让款，陆川县人民法院根据最高人民法院《关于审理涉及国有土地使用权合同纠纷案件适用法律问题的解释》第十条'土地使用权人作为转让方就同一出让土地使用权订立数个转让会同，在转让合同有效的情况下，受让方均要求履行合同的，按照以下情况分别处理……（三）均未办理土地使用权变更登记手续，又未合法占有投资开发土地，先行支付土地转让款的受让方请求转让方履行交付土地和办理土地使用权变更登记等合同义务的，应予支持’的规定，已经作出（2015）陆民再字第1号民事判决，该判决已发生法律效力。根据一事不再理原则，一审法院裁定对巍和公司的起诉依法不予受理、二审法院裁定驳回巍和公司上诉正确。若巍和公司认为玉投公司违约，可另行主张权利。”

案例7：华榜岭洪与那颖、赵柱秀土地行政管理纠纷再审复查与审判监督民事裁定书［云南省高级人民法院（2015）云高民申字第316号］认为，“针对涉案土地存在两份转让协议。其中，赵柱秀、赵柱连与那颖之间签订的转让协议系双方真实意思的表示，内容未违反法律的禁止性规定，应为有效合同，且该协议的效力也已经再审审理确认为有效。华榜岭洪与那颖之间的转让协议是在原二审判决解除那颖与赵柱秀、赵柱连双方签订的转让协议以后签订，也应为有效合同。本案争议的焦点是在诉争土地上有两份有效协议，应履行哪一份合同的问题。华榜岭洪再审申请的主要理由是其已在土地上进行投资开发，应该适用《最高人民法院关于审理涉及国有土地使用权合同纠纷案件适用法律问题的解释》第十条第一款第（二）项的规定，判令其履行与那颖之间签订的转让协议。经审查，华榜岭洪虽在土地上建盖简易房、砌围墙、回填土方，还不足以认定其已经对土地进行了投资开发。一、二审法院依据《最高人民法院关于审理涉及国有土地使用权合同纠纷案件适用法律问题的解释》第十条第一款第（三）项，以先行支付土地转让款为由判决履行那颖与赵柱秀、赵柱连之间的合同并无不当。”

裁判规则四：一地数卖，合同均未履行的，依法成立在先的合同受让方取得土地。（案例8）

案例8：河南缔华房地产开发有限公司与被上诉人郑州照相机厂破产管理人、原审第三人河南省清风拍卖行有限公司拍卖合同纠纷二审民事判决书［河南省高级人民法院（2009）豫法民二终字第57号］认为，“缔华公司在拍卖成交后，签署了拍卖成交确认书，并未表示反悔，其后缔华公司未能按交接协议的约定付清首期款，构成违约，但缔华公司一直向照相机厂管理人申请延期付款，也未表示拒绝履行合同。……因照相机厂管理人与缔华公司之间的拍卖合同依然存在，照相机厂管理人在未解除成交合同的情况下再行委托拍卖已出售标的物，系一物二卖。再行拍卖的买受人登封市粮食收储有限公司尚未付清价款，同时尚未办理涉案土地使用权变更登记，根据最高人民法院《关于审理涉及国有土地使用权合同纠纷案件适用法律问题的解释》第十条规定的精神，结合标的物处置所得用于清偿破产企业职工劳动债权和安置职工的实际情况及缔华公司上诉时表达出继续履行拍卖合同的愿望，缔华公司与照相机厂管理人应以继续履行双方之间的拍卖合同为宜。”

裁判规则五：一房数卖，参照适用一地数卖的裁判规则。（案例9—案例12）

案例9：刘雷与大庆市新天问百货有限公司、张俊君一般买卖合同纠纷申请再审民事裁定书［最高人民法院（2014）民申字第243号］认为，“新天问公司将案涉房屋分别以出售和抵顶装修款的方式与刘雷、张俊君签订的房屋买卖合同，均系当事人双方真实意思表示，其内容不违反法律、行政法规的强制性规定，应为合法有效。二审法院经审理已查明，刘雷、张俊君作为买受人均未办理房屋权属变更登记手续，但张俊君已先行合法占有使用了案涉房屋。刘雷申请再审虽称张俊君和新天问公司交接房屋的水电物业单据等证据均系伪造，但并未提供证据证明，该项主张不能成立。二审法院依据上述事实，参照《最高人民法院关于审理涉及国有土地使用权合同纠纷案件适用法律问题的解释》第十条之规定，判令支持张俊君要求办理权属变更登记手续的请求，并无不当，本院予以维持。”

案例10：广东富宏房地产开发有限公司与洪妙莲商品房预售合同纠纷申请再审民事裁定书［广东省高级人民法院（2014）粤高法民一申字第123号］认为，“即使该买卖合同最终被认定有效，由于洪妙莲与王财等案外人均未办理权属变更登记手续，而本案商铺已于2012年3月29日被查封，且未装修，故洪妙莲与王财等案外人亦均未实际占有使用该商铺，参照《最高人民法院关于审理涉及国有土地使用权合同纠纷案件适用法律问题的解释》第十条第一款的规定，应当优先保护先行支付购房款及依法成立在先的合同当事人的履行利益。由于洪妙莲与富宏公司签订房屋买卖合同及支付购房款均在先，故富宏公司应当向洪妙莲交付商铺并为其办理过户登记手续，而王财等案外人有权在其与富宏公司签订的房屋买卖合同有效的前提下向富宏公司主张违约责任。”

案例11：杨忠、屈智南与中国农业银行股份有限公司成都青羊支行、姜奇、钟顺琼、成都市康华园实业开发有限责任公司、成都市瑞利房地产开发公司案外人执行异议之诉申请再审民事裁定书［四川省高级人民法院（2014）川民申字第2300号］认为，“关于‘一房二卖’纠纷中的保护顺序，现行法律和司法解释均无明确规定，可参照最相类似的《最高人民法院关于审理涉及国有土地使用权合同纠纷案件适用法律问题的解释》第十条。该条规定：‘土地使用权人作为转让方就同一出让土地使用权订立数个转让合同，在转让合同有效的情况下，受让方均要求履行合同的，按照以下情形分别处理：（一）已经办理土地使用权变更登记手续的受让方，请求转让方履行交付土地等合同义务的，应予支持；（二）均未办理土地使用权变更登记手续，已先行合法占有投资开发土地的受让方请求转让方履行土地使用权变更登记等合同义务的，应予支持；（三）均未办理土地使用权变更登记手续，又未合法占有投资开发土地，先行支付土地转让款的受让方请求转让方履行交付土地和办理土地使用权变更登记等合同义务的，应予支持；（四）合同均未履行，依法成立在先的合同受让方请求履行合同的，应予支持。未能取得土地使用权的受让方请求解除合同、赔偿损失的，按照《中华人民共和国合同法》的有关规定处理。'因此，如果各受让方均未办理权属变更登记的，优先保护已经实际占有房屋的一方。从现有证据看，一审法院强制执行时，案涉房屋被案外人占有使用，姜奇、钟顺琼提交的授权委托书和租赁协议表明其将房屋出租给案外人，而杨忠、屈智南提交的证据不足以证明其实际占有了房屋。一审法院将案涉房屋作为姜奇、钟顺琼的财产予以执行，适用法律并无不当。此外，杨忠、屈智南签订商品房买卖合同后，未办理备案登记，对引发一房二卖的纠纷有过错，而姜奇、钟顺琼办理了抵押备案登记，行使权利更积极，一、二审法院优先保护姜奇、钟顺琼的合法权益，符合诚实信用原则。杨忠、屈智南要求确认其对案涉房屋享有所有权，缺乏事实和法律依据。"

案例 12：刘伟荣与戴小春、深圳泰生房地产开发有限公司、深圳市辰森实业发展有限公司、中国东方资产管理公司深圳办事处所有权确认纠纷二审民事判决书［深圳市中级人民法院（2015）深中法房终字第 1837 号］认为，"虽然现行法律及司法解释没有对同一房屋的多重买卖履行顺位作出规定，但《最高人民法院关于审理涉及国有土地使用权合同纠纷案件适用法律问题的解释》第十条第一款关于土地使用权多重买卖合同履约顺位以及《最高人民法院关于审理买卖合同纠纷案件适用法律问题的解释》第九条、第十条关于动产多重买卖合同履约顺位的规定，均系以标的物的移转占有先后及合同成立先后来确定履约顺位。本案中，刘伟荣与辰森公司就涉案房屋签订买卖合同（1998 年 10 月），发生在泰生公司出具《补充协议书》（1998 年 1 月）之后，且戴小春自 1998 年 11 月始即占有使用涉案房屋至今，而刘伟荣既未占有过该房屋，也未曾向戴小春提出过占有异议，故原审法院判令支持戴小春的继续履约请求，符合前述司法解释规定所体现的法理考量和司法政策。鉴于房屋所有权与土地使用权均属物权法所规定的应当依法登记才能发生物权变动效力的不动产物权，原审法院在确定履约顺位时参照适用《最高人民法院关于审理涉及国有土地使用权合同纠纷案件适用法律问题的解释》第十条的规定并无不当。因刘伟荣不能取得房屋所有权而产生的法律责任问题，其可向辰森公司或泰生公司另循法律途径提出主张。"

022 外资企业转让土地未经相关部门批准，合同是否有效*

——外资企业转让土地未经外资企业管理、土地管理部门批准的，不能据此认定合同无效，转让方应协助受让方向有关机关办理报批手续

《中华人民共和国外资企业法实施细则》第二十三条规定："外资企业将其财产或者权益对外抵押、转让，须经审批机关批准并向工商行政管理机关备案。"第三十三条规定，"外资企业在经营期限内未经批准，其土地使用权不得转让"。如果外资企业未经批准擅自转让土地使用权，是否会影响转让合同效力？本案例认为，上述规定不是效力性强制性规定，违反该规定不会影响合同效力。

裁判要旨

外资企业转让土地时，无论土地是通过何种方式取得，均应报经外商投资企业管理部门、自然资源主管部门批准。未经批准的，不能据此认定转让合同无效，而是应当认定合同未生效。值得注意的是，即使合同仅约定由受让方负责办理报批手续，转让方仍负有协助义务。

案情简介

一、2003年，东荣食品（海丰）有限公司（以下简称"东荣公司"，系港商独资企业）与海丰百富才服装有限公司（以下简称"百富才公司"）签订《转让协议书》，约定东荣公司将某土地及其地上建筑物转让给百富才公司，价款90万元，转让手续由百富才公司负责办理。

二、《转让协议书》签订后未经有关部门审批，东荣公司已将土地及建筑物交付百富才公司，百富才公司已向东荣公司支付70万元。

三、东荣公司向广东省海丰县法院提起诉讼，请求判决：确认《转让协议书》无效；百富才公司向东荣公司返还土地及地上建筑物，百富才公司赔偿土地及地上建筑物的占用费。百富才公司提起反诉，请求判令东荣公司与百富才公司到有关部门办理转让手续，东荣公司赔偿百富才公司过户费差价。

---

* 案件来源：东荣食品（海丰）有限公司与海丰百富才服装有限公司建设用地使用权转让合同纠纷审判监督民事判决书［最高人民法院（2015）民提字第129号］。

四、广东省海丰县法院判决：《转让协议书》无效，百富才公司返还东荣公司土地及地上建筑物，东荣公司返还百富才公司70万元。

五、百富才公司不服海丰县法院判决，向广东省汕尾市中院提起上诉，汕尾市中院判决：驳回上诉，维持原判 。

六、最高人民法院以汕尾市中院判决确有错误为由，提审该案。最高法院判决：撤销广东省汕尾市中院及海丰县法院判决；东荣公司协助百富才公司办理报批手续。

裁判要点

首先，虽然《中华人民共和国外资企业法实施细则》规定外资企业在经营期限内未经批准，其土地使用权不得转让，如果转让须经审批机关批准并向工商行政管理机关备案。但是最高法院判决认为该规定不是法律效力性强制性规定，因此违反该规定的协议是未生效而不是无效。

本案土地转让方东荣公司系港商独资企业，《转让协议书》签订后未经外资企业管理机关、土地管理机关批准，东荣公司据此认为协议违反了法律法规强制性规定，按照《中华人民共和国合同法》相关规定，应认定协议无效。最高人民法院审理认为，“参照《最高人民法院关于审理外商投资企业纠纷案件若干问题的规定（一）》第一条第一款的规定，因未报经外商投资企业审批机关批准，应当认定《转让协议书》未生效，东荣公司关于合同无效的观点不能成立”。

其次，即使合同未约定，转让方仍有义务协助受让方办理土地转让报批手续。本案《转让协议书》中约定由百富才公司负责办理手续，因此东荣公司并未协助百富才公司办理报批手续。对此，最高人民法院认为，“如果东荣公司通过恣意不协助办理报批手续可以阻止合同生效，不仅不利于维护交易安全，亦不符合公平原则和诚实信用原则”。故判决东荣公司协助百富才公司办理报批手续，东荣公司因而败诉。

实务经验总结

前事不忘，后事之师。为避免未来发生类似败诉，提出如下建议：

一、拟受让外资企业转让土地使用权的，一定要及时向外商投资企业审批机关、自然资源主管部门办理报批手续，否则，转让合同将不生效，最终影响合同履行。

二、外资企业需谨慎签订土地转让合同。一旦签订后再企图以未报有关机关批准为由主张合同无效的，法院不会支持。

三、土地转让合同应具体约定土地转让报批手续的主办主体及协办主体，双方均应根据诚实信用原则，尽最大努力履行合同义务。

相关法律规定

《最高人民法院关于审理外商投资企业纠纷案件若干问题的规定（一）》

第一条 当事人在外商投资企业设立、变更等过程中订立的合同，依法律、行政法规的规定应当经外商投资企业审批机关批准后才生效的，自批准之日起生效；未经批准的，人民法院应当认定该合同未生效。当事人请求确认该合同无效的，人民法院不予支持。

前款所述合同因未经批准而被认定未生效的，不影响合同中当事人履行报批义务条款及因该报批义务而设定的相关条款的效力。

第二十二条 人民法院审理香港特别行政区、澳门特别行政区、台湾地区的投资者、定居在国外的中国公民在内地投资设立企业产生的相关纠纷案件，参照适用本规定。

《中华人民共和国外资企业法实施细则》

第二十三条 外资企业将其财产或者权益对外抵押、转让，须经审批机关批准并向工商行政管理机关备案。

第三十三条 土地证书为外资企业使用土地的法律凭证。外资企业在经营期限内未经批准，其土地使用权不得转让。

第八十条 香港、澳门、台湾地区的公司、企业和其他经济组织或者个人以及在国外居住的中国公民在大陆设立全部资本为其所有的企业，参照本实施细则办理。

《中华人民共和国合同法》

第五十二条 有下列情形之一的，合同无效：

（一）一方以欺诈、胁迫的手段订立合同，损害国家利益；

（二）恶意串通，损害国家、集体或者第三人利益；

（三）以合法形式掩盖非法目的；

（四）损害社会公共利益；

（五）违反法律、行政法规的强制性规定。

以下为该案在最高法院审理阶段，“本院认为”部分关于合同效力及报批手续协助义务的论述：

（一）关于《转让协议书》的效力问题。合同签订时有效的《中华人民共和国外资企业法实施细则》（2001年修订）第八十二条规定：“香港、澳门、台湾地区的公司、企业和其他经济组织或者个人以及在国外居住的中国公民在大陆设立全部资本为其所有的企业，参照本实施细则办理。”本案中，东荣公司系港商独资企业，应参照该实施细则办理。《中华人民共和国外资企业法实施细则》第三十五条规定：“土地证书为外资企业使用土地的法律凭证。外资企业在经营期限内未经批准，其土地使用权不得转让。”该条并未区分划拨土地和出让土地，因此，应当认为无论是通过划拨方式取得的土地使用权还是通过出让方式取得的土地使用权，其转让均应报经土地主管部门批准。参照该规定，本案所涉土地要实现转让，须报经土地主管部门批准。此外，《中华人民共和国外资企业法实施细则》第二十三条还规定，外资企业将其财产或者权益对外转让，须经审批机关批准并向工商行政管理机关备案。参照该条规定，东荣公司将其财产权益——土地使用权转让，应当报经外商投资企业审批机关批准。本案中，当事人并未履行该两项报批义务。《最高人民法院关于审理外商投资企业纠纷案件若干问题的规定（一）》第一条第一款规定：“当事人在外商投资企业设立、变更等过程中订立的合同，依法律、行政法规的规定应当经外商投资企业审批机关批准后才生效的，自批准之日起生效；未经批准的，人民法院应当认定该合同未生效。当事人请求确认该合同无效的，人民法院不予支持。”第二十二条同时规定：“人民法院审理香港特别行政区、澳门特别行政区、台湾地区的投资者、定居在国外的中国公民在内地投资设立企业产生的相关纠纷案件，参照适用本规定。”本案所涉合同属于港商独资企业经营过程中的重大事项变更性质的合同，参照《最高人民法院关于审理外商投资企业纠纷案件若干问题的规定（一）》第一条第一款的规定，因未报经外商投资企业审批机关批准，应当认定《转让协议书》未生效。广东省高级人民法院（2007）粤高法民一复字第9号《关于外商独资企业土地使用权转让合同效力问题的批复》并非司法解释，不能作为裁判依据。因此，二审判决根据《中华人民共和国外资企业法实施细则》第三十五条、《中华人民共和国合同法》第五十二条第五项的规定以及广东省高级人民法院的上述批复，认定《转让协议书》无效，适用法律错误。东荣公司关于合同无效的观点不能成立。百富才公司关于上述行政法规仅适用于划拨土地，对本案出让土地不适用的理由亦不能成立。

（二）关于东荣公司是否应当配合百富才公司办理土地及房产的转让手续问题。《最高人民法院关于审理外商投资企业纠纷案件若干问题的规定（一）》第一条第二款规定：“前款所述合同因未经批准而被认定未生效的，不影响合同中当事人履行报批义务条款及因该报批义务而设定的相关条款的效力。”参照该规定，本案所涉《转让协议书》未生效，但其中关于履行报批义务的条款应为有效。东荣公司作为港商独资企业对外转让财产，其自身负有义务向外商投资企业审批机关办理报批手续。尽管《转让协议书》中约定“土地及建筑物的转让手续由百富才公司负责办理，税费、手续费等由百富才公司负担”，但东荣公司仍负有协助义务，因为如果东荣公司不予协助，百富才公司将无法向外商投资企业审批机关办理报批手续。同时，东荣公司作为土地使用权人，若其不协助百富才公司向土地主管机关办理报批手续，单凭受让方百富才公司客观上亦无法完成《转让协议书》约定的转让手续。如果东荣公司通过恣意不协助办理报批手续可以阻止合同生效，不仅不利于维护交易安全，亦不符合公平原则和诚实信用原则。因此，东荣公司作为转让方，应当负有协助义务。本案中，东荣公司并未协助百富才公司办理报批手续。因此，百富才公司反诉请求判令东荣公司协助其到有关部门办理土地使用权转让报批手续的诉讼请求应当得到支持。需要说明的是，认定东荣公司就《转让协议书》负有协助报批义务，判令东荣公司协助百富才公司到外商投资企业主管机关、土地主管机关办理土地使用权转让报批手续，并不是说法院已经认定百富才公司是本案所涉土地及房产的所有权人，因为即使百富才公司在东荣公司的协助下履行相关报批义务，是否批准仍是法律赋予相关行政机关的实质性审批权，司法机关不能代替行政机关审批。如果经报批，审批机关不予批准，《转让协议书》因此应归于无效。认定《转让协议书》未生效的意义就是为了督促当事人尽快办理报批手续，促成合同生效，而不是通过简单的不作为致使合同无效。在《转让协议书》未报经批准尚未生效的情况下，百富才公司要求东荣公司继续履行《转让协议书》约定义务、配合其办理过户手续的主张自然不能得到支持。百富才公司关于办理土地使用权、房产过户手续的诉讼请求应当待办理报批手续后，根据是否得到审批机关批准的结果进一步处理，如果合同不能得到批准，《转让协议书》确定无效，自然不能办理过户手续；如果合同获得审批机关批准，合同有效，应继续履行，且过户手续办理完毕后，百富才公司应依约将剩余转让款支付给东荣公司。

023 土地转让合同约定转让方应缴税款全部由受让方负担的条款是否合法有效*

——土地转让合同约定转让方应缴纳税款由受让方负担的条款合法有效

商业交易中，合同中常约定税款负担条款，即约定由特定一方承担交易的所有税款。该等约定并不会改变纳税行政关系中的纳税义务人，属于当事人的意思自治，故应认定为有效。

裁判要旨

土地转让协议中关于税款负担的条款，只要是双方的真实意思表示，该约定并不会造成国家税款的流失。这种约定不违反法律的强制性规定，因此约定税款具体由谁来负担是当事人意思自治的范畴，不影响合同的效力。

案情简介

一、2011 年 2 月，银盛公司与京中公司签订《土地转让协议》，约定银盛公司将某商业用地转让给京中公司，土地转让所发生的所有税金由京中公司承担。

二、2011 年 7 月，双方签订《土地转让补充协议》，约定“土地转让所发生的所有税金由京中公司承担”，具体是指：除京中公司应承担的税金外，还包括契税及银盛公司应交的营业税、土地增值税、所得税等相关税金。京中公司在办理土地过户前，应将上述税金打入银盛公司账户。

三、银盛公司以京中公司欠付转让费及其他费用为由，向巴音郭楞州中院提起诉讼，诉请京中公司支付土地转让费及其他费用（包括银盛公司已垫付的税费），巴音郭楞州中院判决支持了银盛公司的诉求。

四、京中公司不服巴音郭楞州中院判决，向新疆高院提起上诉，新疆高院判决驳回上诉，维持原判。

五、京中公司不服新疆高院判决，向最高法院申请再审。最高法院裁定驳回其再审申请。

---

* 案件来源：新疆京中房地产开发有限责任公司与巴州银盛房地产开发有限公司建设用地使用权转让合同纠纷申请再审民事裁定书［最高人民法院（2015）民申字第 2282 号］。

裁判要点

虽然依法纳税是法律的强制性规定，但是最高法院裁定认为约定土地转让税款由谁负担是当事人的意思自治的范畴，因为税款负担条款只是改变了承担税负的具体主体，并不是为了逃避纳税，也不会导致国家的税款流失，故税款负担条款并不违反法律关于依法纳税的强制性规定。因此京中公司主张税款负担条款因违反法律的强制性规定而无效，法院不予支持，京中公司因此败诉。

实务经验总结

前事不忘，后事之师。为避免未来发生类似败诉，提出如下建议：

当事人拟在土地转让协议中约定税款负担条款的，负担税款的一方一定要慎重，只要双方意思表示真实，签订协议后再企图主张税款负担条款因违反法律的强制性规定而无效的，法院不会支持。

相关法律规定

《中华人民共和国企业所得税法》

第三条 居民企业应当就其来源于中国境内、境外的所得缴纳企业所得税。

非居民企业在中国境内设立机构、场所的，应当就其所设机构、场所取得的来源于中国境内的所得，以及发生在中国境外但与其所设机构、场所有实际联系的所得，缴纳企业所得税。

非居民企业在中国境内未设立机构、场所的，或者虽设立机构、场所但取得的所得与其所设机构、场所没有实际联系的，应当就其来源于中国境内的所得缴纳企业所得税。

《中华人民共和国土地增值税暂行条例》

第二条 转让国有土地使用权、地上的建筑物及其附着物并取得收入的单位和个人，为土地增值税的纳税义务人，应当依照本条例缴纳土地增值税。

《中华人民共和国合同法》

第五十二条 有下列情形之一的，合同无效：

（一）一方以欺诈、胁迫的手段订立合同，损害国家利益；

（二）恶意串通，损害国家、集体或者第三人利益；

（三）以合法形式掩盖非法目的；

（四）损害社会公共利益；

（五）违反法律、行政法规的强制性规定。

以下为该案在最高法院审理阶段，裁判文书中“本院认为”部分关于税款负担问题的论述：

关于税款的数额和承担问题。（一）关于税款的数额问题。一审时，银盛公司就已经提交了缴纳营业税、土地增值税、企业所得税的付款凭证，税款系按照税务机关的要求缴纳，不存在逃税、避税的情形，京中公司主张税款认定数额错误，却不能提交证据推翻税务机关的认定，故其该项主张不能成立。（二）关于税款负担条款的效力问题。从一、二审以及申请再审的情况看，京中公司不否认双方协议中关于税款负担条款的真实性，只是主张该行为违反了法律强制性规定，应认定无效，故双方关于税款负担条款的意思表示是真实的，同时，该约定不违反法律的强制性规定，只要国家的税款不流失，约定由谁来负担是当事人意思自治的范畴，与合同的效力无关。故京中公司关于税款负担条款应认定无效的主张不能成立。

024 土地转让合同约定过户费用由受让方承担，是否包含相关税金*

——土地转让合同约定过户相关行政收费由受让方承担的，土地增值税属行政收费故应由受让方承担

土地转让合同约定土地过户费用由受让方承担的，该约定是否可推出受让方应承担土地转让交易相关税费？本书作者在写作中关注到法院对该问题有不同的裁判观点，部分法院认为税费不属于土地过户费用；部分法院认为税费属于土地过户费用。因此土地转让交易当事人如欲达到由受让方承担土地增值税等税费的交易目的，仅仅约定“土地过户费用由受让方承担”仍是不保险的，建议在转让合同中直接约定“土地转让所发生的一切税费”均由受让方承担，并应尽可能明确具体税种。

* 案件来源：阿克苏万佳和房地产开发有限责任公司与阿克苏地区金泰商贸有限责任公司建设用地使用权转让合同纠纷申请再审民事裁定书。

裁判要旨

土地转让合同约定过户过程中发生的相关任何行政收费由受让方承担的，由于土地增值税属于行政收费的范围，故按照合同约定土地增值税应由受让方承担。

案情简介

一、2010年，金泰公司与万佳和公司签订土地转让合同，约定金泰公司将53.6亩的土地使用权过户给万佳和公司用于房地产开发，每亩单价80万元，过户过程中发生的相关任何行政收费均由万佳和公司承担。

二、合同签订后万佳和公司已向金泰公司支付土地使用权转让费950万元，金泰公司已将39.979亩的土地使用权过户给万佳和公司。金泰公司向阿克苏市地税局缴纳土地增值税、滞纳金、罚款等共计1124075.51元。

三、金泰公司向阿克苏中院提起诉讼，请求万佳和公司支付土地转让价款。阿克苏中院认为，金泰公司在履行合同过程中垫付了税金，根据双方合同的约定，过户过程中发生的相关任何行政收费均由万佳和公司承担，故万佳和公司应承担相关税金费用，判决：万佳和公司支付金泰公司23607275.51元（39.979×800000元-9500000元+1124075.51元）。

四、万佳和公司不服阿克苏中院判决，向新疆高院提起上诉称，阿克苏中院认定由万佳和公司承担已过户土地的相关税金与合同约定不符，请求依法撤销阿克苏中院判决，驳回金泰公司的诉讼请求。新疆高院判决驳回上诉，维持原判。

五、万佳和公司不服新疆高院判决，向最高法院申请再审，最高法院裁定驳回其再审申请。

裁判要点

案涉土地转让合同约定，过户过程中发生的相关任何行政收费均由受让方万佳和公司承担。万佳和公司主张，金泰公司缴纳的土地增值税、滞纳金、罚款等共计1124075.51元不属于合同约定的过户过程中发生的行政收费。对此，最高法院认为，上述费用属于行政收费的范围，“二审判决依照合同约定，判令在案涉土地使用权转让过程中，金泰公司向阿克苏市地方税务局缴纳的土地增值税、滞纳金、罚款共计1124075.51元，由万佳和公司承担，适用法律正确”。

实务经验总结

前事不忘，后事之师。为避免未来发生类似败诉，提出如下建议：

一、土地转让交易当事人如欲达到由受让方承担土地增值税等税费的交易目的，应当在转让合同中直接约定“土地转让所发生的一切税费”均由受让方承担，并应尽可能明确具体税种。仅约定土地过户费用由受让方承担的，可能会对土地增值税等税费是否属于土地过户费用发生争议，实践中亦有司法案例认为土地转让相关税费不属于土地过户费用。

二、土地转让合同可约定由受让方承担土地转让相关税款，该约定并不违反法律、行政法规的强制性规定，为有效约定。请参阅本书文章《土地转让合同约定转让方应缴税款全部由受让方负担的条款是否合法有效》。

相关法律规定

《中华人民共和国土地增值税暂行条例》

第二条 转让国有土地使用权、地上的建筑物及其附着物并取得收入的单位和个人，为土地增值税的纳税义务人，应当依照本条例缴纳土地增值税。

《营业税改征增值税试点实施办法》

第一条第一款 在中华人民共和国境内销售服务、无形资产或者不动产的单位和个人，为增值税纳税人，应当按照本办法缴纳增值税，不缴纳营业税。

《中华人民共和国契税暂行条例》

第一条 在中华人民共和国境内转移土地、房屋权属，承受的单位和个人为契税的纳税人，应当依照本条例的规定缴纳契税。

第二条 本条例所称转移土地、房屋权属是指下列行为：

（一）国有土地使用权出让；

（二）土地使用权转让，包括出售、赠与和交换；

（三）房屋买卖；

（四）房屋赠与；

（五）房屋交换。

前款第二项土地使用权转让，不包括农村集体土地承包经营权的转移。

《中华人民共和国印花税暂行条例》

第一条 在中华人民共和国境内书立、领受本条例所列举凭证的单位和个人，都是印花税的纳税义务人，应当按照本条例规定缴纳印花税。

第二条 下列凭证为应纳税凭证：

（一）购销、加工承揽、建设工程承包、财产租赁、货物运输、仓储保管、借款、财产保险、技术合同或者具有合同性质的凭证；

（二）产权转移书据；

（三）营业账簿；

（四）权利、许可证照；

（五）经财政部确定征税的其他凭证。

《中华人民共和国城市维护建设税暂行条例》

第二条 凡缴纳消费税、增值税、营业税的单位和个人，都是城市维护建设税的纳税义务人（以下简称纳税人），都应当依照本条例的规定缴纳城市维护建设税。

第三条 城市维护建设税，以纳税人实际缴纳的消费税、增值税、营业税税额为计税依据，分别与消费税、增值税、营业税同时缴纳。

《征收教育费附加的暂行规定》

第二条 凡缴纳消费税、增值税、营业税的单位和个人，除按照《国务院关于筹措农村学校办学经费的通知》（国发〔1984〕174 号文）的规定，缴纳农村教育事业费附加的单位外，都应当依照本规定缴纳教育费附加。

第三条 教育费附加，以各单位和个人实际缴纳的增值税、营业税、消费税的税额为计征依据，教育费附加率为 3%，分别与增值税、营业税、消费税同时缴纳。

除国务院另有规定者外，任何地区、部门不得擅自提高或者降低教育费附加率。

以下为该案在最高法院审理阶段，裁定书中“本院认为”部分就该问题的论述：

关于万佳和公司是否应承担 1124075.51 元税费问题。

案涉《土地转让协议》约定，过户过程中发生的相关任何行政收费均由万佳和公司承担。二审判决依照合同约定，判令在案涉土地使用权转让过程中，金泰公司向阿克苏市地方税务局缴纳的土地增值税、滞纳金、罚款共计 1124075.51 元，由万佳和公司承担，适用法律正确。万佳和公司认为，金泰公司有关上述费用不属于行政收费，其不应承担，缺乏依据，其该项申请再审理由不成立。

延伸阅读

一、认定土地转让税费不属于土地过户费用的案例（案例 1）

案例 1：赵万英、宋素华、宋斌、宋刚与绵阳市佳福特莱斯豪汽车贸易有限公司、谢小平、杨勇建设用地使用权转让合同纠纷二审民事判决书［四川省高级人民法院（2015）川民终字第 659 号］认为，“关于税金由谁承担的问题。按照双方合同第四条‘甲方的权利和义务：（一）甲方有权收取土地转让费及资金利息，不承担转让过户期间产生的其他费用。（二）甲方负责提供相关资料，协助乙方办理相关过户手续。（三）在转让未过户期间，如遇政府行为和不可抗拒因素，该土地发生变化，甲方应协助乙方解决相关事宜。（四）签订协议前的一切经济、法律责任由甲方负责’、第五条‘乙方的权利和义务：（一）合同签订后，乙方享有土地的使用权，新发生与土地相关的一切经济、法律责任及其他纠纷全部由乙方负责，甲方概不承担。（二）必须按约定期限向甲方支付相关转让费用。（三）负责在半年内办理完成相关过户手续，并承担转让过户期间产生的一切费用’约定，双方明确对转让过户期间产生的一切费用由莱斯豪公司承担，但是没有明确约定过户税金的承担。对‘一切费用’是否包含税金双方产生了争议，税金由哪方承担双方在合同中没有明确约定。依据《中华人民共和国合同法》第六十一条‘合同生效后，当事人就质量、价款或者报酬、履行地点等内容没有约定或者约定不明确的，可以协议补充；不能达成补充协议的，按照合同有关条款或者交易习惯确定’的规定，可以按照合同有关条款或者交易习惯确定税金的承担问题，但是双方均没有提供证据证明合同有关条款或者交易习惯可以确定税金由哪方承担。依据《中华人民共和国合同法》第六十二条第（六）项‘当事人就有关合同内容约定不明确，依照本法第六十一条的规定仍不能确定的，适用下列规定：……（六）履行费用的负担不明确的，由履行义务一方负担’的规定，结合出卖人谢小平明确表示应由出卖人缴纳出让土地的税金，和出卖人杨勇认为个人应缴纳的税金，由莱斯豪公司代为缴纳的事实，应当由履行义务方各自负担。原判认为双方合同中约定的‘一切费用’不包含税金，税金应由双方按照税务机关确定的纳税人各自缴纳，并无不当，予以维持。上诉人认为按照合同的约定及文字理解应由莱斯豪公司缴纳所有税金的主张，事实和法律依据不足，不予支持。”

二、认定土地转让税费属于土地过户费用的案例（案例 2—案例 5）

案例 2：李义昌与青岛三鑫房地产评估有限公司建设用地使用权转让合同纠纷再审民事判决书［山东省高级人民法院（2014）鲁民提字第 282 号］认为，“2011

年6月16日，三鑫公司与李义昌签订土地转让协议一份，该转让协议不违反法律法规的禁止性规定，为有效合同。依据税务法律法规的有关规定，双方当事人争议的税费应当由纳税人三鑫公司在土地使用权转让环节申报并交纳。但是根据双方当事人签订的土地转让协议中土地过户费用由李义昌承担的约定，土地过户费用应当由李义昌承担。过户费一般指资产交易成交后买卖双方为变更权属登记所支付的包括各种税、费等费用，并非仅指权属变更的登记费。本案中，转让涉案土地使用权的物权转移应当在办理权属变更登记后才发生法律效力。在办理权属变更登记的过程中，必然涉及双方当事人在转让涉案土地使用权的过程中，根据税务法律法规的有关规定，双方当事人应当交纳的各种税、费等相关费用。依法纳税是每一个纳税人的应尽义务，但对于自愿以纳税人的名义进行纳税的行为并不违反法律法规的有关规定。李义昌主张土地过户费不包含土地交易税等税款，仅指基于办理土地过户登记的一种行政事业性收费，且该费用在土地转让协议中作了约定，与常理相悖。因此，原审判决以土地过户费用应当包括基于土地交易而产生的各种税费以及土地过户登记费用等为理由判决李义昌承担本案建设用地使用权转让中涉及的营业税11800元、城建税826元、教育费附加354元、地方教育费附加236元、土地增值税9197.16元、印花税70.8元并无不当。”

案例3：上诉人兰州海洋石化公司与被上诉人甘肃建投建材公司建设用地使用权转让合同纠纷一案二审民事判决书［甘肃省高级人民法院（2015）甘民一终字第223号］认为，“关于土地增值税是否包含在双方约定的‘所用费用’中的问题。上诉人认为，费用与税金是两个概念。上诉人已交纳了案涉的全部费用，还代被上诉人交纳了契税，根据《中华人民共和国增值税暂行条例》，被上诉人系销售者，应当交纳案涉增值税。经查，双方签订的《土地使用权转让合同》约定：土地转让金为甲方净收益570000元/亩，……转让过程中上缴给政府和其他主管部门及发生的所有费用，均由兰州海洋石化销售有限公司承担。净收益是指在利润总额中按规定交纳了所得税以后公司的利润留存，一般也称为‘税后利润的净收入’。在本案中，根据双方签订的《土地使用权转让合同》，首先，出让土地每亩净收益为57万元，既然被上诉人获得的是‘净收益’，那么涉案税费就包括在‘所有费用’中。其次，《土地使用权转让合同》中还约定：‘经甲乙双方协商约定，无论本合同约定的转让物以何种方式进行转让交易，转让过程中上缴给政府和其他主管部门及发生的所有费用，均由乙方承担。’此条款明确了上缴给政府及发生的所有费用均由上诉人承担，和土地转让金为甲方净收益570000元/亩的约定能相互印证。再次，在履行《土地使用权转让合同》过程中，按国家规定应由被上诉人缴纳的税费，都是由上诉人缴纳的。综上可以看出，双方在此次土地转让过程中，被上诉人获得是570000元/亩的净收益，也就是说，是税后利润的净收入。因此，原审认为该土地增值税应该包括在双方约定的‘所有费用’中，并无不当。”

案例4：胜利油田泰恒实业总公司与东营瑞康房地产开发有限公司建设用地使用权转让合同纠纷二审民事判决书［山东省高级人民法院（2014）鲁民一终字第214号］认为，“关于50万元涉案土地转让营业税的承担问题。按照涉案协议第4条第4项的约定，变更土地现状指标费用由被上诉人承担，过户费用由上诉人承担。从涉案土地流转费用的分担构成看，50万元营业税应属过户费用的范畴，上诉人主张应由被上诉人承担没有合同依据。”

案例5：重庆市桦竣建筑工程有限公司与重庆市垫江县交通开发有限公司建设用地使用权转让合同纠纷再审审查民事裁定书［重庆市高级人民法院（2014）渝高法民申字第00129号］认为，“本案中垫江交通开发公司提供建设用地交由桦竣建筑公司开发，以大幅低于市场价格的优惠价格回购房屋收取固定利益，从回购房屋的价款的支付方式看垫江交通开发公司也不承担经营风险，符合司法解释的上述规定，因此，涉案合同应认定为土地使用权转让合同。……在2006年12月22日桦竣建筑公司向垫江交通开发公司出具的承诺中，也明确表示‘办理产权证的全部费用由我公司承担’，虽然其中并无‘税’或‘税款’字眼，但就‘全部费用’的表述而言，应当理解为所有涉及办证的费用，理应包括税款在内。虽然我国税收管理方面的法律法规对于各种税收的征收均明确规定了纳税义务人，但是并未禁止纳税义务人与合同相对人约定由谁缴纳税款。税法对于税种、税率、税额的规定是强制性的，而对于由谁实际缴纳税款没有作出强制性或禁止性规定。在本案中，垫江交通开发公司和桦竣建筑公司并非房屋开发企业与房屋买受人之间商品房买卖合同关系。垫江交通开发公司和桦竣建筑公司关于税费承担的约定以及桦竣建筑公司的承诺是均是真实意思表示，不违反法律法规禁止性规定。”

025 转让房地产公司100%股权是否应缴纳土地增值税*

——股权转让时目标公司未发生土地使用权转让的应税行为，故无需缴纳土地增值税

《中华人民共和国土地增值税暂行条例》规定，“转让国有土地使用权、地上的建筑物及其附着物并取得收入的单位和个人，为土地增值税的纳税义务人，应当依照本条例缴纳土地增值税”。那么以股权转让方式转让房地产的行为是否属于该条规定的应税行为？最高法院认为，该情形无需缴纳土地增值税。但是实践中各地税务部门对该问题的认识并不统一，当事人在实施上述行为时应向当地税务部门咨询具体政策。

裁判要旨

由于转让股权和转让土地使用权是完全不同的行为，当股权发生转让时，目标公司并未发生国有土地使用权转让的应税行为，目标公司不需要缴纳土地增值税。

案情简介

一、马庆泉持有乘风公司98%的股权，马松坚持有2%的股权。2012年，马庆泉、马松坚与瑞尚公司签订股权转让合同，约定：马庆泉、马松坚将所持乘风公司股权转让给瑞尚公司，转让价款6910万元，分期支付。

二、马庆泉、马松坚向湖北高院提起诉讼，请求：瑞尚公司继续履行合同，瑞尚公司支付已到期股权转让款1500万元及违约金。瑞尚公司提起反诉，请求：确认股权转让合同无效，马庆泉、马松坚返还已收取的股权转让款等。

三、湖北高院判决：股权转让合同应予继续履行，瑞尚公司向马庆泉支付股权转让款1500万元及违约金。

四、瑞尚公司不服，上诉至最高法院，主张股权转让合同以股权转让方式实现土地使用权转让，避免缴纳了土地使用权转让交易中应缴的契税、营业税和土地增值税等税款，规避了我国税法对于土地使用权转让交易的税收规定，应当认定合同

---

* 案件来源：马庆泉、马松坚与湖北瑞尚置业有限公司股权转让纠纷二审民事判决书［最高人民法院（2014）民二终字第264号］。

无效。最高法院判决：驳回上诉，维持原判。

裁判要点

本案最高法院认定股权转让合同有效，应继续履行合同的原因在于：

首先，股权转让与土地使用权转让是完全不同的法律行为，所涉及法律依据不同，不可混淆。本案乘风公司所拥有资产包括建设用地使用权、房屋所有权等，股权转让后，乘风公司的资产收益、参与重大决策和选择管理者等股东权利主体由马庆泉、马松坚变为瑞尚公司，但乘风公司资产并未发生权属变更。

其次，虽然公司在转让股权时，该公司的资产状况，包括建设用地使用权的价值，是决定股权转让价格的重要因素，但不等于公司在股权转让时只要有土地使用权，股权转让的性质就变成了土地使用权转让，进而认为其行为是名为股权转让实为土地使用权转让而无效。本案股权转让的目标公司乘风公司为有限责任公司，不论瑞尚公司购买乘风公司全部股权是为进行房地产开发还是出于其他经营目的，均不因此而影响股权转让合同的效力。

最后，由于转让股权和转让土地使用权是完全不同的行为，当股权发生转让时，目标公司并未发生国有土地使用权转让的应税行为，目标公司并不需要缴纳营业税（根据《营业税改征增值税试点实施办法》，现已变更为缴纳增值税）和土地增值税。

因此，瑞尚公司关于以股权转让方式实现土地使用权转让目的的行为属于典型的规避法律的行为，应当认定股权转让合同无效的主张，法院未予支持。

实务经验总结

前事不忘，后事之师。为避免未来发生类似败诉，提出如下建议：

本案最高法院认定以股权转让方式转让土地使用权时无需缴纳土地增值税，但各地税务部门在实践中对该问题的认识并不统一。有鉴于此，当事人拟通过股权转让方式获取目标公司土地使用权时，应事先向当地税务部门咨询具体的处理政策，避免遭受行政处罚。

相关法律规定

《中华人民共和国物权法》

第一百三十五条　建设用地使用权人依法对国家所有的土地享有占有、使用和收益的权利，有权利用该土地建造建筑物、构筑物及其附属设施。

《中华人民共和国公司法》

第三条 公司是企业法人，有独立的法人财产，享有法人财产权。公司以其全部财产对公司的债务承担责任。

有限责任公司的股东以其认缴的出资额为限对公司承担责任；股份有限公司的股东以其认购的股份为限对公司承担责任。

第四条 公司股东依法享有资产收益、参与重大决策和选择管理者等权利。

《中华人民共和国合同法》

第五十二条 有下列情形之一的，合同无效：

（一）一方以欺诈、胁迫的手段订立合同，损害国家利益；

（二）恶意串通，损害国家、集体或者第三人利益；

（三）以合法形式掩盖非法目的；

（四）损害社会公共利益；

（五）违反法律、行政法规的强制性规定。

《国家税务总局关于以转让股权名义转让房地产行为征收土地增值税问题的批复》

你局《关于以转让股权名义转让房地产行为征收土地增值税问题的请示》（桂地税报〔2000〕32号）收悉。鉴于深圳市能源集团有限公司和深圳能源投资股份有限公司一次性共同转让深圳能源（钦州）实业有限公司100%的股权，且这些以股权形式表现的资产主要是土地使用权、地上建筑物及附着物，经研究，对此应按土地增值税的规定征税。

《广东省地方税务局关于广东省云浮水泥厂转让股权涉及房地产是否征税问题的批复》

你局云地税发［1998］004号请示悉。广东国际信托投资公司为减轻国有企业的沉重负担，保障职工生活继续得到安定，报经省人民政府批准，将其属下全资企业广东省云浮水泥厂的95%股权转让给香港中国水泥（国际）有限公司，同时以5%的股权与香港中国水泥（国际）有限公司成立中外合营公司。对广东省云浮水泥厂转让95%股权涉及的房地产是否征收营业税和土地增值税问题，经研究，现批复如下：

全资企业将其股权转让他人，不属于《中华人民共和国营业税暂行条例》和《中华人民共和国土地增值税暂行条例》规定的征税范围，不予征收营业税和土地增值税。因此，对广东省云浮水泥厂转让股权而涉及的房地产，不予征收营业税和土地增值税。

《安徽省地方税务局关于对股权转让如何征收土地增值税问题的批复》

你局《关于省旅游开发中心转让部分股权如何计征土地增值税的请示》（黄地税一字［1996］第136号）悉。经研究，并请示国家税务总局，现批复如下：

据了解，目前股权转让（包括房屋产权和土地使用权转让）情况较为复杂。其中，对投资联营一方由于经营状况等原因而中止联营关系，正常撤资的，其股权转让行为，暂不征收土地增值税；对以转让房地产为盈利目的的股权转让，应按规定征收土地增值税。因此，你局请示中的省旅游开发中心的股权转让，可按上述原则前款进行确定。

以下为该案在最高法院审理阶段，裁判文书中“本院认为”部分就该问题的论述：

关于本案所涉股权转让协议及补充协议是否有效的问题。首先，根据《中华人民共和国公司法》第七十一条的规定，有限责任公司的股东之间可以相互转让其全部或者部分股权。股东向股东以外的人转让股权，应当经其他股东过半数同意。乘风公司的股东马庆泉、马松坚同意将其持有的乘风公司的全部股权转让给瑞尚公司，双方签订了股权转让协议并已实际履行，且办理了公司股权变更登记手续。本案股权转让协议及补充协议的内容和形式并不违反法律法规的强制性规定。第二，瑞尚公司主张本案所涉合同系名为股权转让实为土地使用权转让，规避法律关于土地使用权转让的禁止性规定而无效。股权转让与土地使用权转让是完全不同的法律制度。股权是股东享有的，并由公司法或公司章程所确定的多项具体权利的综合体。股权转让后，股东对公司的权利义务全部同时移转于受让人，受让人因此成为公司股东，取得股权。依据《中华人民共和国物权法》第一百三十五条之规定，建设土地使用权，是权利人依法对国家所有的土地享有占有、使用和收益的权利，以及利用该土地建造建筑物、构筑物及其附属设施的权利。股权与建设用地使用权是完全不同的权利，股权转让与建设用地使用权转让的法律依据不同，两者不可混淆。当公司股权发生转让时，该公司的资产收益、参与重大决策和选择管理者等权利由转让方转移到受让方，而作为公司资产的建设用地使用权仍登记在该公司名下，土地使用权的公司法人财产性质未发生改变。乘风公司所拥有资产包括建设用地使用权（工业用途）、房屋所有权（厂房）、机械设备以及绿化林木等，股权转让后，乘风公司的资产收益、参与重大决策和选择管理者等权利主体，或者说公司的控制权已由马庆泉、马松坚变为瑞尚公司，但乘风公司包括建设用地使用权在内的各项有形或无形、动产或不动产等资产，并未发生权属改变。当然，公司在转让股权时，该公司的资产状况，包括建设用地使用权的价值，是决定股权转让价格的重要因素。但不等于说，公司在股权转让时只要有土地使用权，该公司股权转让的性质就变成了土地使用权转让，进而认为其行为是名为股权转让实为土地使用权转让而无效。股权转让的目标公司乘风公司为有限责任公司，依据我国公司法的规定，依法独立享有民事权利及承担民事责任，公司股东的变更不对公司的权利能力和行为能力构成影响，不论瑞尚公司购买乘风公司全部股权是为将乘风公司名下的工业用地土地使用权性质变性后进行房地产开发或是其他经营目的，均不因此而影响股权转让合同的效力。第三，瑞尚公司提出在工商登记机关备案的协议与双方当事人实际履行的协议内容不一致，规避了我国税法对于土地使用权转让交易的税收规定，规避缴纳营业税、土地增值税，是不合法的。瑞尚公司与马庆泉、马松坚对本案所涉的股权转让协议及两份补充协议的内容均无异议，且对应实际履行的协议内容无争议，故虽然出现备案的合同内容与实际履行的合同内容不一致，不影响案涉股权转让合同效力。由于转让股权和转让土地使用权是完全不同的行为，当股权发生转让时，目标公司并未发生国有土地使用权转让的应税行为，目标公司并不需要缴纳营业税和土地增值税。如双方在履行合同中有规避纳税的行为，应向税务部门反映，由相关部门进行查处。第四，马庆泉、马松坚是否存在虚构事实骗取瑞尚公司签订协议的问题。签订股权转让协议时，马庆泉、马松坚并未隐瞒目标公司的一、二期土地为工业用地的事实，瑞尚公司没有证据证明马庆泉、马松坚有虚构事实骗取瑞尚公司签订协议的行为，也不能举证证明马庆泉、马松坚非法转让、倒卖土地使用权的事实。据此，马庆泉、马松坚与瑞尚公司签订的《股权转让协议》《股权转让补充协议一》《股权转让补充协议二》不存在《中华人民共和国合同法》第五十二条规定的法定无效情形。瑞尚公司主张确认股权转让协议及补充协议无效，判令马庆泉、马松坚返还转让款、支付代乘风公司归还的债务及赔偿经济损失的上诉请求，没有事实和法律依据，本院不予支持。

延伸阅读

一、认定以股权转让名义转让土地使用权应缴纳土地增值税的案例

案例 1：旬阳地税局与陕西中成工贸有限公司税务行政处罚决定一案二审行政判决书［安康市中级人民法院（2015）安中行终字第 00037 号］认为，“被上诉人中成公司 2003 年取得‘太极大厦’建设用地使用权，2009 年通过签订《联合开发合同》及《股权转让协议》的形式，将‘太极大厦’土地使用权转让给巨隆公司。根据《中华人民共和国城镇土地使用税暂行条例》、《中华人民共和国企业所得税法》、《中华人民共和国营业税暂行条例》等税收法律、法规规定，被上诉人中成公

司在持有、转让‘太极大厦’土地使用权过程中，应依法申报并缴纳城镇土地使用税、营业税、企业所得税、土地增值税等税款。上诉人旬阳县地方税务局因被上诉人中成公司未依法履行申报纳税义务，对其进行处罚是履行税收征管职责的行为。”

二、认定以股权转让名义转让土地使用权不应缴纳土地增值税的案例

案例 2：江苏高成房地产开发有限公司与福中集团有限公司股权转让纠纷再审民事判决书［江苏省高级人民法院（2014）苏商再终字第 0006 号］认为，“现行税法没有对涉及土地使用权的项目公司的股权转让作出是否征收土地增值税和契税的规定。根据税收法定主义，税法未规定需要纳税的，当事人即可不交税。且在股权转让时，土地增值税最终并未流失，因为：股权转让也只是股东的变换，土地使用权权属没有变化，股权无论经过多少次转让，土地无论如何增值，公司初始受让土地支付对价的成本不变。但是，只要房地产发生了权属流转，公司就需要按最终的实际房地产销售价与最初的房地产成本价之间的增值部分缴纳土地增值税。因此，涉案股权转让实际上并未逃避土地增值税的征收。高成公司主张涉案股权转让逃避了国家土地增值税征收的理由不能成立。”

026 未经配偶书面同意，夫妻一方转让夫妻共有土地是否有效*

——夫妻一方未经配偶书面同意即转让夫妻共有土地，受让人有理由相信系夫妻共同意思表示的，转让合同有效

《中华人民共和国城市房地产管理法》第三十八条规定，未经其他共有人书面同意，不得转让共有房地产。如果有证据证明其他共有人口头同意，能否转让共有房地产？本案例认为，同意的方式并非一定是书面形式，口头形式也可。

裁判要旨

夫妻一方转让夫妻共有土地，只要受让人有理由相信土地转让系夫妻共同意思表示，土地转让合同就有效。

* 案件来源：赵小雲与陈思经土地使用权出让合同纠纷申请再审民事裁定书［最高人民法院（2014）民申字第 3 号］。

案情简介

一、2011年，陈思经与赵小雲签订《卖地协议》，约定陈思经将所属某土地卖给赵小雲，总价98万元。赵小雲已向陈思经支付定金10万元，陈思经未将土地使用权过户给赵小雲。

二、签订《卖地协议》前，陈思经曾借案外人冯某的电话征求其配偶的意见，冯某到庭作证，证明陈思经当时已征得其配偶的同意。

三、赵小雲向广东省云浮市中院提起诉讼，诉请陈思经继续履行《卖地协议》。广东省云浮市中院判决：赵小雲与陈思经继续履行《卖地协议》，陈思经将土地使用权过户到赵小雲名下，赵小雲向陈思经支付剩余土地转让款88万元。

四、陈思经不服广东省云浮市中院判决，向广东省高院提起上诉。广东省高院判决驳回上诉，维持原判。

五、陈思经不服广东省高院判决，向最高人民法院申请再审。最高法院裁定驳回其再审申请。

裁判要点

虽然《中华人民共和国城市房地产管理法》规定共有房地产未经其他共有人书面同意不得转让，但是最高法院裁定认为只要受让人有理由相信夫妻一方转让共有房地产系夫妻共同意思表示，土地转让合同就有效。尽管法律和司法解释均认为转让夫妻共同财产应该经共有权人同意，但是“同意”的方式不一定是书面形式。亦即，口头形式、书面形式或其他形式表示同意，只要有证据可供查证，均应视为共有权人的同意，而不是必须要经过转让人配偶书面同意。

本案转让人陈思经在签订《卖地协议》前通过电话征得其配偶的同意，且庭审中有案外人出庭作证，最高人民法院据此认为受让人赵小雲有理由相信陈思经转让土地系夫妻共同意思表示，《卖地协议》有效，不支持陈思经以其配偶未书面同意为由提出的《卖地协议》无效的主张，陈思经因而败诉。

最高人民法院认为，“《中华人民共和国城市房地产管理法》第三十八条第四项关于共有房地产未经其他共有人书面同意不得转让的规定，并不影响人民法院根据上述司法解释认定转让夫妻共有房地产的效力并相应予以执行”。

实务经验总结

前事不忘，后事之师。为避免未来发生类似败诉，提出如下建议：

一、夫妻一方在转让夫妻共有土地时要慎重，只要受让人有理由相信土地转让系夫妻共同意思表示，例如受让人有证据证明转让方的转让行为获得了其配偶的口头同意，转让合同就有效。签订土地转让合同后夫妻一方再企图以其配偶未书面同意为由主张合同无效的，法院不会支持。

二、土地受让人如果对夫妻一方转让共有土地是否取得其配偶同意存疑，可以要求转让方出具其配偶同意土地转让的书面文件。

相关法律规定

《最高人民法院关于适用〈中华人民共和国婚姻法〉若干问题的解释（一）》

第十七条　婚姻法第十七条关于“夫或妻对夫妻共同所有的财产，有平等的处理权”的规定，应当理解为：

（一）夫或妻在处理夫妻共同财产上的权利是平等的。因日常生活需要而处理夫妻共同财产的，任何一方均有权决定。

（二）夫或妻非因日常生活需要对夫妻共同财产做重要处理决定，夫妻双方应当平等协商，取得一致意见。他人有理由相信其为夫妻双方共同意思表示的，另一方不得以不同意或不知道为由对抗善意第三人。

《中华人民共和国城市房地产管理法》

第三十八条　下列房地产，不得转让：

（一）以出让方式取得土地使用权的，不符合本法第三十九条规定的条件的；

（二）司法机关和行政机关依法裁定、决定查封或者以其他形式限制房地产权利的；

（三）依法收回土地使用权的；

（四）共有房地产，未经其他共有人书面同意的；

（五）权属有争议的；

（六）未依法登记领取权属证书的；

（七）法律、行政法规规定禁止转让的其他情形。

以下为该案在最高法院审理阶段，裁判文书中“本院认为”部分关于土地使用权转让合同效力的论述：

陈思经与赵小雲于2011年4月6日签订涉案《卖地协议》前，曾经借案外人冯某的电话以征求其配偶孙爱莲的意见。在诉讼中，陈思经主张当时没有打通电话，而赵小雲主张陈思经当时已经征得了其配偶孙爱莲的同意。无论陈思经当时是否打通电话征得其配偶孙爱莲的同意，上述事实至少说明陈思经与赵小雲签订《卖地协议》时已经意识到陈思经应当征求其配偶的意见。如果陈思经当时未打通其配偶的电话，其应当暂缓签订协议，或者事后及时打通电话征求其配偶的意见并向赵小雲反馈。而陈思经径自签订《卖地协议》，之后直至一审期间陈思经均未提出其配偶不同意转让涉案土地使用权，在二审中才提出其配偶不同意转让的主张。赵小雲在一审中申请证人冯某到庭作证，该证人证明陈思经当时已征得其配偶的同意。

综合上述事实，二审判决认定赵小雲有理由相信陈思经签订《卖地协议》系陈思经夫妻共同意思表示，并无不当。《最高人民法院关于适用〈中华人民共和国婚姻法〉若干问题的解释（一）》第十七条第二项规定："夫或妻非因日常生活需要对夫妻共同财产做重要处理决定，夫妻双方应当平等协商，取得一致意见。他人有理由相信其为夫妻双方共同意思表示的，另一方不得以不同意或不知道为由对抗善意第三人。"据此，二审判决不支持陈思经以其配偶不同意转让涉案土地使用权为由提出《卖地协议》无效的主张，并无不当。本案二审判决生效后，涉案土地使用权已经由一审法院执行登记至赵小雲名下。《中华人民共和国城市房地产管理法》第三十八条第四项关于共有房地产未经其他共有人书面同意不得转让的规定，并不影响人民法院根据上述司法解释认定转让夫妻共有房地产的效力并相应予以执行。

027 为躲避法院强制执行而倒签的土地转让协议是否有效*

——为躲避法院强制执行而倒签的土地转让协议无效

法院强制执行过程中，一些被执行人试图以倒签日期的方式签订财产转让协议，实现转移财产、逃避执行的目的。这种行为真的可以逃避执行吗？本案例对此明确，该等协议属于无效协议。

裁判要旨

为阻却法院强制执行而倒签虚假房地产转让协议属于"恶意串通，损害国家、集体或者第三人利益"的情形，依据《中华人民共和国合同法》第五十二条的规定应为无效。

---

* 案件来源：钟辉城与赵春棋等建设用地使用权转让合同纠纷申请再审民事裁定书［最高人民法院（2015）民申字第1643号］。

案情简介

一、2006 年赵春棋为躲避法院强制执行，与钟辉城签订了一份落款日期为 2005 年 1 月 28 日的《土地、厂房使用权转让协议书》，约定将其实际控制的三处房地产转让给钟辉城。

二、2007 年赵春棋实际控制的三处房地产因法院强制执行被查封，钟辉城提出案外人执行异议，主张：被查封的房地产系其于 2005 年 1 月 28 日向赵春棋购得，双方签订了转让协议，价款已全部交清，其已接管该房地产至今。上述房地产因此被解除查封。

三、2011 年，赵春棋向汕头市中院提起诉讼，主张《土地、厂房使用权转让协议书》是为了规避法院强制执行而倒签的虚假协议，请求确认其与钟辉城签订的《土地、厂房使用权转让协议书》无效，钟辉城归还房地产。钟辉城提起反诉，请求判令赵春棋为其办理过户手续。汕头市中院判决驳回赵春棋的诉讼请求，赵春棋将房产过户至钟辉城名下。

四、赵春棋不服汕头市中院判决，上诉至广东省高院。广东省高院判决确认转让协议无效，钟辉城归还涉案的房地产。

五、钟辉城不服广东省高院判决，向最高人民法院申请再审，最高人民法院裁定驳回其再审申请。

裁判要点

法院综合考虑全案证据，认定双方为阻却法院另案执行而倒签转让协议，进而认为该转让协议属于恶意串通，损害国家、集体或者第三人利益的情形，根据《中华人民共和国合同法》第五十二条第二项判决转让协议无效。对钟辉城认为转让协议有效并希望继续履行合同的主张，法院未予支持，钟辉城因此败诉。

实务经验总结

前事不忘，后事之师。为避免未来发生类似败诉，提出如下建议：

一、不要因贪图便宜或其他因素，通过倒签时间的方式或者其他任何方式，为阻却法院另案执行而签署虚假转让协议、购置资产。这种协议一旦被查证，很可能被判无效。

本案的结论，在其他场合也是适用的，不仅为阻却法院另案执行而签署虚假土地转让协议是无效的，签署其他协议也是无效的，比如签署的虚假的房屋买卖协议、虚假的知识产权转让协议等。这种情况下：(1) 购买资产的人可能因为合同无效而不能最终取得相关资产。(2) 假借“转让”躲避执行的当事人则可能被财产受让人“暗算”、假戏真做。

二、在进行重大财产转让交易时，要注意收集并保存交易过程中的各项证据，包括但不限于银行付款回单、收据、发票、双方往来函件，以防发生纠纷时因证据不充分而败诉。

相关法律规定

《中华人民共和国合同法》

第五十二条 有下列情形之一的，合同无效：

(一) 一方以欺诈、胁迫的手段订立合同，损害国家利益；

(二) 恶意串通，损害国家、集体或者第三人利益；

(三) 以合法形式掩盖非法目的；

(四) 损害社会公共利益

(五) 违反法律、行政法规的强制性规定。

以下为该案在最高法院审理阶段，裁判文书中“本院认为”部分关于合同效力的论述：

在合同争议中，判明合同效力是法院的职责，法院根据查明的事实，适用相关法律，认定合同的效力，并不以当事人对合同效力的主张为转移。本案中，二审法院在认定《转让协议》是为阻却法院另案执行而倒签的虚假协议的基础上，依据《中华人民共和国合同法》第五十二条第二项的规定，以“恶意串通，损害国家、集体或者第三人利益”为由，认定《转让协议》无效是正确的。何况赵春棋等在一审起诉时的主张就是要求确认《转让协议》无效。关于《转让协议》被认定无效后的处理，二审判决并没有判令赵春棋向钟辉城返还750万元。本案中，合同转让款750万元分为718万元和32万元两笔。关于718万元的付款情况。钟辉城持有的两张收据均是倒签，其中2007年10月出具的收条由无赵春棋授权的工厂职工赵美松按照为钟辉城提供法律服务的律师草拟的稿件照抄，与钟辉城提出执行异议的时间2007年10月26日基本吻合，这与赵春棋所称该收条是为了提出执行异议而特别准备的可以相互印证，故2007年10月出具的收条无法证明718万元付款的真实性。如依钟辉城所言，718万元现金已在《转让协议》签订之前实际支付，当时要求赵春棋出具收条并无障碍，在时隔四年多后，于2009年才要求赵春棋对大额收款事实出具收据，不符合基本交易习惯。更重要的是，钟辉城始终不能清晰说明718万元的支付过程。因此，单凭两张收据无法确认718万元的付款事实。二审法院以“钟辉城除收据外，无法提供其他证据证明款项实际交付的事实，对所称现金交付的资金来源不能作出合理解释，对所称交付的现金次数、收款人等关键内容陈述前后不一致”为由，认定钟辉城没有完成实际支付718万元的举证责任，并无不当。关于32万元的问题。各方虽均认可32万元是由工厂职工赵美松收取，但钟辉城一方主张此笔款项于2005年交付，赵春棋一方主张该笔款项实际于2006年5月3日交付，32万元未入工厂账，也未交给赵春棋。二审期间，钟辉城质证表示，赵美松存折中的32万元与本案没有关联性。由于钟辉城不认可赵美松存折中的32万元就是《转让协议》项下的尾款，应认定钟辉城没有完成实际支付32万元的举证义务。钟辉城无法举证证明750万元已实际支付，在此情形下，二审法院没有判令赵春棋向钟辉城返还718万元和32万元，并无不妥。

028 划拨土地转让未经政府批准，转让合同是否有效*

——划拨土地转让未经有批准权的政府批准，转让合同无效

划拨土地使用权转让未经有批准权的政府批准，是否会导致转让合同无效？本案例认为，划拨土地使用权转让未经有批准权的政府批准的，合同无效。但是本书作者在写作中也关注到，最高法院有其他案例将此类合同认定为有效合同（参见延伸阅读案例）。可见，最高法院对该问题的裁判观点并不统一，有待未来司法实践进一步予以明确。

裁判要旨

划拨土地转让在起诉前仍未经有批准权的政府批准的，应当认定转让合同无效。

* 案件来源：中航技房地产开发有限公司与中国科学院地理科学与资源研究所合资、合作开发房地产合同纠纷二审民事判决书［最高人民法院（2009）民一终字第98号］。

案情简介

一、2006年，中国科学院地理科学与资源研究所（以下简称“地理所”）与中航技房地产开发有限公司（以下简称“中航技公司”）签订《合作协议书》，约定地理所向中航技公司转让用于经济适用房建设的划拨土地使用权及其上公建房屋所有权，地理所承诺负责办理土地出让手续。

二、合同签订后，中航技公司向地理所支付了1020万元转让费。地理所未将双方转让合同报请归口管理单位审核批准。

三、地理所向北京市朝阳区法院起诉，请求判令解除双方签订的合作协议。因地理所所诉内容与北京市高院受理的另一案件的审理相互关联，北京市高院决定对该案提级审理，当事人双方均表示同意。北京市高院提审后，地理所将原诉请求变更为：请求确认双方签订的合作协议无效。北京市高院判决确认《合作协议书》无效。

四、中航技公司不服北京市高院判决，向最高法院提起上诉。最高法院判决驳回上诉，维持原判。

裁判要点

本案中航技公司败诉的原因是，案涉划拨土地使用权转让未取得政府主管部门的批准，而根据《最高人民法院关于审理涉及国有土地使用权合同纠纷案件适用法律问题的解释》第十一条规定，转让划拨土地使用权需经有批准权的人民政府批准，未经批准的，应当认定转让合同无效。最高法院据此认定双方签订的划拨土地使用权转让合同无效，中航技公司因此败诉。

实务经验总结

前事不忘，后事之师。为避免未来发生类似败诉，提出如下建议：

拟通过与划拨土地使用权人签订转让协议获得国有土地使用权的，应在洽商阶段就要求划拨土地使用权人与有批准权的政府进行预先沟通。与此同时，在进行合同条款设计时，应将价款支付和相关政府审批程序挂钩，在政府正式批准之前不应支付相应款项，或者约定将款项支付至资金共管账户，保证在未办妥政府审批之前资金处于安全状态，避免出现政府未审批、未取得土地使用权但相应款项却已经支付到对方账户的状况。

相关法律规定

《最高人民法院关于审理涉及国有土地使用权合同纠纷案件适用法律问题的解释》

第十一条　土地使用权人未经有批准权的人民政府批准，与受让方订立合同转让划拨土地使用权的，应当认定合同无效。但起诉前经有批准权的人民政府批准办理土地使用权出让手续的，应当认定合同有效。

以下为该案在最高法院审理阶段，裁判文书中"本院认为"部分就该问题的论述：

中航技公司与地理所于2006年12月12日订立的《合作协议书》，是以转让用于经济适用房建设的划拨土地上的非住宅配套公建房屋的所有权和相应的土地使用权为目的和主要内容。该转让行为至今未取得用地管理单位国务院机关事务管理局审核同意，也未经政府主管部门批准。依照《最高人民法院关于审理涉及国有土地使用权合同纠纷案件适用法律问题的解释》第十一条关于"土地使用权人未经有批准权的人民政府批准，与受让方订立合同转让划拨土地使用权的，应当认定合同无效。但起诉前经有批准权的人民政府批准办理土地使用权出让手续的，应当认定合同有效"的规定，中航技公司与地理所之间订立的《合作协议书》应当认定无效。一审判决根据本案的事实和法律、司法解释的规定认定合同无效正确，中航技公司关于"《合作协议书》涉及权利义务关系是中航技公司可选择取得房屋所有权或有偿使用房屋之选择之债"以及"《合作协议书》不是土地使用权转让合同，一审法院依据规范土地使用权转让的相关法律规定认定合同无效，是适用法律错误"的主张，缺乏事实依据和法律依据，本院不予支持。地理所虽然主张其多次就涉案的房地产转让行为向国务院机关事务管理局等有关部门进行了口头汇报，但未能提供相应证据证明其主张的事实，故对其"一审判决关于其未报请审核批准的认定不符合事实"的主张，本院不予支持。

延伸阅读

一、认定划拨土地使用权转让未经政府批准，转让合同无效的案例（案例1—案例7）

案例1：甘肃三宝房地产开发有限公司与兰州双箭矿机有限责任公司、甘肃省城市建筑第三工程公司建设用地使用权出让合同纠纷申诉、申请再审民事裁定书

[最高人民法院（2016）最高法民申297号］认为，“三宝公司与联合筹建处所签订的关于楼位转让的协议书及补充协议，因涉及土地为划拨土地，转让协议未报有批准权的人民政府审批，违反了《中华人民共和国城市房地产管理法》第四十条第一款和《最高人民法院关于审理涉及国有土地使用权合同纠纷案件适用法律问题的解释》第十一条的规定，故转让协议及补充协议均属无效。”

案例2：河南省新闻出版学校与河南省康城实业有限公司建设用地使用权合同纠纷再审民事判决书［最高人民法院（2014）民提字第182号］认为，“就新闻出版学校向康城公司转让土地使用权的协议部分，因该土地使用权性质属划拨土地使用权，根据《最高人民法院关于审理涉及国有土地使用权合同纠纷案件适用法律问题的解释》第十一条的规定，该部分转让协议内容，未经有批准权的人民政府批准，应当认定为无效。”

案例3：四川省仪陇海发建筑公司与满泽孝合同纠纷申请再审民事裁定书［最高人民法院（2014）民申字第1527号］认为，“……综上，由于案涉9071平方米土地使用权为划拨性质，根据最高人民法院《关于审理涉及国有土地使用权合同纠纷案件适用法律问题的解释》第十一条规定，土地使用权人未经有批准权的人民政府批准，与受让方订立合同转让划拨土地使用权的，应当认定合同无效。即案涉土地应经有批准权的人民政府批准才能转让使用权。四川省仪陇县人民政府《关于满泽孝诉仪陇海发建筑公司合同纠纷案的复函》（仪府函（2014）12号）文件明确仪府办发（2003）7号文件系县人民政府在当时招商引资历史背景下，专门对城西综合市场开发建设出台的不规范文件，后因特殊原因尚未实施，不宜再作为海发公司将涉案土地使用权转让给其他人的批准文件，该宗地转让亦无其他批复文件。从该文件内容印证，四川省仪陇县人民政府并未同意转让案涉土地使用权，因此，海发公司与满泽孝转让9071平方米土地使用权的约定内容违反国家法律、行政法规的强制性规定，应认定无效。”

案例4：湛江市科伦有限公司与钟卓森、湛江经济技术开发区泰宝水产有限公司物权确认纠纷再审民事判决书［最高人民法院（2012）民抗字第67号］认为，“湛江市国土局71号批复针对的是8.15合同，10.19合同因未经有批准权的人民政府批准，应根据最高人民法院《关于审理涉及国有土地使用权合同纠纷案件适用法律问题的解释》第十一条的规定认定无效。”

案例5：江苏君有置业发展有限公司与北方信息控制集团有限公司土地使用权转让合同纠纷二审民事判决书［最高人民法院（2013）民一终字第59号］认为，“北电公司与君有公司签订的《协议书》性质为划拨土地使用权转让合同。依据

《中华人民共和国城市房地产管理法》第四十条第一款规定：以划拨方式取得土地使用权的，转让房地产时，应当按照国务院规定，报有批准权的人民政府审批。有批准权的人民政府准予转让的，应当由受让方办理土地使用权出让手续，并依照国家有关规定缴纳土地使用权出让金。《最高人民法院关于审理涉及国有土地使用权合同纠纷案件适用法律问题的解释》第十一条规定：土地使用权人未经有批准权的人民政府批准，与受让方订立合同转让划拨土地使用权的，应当认定合同无效。但起诉前经有批准权的人民政府批准，办理了土地使用权出让手续的，应当认定合同有效。第十二条规定：土地使用权人与受让人订立合同转让划拨土地使用权，起诉前经有批准权的人民政府同意转让，并由受让方办理土地使用权出让手续的，土地使用权人与受让方订立的合同可以按照补偿性质的合同处理。如前所述，本案合同性质为转让划拨土地使用权纠纷，且在起诉前君有公司未获得有批准权的人民政府同意由其办理讼争土地使用权出让手续，故不适用上述司法解释有关土地补偿合同的规定。《协议书》因违反了法律、行政法规的强制性规定，应认定为无效，对此，缔约双方均有过错。”

案例6：海南基康建筑装饰工程有限公司与海南省定安县炮竹厂债务转移合同纠纷申请再审民事裁定书［最高人民法院（2012）民申字第1553号］认为，“本案中，定安炮竹厂与基康公司签订《协议书》，约定转让定安炮竹厂85.4亩划拨土地使用权给基康公司，未经有批准权的定安县人民政府批准，且因定安炮竹厂违法出让土地的行为，定安县人民政府已决定由县国土局按土地现状评估收回定安炮竹厂的国有划拨地，该转让协议欠缺政府管理部门的批准已为确定事实，欠缺的生效要件无法得到补正。因此，一、二审判决认定债务代偿《协议书》无效，符合上述法律规定。”

案例7：湖北金厦房地产开发有限公司与武汉市硚口区宗关街汉西村村民委员会、武汉市硚口区汉西路道路排水改造指挥部等合资、合作开发房地产合同纠纷申诉、申请再审民事裁定书［最高人民法院（2015）民申字第2677号］认为，“对于讼争土地的性质属于国有划拨土地各方均无异议。《土地使用权解释》第十一条规定：‘土地使用权人未经有批准权的人民政府批准，与受让方订立合同转让划拨土地使用权的，应当认定合同无效。但起诉前经有批准权的人民政府批准办理土地使用权出让手续的，应当认定合同有效’。据此，讼争土地是否经过有批准权的人民政府批准就成为认定上述合同效力的关键所在。汉西村在申请再审时向本院提交了地籍调查表及所附材料等证据，据此主张在武汉市国土资源和规划局硚口分局有关讼争宗地的地籍档案材料中，没有发现任何一级政府批准该宗土地转让的文件，办证的整个过程是按照补证程序，并不是通过变更程序办理的，故《联合开发合同书》因违反法律强制性规定应认定无效。本院认为，从二审判决对于合同效力的认定理由看，二审法院也认为讼争土地转让的有权批准机关并不是硚口区政府，而是武汉市人民政府，但是，该院同时认为，讼争土地使用权曾经办理至金厦公司名下的事实证明，该次转让已经获得武汉市人民政府的批准，至于金厦公司是否私刻汉西指挥部公章，并不影响土地使用权可以变更至金厦公司名下，有批准权的人民政府已批准其转让的事实。二审判决的上述认定与《土地使用权解释》的规定精神不符。因为根据该司法解释的规定，必须是至迟在起诉前经有批准权的人民政府批准办理土地使用权出让手续的，才能认定合同有效。这里的批准应是指有批准权的人民政府确实已经履行了审批手续。而从本案的情况看，尽管 2000 年金厦公司取得了讼争土地的国有土地使用证，但这是金厦公司原负责人陈帮华通过采用私刻汉西指挥部公章伪造资料这一欺骗手段取得，且被武汉市人民政府于 2004 年 6 月 8 日以武政地字（2004）96 号《撤销土地登记结果通知书》撤销了上述国有土地使用证，说明作为对讼争土地转让有批准权的武汉市人民政府并不同意该土地使用权由原人汉西指挥部变更为金厦公司，这从武汉市国土资源和房产管理局于 2008 年 5 月 12 日给一审法院回函中关于汉西指挥部应享有该宗地使用权的答复意见也可以得到印证。因此，在金厦公司提起本案诉讼前，讼争土地并未经有批准权的人民政府批准办理土地使用权出让手续，根据前述司法解释的规定，应当认定《联合开发合同书》无效。”

二、认定划拨土地使用权转让未经政府批准，转让合同有效的案例（案例 8）

案例 8：石家庄市化学煤炭技术服务中心与石家庄汇益丰房产置业有限公司项目转让合同纠纷申请再审民事裁定书［最高人民法院（2013）民申字第 748 号］认为，“《中华人民共和国合同法》第四十四条规定：‘依法成立的合同，自成立时生效。法律、行政法规规定应当办理批准、登记等手续生效的，依照其规定。’而《房地产管理法》并未将批准作为合同生效要件。《房地产管理法》第四十条规定：‘以划拨方式取得土地使用权的，转让房地产时，应当按照国务院规定，报有批准权的人民政府审批。有批准权的人民政府准予转让的，应当由受让方办理土地使用权出让手续，并依照国家有关规定缴纳土地使用权出让金。’根据该规定，涉及划拨土地使用权的房地产转让合同签订后，需办理相关审批手续，经过房地产管理部门批准转让的，应由合同的受让方直接与房地产管理部门签订土地使用权出让合同，缴纳土地出让金。该规定所指的审批并非是对房地产转让合同的审批，因双方只有签订房地产转让合同后，履行合同时才会发生报批问题，该规定实际上对涉及划拨土地使用权的房地产转让合同的效力给予了肯定。房地产管理部门是否批准转让主要涉及合同义务能否得到履行问题，如果房地产管理部门不予批准，不办理过户登记，物权不能发生变动，房地产转让合同也将不能履行，但是否批准并不导致合同无效。”

029 政府通过招拍挂方式将划拨地出让给受让方，即视为同意划拨地转让，不必再单独批准*

《中华人民共和国城市房地产管理法》第四十条第一款规定，“以划拨方式取得土地使用权的，转让房地产时，应当按照国务院规定，报有批准权的人民政府审批”。那么在未经批准的情况下，政府能否直接通过招拍挂方式出让划拨土地使用权？本案例认为，政府的招拍挂行为应视为批准转让的行为，无须再单独批准。

裁判要旨

《中华人民共和国城市房地产管理法》第四十条规定，“以划拨方式取得土地使用权的，转让房地产时，应当按照国务院规定，报有批准权的人民政府审批”。因此案涉《土地有偿转让协议书》是否有效，取决于是否经过有批准权的人民政府批准。订立《土地有偿转让协议书》后，受让方办理完成土地使用权出让手续的，表明政府以行为的方式同意划拨地转让，《土地有偿转让协议书》合法有效，协议性质上转化为补偿合同。即使政府出具函件说明转让划拨土地未经其批准，法院亦不予采信。

案情简介

一、2003 年 8 月 8 日，济南阳光壹佰房地产开发有限公司（以下简称“阳光壹佰公司”）与济南二建集团工程有限公司（以下简称“二建公司”）的前身签订《土地有偿转让协议书》，约定二建公司同意将位于济南市槐荫区刘长山路 17 号一宗划拨土地使用权转让给阳光壹佰公司，转让金额为 1879 万元，阳光壹佰公司已

---

* 案件来源：济南二建集团工程有限公司、济南阳光壹佰房地产开发有限公司建设用地使用权转让合同纠纷申诉、申请再审民事判决书［最高人民法院（2016）最高法民再 121 号］。

支付全部款项。

二、2004年国土资源部、监察部联合下发国土资发［2004］71号令，要求2004年8月31日后不得再以历史遗留问题为由采用协议方式出让经营性土地使用权。济南市政府按照国土资源部和监察部要求，对于案涉地块，先由济南市土地储备交易中心从二建公司收回，再由济南市国土资源局通过招拍挂方式与阳光壹佰公司签订出让合同，向阳光壹佰公司出让案涉刘长山路17号地块土地使用权。

三、阳光壹佰公司向济南市中级法院提起诉讼，请求确认阳光壹佰公司与二建公司签订的《土地有偿转让协议书》无效；二建公司向阳光壹佰公司返还转让款1879万元，赔偿阳光壹佰公司利息损失2253667.45元。

四、济南市国土资源局于2014年10月23日向济南市中级法院出具复函，说明二建公司与阳光壹佰公司之间转让划拨土地未经其批准。

五、济南市中级法院判决阳光壹佰公司与二建公司于2003年8月8日订立的《土地有偿转让协议书》无效；二建公司向阳光壹佰公司返还转让款1879万元，支付利息。

六、二建公司不服判决，向山东省高级法院提起上诉，山东省高院判决驳回上诉，维持原判。

七、二建公司不服山东省高院的判决，向最高人民法院申请再审。最高人民法院认定《土地有偿转让协议书》合法有效，判决撤销原审判决，驳回阳光壹佰公司的诉讼请求。

裁判要点

本案虽然政府部门未专门批复批准划拨地转让，但政府部门将涉案划拨地通过招拍挂方式出让给受让方的事实，即表明政府部门已经以实际行动的方式追认和批准了划拨地的转让，因此划拨地转让合同合法有效，阳光壹佰公司因此败诉。

最高人民法院判决认为，“济南市人民政府按照国土资源部和监察部要求，对于案涉刘长山路17号地块，采取先由济南市土地储备交易中心从二建公司收回，再由济南市国土资源局通过招拍挂方式与阳光壹佰公司签订出让合同，向阳光壹佰公司出让案涉刘长山路17号地块使用权。该事实也表明济南市人民政府实际同意二建公司将案涉刘长山路17号地块使用权转让给阳光壹佰公司。根据《最高人民法院关于审理涉及国有土地使用权合同纠纷案件适用法律问题的解释》第十二条关于‘土地使用权人与受让方订立合同转让划拨土地使用权，起诉前经有批准权的人民政府同意转让，并由受让方办理土地使用权出让手续的，土地使用权人与受让方订立的合同可以按照补偿性质的合同处理’的规定，二建公司与阳光壹佰公司签订的《土地有偿转让协议书》性质上转化为补偿合同，协议约定转让的划拨用地已经济南市人民政府批准同意，故案涉《土地有偿转让协议书》合法有效。在本案一审期间，济南市国土资源局向一审法院出具复函说明二建公司与阳光壹佰公司之间转让划拨土地未经其批准，与本案事实不符，本院不予采信”。

实务经验总结

前事不忘，后事之师。为避免未来发生类似败诉，提出如下建议：

拟通过与拥有划拨用地使用权的主体签署“土地转让协议”（实际上是补偿性质的）方式取得国有土地使用权的，应该在签署转让协议的同时，申请有批准权的人民政府批准。否则法院将认定合同无效。

相关法律规定

《最高人民法院关于审理涉及国有土地使用权合同纠纷案件适用法律问题的解释》

第十一条　土地使用权人未经有批准权的人民政府批准，与受让方订立合同转让划拨土地使用权的，应当认定合同无效。但起诉前经有批准权的人民政府批准办理土地使用权出让手续的，应当认定合同有效。

第十二条　土地使用权人与受让方订立合同转让划拨土地使用权，起诉前经有批准权的人民政府同意转让，并由受让方办理土地使用权出让手续的，土地使用权人与受让方订立的合同可以按照补偿性质的合同处理。

《中华人民共和国城市房地产管理法》

第四十条第一款　以划拨方式取得土地使用权的，转让房地产时，应当按照国务院规定，报有批准权的人民政府审批。有批准权的人民政府准予转让的，应当由受让方办理土地使用权出让手续，并依照国家有关规定缴纳土地使用权出让金。

《中华人民共和国城镇国有土地使用权出让和转让暂行条例》

第十二条　土地使用权出让最高年限按下列用途确定：

（一）居住用地七十年；

（二）工业用地五十年；

（三）教育、科技、文化、卫生、体育用地五十年；

（四）商业、旅游、娱乐用地四十年；

（五）综合或者其他用地五十年。

《中华人民共和国合同法》

第五十八条 合同无效或者被撤销后，因该合同取得的财产，应当予以返还；不能返还或者没有必要返还的，应当折价补偿。有过错的一方应当赔偿对方因此所受到的损失，双方都有过错的，应当各自承担相应的责任。

以下为该案在最高法院审理阶段，裁判文书中“本院认为”部分关于案涉《土地有偿转让协议书》是否有效的论述：

案涉刘长山路17号地块系划拨用地，二建公司与阳光壹佰公司签订《土地有偿转让协议书》转让刘长山路17号土地使用权性质上属于转让划拨用地使用权。《中华人民共和国城市房地产管理法》第四十条规定：“以划拨方式取得土地使用权的，转让房地产时，应当按照国务院规定，报有批准权的人民政府审批。”因此，案涉《土地有偿转让协议书》是否有效，取决于协议约定转让划拨用地使用权是否经过有批准权的人民政府批准。……从上述案涉刘长山路17号地块的转让过程可以看出，在国土资源部、监察部联合下发国土资发［2004］71号令之后，济南市人民政府按照国土资源部和监察部要求，对于案涉刘长山路17号地块，采取先由济南市土地储备交易中心从二建公司收回，再由济南市国土资源局通过招拍挂方式与阳光壹佰公司签订出让合同，向阳光壹佰公司出让案涉刘长山路17号地块使用权。该事实也表明济南市人民政府实际同意二建公司将案涉刘长山路17号地块使用权转让给阳光壹佰公司。根据《最高人民法院关于审理涉及国有土地使用权合同纠纷案件适用法律问题的解释》第十二条关于“土地使用权人与受让方订立合同转让划拨土地使用权，起诉前经有批准权的人民政府同意转让，并由受让方办理土地使用权出让手续的，土地使用权人与受让方订立的合同可以按照补偿性质的合同处理”的规定，二建公司与阳光壹佰公司签订的《土地有偿转让协议书》性质上转化为补偿合同，协议约定转让的划拨用地已经济南市人民政府批准同意，故案涉《土地有偿转让协议书》合法有效。在本案一审期间，济南市国土资源局向一审法院出具复函说明二建公司与阳光壹佰公司之间转让划拨土地未经其批准，与本案事实不符，本院不予采信。一、二审判决认定《土地有偿转让协议书》未经有批准权人民政府同意转让，合同无效，认定事实和适用法律均存在错误，本院予以纠正。

030 划拨地可否转让？受让方办理出让手续后，可否再请求转让方返还转让款*

——划拨土地转让由受让方办理出让手续的，土地使用权人与受让方订立的土地转让合同转化为补偿性质的合同

划拨土地转让交易通常采取的方式是：划拨土地使用权人与受让方订立土地转让合同，受让方支付转让价款，并负责缴纳土地出让金，办理土地出让手续。该种交易方式下，受让方实际上是通过与政府签订土地出让合同的方式取得了土地使用权，此时受让方与原划拨土地使用权人签订的土地转让合同的性质如何认定，受让方可否请求转让方返还土地转让款？

最高法院审理该类案件的裁判规则为：土地使用权人与受让方订立合同转让划拨土地使用权，起诉前经有批准权的人民政府同意转让，并由受让方办理土地使用权出让手续的，土地使用权人与受让方订立的合同可以按照补偿性质的合同处理。

裁判要旨

划拨土地使用权人与受让方订立土地转让合同，起诉前经有批准权的人民政府同意转让，并由受让方办理土地使用权出让手续的，土地转让合同转化为补偿性质的合同，合同合法有效。

案情简介

一、2003 年 8 月，阳光壹佰公司与二建公司签订《土地有偿转让协议书》，约定二建公司将某划拨土地使用权转让给阳光壹佰公司，转让金额为 1879 万元，阳光壹佰公司已支付全部款项。

二、案涉划拨土地使用权的具体转让方式为：先由济南市土地储备交易中心从二建公司收回划拨土地使用权，再由济南市国土资源局通过招拍挂方式与阳光壹佰公司签订出让合同，向阳光壹佰公司出让案涉土地使用权，办理国有土地使用

---

* 案件来源：济南二建集团工程有限公司、济南阳光壹佰房地产开发有限公司建设用地使用权转让合同纠纷申诉、申请再审民事判决书［最高人民法院（2016）最高法民再 121 号］。

权证。

三、阳光壹佰公司向济南中院提起诉讼，请求：确认阳光壹佰公司与二建公司签订的《土地有偿转让协议书》无效；二建公司向阳光壹佰公司返还转让款 1879 万元，并赔偿阳光壹佰公司利息损失。济南中院判决支持了阳光壹佰公司的诉讼请求。

四、二建公司不服济南中院判决，向山东高院提起上诉。山东高院判决驳回上诉，维持原判。

五、二建公司不服山东高院的判决，向最高法院申请再审。最高法院认定《土地有偿转让协议书》合法有效，判决驳回阳光壹佰公司的诉讼请求。

裁判要点

最高法院认定《土地有偿转让协议书》合法有效，未支持阳光壹佰公司请求二建公司返还转让款 1879 万元并赔偿损失的原因在于：

第一，案涉土地使用权先由济南市土地储备交易中心从二建公司收回，再由济南市国土资源局通过招拍挂方式与阳光壹佰公司签订出让合同，向阳光壹佰公司出让案涉土地使用权。该事实表明济南市人民政府实际同意二建公司将案涉土地使用权转让给阳光壹佰公司。

第二，根据《最高人民法院关于审理涉及国有土地使用权合同纠纷案件适用法律问题的解释》第十二条的规定："土地使用权人与受让方订立合同转让划拨土地使用权，起诉前经有批准权的人民政府同意转让，并由受让方办理土地使用权出让手续的，土地使用权人与受让方订立的合同可以按照补偿性质的合同处理。"根据该条规定，二建公司与阳光壹佰公司签订的《土地有偿转让协议书》性质上转化为补偿合同，协议约定转让划拨用地已经济南市人民政府批准同意，故案涉《土地有偿转让协议书》合法有效，阳光壹佰公司主张二建公司返还 1879 万元转让款并赔偿损失，没有事实及法律依据。

实务经验总结

前事不忘，后事之师。为避免未来发生类似败诉，提出如下建议：

一、划拨土地使用权人与受让方订立合同转让土地使用权，经有批准权的人民政府同意转让，并由受让方向土地管理部门缴纳土地出让金，办理出让手续的，此时划拨土地使用权转让合同转化为补偿性质的合同，合法有效，受让方仍须按合同约定支付价款。受让方向法院请求确认转让合同无效的，法院不予支持。

二、当事人拟签订合同转让划拨土地使用权的，应取得有批准权的人民政府批准，否则法院将认定合同无效。值得注意的是，土地管理部门与受让方订立土地使用权出让合同的行为，视为政府同意划拨土地使用权转让，不必再单独办理批准手续。

三、根据《招标拍卖挂牌出让国有建设用地使用权规定》，工业、商业、旅游、娱乐和商品住宅等经营性用地以及同一宗地有两个以上意向用地者的，应当以招标、拍卖或者挂牌方式出让。

相关法律规定

《最高人民法院关于审理涉及国有土地使用权合同纠纷案件适用法律问题的解释》

第十一条 土地使用权人未经有批准权的人民政府批准，与受让方订立合同转让划拨土地使用权的，应当认定合同无效。但起诉前经有批准权的人民政府批准办理土地使用权出让手续的，应当认定合同有效。

第十二条 土地使用权人与受让方订立合同转让划拨土地使用权，起诉前经有批准权的人民政府同意转让，并由受让方办理土地使用权出让手续的，土地使用权人与受让方订立的合同可以按照补偿性质的合同处理。

第十三条 土地使用权人与受让方订立合同转让划拨土地使用权，起诉前经有批准权的人民政府决定不办理土地使用权出让手续，并将该划拨土地使用权直接划拨给受让方使用的，土地使用权人与受让方订立的合同可以按照补偿性质的合同处理。

《中华人民共和国城市房地产管理法》

第四十条 以划拨方式取得土地使用权的，转让房地产时，应当按照国务院规定，报有批准权的人民政府审批。有批准权的人民政府准予转让的，应当由受让方办理土地使用权出让手续，并依照国家有关规定缴纳土地使用权出让金。

以划拨方式取得土地使用权的，转让房地产报批时，有批准权的人民政府按照国务院规定决定可以不办理土地使用权出让手续的，转让方应当按照国务院规定将转让房地产所获收益中的土地收益上缴国家或者作其他处理。

以下为该案在法院审理阶段，判决书中“本院认为”部分就该问题的论述：

根据本案查明的事实，2001 年 8 月 24 日济南市人民政府、光华公司以及济南市城市建设投资有限公司签订《关于对原济南水泥厂、东方红水泥厂地区开发建设协议书》约定：经济南市人民政府确定，将济南市规划部门确定的济南水泥厂、东方红水泥厂地区用地规划范围内开发建设权交给光华公司；具体范围是东至水泥厂路、西至十里河东街、北至丁子山东街、南至建新路，总规划面积约1500亩。2001年11月23日，济南市建设委员会与原济南市第二建筑工程总公司签订《关于对刘长山路11号、17号拆迁安置协议》，协议载明："根据市政府与北京银信光华房地产开发有限公司签订的协议和市政府对两水泥厂地区的总体规划，乙方（二建公司）刘长山路11号、17号两块土地被列入规划范围。乙方服从市政府规划，积极配合该地区的开发建设，甲方（济南市建设委员会）充分考虑乙方的实际困难并给予一定支持……"。由此可见，济南市人民政府对该区域的总体规划是二建公司与阳光壹佰公司签订《土地有偿转让协议书》的依据和原因。正是基于案涉刘长山路17号地块被济南市人民政府列入该地区规划范围，且济南市人民政府明确该地区规划范围内的开发建设由光华公司实施，2003年8月8日，二建公司才与阳光壹佰公司签订《土地有偿转让协议书》，约定二建公司将刘长山路17号地块使用权以1879万元价格转让给阳光壹佰公司。在二建公司与阳光壹佰公司签订《土地有偿转让协议书》后，阳光壹佰公司分别于2003年8月8日、2007年10月23日向二建公司支付1729万元、150万元，共计1879万元。二建公司在收到合同约定款项后，为履行合同约定的协助阳光壹佰公司办理案涉刘长山路17号地块土地证义务，于2006年2月25日将案涉刘长山路17号地块的原土地使用权证交给了阳光壹佰公司。根据本案查明的事实，阳光壹佰公司未能办理案涉案涉刘长山路17号地块国有土地使用证，主要是因为2004年国土资源部、监察部联合下发国土资发［2004］71号令，要求2004年8月31日后不得再以历史遗留问题为由采用协议方式出让经营性土地使用权，并非二建公司原因所致。在济南市人民政府2007年12月5日下发《关于同意收回（购）济南二建集团工程有限公司国有土地使用权的批复》后，二建公司与济南市土地储备交易中心签订《国有土地使用权收回（购）合同》，实际交出了案涉刘长山路17号地块。2011年5月23日，济南市国土资源局通过招拍挂和阳光壹佰公司签订《国有建设用地使用权出让合同》，约定济南市国土资源局向阳光壹佰公司出让包括案涉刘长山路17号地块在内的98421平方米国有土地使用权。阳光壹佰公司于2015年7月10日取得包括98421平方米在内的国有土地使用证。从上述案涉刘长山路17号地块的转让过程可以看出，在国土资源部、监察部联合下发国土资发［2004］71号令之后，济南市人民政府按照国土资源部和监察部要求，对于案涉刘长山路17号地块，采取先由济南市土地储备交易中心从二建公司收回，再由济南市国土资源局通过招拍挂方式与阳光壹佰公司签订出让合同，向阳光壹佰公司出让案涉刘长山路17号地块使用权。该事实也表明济南市人民政府实际同意二建公司将案涉刘长山路17号地块使用权转让给阳光壹佰公司。根据《最高人民法院关于审理涉及国有土地使用权合同纠纷案件适用法律问题的解释》第十二条关于“土地使用权人与受让方订立合同转让划拨土地使用权，起诉前经有批准权的人民政府同意转让，并由受让方办理土地使用权出让手续的，土地使用权人与受让方订立的合同可以按照补偿性质的合同处理”的规定，二建公司与阳光壹佰公司签订的《土地有偿转让协议书》性质上转化为补偿合同，协议约定转让的划拨用地已经济南市人民政府批准同意，故案涉《土地有偿转让协议书》合法有效。在本案一审期间，济南市国土资源局向一审法院出具复函说明二建公司与阳光壹佰公司之间转让划拨土地未经其批准，与本案事实不符，本院不予采信。一、二审判决认定《土地有偿转让协议书》未经有批准权人民政府同意转让，合同无效，认定事实和适用法律均存在错误，本院予以纠正。

……

案涉《土地有偿转让协议书》合法有效。根据《土地有偿转让协议书》的约定，二建公司履行了拆除清理地上建筑物、将土地证原件交付阳光壹佰公司等协助办理国有土地使用证的合同义务。阳光壹佰公司亦按约定向二建公司支付了转让款1879万元。在二建公司按照济南市人民政府要求交回案涉刘长山路17号地块，阳光壹佰公司从济南市国土资源局受让并取得包括案涉刘长山路17号地块在内的国有土地使用证之后，阳光壹佰公司主张二建公司返还1879万元转让款并赔偿经济损失，没有事实及法律依据，本院不予支持。一、二审判决认定案涉《土地有偿转让协议书》无效，判决二建公司返还阳光壹佰公司1879万元转让款并赔偿经济损失，属认定事实和适用法律错误，本院予以纠正。

延伸阅读

关于划拨土地使用权人与受让方订立土地使用权转让合同，由受让方办理土地使用权出让手续，土地转让合同按照补偿性质的合同处理的案例：

案例1：河南省锦寓置业有限公司与李宇隆合同纠纷申请再审民事裁定书［最高人民法院（2015）民申字第2699号］认为，“双方通过签订《企业并购协议》《经营合作补充协议》以及东峰厂和锦寓公司签订的转让协议，对《联合开发协议》的内容作了重大变更，实质上将案涉土地使用权转让给了锦寓公司。由于案涉土地已经办理了国有土地使用权出让手续，且锦寓公司已于2011年4月取得了国有土地使用权证。因此，依据《最高人民法院关于审理涉及国有土地使用权合同纠纷案件适用法律问题的解释》第十二条的规定，《经营合作补充协议》可以按照补偿性质的合同处理。故二审判决关于合同性质的认定并无不妥。《经营合作补充协议》系双方当事人真实意思表示，也不存在违反法律、行政法规强制性规定的情形，应认定为有效。锦寓公司关于转让行为违反法律规定，涉嫌犯罪，双方所签合同无效等申请理由，缺乏事实和法律依据，不应予以支持。关于锦寓公司的付款条件是否成就的问题。锦寓公司认为其与东峰厂订立的《联合开发协议》约定的是经济适用房项目的开发建设，因该项目无法实施，故锦寓公司无需给付款项。该申请理由不能成立。因为《联合开发协议》约定的虽是联合开发经济适用房项目，但之后双方又签订了《企业并购协议》《经营合作补充协议》，对原合同内容作了变更，合同性质变更为补偿合同。锦寓公司仍以原《联合开发协议》的约定进行抗辩，显然不能成立。李宇隆在《经营合作补充协议》签订后，履行了协议所约定的义务，案涉土地使用权也已于此前转让给锦寓公司，并由锦寓公司取得了国有土地使用权证。因此，锦寓公司应依约向李宇隆支付相应款项。"

案例2：金辉企业与湛江市巨通实业发展公司、湛江市华业房产公司确认合同无效纠纷申请再审民事裁定书［最高人民法院（2015）民申字第538号］认为，"关于本案所涉土地使用权变更的性质问题。本案中，霞山法院根据金辉企业的申请查封巨通公司房屋所涉土地，原属于国有划拨土地，使用权人是原电子器材公司，根据1995年8月15日湛江市国土局作出的湛地政转（1995）47号《关于华业公司开发建设住宅用地问题的复函》，该土地根据湛江市政府安排，为偿还原无线电七厂的债权，转交给华业公司用于开发建设商品住宅。1995年9月28日，湛江市国土局与华业公司签订了《国有土地使用权出让合同》，华业公司于同年11月29日缴清了土地出让金和征地管理费等费用。虽然华业公司于1997年9月23日才获得国有土地使用权证，但其与湛江市国土局签订《国有土地使用权出让合同》以及缴清相关费用在霞山法院作出（1995）湛霞法执字第249号之二查封巨通公司该土地上的房屋的裁定之前。因此，华业公司取得本案所涉土地使用权的行为并不违反《中华人民共和国城市房地产管理法》第三十七条的相关规定。霞山法院于1996年4月11日根据金辉企业的申请做出的（1995）湛霞法执字第249号之二对土地上房屋的查封裁定效力，不能对抗华业公司在该土地上的权利。更重要的是，华业公司取得该土地使用权的权利来源是湛江市国土局出让国有土地的行为，并非巨通公司的转让行为。虽然巨通公司与华业公司之间签订了土地使用权转让合同，但由于所涉土地是划拨土地，根据法释（2005）5号最高人民法院《关于审理涉及国有土地使用权合同纠纷案件适用法律问题的解释》第十二条规定的精神，该合同的性质是补偿性质，并非一般意义上的土地使用权转让合同。因此，一、二审法院认定本案所涉土地使用权是湛江市国土局出让给华业公司，并不是巨通公司转让给华业公司的，进而认定金辉企业要求认定巨通公司将本案所涉土地使用权转让给华业公司的行为无效的诉讼请求因缺乏事实依据不予支持，并无不当。”

案例3：四川民族饭店与中国中小企业投资有限公司、成都弘易地产有限责任公司等建设用地使用权纠纷二审民事判决书［最高人民法院（2015）民一终字第50号］认为，“本案为土地使用权转让纠纷。案涉土地原为民族饭店使用的划拨用地，应依法获得政府土地管理部门的批准才能转让。根据本案查明的事实，成都弘易通过与成都市国土局签订《国有土地使用权出让合同》，并支付出让金，取得案涉土地的使用权。故民族饭店转让划拨用地已经得到成都市国土局的批准，依据本院《关于审理涉及国有土地使用权合同纠纷案件适用法律问题的解释》第十一条规定，案涉土地使用权的转让属合法有效。案涉《土地补偿协议》实际就是民族饭店与中小企业、成都弘易关于民族饭店向成都弘易转让案涉土地使用权进行补偿的约定。该《土地补偿协议》并不违反法律、行政法规的强制性规定，属合法有效合同。”

案例4：海南香江德福大酒楼、海南香江实业有限公司清算组与海口市国土资源局建设用地使用权出让合同纠纷二审民事裁定书［最高人民法院（2015）民一终字第83号］认为，“本案是基于案涉土地使用权转让方新华通讯社海南分社与受让方香江酒楼、香江公司之间的国有划拨土地使用权转让合同，经海口市国土局报经海口市政府批准同意，由受让方香江酒楼、香江公司办理土地使用权出让手续，补交土地使用权出让金后，产生在香江酒楼、香江公司与海口市国土局之间的纠纷。房地产管理法第四十条第一款规定：‘以划拨方式取得土地使用权的，转让房地产时，应当按照国务院规定，报有批准权的人民政府审批。有批准权的人民政府准予转让的，应当由受让方办理土地使用权出让手续，并依照国家有关规定缴纳土地使用权出让金。’根据该条规定，划拨土地使用权转让时，需经有批准权的人民政府对划拨土地使用权转让进行审批，在审批同意之后，由土地管理部门与受让人办理土地使用权出让手续，受让人缴纳出让金。行政审批系有批准权的人民政府履行对划拨土地的使用进行监管的土地行政管理职能。在通过审批后，土地管理部门成为国有土地使用权出让合同的一方当事人，与受让人签订国有土地使用权出让合同，此时，原划拨土地使用权已经转化为出让性质的土地使用权，并且在土地管理部门与受让人之间形成国有土地使用权出让合同关系。根据《最高人民法院关于审理涉及国有土地使用权合同纠纷案件适用法律问题的解释》第十二条的规定，此时原划拨土地使用权人与受让方订立的合同可以按照补偿性质的合同处理。”

案例5：胜利油田泰恒实业总公司与东营瑞康房地产开发有限公司建设用地使用权转让合同纠纷二审民事判决书［山东省高级人民法院（2014）鲁民一终字第214号］认为，“鉴于双方当事人订立涉案协议转让的是国有划拨土地使用权，起诉前东营市人民政府已经同意转让，并由上诉人办理了土地使用权出让手续，依照最高人民法院《关于审理涉及国有土地使用权合同纠纷案件适用法律问题的解释》第十二条的规定，涉案协议有效，协议约定的被上诉人收益800万元具有土地使用权补偿性质。”

031 转让划拨土地的补偿利益是否需经政府批准

——划拨土地使用权人将土地补偿利益转让给他人视为划拨土地使用权的转让，须经政府批准*

根据土地管理相关规定，我国对划拨土地使用权转让实行严格的审批制度，未经批准的划拨土地使用权转让合同无效。本案例的事实是：划拨土地使用权人将未来政府收回土地后可获得的补偿利益转让给他人，他人支付固定对价。该种情形是否属于土地使用权转让行为？最高法院认为，该情形等同于转让划拨土地使用权，应按规定办理报批手续。

裁判要旨

划拨土地使用权人将划拨土地使用权未来经政府收回后返还的全部补偿利益转让给他人，由他人支付固定对价的，实际上等同于向他人转让了划拨土地的全部权益，应认定为划拨土地使用权转让行为。该转让行为须经政府批准，否则转让合同无效。

案情简介

一、北电公司拥有某国有划拨土地使用权。2005年2月，北电公司与君有公司

* 案件来源：北方信息控制集团有限公司与江苏君有置业发展有限公司土地使用权出让合同纠纷申请再审民事裁定书［最高人民法院（2014）民申字第689号］。

签订《协议书》，约定：君有公司负责以北电公司名义办理将该土地收归政府后挂牌出让的手续；君有公司在土地挂牌拍卖成交前分期给付北电公司土地整体转让净收益6.3亿元；在该土地挂牌出让成功后，北电公司因土地被收回所得的全部补偿收益均归君有公司所有。后该宗土地由政府收回后挂牌拍卖，北电公司实得收益9.932亿元。

二、君有公司向江苏高院提起诉讼，请求判令北电公司支付君有公司合作收益款3.632亿元（9.932亿元-6.3亿元）。江苏高院认为，双方已形成以土地使用权补偿利益换取固定金钱的交换关系，案涉协议应认定为划拨土地使用权转让协议，该处分行为未依法经过政府批准，违反了法律、行政法规的强制性规定，应认定无效，判决驳回君有公司的诉讼请求。

三、君有公司向最高法院上诉称，《协议书》的性质为合作合同，且合法有效。最高法院判决驳回上诉，维持原判。

四、君有公司不服最高法院判决，向最高法院申请再审称，原审判决将《协议书》定性为土地使用权转让合同，适用法律错误。最高法院裁定驳回其再审申请。

裁判要点

最高法院认定案涉《协议书》的性质为划拨土地使用权转让合同的原因在于：

第一，从《协议书》约定内容来看，北电公司将政府收回划拨土地后返还的全部补偿利益转让给君有公司，而君有公司向北电公司支付固定对价6.3亿元，实际上等同于北电公司向君有公司转让了划拨土地的全部权益。

第二，从《协议书》订立目的来看，双方合同的主要目的是为了交换，而不是合作。虽然合同约定君有公司负有协助北电公司办理相关手续的合同义务，但实际上北电公司在取得6.3亿元固定价款后，其对涉案土地已无任何利益关系，履行合同的根本目的在于实现划拨土地使用权转让。

基于上述《协议书》性质为划拨土地使用权转让合同的认定，依据《最高人民法院关于审理涉及国有土地使用权合同纠纷案件适用法律问题的解释》第十一条的规定，“土地使用权人未经有批准权的人民政府批准，与受让方订立合同转让划拨土地使用权的，应当认定合同无效。但起诉前经有批准权的人民政府批准，办理了土地使用权出让手续的，应当认定合同有效”。本案划拨土地使用权转让在起诉前未获得政府批准，应认定为无效。

实务经验总结

前事不忘，后事之师。为避免未来发生类似败诉，提出如下建议：

一、划拨土地使用权人转让划拨土地使用权，应按照相关规定报政府批准，办理出让手续，否则转让合同将会被认定为无效合同。

二、《中华人民共和国合同法》第五十八条规定，“合同无效或者被撤销后，因该合同取得的财产，应当予以返还；不能返还或者没有必要返还的，应当折价补偿。有过错的一方应当赔偿对方因此所受到的损失，双方都有过错的，应当各自承担相应的责任”。据此，合同被认定无效时，如对方有过错的，当事人可主张要求对方赔偿损失。

相关法律规定

《中华人民共和国城市房地产管理法》

第四十条 以划拨方式取得土地使用权的，转让房地产时，应当按照国务院规定，报有批准权的人民政府审批。有批准权的人民政府准予转让的，应当由受让方办理土地使用权出让手续，并依照国家有关规定缴纳土地使用权出让金。

以划拨方式取得土地使用权的，转让房地产报批时，有批准权的人民政府按照国务院规定决定可以不办理土地使用权出让手续的，转让方应当按照国务院规定将转让房地产所获收益中的土地收益上缴国家或者作其他处理。

《最高人民法院关于审理涉及国有土地使用权合同纠纷案件适用法律问题的解释》

第十一条 土地使用权人未经有批准权的人民政府批准，与受让方订立合同转让划拨土地使用权的，应当认定合同无效。但起诉前经有批准权的人民政府批准办理土地使用权出让手续的，应当认定合同有效。

第十二条 土地使用权人与受让方订立合同转让划拨土地使用权，起诉前经有批准权的人民政府同意转让，并由受让方办理土地使用权出让手续的，土地使用权人与受让方订立的合同可以按照补偿性质的合同处理。

以下为该案在最高法院审理阶段，裁定书中“本院认为”部分就该问题的论述：

（一）原审判决认定《协议书》为土地使用权转让合同并无明显不当。

根据《协议书》的内容，北电公司将涉案划拨土地上市交易所取得的全部补偿利益转让给君有公司，君有公司向北电公司支付固定对价6.3亿元。该约定将北电公司经政府返还的全部补偿利益转让给君有公司，实际上等同于向君有公司转让了划拨土地的全部权益。双方合同的主要目的是为了交换，而不是合作。尽管君有公司在涉案划拨土地变性变现方面做了一定的工作，但该事实不足以改变整个合同的性质。君有公司关于《协议书》属于合作合同的申请再审主张不能成立。另外，因君有公司没有按期支付约定款项，北电公司已经通知解除双方之间的合同。基于此，君有公司主张北电公司承担合同未解除情况下的违约责任同样不能获得支持。

（二）原审判决认定君有公司如有其他损失可另行主张，符合法律规定。

根据最高人民法院《关于审理涉及国有土地使用权合同纠纷案件适用法律问题的解释》第七条规定，未经有批准权的人民政府批准，转让国有划拨土地的合同应当无效。本案中，因双方当事人均明知涉案土地为国有划拨土地，对《协议书》的无效双方当事人均有过错，应当根据过错程度承担相应的责任。本案一审时法院曾向君有公司释明，告知其可以变更诉讼请求，但君有公司坚持合同有效不予变更。根据不告不理原则，原审判决驳回君有公司上诉，认定其如有其他损失可另行主张，符合法律规定。

032 划拨土地未经批准可否抵债*

——未经批准以划拨土地使用权抵债的，抵债行为无效

我国对划拨土地使用权转让实行严格的审批制度，那么以划拨土地使用权抵债是否须经审批，未经审批是否影响以物抵债合同的效力？司法实践认为，该情形仍须报有批准权的人民政府批准，否则涉及以物抵债的合同条款无效。

裁判要旨

起诉前未经有批准权的人民政府批准，以划拨土地使用权及地上建筑物抵债的，以物抵债合同中关于划拨土地使用权及地上建筑物的抵债条款无效。

---

* 案件来源：冀东水泥吉林有限责任公司、长春市建筑材料总公司、吉林松江水泥厂、吉林省住房和城乡建设厅散装水泥办公室确认合同效力纠纷二审民事判决书［吉林省高级人民法院（2015）吉民一终字第169号］。

案情简介

一、1999 年 12 月 25 日，松江水泥、建材公司（全民所有制）、吉林省经贸委散装水泥办公室签订《以物抵债协议书》，约定松江水泥供给建材公司水泥，建材公司累计欠松江水泥货款为 1400 万元左右，建材公司将其与吉林省经贸委共有的散装水泥周转库及附属设施（含划拨土地及地上建筑物、设备等）中归属其所有的份额抵债给松江水泥，抵债数额为 1394 万元。

二、长春商业国有资产经营公司是长春市政府国有资产监督管理委员会履行出资人职责的企业，该公司在《以物抵债协议书》上签署“同意”。案涉土地使用权及地上建筑物未办理过户。

三、建材公司向长春中院起诉称，《以物抵债协议书》将划拨土地抵债违反了有关法律的强制性规定，故请求依法确认《以物抵债协议书》无效。长春中院认为，《以物抵债协议书》未经长春市人民政府或其授权的部门审批，故判决《以物抵债协议书》中以划拨土地和地上建筑物抵债的条款无效。

四、后本案经吉林高院二审，吉林高院维持认定《以物抵债协议书》中关于土地使用权和地上建筑物部分的抵债条款无效。

裁判要点

法院认定《以物抵债协议书》关于土地使用权和地上建筑物抵债的条款无效的原因在于：

首先，本案抵债的土地为划拨土地，《中华人民共和国城镇国有土地使用权出让和转让暂行条例》第四十五条规定，“符合下列条件的，经市、县人民政府土地管理部门和房产管理部门批准，其划拨土地使用权和地上建筑物、其他附着物所有权可以转让、出租、抵押：……”长春商业国有资产经营公司无权批准建材公司转让划拨土地使用权。因此，根据《最高人民法院关于审理涉及国有土地使用权合同纠纷案件适用法律问题的解释》第十一条关于“土地使用权人未经有批准权的人民政府批准，与受让方订立合同转让划拨土地使用权的，应当认定合同无效。但起诉前经有批准权的人民政府批准办理土地使用权出让手续的，应当认定合同有效”的规定，《以物抵债协议书》中关于土地使用权部分的抵债条款无效。

其次，根据《中华人民共和国城镇国有土地使用权出让和转让暂行条例》第二十四条的规定，“土地使用者转让地上建筑物、其他附着物所有权时，其使用范围内的土地使用权随之转让，但地上建筑物、其他附着物作为动产转让的除外”。建材公司转让划拨土地的地上附着物等同于处分了其使用范围内的土地使用权。地上附着物作为不动产转让，不可能脱离土地而独立实现。而《以物抵债协议书》中关于土地使用权部分的抵债条款是无效的，因此，《以物抵债协议书》中关于地上建筑物抵债的条款亦为无效。

实务经验总结

前事不忘，后事之师。为避免未来发生类似败诉，提出如下建议：

以划拨土地使用权及地上建筑物抵债，因涉及转让划拨土地使用权，应当根据相关规定和程序报有批准权的政府批准，否则以物抵债合同为无效合同。

相关法律规定

《中华人民共和国城镇国有土地使用权出让和转让暂行条例》

第二十四条　地上建筑物、其他附着物的所有人或者共有人，享有该建筑物、附着物使用范围内的土地使用权。

土地使用者转让地上建筑物、其他附着物所有权时，其使用范围内的土地使用权随之转让，但地上建筑物、其他附着物作为动产转让的除外。

第四十五条　符合下列条件的，经市、县人民政府土地管理部门和房产管理部门批准，其划拨土地使用权和地上建筑物、其他附着物所有权可以转让、出租、抵押：

（一）土地使用者为公司、企业、其他经济组织和个人；

（二）领有国有土地使用证；

（三）具有地上建筑物、其他附着物合法的产权证明；

（四）依照本条例第二章的规定签订土地使用权出让合同，向当地市、县人民政府补交土地使用权出让金或者以转让、出租、抵押所获效益抵交土地使用权出让金。

转让、出租、抵押前款划拨土地使用权的，分别依照本条例第三章、第四章和第五章的规定办理。

《最高人民法院关于审理涉及国有土地使用权合同纠纷案件适用法律问题的解释》

第十一条　土地使用权人未经有批准权的人民政府批准，与受让方订立合同转让划拨土地使用权的，应当认定合同无效。但起诉前经有批准权的人民政府批准办理土地使用权出让手续的，应当认定合同有效。

以下为该案在吉林高院审理阶段，裁判文书中“本院认为”部分就该问题的论述：

冀东水泥主张：长春商业国有资产经营公司进入了长春市人民政府办公厅公布的市政府国有资产监督管理委员会履行出资人职责第一批企业名单，可以履行出资人职责。但依据《中华人民共和国城镇国有土地使用权出让和转让暂行条例》第四十五条“符合下列条件的，经市、县人民政府土地管理部门和房产管理部门批准，其划拨土地使用权和地上建筑物、其他附着物所有权可以转让、出租、抵押：（一）土地使用者为公司、企业、其他经济组织和个人；（二）领有国有土地使用证；（三）具有地上建筑物、其他附着物合法的产权证明；（四）依照本条例第二章的规定签订土地使用权出让合同，向当地市、县人民政府补交土地使用权出让金或者以转让、出租、抵押所获收益抵交土地使用权出让金”的规定，长春商业国有资产经营公司拥有的出资人职责中不包括批准建材公司转让划拨土地使用权和地上建筑物的权力。通过比对《划拨土地使用权管理暂行办法》第五条关于“未经市、县人民政府土地管理部门批准并办理土地使用权出让手续，交付土地使用权出让金的土地使用者，不得转让、出租、抵押土地使用权”的规定亦能得出长春商业国有资产经营公司无权批准建材公司转让划拨土地使用权的结论。目前松江水泥没有取得涉诉土地使用权出让手续，故依照《最高人民法院关于审理涉及国有土地使用权合同纠纷案件适用法律问题的解释》第十一条“土地使用权人未经有批准权的人民政府批准，与受让方订立合同转让划拨土地使用权的，应当认定合同无效。但起诉前经有批准权的人民政府批准办理土地使用权出让手续的，应当认定合同有效”之规定，本院认定《散装水泥周转库以物抵债协议书》中关于土地使用权部分的抵债条款无效。

根据《中华人民共和国城镇国有土地使用权出让和转让暂行条例》第二十四条第二款“土地使用者转让地上建筑物、其他附着物所有权时，其使用范围内的土地使用权随之转让，但地上建筑物、其他附着物作为动产转让的除外”之规定，并参照《中华人民共和国物权法》第一百八十二条“以建筑物抵押的，该建筑物占用范围内的建设用地使用权一并抵押。以建设用地使用权抵押的，该土地上的建筑物一并抵押。抵押人未依照前款规定一并抵押的，未抵押的财产视为一并抵押”之规定，《散装水泥周转库以物抵债协议书》中关于地上附着物抵债的条款无效。因为建材公司转让划拨土地地上附着物等同于处分了其使用范围内的土地使用权。而如前文所述，《散装水泥周转库以物抵债协议书》中关于土地使用权部分的抵债条款是无效的。另外，现实中，地上附着物作为不动产转让，亦不可能脱离土地而独立实现。

延伸阅读

认定未经批准以划拨土地使用权抵债的合同为无效合同的案例：

案例：三亚东鑫实业开发有限公司与三亚泰和旅游交通发展有限公司土地使用权转让合同纠纷二审民事判决书［三亚市中级人民法院（2007）三亚民一终字第101号］认为，“关于合同的效力问题。河西区委员会将涉案划拨土地抵债给东鑫公司，实质上是土地使用权转让行为，根据法律有关规定，划拨地的转让应经有批准权的人民政府批准，但其之间的转让行为未经有批准权的三亚市人民政府同意，且起诉前亦未经该政府批准办理土地使用权出让手续，故东鑫公司并未合法取得涉案土地使用权。东鑫公司未取得涉案土地的出让土地使用权证而与泰和公司签订合同转让土地使用权，起诉前该公司尚未取得出让土地使用权证书，亦未经三亚市人民政府批准转让，依照最高人民法院《关于审理涉及国有土地使用权合同纠纷案件适用法律问题的解释》第九条的规定，东鑫公司上诉主张合同有效，于法无据，不予支持。故原审判决认定合同无效正确。”

033 划拨土地是否属于破产财产，债权人可否主张以划拨土地清偿债务*

——破产企业的划拨土地使用权不属于破产财产

划拨土地具有无偿取得的特性。在取得划拨土地的企业进入破产程序时，划拨土地是否属于破产财产，能否以划拨土地向债权人清偿债务？最高法院认为，破产企业的划拨土地不属于破产财产，债权人无权主张以划拨土地清偿债务。

* 案件来源：彭新贵与河南省商水县人民政府、王立民等土地行政管理纠纷再审行政裁定书［最高人民法院（2016）最高法行申2510号］。

裁判要旨

破产企业以划拨方式取得的国有土地使用权不属于破产财产，企业破产后划拨土地使用权可由政府无偿收回，破产企业无权处分该划拨土地使用权。

案情简介

一、1997年，因毛纺织厂无力清偿到期债务，商水县法院宣告毛纺织厂破产。后商水县法院认定毛纺织厂占用的土地系政府划拨土地，不应作为破产财产，裁定毛纺织厂破产程序终结。

二、2002年5月，商水县劳动局向商水县政府申请转让案涉土地，时任商水县副县长在该申请文件上签署：同意将土地收益款缴失业保险金。同年8月，彭新贵与商水县纺织印染总厂签订用地转让协议，约定商水县纺织印染总厂将案涉土地转让给彭新贵，转让价款七万元，款项由商水县劳动局收取，并由商水县劳动局办理相关手续。

三、2013年5月，商水县工业和信息化局向商水县政府申请收回毛纺织厂包括案涉土地在内的土地。商水县政府作出28号批复，同意收回上述土地。

四、彭新贵向周口中院提起诉讼，请求撤销28号批复。周口市中院认为被诉行政行为并没有侵犯彭新贵的合法权益，判决驳回彭新贵的诉讼请求。

五、彭新贵不服周口中院判决，上诉至河南高院。河南高院认为，在没有证据证明商水县纺织印染总厂具有转让涉案土地的权利，并且转让协议未经有批准权的人民政府审批的情况下，被诉的批复并不侵犯彭新贵的合法权益。故判决驳回上诉，维持原判。

六、彭新贵不服河南高院判决，向最高法院申请再审，请求撤销一、二审判决，撤销28号批复。最高法院裁定驳回彭新贵的再审申请。

裁判要点

本案法院驳回彭新贵的诉请的原因在于：

首先，毛纺织厂原系案涉土地的使用权人，该厂破产后其占用的案涉土地并非其破产财产，人民政府有权无偿收回。

其次，彭新贵未提供证据证实人民政府将案涉土地划拨或出让给商水县纺织印染总厂使用，故彭新贵与商水县纺织印染总厂签订的用地转让协议不足以证实其系案涉土地的使用权人。

最后，取得划拨土地使用权须经市、县人民政府土地管理部门和房产管理部门批准，并向当地市、县人民政府补交土地使用权出让金。而彭新贵提供的证据无法证实其已按照法律规定缴纳土地使用权出让金及完成审批程序。

因此，彭新贵未能证实其系涉案土地的使用权人，商水县政府作出的 28 号批复未侵害彭新贵的实体权益，法院因此驳回了彭新贵的诉讼请求。

实务经验总结

前事不忘，后事之师。为避免未来发生类似败诉，提出如下建议：

一、当事人拟受让划拨土地使用权的，应当向土地管理等部门报批，并在取得批准后依照法定程序向政府缴纳土地出让金。本案中副县长在县劳动局提出的转让申请上签署“同意将土地收益款缴失业保险金”，不能认定为商水县政府对土地转让协议的批准。

二、破产企业取得的划拨土地使用权不属于破产财产，政府可以收回，破产企业的债权人无权主张以该划拨土地使用权清偿债务。

相关法律规定

《最高人民法院关于破产企业国有划拨土地使用权应否列入破产财产等问题的批复》

一、根据《中华人民共和国土地管理法》第五十八条第一款第（四）项及《城镇国有土地使用权出让和转让暂行条例》第四十七条的规定，破产企业以划拨方式取得的国有土地使用权不属于破产财产，在企业破产时，有关人民政府可以予以收回，并依法处置。纳入国家兼并破产计划的国有企业，其依法取得的国有土地使用权，应依据国务院有关文件规定办理。

……

《中华人民共和国土地管理法》

第五十八条　有下列情形之一的，由有关人民政府自然资源主管部门报经原批准用地的人民政府或者有批准权的人民政府批准，可以收回国有土地使用权：

（一）为实施城市规划进行旧城区改建以及其他公共利益需要，确需使用土地的；

（二）土地出让等有偿使用合同约定的使用期限届满，土地使用者未申请续期或者申请续期未获批准的；

（三）因单位撤销、迁移等原因，停止使用原划拨的国有土地的；

（四）公路、铁路、机场、矿场等经核准报废的。

依照前款第（一）项的规定收回国有土地使用权的，对土地使用权人应当给予适当补偿。

《中华人民共和国城镇国有土地使用权出让和转让暂行条例》

第四十五条 符合下列条件的，经市、县人民政府土地管理部门和房产管理部门批准，其划拨土地使用权和地上建筑物、其他附着物所有权可以转让、出租、抵押：

（一）土地使用者为公司、企业、其他经济组织和个人；

（二）领有国有土地使用证；

（三）具有地上建筑物、其他附着物合法的产权证明；

（四）依照本条例第二章的规定签订土地使用权出让合同，向当地市、县人民政府补交土地使用权出让金或者以转让、出租、抵押所获效益抵交土地使用权出让金。

转让、出租、抵押前款划拨土地使用权的，分别依照本条例第三章、第四章和第五章的规定办理。

第四十七条 无偿取得划拨土地使用权的土地使用者，因迁移、解散、撤销、破产或者其他原因而停止使用土地的，市、县人民政府应当无偿收回其划拨土地使用权，并可依照本条例的规定予以出让。

对划拨土地使用权，市、县人民政府根据城市建设发展需要和城市规划的要求，可以无偿收回，并可依照本条例的规定予以出让。

无偿收回划拨土地使用权时，对其地上建筑物、其他附着物，市、县人民政府应当根据实际情况给予适当补偿。

《中华人民共和国城市房地产管理法》

第四十条 以划拨方式取得土地使用权的，转让房地产时，应当按照国务院规定，报有批准权的人民政府审批。有批准权的人民政府准予转让的，应当由受让方办理土地使用权出让手续，并依照国家有关规定缴纳土地使用权出让金。

以划拨方式取得土地使用权的，转让房地产报批时，有批准权的人民政府按照国务院规定决定可以不办理土地使用权出让手续的，转让方应当按照国务院规定将转让房地产所获收益中的土地收益上缴国家或者作其他处理。

以下为该案在最高法院审理阶段，裁判文书中“本院认为”部分就该问题的论述：

毛纺织厂原系本案争议国有土地的使用权人。因毛纺织厂破产，其占用的涉案划拨土地根据有关政策由人民政府无偿收回，并非毛纺织厂的破产财产。再审申请人彭新贵认为其系涉案土地的使用权人，并提交了商水县劳动局的用地申请、其与商水县纺织印染总厂签订的用地转让协议、缴款凭证、《商水县工业和信息化局关于收回土地使用权的申请》等作为主张依据。首先，因毛纺织厂破产后，涉案土地由人民政府无偿收回，毛纺织厂占用的土地不是破产财产，故毛纺织厂无权处分涉案土地。彭新贵亦未提供证据证实人民政府将涉案土地划拨或出让给商水县纺织印染总厂使用，故彭新贵与商水县纺织印染总厂签订的用地转让协议不足以证实其系涉案土地的使用权人。其次，国有土地使用权人取得划拨土地使用权须经市、县人民政府土地管理部门和房产管理部门批准，并向当地市、县人民政府补交土地使用权出让金。而彭新贵提供的商水县劳动局的用地申请、《商水县工业和信息化局关于收回土地使用权的申请》、缴款凭证等均无法证实其已按照法律规定完成了缴纳土地使用权出让金及审批程序。再审申请人彭新贵提交的证据不足以证实其系涉案土地的使用权人，商水县政府作出的 28 号批复未侵害彭新贵的实体权益。原审法院判决驳回彭新贵的诉讼请求并无不当。

延伸阅读

认定破产企业取得的划拨土地使用权不属于破产财产的案例：

案例：郑州市黄河农场与河南豫泰农业发展有限公司、中国长城资产管理公司郑州办事处确认合同无效纠纷二审民事判决书［河南省高级人民法院（2015）豫法民二终字第 237 号］认为，“关于虚假评估问题。虽然黄河农场认为其有土地 4500 余亩，但其提交的国有土地使用证显示的土地用途为农用地、使用权类别为划拨。依据《最高人民法院关于破产企业国有划拨土地使用权应否列入破产财产等问题的批复》第一条关于‘破产企业以划拨方式取得的国有土地使用权不属于破产财产，在企业破产时，有关政府可以予以收回，并依法处置’及第二条关于‘企业对其以划拨方式取得的国有土地使用权无处分权’之规定，评估单位未将黄河农场享有使用权的划拨土地列为其所有的财产范围进行评估是适当的。黄河农场对此的上诉理由不能成立，本院不予支持。”

034 未取得土地权属证书时签署的土地转让合同是否有效 *

——土地转让方在起诉前未取得权属证书，也未经政府同意转让的，不影响土地转让合同的效力

土地转让方未取得权属证书，也未经有批准权的政府同意转让，土地转让合同是否有效？针对该问题，目前最高法院有如下裁判观点：

（1）土地转让方在起诉前未取得权属证书，也未经有批准权的政府同意转让，法院认定土地使用权转让合同有效（主文案例）；

（2）土地转让方在起诉前未取得权属证书，也未经有批准权的政府同意转让，法院认定土地使用权转让合同无效（延伸阅读部分案例1—案例3）；

（3）土地转让方在起诉前未取得权属证书，也未经有批准权的政府同意转让，法院认定土地使用权转让合同效力待定（延伸阅读部分案例4）；

（4）土地转让方在起诉前已经取得权属证书或者经有批准权的政府同意转让，法院认定土地使用权转让合同有效（延伸阅读部分案例5、案例6）。

可见，关于土地转让方在起诉前未取得权属证书，也未经有批准权的政府同意转让的土地使用权转让合同效力的认定，最高法院的裁判观点尚不统一，有待在未来司法实践中进一步予以明确。

裁判要旨

土地转让方未取得权属证书、未经有批准权的政府同意转让或者存在未缴纳土地出让金的事实不影响土地使用权转让合同的成立和法律效力。

案情简介

一、2010年9月，豪韵公司与河南省辉县市国土资源局签订《国有建设用地使用权出让合同》，受让某建设用地使用权。豪韵公司未缴纳土地出让金，亦未办理土地登记手续。

二、2011年5月，豪韵公司股东王秀东与高鸿让、段晶炜签订《协议书》，约

---

* 案件来源：辉县市豪韵房地产开发有限公司与高鸿让、段晶炜建设用地使用权转让合同纠纷申请再审民事裁定书［最高人民法院（2013）民申字第276号］。

定王秀东将上述建设用地使用权转让给高鸿让、段晶炜。次日，豪韵公司出具《委托书》，承认并同意执行《协议书》，并出具《承诺书》，对诉争《协议书》内容进行了更加详细的约定。

三、河南高院判决认定《协议书》合法有效。

四、豪韵公司不服河南省高院判决，向最高法院申请再审。最高法院裁定驳回其再审申请。

裁判要点

首先，根据《中华人民共和国物权法》第十五条关于“当事人之间订立有关设立、变更、转让和消灭不动产物权的合同，除法律另有规定或者合同另有约定外，自合同成立时生效；未办理物权登记的，不影响合同效力”的规定，豪韵公司未缴纳土地出让金、未办理土地登记手续的事实不影响《协议书》的成立和法律效力。

其次，《最高人民法院关于审理涉及国有土地使用权合同纠纷案件适用法律问题的解释》第九条的规定，仅仅强调起诉前转让方取得土地权属证书或者经过政府批准同意转让的合同有效，并未明确没有取得土地权属证书或者没有经过政府批准的法律后果。

再次，《中华人民共和国城市房地产管理法》第三十八条、第三十九条关于转让以出让方式取得的土地使用权，应“已经支付全部土地使用权出让金，并取得土地使用权证书”的规定针对的是土地使用权进行物权变动时的条件，不影响土地转让合同的效力。

综上，最高法院认定《协议书》合法有效，不予支持豪韵公司关于“二审法院认定协议书有效，适用法律错误”的主张，豪韵公司因此败诉。

实务经验总结

前事不忘，后事之师。为避免未来发生类似败诉，提出如下建议：

一、土地转让方签订土地使用权转让合同后应按照约定履行合同，以转让方既未取得土地权属证书，也未经有批准权的政府同意转让为由，主张土地使用权转让合同不是有效合同的，法院可能不会支持。

二、鉴于目前关于转让方未取得土地权属证书，也未经有批准权的政府同意转让是否影响土地使用权转让合同效力的裁判观点不统一，为确保土地使用权转让合同有效，土地受让方应确保转让方已取得权属证书或经政府批准转让，在合同中约定转让方取得土地权属证书或经有批准权的政府同意转让后，受让方再支付土地转让价款。

相关法律规定

《最高人民法院关于审理涉及国有土地使用权合同纠纷案件适用法律问题的解释》

第九条 转让方未取得出让土地使用权证书与受让方订立合同转让土地使用权，起诉前转让方已经取得出让土地使用权证书或者有批准权的人民政府同意转让的，应当认定合同有效。

《中华人民共和国物权法》

第十五条 当事人之间订立有关设立、变更、转让和消灭不动产物权的合同，除法律另有规定或者合同另有约定外，自合同成立时生效；未办理物权登记的，不影响合同效力。

《中华人民共和国城市房地产管理法》

第三十八条 下列房地产，不得转让：

（一）以出让方式取得土地使用权的，不符合本法第三十九条规定的条件的；

（二）司法机关和行政机关依法裁定、决定查封或者以其他形式限制房地产权利的；

（三）依法收回土地使用权的；

（四）共有房地产，未经其他共有人书面同意的；

（五）权属有争议的；

（六）未依法登记领取权属证书的；

（七）法律、行政法规规定禁止转让的其他情形。

第三十九条 以出让方式取得土地使用权的，转让房地产时，应当符合下列条件：

（一）按照出让合同约定已经支付全部土地使用权出让金，并取得土地使用权证书；

（二）按照出让合同约定进行投资开发，属于房屋建设工程的，完成开发投资总额的百分之二十五以上，属于成片开发土地的，形成工业用地或者其他建设用地条件。

转让房地产时房屋已经建成的，还应当持有房屋所有权证书。

《不动产登记暂行条例》

第五条 下列不动产权利，依照本条例的规定办理登记：

……

（五）建设用地使用权；

……

第二十一条 登记事项自记载于不动产登记簿时完成登记。

不动产登记机构完成登记，应当依法向申请人核发不动产权属证书或者登记证明。

以下为该案在最高法院审理阶段，判决书中“本院认为”部分就该问题的论述：

案涉《协议书》内容表明双方欲转让土地使用权；案涉《委托书》载明，王秀东全权代表豪韵公司就该公司名下编号为2009-06宗地、总面积50556.36平方米计75.835亩土地的转让事宜与高鸿让、段晶炜协商。本院审查查明的事实表明，案涉《协议书》涉及的土地为豪韵公司通过签订合同受让的国有建设用地，《协议书》转让的标的物系国有建设用地使用权。本案中，豪韵公司并未缴纳土地出让金，亦未办理土地登记手续，未取得该地块的物权。根据《中华人民共和国物权法》第十五条“当事人之间订立有关设立、变更、转让和消灭不动产物权的合同，除法律另有规定或者合同另有约定外，自合同成立时生效；未办理物权登记的，不影响合同效力”的规定，豪韵公司未缴纳土地出让金、未办理土地登记手续的事实不影响案涉《协议书》的成立和法律效力。本案双方当事人只要严格履行约定，就能满足转让条件并转让建设用地使用权。因此，二审判决认定案涉《协议书》合法有效，适用法律并无不当。

《中华人民共和国城市房地产管理法》第三十八条、第三十九的规定针对的是土地使用权进行物权变动时的条件；《最高人民法院关于审理涉及国有土地使用权合同纠纷案件适用法律问题的解释》第九条的规定，仅仅强调起诉前转让方取得出让土地使用权证书或者经过政府批准同意转让的合同有效，并未明确没有取得或者没有经过政府批准的法律后果。

延伸阅读

一、土地转让方在起诉前未取得土地权属证书，也未经有批准权的政府同意转让，法院认定土地使用权转让合同无效的案例（案例1—案例3）

案例1：哈尔滨市南岗区王岗镇永丰村村民委员会与哈尔滨市连海房地产开发有限公司建设用地使用权纠纷申请再审民事裁定书［最高人民法院（2016）最高法民申77号］认为，“《最高人民法院关于审理涉及国有土地使用权合同纠纷案件适用法律问题的解释》第二十四条规定：‘合作开发房地产合同约定提供土地使用权的当事人不承担经营风险，只收取固定利益的，应当认定为土地使用权转让合同。’由于本案永丰村委会与连海公司签订的意向性协议和协议书约定永丰村委会将案涉28-A-01地块用于建设永丰综合楼，其中建筑面积为887.5平方米的房屋所有权归永丰村委会所有，永丰村委会不承担任何费用，由连海公司负责项目的所有建设手续审批、缴费、建筑施工、全部小区基础设施配套等费用的支出，即永丰村委会仅提供土地使用权，收取固定利益，不承担经营风险，二审判决认定其与连海公司签订的意向性协议和协议书性质为土地使用权转让合同，并无不当。《最高人民法院关于审理涉及国有土地使用权合同纠纷案件适用法律问题的解释》第九条规定：‘转让方未取得出让土地使用权证书与受让方订立合同转让土地使用权，起诉前转让方已经取得出让土地使用权证书或者有批准权的人民政府同意转让的，应当认定合同有效。’由于永丰村委会在本案起诉前并未取得案涉28-A-01地块的土地使用权证书，二审判决据此认定永丰村委会与连海公司签订的意向性协议和协议书无效，适用法律并无不当。根据原审查明的事实，永丰村委会已于2007年6月11日召开村民代表会议，就建设永丰综合楼的方案进行讨论并形成了决议，因此，永丰村委会提出的其与连海公司签订的意向性协议和协议书因未召开村民代表会议或村民会议，违反了《中华人民共和国村民委员会组织法》第二十四条第一款第三项的规定而无效，缺乏事实和法律依据，不能成立。”

案例2：泰安市商业银行股份有限公司等与泰安华盛房地产开发有限公司等拍卖合同纠纷申请再审民事裁定书［最高人民法院（2015）民申字第2949号］认为，“由于涉案土地使用权权属证书在拍卖前已被泰安市岱岳区人民政府决定撤销，泰安商业银行在委托山东金润拍卖行拍卖涉案标的前未依法取得土地使用权权属证书，在泰安华盛公司向法院起诉前，也未取得土地使用权权属证书，由此导致委托拍卖的标的存在权利瑕疵，以及泰安华盛公司竞买拍卖标的后无法办理土地使用权变更登记手续。故一、二审判决依据《城市房地产管理法》第三十八条及《最高人民法院关于审理涉及国有土地使用权合同纠纷案件适用法律问题的解释》第九条的规定，认定拍卖合同无效于法有据”

案例3：深圳土畜产茶叶进出口有限公司与广东地产公司、深圳市广地龙实业发展有限公司建设用地使用权纠纷申请再审民事裁定书［最高人民法院（2014）民申字第1106号］认为，“鉴于《关于爱联综合用地投资开发及过名的合同书》为土地转让合同，而土畜产公司与广东地产龙岗公司在签约时，广东地产龙岗公司尚未取得出让土地使用权证书，起诉前也没有经有批准权的人民政府同意转让涉案土地，根据本院《关于审理涉及国有土地使用权合同纠纷案件适用法律问题的解释》第九条的规定，该合同无效，故土畜产公司要求继续履行该合同于法无据，一、二审判决结果正确。”

二、土地转让方在起诉前未取得土地权属证书，也未经有批准权的政府同意转让，法院认定土地使用权转让合同效力待定的案例（案例4）

案例4：山东三联集团有限责任公司潍坊分公司与潍坊华通房地产开发有限公司一般买卖合同纠纷申请再审民事裁定书［最高人民法院（2014）民申字第182号］认为，“关于三联集团潍坊分公司与华通公司于1995年4月22日签订的《地下停车场销售合同》的效力问题。双方签订的《地下停车场销售合同》虽系双方当事人的真实意思表示，但因华通公司在起诉前未取得涉案国有土地使用权证书，亦未提供证据证实有批准权的人民政府同意转让涉案国有土地使用权，华通公司与三联集团潍坊分公司之间的转让行为违反了法律的强制性规定。并且根据《中华人民共和国物权法》第一百三十六条的规定，建设用地使用权可以在土地的地表、地上或者地下分别设立。最高人民法院《关于审理涉及国有土地使用权合同纠纷案件适用法律问题的解释》第九条规定，转让方未取得出让土地使用权证书与受让方订立合同转让土地使用权，起诉前转让方已经取得出让土地使用权证书或者有批准权的人民政府同意转让的，应当认定合同有效。本案中，双方当事人签订的《地下停车场销售合同》，名为地下停车场销售合同，实为地下建设用地使用权转让合同。签订合同时，华通公司没有取得土地使用权证书，该合同属于效力待定的合同，因起诉前华通公司仍未取得该建设用地使用权证书或者经有批准权的人民政府同意转让，故该合同不能认定为有效。三联集团潍坊分公司依据该合同要求华通公司为其办理产权证书并赔偿损失，没有事实依据和法律依据。”

三、土地转让方在起诉前已经取得土地权属证书或者经有批准权的政府同意转让，法院认定土地使用权转让合同有效的案例（案例5、案例6）

案例5：长沙金霞开发建设有限公司与长沙市交通运输局建设用地使用权纠纷二审民事判决书［最高人民法院（2015）民一终字第163号］认为，“1996年12月31日、1999年12月23日，金霞公司与长沙市交通局分别签订的上述三份协议是当事人真实意思表示，其内容不违反法律禁止性规定。签订协议时金霞公司虽未取得涉案土地使用权证，但在2011年7月11日金霞公司提起本案诉讼之前，该公司已于2003年4月20日取得涉案土地使用权证。根据《最高人民法院关于审理涉及国有土地使用权合同纠纷案件适用法律问题的解释》第九条规定：‘转让方未取得出让土地使用权证书与受让方订立合同转让土地使用权，起诉前转让方已经取得出让土地使用权证书或者有批准权的人民政府同意转让的，应当认定合同有效’。

据此，涉案三份协议均为有效协议，双方亦按合同约定履行了义务。”

案例 6：广西长达投资有限公司、广西幼儿师范高等专科学校等建设用地使用权转让合同纠纷申请再审民事裁定书［最高人民法院（2014）民申字第 1247 号］认为，“经查，长达公司与广西幼师签订《共同合作开发项目合同》及《共同合作开发项目补充合同》，均得到了广西壮族自治区平果县人民政府同意，故二审判决根据《最高人民法院关于审理涉及国有土地使用权合同纠纷案件适用法律问题的解释》第九条关于‘转让方未取得出让土地使用权证书与受让方订立合同转让土地使用权，起诉前转让方已经取得出让土地使用权证书或者有批准权的人民政府同意转让的，应当认定合同有效’的规定，认定上述合同合法有效，并无不当，本院予以确认。”

035 土地转让签订阴阳合同，转让价款以哪份合同为准*

——土地转让登记备案合同与实际履行合同价款约定不一致的，转让价款应以实际履行合同为准

本案例载于《最高人民法院公报》2008 年第 3 期（总第 137 期），双方当事人在土地转让交易中签订了一份“阴合同”（高价合同），一份“阳合同”（低价合同），其中“阳合同”用于向土地管理部门登记备案。此后在合同履行过程中发生了戏剧性的一幕：土地转让方主张阴阳合同相互独立存在，应分别支付价款；土地受让方主张应按“阳合同”履行。最终最高法院审理认为，双方签订的“阳合同”仅是双方办理登记备案之用，别无他用，应按“阴合同”履行合同义务。

裁判要旨

土地转让双方签订两份土地转让合同，一份用于向土地管理部门登记备案，一份用于实际履行的，用于登记备案的土地转让合同仅是双方办理登记备案之用，其效力仅及于登记备案，土地转让价款应以实际履行的合同为准。

---

* 案件来源：山西嘉和泰房地产开发有限公司与太原重型机械（集团）有限公司土地使用权转让合同纠纷二审民事判决书［最高人民法院（2007）民一终字第 62 号］，载于《最高人民法院公报》2008 年第 3 期（总第 137 期）。

案情简介

一、2002年3月，太重公司与嘉和泰公司签订《协议书》，约定太重公司将某划拨土地使用权办理出让手续后转让给嘉和泰公司；土地出让金及相关费用由嘉和泰公司支付给太重公司，再由太重公司向相关部门缴纳；嘉和泰公司另向太重公司支付土地补偿金每亩94万元。

二、2002年9月，太重公司与国土局签订土地使用权出让合同，取得了该宗土地使用权，确认土地面积为64.45亩。

三、2002年12月，太重公司与嘉和泰公司另签订《转让合同》，用于向土地管理部门办理登记备案手续，合同约定土地使用权转让价格为每平方米1223元，总额为5255.08万元。2003年1月，双方办理完成权属变更登记手续。

四、太重公司向山西高院提起诉讼，请求嘉和泰公司根据《协议书》约定支付剩余土地补偿金，并根据《转让合同》约定支付转让价款5255.08万元。山西高院认为，《转让合同》是为了少报纳税金额而签订，会使国家税款减少，应认定无效。故判决：嘉和泰公司向太重公司支付剩余土地补偿金。

五、嘉和泰公司、太重公司不服山西高院判决，上诉至最高法院，嘉和泰公司主张土地价格应以《转让合同》的约定为准；太重公司主张《协议书》与《转让合同》的内容相互独立，嘉和泰公司应当分别履行相应的合同付款义务。最高法院认为，本案《转让合同》仅是双方办理登记备案之用，别无他用，其效力仅及于登记备案，《协议书》才是双方实际履行的合同，故嘉和泰公司应按《协议书》的约定向太重公司支付剩余土地补偿金。

裁判要点

首先，嘉和泰公司、太重公司签订的《转让合同》仅是向土地管理部门办理登记备案使用，其效力仅及于登记备案；其次，《转让合同》没有约定变更或取代《协议书》的条款，并未在双方当事人之间成立新的权利义务关系，《协议书》才是双方实际履行的合同。因此，《协议书》是确定双方当事人权利义务及违约责任的合同依据。嘉和泰公司关于应以《转让合同》中的价格作为本案土地使用权转让价格，以及太重公司关于以《转让合同》请求另外支付土地转让金的主张，最高法院均不予支持。

实务经验总结

前事不忘，后事之师。为避免未来发生类似败诉，提出如下建议：

一、土地转让交易中签订阴阳合同的做法不可取，交易双方极易发生争议。正如本案双方当事人之间发生的戏剧性的一幕：转让方太重公司主张阴阳合同均独立存在，应分别支付价款；受让方嘉和泰公司主张应按“阳合同”履行价款支付义务。

二、根据税收征收管理相关规定，以另签订低价合同的方式向有关部门备案，试图少缴纳相关交易税金，可能面临行政处罚甚至刑事处罚。

三、当事人拟签订土地转让合同受让划拨土地使用权，应将转让价款支付和相关政府审批手续挂钩，以督促转让人及时办理相关审批手续，确保转让合同有效。

相关法律规定

《中华人民共和国城市房地产管理法》

第三十五条 国家实行房地产成交价格申报制度。

房地产权利人转让房地产，应当向县级以上地方人民政府规定的部门如实申报成交价，不得瞒报或者作不实的申报。

《中华人民共和国土地增值税暂行条例》

第十一条 土地增值税由税务机关征收。土地管理部门、房产管理部门应当向税务机关提供有关资料，并协助税务机关依法征收土地增值税。

第十二条 纳税人未按照本条例缴纳土地增值税的，土地管理部门、房产管理部门不得办理有关的权属变更手续。

《中华人民共和国土地增值税暂行条例实施细则》

第十八条 条例第十一条所称的土地管理部门、房产管理部门应当向税务机关提供有关资料，是指向房地产所在地主管税务机关提供有关房屋及建筑物产权、土地使用权、土地出让金数额、土地基准地价、房地产市场交易价格及权属变更等方面的资料。

第十九条 纳税人未按规定提供房屋及建筑物产权、土地使用权证书，土地转让、房产买卖合同，房地产评估报告及其他与转让房地产有关资料的，按照《中华人民共和国税收征收管理法》（以下简称《征管法》）第三十九条的规定进行处理。

纳税人不如实申报房地产交易额及规定扣除项目金额造成少缴或未缴税款的，按照《征管法》第四十条的规定进行处理。

《中华人民共和国税收征收管理法》

第六十四条 纳税人、扣缴义务人编造虚假计税依据的，由税务机关责令限期改正，并处五万元以下的罚款。

纳税人不进行纳税申报，不缴或者少缴应纳税款的，由税务机关追缴其不缴或者少缴的税款、滞纳金，并处不缴或者少缴的税款百分之五十以上五倍以下的罚款。

《中华人民共和国刑法》

第二百零一条　纳税人采取欺骗、隐瞒手段进行虚假纳税申报或者不申报，逃避缴纳税款数额较大并且占应纳税额百分之十以上的，处三年以下有期徒刑或者拘役，并处罚金；数额巨大并且占应纳税额百分之三十以上的，处三年以上七年以下有期徒刑，并处罚金。

扣缴义务人采取前款所列手段，不缴或者少缴已扣、已收税款，数额较大的，依照前款的规定处罚。

对多次实施前两款行为，未经处理的，按照累计数额计算。

有第一款行为，经税务机关依法下达追缴通知后，补缴应纳税款，缴纳滞纳金，已受行政处罚的，不予追究刑事责任；但是，五年内因逃避缴纳税款受过刑事处罚或者被税务机关给予二次以上行政处罚的除外。

《中华人民共和国民法总则》

第一百四十六条　行为人与相对人以虚假的意思表示实施的民事法律行为无效。

以虚假的意思表示隐藏的民事法律行为的效力，依照有关法律规定处理。

以下为该案在最高法院审理阶段，判决书中“本院认为”部分就该问题的论述：

关于《转让合同》的效力问题，嘉和泰公司认为，《转让合同》是双方当事人真实意思表示，符合法律规定，并经政府批准，是最终确定双方土地使用权转让关系的合法文件，土地使用权转让价格应以《转让合同》约定为准。太重公司认为，《转让合同》有效，嘉和泰公司应承担《转让合同》约定的支付土地转让金义务。本院认为，太重公司与嘉和泰公司之所以在《协议书》之外又签订《转让合同》，是因为签订《协议书》时，双方当事人均知道所转让的土地属划拨用地，不能直接转让。只有在太重公司办完土地出让手续，取得国有出让土地使用权后，再与嘉和泰公司签订国有出让土地使用权转让合同，并由双方共同到土地管理部门办理登记备案，才能完成该土地使用权转让。因此，《转让合同》对于太重公司及嘉和泰公司来讲就是用于到土地管理部门办理登记备案手续，以完成《协议书》约定的转让土地使用权行为，而并非为了变更《协议书》的约定条款或者构成双方新的权利义务关系；对于土地管理部门来讲，以《转让合同》登记备案，则表明土地管理部门认可《转让合同》中的价格并据此征收转让税费，办理相关手续。虽然《转让合同》中的价格比双方当事人实际约定的价格低，但土地管理部门给予登记备案的事实表明，土地管理部门认可双方当事人可以此最低价格办理土地使用权转让手续，也表明双方当事人这一做法并不违反土地管理部门的相关规定。事实上，土地管理部门也正是依据该《转让合同》办理了土地权属变更手续。由此可以认定，在本案中《转让合同》仅是双方办理登记备案之用，别无他用，其效力仅及于登记备案。

《转让合同》对于合同双方既没有变更《协议书》约定条款，也不构成新的权利义务关系。从嘉和泰公司支付土地补偿金的过程和数额看，也可证明嘉和泰公司在签订《转让合同》后，仍是按《协议书》约定的土地补偿金数额支付的。故嘉和泰公司关于应以《转让合同》中的价格作为本案土地使用权转让价格及太重公司关于以《转让合同》请求另外支付土地转让金的主张，均不符合本案实际情况，没有事实依据，不能成立。

036 国有资产转让未经批准、未经评估、未进场交易是否影响合同效力*

——国有企业转让土地使用权未经批准、未经评估、未在规定场所交易不会导致转让合同无效

国有资产转让未经批准、未经评估或者未在规定场所交易是否会导致转让合同无效？本书作者检索了19个案例，目前法院对该问题的认定存在不同的观点：（1）国有资产转让未经批准，有的法院认定合同未生效，有的认定有效，有的认定无效；（2）国有资产转让未经评估，有的法院认定合同有效，有的认定无效；（3）国有资产转让未在规定场所交易，有的法院认定合同未生效，有的认定有效，有的认定无效。

可见该问题的裁判规则有待未来司法实践予以明确。主案例中案涉国有资产的转让既未经批准、未经评估，也未在规定场所交易，但是最高法院认为即使是在该情形下也不会导致国有资产转让合同无效，具有一定的参考价值。

裁判要旨

《企业国有资产监督管理暂行条例》、《国有资产评估管理办法》中关于国有资产转让需经批准、评估并在规定场所交易的规定属于管理性强制性规定，国有企业转让土地使用权违反上述规定不会导致转让合同无效。

---

* 案件来源：武汉银城实业发展总公司、中国农业银行股份有限公司湖北省分行营业部与湖北信联实业发展有限公司国有土地使用权转让合同纠纷申请再审民事裁定书［最高人民法院（2016）最高法民申876号］。

案情简介

一、2006 年 3 月，信联公司与银城公司签订《协议书》，约定信联公司受让银城公司某土地，信联公司代银城公司向第三人偿还债务。后信联公司向法院提起诉讼，请求银城公司将案涉土地使用权过户至信联公司名下。

二、本案争议焦点之一是《协议书》是否有效，一审、二审判决均认定《协议书》有效，判令银城公司向信联公司按照合同约定履行土地过户义务。

三、银城公司向最高法院申请再审称：原判决认定银城公司与信联公司签订的《协议书》有效，适用法律错误。银城公司作为国有企业，在与信联公司签订《协议书》转让土地使用权过程中，未经评估，未得到其开办单位审查批准，也未在湖北省政府指定的交易机构进行交易，损害了国家利益，《协议书》依法应当认定为无效。

四、最高法院裁定驳回银城公司的再审申请。

裁判要点

首先，银城公司主张《协议书》无效，理由是转让作为国有资产的土地使用权时没有报上级主管部门批准，没有进行评估，也没有在规定场所交易，违反了《企业国有资产监督管理暂行条例》、《国有资产评估管理办法》、《企业国有产权转让管理暂行办法》[①] 和《湖北省企业国有产权交易操作规则》的相关规定，应当适用《中华人民共和国合同法》第五十二条第五项的规定认定《协议书》无效。对此最高法院认为，根据《最高人民法院关于适用〈中华人民共和国合同法〉若干问题的解释（二）》第十四条的规定，“合同法第五十二条第（五）项规定的‘强制性规定’是指效力性强制性规定”，而上述行政法规和地方法规均属管理性规定，故原判决没有认定《协议书》无效，不存在适用法律错误的问题。

其次，根据《中华人民共和国企业国有资产法》及《中华人民共和国合同法》相关规定，国有资产转让过程中，当事人恶意串通，损害国家利益的，该交易行为无效。但本案《协议书》签订于 2006 年，银城公司以协议签订十年后的市场价值作为标准，主张双方当事人在签订协议时恶意串通损害国家利益，证据不足，故最高法院对其主张不予支持。

---

① 已失效。

实务经验总结

前事不忘，后事之师。为避免未来发生类似败诉，提出如下建议：

一、国有企业转让国有资产后，再以未经批准、未经评估或者未在规定场所交易为由主张合同无效，不履行合同义务的，法院可能不会支持。

二、若出现当事人恶意串通，低价转让国有资产的情形，根据《中华人民共和国合同法》关于合同无效的规定，法院将判定转让合同无效。

三、鉴于目前法院对国有资产占有单位转让国有资产未经批准、未经评估或者未在规定场所交易是否会导致合同无效的裁判规则并不统一，且部分地方存在细化的地方性法规，本书作者建议：拟受让国有资产的民事主体应“按照规则办”，在洽商阶段就要求转让方与当地国有资产管理部门、上级主管部门沟通，确认转让的具体程序，并且按照规定的程序完成国有资产转让的审批、评估、进场交易程序，以确保能顺利受让国有资产，避免最终被认定合同无效，或者最终虽然没有被认定合同无效，但是交易却被提起无效之诉，经历冗长诉讼的一波三折。

相关法律规定

《中华人民共和国企业国有资产法》

第二条 本法所称企业国有资产（以下称国有资产），是指国家对企业各种形式的出资所形成的权益。

第三十条 国家出资企业合并、分立、改制、上市，增加或者减少注册资本，发行债券，进行重大投资，为他人提供大额担保，转让重大财产，进行大额捐赠，分配利润，以及解散、申请破产等重大事项，应当遵守法律、行政法规以及企业章程的规定，不得损害出资人和债权人的权益。

第四十七条 国有独资企业、国有独资公司和国有资本控股公司合并、分立、改制，转让重大财产，以非货币财产对外投资，清算或者有法律、行政法规以及企业章程规定应当进行资产评估的其他情形的，应当按照规定对有关资产进行评估。

第五十四条 国有资产转让应当遵循等价有偿和公开、公平、公正的原则。

除按照国家规定可以直接协议转让的以外，国有资产转让应当在依法设立的产权交易场所公开进行。转让方应当如实披露有关信息，征集受让方；征集产生的受让方为两个以上的，转让应当采用公开竞价的交易方式。

转让上市交易的股份依照《中华人民共和国证券法》的规定进行。

第七十二条　在涉及关联方交易、国有资产转让等交易活动中，当事人恶意串通，损害国有资产权益的，该交易行为无效。

《企业国有资产监督管理暂行条例》

第三条　本条例所称企业国有资产，是指国家对企业各种形式的投资和投资所形成的权益，以及依法认定为国家所有的其他权益。

第六条　国务院，省、自治区、直辖市人民政府，设区的市、自治州级人民政府，分别设立国有资产监督管理机构。国有资产监督管理机构根据授权，依法履行出资人职责，依法对企业国有资产进行监督管理。

企业国有资产较少的设区的市、自治州，经省、自治区、直辖市人民政府批准，可以不单独设立国有资产监督管理机构。

第三十二条　所出资企业中的国有独资企业、国有独资公司的重大资产处置，需由国有资产监督管理机构批准的，依照有关规定执行。

《国有资产评估管理办法》

第三条　国有资产占有单位（以下简称占有单位）有下列情形之一的，应当进行资产评估：

（一）资产拍卖、转让；

（二）企业兼并、出售、联营、股份经营；

（三）与外国公司、企业和其他经济组织或者个人开办中外合资经营企业或者中外合作经营企业；

（四）企业清算；

（五）依照国家有关规定需要进行资产评估的其他情形。

第六条　国有资产评估范围包括：固定资产、流动资产、无形资产和其他资产。

《中华人民共和国合同法》

第五十二条　有下列情形之一的，合同无效：

（一）一方以欺诈、胁迫的手段订立合同，损害国家利益；

（二）恶意串通，损害国家、集体或者第三人利益；

（三）以合法形式掩盖非法目的；

（四）损害社会公共利益；

（五）违反法律、行政法规的强制性规定。

《最高人民法院关于适〈用中华人民共和国合同法〉若干问题的解释（二）》

第十四条　合同法第五十二条第（五）项规定的“强制性规定”，是指效力性强制性规定。

以下为该案在法院审理阶段，裁判文书中“本院认为”部分就该问题的论述：

银城公司在原审中即主张其与信联公司2006年3月17日签订的《协议书》无效，理由是该《协议书》违反了国务院《企业国有资产监督管理暂行条例》第三条、国务院《国有资产评估管理办法》第三条、财政部《企业国有产权转让管理暂行办法》和《湖北省企业国有产权交易操作规则》的相关规定，转让作为国有资产的土地使用权时没有报上级主管部门批准，没有进行评估，也没有在规定场所交易，所以应当适用《中华人民共和国合同法》第五十二条第五项的规定认定《协议书》无效。但按照《最高人民法院关于适用〈中华人民共和国合同法〉若干问题的解释（二）》第十四条规定：“合同法第五十二条第（五）项规定的‘强制性规定’是指效力性强制性规定”，而上述行政和地方法规，均属管理性规定。原判决据此没有认定《协议书》无效，不存在适用法律错误的问题。《中华人民共和国企业国有资产法》第七十二条规定：“在涉及关联方交易、国有资产转让等交易活动中，当事人恶意串通，损害国有资产权益的，该交易行为无效”。《中华人民共和国合同法》第五十二条也规定，恶意串通，损害国家、集体或第三人利益的合同应当认定无效。但在本案中，《协议书》系于2006年签订，约定涉案土地交易价格为2950万元代表了双方当事人的真实意思，银城公司和农行营业部以其在该协议签订之后十年估算的现在市场价值逾两亿作为标准，判断双方当事人在当时恶意串通损害国家利益，要求认定《协议书》无效的证据不足，本院不予支持。

延伸阅读

一、国有资产转让未经批准的相关案例

（一）认定转让合同未生效的案例

案例1：海南明晓旅业有限公司与琼山六合农产品批发市场清算组、海南农业控股集团有限公司等建设用地使用权转让合同纠纷申请再审民事裁定书［最高人民法院（2015）民申字第1466号］认为，“本案是否存在原判决适用法律确有错误的情形，是否符合《中华人民共和国民事诉讼法》第二百条第六项规定的再审事由。《中华人民共和国合同法》第四十四条规定，‘依法成立的合同，自成立时生效。法律、行政法规规定应当办理批准、登记等手续生效的，依照其规定’。《最高人民法院关于适用〈中华人民共和国合同法〉若干问题的解释（一）》第九条规定，‘依照合同法第四十四条第二款的规定，法律、行政法规规定合同应当办理批准手续，或者办理批准、登记手续才生效，在一审法庭辩论终结前当事人仍未办理批准手续的，或者仍未办理批准、登记等手续的，人民法院应当认定该合同未生效……’。据此，原判决根据《企业国有资产监督管理暂行条例》第六条关于‘国务院，省、自治区、直辖市人民政府，设区的市、自治州级人民政府，分别设立国有资产监督管理机构。国有资产监督管理机构根据授权，依法履行出资人职责，依法对企业国有资产进行监督管理’，以及第三十三条关于‘所出资企业中的国有独资企业、国有独资公司的重大资产处置，需由国有资产监督管理机构批准的，依照有关规定执行’等规定，认定《7·26合同》应当报送而未报送海南省国资委审批，依法尚未生效，并无不当。明晓公司提出《7·26合同》签订时间、约定内容显示明晓公司与农控公司、六合市场清算组实际履行《7·26合同》的主张，无论该主张是否成立，均不能作为《7·26合同》已办理批准手续的佐证。故明晓公司以原判决适用法律确有错误为由申请再审，无事实与法律依据，本院不予支持。”

（二）认定转让合同有效的案例

案例2：上诉人四川（中日）出租汽车有限公司与被上诉人重庆市南岸江南汽车运输有限公司买卖合同纠纷二审民事判决书［重庆市高级人民法院（2010）渝高法民终字第96号］认为，“关于中日公司提出的，适用国务院《国有资产评估管理办法》、《企业国有资产监督管理暂行条例》，国务院国有资产管理委员会《企业国有资产评估管理暂行办法》，国务院国资委、财政部《企业国有产权转让管理暂行办法》的相关规定，未经国资监管部门批准的国有资产转让行为无效的抗辩，亦不能成立。理由如下；首先，2003年2月18日《协议书》第三条收益归属条款是四川省国资委认可的调解书内容的解释，无需另外审批。其次，即使不认为收益归属条款是调解书内容的解释，亦不因为未经国资委批准而当然无效。适用本案确定合同效力的法律条款应当是《合同法》第五十二条第一款第五项：违反法律、行政法规的强制性规定无效。中日公司所引用的相关办法、条例，仅国务院颁布的属行政法规，其余属规章，不能作为评价合同效力的依据。国务院《国有资产评估管理办法》第三条规定‘国有资产占有单位（以下简称占有单位）有下列情形之一的，应当进行资产评估：（一）资产拍卖、转让；……’第十八条、第十九条规定：‘受占有单位委托的资产评估机构应当根据本办法的规定，对委托单位被评估资产的价值进行评定和估算，并向委托单位提出资产评估结果报告书。委托单位收到资产评估机构的资产评估结果报告书后，应当报其主管部门审查；主管部门审查同意后，报同级国有资产管理行政主管部门确认资产评估结果。经国有资产管理行政主管部门授权或者委托，占有单位的主管部门可以确认资产评估结果。国有资产管理行政主管部门应当自收到占有单位报送的资产评估结果报告书之日起四十五日内组织审核、验证、协商，确认资产评估结果，并下达确认通知书。’2003 年 5 月 27 日颁布的《企业国有资产监督管理暂行条例》第三十三条规定：‘所出资企业中的国有独资企业、国有独资公司的重大资产处置，需由国有资产监督管理机构批准的，依照有关规定执行。’可以看出，为加强对国有资产的监管，防止国有资产的不当流失，国务院相关行政法规规定了国有资产转让前的评估程序、国有资产主管部门的审核程序，但相关程序为管理性规定，并非效力性规定，即使是国有独资企业、国有独资公司的重大资产处置，也并非不批准则无效，而是‘需由国有资产监督管理机构批准的，依照有关规定执行。’国有控股企业的资产转让，经过评估后以评估价转让，未经国资部门批准，并非当然无效。”

（三）认定转让合同无效的案例

案例 3：张爱茹与银川市自来水总公司房屋买卖合同纠纷二审民事判决书［宁夏回族自治区高级人民法院（2009）宁民终字第 128 号］认为，“银川市自来水总公司系国有独资公司。该公司与张爱茹签订的《房屋买卖合同》所涉及的房屋系国有财产，根据《中华人民共和国物权法》第五十五条、中华人民共和国国务院令第 378 号《企业国有资产监督管理暂行条例》第三十三条和《银川市国资委监管企业重大事项报告制度暂行规定》（银国资发［2005］99 号）的规定，银川市自来水总公司在处置该房屋时，应先向银川市人民政府国有资产监督管理委员会报告，经银川市人民政府国有资产监督管理委员会核准后方可进行处置。银川市人民政府国有资产监督管理委员会依据授权，依法履行出资人职责，对企业国有资产进行监督管理。银川市自来水总公司在未经银川市国有资产监督管理委员会批准的情况下，即与张爱茹签订了《房屋买卖合同》，之后向银川市人民政府国有资产监督管理委员会报告又未获批准，因此该《房屋买卖合同》应属无效合同。”

二、国有资产转让未经评估的相关案例

（一）认定转让合同有效的案例

案例 4：四川省聚丰房地产开发有限责任公司与达州广播电视大学合资、合作开发房地产合同纠纷二审民事判决书［最高人民法院（2013）民一终字第 18 号，《最高人民法院公报》2014 年第 10 期（总第 216 期）］认为，“本案中，电大财校主张合同无效的理由是《合作开发协议书》违反了《国有资产评估管理办法》第三条第（一）项、《招标拍卖挂牌出让国有建设用地使用权规定》、《事业单位国有资产管理暂行办法》第二十八条，以及《城镇国有土地使用权出让和转让暂行条例》第十九条、《城市房地产管理法》第三十九条第二项的规定，但《国有资产评估管理办法》、《招标拍卖挂牌出让国有建设用地使用权规定》和《事业单位国有资产管理暂行办法》系行政规章，而《城市房地产管理法》第三十九条第二项、《城镇国有土地使用权出让和转让暂行条例》第十九条为法律、行政法规中的管理性强制性规定，均不能作为认定合同无效的依据。”

案例5：深圳土畜产茶叶进出口有限公司与广东地产公司、深圳长江兴业发展有限公司建设用地使用权转让合同纠纷申请再审民事裁定书［最高人民法院（2014）民申字第304号］认为，“土畜产公司主张《合作成立项目公司协议书》违反《国有资产评估管理办法》的强制性规定，应当无效。关于强制性规定问题，本院《关于适用〈中华人民共和国合同法〉若干问题的解释（二）》第十四条规定，《中华人民共和国合同法》第五十二条第（五）项规定的‘强制性规定’，是指效力性强制性规定。而《国有资产评估管理办法》第三条规范的是国有资产占有单位处置国有资产的行为，属于管理性强制性规定，不能据此确认合同的效力。鉴此，土畜产公司主张《合作成立项目公司协议书》无效于法无据，一、二审判决认定事实清楚，适用法律正确，判决结果并无不当。”

案例6：山西能源产业集团煤炭有限公司与山西嘉鑫煤化工科技有限公司项目转让合同纠纷申请再审民事裁定书［最高人民法院（2013）民申字第2036号］认为，“《国有资产评估管理办法》第三条关于国有资产在转让前应当进行评估的规定属于管理性强制性规定而非效力性强制性规定。违反上述规定并不必然导致合同无效。况且，对拟转让的国有资产进行评估应当是出让人煤炭公司的法定义务。现煤炭公司以自己没有履行法定义务为由主张合同无效，意图独占土地升值的利益，有违诚实信用原则，本院不予支持。再次，《国有资产评估管理办法》第三条的立法目的是为了保护国有资产，避免国有资产因低价转让而流失。但这并不等于在流通领域特别是市场主体间就财产流转发生争议时，要对占有、使用、经营国有资产的民事主体给予特殊保护。因为，平等保护所有民事主体的合法权益，是我国一切民事法律共同确认的基本原则。如果在民事司法中支持转让国有资产的民事主体事后以财产未经评估，可能造成国有资产流失为由请求认定合同无效的主张，则不仅会影响正常的市场流转秩序，也不利于国有企业以平等的市场主体身份参与市场竞争。综合上述分析，煤炭公司以本案国有资产未经评估，违反了法律和行政法规强制性规定为由申请再审不能成立。”

案例7：罗玉香与日本株式会社辽宁实业公司、辽宁海普拉管业有限公司、辽宁工程机械（集团）有限公司案外人执行异议纠纷申请再审民事裁定书［最高人民法院（2013）民申字第2119号］认为，“有关国有资产评估的强制性规定是效力性的还是管理性的，需要通过综合分析来确定。首先，有关强制性规定约束的应当是国有资产占有单位。《国有资产评估管理办法》第三条规定：国有资产占有单位转让资产的，应当进行资产评估。可见，进行资产评估是国有资产占有单位的义务，而不是受让人的义务。违反国有资产评估规定的责任应当由国有资产占有单位及其责任人员承担。如果认定合同无效，则受让人在无义务的情况下也承担了法律后果。其次，有关强制性规定没有对合同行为本身进行规制，没有规定当事人不得就未经评估的国有资产订立转让合同，更没有规定未经评估转让合同无效。再次，未经评估而转让国有资产不必然导致国家利益或者社会公共利益受损害。规定国有资产转让须经评估，目的是防止恶意低价转让国有资产，以保护国有资产。但是，未经评估，不一定就贱卖，也可能实际转让价格高于实际价值。资产未经评估转让的，国有资产管理机构有权责令国有资产占有单位改正，依法追认转让行为。由于无效的合同自始没有法律效力，无法追认，在某些情形下，反倒对国有资产保护不利。如果认定有关规定是效力性的，进而一概认定转让合同无效，当事人（包括受让人在资产贬值后）就可能据此恶意抗辩，违背诚实信用原则，就会危及交易安全和交易秩序。因此，从法律条文的文义和立法宗旨来看，都应认定关于国有资产转让须经评估的强制性规定是管理性的，而非效力性的。如果出现国有资产占有单位与他人恶意串通，故意压低资产转让价格的情形，则可按照合同法第五十二条的规定，以恶意串通，损害国家利益为由认定合同无效，这同样能达到保护国有资产的目的。本案中，辽工集团将涉案房地产转让给辽实公司，实际上是用来抵偿债务，目的是履行生效判决。转让资产虽未经评估，违反了行政法规的管理性强制性规定，但无证据证明辽工集团和辽实公司恶意串通，低价转让国有资产，损害国家利益。因此，二审判决认定转让合同有效是正确的。罗玉香主张转让无效的理由不成立。”

案例8：中国华电集团财务有限公司与天津国恒铁路控股股份有限公司股权转让纠纷申请再审民事裁定书［最高人民法院（2015）民申字第715号］认为，“关于二审判决适用法律是否错误问题，华电财务公司主张2006年10月8日，华电财务公司向国恒公司转让股权时，其股东包括中国华电集团公司等11家公司。根据出资来源，华电财务公司属二级国有控股企业。本院认为，首先，案涉《股权转让及保证协议》第四条声明与保证4.1（2）载明，甲方（华电财务公司）已经获得签署本协议以及履行本协议项下责任所必需的授权和批准；其次，华电财务公司即使作为国有控股企业，向华商基金公司投资3400万元，取得华商基金公司34%的股权涉及国有资产，但《企业国有产权转让管理暂行办法》、《国有资产评估管理办法》等法律、法规并未作出企业国有资产转让未经评估则行为无效的强制性规定。《国有资产评估管理办法实施细则》第十条规定：‘对于应当进行资产评估的情形没有进行评估，或者没有按照《办法》及本细则的规定立项、确认，该经济行为无效。'但该细则系部门规章。依照《中华人民共和国合同法》第五十二条第（五）项之规定，违反法律、行政法规的强制性规定的合同无效，案涉股权转让未经评估并未违反法律、行政法规的强制性规定。华电财务公司主张其向国恒公司转让华商基金公司34%股权的行为违反行政法规及部门规章，双方签订的《股权转让与保证协议》无效的再审申请理由不能成立。"

案例9：湖南中安资源开发总公司、湖南怀化农林中草药科技产品交易中心与姚力菲土地使用权转让合同纠纷再审民事判决书［湖南省高级人民法院（2010）湘高法民再终字第58号］认为，"涉案土地尽管是经协总公司的重大资产，依照《国有资产评估管理办法》第三条（一）项的规定，转让时应该进行资产评估，由于其未经评估便径直转让，程序上的确存在一定的瑕疵，但《国有资产评估管理办法》系管理性而并非效力性法规，且涉案土地的转让价格明显高于相邻地段其他土地的转让价格，没有造成国有资产的流失。因此，经协总公司和姚力菲签订的《土地转让协议书》应确认合法有效。"

（二）认定转让合同无效的案例

案例10：东风汽车贸易公司、内蒙古汽车修造厂与内蒙古环成汽车技术有限公司、内蒙古物资集团有限责任公司、赫连佳新、梁秋玲及第三人内蒙古东风汽车销售技术服务联合公司侵权纠纷再审民事裁定书［最高人民法院（2008）民申字第461号，《最高人民法院公报》2009年第2期（总第148期）］认为，"《国有资产评估管理办法》第三条规定，国有资产占有单位进行资产转让的，应当进行资产评估。该规定属于强行性规定，而非任意性规定。原判决根据该规定认定本案所涉房地产转让合同无效正确，不违反合同法第五十二条的规定。担保法没有对企业处置国有资产需经的程序作出规定，原判决依据《国有资产评估管理办法》的有关规定认定本案所涉房地产转让合同无效，不违反担保法。申请再审人受让本案所涉房地产违反《国有资产评估管理办法》的强制性规定，亦不能受到物权法的保护。"

案例11：上海浦润装潢有限公司与上海市纺织原料公司、上海纺织控股（集团）公司、利格有限公司承租人优先购买权纠纷再审民事裁定书［最高人民法院（2013）民申字第1301号］认为，"本案系争房屋系国有资产，依据国务院1991年颁布的《国有资产评估管理办法》第三条、第九条、第十二条以及国务院国有资产监督管理委员会、财政部于2003年联合颁布的《企业国有产权转让管理暂行办法》的相关规定，签订转让国有资产合同应履行必备的法定前置程序。原审判决据此认定《协议书》无效并无不当。"

三、国有企业转让资产未在规定场所交易的相关案例

（一）认定转让合同未生效的案例

案例 12：符志强与海南省海洋渔业总公司、海南省南海现代渔业集团有限公司第三人撤销之诉二审民事判决书［最高人民法院（2015）民一终字第 326 号］认为，“《房产转让合同》是在主辅分离国企改制特殊历史背景下签订的。为建立适应社会主义市场经济需要的国有资产监督管理体制，规范国有企业产权转让行为，加强对国有产权交易的监督管理，防止国有资产流失，国务院及国务院国资委、财政部分别发布实施了《企业国有资产监督管理暂行条例》（国务院 378 号令）、《企业国有产权转让管理暂行办法》（国务院国资委、财政部 3 号令）等行政法规和部门规章，明确要求改制企业国有产权转让应当在依法设立的产权交易机构中公开进行，国有资产监督管理机构负责企业国有产权转让的监督管理工作，决定或者批准所出资企业国有产权转让事项，研究、审议重大产权转让事项并报本级人民政府批准。虽然本案《房产转让合同》所涉资产谈不上是重大资产，不属于法律、行政法规规定必须由行政管理部门审批才能转让的情形，但将国有资产分割并协议转让，显然与上述行政法规、规章关于国有资产转让应当在依法设立的产权交易机构中公开进行的明确规定相违背。正因为如此，海南省国资委几次批复中，均明确要求以公开挂牌方式转让相关资产。在有关行政法规、规章有明确规定的情况下，海南省国资委亦不应当批准以类似涉案《房产转让合同》方式转让。从这一角度而言，认定海渔公司不正当阻止条件成就亦为不妥。而且，符志强在本案一审起诉和二审上诉中并未主张海渔公司为了自身利益不正当阻止合同约定生效条件的成就，而只是在上诉时主张海渔公司在合同未经海南省国资委批准的情况下未依约及时告知其未经批准的事实并退还房产转让款本息，导致其有理由相信双方签订的合同已被批准。即使符志强该上诉主张成立，亦不产生《房产转让合同》业已生效的法律后果。一审判决依据《中华人民共和国合同法》第四十五条之规定，认定涉案《房产转让合同》因当事人约定的合同生效条件未成就而未生效，于法有据，应予维持。”

案例 13：国电广西水电开发有限公司、福澳斯特等与桂林汇金水电开发有限公司合同纠纷一审民事判决书［桂林市中级人民法院（2015）桂市民二初字第 3 号］认为，“原、被告于 2014 年 4 月 17 日虽签订了《上海市产权交易合同》，但该项目的上市交易已于 2014 年 4 月 16 日由第三人下达了《产权交易终结决定通知书》，即该《上海市产权交易合同》签订后未依照《中华人民共和国企业国有资产法》第五十四条之规定，在依法设立的产权交易场所公开进行。故，该《上海市产权交

易合同》未生效。原告诉请解除该合同的前提条件是该合同成立且生效，但因该合同并未生效，并不符合解除合同的法定条件。故，原告该项诉请本院不予支持。”

（二）认定转让合同有效的案例

案例 14：李春善与白城市阳光房地产开发有限责任公司、白城市工业和信息化局确认合同无效纠纷二审民事判决书［吉林省高级人民法院（2015）吉民一终字第 26 号］认为，“李春善主张国有控股公司转让本案争议土地程序不合法，依据《企业国有产权转让管理暂行办法》、《关于企业国有产权转让有关事项的通知》等规定，没有在依法设立的产权交易机构公开转让，没有进行评估，转让价低于工业用地出让最低价标准。根据《中华人民共和国合同法》第五十二条关于违反法律、行政法规的强制性规定，合同无效以及《最高人民法院关于适用〈中华人民共和国合同法〉若干问题的解释（二）》第十四条关于‘合同法第五十二条第（五）项规定的“强制性规定”，是指效力性强制性规定’的规定，上述规范性文件为国务院部门规章，不属于国务院行政法规的效力性强制性规定，不能依此认定合同无效。”

案例 15：湖北金鑫房地产开发有限责任公司与武汉市武昌区房地产公司房屋买卖合同纠纷一审民事判决书［武汉市中级人民法院（2015）鄂武汉中民商初字第 00327 号］认为，“本案中，昌大公司与武昌区房地产公司签订《协议书》出售房产的行为，以及武昌区房产局与金鑫公司签订《协议书》、《补充协议书》出售房产的行为均系转让国有资产。《企业国有资产法》第五十三条、第五十四条、第五十五条关于‘国有资产转让由履行出资人职责的机构决定。履行出资人职责的机构决定转让全部国有资产的，或者转让部分国有资产致使国家对该企业不再具有控股地位的，应当报请本级人民政府批准’；‘……除按照国家规定可以直接协议转让的以外，国有资产转让应当在依法设立的产权交易场所公开进行。转让方应当如实披露有关信息，征集受让方；征集产生的受让方为两个以上的，转让应当采用公开竞价的交易方式。……’；‘国有资产转让应当以依法评估的、经履行出资人职责的机构认可或者由履行出资人职责的机构报经本级人民政府核准的价格为依据，合理确定最低转让价格’；以及《国有资产评估管理办法》第三条关于国有资产占有单位资产拍卖、转让的，应当进行资产评估的规定，均系管理性强制性规定而非效力性强制性规定。根据《最高人民法院关于适用〈中华人民共和国合同法〉若干问题的解释（二）》第十四条关于‘合同法第五十二条第（五）项规定的“强制性规定”，是指效力性强制性规定’的规定，因‘违反法律、行政法规的强制性规定’而无效的合同，是指违反了法律、行政法规中的效力性强制性规定。违反法律、行政法规中的管理性强制性规定不能作为认定合同无效的依据，违反管理性强制性规定并不必然导致平等主体间私法合同的无效。故武昌区房地产公司及昌大公司认为《协议书》、《补充协议书》违反法律、行政法规的强制规定而无效的主张，缺乏法律依据，本院不予支持。”

（三）认定转让合同无效的案例

案例16：巴菲特投资有限公司诉上海自来水投资建设有限公司股权转让纠纷二审民事判决书［《最高人民法院公报》2010年第4期（总第161期）］上海市第二中级人民法院一审认为，“第三人上海水务公司虽然取得被告自来水公司的授权，可以代理自来水公司转让讼争股权，但在实施转让行为时，应当按照国家法律法规和行政规章所规定的程序和方式进行。讼争股权的性质为国有法人股，其无疑是属于企业国有资产的范畴。对于企业国有资产的转让程序和方式，国务院、省级地方政府及国有资产监管机构均有相应的规定。根据国务院国资委、财政部制定实施的《企业国有产权转让管理暂行办法》第四条、第五条的规定，企业国有产权转让应当在依法设立的产权交易机构中公开进行，企业国有产权转让可以采取拍卖、招投标、协议转让等方式进行。根据上海市政府制定实施的《上海市产权交易市场管理办法》的规定，本市所辖国有产权的交易应当在产权交易市场进行，根据产权交易标的的具体情况采取拍卖、招标或竞价方式确定受让人和受让价格。上述两个规范性文件虽然不是行政法规，但均系依据国务院的授权对《企业国有资产监督管理暂行条例》的实施所制定的细则办法。根据《企业国有资产监督管理暂行条例》第十三条的规定，国务院国有资产监督管理机构可以制定企业国有资产监督管理的规章、制度。而且，规定企业国有产权转让应当进场交易的目的，在于通过严格规范的程序保证交易的公开、公平、公正，最大限度地防止国有资产流失，避免国家利益、社会公共利益受损。因此，《企业国有产权转让管理暂行办法》、《上海市产权交易市场管理办法》的上述规定，符合上位法的精神，不违背上位法的具体规定，应当在企业国有资产转让过程中贯彻实施。本案中，上海水务公司在接受自来水公司委托转让讼争股权时，未依照国家的上述规定处置，擅自委托第三人金槌拍卖公司拍卖，并在拍卖后与原告巴菲特公司订立股权转让协议，其行为不具合法性。上海水务公司认为讼争股权属于金融类企业的国有产权，该类国有产权的转让不适用《企业国有产权转让管理暂行办法》的规定，其观点显然与法相悖。自来水公司认为上海水务公司违法实施讼争股权的拍卖，并依拍卖结果与巴菲特公司订立的股权转让协议无效的观点成立。”上海市高级人民法院二审判决：驳回上诉，维持原判。

案例17：黑龙江加州国际投资咨询有限公司与黑龙江化工建设有限责任公司、哈尔滨华尔化工有限公司、哈尔滨投资集团有限责任公司、中国信达资产管理股份有限公司黑龙江省分公司确认债权转让协议无效纠纷一案再审民事裁定书［黑龙江省高级人民法院（2015）黑高民申二字第590号］认为，“华尔公司系哈投公司国有控股企业，其将债权转让给加州公司属于处置国有资产。《中华人民共和国企业国有资产法》第五十五条规定：‘国有资产转让应当以依法评估的、经履行出资人职责的机构认可或者由履行出资人职责的机构报经本级人民政府核准的价格为依据，合理确定最低转让价格。’《国有资产评估管理办法》第三条规定：‘国有资产占有单位有下列情形之一的应当进行资产评估：（一）资产拍卖、转让……。’《企业国有产权转让管理暂行办法》第四条规定：‘企业国有产权转让应当在依法设立的产权交易机构中公开进行，不受地区、行业、出资或者隶属关系的限制，国家法律、行政法规另有规定的，从其规定。’根据上述法律、行政法规规定，国有资产转让应当履行上报、评估、备案及公开挂牌交易等程序，上述规定属于强制性规定，而非任意性规定。故原判决认定案涉债权转让协议无效并无不当。申请人的此节再审事由不能成立。”

案例18：新中国集团有限公司与秦皇岛秦发实业集团有限公司等确认合同无效纠纷一审民事判决书［北京市第一中级人民法院（2013）一中民初字第128号］认为，“《中华人民共和国企业国有资产法》第五十四条规定，国有资产转让应当遵循等价有偿和公开、公平、公正的原则。除按照国家规定可以直接协议转让的以外，国有资产转让应当在依法设立的产权交易所公开进行。《企业国有产权转让管理暂行办法》（国务院国有资产监督管理委员会、财政部令第3号，2004年2月1日开始实施）第十八条规定，经公开征集只产生一个受让方或者按照有关规定经国有资产监督管理机构批准的，可以采取协议转让的方式。华水公司转让涉案债权的行为并不属于国家规定的可以直接协议转让的情形，因此，应当在依法设立的产权交易所公开进行。本案中，华水公司转让涉案债权并未在依法设立的产权交易所公开进行。……综上，本院认为秦发公司与华水公司于2009年12月25日签订的《债权转让协议》应属无效。”

037 签订土地转让协议后政府决定置换土地，受让方能否请求以置换后土地替代履行*

——土地转让方的土地使用权灭失后，受让方不能请求以其他土地替代履行

土地转让合同生效后，如果因政府决定土地置换等原因导致转让方的土地使用权灭失，受让方能否请求以其他土地替代履行？最高法院判例认为，土地使用权转让通常系特定物转让，特定土地使用权在法律意义上灭失后，构成法律上的不能履行，故受让方不能请求以其他土地替代履行。但本书作者也关注到，最高法院审理的其他案件中有相反的裁判观点，认为上述情形下受让方可以请求以其他土地替代履行。

裁判要旨

在判断合同能否继续履行的问题上，区分特定物与种类物具有重要法律意义。通常情况下，土地使用权转让系特定物转让，不同位置、用途，不同地质构造及其他外部条件的土地均是特定、唯一和不可替代的。特定土地使用权在法律意义上灭失后，构成法律上的不能履行，故受让方不能请求以其他土地替代履行。

案情简介

一、2004 年 5 月，新戴河公司与康泰公司签订《土地使用权转让合同》，约定：新戴河公司转让给康泰公司位于打网岗岛内的 800 亩宗地，转让金 1200 万元；合同签订后 10 日内康泰公司给付转让金 100 万元，新戴河公司收到上述款项后 1 个月内将土地使用权证书变更到康泰公司名下；宗地四至及界址点、坐标点坐标见附件《转让宗地界址图》。合同签订后康泰公司分 5 次支付新戴河公司土地使用权转让金 110 万元，但新戴河公司未协助康泰公司办理土地使用权过户登记手续。

二、2010 年 6 月，因规划变更，唐山市政府决定对案涉土地在打网岗岛内进行置换调整，并换发新证。

---

* 案件来源：唐山新戴河房地产开发有限公司与唐山康泰建筑工程有限公司建设用地使用权转让合同纠纷申请再审民事判决书［最高人民法院（2015）民提字第 35 号］。

三、新戴河公司向唐山中院起诉称，因政府规划调整、禁止转让土地、停止项目建设，无法办理相应的土地使用权变更手续，导致合同无法继续履行，请求解除合同。康泰公司提起反诉，请求判令新戴河公司继续履行《土地使用权转让合同》，向康泰公司交付置换后的土地，并办理过户登记手续。唐山中院判决支持了康泰公司的诉讼请求。

四、新戴河公司不服唐山中院判决，向河北高院提起上诉。河北高院判决驳回上诉，维持原判。

五、新戴河公司不服河北高院判决，向最高法院申请再审。最高法院改判同时驳回新戴河公司及康泰公司的诉讼请求。

裁判要点

康泰公司关于继续履行合同的诉讼请求被驳回的原因是，《土地使用权转让合同》已不能继续履行。通常情况下，土地使用权转让系特定物转让，土地均是特定、唯一和不可替代的。《土地使用权转让合同》项下的标的物虽然就自然属性而言依旧存在，但该标的物权利主体以及用途等已因规划变更而发生重大变化，应认定已经构成法律意义上的灭失。新戴河公司不再享有该合同项下土地使用权，其所负转让该合同项下土地使用权给康泰公司的主要合同义务已经无法履行。康泰公司要求新戴河公司继续履行该合同，转让相应土地使用权的请求，不符合法律规定。

新戴河公司关于解除合同的诉讼请求被驳回的原因是，新戴河公司没有充分证据证明本案符合合同解除的法定情形，其请求解除合同理据不足。最高法院认为，“就案涉《土地使用权转让合同》的相关事宜，当事人应本着诚实信用的原则进行协商，以彻底解决案涉纠纷。如果协商不成，依法享有违约责任追究乃至解除合同权利的当事人，应按照合同法第九十四条、第一百一十九条等规定及时并合理行使权利。”

实务经验总结

前事不忘，后事之师。为避免未来发生类似败诉，提出如下建议：

一、土地转让交易的受让方可要求在转让合同中约定设立共管账户，将过户手续的办理与价款支付挂钩，避免过户手续办理完成前款项已全部支付到对方账户，并可约定转让方不及时履行办理过户手续的义务应承担的违约责任，以督促转让方积极履行其应承担的义务。

二、由于土地转让的标的物通常是特定物，如因政府征收等情形导致转让方的土地使用权灭失，在土地转让合同未作约定且双方未另行约定的情况下，受让方无权请求以其他土地替代履行。

三、合同解除有约定解除与法定解除两种方式。约定解除以当事人协商一致为前提。而法定解除无需约定，但要满足下列情形之一：（1）因不可抗力致使不能实现合同目的；（2）在履行期限届满之前，当事人一方明确表示或者以自己的行为表明不履行主要债务；（3）当事人一方迟延履行主要债务，经催告后在合理期限内仍未履行；（4）当事人一方迟延履行债务或者有其他违约行为致使不能实现合同目的；（5）法律规定的其他情形。

相关法律规定

《中华人民共和国合同法》

第九十四条 有下列情形之一的，当事人可以解除合同：

（一）因不可抗力致使不能实现合同目的；

（二）在履行期限届满之前，当事人一方明确表示或者以自己的行为表明不履行主要债务；

（三）当事人一方迟延履行主要债务，经催告后在合理期限内仍未履行；

（四）当事人一方迟延履行债务或者有其他违约行为致使不能实现合同目的；

（五）法律规定的其他情形。

第一百一十条 当事人一方不履行非金钱债务或者履行非金钱债务不符合约定的，对方可以要求履行，但有下列情形之一的除外：

（一）法律上或者事实上不能履行；

（二）债务的标的不适于强制履行或者履行费用过高；

（三）债权人在合理期限内未要求履行。

第一百一十九条 当事人一方违约后，对方应当采取适当措施防止损失的扩大；没有采取适当措施致使损失扩大的，不得就扩大的损失要求赔偿。

当事人因防止损失扩大而支出的合理费用，由违约方承担。

以下为该案在最高法院审理阶段，裁判文书中“本院认为”部分就该问题的论述：

一、关于案涉《土地使用权转让合同》能否继续履行的问题。在判断合同能否继续履行的问题上，区分特定物与种类物具有重要法律意义。通常情况下，土地使用权转让系特定物转让，不同位置、用途、不同地质构造及其他外部条件的土地均是特定、唯一和不可替代的。本案中，根据案涉《土地使用权转让合同》的约定，该合同标的物是新戴河公司乐国用字（2003）0096号国有土地证项下具有明确四至以及界址的800亩土地，该土地系十里长滩建设的一部分，用途应依规划而定，当事人对于土地范围和用途的约定明确、具体，故合同标的物具有特定性、唯一性和不可替代性。康泰公司没有提供充分证据证明上述土地在2010年至2011年期间被调整后，仍由新戴河公司享有土地使用权。而且，根据唐山市城乡规划委员会办公室（2010）001号、（2011）013号文件以及《唐山市城乡规划局关于唐山新戴河房地产开发有限公司祥云岛影视旅游开发及配套项目的规划意见》（市规（2011）27号），新戴河公司原申报的十里长滩规划方案变更为祥云岛影视旅游开发项目，设计建设祥云岛海上影视城、高尔夫球场以及悦榕庄酒店。因此，案涉《土地使用权转让合同》项下的标的物虽然就自然属性而言依旧存在，但该标的物权利主体以及用途等已因规划变更而发生重大变化，应认定已经构成法律意义上的灭失。新戴河公司不再享有该合同项下土地使用权，新戴河公司所负转让该合同项下土地使用权给康泰公司的主要合同义务已经无法履行。根据合同法第一百一十条“当事人一方不履行非金钱债务或者履行非金钱债务不符合约定的，对方可以要求履行，但有下列情形之一的除外：（一）法律上或者事实上不能履行；……”的规定，康泰公司要求新戴河公司继续履行该合同，转让相应土地使用权的请求，不符合法律规定。二审判决认为“土地置换后，尽管合同所约定转让的合同标的物已不在新戴河公司名下，但可由新戴河公司名下的置换后的其他土地替代执行，故合同目的仍可以实现”，系事实认定与法律适用错误。

康泰公司的一审反诉请求是：继续履行案涉《土地使用权转让合同》并向康泰公司交付打网岗岛内800亩土地，同时办理上述土地的使用权过户登记手续。康泰公司反诉主张的“向康泰公司交付打网岗岛内800亩土地”，并未明确指向案涉《土地使用权转让合同》项下的土地，结合本案土地的现状，康泰公司的反诉请求并非是要求新戴河公司交付该合同项下的土地。因此，一审判决判令“新戴河公司从置换后的土地中向康泰公司交付同等条件下800亩土地”，在程序上并不构成超出当事人的诉讼请求。但根据合同法关于合同订立和变更的基本原则，在土地的位置及用途均发生重大变化的情形下，康泰公司要求新戴河公司在调整后的土地中转让给其“同等条件”的800亩土地，其依据和基础只能是当事人之间就此达成的新的合意，而非政府有关部门的意见或建议。因此，虽然当地有关行政主管部门在有关文件中对新戴河公司可以从调整后的土地中等量划转给康泰公司800亩，由国土资源管理部门为康泰公司办理相应的土地使用权过户手续表示认可，但该意见仅仅表明在当事人如能达成新的合意的情况下，政府有关部门表示支持的态度，并不能替代当事人之间需就此达成合意这一基础性要件。在新戴河公司与康泰公司未就此达成合意的情形下，二审判决认为新戴河公司调整后的土地中有可替代执行的800亩土地，并判决新戴河公司以调整后的同等条件下的800亩土地履行合同，亦在实质上是替代了当事人的协商与合意，违反了合同自由的合同法基本原则。

二、关于案涉《土地使用权转让合同》应否解除的问题。合同法对当事人法定解除权的行使条件有严格规定。在案涉《土地使用权转让合同》中，当事人对新戴河公司应如何履行所负办理土地使用权变更登记和交付土地的合同义务有明确约定，新戴河公司并未履行相应义务。该合同虽因唐山湾国际旅游岛总体规划和控制性详细规划调整而不能履行，但合同法第一百一十条是对当事人一方不履行非金钱债务或者履行非金钱债务不符合约定情形下，应否承担继续履行违约责任的特别规定，该条规定并不涉及合同解除权的行使问题，并未赋予无需承担继续履行违约责任的一方当事人合同解除权。据上，新戴河公司没有充分证据证明本案符合合同解除的法定情形，其请求解除合同理据不足，本院不予支持。原判决驳回新戴河公司此项诉请，结果正确，本院予以维持。就案涉《土地使用权转让合同》的相关事宜，当事人应本着诚实信用的原则进行协商，以彻底解决案涉纠纷。如果协商不成，依法享有违约责任追究乃至解除合同权利的当事人，应按照合同法第九十四条、第一百一十九条等规定及时并合理行使权利。

延伸阅读

认定土地转让交易中，土地因政府规划调整进行置换后，受让方仍可请求以置换后的土地继续履行的案例：

案例：邹春金与陈怀深、海南鲁泉实业有限公司、王洪英、崔传珍、陈延峰建设用地使用权纠纷再审民事判决书［最高人民法院（2013）民提字第184号］认为，“本院认为，首先，虽然合同涉及土地因政府规划调整的原因，需进行土地置换，合同约定的标的物发生变更，转让置换后的土地使用权符合合同的签约目的，合同仍具有继续履行的客观可能性。《合同法》第一百零七条规定，‘当事人一方不履行合同义务或者履行合同义务不符合约定的，应当承担继续履行、采取补救措施或者赔偿损失等违约责任。’鲁泉公司因股东间内部矛盾，没有主动履行转让合同的义务，其行为已构成违约，应承担违约责任。陈怀深作为合同当事人，依法享有请求鲁泉公司继续履行合同的权利。”

038 土地受让方的过户登记请求是否受诉讼时效限制*

——土地受让方请求转让方办理过户登记不受诉讼时效限制

关于土地受让方的过户登记请求是否适用诉讼时效的问题，目前法院裁判观点并不统一，部分法院认为该项请求权具有物权性质，不适用诉讼时效的规定；部分法院认为该项请求权应适用诉讼时效的规定。

裁判要旨

土地转让合同的受让方请求转让方协助办理土地使用权转移登记手续的，该项请求权与一般的债权请求权不同，具有物权性质，故不应适用诉讼时效的规定。

案情简介

一、中正科技公司与中升种业公司签订《土地转让协议书》，约定：中升种业公司将案涉国有土地使用权转让给中正科技公司，土地使用权过户手续由中升种业公司协助办理。

二、《土地转让协议书》签订后，中升种业公司不履行合同约定的协助过户义务，中正科技公司遂向高坪区法院起诉，请求：判令中升种业公司协助中正科技公司办理案涉土地使用权过户手续。中升种业公司辩称，中正科技公司的起诉已超过诉讼时效。高坪区法院认为，中正科技公司要求对土地办理过户手续的请求权属于具有物权性质的请求权，不应适用诉讼时效，故判决：中升种业公司协助中正科技公司办理案涉土地使用权过户手续。

三、中升种业公司不服高坪区法院判决，向南充市中院提起上诉。南充市中院判决维持原判。

四、中升种业公司不服南充市中院判决，向四川省高院申请再审。四川省高院裁定驳回中升种业公司的再审申请。

---

* 案件来源：四川中正科技有限公司与四川中升科技种业有限公司建设用地使用权转让合同纠纷申请再审民事裁定书［四川省高级人民法院（2016）川民申 1012 号］。

裁判要点

中升种业公司主张本案是合同纠纷，中正科技公司的起诉已经超过诉讼时效。对此法院认为，中正科技公司请求中升种业公司协助办理案涉土地使用权转移登记手续的诉讼主张与一般的债权请求权不同，该项请求权具有物权性质，不应适用诉讼时效的规定。

实务经验总结

前事不忘，后事之师。为避免未来发生类似败诉，提出如下建议：

一、对于超过诉讼时效的过户登记请求，土地转让方以诉讼请求已超过诉讼时效进行抗辩的，法院可能不会支持。

二、鉴于目前法院对请求办理过户登记是否适用诉讼时效的裁判观点不统一，土地转让交易的受让方应及时请求转让方办理土地使用权过户登记手续，避免超过诉讼时效。

相关法律规定

《最高人民法院关于审理民事案件适用诉讼时效制度若干问题的规定》

第一条 当事人可以对债权请求权提出诉讼时效抗辩，但对下列债权请求权提出诉讼时效抗辩的，人民法院不予支持：

（一）支付存款本金及利息请求权；

（二）兑付国债、金融债券以及向不特定对象发行的企业债券本息请求权；

（三）基于投资关系产生的缴付出资请求权；

（四）其他依法不适用诉讼时效规定的债权请求权。

《中华人民共和国民法总则》

第一百八十八条 向人民法院请求保护民事权利的诉讼时效期间为三年。法律另有规定的，依照其规定。

诉讼时效期间自权利人知道或者应当知道权利受到损害以及义务人之日起计算。法律另有规定的，依照其规定。但是自权利受到损害之日起超过二十年的，人民法院不予保护；有特殊情况的，人民法院可以根据权利人的申请决定延长。

第一百九十二条 诉讼时效期间届满的，义务人可以提出不履行义务的抗辩。

诉讼时效期间届满后，义务人同意履行的，不得以诉讼时效期间届满为由抗辩；义务人已自愿履行的，不得请求返还。

第一百九十六条 下列请求权不适用诉讼时效的规定：

（一）请求停止侵害、排除妨碍、消除危险；

（二）不动产物权和登记的动产物权的权利人请求返还财产；

（三）请求支付抚养费、赡养费或者扶养费；

（四）依法不适用诉讼时效的其他请求权。

《上海市高级人民法院物权民事纠纷办案要件指南》

第六条 （主张物权变动的要件事实）

当事人一方主张物权变动的，应当举证证明存在物权变动基础法律关系的要件事实。

［说明］……

对于基于法律行为的物权变动，需要通过两个阶段的行为来完成：

一是物权变动基础法律关系的设立，通常是指签定以发生、变动、消灭债权债务关系，从而引发物权变动为主旨的债权合同，学理上称之为物权变动的原因行为，如买卖双方签定房屋买卖合同；二是物权变动行为，该行为以设定、变动和消灭物权为目的，如双方至房产交易登记机构办理产权过户手续。物权变动的基础法律关系，在当事人之间仅产生债的权利义务关系，在债法意义上具有约束力，合同成立生效并不意味着物权就当然地发生了变动，但是该基础法律关系是物权变动的重要基础和原因，无此基础关系，当事人要求物权变动的请求权亦就失去了权源根基，无法请求对方履行交付或协助登记等变动义务。这里的物权变动，包括所有权转移、用益物权设定、担保物权设定等法律行为，当事人主张相应的物权变动时，应当提供证据证明双方之间存在买卖合同、用益物权设定合同、抵押设定合同、质权设定合同，以债务人不履行到期债务而债权人可以留置合法占有的动产等要件事实。

这里要注意，一般情形下，物权变动请求权的诉讼时效，仍适用二年的时效，因为在物权变动结果发生前，物权未发生转移或设定，请求人只能基于债权请求权要求对方交付或协助登记。

另应注意，对于基于非法律行为的物权变动，如依人民法院、仲裁委员会的法律文书或者人民政府的征收决定等引发的物权变动，因继承或者受遗赠引发的物权变动，因合法建造、拆除房屋等事实行为引发的物权变动，当事人无需主张物权变动，因为法定的非法律行为一旦出现，相应的物变动便依据法律规定自行完成，无需他人协助，如果当事人对物权归属有争议的，可以提起物权确认之诉，对此后文将详述。不过应予注意的是，虽然非法律行为能够直接引起物权变动，但是后续的变动登记、交付等行为，可能仍需他人的协助或配合，他人亦应积极履行前述义务，当然这种义务不是协助进行物权变动的义务。

以下为该案在四川高院审理阶段，裁定书中“本院认为”部分就该问题的论述：

关于此案是合同纠纷，应当适用诉讼时效的规定，中正公司起诉超过诉讼时效问题。科技公司请求中升种业公司协助办理案涉土地使用权转移登记手续的诉讼主张与一般的债权请求权不同，该项请求权具有物权性质，不应适用诉讼时效的规定。因此，中升种业公司关于中正科技公司的诉讼请求已经超过时效期间的上诉理由不成立。

延伸阅读

关于土地受让方的过户登记请求是否适用诉讼时效的问题，目前法院裁判观点并不统一。本书作者倾向于认同《上海市高级人民法院物权民事纠纷办案要件指南》对该问题的规定，即“一般情形下，物权变动请求权的诉讼时效，仍适用二年的时效①，因为在物权变动结果发生前，物权未发生转移或设定，请求人只能基于债权请求权要求对方交付或协助登记”。

一、认定土地受让方的过户登记请求不适用诉讼时效的案例（案例1—案例2）

案例1：滦平县胜龙房地产开发有限责任公司与王喜凤房屋买卖合同纠纷再审民事判决书［承德市中级人民法院（2015）承民再终字第41号］认为，“2004年9月15日，王喜凤与胜龙公司签订的《商品房买卖合同》合法有效。2010年8月5日，王喜凤与屈某某签订的《协议书》虽未加盖胜龙公司印章，但此协议是在包括王喜凤在内多名住户因房屋办证问题到双滦区政府信访区政府责成司法局法律援助中心协调的情况下签订的，胜龙公司对此知晓，故视为合法有效。为此，王喜凤要求按照该协议支付违约金的请求应予支持。王喜凤要求胜龙公司办证属于物上请求，物权不能适用诉讼时效，胜龙公司应当协助王喜凤办理房屋产权证。”

案例2：湖南松德房地产开发有限公司与安仁县圣博置业有限公司建设用地使用权转让合同纠纷一审民事判决书［湖南省郴州市中级人民法院（2014）郴民一初字第52号］认为，“关于湖南松德公司要求办理土地过户登记的诉请是否超过诉讼时效的问题，安仁圣博公司已向湖南松德公司交付涉案土地的使用权证，现湖南松

① 2017年10月1日生效的《中华人民共和国民法总则》已修改为三年。

德公司请求办理土地过户登记手续具有物权属性，系物权请求权，依法不应适用诉讼时效的规定。因此，安仁圣博公司辩称本案超过诉讼时效的理由不成立，不予支持。”

二、认定土地受让方的过户登记请求适用诉讼时效的案例（案例3—案例5）

案例3：上海美田摩托车有限公司与温岭市正田摩托车零部件制造有限公司一般买卖合同纠纷申请再审民事裁定书［最高人民法院（2014）民申字第909号］认为，“诉讼时效制度的基本价值不仅在于督促权利人及时行使权利，更在于平衡权利人和义务人的利益关系。由于双方转让的是划拨性质的土地使用权及其上的房产，需要办理出让手续并取得房产证后才能进行转让过户，因此双方签订协议之时案涉房地产尚不具备转让过户的条件；直至2007年美田公司办妥土地使用权出让手续并取得房产证时转让条件才得以具备，但美田公司此时并未通知正田公司，正田公司对此亦不知情。据此原审法院认定正田公司主张房地产过户请求权的诉讼时效起算时间应当从美田公司办妥土地使用权出让手续取得房产证并通知正田公司后才开始计算，符合诉讼时效制度的价值取向，并无不当。美田公司申请再审称本案已超过诉讼时效与本案事实不符，本院不予支持。”

案例4：唐山新戴河房地产开发有限公司与唐山康泰建筑工程有限公司建设用地使用权转让合同纠纷申请再审民事判决书［最高人民法院（2015）民提字第35号］认为，“因相关政府文件能够证明康泰公司一直因土地过户问题向新戴河公司及政府主管部门主张权利，故康泰公司的反诉并未超过诉讼时效期间。康泰公司反诉要求新戴河公司继续履行案涉《土地使用权转让合同》，向康泰公司交付打网岗岛内800亩土地，并为康泰公司办理上述土地使用权过户登记手续的请求符合法律规定，应当予以支持。”

案例5：林绮卿与中山市建设企业资产经营有限公司建设用地使用权转让合同纠纷再审民事判决书［广东省高级人民法院（2014）粤高法民一提字第50号］认为，“林绮卿、建设资产公司签订的《协议书》经上述分析为合法有效合同，双方当事人均应恪守各自的义务，享受相应的权利。现林绮卿已履行支付部分购地款283815元的义务，余下购地款300000元双方在《协议书》中约定‘待办完土地使用证手续5天内一次付给中山市建筑设计院’，但因双方在《协议书》中没有明确约定办理涉案土地使用权过户手续的具体时间及期限，即林绮卿享有随时向土地使用权出让人提出办理土地使用权过户手续的权利，建设资产公司也应积极履行为林绮卿办理土地使用权过户手续的义务。林绮卿曾于2007年1月15日向法院提起诉讼，根据最高人民法院《关于审理民事案件适用诉讼时效制度若干问题的规定》第六条、第十二条的规定，诉讼时效产生中断，本案诉讼时效期间应从中断时起重新计算，故林绮卿于2009年1月8日提起诉讼并未超过两年法定诉讼时效。建设资产公司主张林绮卿的诉讼已超过法定诉讼时效的辩解欠缺事实和法律依据，一审法院不予采纳。”

039 转让人可否以土地被查封为由请求解除土地转让合同*

——土地被查封不构成土地转让合同的法定解除条件

签订土地转让合同后土地被查封，受让人能否据此主张合同的法定解除权？本案例认为，查封事实并不构成合同的法定解除条件。

裁判要旨

土地使用权转让人因与他人产生纠纷导致土地使用权被法院查封的，仅可能对土地使用权转让案件的执行产生影响，但并不构成《中华人民共和国合同法》第九十四条规定的合同法定解除要件，故转让人不能据此主张解除土地使用权转让合同。

案情简介

一、金霞公司与长沙市交通局签订土地使用权转让合同，约定金霞公司将43000平方米的国有土地使用权转让给长沙市交通局，转让价款500万元。协议签订后，转让价款已支付完毕，但未办理过户登记。

二、金霞公司向湖南高院提起诉讼，请求解除土地使用权转让合同。长沙市交通局提起反诉，请求金霞公司将案涉土地使用权变更登记至长沙市交通局名下。

三、湖南高院认为，案涉土地使用权转让合同约定了长沙市交通局为金霞公司修建一条道路的义务，在合同履行过程中，虽然长沙市交通局未全部完成该道路的修建义务，有一定的违约行为，但该道路的修建并非合同主要义务，金霞公司也无证据证明该道路未及时建设导致合同目的不能实现。长沙市交通局的行为不构成根本违约，该违约行为不构成金霞公司据以解除合同的法定事由。故湖南高院判决：金霞公司将案涉土地使用权变更登记至长沙市交通局名下。

---

* 案件来源：长沙金霞开发建设有限公司与长沙市交通运输局建设用地使用权纠纷申诉、申请再审民事裁定书［最高人民法院（2016）最高法民申1924号］。

四、金霞公司不服湖南高院判决，向最高法院提起上诉。最高法院判决驳回上诉，维持原判。

五、金霞公司不服最高法院判决，向最高法院申请再审称，案涉土地使用权因金霞公司与案外人纠纷，被查封至 2019 年，案涉土地使用权转让合同在客观上已无法继续履行，应予解除。最高法院裁定驳回其再审申请。

裁判要点

土地使用权被第三人查封不构成土地使用权转让合同的法定解除条件。本案金霞公司以土地使用权被第三人查封，致使案涉土地使用权转让合同在客观上无法继续履行为由，请求解除合同。对此，最高法院认为，“金霞公司因与他人之间的金钱给付之债而导致本案土地被法院查封，仅可能对本案原审判决的执行产生影响，但并不构成《中华人民共和国合同法》第九十四条规定的合同解除要件，金霞公司以此主张解除本案《土地使用权转让协议》不能予以支持”。

关于长沙市交通局办理过户登记的请求，案涉土地使用权转让合同合法有效，长沙市交通局已经实际占有和使用了本案土地，土地使用权没有变更登记至长沙市交通局名下并非长沙市交通局的过错，而是金霞公司未履行土地使用权转让合同约定的义务所致，因此最高法院支持了长沙市交通局关于取得本案土地使用权的诉讼请求。

实务经验总结

前事不忘，后事之师。为避免未来发生类似败诉，提出如下建议：

一、除当事人将土地被查封约定为土地使用权转让合同的解除条件外，转让人以土地使用权被查封为由主张解除转让合同的，法院不予支持。

二、土地转让交易中，土地使用权在过户登记前被他人查封，满足以下条件的，受让人可向执行法院提出执行异议，排除执行：（1）土地使用权因金钱债权被查封；（2）在法院查封前已签订合法有效的书面转让合同；（3）在法院查封前已合法占有土地；（4）已支付全部价款，或者已按照合同约定支付部分价款并将剩余价款按照法院的要求交付执行；（5）非因受让人自身原因未办理过户登记。

相关法律规定

《中华人民共和国合同法》

第九十四条 有下列情形之一的，当事人可以解除合同：

（一）因不可抗力致使不能实现合同目的；

（二）在履行期限届满之前，当事人一方明确表示或者以自己的行为表明不履行主要债务；

（三）当事人一方迟延履行主要债务，经催告后在合理期限内仍未履行；

（四）当事人一方迟延履行债务或者有其他违约行为致使不能实现合同目的；

（五）法律规定的其他情形。

以下为该案在最高法院审理阶段，裁定书中“本院认为”部分就该问题的论述：

金霞公司以原审法院没有查明本案重要事实为由主张解除本案《土地使用权转让协议》及其相关补充协议。首先，根据原审查明，1997 年 8 月 21 日金霞公司向长沙市国土局发出一份《关于请求分割长沙市交通局所属项目用地红线的报告》，该报告系金霞公司在签订本案《土地使用权转让协议》后向土地管理部门请求确认转让土地的四至红线的报告，在该报告中金霞公司明确了自己转让的土地的四至坐标，原审判决也是依据这一报告中的数据作出判决，因此本案不存在金霞公司所称原审判决没有查清《土地使用权转让协议》对应标的物的问题。其次，金霞公司称本案土地因金霞公司与江湾公司的借款担保合同纠纷案、金霞公司与深圳祺芳实业有限公司的借款合同纠纷案，被本案一审法院查封至 2019 年 5 月 26 日，致使本案《土地使用权转让协议》在客观上无法继续履行。但是根据原审判决的认定，金霞公司与长沙市交通局之间的《土地使用权转让协议》合法有效，长沙市交通局已经实际占有和使用了本案土地，土地使用权没有变更登记至长沙市交通局并非长沙市交通局的过错，而是金霞公司未履行《土地使用权转让协议》约定的义务所致，因此长沙市交通局依据该协议请求取得本案土地使用权应当予以保护。金霞公司因与他人之间的金钱给付之债而导致本案土地被法院查封，仅可能对本案原审判决的执行产生影响，但并不构成《中华人民共和国合同法》第九十四条规定的合同解除要件，金霞公司以此主张解除本案《土地使用权转让协议》不能予以支持。

延伸阅读

认定土地被查封及拍卖后，当事人可请求解除土地转让合同的案例：

案例：湛江市土地开发总公司与湛江市华银公司项目转让合同纠纷二审民事裁定书［广东省高级人民法院（2010）粤高法民一终字第 168 号］认为，“关于《中侨大厦建设用地转让合同》是否有效的问题。土地总公司与劳建公司于 1997 年 3 月 6 日签订的《中侨大厦建设用地转让合同》是当事人的真实意思表示，内容未违反法律、行政法规的强制性规定，应认定有效。虽然上述当事人在签订合同后，'中侨大厦'建设用地被依法查封，'中侨大厦'建设用地和项目的受让方亦未取得该建设用地的权属证明，但基于物权变动的法律效果不影响债权合同效力的原则，该合同应对上述当事人产生约束力。原审关于因'中侨大厦'建设用地被依法查封致土地总公司的转让行为自始无效，故转让合同及基于转让合同而签订的合作合同也应自始无效的认定不当，本院予以纠正。华银公司、土地总公司和北海公司签订的《债务清单表》、《债务转移合同》确立了华银公司对土地总公司享有20042066.6元的债权，现华银公司通过债权冲抵的方式代劳建公司履行了向土地总公司支付17896556.55元转让费的义务，但土地总公司在收取该转让费后，因未履行（2001）湛中法经初字第175号民事判决中确定的义务导致'中侨大厦'十五层建设用地土地使用权及地上附着物被查封及拍卖。现《中侨大厦建设用地转让合同》的当事人已经无法实现订立合同的目的，该合同当事人可依法请求解除合同。"

040 可否以政府拟收回土地为由解除土地转让合同*

——政府拟对土地重新拍卖，不构成土地转让合同的法定解除条件

本案例载于《最高人民法院公报》2014年第10期（总第216期），案件中土地转让方以政府拟收回土地、对土地重新拍卖为由向受让方发出解除合同通知，主张合同已解除。对此最高法院认为，该情形并非《中华人民共和国合同法》规定的合同法定解除条件，本案土地转让合同应继续履行。

裁判要旨

土地转让合同签订后，政府拟收回土地，对土地重新拍卖，不属于《中华人民共和国合同法》第九十四条规定的合同的法定解除条件。

---

* 案件来源：四川省聚丰房地产开发有限责任公司与达州广播电视大学合资、合作开发房地产合同纠纷二审民事判决书［最高人民法院（2013）民一终字第18号］，达州广播电视大学与四川省聚丰房地产开发有限责任公司合资、合作开发房地产合同纠纷申请再审民事裁定书［最高人民法院（2014）民申字第56号］。

案情简介

一、2008年达州电大与聚丰公司签订《合作开发协议书》，约定：达州电大以土地使用权投资，聚丰公司以现金投资并独立开发建设合作项目；拟建设规模为129800平方米；达州电大有权获得2500万元、教学用房6200平方米、运动场等收益，且不承担项目开发建设风险；聚丰公司享有剩余收益。

二、2011年5月，达州电大向聚丰公司发出《解除函》，称因达州市政府决定对学校的出让土地重新以招拍挂方式公开进行交易，学校已无法履行《合作开发协议书》，决定解除此协议。2011年11月，达州市政府在《达州日报》刊登《关于注销土地使用证的公告》，决定注销涉案土地使用证。2012年4月，达州电大向聚丰公司发出《解除通知》，以达州市政府要求收回土地为由，通知解除合同。

三、聚丰公司向四川高院提起诉讼，请求判令达州电大立即全面履行《合作开发协议书》。四川高院认为，聚丰公司在《解除函》到达之日起三个月内并未向人民法院起诉确认能否解除合同，故《合作开发协议书》已经解除，判决驳回聚丰公司的诉讼请求。

四、聚丰公司不服四川高院判决，向最高法院提起上诉，最高法院判决达州电大继续履行与聚丰公司签订的《合作开发协议书》。达州电大不服最高法院判决，向最高法院申请再审。最高法院裁定驳回其再审申请。

裁判要点

法院认定《合作开发协议书》未解除，应继续履行的原因在于：

第一，《合作开发协议书》的性质为土地使用权转让合同。《合作开发协议书》约定达州电大只享有固定开发收益，不承担开发经营的风险。根据《最高人民法院关于审理涉及国有土地使用权合同纠纷案件适用法律问题的解释》第二十四条的规定："合作开发房地产合同约定提供土地使用权的当事人不承担经营风险，只收取固定利益的，应当认定为土地使用权转让合同。"

第二，达州电大主张政府拟对合作开发的土地重新拍卖，并非《合作开发协议书》的约定解除条件。《合作开发协议书》第十条中约定的达州电大可以解除合同的条件为：聚丰公司未按期兑现达州电大利益，以及聚丰公司将本项目整体或部分转让给其他任何单位或个人开发。而达州电大主张的解除理由并非上述约定的情形。

第三，政府拟对合作开发的土地重新拍卖，亦不属于合同法第九十四条规定的合同的法定解除条件。

因此，达州电大并无合同解除权，其以《解除函》通知聚丰公司解除合同的行为，不发生解除合同的效力。

实务经验总结

前事不忘，后事之师。为避免未来发生类似败诉，提出如下建议：

一、当事人单方解除合同需满足法定或约定条件。根据《中华人民共和国合同法》第九十四条，当事人可以解除合同的法定条件为：(1) 因不可抗力致使不能实现合同目的；(2) 在履行期限届满之前，当事人一方明确表示或者以自己的行为表明不履行主要债务；(3) 当事人一方迟延履行主要债务，经催告后在合理期限内仍未履行；(4) 当事人一方迟延履行债务或者有其他违约行为致使不能实现合同目的；(5) 法律规定的其他情形。

二、当事人对对方的解除合同通知有异议的，应当在约定的异议期限内提出异议并请求人民法院或者仲裁机构确认解除合同的效力；未约定异议期限的，应当在解除合同通知到达之日起三个月以内提起诉讼或仲裁。

相关法律规定

《中华人民共和国合同法》

第九十三条　当事人协商一致，可以解除合同。

当事人可以约定一方解除合同的条件。解除合同的条件成就时，解除权人可以解除合同。

第九十四条　有下列情形之一的，当事人可以解除合同：

(一) 因不可抗力致使不能实现合同目的；

(二) 在履行期限届满之前，当事人一方明确表示或者以自己的行为表明不履行主要债务；

(三) 当事人一方迟延履行主要债务，经催告后在合理期限内仍未履行；

(四) 当事人一方迟延履行债务或者有其他违约行为致使不能实现合同目的；

(五) 法律规定的其他情形。

第九十六条　当事人一方依照本法第九十三条第二款、第九十四条的规定主张解除合同的，应当通知对方。合同自通知到达对方时解除。对方有异议的，可以请求人民法院或者仲裁机构确认解除合同的效力。

法律、行政法规规定解除合同应当办理批准、登记等手续的，依照其规定。

《最高人民法院关于适用〈中华人民共和国合同法〉若干问题的解释（二）》

第二十四条 当事人对合同法第九十六条、第九十九条规定的合同解除或者债务抵销虽有异议，但在约定的异议期限届满后才提出异议并向人民法院起诉的，人民法院不予支持；当事人没有约定异议期间，在解除合同或者债务抵销通知到达之日起三个月以后才向人民法院起诉的，人民法院不予支持。

《最高人民法院关于审理涉及国有土地使用权合同纠纷案件适用法律问题的解释》

第二十四条 合作开发房地产合同约定提供土地使用权的当事人不承担经营风险，只收取固定利益的，应当认定为土地使用权转让合同。

以下为该案在最高法院审理阶段，裁判文书中“本院认为”部分就该问题的论述：

关于第一个焦点问题，《合作开发协议书》约定的内容表明，达州电大只享有固定开发收益，不承担开发经营的风险。根据《最高人民法院关于审理涉及国有土地使用权合同纠纷案件适用法律问题的解释》第二十四条“合作开发房地产合同约定提供土地使用权的当事人不承担经营风险，只收取固定利益的，应当认定为土地使用权转让合同”的规定，本案合同性质为土地使用权转让合同，二审判决对于合同性质的认定是正确的。根据2009年5月13日起施行的《最高人民法院关于适用〈中华人民共和国合同法〉若干问题的解释（二）》第十四条的规定，“合同法第五十二条第（五）项规定的‘强制性规定’，是指效力性强制性规定”，而《城镇国有土地使用权出让和转让暂行条例》第十九条、《中华人民共和国城市房地产管理法》第三十九条第二项均为管理性强制性规定，不能据此认定合同无效。达州电大在再审申请中虽然不再坚持其在原审中认为的应当依据《城镇国有土地使用权出让和转让暂行条例》第十九条和《中华人民共和国城市房地产管理法》第三十九条第二项认定合同无效，但提出了新的理由，即：达州电大和聚丰公司违反上述法律规定转让土地，必然导致炒卖土地等损害社会公共利益的后果出现，而损害社会公共利益属于合同法第五十二条规定的第四种合同无效情形，因此应当认定《合作开发协议书》无效。本院认为，聚丰公司与达州电大签订《合作开发协议书》，履行合同义务，行使合同权利，实施合同约定，并没有违反相关法律关于合同效力的强制性规范。达州电大认为双方签订合同的行为侵害了社会公共利益，既无事实依据，也无法律依据，此项理由不能成立，本院不予支持。二审判决关于合同有效的认定是正确的。

关于第二个焦点问题，双方订立的《合作开发协议书》第十条约定，在聚丰公司未按照该合同第九条第一款约定按期兑现其利益以及聚丰公司违反合同第六条第七款“将本项目整体或部分转让给其他任何单位或个人开发”的情况下，达州电大可以解除合同。政府拟对合作开发的土地重新拍卖，无法履行合作协议，并非合同约定的达州电大可以解除合同的条件，亦不属于《中华人民共和国合同法》第九十四条规定的合同的法定解除条件。《中华人民共和国合同法》第九十六条和《最高人民法院关于适用〈中华人民共和国合同法〉若干问题的解释（二）》第二十四条关于合同的约定解除和法定解除权利行使方式和期限的规定，不能适用于达州电大通知解除合同的情形，其以《解除函》通知聚丰公司解除合同的行为，不发生解除合同的效力。即使聚丰公司在一审期间没有以达州电大的解除理由不符合解除条件为由提出抗辩，但其诉讼请求是确认《合作开发协议书》并继续履行，实际上包含了达州电大解除理由不成立的意思。二审判决依据事实和法律认定合同有效并支持当事人诉讼请求，程序合法，不存在非法剥夺当事人抗辩权的情形。因此，达州电大认为合同已经解除的再审申请理由也不成立。

延伸阅读

认定政府收回土地属于不可抗力，当事人可据此解除租赁合同的案例：

案例：湛江市冠通物流有限公司与中国外运广东湛江储运公司码头租赁合同纠纷一审民事判决书［广州海事法院（2012）广海法初字第288号］认为，“本案系一宗因涉及码头泊位及配套使用的堆场的租赁合同的解除而产生的纠纷，故案由应为码头租赁合同纠纷。……《合同法》第九十四条第（一）项规定因不可抗力致使不能实现合同目的，可以解除合同，但并未规定不可抗力具体包括什么情形，按照《中华人民共和国民法通则》第一百五十三条的规定，不可抗力是指不能预见、不能避免并不能克服的客观情况。一般而言，自然灾害、战争、社会异常事件及政府行为等被认为属于不可抗力。本案租赁合同的标的物是国家划拨的土地，被告要求解除合同的理由是湛江市政府回收土地导致租赁合同无法履行，该情形属于因政府行为导致合同目的不能实现，符合上述法律规定的合同解除条件。”

041 转让合同签订后土地被政府收回，是否影响转让合同的效力*

——土地转让合同签订后发生土地被政府收回、未交付土地等事实，均不影响合同效力

签订土地转让合同后，土地被政府收回导致合同无法履行的，受让人能否据此主张合同无效？本案例认为，土地被政府收回属于合同履行中发生的事实，不影响土地转让合同的效力。

裁判要旨

合同效力的认定需要评判合同约定内容是否违反法律、行政法规的效力性强制性规定，合同履行过程中发生的事实，不影响合同的效力。

案情简介

一、2010年，金泰公司与万佳和公司签订土地转让合同，约定金泰公司将53.6亩的以出让方式取得的土地使用权过户给万佳和公司用于房地产开发，每亩单价80万元，过户过程中发生的相关任何行政收费均由万佳和公司承担。

二、合同签订后万佳和公司已向金泰公司支付土地使用权转让费950万元，金泰公司已将39.979亩的土地使用权过户给万佳和公司。金泰公司向阿克苏市地税局缴纳土地增值税等共计1124075.51元。

三、2014年，金泰公司向阿克苏中院提起诉讼，请求判决万佳和公司支付土地转让价款。阿克苏中院判决：万佳和公司支付金泰公司23607275.51元（39.979×800000元-9500000元+1124075.51元）。

四、万佳和公司不服阿克苏中院判决，向新疆高院提起上诉，请求依法撤销阿克苏中院判决，驳回金泰公司的诉讼请求。新疆高院判决驳回上诉，维持原判。

五、万佳和公司不服新疆高院判决，向最高法院申请再审称，案涉合同约定的土地系由08、015、074号三宗土地构成，而08号宗地已被政府收回后公开出让，

---

* 案件来源：阿克苏万佳和房地产开发有限责任公司与阿克苏地区金泰商贸有限责任公司建设用地使用权转让合同纠纷申请再审民事裁定书。

关于08号宗地使用权转让的约定应为无效；金泰公司至今未交付74号宗地，有关该宗地的转让约定效力待定。万佳和公司应在取得53.6亩土地之后才有义务向金泰公司支付剩余土地转让款。最高法院裁定驳回其再审申请。

裁判要点

法院认定万佳和公司应支付土地转让价款的原因在于：

第一，案涉土地转让合同合法有效，合同履行过程中发生的事实，不影响合同效力。万佳和公司关于“08号宗地已被政府收回后公开出让，金泰公司不可能向万佳和公司交付该宗地，案涉《土地转让协议》关于08号宗地转让的约定无效；金泰公司至今未交付74号宗地，有关该宗地的转让约定效力待定”的主张缺乏法律依据，最高法院不予支持。

第二，根据《中华人民共和国合同法》第一百六十一条的规定，万佳和公司应在取得39.979亩（015号宗地）的土地使用权证后支付相应的转让价款。首先，案涉土地转让合同约定的转让价款是以双方交易的53.6亩土地为基数计算，但合同并未将万佳和公司取得全部53.6亩土地使用权证作为万佳和公司履行付款义务的条件。其次，案涉土地转让合同仅约定了整体价款的支付方式，而案涉土地由三宗土地组成，土地使用权存在分期交付的实际情况，根据《中华人民共和国合同法》第一百六十一条的规定，“买受人应当按照约定的时间支付价款。对支付时间没有约定或者约定不明确，依照本法第六十一条的规定仍不能确定的，买受人应当在收到标的物或者提取标的物单证的同时支付”。因此万佳和公司应当在取得39.979亩的土地使用权证后依照合同约定的转让价款计算方法支付该部分土地对应的价款。

实务经验总结

前事不忘，后事之师。为避免未来发生类似败诉，提出如下建议：

一、合同效力的判断应以合同约定内容、签订合同时的事实为依据，当事人仅以合同履行过程中发生的事实主张合同效力有瑕疵的，法院不予支持。

二、当事人订立买卖合同时应约定具体的价款支付方式、支付时间。分阶段交付标的物的，还应约定每期交付标的物对应价款的支付方式、支付时间。

相关法律规定

《中华人民共和国合同法》

第六十一条 合同生效后，当事人就质量、价款或者报酬、履行地点等内容没有约定或者约定不明确的，可以协议补充；不能达成补充协议的，按照合同有关条款或者交易习惯确定。

第一百六十一条 买受人应当按照约定的时间支付价款。对支付时间没有约定或者约定不明确，依照本法第六十一条的规定仍不能确定的，买受人应当在收到标的物或者提取标的物单证的同时支付。

以下为该案在最高法院审理阶段，裁定书中“本院认为”部分就该问题的论述：

关于万佳和公司支付金泰公司土地转让费的条件是否成就问题。

本院认为，合同效力的认定需要评判合同约定内容是否违反法律、行政法规的效力性强制性规定，合同履行过程中发生的事实，不影响合同效力。万佳和公司以08号宗地已被政府收回后公开出让，金泰公司不可能向万佳和公司交付该宗地，案涉《土地转让协议》关于08号宗地使用权转让的约定无效；金泰公司至今未交付74号宗地，有关该宗地的转让约定效力待定，缺乏法律依据，其该项再审申请理由不成立。

合同履行过程中，金泰公司向万佳和公司交付土地26652.7平方米。案涉《土地转让协议》关于付款方式约定：1. 本协议签订之日内，万佳和公司一次性支付定金200万元。2. 土地过户之日万佳和公司须一次性支付800万元。3. 剩余土地款3288万元，万佳和公司在取得土地证后于2011年10月1日起至2014年10月1日三年内每年按30%、30%、40%的比例支付给金泰公司。合同约定的剩余款项数额，是以双方交易的53.6亩土地为基数计算，但合同并未将万佳和公司取得全部53.6亩土地使用权证，作为万佳和公司履行付款义务的条件。万佳和公司的陈述表明，合同约定的土地面积系由三宗土地组成。这就存在金泰公司分别交付上述三宗土地，万佳和公司分别取得三宗土地使用证的情况。《合同法》第一百六十一条规定：买受人应当按照约定的时间支付价款。对支付时间没有约定或者约定不明确，依照本法第六十一条的规定仍不能确定的，买受人应当在收到标的物或者提取标的物单证的同时支付。案涉合同为土地使用权转让合同，属于买卖合同范畴。对于转让人付款时间的认定，可以适用上述法律规定。二审判决基于案涉土地面积由三宗土地组成，土地使用权存在分期交付的实际情况，认定万佳和公司在取得

26652.7平方米（015号地块）的土地使用权证后应当依照合同关于转让款计算方法及支付时间的约定支付转让费，适用法律正确。万佳和公司认为其取得53.6亩土地使用证后方应履行付款义务，与合同约定不符，其上述再审理由不成立。

延伸阅读

基于物权行为与债权行为的区分原则，未办理物权变更登记不影响土地转让合同的效力：

案例1：株洲鼎盛昌房地产开发有限公司与周汉和及株洲县农村信用合作联社建设用地使用权纠纷申请再审民事裁定书［最高人民法院（2013）民申字第337号］认为，“由于《土地转让协议书》是双方真实意思表示，不违反法律的强制性规定，且根据最高人民法院《关于审理涉及国有土地使用权合同纠纷案件适用法律问题的解释》第八条的规定：‘当事人一方以双方之间未办理土地使用权变更登记手续为由，请求确认合同无效的，不予支持’，故二审判决认定该协议书为有效合同，适用法律并无不当。”

案例2：重庆新万基房地产开发有限公司与重庆索特盐化股份有限公司合同纠纷二审民事判决书［最高人民法院（2008）民一终字第122号］认为，“根据《物权法》第十五条的规定，当事人之间订立有关设立、变更、转让和消灭不动产物权的合同，除法律另有规定或者合同另有约定外，自合同成立时生效；未办理物权登记的，不影响合同效力。该规定确定了不动产物权变动的原因与结果相区分的原则。物权转让行为不能成就，并不必然导致物权转让的原因即债权合同无效。双方签订的《联合开发协议》及《补充协议》作为讼争土地使用权转让的原因行为，是一种债权形成行为，并非该块土地使用权转让的物权变动行为。相关法律关于未经通知抵押权人而导致物权转让行为无效的规定，其效力不应及于物权变动行为的原因行为。因为当事人可以在合同约定中完善物权转让的条件，使其转让行为符合法律规定。本案即属此种情形。”

案例3：内蒙古瑞安房地产开发有限责任公司与内蒙古金石蒙荣房地产开发有限公司建设用地使用权转让合同纠纷二审民事判决书［内蒙古自治区高级人民法院（2015）内民一终字第00032号］认为，“《中华人民共和国物权法》第十五条规定：‘当事人之间订立有关设立、变更、转让和消灭不动产物权的合同，除法律另有规定或者合同另有约定外，自合同成立时生效；未办理物权登记的，不影响合同效力。’《最高人民法院关于适用〈中华人民共和国合同法〉若干问题的解释（一）》第九条规定，‘法律、行政法规规定合同应当办理登记手续，但未规定登记后生效的，当事人未办理登记手续不影响合同效力’。人民法院不应支持土地使用权转让合同当事人一方以未办理土地使用权变更登记手续或办理变更登记手续违法为由，要求确认合同无效的主张。”

案例4：王绍南与彭士稳建设用地使用权转让合同纠纷再审民事裁定书［贵州省高级人民法院（2015）黔高民申字第310号］认为，“关于王绍南所提土地转让合同效力待定问题。双方签订土地转让合同后，彭保云即按合同约定支付转让款，2013年双方又重新签订土地分割协议。彭保云也对分割后的土地进行开挖平整，只是尚未办理变更登记手续。《中华人民共和国物权法》第十五条规定：‘当事人之间订立有关设立、变更、转让和消灭不动产物权的合同，除法律另有规定或者合同另有约定外，自合同成立时生效；未办理物权登记的，不影响合同效力。’双方签订的合同为真实意思表示，并未违反法律、法规的强制性规定，应为合法有效。”

042 土地转让方根本违约，受让方可否请求赔偿土地增值部分的损失*

——土地转让方根本违约导致受让方不能取得土地的，应赔偿受让方土地溢价损失

由于我国土地市场一直都较为火热，出于利益考量，土地使用权人签订土地转让合同后违约的情形时有发生。本案例对土地使用权人有很强的警示作用，最高法院认为，土地使用权人与受让方签订土地转让合同后，又将土地高价卖给第三人并办理过户的，应赔偿受让方土地溢价损失。也即转让方高价转卖的差价实际上最终将赔付给受让方，到头来竹篮打水一场空。

此外，在延伸阅读部分，本书作者通过总结和梳理相关案例发现：对于土地转让方根本违约的损失赔偿范围的问题，部分法院认为包括因土地增值带来的预期利益损失（案例1—案例3），部分法院则认为不包括因土地增值带来的预期利益损失，而主要是已支付土地转让款的利息（案例4—案例5）。另外，受让方主张因土地增值带来预期利益损失的，应承担举证责任（案例6）。

---

* 案件来源：北海艺术设计学院与北海左右商贸有限公司建设用地使用权纠纷申请再审民事裁定书［最高人民法院（2016）最高法民申301号］，北海左右商贸有限公司与北海艺术设计学院土地使用权转让合同纠纷申请再审民事裁定书［最高人民法院（2016）最高法民申1259号］。

裁判要旨

土地转让方根本违约导致受让方不能取得土地，根据《中华人民共和国合同法》一百一十三条的规定，应赔偿受让方损失，损失赔偿额应当相当于因违约所造成的损失，包括合同履行后可以获得的预期利益。而合同履行后可以获得的预期利益即土地溢价。

案情简介

一、左右公司与艺术学院签订《联合开发合同》及补充协议，约定左右公司以联合开发的形式受让艺术学院约 71 亩以出让方式取得的土地使用权，总价款 6680 万元。

二、后艺术学院将涉案土地以总价款 8023 万元转让给了案外人大山公司，并办理了过户登记。

三、左右公司向北海中院提起诉讼，请求：解除双方签订的合同；艺术学院返还左右公司土地转让款人民币 150 万元；艺术学院支付占用左右公司支付的土地转让款利息 640.4 万元；艺术学院支付左右公司土地溢价损失 2108.7 万元。北海中院判决：解除双方签订的合同；艺术学院返还左右公司土地转让款 150 万元；艺术学院赔偿左右公司土地溢价损失 2108.7 万元；未支持左右公司主张的土地转让款利息。

四、左右公司与艺术学院均不服北海中院判决，上诉至广西高院。广西高院认为，本案合同名为合作开发房地产，实为土地使用权转让，本案案由应定性为土地使用权转让合同纠纷，艺术学院根本违约导致左右公司的土地溢价损失为 1343 万元（8023 万元-6680 万元=1343 万元），遂判决将艺术学院赔偿左右公司的土地溢价损失变更为 1343 万元。

五、左右公司与艺术学院不服广西高院判决，均向最高法院申请再审，最高法院裁定驳回双方的再审申请。

裁判要点

法院认定艺术学院赔偿左右公司土地溢价损失的原因在于：

第一，艺术学院与左右公司签订合同后又将案涉土地使用权转让给第三人，并办理过户登记，导致双方签订的合同目的无法实现，构成根本违约，左右公司享有解除合同的权利。

第二，根据《中华人民共和国合同法》第九十七条、第一百一十三条的规定，合同解除后，当事人有权要求赔偿损失。损失赔偿额应当相当于因对方违约所造成的损失，包括合同履行后可以获得的利益，但不得超过违反合同一方订立合同时预见到或者应当预见到的因违反合同可能造成的损失。本案中，艺术学院一地二卖的差价即土地溢价，不仅仅是违约方艺术学院可预见的损失，而且已经现实地确定。故法院判令艺术学院应当向左右公司赔偿土地溢价损失 1343 万元。

法院不支持左右公司请求支付土地转让款利息的原因在于，艺术学院赔偿的左右公司土地溢价损失已填补了给左右公司造成的利益减损损失，而未返还的土地转让款的利息损失已包含在土地溢价损失中。

实务经验总结

前事不忘，后事之师。为避免未来发生类似败诉，提出如下建议：

一、本案对于土地使用权人有很强的警示作用，土地使用权人与受让方签订土地转让合同后，又将土地高价卖给第三人并办理过户的，应赔偿受让方土地溢价损失，也即转让方高价转卖的差价实际上最终将赔付给受让方，到头来竹篮打水一场空。

二、关于一地数卖情形下的物权归属问题，请参阅本书文章：《一地数卖，花落谁家》。

三、合作开发房地产合同约定提供土地使用权的当事人不承担经营风险，只收取固定利益的，应当认定为土地使用权转让合同。请参阅本书文章：《名为合作开发房地产、实为土地转让的认定》。

相关法律规定

《中华人民共和国合同法》

第九十四条 有下列情形之一的，当事人可以解除合同：

（一）因不可抗力致使不能实现合同目的；

（二）在履行期限届满之前，当事人一方明确表示或者以自己的行为表明不履行主要债务；

（三）当事人一方迟延履行主要债务，经催告后在合理期限内仍未履行；

（四）当事人一方迟延履行债务或者有其他违约行为致使不能实现合同目的；

（五）法律规定的其他情形。

第九十七条　合同解除后，尚未履行的，终止履行；已经履行的，根据履行情况和合同性质，当事人可以要求恢复原状、采取其他补救措施，并有权要求赔偿损失。

第九十八条　合同的权利义务终止，不影响合同中结算和清理条款的效力。

第一百一十三条第一款　当事人一方不履行合同义务或者履行合同义务不符合约定，给对方造成损失的，损失赔偿额应当相当于因违约所造成的损失，包括合同履行后可以获得的利益，但不得超过违反合同一方订立合同时预见到或者应当预见到的因违反合同可能造成的损失。

《最高人民法院关于审理涉及国有土地使用权合同纠纷案件适用法律问题的解释》

第二十四条　合作开发房地产合同约定提供土地使用权的当事人不承担经营风险，只收取固定利益的，应当认定为土地使用权转让合同。

以下为该案在最高法院审理阶段，裁定书中“本院认为”部分就该问题的论述：

《中华人民共和国合同法》第一百一十三条所规定的违约损害赔偿，系填补因一方违约行为而给对方所造成的损失，包括合同履行后可以获得的利益。本案中，艺术学院一地二卖的差价即土地溢价，不仅仅是艺术学院可预见的损失，而且已经现实地确定。故原判决判令艺术学院应当向左右公司赔偿土地溢价损失并无不当。《联合开发合同》第五条第一款所约定的“全部损失”与上述合同法中违约损失的含义并无不同。艺术学院有关合同中的“全部损失”仅指实际损失的认识，系对合同的错误理解。

关于艺术学院是否应赔偿左右公司未返还的150万元土地转让款利息损失问题。左右公司支付土地转让款3510万元原系履行自己的合同义务，后因艺术学院违约造成双方之间的合同无法继续履行而解除。但是，艺术学院赔偿左右公司土地溢价损失已填补艺术学院因合同目的落空而造成的利益减损的损失，其中未返还的土地转让款的利息损失也已经包含在土地溢价损失中，故左右公司主张艺术学院应赔偿未返还的土地转让款利息损失的再审申请理由不能成立，本院不予支持。

延伸阅读

一、认定土地转让方根本违约的损失赔偿范围包括因土地增值带来的预期利益损失的案例（案例1—案例3）

案例1：蔡在超、吴存良与象山县正大房地产开发有限公司建设用地使用权转让合同纠纷、委托代建合同纠纷申诉、申请再审民事裁定书［浙江省高级人民法院（2016）浙民申2004号］认为，“关于损失赔偿范围及金额的问题。合同法第一百一十三条规定，当事人一方不履行合同义务或者履行合同义务不符合约定，给对方造成损失的，损失赔偿数额应当相当于因违约所造成的损失，包括合同履行后可以获得的利益，但不得超过违反合同一方订立合同时预见到或者应当预见到的因违反合同可能造成的损失。第一百一十九条规定，当事人一方违约后，对方应当采取适当措施防止损失的扩大；没有采取措施致使损失扩大的，不得就扩大的损失要求赔偿。因此，本案双方之间的合同未能履行，原审认定因正大公司违约导致蔡再超、吴存良所遭受的损失应包括涉案土地的增值部分及原规划核准可建设房产的可得利润，以及就正大公司应承担的具体赔偿金额的认定，均无不当。正大公司提出按未付款比例扣除土地增值利益以及税费问题的异议，均不能成立。”

案例2：林绮卿与中山市建设企业资产经营有限公司建设用地使用权转让合同纠纷再审民事判决书［广东省高级人民法院（2014）粤高法民一提字第50号］认为，“林绮卿主张的损失为因《协议书》解除而导致的土地增值预期利益损失，计算方式应为土地现值扣除购地成本。由于林绮卿自愿负担了将涉案土地使用权自坦洲房地产公司名下过户至设计院名下的办证费用，故该办证费用108667.5元与《协议书》约定的购地款583815元之和，即为林绮卿的总购地成本。结合上述责任比例，本案中建设资产公司应向林绮卿赔偿的损失应为3836362.25元［(6173000元-583815元-108667.5元)×70%］。二审法院以评估所得的土地现值扣减未实际发生的交易税费计算林绮卿的预期利益损失，没有依据，亦不合常理，本院予以纠正。一审法院的计算方式及计算金额均正确，本院予以维持。至于建设资产公司主张二审法院以涉案土地2009年的市场评估价计算经济损失不符合一般人的认知能力及法律规定的问题，土地价格变动属正常商业风险，并非不能预见，建设资产公司上述主张依据不足。”

案例3：山西银盾投资担保有限公司与山西新发展汽车物流贸易集团有限公司建设用地使用权纠纷二审民事判决书［山西省高级人民法院（2014）晋民终字第85号］认为，“涉案土地现已被拍卖，双方签订的《出让国有土地使用权转让合同》不具备履行可能，银盾公司要求解除合同的诉请符合法律规定，应予以支持。根据《合同法》第九十七条‘合同解除后，尚未履行的，终止履行；已经履行的，根据履行情况和合同性质，当事人可以要求恢复原状、采取其他补救措施，并有权要求赔偿损失’，以及第一百一十三条‘当事人一方不履行合同义务或履行合同义务不符合约定，给对方造成损失的，损失赔偿额应当相当于因违约所造成的损失，包括合同履行后可以获得的收益，但不得超过违反合同一方订立合同时预见到或者应当预见到的因违反合同可能造成的损失’的规定，在新发展公司因不作为导致合同目的无法实现情况下，银盾公司有权要求新发展公司返还 2300 万元土地购买款，并有权要求其赔偿损失，这种损失包括直接损失和预期利益损失，借款的利息及为履行合同产生的费用为直接损失，合同如能正常履行所带来的利益为预期利益损失。本案诉争土地已被依法拍卖 5452 万元，比转让时升值 3152 万元，该部分增值应属合同若正常履行所应具有的利益，作为土地使用权人的新发展公司本应按合同约定在一定期限内将土地过户给银盾公司，但因自己的根本违约行为，导致银盾公司在支付土地转让款后却不能实现合同目的，也丧失了本应获得的土地增值利益，且新发展公司作为土地使用权人，对自己所有的土地状况及价值理应知情，故新发展公司应就给银盾公司造成的损失承担赔偿责任。”

二、认定土地转让方根本违约的损失赔偿范围不包括因土地增值带来的预期利益损失的案例（案例 4—案例 5）

案例 4：海南惠富达实业有限公司与温有文建设用地使用权转让合同纠纷二审民事判决书［海南省高级人民法院（2014）琼民三终字第 40 号］认为，“可得利益损失指的是合同履行情况下守约方必然可以获得的利益，惠富达公司与温有文所签合同虽为土地使用权转让合同，但依据双方约定，温有文绝大部分转让对价及惠富达公司自身利益均须通过惠富达公司开发建设土地并出售所建成的房产而获得，并非惠富达公司通过单纯转让土地使用权而获得，且土地开发建设周期长，不确定因素多，惠富达公司最终能否从开发建设中获利难以确定，故其以涉案土地市场评估价与其与温有文间转让土地使用权的差价主张可得利益损失没有事实依据，本院不予支持。但鉴于温有文违反诚实信用原则将土地使用权转让给鑫宇公司获取了较大利益，并因此导致惠富达公司无法获得土地使用权，惠富达公司由此可能获得的利益也已无法实现，故从公平原则出发，温有文应当给予惠富达公司适当的补偿。综合本案具体情况，温有文应酌情补偿惠富达公司人民币 80 万元。”

案例 5：孙延民与山东天海工贸发展有限公司建设用地使用权转让合同纠纷二审民事判决书［山东省高级人民法院（2014）鲁民一终字第 557 号］认为，“原审法院认为，……根据协议书约定，被告天海公司应承担的违约责任为原告孙延民所交土地转让款按月 2% 计算的利息及违约金 5000000 元，被告天海公司抗辩称利息与违约金系重复计算，考虑到本案协议书不能履行给原告孙延民造成的损失主要系其所交纳土地转让款的利息损失，协议书关于利息的约定足以弥补原告孙延民的损失，故从公平角度考虑，该院确定被告天海公司应承担的违约金为以13200000元为基数，按月息2%自2013年11月1日（最后一笔付款之次日）计算至该院确定的还款之日。……上诉人未按合同约定交付涉案土地的行为构成根本违约。被上诉人以上诉人存在违约行为致使其合同目的不能实现为由要求解除合同，符合法律规定，应当予以支持。因上诉人天海公司违约导致合同解除，其应承担违约责任。由于合同不能履行给被上诉人造成的损失主要是其所交纳土地转让款的利息损失，原审判决根据协议书约定的月息2%计算违约金，本院认为并无不当。"

三、认定受让方主张因土地增值带来的预期利益损失应承担举证责任的案例（案例6）

案例6：凯达（湖南）房地产开发有限公司与湖南华夏科技发展有限公司建设用地使用权转让合同纠纷再审民事判决书［湖南省高级人民法院（2015）湘高法民再二终字第132号］认为，"原审中，凯达公司以华科公司主张的违约金过高为由，请求调整违约金。华科公司则提交了相关的财务凭证证实其为履行合同所产生的实际支出为127993元，但是对于华科公司的可得利益损失，华科公司并未提交涉案土地价格评估报告或其他较为客观的依据作为计算其可得利益损失的参考。因此，本院根据上述司法解释的规定，以华科公司实际损失为基础，充分考虑涉案合同的履行情况、当事人的过错程度、华科公司的预期利益等综合因素，酌情判定凯达公司应向华科公司支付违约金的数额为双方约定违约金数额的60%，双方约定违约金为760万元，故凯达公司应向华科公司支付违约金456万元。对于华科公司主张的直接损失129209.5元，由于凯达公司支付的违约金足以弥补华科公司主张的该项损失，故该项损失不再支持。"

043 境外法人能否取得中国土地使用权*

——境内外法人原则上均可依法取得国有土地使用权，进行土地开发利用

境外主体能否在中国境内受让土地使用权？最高法院认为，我国法律法规并未对此作出禁止性规定，故除另有特殊规定外，境外主体有权受让中国境内的土地使用权。

---

* 案件来源：大连羽田钢管有限公司与大连保税区弘丰钢铁工贸有限公司、株式会社羽田钢管制造所、大连高新技术产业园区龙王塘街道办事处物权确认纠纷再审民事裁定书［最高人民法院（2011）民提字第29号］。

裁判要旨

除另有特殊规定外，现行土地管理法律法规对境外法人在我国购买、取得国有土地使用权没有禁止性或者限制性规定。

案情简介

一、2002年5月8日，羽田制造所（日本注册公司）与弘丰公司签订《转让合同》A，约定：羽田制造所决定购买龙王塘办事处的土地使用权、房屋及其附属设施；羽田制造所以弘丰公司名义签订转让合同，弘丰公司的权利义务均由羽田制造所实际承担；羽田制造所在大连注册成立独资企业后，弘丰公司应协助办理土地使用证和房屋所有权证过户手续。同日，龙王塘办事处与弘丰公司签订《转让合同》B，约定龙王塘办事处将土地使用权、房屋及其附属设施转让给弘丰公司。上述两份合同签订时三方当事人均在场。

二、2008年，羽田制造所独资设立大连羽田公司，取得《企业法人营业执照》。羽田制造所和龙王塘办事处分别向大连羽田公司发出函件，确认由大连羽田公司继续履行《转让合同》B，并享有相应的权利义务。

三、大连羽田公司根据《转让合同》A要求弘丰公司协助办理过户登记手续，但遭到拒绝，大连羽田公司遂向大连中院起诉，请求：确认案涉土地使用权、房屋及其附属设施归属大连羽田公司；判令弘丰公司协助将土地使用权和房屋所有权办理过户到大连羽田公司名下。大连中院判决支持了大连羽田公司的上述诉求。

四、弘丰公司不服，向辽宁高院上诉，主张因羽田制造所与弘丰公司签订《转让合同》A时，并未在我国登记注册，不具备购买土地使用权主体资格，且未经相关国家机关批准，《转让合同》A应属无效合同。辽宁高院认为，案涉资产的真正受让人是弘丰公司而非羽田制造所，而且羽田制造所是日本企业，其受让中国土地使用权没有法律依据，故改判驳回大连羽田公司的诉讼请求。

五、大连羽田公司不服，向最高法院申请再审。最高法院改判：确认案涉附属设施设备的所有权属于大连羽田公司，弘丰公司将案涉土地使用权和房屋所有权过户给大连羽田公司。

裁判要点

本案最高法院认定羽田制造所可受让案涉资产的原因在于：

首先，龙王塘办事处是案涉资产的出让人，羽田制造所是案涉资产的真正受让人。《中华人民共和国合同法》第四百零二条规定："受托人以自己的名义，在委托人的授权范围内与第三人订立的合同，第三人在订立合同时知道受托人与委托人之间的代理关系的，该合同直接约束委托人和第三人，但有确切证据证明该合同只约束受托人和第三人的除外。"据此，委托代理关系中第三人明知委托人与受托人的代理关系的，受托人与第三人签订的合同直接约束委托人与第三人。本案当事人在 2002 年 5 月 8 日均到场参加了案涉合同的签署过程，各方当事人均知道羽田制造所与弘丰公司之间系委托代理关系，因此，《转让合同》B 直接约束龙王塘办事处和羽田制造所，案涉资产的真正受让人是羽田制造所。弘丰公司割裂《转让合同》A 与《转让合同》B 的关联关系，仅依据《转让合同》B 认为其系涉案资产的受让人，没有事实和法律依据。

其次，羽田制造所作为境外法人受让涉案国有土地使用权未违反我国现有法律法规的规定，是合法有效的。根据《中华人民共和国土地管理法》、《中华人民共和国城市房地产管理法》、《中华人民共和国城镇国有土地使用权出让和转让暂行条例》等法律法规的规定，我国土地管理实行的是按用途管制而非按用地主体进行限制，原则上境内外法人均享有相同的待遇，均可依法取得国有土地使用权，进行土地开发利用。除另有特殊规定外，现行土地管理法律法规对境外法人在我国购买、取得国有土地使用权没有禁止性或者限制性规定。因此，羽田制造所有权受让本案国有土地使用权。

最后，弘丰公司应当依约将涉案土地使用证和房屋所有权证过户至大连羽田公司名下。根据《转让合同》A 的约定，羽田制造所在大连注册成立独资企业后，弘丰公司应协助办理土地使用证和房屋所有权证过户手续。现羽田制造所已设立大连羽田公司，大连羽田公司要求弘丰公司协助办理过户手续，有相关合同依据，弘丰公司应当依约履行。

实务经验总结

前事不忘，后事之师。为避免未来发生类似败诉，提出如下建议：

一、现行土地管理法律法规对境外法人在我国购买、取得国有土地使用权没有禁止性或者限制性规定，故土地使用权转让合同不会因受让方是境外法人而无效。当事人主张因土地受让方是境外法人，故转让合同无效的，法院不予支持。

二、房地产转让关系的受让人可以依据房地产转让合同诉请办理过户登记手续，但是无权诉请直接确认其享有该房地产的物权。本案一审判决直接确认大连羽田公司享有涉案不动产物权，后最高法院仅认定大连羽田公司享有转让合同中约定的附属设施设备的所有权。最高法院认为，“不动产物权的变动除交付外，尚需办理登记手续，故大连羽田公司请求确认其享有涉案国有土地使用权和地上建筑物所有权，缺乏法律依据，本院不予支持”。

相关法律规定

《中华人民共和国土地管理法》

第四条　国家实行土地用途管制制度。

国家编制土地利用总体规划，规定土地用途，将土地分为农用地、建设用地和未利用地。严格限制农用地转为建设用地，控制建设用地总量，对耕地实行特殊保护。

前款所称农用地是指直接用于农业生产的土地，包括耕地、林地、草地、农田水利用地、养殖水面等；建设用地是指建造建筑物、构筑物的土地，包括城乡住宅和公共设施用地、工矿用地、交通水利设施用地、旅游用地、军事设施用地等；未利用地是指农用地和建设用地以外的土地。

使用土地的单位和个人必须严格按照土地利用总体规划确定的用途使用土地。

《中华人民共和国城镇国有土地使用权出让和转让暂行条例》

第三条　中华人民共和国境内外的公司、企业、其他组织和个人，除法律另有规定者外，均可依照本条例的规定取得土地使用权，进行土地开发、利用、经营。

第十条　土地使用权出让的地块、用途、年限和其他条件，由市、县人民政府土地管理部门会同城市规划和建设管理部门、房产管理部门共同拟定方案，按照国务院规定的批准权限批准后，由土地管理部门实施。

《中华人民共和国城市房地产管理法》

第十二条　土地使用权出让，由市、县人民政府有计划、有步骤地进行。出让的每幅地块、用途、年限和其他条件，由市、县人民政府土地管理部门会同城市规划、建设、房产管理部门共同拟定方案，按照国务院规定，报经有批准权的人民政府批准后，由市、县人民政府土地管理部门实施。

直辖市的县人民政府及其有关部门行使前款规定的权限，由直辖市人民政府规定。

《中华人民共和国合同法》

第四百零二条　受托人以自己的名义，在委托人的授权范围内与第三人订立的合同，第三人在订立合同时知道受托人与委托人之间的代理关系的，该合同直接约束委托人和第三人，但有确切证据证明该合同只约束受托人和第三人的除外。

《住房城乡建设部、商务部、国家发展改革委等部门关于调整房地产市场外资准入和管理有关政策的通知》

为促进房地产市场平稳健康发展，经国务院同意，决定对《关于规范房地产市场外资准入和管理的意见》（住建房［2006］171号）中有关外商投资房地产企业和境外机构、个人购房的部分政策进行调整，现就有关事项通知如下：

……

三、境外机构在境内设立的分支、代表机构（经批准从事经营房地产的企业除外）和在境内工作、学习的境外个人可以购买符合实际需要的自用、自住商品房。对于实施住房限购政策的城市，境外个人购房应当符合当地政策规定。

《住房和城乡建设部、国家外汇管理局关于进一步规范境外机构和个人购房管理的通知》

一、境外个人在境内只能购买一套用于自住的住房。在境内设立分支、代表机构的境外机构只能在注册城市购买办公所需的非住宅房屋。法律法规另有规定的除外。

三、各地房地产主管部门在办理境外机构的商品房预售合同备案和房屋产权登记时，除应当查验《城市商品房预售管理办法》、《房屋登记办法》规定的材料及验证购房人持有房屋情况外，还应当查验：

1. 有关部门出具的在境内设立分支、代表机构的批准文件和注册证明。

2. 境外机构所购房屋是实际办公所需的书面承诺。

《建设部、商务部、国家发展和改革委员会等关于规范房地产市场外资准入和管理的意见》

三、严格境外机构和个人购房管理

……

（十一）符合规定的境外机构和个人购买自用、自住商品房必须采取实名制，并持有效证明（境外机构应持我政府有关部门批准设立驻境内机构的证明，境外个人应持其来境内工作、学习，经我方批准的证明，下同）到土地和房地产主管部门办理相应的土地使用权及房屋产权登记手续。房地产产权登记部门必须严格按照自用、自住原则办理境外机构和个人的产权登记，对不符合条件的不予登记。

（十二）外汇管理部门要严格按照有关规定和本意见的要求审核外商投资企业、境外机构和个人购房的资金汇入和结汇，符合条件的允许汇入并结汇；相关房产转让所得人民币资金经合规性审核并确认按规定办理纳税等手续后，方允许购汇汇出。

以下为该案在最高法院审理阶段，裁判文书中“本院认为”部分就该问题的论述：

《转让合同》B约定的转让资产包括涉案国有土地使用权和地上建筑物、构筑物、地下物及附属设施设备的所有权。本案各方当事人对羽田制造所受让涉案地上建筑物等资产的所有权均无异议。争议焦点在于羽田制造所作为境外法人受让涉案国有土地使用权是否违反我国法律法规的规定。根据《中华人民共和国土地管理法》、《中华人民共和国城市房地产管理法》、《中华人民共和国城镇国有土地使用权出让和转让暂行条例》等法律法规的规定，我国土地管理实行的是按用途管制而非按用地主体进行限制，原则上境内外法人均享有相同的待遇，均可依法取得国有土地使用权，进行土地开发利用。除另有特殊规定外，现行土地管理法律法规对境外法人在我国购买、取得国有土地使用权没有禁止性或者限制性规定。因此，羽田制造所受让涉案国有土地使用权并未违反我国现有法律法规的规定，是合法有效的。本案中，羽田制造所签署合同受让涉案资产的事实发生在2002年，当时《中华人民共和国物权法》尚未实施，因此，二审判决适用《中华人民共和国物权法》认定羽田制造所不能受让我国国有土地使用权确有错误，况且物权法定原则是指物权的种类和内容法定，二审判决将该原则理解为物权的取得法定亦属错误，应予纠正。

延伸阅读

认定法律、行政法规对外国人购房并无禁止性规定的案例：

案例1：翁振拓申请JIUYINGGUO、北京中视联国际数字产业园建设有限公司等执行人执行异议之诉民事裁定书［最高人民法院（2016）最高法民申3645号］认为，“法律、行政法规对外国人购房并无禁止性规定。国九英作为境外个人，与中视联公司签订合同仅具有债权效力，与标的最终是否能够完成过户登记发生物权变动，属于不同的法律关系。双方签订合同时是否存在过错，与是否因国九英原因未能办理不动产过户登记并无当然联系。翁振拓再审申请无事实和法律依据，本院不予支持。”

案例2：林光旭、武夷山市隆达房地产有限公司房屋买卖合同纠纷二审民事判决书［南平市中级人民法院（2016）闽07民终1037号］认为，“关于本案《商品房买卖合同》的效力问题，根据《最高人民法院关于适用〈中华人民共和国合同法〉若干问题的解释（一）》第四条、《最高人民法院关于适用〈中华人民共和国合同法〉若干问题的解释（二）》第十四条规定，确认合同无效，应当以法律及行政法规的效力性强制性规定为依据。《关于调整房地产市场外资准入和管理有关政策的通知》为国务院部门规范性文件，不属于法律及行政法规，该通知中关于外国人购房的有关规定属管理性规定。武夷山隆达公司提出林光旭系澳大利亚公民，其购房违反国家部委的相关政策，应认定本案《商品房买卖合同》无效的上诉理由不成立，本院不予支持。根据《中华人民共和国物权法》第十五条规定，当事人之间订立有关设立、变更、转让和消灭不动产物权的合同，除法律另有规定或者合同另有约定外，自合同成立时生效；未办理物权登记的，不影响合同效力。本案《商品房买卖合同》系买卖双方转让讼争房产的合同，未违反法律及行政法规的效力性强制性规定，应当认定有效。一审判决驳回武夷山隆达公司的反诉请求正确，应予维持。”

案例 3：凌子健与浙江广联置业有限公司商品房预售合同纠纷二审民事判决书［嘉兴市中级人民法院（2015）浙嘉民终字第 328 号］认为，“根据《中华人民共和国合同法》第九十三条及第九十四条之规定，除双方当事人协商一致解除合同外，合同的解除必须具备约定或法定的解除条件。凌子健以其系外籍人士，不符合有关外国人购房的条件，不能办理过户登记，故合同目的无法实现为由，诉请解除合同。但凌子健并未能举证证明其实际不能办理过户登记的事实，其辩称当地国家安全局不予出具其办理过户所需的购房审核报告书，但没有提供其曾向国家安全局报备被退回的相关证据。凌子健只是提出其属于建住房［2006］171 号文件规定的境外个人限制购房的情形，但该文件系部门规范性文件，并非法律和行政法规范畴。同时，该文件规定的限制购房条件也并非效力性规范。综上，凌子健对其主张的因不符合购房条件不能办理过户的事实，未能充分举证，凌子健以此为由要求解除合同，依据不足。”

044 能否直接依据不动产、动产转让合同诉请确认物权*

——法院不宜直接依据不动产转让合同确认物权归受让人所有

受让人能否直接依据转让合同诉请确认不动产物权、动产物权？最高法院认为，应作区分处理：对已经交付的动产可以确认物权；对于不动产，不能依据债权合同直接确认权属。

裁判要旨

在物权确权纠纷案件中，根据物权变动的基本原则，对于当事人依据转让合同提出的确权请求，应当对动产与不动产予以区别对待：人民法院对于已经交付的动产，可以予以确认权属；对于权利人提出的登记于他人名下的不动产物权归其所有的确权请求，人民法院不宜直接判决确认其权属，而应当判决他人向权利人办理登记过户。

案情简介

一、2002 年 5 月 8 日，羽田制造所（日本公司）与弘丰公司签订《转让合同》A，约定：羽田制造所决定购买龙王塘办事处的土地使用权、房屋及其附属设施；羽田制造所以弘丰公司名义签订转让合同，弘丰公司的权利义务均由羽田制造所实际承担；羽田制造所在大连注册成立独资企业后，弘丰公司应协助办理土地使用权和房屋所有权过户手续。同日，龙王塘办事处与弘丰公司签订《转让合同》B，约定龙王塘办事处将土地使用权、房屋及其附属设施转让给弘丰公司。上述两份合同签订时三方当事人均在场。

二、2008 年，羽田制造所独资设立大连羽田公司，取得《企业法人营业执照》。羽田制造所和龙王塘办事处分别向大连羽田公司发出函件，确认由大连羽田公司继续履行《转让合同》B，并享有相应的权利义务。

三、大连羽田公司根据《转让合同》A 要求弘丰公司协助办理过户登记手续，

* 案件来源：大连羽田钢管有限公司与大连保税区弘丰钢铁工贸有限公司、株式会社羽田钢管制造所、大连高新技术产业园区龙王塘街道办事处物权确认纠纷案［最高人民法院（2011）民提字第 29 号］，载于《最高人民法院公报》2012 年第 6 期（总第 188 期）。

但遭到拒绝，大连羽田公司遂向大连中院起诉，请求：确认案涉土地使用权、房屋及其附属设施归属大连羽田公司；判令弘丰公司协助将土地使用权和房屋所有权办理过户到大连羽田公司名下。大连中院判决：除地下物所有权之外，其他物的物权归属大连羽田公司；弘丰公司协助大连羽田公司将不动产物权证书办到大连羽田公司名下。

四、弘丰公司不服，向辽宁高院上诉。辽宁高院认为，案涉资产的真正受让人是弘丰公司而非羽田制造所，改判驳回大连羽田公司的诉讼请求。

五、大连羽田公司不服，向最高法院申请再审。最高法院改判：确认案涉附属设施设备的所有权属于大连羽田公司，弘丰公司将案涉土地使用权和房屋所有权过户给大连羽田公司。

裁判要点

最高法院未支持大连羽田公司关于确认不动产物权请求的原因在于：

第一，除合同另有约定外，动产所有权自交付时转移。本案龙王塘办事处在《转让合同》B 签署后，已经将案涉全部资产交付大连羽田公司。根据《中华人民共和国合同法》第一百三十三条的规定，“标的物的所有权自标的物交付时起转移，但法律另有规定或者当事人另有约定的除外。”《转让合同》B 并未对案涉附属设施设备的动产所有权转移作出明确约定，因此，应当适用上述法律的规定，案涉附属设施设备的所有权自交付时起归属于大连羽田公司。

第二，不动产物权的变动除交付外，尚需办理登记手续，故大连羽田公司请求确认其享有涉案国有土地使用权和地上建筑物所有权，缺乏法律依据，最高法院不予支持。最高法院认为，一审判决直接确认大连羽田公司享有涉案不动产物权有所不当。

实务经验总结

前事不忘，后事之师。为避免未来发生类似败诉，提出如下建议：

一、除法律另有规定或合同另有约定外，动产物权自交付时转移，故动产受让人可以依据转让合同及其已占有动产的事实诉请确认其享有动产物权。

二、因不动产物权经依法登记才发生效力，故不动产受让人无权直接依据转让合同诉请确认其享有不动产物权，受让人与转让人之间仅存在债权债务关系。

相关法律规定

《中华人民共和国合同法》

第一百三十三条 标的物的所有权自标的物交付时起转移，但法律另有规定或者当事人另有约定的除外。

《中华人民共和国物权法》

第九条 不动产物权的设立、变更、转让和消灭，经依法登记，发生效力；未经登记，不发生效力，但法律另有规定的除外。

依法属于国家所有的自然资源，所有权可以不登记。

以下为该案在最高法院审理阶段，裁判文书中“本院认为”部分就该问题的论述：

大连羽田公司根据《转让合同》B的约定，请求确认涉案国有土地使用权和地上建筑物等不动产及附属设施设备动产的所有权。根据已经查明的事实，龙王塘办事处在《转让合同》B签署后，已经将涉案全部资产交付大连羽田公司。《中华人民共和国合同法》第一百三十三条规定：标的物的所有权自标的物交付时起转移，但法律另有规定或者当事人另有约定的除外。《转让合同》B并未对涉案附属设施设备动产所有权的转移作出明确约定，因此，应当适用上述法律的规定，涉案附属设施设备动产的所有权自交付时起归属大连羽田公司。一审判决对涉案附属设施设备动产所有权的确认是正确的，应予维持。但不动产物权的变动除交付外，尚需办理登记手续，故大连羽田公司请求确认其享有涉案国有土地使用权和地上建筑物所有权，缺乏法律依据，本院不予支持。一审判决直接确认大连羽田公司享有涉案不动产物权有所不当。

根据《转让合同》A的全部内容和具体文义，弘丰公司应在羽田制造所注册成立独资企业大连羽田公司后，立即无条件协助将涉案土地使用证和房屋所有权证过户至大连羽田公司名下。现大连羽田公司已经设立，其要求弘丰公司协助办理过户手续，有相关合同依据，弘丰公司应当依约履行。因此，一审判决支持大连羽田公司关于弘丰公司办理过户手续的第三项诉讼请求是正确的。二审判决驳回大连羽田公司的全部诉讼请求确有错误，应予纠正。

延伸阅读

实践中仍有少数案例的裁判观点认为可依据不动产买卖合同直接确认不动产物

权归属，但不是主流观点。具体案例如下：

一、认定可依据不动产转让合同诉请确认物权归属的案例（案例1—案例2）

案例1：叶红梅与齐佳佳房屋买卖合同纠纷二审民事判决书［随州市中级人民法院（2016）鄂13民终220号］认为，“关于诉争房屋物权归属问题。本院经审理认为，叶红梅作为房屋买卖合同的买受人，有权要求法院依照买卖合同确定其对诉争房屋享有物权，叶红梅买受房屋在先，齐佳佳继承、受赠房屋在后，且叶红梅支付约定的购房款后实际占有使用房屋多年，而齐海东、张丰菊、齐佳佳均未对其提出诉讼，合同的主要义务已履行完毕，故原审法院确定诉争房屋的物权归叶红梅所有，符合案件事实和法律规定，并无不当。”

案例2：李某甲与李某乙、谢某某房屋买卖合同纠纷一审民事裁定书［资兴市人民法院（2015）资民二初字第6号］认为，“原告根据《购房合同》要求被告办理房屋产权手续，实际上是要求确认涉案房屋的物权归属，但本案争议的房屋至今未办理国有土地使用证、建设用地规划许可证、建设工程规划许可证、建设工程施工许可证、商品房销售许可证（包括商品房预售许可证）等房屋开发销售的手续。根据最高人民法院《2011年全国民事审判工作会议纪要》第二点中关于物权纠纷案件，第7小点的规定：‘当事人请求确认违法建筑权利归属及内容的，不予受理；已经受理的应驳回起诉。’根据庭审查明的事实，涉案的房屋目前无合法手续，原告起诉系确认违法建筑权利归属及内容，不属于人民法院的受案范围，因该案已经受理，应裁定驳回原告的起诉。”

二、认定不能依据不动产转让合同诉请确认物权归属的案例（案例3—案例6）

案例3：岳阳市新天地置业发展有限公司与湖南华菱置业有限公司其他合同纠纷二审民事判决书［最高人民法院（2013）民一终字第209号］认为，“退一步讲，即便双方约定在岳阳新天地支付相应款项后，华菱置业应将案涉土地使用权过户到其名下，双方亦仅为债权债务关系，作为债权人的岳阳新天地，仅能请求华菱置业履行相应合同义务，而不能直接请求确认该土地使用权归其享有，亦不能依照《中华人民共和国物权法》第三十条规定主张因合法建造当然取得其上建筑物的所有权。”

案例4：陈太宏与王杭州、深圳招商房地产有限公司所有权确认纠纷二审民事判决书［深圳市中级人民法院（2015）深中法房终字第1642号］认为，“我国物权法已确立了物权登记制度，根据物权登记公示原则，为避免权利冲突，实际权利人也应通过办理物权转移登记的方式取得物权。而本案中，一方面，深圳市规划和国土资源委员会备案的分户汇总表中显示蛇口兴龙大厦1栋6B房产预售权利人为深圳华丝企业股份有限公司，并非王杭州，陈太宏与王杭州仅是房屋买卖合同关系，其请求直接确认物权，在法律上缺乏依据；另一方面，陈太宏支付房款的证据不充分，在事实上依据不足。”

案例 5：朱伟与由东举房屋买卖合同纠纷二审民事判决书［青岛市中级人民法院（2015）青民一终字第 1753 号］认为，“关于上诉人主张确认物权的请求，本院认为，本案中，上诉人朱伟基于其与被上诉人由东举的《房地产认购合同》主张对诉争房产的所有权，该房地产认购合同书性质上属房屋买卖合同，而房屋买卖合同当事人之间形成的是债权债务关系，并非物权确认关系，上诉人作为房产买受人可以要求出卖人履行合同义务，而不能根据房屋买卖合同直接主张确认物权之效力。因此，原审对上诉人确认涉案诉争房产归其所有的请求不予支持正确。”

案例 6：吉林市西江汽车配件有限公司与于文斌、吉林市鑫安房地产开发有限公司、王萍、徐恩池、吉林市建新房地产开发有限责任公司、张域房屋买卖合同纠纷二审民事判决书［吉林市中级人民法院（2017）吉 02 民终 495 号］认为，“于文斌与鑫安房地产之间签订的售房协议虽合法有效，但于文斌未办理该房屋的所有权登记，依据《中华人民共和国物权法》第九条‘不动产物权的设立、变更、转让和消灭，经依法登记，发生效力；未经登记，不发生效力，但法律另有规定的除外’之规定，未经登记，不发生物权效力。于文斌要求确认物权的主张也不符合《中华人民共和国物权法》第二十八条‘因人民法院、仲裁委员会的法律文书或者人民政府的征收决定等，导致物权设立、变更、转让或者消灭的，自法律文书或者人民政府的征收决定等生效时发生效力’、第二十九条‘因继承或者受遗赠取得物权的，自继承或者受遗赠开始时发生效力’、第三十条‘因合法建造、拆除房屋等事实行为设立或者消灭物权的，自事实行为成就时发生效力’规定的情形。故于文斌要求确认对争议房屋享有物权的主张，不符合法律规定，不予支持，其可依售房协议向鑫安房地产主张合同权利。”

045 低价转让土地是否有效？政府未行使优先购买权是否会导致合同无效*

——转让价格低于市场价格不会导致土地转让合同无效，政府未行使优先购买权亦不会导致合同无效

《中华人民共和国城镇国有土地使用权出让和转让暂行条例》第二十六条规定，“土地使用权转让价格明显低于市场价格的，市、县人民政府有优先购买权”。根据该规定，是否可得出转让价格明显低于市场价格的土地转让合同无效的结论？又是否可得出该情形下政府未行使优先购买权的，土地转让合同无效的结论？最高法院认为，该规定并非效力性强制性规定，不会据此认定合同无效。

裁判要旨

一、土地使用权转让价格明显低于市场价格不会导致土地转让合同无效。

二、人民政府未对低价转让的土地使用权行使优先购买权不属于《中华人民共和国合同法》第五十二条所规定的可导致合同无效的法定情形。

案情简介

一、潮连公司与益丞公司签订《土地转让合同》，转让案涉土地使用权。

二、信金公司向法院提起执行异议之诉，原审法院认定《土地转让合同》有效。

三、信金公司不服，向最高法院申请再审，主张潮连公司与益丞公司转让案涉土地使用权时违反了《中华人民共和国城镇国有土地使用权出让和转让暂行条例》第二十六条关于“土地使用权转让价格明显低于市场价格的，市、县人民政府有优先购买权”以及《国务院关于加强国有土地资产管理的通知》第四条关于“转让双方必须如实申报成交价格……申报土地受让价格比标定地价低20%以上的，市、县人民政府可行使优先购买权”的行政法规强制性规定，应认定无效。最高法院裁定驳回信金公司的再审申请。

---

* 案件来源：江门信金资产管理有限公司与江门市益丞物业管理有限公司、江门市蓬江区潮连建设综合开发公司执行异议之诉申诉、申请再审民事裁定书［最高人民法院（2016）最高法民申2373号］。

裁判要点

最高法院认定涉案《土地转让合同》有效的原因在于：

首先，即便案涉土地使用权转让价格偏低，也不会产生《土地转让合同》无效的法律后果。

其次，《中华人民共和国城镇国有土地使用权出让和转让暂行条例》第二十六条关于“上述使用权转让价格明显低于市场价格的，市、县人民政府有优先购买权”以及《国务院关于加强国有土地资产管理的通知》关于“国有土地使用权转让，转让双方必须如实申报成交价格。土地行政主管部门要根据基准地价、标定地价对申报价格进行审核和登记。申报土地转让价格比标定地价低20%以上的，市、县人民政府可行使优先购买权”的规定属于管理性强制性规定。上述规定的立法目的在于更有效地强化对国有土地使用权转让价格合理范围的控制，并未直接否定交易本身的效力或明确此类合同当为无效的法律后果，上述规定均属于带有行政监管色彩的管理性规定。即使在土地使用权转让价格低于市场价格时人民政府未行使优先购买权的，也只是行政部门综合判断有关情况后的选择，难以认定侵害了社会公共利益，不能直接产生案涉《土地转让合同》归于无效的法律后果。

实务经验总结

前事不忘，后事之师。为避免未来发生类似败诉，提出如下建议：

一、签订土地转让合同后，当事人以土地使用权转让价格低于市场价格，以及政府未行使优先购买权为由，主张合同无效的，法院不予支持。

二、土地使用权人转让土地使用权之前应当对当地土地价格进行调研，可通过查询当地政府公布的基准地价、交易所的土地成交价格等，确定合理的转让价格。

相关法律规定

《中华人民共和国城镇国有土地使用权出让和转让暂行条例》

第二十六条 上述土地使用权转让价格明显低于市场价格的，市、县人民政府有优先购买权。

土地使用权转让的市场价格不合理上涨时，市、县人民政府可以采取必要的措施。

《国务院关于加强国有土地资产管理的通知》

四、加强土地使用权转让管理

……

国有土地使用权转让，转让双方必须如实申报成交价格。土地行政主管部门要根据基准地价、标定地价对申报价格进行审核和登记。申报土地转让价格比标定地价低20%以上的，市、县人民政府可行使优先购买权。

《中华人民共和国合同法》

第五十二条 有下列情形之一的，合同无效：

（一）一方以欺诈、胁迫的手段订立合同，损害国家利益；

（二）恶意串通，损害国家、集体或者第三人利益；

（三）以合法形式掩盖非法目的；

（四）损害社会公共利益；

（五）违反法律、行政法规的强制性规定。

《最高人民法院关于适用〈中华人民共和国合同法〉若干问题的解释（二）》

第十四条 合同法第五十二条第（五）项规定的“强制性规定”，是指效力性强制性规定。

以下为该案在最高法院审理阶段，裁判文书中“本院认为”部分就该问题的论述：

关于《土地转让合同》是否有效的问题。从信金公司所援引法规的性质看，《中华人民共和国城镇国有土地使用权出让和转让暂行条例》第二十六条关于“上述使用权转让价格明显低于市场价格的，市、县人民政府有优先购买权”以及《国务院关于加强国有土地资产管理的通知》关于“国有土地使用权转让，转让双方必须如实申报成交价格。土地行政主管部门要根据基准地价、标定地价对申报价格进行审核和登记。申报土地转让价格比标定地价低20%以上的，市、县人民政府可行使优先购买权”的规定的立法目的在于更有效地强化对国有土地使用权转让价格合理范围的控制，并未直接否定交易本身的效力或明确了此类合同当为无效的法律后果，均属于带有行政监管色彩的管理性规定。即便在土地使用权转让价格低于市场价格时人民政府未行使优先购买权的，也只是行政部门综合判断有关情况后的选择，难以认定侵害了社会公共利益。有关人民政府未行使优先购买权并不能导致案涉《土地转让合同》归于无效的法律后果。另从上述法规的内容看，人民政府是否行使优先购买权也不属于《中华人民共和国合同法》第五十二条所规定的可导致合同无效的法定情形，何况时至今日，当地人民政府并未就案涉土地使用权主张行使优先购买权，也能从侧面说明《土地转让合同》尚无可导致无效的事由。故信金公司关于二审法院错误认定《土地转让合同》有效的主张因无法律依据而不能成立。一审、二审法院基于上述判断认为即便存在案涉土地使用权转让价格偏低也不会产生导致《土地转让合同》无效的法律后果，因而未接受信金公司关于申请调取案涉土地价格是否偏低的证据的申请并无不当，其审判程序并无违法之处。同理，信金公司在本案再审审查中提交新的证据《关于公布广东省城市国有土地分等及基准地价标准的通知》及《广东省城市国有土地分等及基准地价标准（2003）》，即便能够证实本案存在案涉土地使用权转让价格明显低于市场价格、江门市人民政府对该地块有优先购买权的事实，也因不属合同法定无效情形而不能推翻二审判决关于《土地转让合同》有效的认定。

延伸阅读

一、土地转让合同双方已就土地转让价格达成协议的，该价格高于基准地价不构成显失公平的理由

案例 1：庞大大同南郊投资有限公司诉大同市大昌风华汽车服务有限公司土地承包经营权转让合同纠纷二审民事判决书［山西省高级人民法院（2015）晋商终字第 92 号］认为，“土地转让价格是否过高而显失公平。对于该争议焦点，大昌公司主张 2014 年签订的《土地转让合同》所约定的土地价款高于同类地价，显失公平。根据本院审理查明的事实，双方当事人于 2014 年签订的《土地转让合同》为有效合同，合同中约定的土地转让价款具体明确，并且双方对该价款均是明知的。虽然大昌公司提供大同市市区土地基准地价表，以此证明约定的土地转让价格过高，但是该证据并不足以反驳双方共同达成土地转让价格的约定，故对其该主张，本院不予支持。”

二、《中华人民共和国城镇国有土地使用权出让和转让暂行条例》第二十六条并非认定土地转让合同无效的效力性强制性规定

案例 2：内蒙古瑞安房地产开发有限责任公司与内蒙古金石蒙荣房地产开发有限公司建设用地使用权转让合同纠纷申诉、申请再审民事裁定书［最高人民法院（2015）民申字第 3451 号］认为，“关于瑞安公司认为案涉合同存在恶意串通损害国家利益的无效情形。首先，现有证据并不能证明金石蒙荣公司存在与刘彬瑞恶意串通之情形。其次，《土地使用权出让转让条例》第二十六条规定，土地使用权转让价格明显低于市场价格的，市、县人民政府有优先购买权。上述规定不应作为认定本案《土地使用权转让协议》无效的法律依据。瑞安公司关于原判决存在认定基本事实缺乏证据证明、适用法律确有错误的理由不成立。”

046 因国有资产权属变动发生争议，能否直接向法院起诉*

——因国有企业房地产项目权属变动发生争议，不能直接向人民法院起诉

当事人因国有资产权属变动发生争议，能否直接向法院诉请履行合同？本案例中最高法院认定：国有资产权属变动争议应当先由国有资产管理部门处理，人民法院不能直接受理该类案件。

关于国有资产转让未经批准、未经评估或者未在规定场所交易是否会导致转让合同无效的问题，实践中亦存在较大争议，请参阅本书文章：《国有资产转让未经批准、未经评估、未进场交易是否影响合同效力》。

裁判要旨

人民法院不应在相关国有资产管理部门确认国有资产的权属之前，对涉及该部分国有资产的权属进行确认或者判令一方当事人履行变更该部分国有资产权属的相关手续。

案情简介

一、建设控股为全资国有企业，其依据深地合字［1995］129号《土地使用权出让合同书》取得案涉“景阳小区”项目所涉地块的土地使用权。振业集团与深发公司签订协议将“景阳小区”项目（《土地使用权出让合同书》中的合同权利、义务）转让给改制后的深发公司，但现有证据无法证实建设控股已将该项资产合法转让给振业集团，“景阳小区”项目未列入为改制而进行的资产评估范围，转让也并未得到深圳市国有资产管理部门的批准。

二、深发公司向深圳中院提起诉讼，主张根据《深发公司资产重组暨内部员工持股协议书》，振业集团已将景阳小区等项目留给了改制后的深发公司，请求由振业集团全面履行协议书，办理将“景阳小区”项目土地使用权变更至深发公司名下的手续。

三、深圳中院认为，建设控股在《土地使用权出让合同》中的权利和义务属于

* 案件来源：深圳市深发贸易有限公司与深圳市振业（集团）股份有限公司、爱克福得有限公司其他土地使用权纠纷再审民事裁定书［最高人民法院（2012）民申字第859号］。

国有资产，其产权变动应由国有资产管理部门确定。故在本案各方争议的国有资产权属未明确之前，本案不属于法院受理案件的范围，裁定：驳回深发公司的起诉。

四、深发公司不服，上诉至广东高院。广东高院裁定：驳回上诉，维持原审裁定。

五、深发公司仍不服，向最高法院申请再审。最高法院裁定：驳回深发公司的再审申请。

裁判要点

最高法院认定深发公司的起诉不属于人民法院受理案件的范围的原因在于，本案所涉景阳小区项目并未列入深发公司为改制而评估的资产范围，而景阳小区项目权益属国有资产范围，涉及该项国有资产权属的变动应当由代表国家行使国有资产管理职能的深圳市国资局审批确定，人民法院不应在深圳市国资局确认国有资产的权属之前，对涉及该部分国有资产的权属进行确认或者判令一方当事人履行变更该部分国有资产权属的相关手续。

实务经验总结

前事不忘，后事之师。为避免未来发生类似败诉，提出如下建议：

拟受让国有资产的主体应当在洽商阶段就要求转让方与当地国有资产管理部门进行沟通，确认转让的具体程序，并且按照规定的程序完成转让，以确保能顺利受让国有资产。从本案的裁判观点看，因国有资产转让发生权属争议，法院不会受理当事人的起诉，而是认定应当先由国有资产管理部门确认国有资产的权属。

相关法律规定

《中华人民共和国民法通则》

第八十二条 全民所有制企业对国家授予它经营管理的财产依法享有经营权，受法律保护。

以下为该案在最高法院审理阶段，裁判文书中“本院认为”部分就该问题的论述：

本案所涉景阳小区项目并未列入申请再审人深发公司为改制而评估的资产范围，而景阳小区项目权益属国有资产范围，涉及该项国有资产权属的变动应当由代表国家行使国有资产管理职能的深圳市国资局审批确定，人民法院不应在相关国有资产管理部门确认国有资产的权属之前，对涉及该部分国有资产的权属进行确认或者判令一方当事人履行变更该部分国有资产权属的相关手续。故在本案涉及的国有资产权属明确之前，申请再审人的起诉不属于人民法院受理案件的范围，二审裁定书驳回申请再审人的起诉符合法律规定。

综上，申请再审人虽对二审裁定提出异议，但其再审理由依法均不成立。其再审申请不符合《中华人民共和国民事诉讼法》第一百七十九条规定的情形。本院依照《中华人民共和国民事诉讼法》第一百八十一条第一款之规定，裁定如下：

驳回深圳市深发贸易有限公司的再审申请。

047 债权人能否对债务人的非金钱债权行使代位权？能否代位行使给付土地的债权*

——债权人不能对内容为转让土地的债权行使代位权

《最高人民法院关于适用〈中华人民共和国合同法〉若干问题的解释（一）》第十三条规定，代位权的行使客体是债务人享有的“具有金钱给付内容的到期债权”。对于债务人的内容为土地转让等不具有金钱给付内容的债权，债权人能否行使代位权？本案例的裁判观点对此持否定态度。但是实践中亦有高院的裁判观点对此持肯定态度。

裁判要旨

债务人对次债务人享有的债权内容为转让土地的，不符合债权人行使代位权的法定条件。

案情简介

一、陈志成对开发公司享有合法债权。

二、1992年，地产公司与开发公司签订《土地出转协议书》，约定地产公司受惠东县政府指定，将土地出让给开发公司。合同签订后地产公司尚有83.773亩土

* 案件来源：惠东地产公司与陈志成代位权纠纷二审民事判决书［广东省高级人民法院（2008）粤高法民二终字第36号］。

地未交付开发公司。

三、陈志成向惠州中院起诉，请求判令：地产公司代开发公司向陈志成清偿本金 340 万元及利息。惠州中院认为，陈志成向地产公司行使代位权应当成立，判决支持了陈志成的诉讼请求。

四、地产公司不服，上诉至广东高院，主张本案不符合代位权的行使要件，请求驳回陈志成的诉讼请求。广东高院认为，陈志成向地产公司提起的代位权诉讼，不符合提起代位权诉讼的条件，故裁定：驳回陈志成的起诉。

裁判要点

广东高院认定陈志成提起的代位权诉讼不符合法定条件的原因在于：

根据《最高人民法院关于适用〈中华人民共和国合同法〉若干问题的解释（一）》第十三条第一款之规定："合同法第七十三条规定的'债务人怠于行使到期债权，对债权人造成损害的'是指债务人不履行其对债权人的到期债务，又不以诉讼方式或者仲裁方式向其债务人主张其享有的具有金钱给付内容的到期债权，致使债权人的到期债权未能实现。"据此，债权人代位行使的债权应为"具有金钱给付内容"的债权，排除了劳务、实物等其他内容的债权。

本案地产公司应给付开发公司的是土地，即开发公司对地产公司享有的债权内容为转让土地，并非金钱给付内容，不符合上述司法解释关于代位权行使要件的规定。因此，陈志成不能代位向地产公司主张该债权。

实务经验总结

前事不忘，后事之师。为避免未来发生类似败诉，提出如下建议：

一、因《最高人民法院关于适用〈中华人民共和国合同法〉若干问题的解释（一）》将代位权的行使客体限定为具有金钱给付内容的到期债权，故债权人不能针对债务人的土地转让等非金钱给付债权行使代位权。

二、债权人行使代位权应当符合下列条件：（1）债权人对债务人的债权合法；（2）债务人怠于行使其具有金钱给付内容的到期债权，对债权人造成损害；（3）债务人的债权已到期；（4）债务人的债权不是专属于债务人自身的债权。

相关法律规定

《中华人民共和国合同法》

第七十三条 因债务人怠于行使其到期债权，对债权人造成损害的，债权人可以向人民法院请求以自己的名义代位行使债务人的债权，但该债权专属于债务人自身的除外。

代位权的行使范围以债权人的债权为限。债权人行使代位权的必要费用，由债务人负担。

《最高人民法院关于适用〈中华人民共和国合同法〉若干问题的解释（一）》

第十一条 债权人依照合同法第七十三条的规定提起代位权诉讼，应当符合下列条件：

（一）债权人对债务人的债权合法；

（二）债务人怠于行使其到期债权，对债权人造成损害；

（三）债务人的债权已到期；

（四）债务人的债权不是专属于债务人自身的债权。

第十二条 合同法第七十三条第一款规定的专属于债务人自身的债权，是指基于扶养关系、抚养关系、赡养关系、继承关系产生的给付请求权和劳动报酬、退休金、养老金、抚恤金、安置费、人寿保险、人身伤害赔偿请求权等权利。

第十三条 合同法第七十三条规定的“债务人怠于行使其到期债权，对债权人造成损害的”，是指债务人不履行其对债权人的到期债务，又不以诉讼方式或者仲裁方式向其债务人主张其享有的具有金钱给付内容的到期债权，致使债权人的到期债权未能实现。

次债务人（即债务人的债务人）不认为债务人有怠于行使其到期债权情况的，应当承担举证责任。

《最高人民法院关于深圳发展银行与赛格（香港）有限公司、深圳赛格集团财务公司代位权纠纷一案的请示的复函》

广东省高级人民法院：

你院［2005］粤高法民四他字第16号“关于上诉人深圳发展银行与被上诉人赛格（香港）有限公司、深圳赛格集团财务公司代位权纠纷一案的请示”收悉。经研究，答复如下：

……

对于你院请示报告中阐述少数意见时提出的问题即代位权的范畴可否从仅限于

债权扩张到所有权？本院认为，根据目前的法律规定和司法解释，债权人仅可以向人民法院请求以自己名义代位行使债务人具有金钱给付内容的到期债权，且该债权不能是专属于债务人自身的，代位权的范畴不能从债权扩张到所有权。

综上，你院应自行在查明赛格财务与香港赛格之间权利义务关系性质的基础上，结合现行的法律规定和司法解释，对深圳发展银行能否向香港赛格行使代位权作出判决。

以下为该案在法院审理阶段，裁判文书中“本院认为”部分就该问题的论述：

最高人民法院《关于适用〈中华人民共和国合同法〉若干问题的解释（一）》第十一条规定：“债权人依照合同法第七十三条的规定提起代位权诉讼，应当符合下列条件：（一）债权人对债务人的债权合法；（二）债务人怠于行使到期债权，对债权人造成损害；（三）债务人的债权已到期；（四）债务人的债权不是专属于债务人自身的债权”。根据本院查明的事实，1992年10月5日，地产公司与开发公司签订一份《土地出转协议书》，约定由地产公司受惠东县政府指定，将土地出让给开发公司，土地出让价为每亩7万元，出让总价按实际出让面积计算，付款方式为地产公司将土地移交给开发公司后三个月内由开发公司支付土地总价款的25%给地产公司，其余款项开发公司力争在首期付款后的一年内分期付清。惠东县国土资源局于2007年9月17日向惠东县企业国有资产监督管理办公室出具的《关于惠东县房地产综合开发集团公司位于陈塘开发区土地结算的复函》证实，上述《土地出转协议书》签订后，开发公司共支付了1800万元购地款，按每亩7万元价格计算，应购得土地257.143亩，地产公司自1995年至2005年分四次转让了共计173.37亩土地给开发公司，应补回83.773亩土地给开发公司。该复函并非对双方债权债务关系所作的最后结算，而是惠东县国土资源局对截至出具复函之日，双方履行上述《土地出转协议》的情况所作的说明。此外，由于上述土地出转协议未约定履行期限，地产公司履行协议约定的义务，将土地出让给开发公司处于一个长期持续的过程，在这一过程中，地产公司与开发公司未变更或解除上述土地出转协议，故地产公司在本案中应履行的义务是转让土地给开发公司，并非将多收的购地款退还开发公司。依照最高人民法院《关于适用〈中华人民共和国合同法〉若干问题的解释（一）》第十三条第一款之规定：“合同法第七十三条规定的‘债务人怠于行使到期债权，对债权人造成损害’是指债务人不履行其对债权人的到期债务，又不以诉讼方式或者仲裁方式向其债务人主张其享有的具有金钱给付内容的到期债权，致使债权人的到期债权未能实现”，债权人代位行使的债权应为“具有金钱给付内容”的债权，排除了劳务、实物等其他内容的债权。地产公司从1995年至2005年一直向开发公司交付土地，尚有83.773亩土地未交付开发公司。由于地产公司应给付开发公司是土地，即开发公司对地产公司享有的债权内容为转让土地，不具有金钱给付内容，不符合上述司法解释的规定。因此，即使陈志成提起代位权诉讼符合最高人民法院《关于适用〈中华人民共和国合同法〉若干问题的解释（一）》第十一条规定的其他条件，但由于开发公司对地产公司的债权不具有金钱给付内容，故陈志成不能代位向地产公司主张该债权。一审判决认定陈志成有权向地产公司提起代位权诉讼不当，应予纠正。地产公司上诉所称陈志成提起代位权诉讼不符合法定条件之主张，本院予以支持。

延伸阅读

一、认定债权人可以针对债务人的土地转让债权行使代位权的案例

案例1：再审申请人酒泉市同辉再生能源有限责任公司与被申请人酒泉荣鑫建业有限公司、赵琪燕、牟际英、魏延庆土地使用权转让合同纠纷再审民事裁定书［甘肃省高级人民法院（2015）甘民申字第1173号］认为，“申请人酒泉同辉公司与被申请人赵琪燕之夫魏凡钢签订的《土地使用权转让合同》，系双方当事人真实意思表示，并不违反相关法律、法规规定，应为有效协议。协议签订后，魏凡钢分期向酒泉同辉公司支付土地转让款20万元，酒泉同辉公司亦将土地交付魏凡钢。魏凡钢在取得土地后，将其中的20亩土地予以出租获利，故可以认定，对涉案土地魏凡钢虽未取得土地使用权证，但对该土地其已经开始享受占有、使用的权利。其后，魏凡钢又与被申请人酒泉荣鑫公司签订《土地使用权转让合同》，约定将涉案土地转让给酒泉荣鑫公司，土地价款酒泉荣鑫公司已经全部支付给了魏凡钢。现酒泉荣鑫公司要取得涉案土地的土地使用权证，依据合同相对性原则，其权利应向魏凡钢主张，但因魏凡钢因病去世，从魏凡钢处取得土地使用权证已不可能。依照《中华人民共和国合同法》第七十三条‘因债务人怠于行使其到期债权，对债权人造成损害的，债权人可以向人民法院请求以自己的名义代位行使债务人的债权，但该债权专属于债务人自身的除外。代位权的行使范围以债权人的债权为限。债权人行使代位权的必要费用，由债务人负担’的规定，酒泉荣鑫公司作为魏凡钢的债权人，因魏凡钢已去世，魏凡钢向酒泉同辉公司主张变更土地使用权登记手续的权利已无法行使，故酒泉荣鑫公司直接向酒泉同辉公司主张权利，符合上述法律规定。综上，申请人认为酒泉荣鑫公司的诉讼，突破了合同相对性原则，诉讼主体不适格的申请理由不能成立。”

二、认定债权人只能以金钱债权为客体行使代位权，以土地使用权作为代位权行使客体的，与合同法及其司法解释的规定不符的案例

案例2：上海市宝山区农村信用合作社联合社与复旦大学代位权纠纷一审民事判决书［上海市第二中级人民法院（2005）沪二中民三（商）初字第259号］认为，“关于原告的第二项诉讼请求。原告以被告至今未按约变更土地使用权为由，认为被告不作为和第三人怠于主张土地权属致使其到期债权受到损害，进而要求被告直接向其清偿债务。原告的该项诉讼主张和理由，同样不能成立。根据我国合同法和合同法司法解释的相关规定，债权人行使代位权只能以债权为客体，且该项债权必须是金钱债权。反观原告的诉讼主张，其以土地使用权作为行使代位权的客体，与合同法及其司法解释的规定不符。首先，土地使用权属于用益物权，物权与债权具有不同的法律性质和效力。物权权利人享有直接支配物并排除他人干涉的权利，将代位权的客体扩展到物权，势必导致债权具有物权的效力，从而混淆物权与债权的区别。其次，依照法律规定，土地使用权的设立采取登记生效主义，即对土地使用权人的认定须依据登记事项来确认。若变更土地使用权属，同样需要办理变更登记后才发生法律效力。本案所涉‘备忘录’中虽有关于第三人收回土地使用权的内容，但由于双方并未予以实际履行，第三人亦未通过诉讼方式主张其权利，从而获得土地权属的变更，故讼争土地使用权至今仍属被告所有之法律事实并无任何改变。原告及第三人所谓土地使用权应属第三人所有的说法，没有法律依据，本院不予采信。”

第三章　国有土地使用权抵押

048 划拨土地上的自有房产能否单独抵押，未经审批合同是否有效*

——单独抵押划拨土地上的自有房产的，未经审批不影响抵押合同效力

《最高人民法院关于破产企业国有划拨土地使用权应否列入破产财产等问题的批复》规定，以划拨土地使用权或者以划拨土地使用权及其地上建筑物一并设定抵押的，应当履行审批手续，否则抵押无效。那么单独以划拨土地上的自有房产设定抵押的，抵押是否有效？最高法院认为，仅仅约定以自有房产设定抵押并办理房屋抵押登记的，不适用上述规定。

裁判要旨

根据《最高人民法院关于破产企业国有划拨土地使用权应否列入破产财产等问题的批复》第三条的规定，如果建筑物附着于以划拨方式取得的国有土地使用权之上，将该建筑物与土地一并设定抵押的，对土地使用权的抵押需履行法定的审批手续，否则，应认定抵押无效。当事人在签订抵押合同时，如果仅仅约定以自有房产设定抵押并办理房屋抵押登记，并未将该房产所附着的、以划拨方式取得的国有土地使用权一并抵押的，不适用上述规定。

案情简介

一、2003 年 2 月，医药采购站与槐荫工行签订《最高额抵押合同》，约定借款

* 案件来源：中国长城资产管理公司济南办事处与山东省济南市医药采购供应站、山东省医药集团有限公司、山东省医药公司借款抵押合同纠纷二审民事判决书［最高人民法院（2006）民二终字第 153 号］，载于《最高人民法院公报》2008 年第 1 期（总第 135 期）。

人医药采购站以自有房产在 2003 年 3 月 1 日至 2006 年 3 月 1 日期间发生的 1200 万元贷款余额范围内，设定抵押担保，并办理了抵押登记。该抵押房产所占用的土地没有交纳土地出让金，为划拨土地。

二、2003 年 12 月，槐荫工行与医药采购站签订《借款合同》，约定医药采购站向槐荫工行借款 1380 万元。医药集团公司为《借款合同》项下借款提供连带责任保证。

三、2004 年 3 月，槐荫工行与医药采购站签订《借款合同》，约定医药采购站向槐荫工行借款 1200 万元。

四、2004 年 4 月，槐荫工行与医药采购站签订《借款合同》，约定医药采购站向槐荫工行借款 3830 万元。

五、2005 年 7 月，中国工商银行山东省分行与长城公司济南办事处签订《债权转让协议》，约定将包括上述三笔债权在内的债权转让给长城公司济南办事处。

六、2006 年，长城公司济南办事处向山东高院提起诉讼，请求判令：医药采购站偿还借款本金 6409 万元及利息；对抵押物享有优先受偿权；医药集团公司承担连带清偿责任。山东高院判决：医药采购站偿还长城公司济南办事处借款本金 6409 万元及利息；医药集团公司对担保的欠款本金及利息承担保证责任。但该院认定《最高额抵押合同》无效。

七、长城公司济南办事处不服，上诉至最高法院。最高法院改判《最高额抵押合同》有效，长城公司济南办事处享有优先受偿权。

裁判要点

本案最高法院改判《最高额抵押合同》有效的原因在于：

首先，《最高额抵押合同》系各方当事人真实意思表示，其内容不违反我国法律和行政法规的禁止性规定，且该合同抵押人医药采购站所抵押的房屋系该采购站的自有房产，抵押登记的部门为济南市房产管理局，符合《中华人民共和国担保法》第四十一条关于“当事人以本法第四十二条规定的财产抵押的，应当办理抵押物登记，抵押合同自登记之日起生效”之规定。抵押人医药采购站是否就划拨土地使用权另行办理抵押登记手续不影响该《最高额抵押合同》的效力，《最高额抵押合同》合法有效，抵押权成立。

其次，《最高人民法院关于破产企业国有划拨土地使用权应否列入破产财产等问题的批复》第三条规定，“如果建筑物附着于以划拨方式取得的国有土地使用权之上，将该建筑物与土地一并设定抵押的，对土地使用权的抵押需履行法定的审批手续，否则，应认定抵押无效”。该批复中所规定的“将该建筑物与土地一并设定抵押的”系指当事人约定将建筑物与土地一并设定抵押的情形。本案当事人签订合同约定仅以自有房产设定抵押并办理了房屋抵押登记，并未涉及土地使用权一并抵押的情况，故不适用上述批复的规定。

实务经验总结

前事不忘，后事之师。为避免未来发生类似败诉，提出如下建议：

一、单独抵押划拨土地使用权上的自有房产，未经审批不影响抵押合同效力，但是实践中也有法院基于“房地一体”原则，认定单独抵押自有房产涉及划拨土地使用权抵押，未经审批，抵押合同无效。有鉴于此，接受房地产抵押的当事人应当前往当地不动产登记部门，查询拟设定抵押的房地产占用范围内的土地使用权是否是以划拨方式取得的，如果是划拨土地，应当向当地土地管理等部门咨询具体的审批程序。

二、当事人欲抵押划拨土地使用权或者一并抵押划拨土地使用权及地上建筑物的，应当向土地管理等部门申请办理审批手续，否则将影响抵押合同效力。

相关法律规定

《中华人民共和国担保法》

第四十一条 当事人以本法第四十二条规定的财产抵押的，应当办理抵押物登记，抵押合同自登记之日起生效。

《最高人民法院关于破产企业国有划拨土地使用权应否列入破产财产等问题的批复》

国有企业以建筑物设定抵押的效力问题，应区分两种情况处理：如果建筑物附着于以划拨方式取得的国有土地使用权之上，将该建筑物与土地使用权一并设定抵押的，对土地使用权的抵押需履行法定的审批手续，否则，应认定抵押无效；如果建筑物附着于以出让、转让方式取得的国有土地使用权之上，将该建筑物与土地使用权一并设定抵押的，即使未经有关主管部门批准，亦应认定抵押有效。

以下为该案在最高法院审理阶段，裁判文书中“本院认为”部分就该问题的论述：

本案系借款担保纠纷。二审中当事人的争议焦点为：如何确认涉案的《最高额抵押合同》的效力，债权人是否有优先受偿权。本案中，医药采购供应站于2003

年2月20日与槐荫工行签订《最高额抵押合同》，明确约定医药采购供应站仅以自有房产设定抵押，随后亦仅在当地房屋管理部门办理抵押登记，这些行为均发生在《中华人民共和国物权法》施行之前，应当适用当时的法律法规规定。上述《最高额抵押合同》系各方当事人真实意思表示，其内容不违反我国法律和行政法规的禁止性规定，且该合同抵押人医药采购供应站所抵押的房屋系该供应站的自有房屋，所抵押登记的部门为济南市房产管理局，符合《中华人民共和国担保法》（以下简称担保法）第四十一条“当事人以本法第四十二条规定的财产抵押的，应当办理抵押物登记，抵押合同自登记之日起生效”之规定，故抵押人医药采购供应站是否就国有土地使用权另行办理抵押登记手续不影响该《最高额抵押合同》的效力，本院认定该《最高额抵押合同》合法有效，抵押权成立。长城公司济南办事处有关抵押合同有效、抵押权应予实现的上诉理由具有事实和法律依据，本院予以支持。

本院《关于破产企业国有划拨土地使用权应否列入破产财产等问题的批复》（以下简称《批复》）第三条规定“如果建筑物附着于以划拨方式取得的国有土地使用权之上，将该建筑物与土地一并设定抵押的，对土地使用权的抵押须履行法定的审批手续，否则，应认定抵押无效”。该《批复》中所规定的“将该建筑物与土地一并设定抵押的”系指当事人约定将建筑物与土地一并设定抵押的情形。当事人在订立合同时如果约定将建筑物与以划拨方式取得的国有土地使用权一并设定抵押的，则抵押人应对抵押国有土地使用权履行法定审批手续。本案当事人签订合同约定仅以自有房产设定抵押并办理房屋抵押登记，并未涉及土地使用权一并抵押的情况，该事实与上述《批复》规定的情形不符，原审判决以该《批复》为依据认定本案《最高额抵押合同》无效不妥，本院予以纠正。

延伸阅读

一、认定以划拨土地上的房屋单独设定抵押，未经审批抵押合同无效的案例（案例1）

案例1：安庆市城郊农村信用合作联社十里铺信用社与安庆市华侨友谊公司借款担保合同纠纷二审民事判决书［安徽省高级人民法院（2008）皖民二终字第0140号］认为，“案涉《最高额抵押担保借款合同》中抵押物是房屋，属于附着于国有划拨土地上的房屋单独抵押，依据《中华人民共和国担保法》第三十六条‘以依法取得的国有土地上的房屋抵押的，该房屋占用范围内的国有土地使用权同时抵押’的规定，案涉抵押房屋占用范围内的国有划拨土地使用权应当视为一并抵押。由于案涉抵押房产坐落于国有划拨土地使用权之上，而该国有划拨土地的所有权属于国家，由地方政府代表国家行使相关权利，安庆市华侨友谊公司对该土地只有使用权，没有处分权，亦未就房屋占用范围内的国有划拨土地使用权抵押办理相应审批手续，既然房屋占用范围内的国有划拨土地使用权的抵押权不能成立，进而导致房屋抵押权不能实现，故案涉《最高额抵押担保借款合同》中抵押部分应当认定无效，权利人十里铺信用社对抵押房屋不享有优先受偿的权利。上诉人十里铺信用社关于'案涉抵押物只包括房屋，不包括土地，且房屋抵押已经办理登记应合法有效'的观点缺乏事实和法律依据，本院不予支持。"

二、认定以划拨土地上的房屋单独设定抵押，未经审批抵押合同有效的案例（案例2—案例4）

案例2：中国特别机遇（巴巴多斯）有限公司与六合汽车客运总公司等借款合同纠纷再审民事裁定书［最高人民法院（2014）民申字第67号］认为，"《最高人民法院关于破产企业国有划拨土地使用权应否列入破产财产等问题的批复》第三条规定，'国有企业以建筑物设定抵押的效力问题，应区分两种情况处理：如果建筑物附着于以划拨方式取得的国有土地使用权之上，将该建筑物与土地使用权一并设定抵押的，对土地使用权的抵押需履行法定的审批手续，否则，应认定抵押无效；如果建筑物附着于以出让、转让方式取得的国有土地使用权之上，将该建筑物与土地使用权一并设定抵押的，即使未经有关主管部门批准，亦应认定抵押有效'。涉案土地为划拨土地，六合工行与客运公司只就自有房地产及其附着物签订抵押合同、办理房屋抵押登记，并未将土地使用权一并设定抵押，也未到主管部门办理审批手续。因此该项抵押不及于土地使用权。此外，DAC公司在受让涉案债权时明确承诺，不得以任何事由、以任何方式、在任何地点向中国政府追索债务，不得以中国政府为对象提起任何诉讼或仲裁。上述承诺并未局限于国家机构作为不良债权债务人、担保人的情形。DAC公司以六合交通局擅自处分抵押物为由，要求其承担连带责任，没有事实及法律依据。DAC公司关于二审法院未判令六合交通局承担连带责任适用法律错误的主张，没有事实及法律依据，本院不予支持。"

案例3：中国长城资产管理公司济南办事处与济南金冠毛纺集团有限责任公司借款担保合同纠纷二审民事判决书［最高人民法院（2007）民二终字第183号］认为，"根据《担保法》第三十六条第一款的规定，以依法取得的国有土地上的房屋抵押的，该房屋占用范围内的国有土地使用权同时抵押。依据该规定以及房地产交易中房随地走、地随房走，即房地主体一致的原则，本案双方当事人应对金冠公司提供抵押的房产及其占用范围内的土地使用权一并抵押。双方签订的2000年抵字第0001号抵押合同仅就金冠公司自有的房产设定了抵押，未对该房屋占用范围内的土地使用权一并抵押，但该单独抵押的行为并不必然导致本案房产抵押合同无效的法律后果。对于划拨土地使用权之上的房产抵押，法律并无禁止性规定。如果因为划拨土地使用权未履行抵押审批手续并办理抵押登记，进而否定房产抵押合同的效力，则与房产抵押合同订立的根本目的相悖。本院《关于破产企业国有划拨土地使用权应否列入破产财产等问题的批复》有其明确的适用范围，与本案的情形并不相同。原审法院据此认定房产抵押合同无效属适用法律错误，本院予以纠正。”

案例 4：中国信达资产管理公司济南办事处与枣庄天鹅地毯有限责任公司借款合同纠纷一案二审民事判决书［最高人民法院（2006）民二终字第 164 号］认为，“根据《担保法》第三十六条第一款的规定，以依法取得的国有土地上的房屋抵押的，该房屋占用范围内的国有土地使用权同时抵押。根据该规定以及房地产交易当中房随地走，地随房走，即房、地产主体一致的原则，本案双方当事人仅对厂房和办公楼办理了抵押登记，而未对该建筑物占用范围内土地一并抵押的情形，并不必然导致厂房和土地使用权抵押部分无效的结果。《担保法》第四十二条第二款规定‘以城市房地产或者乡（镇）、村企业的厂房等建筑物抵押的’，办理抵押登记的机关‘为县级以上地方人民政府规定的部门’。山东省人民政府于 1996 年 4 月 23 日以鲁政字（1996）68 号《山东省人民政府关于同意由工商行政管理部门对以企业厂房等建筑物签订抵押合同进行登记管理的批复》，规定由工商行政管理部门对以企业厂房等建筑物签订抵押合同进行登记管理。山东省高级人民法院于 1996 年 7 月 31 日以鲁法经（1996）67 号通知转发了该批复，认可企业厂房等建筑物设定抵押，在工商机关办理抵押登记即生效。因此，本案所涉厂房等房产抵押在枣庄市工商行政管理局办理赛工商（98）抵登记第 8037 号抵押登记，符合《担保法》第四十二条第（二）项的关于抵押登记的规定。原审法院以未经房地产管理部门办理抵押登记为由，确认上述抵押部分无效，属于适用法律错误，本院予以纠正。本案涉及抵押房产占用范围内的土地系属国有划拨土地，双方当事人在办理（98）枣中银信业字第 WDT-01 号抵押合同项下企业房产和办公楼登记时，该房产抵押登记书中并未显示土地的内容。故虽应认定厂房占用范围内的土地使用权一并抵押，在抵押合同当事人之间产生抵押权，但因该土地部分抵押未进行登记，因此不产生对抗第三人的效力。被上诉人地毯公司仅以土地未经主管部门办理抵押登记进而认为房屋抵押无效，没有法律依据，本院不予支持。”

049 抵押土地上存在他人房屋，抵押是否有效*

——土地登记权利人将土地与房屋一并抵押但房屋已归属他人的，构成无权处分

《不动产登记暂行条例》施行前，由于多数地方的房屋所有权和土地使用权的物权登记分属不同部门负责，导致出现房屋所有权和土地使用权的登记权利主体不一的情形。该情形下土地使用权的登记权利人将房屋所有权和土地使用权一并设定抵押，并办理了土地使用权抵押登记，但实际上房屋所有权已转移登记给他人的，抵押是否有效？本文引用的最高法院公报案例从无权处分的角度，认定该情形下抵押合同无效，进而认定设定的抵押权无效。

裁判要旨

一、土地使用权登记的权利人将土地使用权与地上建筑物所有权一并抵押，并办理了土地使用权抵押登记，但抵押时地上建筑物已转移登记给他人的，构成无权处分。

二、“地随房走，房随地走”的权利合一原则是我国房地产权属的一贯原则。房产转让人负有将所售房屋占用范围内的土地使用权移转给受让人的义务，受让人享有要求将所购房屋占用范围内的土地使用权移转给自己的权利。在土地使用权变更登记完成之前，转让人为登记的名义权利人，但受让人为实质权利人，可以请求将土地使用权变更至自己名下。

案情简介

一、2003年3月16日，粮油公司与陕西中行签订《人民币借款合同》，约定粮油公司向陕西中行借款2560万元。同日，中转冷库与陕西中行签订《抵押合同》，约定中转冷库以其44.46亩土地使用权为粮油公司借款提供抵押担保，抵押财产清单中载明“抵押财产名称”为“土地、房产”。中转冷库提供抵押的土地使

---

* 案件来源：中国信达资产管理公司西安办事处与陕西省粮油食品进出口公司西安中转冷库、陕西省粮油食品进出口公司借款担保合同纠纷二审民事判决书［最高人民法院（2007）民二终字第222号］，载《最高人民法院公报》2009年第12期（总第158期）。

用权为两宗，其中一宗 13.265 亩的土地使用权为中转冷库的福利区，即职工住宅区，地上建筑物中职工住宅楼所有权已经登记移转至购房职工名下。

二、2003 年 3 月 28 日，西安市国土资源和房屋管理局作出批复，同意中转冷库以其土地使用权为陕西中行设定抵押。

三、2004 年 6 月 25 日，陕西中行与信达西安办签订《债权转让协议》，陕西中行将其对粮油公司享有的债权及从权利转让给信达西安办。

四、信达西安办向陕西高院提起诉讼，请求判令：粮油公司清偿借款本金 2560 万元及利息，信达西安办对中转冷库提供的抵押物处置价款优先受偿。陕西高院判决：粮油公司向信达西安办偿还借款本金 2560 万人民币及利息；《抵押合同》中，除 13.265 亩土地使用权抵押无效外，其余部分有效，信达西安办对剩余的 31.201 亩土地使用权享有优先受偿权。

五、信达西安办不服，上诉至最高法院，请求改判确认信达西安办对中转冷库抵押的土地均享有抵押权。最高法院未支持信达西安办的请求。

裁判要点

最高法院认定本案 13.265 亩土地使用权抵押无效的原因在于：

本案中《抵押合同》中约定了抵押物名称为“土地、房产”，中转冷库向西安市国土资源和房屋管理局报送的也为《关于同意继续用土地及地面建筑物进行贷款抵押的函》。因此，虽然抵押登记只针对国有土地使用权，但应视为当事人约定土地使用权与地面建筑物所有权一并抵押。然而地上建筑物中职工住宅楼的所有权已经登记移转给购房职工所有，中转冷库并无权利处分。根据《中华人民共和国合同法》第五十一条之规定：“无处分权的人处分他人财产，经权利人追认或者无处分权的人订立合同后取得处分权的，该合同有效。”然而《抵押合同》未经地上建筑物所有权人购房职工追认，因此抵押合同无效，依据该合同设立的抵押权也相应无效。

实务经验总结

前事不忘，后事之师。为避免未来发生类似败诉，提出如下建议：

一、债权人拟接受不动产抵押时，可根据《不动产登记暂行条例实施细则》第九十七条的规定，事先前往不动产登记机构查询不动产登记资料，核查抵押财产的自然状况、权利人及查封、抵押、预告登记、异议登记等状况，确保抵押财产不存在权利瑕疵，以免影响后续的抵押登记以及抵押权的取得。

二、《最高人民法院关于审理买卖合同纠纷案件适用法律问题的解释》第三条规定，“当事人一方以出卖人在缔约时对标的物没有所有权或者处分权为由主张合同无效的，人民法院不予支持”。但是能否根据该解释第四十五条关于“法律或者行政法规对债权转让、股权转让等权利转让合同有规定的，依照其规定；没有规定的，人民法院可以根据合同法第一百二十四条和第一百七十四条的规定，参照适用买卖合同的有关规定”的规定，将买卖合同中无权处分合同效力的处理规则延伸适用至抵押担保合同，有待相关规定予以明确。但即使无权处分的抵押合同有效，也会影响抵押权的有效设立，除非债权人基于善意取得抵押权。

相关法律规定

《中华人民共和国城市房地产管理法》

第三十二条 房地产转让、抵押时，房屋的所有权和该房屋占用范围内的土地使用权同时转让、抵押。

《中华人民共和国物权法》

第一百四十六条 建设用地使用权转让、互换、出资或者赠与的，附着于该土地上的建筑物、构筑物及其附属设施一并处分。

第一百四十七条 建筑物、构筑物及其附属设施转让、互换、出资或者赠与的，该建筑物、构筑物及其附属设施占用范围内的建设用地使用权一并处分。

《中华人民共和国合同法》

第五十一条 无处分权的人处分他人财产，经权利人追认或者无处分权的人订立合同后取得处分权的，该合同有效。

《最高人民法院关于中国农业银行大连市分行友好支行诉大连中大集团公司、第三人中国大连国际经济技术合作集团有限公司借款合同抵押担保纠纷一案请示的答复》

辽宁省高级人民法院：

你院（2002）辽民三初字第12号请示收悉。经研究，答复如下：

从你院请示材料看，依据大连市中级人民法院（1999）大民初字第160号民事调解书、大连市房地产管理局大房局管字（2000）16号文件以及大连市中级人民法院（2002）大行再字第21号行政判决书，中大大厦9-15层的产权确系中国大连国际经济技术合作集团有限公司（以下简称大连国际）所有，大连中大集团公司（以下简称中大集团）未经大连国际的同意将中大大厦整体抵押给债权人中国农业银行大连市分行友好支行（以下简称友好支行）的行为，属于无权处分行为，依照《中华人民共和国合同法》第五十一条的规定，抵押合同涉及无权处分部分无效。但鉴于中大大厦在抵押时的全部产权登记在中大集团名下，不动产登记具有权利推定效力，因此，如无证据证明友好支行在接受抵押时对中大大厦9-15层产权的真实状况为明知或应知的，友好支行可以善意取得对中大大厦9-15层的抵押权。你院应当在查明案件事实，尤其是债权人在接受抵押时是否属于善意的基础上，妥善处理该案。

以下为该案在最高法院审理阶段，裁判文书中“本院认为”部分就该问题的论述：

本案当事人二审争议的焦点是西未国用（2000）字第979号国有土地使用权抵押效力问题。

《中华人民共和国城市房地产管理法》第三十一条规定：“房地产转让、抵押时，房屋的所有权和该房屋占用范围内的土地使用权同时转让、抵押”，中华人民共和国建设部1997年10月27日颁布的《城市房屋权属登记管理办法》第六条规定：“房屋权属登记应当遵循房屋的所有权和该房屋占用范围内的土地使用权权利主体一致的原则”，中华人民共和国土地管理局1992年3月8日颁布的《划拨土地使用权管理暂行办法》第十一条规定：“转让、抵押土地使用权，其地上建筑物、其他附着物所有权随之转让、抵押；转让、抵押地上建筑物、其他附着物所有权，其使用范围内的土地使用权随之转让、抵押。但地上建筑物、其他附着物作为动产转让的除外”。“地随房走，房随地走”的权利合一原则是我国房地产权属的一贯原则。房产转让人负有将所售房屋占用范围内的土地使用权移转给受让人的义务，受让人享有要求将所购房屋占用范围内土地使用权移转给自己的权利。在土地使用权变更登记完成之前，转让人为登记的名义权利人，但受让人为实质权利人，可以请求将土地使用权变更至自己名下。

陕中营抵字022号《抵押合同》中约定了抵押物名称为“土地、房产”，中转冷库2003年向西安市国土资源和房屋管理局报送的也为《关于同意继续用土地及地面建筑物进行贷款抵押的函》。因此，虽然抵押登记只针对西未国用（2000）字第979号国有土地使用权，但应视为当事人约定土地使用权与地面建筑物所有权一并抵押。然而地上建筑物中职工住宅楼的所有权已经移转给购房职工所有，中转冷库并无权利处分。根据《中华人民共和国合同法》第五十一条之规定：“无处分权的人处分他人财产，经权利人追认或者无处分权的人订立合同后取得处分权的，该合同有效”，该抵押合同未经地上建筑物所有权人购房职工追认；且西未国用

（2000）字第 979 号土地使用权证书中已经标明该宗土地上存有地上建筑物，并标明为中转冷库的福利区，地上建筑物中职工住宅楼所有权已经登记移转至购房职工名下，而原债权银行却未查明地上建筑物实际权属即接受抵押，也存在过错，因此抵押合同无效，依据该合同设立的抵押权也相应无效。

050 只办理房屋抵押登记，对房屋占用范围内土地是否享有抵押权*

——已办理建筑物抵押登记但未办理建设用地使用权抵押登记的，建设用地使用权视为一并抵押

《不动产登记暂行条例》施行前，各地对抵押登记机构的管理较为混乱：一些地方未指定抵押登记部门，或者土地使用权抵押与房屋抵押分属不同的部门管理。该客观事实导致部分房地产抵押仅办理了房屋抵押登记，未办理房屋占用范围内的土地使用权抵押登记，或者仅办理了土地使用权抵押登记，未办理土地上房屋的抵押登记，此时抵押人能否以不动产抵押权自登记时设立为由，主张抵押权人仅对已登记的财产享有抵押权？最高法院对此认为，根据《中华人民共和国物权法》第一百八十二条的规定，该情形下抵押权人对未抵押登记的房地产或土地使用权亦享有抵押权。

需关注的是，实践中有高院的裁判观点认为，当事人自愿选择房地分离抵押的，抵押权人只对已办理抵押登记的财产享有优先受偿权（延伸阅读案例 1—2）。

裁判要旨

仅办理建筑物抵押登记的，该建筑物占用范围内的建设用地使用权视为一并抵押；仅办理建设用地使用权抵押登记的，该土地上的建筑物视为一并抵押。

案情简介

一、2013 年 3 月，建行分宜支行与江锂科技签订《最高额抵押合同》，约定江锂科技以土地使用权以及房产作为抵押物为建行分宜支行与江锂科技发生的债权债

* 案件来源：中国建设银行股份有限公司分宜支行、江西江锂科技有限公司金融借款合同纠纷二审民事判决书［最高人民法院（2017）最高法民终 40 号］。

务在最高限额 1 亿元范围内提供抵押担保。合同签订后，双方在分宜县房产交易所办理了房地产抵押登记手续，建行分宜支行取得房屋他项权利证明书，该证明书内“附记”中除载明房权证号外，还对土地证号进行了记载。

二、后双方签订多份《人民币流动资金贷款合同》，建行分宜支行向江锂科技发放贷款共计 1 亿元。

三、因江锂科技未偿还借款，建行分宜支行向江西高院起诉，请求判令：江锂科技归还贷款本金 1 亿元及相应的利息、罚息；建行分宜支行对抵押的土地使用权、房屋享有优先受偿权。江西高院认为，建行分宜支行仅有权对已办理抵押登记手续的房屋享有优先受偿权。故判决：江锂科技偿还建行分宜支行贷款本金 1 亿元及其利息；建行分宜支行对江锂科技所有的已办理抵押登记的房屋折价或者拍卖、变卖的价款优先受偿。

四、建行分宜支行不服，上诉至最高法院，请求改判建行分宜支行对房屋他项权证范围内的全部房屋及国有土地使用权享有优先受偿权。

五、江锂科技答辩称：案涉土地使用权未办理抵押登记，建行分宜支行以办理房屋抵押登记时国土部门不办理土地使用权抵押登记为由主张其就案涉土地使用权享有抵押权，依法不能成立。

六、最高法院最终支持了建行分宜支行的上诉请求。

裁判要点

最高法院认定建行分宜支行对案涉土地使用权及房屋均享有抵押权的原因在于：

首先，《中华人民共和国担保法》第四十二条规定：“办理抵押物登记的部门如下：……（二）以城市房地产或者乡（镇）、村企业的厂房等建筑物抵押的，为县级以上地方人民政府规定的部门……”本案双方当事人均确认办理案涉土地使用权抵押登记时，当地县级以上人民政府未明确规定具有地上定着物的土地使用权抵押登记的办理部门。根据《最高人民法院关于适用〈中华人民共和国担保法〉若干问题的解释》第六十条关于“以担保法第四十二条第（二）项规定的不动产抵押的，县级以上地方人民政府对登记部门未作规定，当事人在土地管理部门或者房产管理部门办理了抵押物登记手续，人民法院可以确认其登记的效力”之规定，本案中，分宜县房产交易所在颁发的房屋他项权证上记载土地证号的行为，具有对该房屋占用范围内的土地使用权进行抵押登记的效力，足以产生公示的法律效果。

其次，《最高额抵押合同》系双方当事人真实意思表示，其中约定的抵押物明确包括案涉土地使用权在内，双方当事人对该土地使用权作为抵押财产均有明确预期。即使案涉土地使用权未办理抵押登记，根据《中华人民共和国物权法》第一百八十二条关于“以建筑物抵押的，该建筑物占用范围内的建设用地使用权一并抵押。以建设用地使用权抵押的，该土地上的建筑物一并抵押。抵押人未依照前款规定一并抵押的，未抵押的财产视为一并抵押”之规定，建行分宜支行对案涉土地使用权亦享有抵押权。

实务经验总结

前事不忘，后事之师。为避免未来发生类似败诉，提出如下建议：

一、仅办理了房屋抵押登记但未办理房屋占用范围内的土地使用权抵押登记的，根据《中华人民共和国物权法》第一百八十二条的规定，土地使用权视为一并抵押。因此，该情形下抵押人以土地使用权未办理抵押登记为由，主张抵押权人对土地使用权不享有抵押权的，法院不予支持。

二、根据《不动产登记暂行条例》，不动产抵押由不动产登记机构统一办理抵押登记。据此，该条例施行后当事人应当向不动产登记机构申请办理抵押登记。

三、债权人拟接受不动产抵押时，可根据《不动产登记暂行条例实施细则》第九十七条的规定，事先前往不动产登记机构查询不动产登记资料，核查抵押财产的自然状况、权利人及查封、抵押、预告登记、异议登记等状况，确保抵押财产不存在权利瑕疵，以免影响后续抵押登记的办理以及抵押权的实现。

相关法律规定

《中华人民共和国物权法》

第十条 不动产登记，由不动产所在地的登记机构办理。

国家对不动产实行统一登记制度。统一登记的范围、登记机构和登记办法，由法律、行政法规规定。

第一百八十二条 以建筑物抵押的，该建筑物占用范围内的建设用地使用权一并抵押。以建设用地使用权抵押的，该土地上的建筑物一并抵押。

抵押人未依照前款规定一并抵押的，未抵押的财产视为一并抵押。

《中华人民共和国担保法》

第四十二条 办理抵押物登记的部门如下：

（一）以无地上定着物的土地使用权抵押的，为核发土地使用权证书的土地管理部门；

（二）以城市房地产或者乡（镇）、村企业的厂房等建筑物抵押的，为县级以上地方人民政府规定的部门；

（三）以林木抵押的，为县级以上林木主管部门；

（四）以航空器、船舶、车辆抵押的，为运输工具的登记部门；

（五）以企业的设备和其他动产抵押的，为财产所在地的工商行政管理部门。

《最高人民法院关于适用〈中华人民共和国担保法〉若干问题的解释》

第六十条　以担保法第四十二条第（二）项规定的不动产抵押的，县级以上地方人民政府对登记部门未作规定，当事人在土地管理部门或者房产管理部门办理了抵押物登记手续，人民法院可以确认其登记的效力。

以下为该案在法院审理阶段，裁判文书中“本院认为”部分就该问题的论述：

本案二审争议焦点为，建行分宜支行对案涉土地使用权是否享有抵押权。

本案中，建行分宜支行与江锂科技于2013年3月29日签订的《最高额抵押合同》，系双方当事人真实意思表示，内容不违反法律、行政法规的强制性规定，应为合法有效。《最高额抵押合同》中约定的抵押物除案涉房屋外，还包括产权证号为分乡国用（2009）第028号，分乡国用（2013）第016号、第017号的土地使用权。协议签订后，双方于2013年4月2日在分宜县房产交易所办理了房地产抵押登记手续，建行分宜支行取得钤房他证分宜字第××号房屋他项权利证明书，该证明书内“附记”中除载明房权证号外，还对上述土地证号进行了记载。建行分宜支行上诉主张，根据分宜县当时关于房地产抵押登记的办公流程，对于附着有建筑物的土地，土地管理部门不负责办理抵押登记，而由房屋管理部门统一办理，出具抵押他项权证，在他项权证上载明土地使用权证号、收存抵押的房屋产权证和土地使用权证原件，即视为办理了土地使用权抵押登记。且即使未办理土地使用权抵押登记，也已依法办理了房屋抵押登记，根据《中华人民共和国物权法》第一百八十二条的规定，抵押的效力及于房屋占用范围内的土地使用权。江锂科技辩称，《中华人民共和国物权法》第一百八十二条虽规定“一并抵押”，但并未规定无须办理抵押登记，案涉土地使用权未办理抵押登记，不发生抵押效力，且该土地使用权证已因置换被注销，建行分宜支行对案涉土地使用权不享有抵押权。本院认为，《中华人民共和国物权法》第十条规定了不动产统一登记，但对不动产抵押登记机构未作明确规定。《中华人民共和国担保法》第四十二条规定：“办理抵押物登记的部门如下：（一）以无地上定着物的土地使用权抵押的，为核发土地使用权证书的土地管理部门；（二）以城市房地产或者乡（镇）、村企业的厂房等建筑物抵押的，为县级以上地方人民政府规定的部门……。”二审庭审中，双方当事人均确认办理案涉土地使用权抵押登记时，当地县级以上人民政府未明确规定具有地上定着物的土地使用权抵押登记的办理部门。根据《最高人民法院关于适用〈中华人民共和国担保法〉若干问题的解释》第六十条“以担保法第四十二条第（二）项规定的不动产抵押的，县级以上地方人民政府对登记部门未作规定，当事人在土地管理部门或者房产管理部门办理了抵押物登记手续，人民法院可以确认其登记的效力”之规定，本案中，分宜县房产交易所在颁发的房屋他项权证上记载土地证号的行为，具有对该房屋占用范围内的土地使用权进行抵押登记的效力，足以产生公示的法律效果。

本案中，《最高额抵押合同》系双方当事人真实意思表示，其中约定的抵押物明确包括案涉土地使用权在内，双方当事人对该土地使用权作为抵押财产均有明确预期。即使案涉土地使用权未办理抵押登记，根据《中华人民共和国物权法》第一百八十二条“以建筑物抵押的，该建筑物占用范围内的建设用地使用权一并抵押。以建设用地使用权抵押的，该土地上的建筑物一并抵押。抵押人未依照前款规定一并抵押的，未抵押的财产视为一并抵押”之规定，建行分宜支行对案涉土地使用权亦享有抵押权。一审判决以未办理抵押登记为由，判令建行分宜支行对案涉土地使用权不享有优先受偿权，认定事实和适用法律均有不当，本院予以纠正。

延伸阅读

裁判规则一：《中华人民共和国物权法》第一百八十二条关于抵押权设定时建设用地使用权和建筑物所有权相结合的规定意在强调转让的一体和最终权利归属上的一体。当事人自愿选择房地分离抵押，仅办理建筑物或建设用地使用权抵押的，抵押权人只能对已办理抵押登记的财产享有优先受偿权。（案例 1—2）

案例 1：江苏银行股份有限公司邳州支行与徐州森洋木业有限公司、吕士亚等金融借款合同纠纷再审复查与审判监督民事裁定书［江苏省高级人民法院（2016）苏民申 818 号］认为，“房地产抵押权属于不动产物权，《中华人民共和国物权法》第一百八十二条中关于抵押权设定时建设用地使用权和建筑物所有权结合的规定意在强调转让的一体和最终权利归属上的一体。本案中，……合同签订后江苏银行邳州支行与森洋公司仅就土地使用权办理了抵押登记，而对涉案土地上的建筑物未依法办理抵押登记。因房地分离抵押是当事人之间基于意思自治而作出的选择，而江苏银行邳州支行在提供借款时仅以土地使用权作为抵押财产，应认定其在缔约时已有明确的法律预期，即是以涉案土地使用权的抵押登记而享有优先受偿权。故江苏银行邛州支行只能在登记的土地使用权价值范围内优先受偿。其主张对涉案房屋一并享有优先受偿权，不能成立。”

案例 2：交通银行股份有限公司连云港分行与连云港天裕建材有限公司、许翠莲等金融借款合同纠纷一案二审民事判决书［江苏省高级人民法院（2013）苏商终字第 0217 号］认为，“交行连云港分行对于案涉在建工程的国有土地使用权不享有优先受偿权。房地产抵押权属于不动产物权，《中华人民共和国物权法》第一百八十二条中关于抵押权设定时建设用地使用权和建筑物所有权结合的规定意在强调转让的一体和最终权利归属上的一体，故上诉人认为双方当事人对建筑物办理了抵押登记，就应视为对土地使用权也办理了抵押登记的观点不能成立。本案中，交行连云港分行、天裕建材公司签订的合同中明确是以在建工程的价值为案涉借款设定担保物权，并未约定以土地使用权一并作为借款未能清偿时的担保财产。因房地分离抵押是当事人之间基于意思自治而作出的选择，而交行连云港分行在提供借款时仅以在建工程作为抵押财产，其判断以抵押物现有的交换价值担保债务的履行，故应认定交行连云港分行在缔约时已有明确的法律预期，即是以办理在建工程的抵押登记而享有优先受偿权，故交行连云港分行只能在自己登记的在建工程价值范围内优先受偿。其主张对案涉土地使用权一并享有优先受偿权，于法无据，不能成立。”

裁判规则二：仅办理建筑物抵押登记的，该建筑物占用范围内的建设用地使用权视为一并抵押；仅办理建设用地使用权抵押登记的，该土地上的建筑物视为一并抵押。(案例 3—7)

案例 3：中国银行股份有限公司大连甘井子支行、库伦旗首宇甜菊糖有限公司金融借款合同纠纷二审民事判决书［最高人民法院（2017）最高法民终 436 号］认为，“在设定抵押权时，建筑物和其占用范围内土地具有不可分离的依附关系，法律将建筑物和其占用范围内建设用地使用权视为一个整体，规定了‘房随地走’和‘地随房走’的双向统一原则，即在抵押权设定时，应当将建筑物和其占用范围内建设用地使用权一并抵押，不允许分别抵押。以地上建筑物抵押的，该建筑物占用范围内的建设用地使用权应当一并抵押，不得仅抵押地上建筑物。抵押地上建筑物的，债务人不能清偿被担保的债权时，抵押权人可以一并折价、拍卖或变卖抵押的地上建筑物和其占用范围内的建设用地使用权。本案中，中行甘井子支行与首宇公司签订的抵押合同一约定以首宇公司提供的三项抵押物作为担保，虽然双方只对上述第 2 项工业产房及第 3 项在建工程办理了抵押登记，对第 1 项国有土地使用权未办理抵押登记，但是第 1 项国有土地使用权是在第 2 项工业产房及第 3 项在建工程占用范围之内，双方对合同约定的第 1 项国有土地使用权作为抵押财产均有明确预期。根据物权法第一百八十二条的规定，第 1 项国有土地使用权应当与第 2 项工业产房及第 3 项在建工程一并抵押，未一并抵押的也视为一并抵押。”

案例 4：中国银行股份有限公司海口龙珠支行与海南国托科技有限公司、海南美源房地产开发有限公司等金融借款合同纠纷二审民事判决书［最高人民法院（2015）民二终字第 269 号］认为，“本案中，中行龙珠支行与国托公司已就土地使用权办理了抵押登记，依法设立了抵押权，即便在土地他项权利证明书中未注明抵押物包括地上建筑物，依据物权法第一百八十二条第二款之规定，案涉地上建筑物也应视为一并抵押，该土地使用权之抵押权效力及于地上建筑物，中行龙珠支行亦应就本案享有的债权依法对案涉地上建筑物享有优先受偿权。且中行龙珠支行与国托公司在诉讼中均确认该地上建筑物未为其他债权设立抵押担保，案涉地上建筑物抵押权在未来实现时也不存在权利冲突。中行龙珠支行主张案涉地上建筑物随土地使用权一并抵押，其对案涉地上建筑物亦享有优先受偿权，于法有据，本院予以支持。”

案例 5：山东由尼机械电力设备有限公司与德州圣洁路桥工程材料有限公司侵权责任纠纷申请再审民事裁定书［最高人民法院（2014）民申字第 1170 号］认为，“尽管案涉房屋抵押时其占用的土地使用权并未设定抵押权，但是按照《物权法》第一百八十二条第二款的规定，该房屋所占用的土地使用权也于该房屋设定抵押权同时即一并设立了法律规定的抵押权。在案涉土地租赁关系晚于房屋抵押权设立的情况下，则该土地使用权租赁关系亦晚于该‘视为一并抵押’的土地使用权抵押权关系，故根据《物权法》第一百九十条的规定，案涉在后成立的土地租赁关系不得对抗在先已视为‘一并抵押’的土地使用权抵押权关系。因此，本案可以参考适用《物权法》第一百九十条第二句的内容，而不能适用该条第一句的内容，故由尼机械公司关于本案应适用《物权法》第一百九十条第一句的再审申请理由，理据不足，本院不予采信。”

案例 6：抵押权人中国农业银行股份有限公司海口海秀支行、债权人中国信达资产管理股份有限公司海南省分公司不服新疆维吾尔自治区高级人民法院拍卖抵押物后保护抵押权人优先受偿权申请复议案执行裁定书［最高人民法院（2012）执复字第 29 号］认为，“根据《物权法》第一百八十二条关于‘以建设用地使用权抵押的，该土地上的建筑物一并抵押’的规定，新疆高院所拍卖的其中六套房屋虽不是海秀支行的抵押物，但该房屋是建筑在所抵押的土地上，故对该部分房屋应视为海秀支行有优先受偿权。因此，异议裁定关于海秀支行对涉案财产享有优先受偿权的结论是正确的，信达海南分公司的复议理由不能成立。”

案例7：中国信达资产管理股份有限公司陕西省分公司与陕西财安食品有限公司金融不良债权追偿纠纷二审民事判决书［陕西省高级人民法院（2017）陕民终138号］认为，“物权法第一百八十二条第一款规定：‘以建筑物抵押的，该建筑物占用范围内的建设用地使用权一并抵押。以建设用地使用权抵押的，该土地上的建筑物一并抵押’。该条第二款进一步明确规定：‘抵押人未依照前款规定一并抵押的，未抵押的财产视为一并抵押。’该规定遵循了房地产交易中‘房随地走’和‘地随房走’的双向统一原则，防止引发抵押权实现时的困境，使债权人的利益受到损害。依据该规定，当事人应对土地使用权及其地上建筑物一并抵押，如果当事人未按照该条第一款规定一并抵押时，则法律直接规定‘视为一并抵押’。即只要土地使用权或地上建筑物之一项办理抵押登记，即使另外一项没有办理抵押登记，亦依法推定为两者一并抵押。本案中，洛房证字第7678号房产已经办理了抵押登记，依法设立了抵押权，依据物权法第一百八十二条第二款之规定，该建筑物占用范围内的土地使用权也应视为一并抵押，该建筑物抵押效力及于其占用范围内土地使用权，信达陕西分公司就本案债权依法对洛国用（2005）字第04g-0010号土地使用权享有优先受偿权。且信达陕西分公司与财安食品公司在诉讼中均确认该土地使用权未为其他债权设立抵押担保，在未来实现时不存在权利冲突。信达陕西分公司主张洛国用（2005）字第04g-0010号土地使用权随地上建筑物一并抵押，其对该土地使用权享有优先受偿权，于法有据，本院予以支持。”

051 土地被征收后，抵押权人还能否优先受偿*

——土地和房屋被征收后抵押权人对征收补偿款享有优先受偿权，但抵押权人应对补偿与否及补偿数额承担举证责任

本案例涉及土地和房屋被征收后抵押权人享有的物上代位权问题。本书作者另检索了相关案例，梳理出相关裁判规则，供读者参考。

裁判要旨

抵押财产被征收后，抵押权人对政府部门支付的抵押物拆迁款享有优先受偿

* 案件来源：中国长城资产管理公司济南办事处与山东泉西集团有限公司、济南泉西五交化机电公司金融借款合同纠纷二审民事判决书［山东省高级人民法院（2014）鲁商终字第8号］。

权。但抵押权人对于政府是否补偿及应补偿的金额是多少应承担举证责任。

案情简介

一、2000 年 9 月，南辛工行与泉西公司签订最高额抵押合同，泉西公司以土地和房产为机电公司 3 年内的 1500 万元借款提供抵押担保，并办理了抵押登记。

二、2002 年 7 月，机电公司与南辛工行签订流动资金借款合同，机电公司向南辛工行借款 1447 万元，该借款适用前述最高额抵押合同。南辛工行依约发放了贷款，机电公司没有按约偿还借款。

三、2002 年，用于抵押的土地和房产因为市政工程被政府拆迁，抵押物灭失。

四、2005 年 7 月 23 日，南辛工行将其对机电公司的债权全部转让给了长城公司，并进行了转让通知。

五、长城公司向济南中院起诉，请求确认对抵押财产的拆迁补偿款在本息范围内享有优先受偿权。济南中院认为，长城公司该项诉讼请求的证据不足，故判决驳回长城公司的该项诉讼请求。

六、长城公司不服，上诉至山东高院。山东高院判决维持驳回长城公司的上述诉讼请求。

裁判要点

本案法院未支持长城公司优先受偿拆迁补偿款的原因在于：

本案抵押的土地和房产因市政工程被政府拆迁，抵押物灭失。根据《最高人民法院关于适用〈中华人民共和国担保法〉若干问题的解释》第八十条第一款规定，“在抵押物灭失、毁损或者被征用的情况下，抵押权人可以就该抵押物的保险金、赔偿金或者补偿金优先受偿”。《中华人民共和国物权法》第一百七十四条规定，“担保期间，担保财产毁损、灭失或者被征收等，担保物权人可以就获得的保险金、赔偿金或者补偿金等优先受偿”。因此，长城公司对政府部门支付的抵押物拆迁款有优先受偿权。

但是，长城公司应对政府是否补偿及应补偿的金额是多少承担举证责任。而长城公司均未提供证据证明，因此法院认为，“暂对长城公司主张的优先受偿拆迁补偿款问题不作处理，待长城公司有相应证据后可另行主张”。

实务经验总结

前事不忘，后事之师。为避免未来发生类似败诉，提出如下建议：

基于民事诉讼法“谁主张谁举证”的基本原则，抵押物被征收后，抵押权人对抵押物的补偿金主张优先受偿权时应列举相关证据证明抵押人是否获得补偿金及补偿金的具体数额。例如，抵押权人可搜集抵押物的征收公告，找寻征收补偿的相关信息。

相关法律规定

《中华人民共和国物权法》

第一百七十四条 担保期间，担保财产毁损、灭失或者被征收等，担保物权人可以就获得的保险金、赔偿金或者补偿金等优先受偿。被担保债权的履行期未届满的，也可以提存该保险金、赔偿金或者补偿金等。

《最高人民法院关于适用〈中华人民共和国担保法〉若干问题的解释》

第八十条 在抵押物灭失、毁损或者被征用的情况下，抵押权人可以就该抵押物的保险金、赔偿金或者补偿金优先受偿。

抵押物灭失、毁损或者被征用的情况下，抵押权所担保的债权未届清偿期的，抵押权人可以请求人民法院对保险金、赔偿金或补偿金等采取保全措施。

《中华人民共和国担保法》

第五十八条 抵押权因抵押物灭失而消灭。因灭失所得的赔偿金，应当作为抵押财产。

以下为该案在法院审理阶段，裁判文书中“本院认为”部分就该问题的论述：

关于本案应否判决长城公司对抵押物的拆迁补偿款享有优先受偿权问题。本案所涉抵押合同合法有效，并经工商部门办理了抵押登记，债权人依法对该抵押物享有优先受偿权。但该抵押的土地和房产因市政工程被政府拆迁，抵押物灭失。《最高人民法院关于适用〈中华人民共和国担保法〉若干问题的解释》第八十条第一款规定，“在抵押物灭失、毁损或者被征用的情况下，抵押权人可以就该抵押物的保险金、赔偿金或者补偿金优先受偿”。《中华人民共和国物权法》第一百七十四条规定，“担保期间，担保财产毁损、灭失或者被征收等，担保物权人可以就获得的保险金、赔偿金或者补偿金等优先受偿”。因此，长城公司对政府部门支付的抵押物拆迁款有优先受偿权。但长城公司对于政府是否补偿及应补偿的金额是多少均未提供证据，故本院暂对长城公司主张的优先受偿拆迁补偿款问题不作处理，待长城公司有相应证据后可另行主张。

延伸阅读

裁判规则一：抵押物被征收后，抵押权人享有抵押物的物上代位权。

案例 1：中国建设银行股份有限公司雅安分行与罗永芬、雅安市颖鑫车业有限责任公司保证合同纠纷案二审民事判决书［四川省高级人民法院（2015）川民终字第 902 号］认为，“根据已查明的事实，建行雅安分行与罗永芬订立了《最高额抵押合同》并办理了相应的抵押物登记手续，最高额抵押合同成立并合法有效。在抵押关系存续期间，该抵押房屋因拆迁而灭失，其置换的房屋在本案审理过程中尚未修建。《中华人民共和国物权法》第一百七十四条规定，‘担保期间，担保财产毁损、灭失或者被征收等，担保物权人可以就获得的保险金、赔偿金或者补偿金等财产优先受偿’。根据该规定，在担保物权的实体发生灭失时，如果存在担保物的价值变形物或代表物，则担保物权仍然可以于其上而存在，这是法律对担保物物上代位权的规定。因此，在抵押物被征收后，建行雅安分行依法享有抵押房产的物上代位权。”

案例 2：珠海市嘉运投资有限公司与兴宁金雁房地产有限公司等侵权责任纠纷二审民事判决书［广东省高级人民法院（2013）粤高法民一终字第 97 号］认为，“关于农药厂有否侵害嘉运公司对涉案抵押物享有的抵押权的问题。依照《中华人民共和国担保法》第五十八条‘抵押权因抵押物灭失而消灭。因灭失所得的赔偿金，应当作为抵押财产’及《最高人民法院关于适用〈中华人民共和国担保法〉若干问题的解释》第八十条第一款‘在抵押物灭失、毁损或者被征用的情况下，抵押权人可以就该抵押物的保险金、赔偿金或者补偿金优先受偿’的规定，嘉运公司对抵押物被征收的补偿金享有优先受偿权。农药厂在收到金雁公司支付的拆迁补偿款后，未用于优先清偿债务，而是用于安置职工等其他用途，确实违反了上述规定，理应承担赔偿责任。但是在本院（2012）粤高法民二终字第 79 号民事判决已经判令农药厂偿还尚欠借款本息的情况下，再判令农药厂对嘉运公司承担赔偿责任，显属重复。故此，原审法院驳回嘉运公司对农药厂的诉讼请求并无不当，本院予以维持。”

案例 3：中国信达资产管理股份有限公司广西壮族自治区分公司、广西壮族自治区玉林军用供应站金融借款合同纠纷二审民事判决书［玉林市中级人民法院（2016）桂 09 民终 1882 号］认为，“关于抵押物的优先受偿权问题。因涉案抵押物（抵押证号：玉押报字第 00051 号）已于 2016 年 5 月被征收拆除，并获得补偿金 960.9191 万元，根据《中华人民共和国担保法》第五十八条‘抵押权因抵押物灭失而消灭。因灭失所得的赔偿金，应当作为抵押财产’及《最高人民法院关于适用〈中华人民共和国担保法〉若干问题的解释》第八十条第一款关于‘在抵押物灭失、毁损或者被征用的情况下，抵押权人可以就该抵押物的保险金、赔偿金或者补偿金优先受偿’的规定，玉林军供站所获得的补偿金应当作为抵押财产，作为抵押权人即信达资产公司广西分公司可以就该抵押物的补偿金主张优先受偿，但是目前该笔补偿金已分配完毕，主张优先受偿的条件已不具备。”

裁判规则二：抵押权人因征收需要注销抵押登记的，注销行为不影响其对补偿金的优先受偿权。

案例4：洪艳与安吉县安达磁性器材有限公司、贺新强确认合同无效纠纷二审民事判决书［湖州市中级人民法院（2016）浙05民终795号］认为，“本案二审期间的主要争议焦点为：上诉人洪艳的主体资格问题及本案土地收购款转让行为的效力问题。因洪艳为安达公司债权人，其认为安达公司与贺新强的转让行为侵犯其合法利益，具有诉的利益，故其作为原告请求确认安达公司与贺新强的转让行为无效并无不当。关于该转让行为的效力，因贺新强对安达公司的债权真实发生且合法有效，双方就其中3050万元债权办理抵押登记，后抵押房产及其土地被征收，根据物权法第一百七十四条规定，担保物权人可以就获得的补偿金优先受偿，被担保债权的履行期未届满的，也可以提存该补偿金。贺新强注销抵押登记是因征收需要，并非放弃优先权，其注销行为不影响其对收购款即补偿金的优先受偿权，故安达公司将该部分收购款转给贺新强并未损害他人利益，尤其是现在抵押债权已到期，张孟平并未偿还任何债务，安达公司该部分收购款理应优先支付给贺新强。关于未办理抵押登记的债权及未办理抵押登记的土地及其附着物的收购款，安达公司将该部分收购款转给贺新强属个别清偿行为，该行为对其他债权人而言有失公平，但因双方债务真实存在，转让行为并不属于恶意串通，而属于破产申请前六个月的可撤销行为。安达公司管理人已就该个别清偿行为提起诉讼，并与贺新强达成调解协议，该调解协议经安达公司债权人会议表决通过，并经安吉法院出具调解书确认，已对该个别清偿行为进行了处分。现洪艳以安达公司与贺新强恶意串通为由要求确认二者间的收购款转让行为无效，无事实和法律依据，本院不予支持。”

第四章 国有土地使用权租赁

052 合同未约定的情况下，土地承租人是否享有优先购买权*

——土地出租合同未约定承租人享有优先购买权的，承租人不享有优先购买权

我国合同法规定房屋所有人转让房屋时承租人享有优先购买权，但并未规定土地使用权人转让土地使用权时承租人享有优先购买权，以致司法实践中对此发生争议。部分法院认为，可参照房屋租赁的规定，认定土地使用权承租人享有优先购买权（延伸阅读案例1—案例2）；部分法院认为，在法律法规无明确规定的情形下，不能赋予土地使用权承租人优先购买权（延伸阅读案例3—案例7）。有鉴于此，土地使用权承租人可采取在租赁合同中直接约定出租人转让土地使用权时承租人享有优先购买权的方式，确保其享有优先购买权。

裁判要旨

我国法律法规并无土地使用权人转让土地使用权时承租人享有优先购买权的规定，在当事人未在租赁合同中约定承租人享有优先购买权的情形下，承租人无权主张其享有优先购买权。

案情简介

一、2000年，国有土地使用权人海口港集团授权港实公司与汇森公司签订土地使用权出租合同，约定：港实公司将60亩土地出租给汇森公司，由汇森公司出资将该地块用于建设建材项目；如汇森公司连续二个月欠交土地租金或水电费，合同终止。

---

* 案件来源：海南汇森实业有限公司与海南合天房地产开发有限公司土地租赁合同纠纷二审民事判决书［海南省高级人民法院（2008）琼民一终字第61号］。

二、案涉合同签订后，汇森公司已建成房产约 35766. 94 平方米，经评估房产的现值为 29449181 元。汇森公司未支付土地租金。

三、2008 年，海口港集团以案涉土地使用权出资，与他人合资成立合天公司，土地使用权已过户到合天公司名下。港实公司及海口港集团已将案涉合同的权利义务全部转移给合天公司，并通知了汇森公司。

四、合天公司向海口中院提起诉讼，请求：解除土地使用权出租合同；汇森公司将租赁土地交还合天公司，支付拖欠的租金及利息。合天公司同意收回土地的同时一并接受地上建筑物，并对汇森公司给予补偿。海口中院判决：解除土地使用权出租合同；汇森公司将租赁土地及地上附着物交给合天公司；合天公司补偿汇森公司 29449181 元；汇森公司支付租金 600 万元及利息。

五、汇森公司不服海口中院判决，向海南高院上诉称，合天公司与海口港集团侵犯了汇森公司对土地使用权的优先购买权，转让土地使用权的行为无效。海南高院判决驳回上诉，维持原判。

裁判要点

本案汇森公司败诉的原因在于：

第一，海口港集团系以土地使用权出资入股而非转让土地使用权，并不涉及优先购买权问题。而且我国法律法规等并无土地使用权出租人处置土地使用权时土地使用权承租人享有优先购买权的规定，土地使用权出租合同中亦未约定汇森公司享有优先购买权。因此法院未支持汇森公司关于海口港集团以争议的土地使用权出资入股设立合天公司的行为侵犯其优先购买权的主张。

第二，土地使用权出租合同为有效合同，汇森公司未支付租金，已构成违约，应当承担向合天公司支付尚欠的租金及利息的违约责任。

第三，根据土地使用权出租合同约定，汇森公司连续二个月欠交土地租金或水电费，合同即终止。而汇森公司未支付租金，故合天公司可请求解除租赁合同。合同解除后，汇森公司应当向合天公司返还租赁土地。

实务经验总结

前事不忘，后事之师。为避免未来发生类似败诉，提出如下建议：

一、鉴于司法实践中对土地使用权承租人是否享有优先购买权存在不同的观点，土地使用权承租人可采取在租赁合同中直接约定出租人转让土地使用权时承租人享有优先购买权的方式，确保享有优先购买权。

二、出租人可将承租人未支付租金的行为约定为租赁合同的解除条件，以督促承租人按约支付租金。

三、根据相关司法解释，房屋出租人在出卖租赁房屋时侵犯了承租人的优先购买权的，承租人无权请求确认出租人与第三人签订的房屋买卖合同无效，但可以请求出租人赔偿损失。

相关法律规定

《中华人民共和国合同法》

第二百三十条 出租人出卖租赁房屋的，应当在出卖之前的合理期限内通知承租人，承租人享有以同等条件优先购买的权利。

《最高人民法院关于审理城镇房屋租赁合同纠纷案件具体应用法律若干问题的解释》

第二十一条 出租人出卖租赁房屋未在合理期限内通知承租人或者存在其他侵害承租人优先购买权情形，承租人请求出租人承担赔偿责任的，人民法院应予支持。但请求确认出租人与第三人签订的房屋买卖合同无效的，人民法院不予支持。

第二十二条 出租人与抵押权人协议折价、变卖租赁房屋偿还债务，应当在合理期限内通知承租人。承租人请求以同等条件优先购买房屋的，人民法院应予支持。

第二十三条 出租人委托拍卖人拍卖租赁房屋，应当在拍卖5日前通知承租人。承租人未参加拍卖的，人民法院应当认定承租人放弃优先购买权。

第二十四条 具有下列情形之一，承租人主张优先购买房屋的，人民法院不予支持：

（一）房屋共有人行使优先购买权的；

（二）出租人将房屋出卖给近亲属，包括配偶、父母、子女、兄弟姐妹、祖父母、外祖父母、孙子女、外孙子女的；

（三）出租人履行通知义务后，承租人在十五日内未明确表示购买的；

（四）第三人善意购买租赁房屋并已经办理登记手续的。

以下为该案在海南高院审理阶段，判决书中“本院认为”部分就该问题的论述：

关于第三人海口港集团将争议的土地使用权作为出资设立合天公司的行为是否侵犯上诉人汇森公司的优先购买权的问题。海口港集团系以土地使用权出资入股而非转让土地使用权，并不涉及优先购买权问题。同时，本案中，存在于上诉人汇森公司与第三人港实公司之间的法律关系为土地使用权租赁关系。目前，我国法律法规等并无土地使用权出租人处置土地使用权时土地使用权承租人享有优先购买权的规定，双方在相关合同中亦未约定汇森公司享有优先购买权。故上诉人汇森公司关于海口港集团将争议的土地使用权作为出资入股设立合天公司的行为侵犯其优先购买权的上诉理由不能成立。

延伸阅读

一、认定土地使用权人转让土地使用权时，土地使用权承租人享有优先购买权的案例（案例1—案例2）

案例1：陆奕龙与华永刚土地租赁合同纠纷二审民事判决书［无锡市中级人民法院（2014）锡民终字第0703号］认为，“法律没有明文规定的合同，可以参照分则或者其他法律最相类似的规定。由于房屋所有权及对应的土地使用权不可分割转让，且两者均具备不动产的性质，故土地使用权转让没有法律明文规定的部分可以参照房屋所有权转让所涉法律。最高人民法院《关于审理城镇房屋租赁合同纠纷案件具体应用法律若干问题的解释》规定了当出租人出卖租赁房屋未在合理期限内通知承租人或者存在其他侵害承租人优先购买权情形下，承租人请求确认出租人与第三人签订的房屋买卖合同无效的，人民法院不予支持。据此，承租人对土地使用权的优先购买权也仅系土地租赁合同的权利义务，只能约束合同双方，而不能约束出租人与第三人之间的土地使用权转让行为。”

案例2：德州鸣远农牧有限公司、李玉芳与德州市山水投资有限公司、德州岳泰塑业有限公司借款合同纠纷执行裁定书［德州市中级人民法院（2015）德中执异字第40号］认为，“我院对被执行人德州岳泰塑业有限公司名下上述四宗土地进行查封、评估、拍卖程序都符合相关法律规定，并已送达双方当事人。在被执行人德州岳泰塑业有限公司没有主张被查封土地存在租赁事实且没有备案登记的情况下，法院无法得知上述查封土地已出租。待查封土地启动评估、拍卖程序后，被执行人德州岳泰塑业有限公司告知法院上述查封土地已出租给异议人德州鸣远农牧有限公司，我院依法告知异议人德州鸣远农牧有限公司其享有优先购买权，被执行人德州岳泰塑业有限公司亦有义务在收到法院送达查封土地裁定后告知作为承租人的德州鸣远农牧有限公司法院已对其承租土地进行了查封，保证承租人及时向法院主张其优先购买权。”

二、认定土地使用权人转让土地使用权时，土地使用权承租人不享有优先购买权的案例（案例3—案例7）

案例3：韶关市韶信实业有限公司与韶关市新鸿达城市投资经营有限公司租赁合同纠纷再审复查与审判监督民事裁定书［广东省高级人民法院（2015）粤高法民二申字第841号］认为，“本案系租赁合同纠纷。本案中，新鸿达公司与韶信公司明确约定《临时用地租赁协议》为不定期租赁协议，新鸿达公司如有需要收回该宗土地时，韶信公司必须无条件将租赁的土地按时按原状无偿归还新鸿达公司，且新鸿达公司对韶信公司不予任何赔偿和补偿，上述约定不违反法律、行政法规的强制性规定，应认定合法有效，对双方均具有法律约束力。同时，《中华人民共和国合同法》第二百三十二条亦明确规定，当事人对租赁期限没有约定或者约定不明确，依照本法第六十一条的规定仍不能确定的，视为不定期租赁。当事人可以随时解除合同，但出租人解除合同应当在合理期限之前通知承租人，因新鸿达公司按法律规定履行了解除合同的通知义务，故应认定《临时用地租赁协议》已合法解除，韶信公司应按合同约定向新鸿达公司返还涉案土地，其有关《临时用地租赁协议》实为定期合同、新鸿达公司在韶信公司未收回投入成本的情况下解除合同却不予补偿显失公平、新鸿达公司默认韶信公司追加投资及未及时回复租期导致韶信公司承受重大损失以及应赋予土地承租人优先购买权的主张，均缺乏法律依据和合同依据，一、二审判决不予支持，并无不当。至于（2014）韶武法民一初字第1163号案应否中止审理的问题，不属于本案的审查范畴，韶信公司在本案中请求中止另案的审理，缺乏法律依据，亦不应支持。”

案例4：陆忠彬等14人与江苏沿海开发集团有限公司等确认合同无效纠纷、土地租赁合同纠纷一案申诉复查民事裁定书［江苏省高级人民法院（2014）苏审二民申字第217号］认为，“因国家的法律和司法解释等，无对国有土地上滩涂围堰池塘使用权承租人有优先受让的规定，故陆忠彬等14人的起诉，无法律依据。陆忠彬等14人申请再审认为‘启东市国土资源局地籍科工作人员的证词’问题及本案应适用‘江苏省人民政府《城镇国有土地使用权出让和转让实施办法》’的理由，因陆忠彬等14人不具有本案的诉讼主体资格，故本院不予支持。一、二审法院裁定认定事实清楚，适用法律正确。”

案例5：姜俊杰与昆明市西山区太河社区居民委员会第五居民小组、云南宇宏饭店有限公司租赁合同纠纷二审民事判决书［昆明市中级人民法院（2008）昆民一终字第14号］认为，“关于姜俊杰是否就争议土地享有优先购买权的问题。因优先购买权的行使需以明确的法律规定为前提，而《最高人民法院关于贯彻执行〈中华人民共和国民法通则〉若干问题的意见》第118条以及《中华人民共和国合同法》第二百三十条所明确规定的均是房屋承租人对租赁房屋的优先购买权，故目前在租赁关系中优先购买权的存在仅限于租赁标的物系房屋的情形。本案姜俊杰以其系争议 11.46 亩土地的承租人而主张对该地享有优先购买权的请求无相应法律依据，一审判决对此适用法律正确，姜俊杰的上诉理由不充分，本院不予采信。”

案例 6：德州鸣远农牧有限公司、德州市鑫华润科技股份有限公司与德州市山水投资有限公司、德州岳泰塑业有限公司借款合同纠纷执行裁定书［德州市中级人民法院（2016）鲁 14 执异 17 号］认为，“《合同法》第二百三十条规定，出租人出卖租赁房屋的，应当在出卖之前的合理期限内通知承租人，承租人享有以同等条件优先购买的权利。故承租人的优先购买权指的是用于居住的房屋，保障的是承租人最基本的生存权及居住权，并不可以作扩大解释及于土地承租人，故异议人鸣远农牧主张保障其作为土地承租人的优先购买权本院不予支持。”

案例 7：广西金桂实业股份有限公司与佛山市南海新中建房地产发展有限公司、（香港）力诚投资有限公司合同纠纷二审民事判决书［广东省佛山市中级人民法院（2006）佛中法民五终字第 573 号］认为，“上诉人金桂公司原审起诉认为其是讼争土地承包者，实际是讼争土地租赁人，力诚公司与新中建公司土地转让行为侵害其对讼争土地的优先购买权。我国现有法律未赋予土地承包人或土地租赁人对承包土地或租赁土地享有优先购买权，上诉人金桂公司的诉讼请求是没有法律依据的，原审法院予以驳回的做法正确，本院予以维持。”

053 划拨土地能否出租？未经批准的租赁合同是否有效*

——未经批准擅自出租划拨土地的，租赁合同无效

《中华人民共和国城镇国有土地使用权出让和转让暂行条例》规定，经市、县人民政府土地管理部门和房产管理部门批准，划拨土地使用权和地上建筑物可以出租。那么未经相关部门批准，擅自出租划拨土地所签订的租赁合同是否有效？最高法院认为，该情形下的土地租赁合同无效。但本书作者也关注到司法实践对该问题存在不同认识。有鉴于此，本书作者建议出租划拨土地应当向土地管理等部门报批，一方面可以保证合同生效，另一方面可以避免遭受行政处罚。

---

* 案件来源：联成国际有限公司、华益（厦门）保龄球娱乐有限公司与厦门市体育中心土地租赁合同纠纷再审民事判决书［最高人民法院（2011）民提字第 61 号］。

裁判要旨

出租通过划拨方式取得的国有土地使用权的，应当报请相关政府土地管理部门批准。未经批准擅自出租通过划拨方式取得的国有土地使用权的，该租赁合同无效。

案情简介

一、体育中心与联成公司签订租用协议，约定：联成公司向体育中心租用场地4745.6平方米建球类综合馆，期满后保龄球馆及附属设施全部归体育中心所有。上述场地为划拨土地。后体育中心、联成公司、华益公司签订合同转让协议，约定华益公司受让联成公司在上述租用合同中的全部权利义务。

二、联成公司、华益公司向厦门中院提起诉讼，请求：确认租用协议和合同转让协议无效；体育中心接收联成公司因无效合同而投资建设的场馆和华益公司因无效合同购置的保龄球设备，返还联成公司29821390元场馆基建、装修款，返还华益公司15000000元保龄球设备款，并赔偿经济损失。

三、厦门中院认为，体育中心未经厦门市人民政府批准，擅自将划拨的国有土地使用权进行出租筹集资金建设球类综合馆，租用合同及合同转让协议均属无效合同。经鉴定，厦门中院最终判决认定体育中心返还联成公司场馆基建、装修款16326014元，返还华益公司保龄球设备款1016500元。

四、联成公司、华益公司不服，向福建高院提起上诉。福建高院认为厦门中院对场馆基建、装修款、保龄球设备款数额认定错误，判决体育中心返还联成公司场馆基建、装修款18039599元，返还华益公司保龄球设备、配电设备款2137765元。

五、联成公司、华益公司不服，向最高法院申请再审，最高法院指令福建高院再审本案。福建高院再审判决维持该院二审判决。

六、联成公司、华益公司仍不服，向最高法院申请再审。最高法院判决体育中心向联成公司返还22333352元，返还华益公司2137765元。

裁判要点

本案最高法院认定租用协议、合同转让协议无效的原因在于：

本案体育中心享有的土地使用权是通过划拨方式取得的。《中华人民共和国城镇国有土地使用权出让和转让暂行条例》第四十五条第一款规定："符合下列条件的，经市、县人民政府土地管理部门和房产管理部门批准，其划拨土地使用权和地上建筑物、其他附着物所有权可以转让、出租、抵押：……”根据该规定，出租通过划拨方式取得的国有土地使用权的，应当报经相关政府土地管理部门批准。而本案所涉租用协议及合同转让协议并未报经政府相关部门审批。

本案协议签订于1997年之前，且为涉港合同纠纷，应当适用《中华人民共和国涉外经济合同法》① 的相关规定审查合同的效力。根据《中华人民共和国涉外经济合同法》② 第九条第一款的规定，“违反中华人民共和国法律或者社会公共利益的合同无效”。本案所涉协议均因违反内地法律的规定而应当认定无效。

实务经验总结

前事不忘，后事之师。为避免未来发生类似败诉，提出如下建议：

一、当事人拟承租以划拨方式取得的土地使用权的，应在洽商阶段就要求划拨土地使用权人与土地管理等相关政府部门进行预先沟通，在租赁合同中约定报批的主要义务人、协助义务人及相应的违约责任，尽最大努力促成合同生效。

二、根据《中华人民共和国城镇国有土地使用权出让和转让暂行条例》的规定，出租划拨土地使用权应当取得土地管理部门的批准，签订土地使用权出让合同，向当地市、县人民政府补交土地使用权出让金或者以转让、出租、抵押所获效益抵交土地使用权出让金。未经批准擅自出租划拨土地使用权将面临行政处罚。

三、根据合同法的规定，合同无效后，因该合同取得的财产，应当予以返还；不能返还或者没有必要返还的，应当折价补偿。合同当事人还应当按过错承担损失赔偿责任。

相关法律规定

《中华人民共和国城镇国有土地使用权出让和转让暂行条例》

第四十四条 划拨土地使用权，除本条例第四十五条规定的情况外，不得转让、出租、抵押。

第四十五条 符合下列条件的，经市、县人民政府土地管理部门和房产管理部门批准，其划拨土地使用权和地上建筑物、其他附着物所有权可以转让、出租、抵押：

---

① 已失效。
② 已失效。

（一）土地使用者为公司、企业、其他经济组织和个人；

（二）领有国有土地使用证；

（三）具有地上建筑物、其他附着物合法的产权证明；

（四）依照本条例第二章的规定签订土地使用权出让合同，向当地市、县人民政府补交土地使用权出让金或者以转让、出租、抵押所获效益抵交土地使用权出让金。

转让、出租、抵押前款划拨土地使用权的，分别依照本条例第三章、第四章和第五章的规定办理。

第四十六条 对未经批准擅自转让、出租、抵押划拨土地使用权的单位和个人，市、县人民政府土地管理部门应当没收其非法收入，并根据情节处以罚款。

《中华人民共和国城市房地产管理法》

第五十六条 以营利为目的，房屋所有权人将以划拨方式取得使用权的国有土地上建成的房屋出租的，应当将租金中所含土地收益上缴国家。具体办法由国务院规定。

《中华人民共和国合同法》

第五十二条 有下列情形之一的，合同无效：

（一）一方以欺诈、胁迫的手段订立合同，损害国家利益；

（二）恶意串通，损害国家、集体或者第三人利益；

（三）以合法形式掩盖非法目的；

（四）损害社会公共利益；

（五）违反法律、行政法规的强制性规定。

以下为该案在最高法院审理阶段，裁判文书中“本院认为”部分就该问题的论述：

关于本案争议合同的性质及效力。从本案联成公司与体育中心签订的《租用合同》及《补充合同》约定的内容看，系联成公司在一定期限内租用体育中心享有使用权的土地，联成公司根据租用的土地面积逐年计算租金，再由联成公司在该土地上建设场馆并进行经营，租赁期间届满后地上建筑物归体育中心所有，因此，本案所涉争议应当定性为土地租赁合同纠纷案件，并非合作建房纠纷，一、二审及原再审判决对此认定正确。

本案中，体育中心享有的土地使用权是通过划拨方式取得的，并非通过出让方式取得。《中华人民共和国城镇国有土地使用权出让和转让暂行条例》第四十五条第一款规定：“符合下列条件的，经市、县人民政府土地管理部门和房产管理部门批准，其划拨土地使用权和地上建筑物、其他附着物所有权可以转让、出租、抵押：（一）土地使用者为公司、企业、其他经济组织和个人；（二）领有国有土地使用证；（三）具有地上建筑物、其他附着物合法的产权证明；（四）依照本条例第二章的规定签订土地使用权出让合同，向当地市、县人民政府补交土地使用权出让金或者以转让、出租、抵押所获收益抵交土地使用权出让金。”根据该规定，出租通过划拨方式取得的国有土地使用权的，应当报经相关政府土地管理部门批准。而本案所涉联成公司与体育中心之间的《租用合同》与《补充合同》以及联成公司、华益公司与体育中心之间的《合同转让协议书》并未报经政府相关部门审批。上述合同分别签订于1995年、1996年和1997年，应当适用《中华人民共和国涉外经济合同法》的相关规定审查合同的效力。根据《中华人民共和国涉外经济合同法》第九条第一款的规定，“违反中华人民共和国法律或者社会公共利益的合同无效。”本案所涉《租用合同》、《补充合同》和《合同转让协议书》均因违反内地法律的规定而应当认定无效。一、二审及原再审判决对此认定正确。当事人在本案一、二审及原再审期间亦均未对此提出异议。

延伸阅读

关于未经批准出租以划拨方式取得的土地使用权，租赁合同是否无效的问题，司法实践中存在不同的认识，具体案例如下：

一、认定未经批准签订的划拨土地出租合同为有效合同的案例（案例1—案例8）

案例1：申请再审人银川金屋阿胶厂与被申请人宁夏回族自治区有色金属地质勘察院及一审被告李广和排除妨害纠纷再审民事裁定书［宁夏回族自治区高级人民法院（2015）宁民申字第477号］认为，“银川金屋阿胶厂与宁夏回族自治区有色金属地质勘察院在1998年11月9日《化建大院及院内房屋租赁协议书》约定的租赁期限届满后，又于2009年6月25日续签了为期一年的租赁协议，续签协议期满后，双方再没有签订新的租赁合同，期间银川金屋阿胶厂既不支付所欠租金，也不搬离租赁场地，引起诉争。双方签订的租赁合同系民事法律关系，而宁夏回族自治区有色金属地质勘察院出租划拨土地合规与否属行政管理法律关系，两者不属同一法律关系，银川金屋阿胶厂以此为由拒付租金的抗辩理由不能成立。”

案例2：深圳市龙岗区坪山自成志生五金塑胶厂与深圳市坪山横岭塘股份合作公司确认合同无效纠纷二审民事判决书［深圳市中级人民法院（2014）深中法房终字第2266号］认为，“根据原审法院查明的事实，涉案土地为行政划拨土地，横岭塘公司出租划拨土地使用权及其地上建筑物未取得主管部门的批准，违反了《中华人民共和国城镇国有土地使用权出让和转让暂行条例》有关划拨土地使用权不得转让、出租、抵押的规定，根据该条例第四十六条规定，主管部门有权没收其非法收入并处以罚款。由此可见，该条例有关划拨土地使用权不得转让、出租、抵押的规定属于管理性强制性规定，此类规范旨在管理和处罚违反规定的行为，以禁止其行为为目的，但并不否认该行为在民商法上的效力，原审法院据此认定横岭塘公司与坪山志生厂签订的土地租用合同为无效合同缺乏法律依据，本院予以纠正。”

案例3：深圳市易达丰田汽车销售服务有限公司与深圳市新濠实业有限公司土地租赁合同纠纷二审民事判决书［深圳市中级人民法院（2016）粤03民终6791号］认为，“《城镇国有土地使用权出让和转让暂行条例》第四十五条虽然规定划拨土地不得出租，但该条例第四十六条同时对出租人未经批准出租划拨土地规定了没收收入、罚款等处罚措施，国家利益可以得到保护。因此，第四十五的规定仅属于管理性规定而非效力性规定。故本案中，无论涉案土地性质如何，新濠公司与易达丰田公司签订的《土地租赁合同》为双方当事人真实意思，不违反法律法规的强制性规定，应为合法有效。”

案例4：安志彬与深圳艺校福田泰然小学租赁合同纠纷二审民事判决书［深圳市中级人民法院（2014）深中法房终字第608号］认为，“《最高人民法院关于适用〈中华人民共和国合同法〉若干问题的解释（二）》第十四条规定，合同法第五十二条第（五）项所规定的‘强制性规定’是指效力性强制性规定。《中华人民共和国城镇国有土地使用权出让和转让暂行条例》第四十四条有关‘划拨土地使用权，除本条例第四十五条规定的情形外，不得转让、出租、抵押’的规定属于管理性强制性规定，不属于效力性规定。违反该条例的规定出租划拨土地使用权，可能会受到行政主管部门的查处，但不会影响到租赁合同的效力。原审法院以涉案合同违反上述规定为由认定该合同无效，适用法律错误。本院认为，安志彬、胡惠明与泰然小学2009年1月9日签订的《运动场管理协议》系双方的真实意思表示，并不违反法律、行政法规的强制性规定，应为有效合同。”

案例5：河南新飞电器有限公司、原审第三人新乡市牧野区牧野镇大朱庄村村民委员会租赁合同纠纷一案二审民事判决书［新乡市中级人民法院（2014）新中民五终字第245号］认为，“红棉厂起诉认为该协议无效，依据是该协议违反了《中华人民共和国土地管理法》及《中华人民共和国城镇国有土地使用权出让和转让暂行条例》等法律、行政法规的强制性规定。新飞公司上诉主张该协议合法有效。对此，第一，上述法律及行政法规关于国有划拨土地使用权出租的规定系管理性规范，并非效力性规范。对于未经批准擅自出租划拨土地使用权的违法行为，

《中华人民共和国城镇国有土地使用权出让和转让暂行条例》第四十六条作出如下规定：‘对未经批准擅自转让、出租、抵押划拨土地使用权的单位和个人，市、县人民政府土地管理部门应当没收其非法收入，并根据情节处以罚款。’但没有规定划拨土地使用权人未经批准擅自出租划拨土地使用权，所签租赁合同应当确认无效，也没有规定此类出租合同在办理批准、登记等手续后生效。”

案例6：雷行荣与广西壮族自治区贵港茶厂、广西贵港市物资回收利用公司、广西壮族自治区贵港市土产公司租赁合同纠纷二审民事判决书［贵港市中级人民法院（2013）贵民二终字第228号］认为，“上诉人雷行荣与被上诉人贵港茶厂、物资公司、土产公司签订的《房地产租赁合同》及《房地产租赁合同补充协议》是双方真实意思的表示，合同成立。《中华人民共和国城镇国有土地使用权出让和转让暂行条例》第四十四条、第四十五条虽规定了划拨土地使用权和地上建筑物未经批准不得出租，但该条款旨在加强对国有土地使用权的行政管理，属于管理性强制规定，并非对出租行为的效力性强制规定，租赁合同的成立并不以登记批准为条件，因此，被上诉人未经房地产管理部门批准而与上诉人签订租赁合同出租划拨土地及房屋，并不影响《房地产租赁合同》及《房地产租赁合同补充协议》的效力，《房地产租赁合同》及《房地产租赁合同补充协议》属有效合同。”

案例7：河南省泌阳县机制砖瓦厂与杨聚堂确认合同无效纠纷二审民事判决书［驻马店市中级人民法院（2015）驻民二终字第549号］认为，“上诉人泌阳砖瓦厂与被上诉人杨聚堂订立的合同符合租赁合同的特征，该合同实质为租赁合同。本案争议土地系国有划拨土地，泌阳砖瓦厂出租划拨土地使用权未取得主管部门的批准，违反了《中华人民共和国城镇国有土地使用权出让和转让暂行条例》有关划拨土地不得出租的规定，根据该条例第四十六条规定，主管部门有权没收其非法收入并处以罚款。由此可见，上述规定规范的是国有划拨土地使用权出租的履行行为，而非绝对禁止该行为，本案中双方当事人订立的租赁合同系合同当事人的真实意思表示，且已实际履行多年，亦不存在侵害国家利益、社会公共利益或第三人利益的情形，虽未按照有关行政法规要求办理报批，但违反的是国家行政机关对该类合同的管理性规定，而非禁止性规定，故原审判决认定本案双方当事人订立的合同并未违反行政法规效力性强制性规定，并据此认定涉案合同为有效合同正确。泌阳砖瓦厂提出涉案合同违反行政法规效力性强制性规定，应系无效合同的上诉理由不能成立，本院不予采纳。”

案例8：夏能喜与中国人民解放军南京军区装备部防化技术大队租赁合同纠纷二审民事判决书［宣城市中级人民法院（2014）宣中民四终字第00011号］认为，

"夏能喜上诉称租赁合同无效的理由有两点。理由一，根据《中华人民共和国城镇国有土地使用权出让和转让暂行条例》、《划拨土地使用权管理暂行办法》的相关规定，出租划拨土地使用权，必须经过市、县人民政府土地管理部门批准，未经批准的，不得出租。夏能喜认为南京军区防化大队与其签订租赁协议出租场地的行为未经市、县人民政府土地管理部门批准，故属无效。对此理由经审查认为，合同无效的情形是合同违反法律、行政法规的强制性规定，且该强制性规定应为效力性强制规定，而非管理性强制规定，《划拨土地使用权管理暂行办法》系部门规章，《中华人民共和国城镇国有土地使用权出让和转让暂行条例》系行政法规，该行政法规第四十四条、第四十五条的规定又均为管理性强制规定。南京军区防化大队出租场地虽不符合上述部门规章和行政法规有关管理性强制规定，但不当然导致合同无效，故夏能喜主张合同无效的该理由不能成立。理由二，合同未经军队房地产管理部门审批并盖章。经审查，夏能喜与南京军区防化大队签订的《军队房地产租赁合同》确无军队房地产管理部门盖章，但该合同签订后，双方均已实际履行合同约定的义务。合同未经军队房地产管理部门审批并盖章并不属于法律法规规定的无效情形，故夏能喜此项上诉理由亦不能成立。"

二、认定未经批准签订的划拨土地出租合同为无效合同的案例（案例9—案例10）

案例9：拨学俊与玉溪市液化石油气储备供应站合同纠纷二审民事判决书［云南省高级人民法院（2010）云高民一终字第28号］认为，"依据现有证据，可以确认本案中争议土地的性质为划拨土地。《中华人民共和国城镇国有土地使用权出让和转让暂行条例》第四十四条规定：'划拨土地使用权，除本条例第四十五条规定的情况外，不得转让、出租、抵押'。第四十五条规定：'符合下列条件的，经市、县人民政府土地管理部门和房产部门批准，其划拨土地使用权和地上建筑物、其他附着物所有权可以转让、出租、抵押：（一）土地使用者为公司、企业、其他经济组织和个人；（二）领有国有土地使用证；（三）具有地上建筑物、其他附着物合法的产权说明；（四）依照本条例第二章的规定签订土地使用权出让合同，向当地市、县人民政府补交土地使用权出让金或者以转让、出租、抵押所获收益抵交土地使用权出让金。转让、出租、抵押前款划拨土地使用权的，分别依照本条例第三章、第四章和第五章的规定办理。'本案中，双方签订的土地租赁合同并未经相关管理部门批准，依据《中华人民共和国合同法》第五十二条第（五）项的规定，双方签订的《土地承包经营合同书》违反了法律、行政法规的强制性规定，应为无效合同，拨学俊的该项上诉理由不能成立。"

案例10：西安市第八十中学与西安市灞桥区警察护卫培训中心租赁合同纠纷二审民事判决书［西安市中级人民法院（2017）陕01民终2382号］认为，“八十中与培训中心双方签订的《联合办学租赁合同》，经查实际为租赁合同，八十中出租的场地和校舍均为国有划拨土地、国有划拨土地上的建筑物和附着物。《中华人民共和国城镇国有土地使用权出让和转让暂行条例》第四十四条规定：‘划拨土地使用权，除本条例第四十五条规定的情况外，不得转让、出租、抵押’。第四十五条规定：‘符合下列条件的，经市、县人民政府土地管理部门和房产管理部门批准，其划拨土地使用权和地上建筑物、其他附着物所有权可以转让、出租、抵押：（一）土地使用者为公司、企业、其他经济组织和个人；（二）领有国有土地使用证；（三）具有地上建筑物、其他附着物合法的产权证明；（四）依照本条例第二章的规定签订土地使用权出让合同，向当地市、县人民政府补交土地使用权出让金或者以转让、出租、抵押所获收益抵交土地使用权出让金。转让、出租、抵押前款划拨土地使用权的，分别依照本条例第三章、第四章和第五章的规定办理。’根据以上第四十五条的规定，出租划拨土地使用权的主体限定为公司、企业、其他经济组织和个人，经市、县人民政府土地管理部门和房产管理部门批准后方可出租。八十中作为义务教育机构，应适用以上第四十四条的规定，而该条规定是效力性的强制性规定，所以本案涉及的八十中与培训中心双方签订的租赁合同因违反了该条规定应属无效。一审法院依照《中华人民共和国合同法》第五十二条第（五）项的规定，判决《联合办学租赁合同》无效，判决培训中心应将占用八十中的办公楼、教学楼、住宿楼、教学场地等场地校舍腾交八十中，并搬离八十中校园，并无不当。”

第五章 国有土地使用权强制执行

054 划拨土地能否强制执行*

——执行法院可依法拍卖划拨土地使用权，但应在拍卖过程中函商当地政府、充分披露信息

根据相关规定，划拨土地使用权是指土地使用者通过各种方式依法无偿取得的土地使用权，转让划拨土地使用权需经土地管理部门批准。那么法院能否强制执行划拨土地使用权？司法实践中，法院认可强制执行划拨土地使用权，但是应当在执行过程中与当地政府沟通协商具体处置事宜。

裁判要旨

执行法院可依法拍卖被执行人名下通过划拨方式取得的国有土地使用权，但应在拍卖过程中依法妥善处理函商当地政府、充分披露信息等执行工作具体事宜。

案情简介

一、2009 年 2 月，德阳中院就北阳公司诉海口市粮食局欠款纠纷一案，判决海口市粮食局向北阳公司偿还 5147.21 万元。

二、2009 年 4 月，北阳公司向德阳中院申请强制执行。2014 年 11 月，德阳中院以海口房产公司无偿接受海口市粮食局所有的土地使用权为由，裁定追加海口房产公司为被执行人，在其所接受的财产范围内对北阳公司清偿债务。

三、2015 年 12 月，德阳中院裁定拍卖登记在海口房产公司名下的案涉国有土地使用权。

四、2016 年 3 月，海口市粮食局向德阳中院提出执行异议，主张案涉土地使用

---

* 案件来源：成都北阳投资咨询有限公司诉海口市粮食局欠款纠纷执行裁定书［四川省高级人民法院（2016）川执复 168 号］。

权中的5000平方米土地使用权属国有划拨土地，法院拍卖应先函商海口市人民政府，并应征得海口市人民政府同意。德阳中院裁定驳回海口市粮食局的异议。

五、海口市粮食局不服德阳中院裁定，向四川高院申请复议，请求撤销德阳中院裁定。四川高院裁定驳回海口市粮食局复议申请。

裁判要点

海口市粮食局申请复议未被法院支持的原因在于，虽然案涉5000平方米土地使用权系划拨方式取得，但属于被执行人的财产性利益，执行法院可以采取适当方式处置，并在拍卖过程中依法妥善处理函商当地政府、充分披露信息等执行工作具体事宜。因此，海口市粮食局的复议申请和理由不能成立。

实务经验总结

前事不忘，后事之师。为避免未来发生类似败诉，提出如下建议：

债权人申请执行被执行人名下划拨土地使用权的，人民法院可依法拍卖。被执行人以划拨土地使用权不应作为执行标的物为由，请求终止拍卖的，人民法院不予支持。但是如果在执行过程中，当地自然资源主管部门不同意转让划拨土地使用权，则人民法院不能进行处置。

相关法律规定

《中华人民共和国民事诉讼法》

第二百二十五条　当事人、利害关系人认为执行行为违反法律规定的，可以向负责执行的人民法院提出书面异议。当事人、利害关系人提出书面异议的，人民法院应当自收到书面异议之日起十五日内审查，理由成立的，裁定撤销或者改正；理由不成立的，裁定驳回。当事人、利害关系人对裁定不服的，可以自裁定送达之日起十日内向上一级人民法院申请复议。

《最高人民法院关于人民法院执行以划拨方式取得的土地使用权的请示的答复》

安徽省高级人民法院：

你院〔2004〕皖执监字第175号《关于中国农业银行砀山县支行申请执行安徽省国营砀山葡萄酒罐头工业公司、安徽省砀山果园场借款合同纠纷一案的请示》收悉。经研究，答复如下：

经审查，原则同意你院审判委员会倾向性意见。宿州市中级人民法院〔2003〕

宿中法执字第130—1号民事裁定书所处置的财产虽然涉及国有划拨土地使用权，但事先已经双方当事人同意，事后砀山县土地主管部门又予以认可，符合《中华人民共和国城市房地产管理法》和《中华人民共和国城镇国有土地使用权出让和转让暂行条例》的相关规定及国家土地局〔1997〕国土函字第96号《对最高人民法院法经〔1997〕18号函的复函》精神。因此，宿州市中级人民法院上述民事裁定并无不当。但是在具体工作中应严格程序，注意及时同相关部门沟通协商。

《国家土地管理局对最高人民法院法经（1997）18号函的复函》

四、对通过划拨方式取得的土地使用权，由于不属于当事人的自有财产，不能作为当事人财产进行裁定。但在裁定转移地上建筑物、附着物涉及有关土地使用权时，在与当地土地管理部门取得一致意见后，可裁定随地上物同时转移。

凡属于裁定中改变土地用途及使用条件的，需征得土地管理部门同意；补交出让金的，应在裁定中明确，经办理出让手续。方可取得土地使用权。

以下为该案在四川高院审理阶段，裁判文书中“本院认为”部分就该问题的论述：

本院（2015）川执复字第43号执行裁定和德阳中院（2014）德执异字第44号裁定作为生效法律文书，已经依法追加海口房产公司为北阳公司申请执行海口市粮食局欠款纠纷一案的被执行人，海口房产公司作为被执行人，应当按人民法院生效裁定要求在接受财产范围内对申请执行人北阳公司承担清偿责任。案涉位于海口市海甸岛沿江五路北侧的国有土地使用权、位于海口市金牛岭的国有土地使用权属于海口房产公司自海口市粮食局接受的财产，应当依法用以清偿债务。德阳中院（2014）德执预字第250号执行裁定决定拍卖位于海口市金牛岭的5000平方米国有土地使用权及位于海口市海甸岛沿江五路北侧面积为2376.51平方米的国有土地使用权，执行行为合法。德阳中院（2014）德执预字第250号执行裁定将位于海口市金牛岭的5000平方米国有土地使用权表述为“登记在被执行人海口市粮食局名下”有误，应当依法及时纠正。位于海口市金牛岭的5000平方米国有土地使用权系划拨方式取得，但属于被执行人的财产性利益，执行法院可以适当方式处置，并在拍卖过程中依法妥善处理函商当地政府、充分披露信息等执行工作具体事宜。海口市粮食局的复议申请和理由不能成立。

延伸阅读

执行国有划拨土地使用权相关案例：

案例1：古丽白克拉木与新疆医药公司买卖合同纠纷执行裁定书［新疆维吾尔

自治区高级人民法院（2014）新执二监字第2号］认为，"《中华人民共和国物权法》第十七条规定，不动产权属证书是权利人享有该不动产物权的证明。本案中，新市区北站二路8号国有划拨土地使用权在乌鲁木齐市中级人民法院立案执行前登记在被执行人新疆医药公司名下，属于被执行人新疆医药公司的财产。《中华人民共和国公司法》第三条规定，公司以其全部财产对公司的债务承担责任。由此，被执行人新疆医药公司应以其全部财产对公司债务承担清偿责任。"

案例2：韦五妹 、莫君、莫益章 、莫利与俞建平执行异议纠纷执行裁定书［广西壮族自治区柳州市中级人民法院执行裁定书（2011）柳市执议字第14号］认为，"生效的民事判决书是申请执行的依据。在俞建平所持的、生效的（2009）鹿民初（一）字第448号民事判决书中，对双方签订的《抵押借款协议书》已予认定，所以并不影响对该划拨土地使用权的拍卖，但应当依法缴纳土地出让金。至于申请复议人提出应对房屋先进行分割，只能拍卖韦世平应占份额还债等主张，因该抵押借款是二人的共同行为、共同债务，理应共同偿还，故其复议理由不能成立，本院不予支持；鹿寨县法院在查明事实的基础上作出的裁定并无不当，本院予以维持。"

案例3：罗定市罗茂液化石油气站、梁甫成等人与梁添花等人退伙协议纠纷执行裁定书［云浮市中级人民法院（2015）云中法执复字第1号］认为，"执行法院依法执行已发生法律效力的（2012）云罗法民初字第147号民事判决书和本院的（2012）云中法民二终字第74号民事判决书确定的执行内容过程中，对罗定市罗茂液化石油气站整体资产进行拍卖处置，符合法律规定。虽然执行法院拍卖处置上述石油气站的整体资产包括9077.5平方米的国有划拨工业土地，但是根据罗定市国土局复函给罗定市人民法院的要求内容来看，执行法院对上述土地使用权进行处置并无不当，只是在拍卖成交后，需要办理土地使用权类型变更手续，以及补缴土地出让金和重新签订《国有建设用地使用权出让合同》后才能办理土地使用权转让手续，换言之，对于国有划拨土地的拍卖转让可以在拍卖成交后再补办相关土地出让手续，即补办相关审批手续，因此执行法院对上述国有划拨土地使用权进行拍卖处置并不违反《中华人民共和国城市房地产管理法》和《中华人民共和国城镇国有土地使用权出让和转让暂行条例》关于划拨土地使用权的转让需人民政府审批的相关规定。申请复议人认为执行法院的委托拍卖行为违反上述规定，缺乏理据，本院不予采纳。"

案例4：王士生等执行纠纷执行裁定书［济南市中级人民法院（214）济执复字第35号］认为，"综合以上法律规定，划拨是取得国有土地使用权的一种方式，现行法律规定等并不禁止划拨土地的转让、出租、抵押等，但要符合一定的条件，并履行相应的审批手续。另外，《中华人民共和国民事诉讼法》第二百四十四条规定，被执行人未按执行通知履行法律文书确定的义务，人民法院有权查封、扣押、冻结、拍卖、变卖被执行人应当履行义务部分的财产。本案中，被执行人王士生不主动履行生效法律文书确定的义务，历下法院在执行中查封、拍卖被执行人王士生名下的土地使用权，属于依法采取的执行措施；王士生名下的上述土地使用权为划拨方式取得，法院在执行案件过程中，可以按照相关法律规定的条件和程序予以处置。此外，根据评估结果，上述土地使用权价值与案件执行标的差距较大；法院查封的被执行人王士生的股权尚未评估，股权的价值并未确定，也未进入处置程序。因此，历下法院执行中也不存在超标的查封、处置被执行人财产的情形。综上，历下法院裁定驳回王士生的执行异议，事实清楚，适用法律正确，应予维持。王士生的复议理由没有事实和法律依据，本院不予支持。”

案例5：崔世德与杨峰、杨更民间借贷纠纷执行裁定书［梅河口市人民法院（2015）梅执异字第23号］认为，“2015年9月2日作出的（2011）梅执字第106-2号执行裁定书，对杨峰名下土地使用权的执行符合法律规定，因为该宗土地使用权登记在被执行人杨峰名下，虽属于划拨土地使用权，但本院将土地使用权作价执行给申请人崔世德并无不当。对于异议人杨峰提出的第一项异议意见，本院已在裁定执行前征求了土地部门的意见，管理该宗土地的部门为梅河口市国土资源局，经多次沟通，该单位明确表示可以办理土地登记过户手续，但应当按规定办理相关手续并缴纳相关税费。现本院已向梅河口市国土资源局发出协助执行通知书，梅河口市国土资源局已接收。对于异议人杨峰提出的第二项异议意见，本案的执行行为已经取得了有批准权的梅河口市国土资源局批准，本案申请执行人崔世德亦同意转移过户时，按法律规定办理相关手续并缴纳土地出让金，本案执行措施和程序均未违反法律关于执行划拨土地使用权的规定。对于异议人杨峰提出的第三项异议意见，异议人引用拍卖法主张权利，认为在拍卖之前应当办理审批手续，本案虽然是经人民法院依法执行，土地部门已经同意协助办理土地变更手续，但土地部门仍需按国家相关法律法规规定的程序办理，实际上就是履行的审批程序，至于审批的时间先后并不能证明执行行为违法。综上，异议人杨峰所提异议理由与事实不符，异议不能成立。”

案例6：湛江市伟科投资有限公司等与佛山市南海区官窑镇城区经济发展总公司借款合同纠纷执行裁定书［佛山市中级人民法院（2016）粤06执异69号］认为，“异议人名下的涉案房地产中的国用（1995）00000××号土地使用权为划拨土地，依照相关规定，本院于2015年12月11日依法向佛山市南海区国土城建和水务局发函征询其对该土地使用权的处置意见。佛山市南海区国土城建和水务局在复函中并未禁止对上述土地使用权进行处置，而是说明因上述土地使用权为国有划拨用地，成交后应由买受人依照相关规定补交土地出让金后，方可办理土地登记。故异议人所称本院在处置涉案房地产时并未履行向相关土地管理部门报批并经同意处置，执行存在程序错误，无事实依据，本院不予支持。综上，异议人的异议请求没有事实和法律依据，本院不予支持，对其异议请求依法应予驳回。”

案例7：石家庄华鑫商业储运有限公司、中国工商银行股份有限公司石家庄长安支行金融借款合同纠纷、申请承认与执行法院判决、仲裁裁决案件执行裁定书［石家庄市中级人民法院（2015）石执复字第00020号］认为，“《中华人民共和国城镇国有土地使用权出让和转让暂行条例》第四十五条规定：‘符合下列条件的，经市、县人民政府土地管理部门和房产管理部门批准，其划拨土地使用权和地上建筑物、其他附着物所有权可以转让、出租、抵押：（一）土地使用者为公司、企业、其他经济组织和个人；（二）领有国有土地使用证；（三）具有地上建筑物、其他附着物合法的产权证明；（四）依照本条例第二章的规定签订土地使用权出让合同，向当地市、县人民政府补交土地使用权出让金或者以转让、出租、抵押所获效益抵交土地使用权出让金。’国家土地管理局（1997）国土函字第96号《对最高人民法院法经（1997）18号函的复函》第四条进一步明确：‘对通过划拨方式取得的土地使用权，由于不属于当事人的自有财产，不能当作当事人财产进行裁定。但裁定转移地上建筑物、附属物涉及有关土地使用权时，在与当地土地管理部门取得一致意见后，可以裁定随地上物同时转移。’本案中，执行法院裁定拍卖的财产所涉的土地为划拨土地，根据以上法律规定，应先行征询土地管理部门的意见，确定能否实施司法拍卖，再依法对拍卖裁定作出相应处理。”

案例8：申请执行人周闻武与被执行人余胜利民间借贷纠纷一案执行裁定书［长沙市中级人民法院（2015）长中民执异字第00450号］认为，“《国家土地管理局关于人民法院裁定转移土地用权问题对最高人民法院经（1997）18号函的复函》（(1997）国土函字第96号）规定：你院法经（1997）18号函收悉。经研究，现复函如下：一、以出让、转让方式取得的国有土地使用权属当事人自有财产，人民法院对土地使用权（包括以土地为载体的各种权利、义务）转移的裁定，应作为土地权属转移的合法依据，土地管理部门应根据法院的裁定，及时进行变更土地登记。但人民法院在裁定中应明确告知当事人三十日内到人民政府土地管理部门申请办理变更土地登记。并将裁定或判决内容以有效法律文书形式及时通知土地管理部门。二、土地管理部门在对裁定的土地办理变更登记手续时，其权利取得的时间，应以人民法院裁定的权利取得时间为依据。对不申请办理变更登记或逾期申请的，其土地权利不受法律保护，涉及的土地按违法用地处理。三、为维护人民法院判决裁定和土地登记的严肃性，凡当事人在规定时间内申请办理变更登记手续的，土地管理部门应以法院裁定或判决时间先后为序确认土地权利。四、对通过划拨方式取得的土地使用权，由于不属于当事人的自有财产，不能作为当事人财产进行裁定。但在裁定转移地上建筑物、附着物涉及有关土地使用权时，在与当地土地管理部门取得一致意见后，可裁定随地上物同时转移。凡属于裁定中改变土地用途及使用条件的，需征得土地管理部门同意，补交出让金的，应在裁定中明确，经办理出让手续，方可取得土地使用权。五、对尚未确定土地权属的土地，应先依据《土地管理法》第十三条规定处理后，人民法院再行裁定。新疆维吾尔自治区乌鲁木齐中级人民法院作出（2001）乌中法执字第359-5号民事裁定，裁定将被执行人长沙中意电器集团公司位于长沙市岳麓区桐梓坡路178号建筑面积1418.57平方米，房产证号为长房权西字第0××8号厂房过户给椰林集团（湖南）高教投资有限公司时，该房屋占用范围内的土地为工业划拨地，不能作为长沙中意电器集团公司的自有财产执行，因未与当地土地管理部门取得一致意见，不能视为已裁定该房屋占用范围内的工业划拨地随地上物同时转移。椰林集团（湖南）置业发展有限公司后又将该房屋转让给李某利、余胜利、陈某强，该房屋占用范围内的工业划拨地亦并未随地上房屋转移给李某利、余胜利、陈某强所有。案外人长沙市企业国有资产经营有限公司的异议理由成立，本院予以采纳。”

案例9：申请执行人南京恒基房地产开发有限责任公司与被执行人宿迁市宿豫区对外贸易公司债权纠纷执行裁定书［南京市中级人民法院（2015）宁执恢字第27-1号］认为，“申请执行人享有的债权依法受法律保护，但债权的实现取决于被执行人是否有履行债务的能力。本案中，本院查封被执行人外贸公司的土地使用权为国有划拨土地，宿迁市国土资源局不同意本院进行分割处理，被执行人无其他可供执行财产，申请执行人亦未能提供被执行人其他可供执行的财产线索，故本次执行程序应予以终结，待今后发现被执行人其他可供执行财产或查封的财产具备处置条件后，申请执行人可向本院申请恢复执行。”

案例10：中山旅游集团有限公司、中山富华酒店金融借款合同纠纷执行裁定书［中山市中级人民法院（2013）中中法执恢字第13号］认为，“由于被执行人的主要财产是位于中山市富华道的房地产，该部分房地产因涉及划拨土地问题需与中山市人民政府协调而暂无法处理。本院将上述执行情况告知申请执行人后，申请执行人同意终结本案本次执行，故本案符合终结本次执行的规定，依照《中华人民共和国民事诉讼法》第一百五十四条第一款第（十一）项之规定，裁定如下：本院（2013）中中法执恢字第13号案终结本次执行。”

案例11：刘定林、梅启虹与日照市宏达实业总公司生命权、健康权、身体权纠纷执行裁定书［山东省日照市中级人民法院（2015）日执恢字第1号］认为，“本案在执行过程中，被执行人共履行执行款2万元，尚欠本金71973元及相应利息。经查，被执行人已歇业，其地上房产因他案已被处置，其名下土地系国有划拨土地使用权，暂不宜处置，现被执行人无其他可供执行的财产。根据《日照市关于建立完善国家司法救助制度的实施办法（试行）》有关规定，本院为两申请执行人申请了一次性国家司法救助，并于2015年2月10日将该救助款5万元过付给申请执行人。现申请执行人同意本案终结执行。”

055 法院单独拍卖土地导致房地分离，拍卖行为是否有效*

——法院拍卖土地使用权时未将地上建筑物一并处分的，拍卖行为应予撤销

司法拍卖中法院能否不遵循“房地一体”的原则，单独拍卖土地使用权或者房屋所有权？对此最高法院明确，法院在司法拍卖时应当严格遵循“房地一体”的原则。

裁判要旨

法院在拍卖土地使用权时，未将地上建筑物等一并拍卖处分的，拍卖行为应予撤销。

案情简介

一、新疆高院在天山公司与物资公司买卖合同纠纷一案的执行中，查封了被执行人物资公司名下的土地，并将该土地进行拍卖。李辉竞得该宗土地，新疆高院作出4-2号裁定，确认该宗土地使用权归买受人李辉所有。

---

* 案件来源：新疆天山水泥股份有限公司与新疆交通物资供应公司买卖合同纠纷执行复议裁定书［最高人民法院（2011）执复字第16号］。

二、被执行人物资公司向新疆高院提出执行异议，主张案涉土地上存有附属房产设施，新疆高院未将土地使用权与地上建筑物等一并拍卖，造成土地与房产权属不一致，侵害了当事人权益，并遗留纠纷隐患。故请求撤销4-2号裁定及对案涉土地的拍卖。

三、新疆高院认为：案涉拍卖行为造成房地分别属于不同的主体，违反法律的强制性规定，拍卖行为无效。故支持了物资公司提出的执行异议请求。

四、李辉不服，向最高法院申请复议。最高法院裁定：驳回李辉的复议申请。

裁判要点

最高法院认定案涉拍卖行为应予撤销的原因在于，《中华人民共和国物权法》第一百四十六条规定："建设用地使用权转让、互换、出资或者赠与的，附着于该土地上的建筑物、构筑物及其附属设施一并处分。"人民法院强制拍卖建设用地使用权时，应当严格遵循该条规定。本案执行法院在拍卖案涉土地使用权时，未将土地上建筑物等一并拍卖处分，该拍卖行为违反了法律规定，应予撤销。

实务经验总结

前事不忘，后事之师。为避免未来发生类似败诉，提出如下建议：

一、法院在拍卖土地使用权时应当遵循"房随地走、地随房走"的物权变动原则，将地上建筑物一并拍卖，否则当事人可申请撤销拍卖行为。

二、当事人在参加土地使用权的司法拍卖时，可前往土地使用权所在位置进行实地查看，调查土地使用权的自然状况。当事人也可根据《不动产登记暂行条例实施细则》第九十七条的规定，事先前往不动产登记机构查询不动产登记资料，核查被拍卖土地的自然状况、权利人及查封、抵押、预告登记、异议登记等状况。

相关法律规定

《中华人民共和国物权法》

第一百四十六条 建设用地使用权转让、互换、出资或者赠与的，附着于该土地上的建筑物、构筑物及其附属设施一并处分。

以下为该案在最高法院审理阶段，裁判文书中"本院认为"部分就该问题的论述：

《中华人民共和国物权法》第一百四十六条规定："建设用地使用权转让、互换、出资或者赠与的，附着于该土地上的建筑物、构筑物及其附属设施一并处分。”人民法院强制拍卖建设用地使用权时，应当严格遵循该条规定。本案执行法院在拍卖上述土地使用权时，未将土地上建筑物等一并拍卖处分，该执行行为违反了法律规定。新疆高院以执行行为违反法律规定为由，裁定撤销（2008）新执字第4-2号执行裁定及撤销上述土地使用权的评估拍卖，并无不当。

如果申请复议人认为执行行为给其造成了损失，可通过相关法律途径寻求救济。

延伸阅读

关于法院拍卖土地使用权时未将地上建筑物一并处分，拍卖行为应予撤销的案例：

案例：赞皇县仁德房地产开发有限公司、中国农业银行股份有限公司石家庄新区支行与河北日升昌科工贸有限公司、石家庄开发区华鹏实业有限公司等金融借款合同纠纷、申请承认与执行法院判决、仲裁裁决案件执行裁定书［河北省石家庄市中级人民法院（2015）石执复字第00050号］认为，“《物权法》第一百四十六条规定：‘建设用地使用权转让、互换、出资或者赠与的，附着于该土地上的建筑物、构筑物及其附属设施一并处分。’据此，人民法院在强制拍卖土地使用权时，应当严格遵循此‘房地一体’的原则。本案中，执行法院在拍卖土地使用权时，未将该土地上的建筑物一并拍卖处分，造成房地分离的现状，违反法律的强制性规定，拍卖行为应为无效。在当事人提出异议后，执行法院以拍卖行为违反法律规定为由，裁定撤销该拍卖行为并无不当。”

第六章　合作开发房地产

056 人防工程地下停车场的产权归属于国家还是开发商*

——属于人民防空工程的地下停车场的产权归国家所有，合作开发合同当事人无权请求分割

实践中，政府在作出商品房规划许可时，时常会要求将商品房的地下停车场配建为人民防空工程，该地下停车场的产权归属于谁？是国家还是开发商？合作开发房地产项目的当事人能否请求对该地下停车场进行分割？最高法院对此认为，此类地下停车场的产权归国家所有，合作开发房地产项目的当事人无权请求分割。但在实践中各地政府对该问题存在不同认识。

裁判要旨

根据《中华人民共和国人民防空法》以及国家关于人防工程的有关规定，属于人民防空工程的地下停车场的产权归国家所有，客观上不能分割，合作开发房地产合同当事人无权要求对该地下停车场面积进行分割。

案情简介

一、2000 年，金世纪公司与宝玉集团签订《联建协议》，约定金世纪公司以土地使用权出资，宝玉集团以资金出资，联合开发建设房地产项目；在金世纪公司收到宝玉集团 3000 万元的前提下，宝玉集团分得项目可销售面积的 65%。2002 年，金世纪公司与宝玉集团下属隆丰公司签订《补充协议》，约定双方分成比例调整为金世纪公司 33.5%、宝玉集团 66.5%。宝玉集团、隆丰公司应付 3000 万元款项尚欠 737 万元未支付。

---

* 案件来源：大连宝玉集团有限公司、大连隆丰房地产开发有限公司与大连金世纪房屋开发有限公司合资、合作开发房地产合同纠纷申请再审民事裁定书［最高人民法院（2013）民申字第 1997 号］。

二、金世纪公司向大连中院提起诉讼，请求：解除《联建协议》及《补充协议》；宝玉集团及隆丰公司支付拖欠的合作款737万元及逾期付款违约金。宝玉集团、隆丰公司提出反诉，请求：依照协议约定的分成比例分摊成本后分享利润；金世纪公司将整体项目的66.5%的房屋减除已抵顶工程款和已偿还银行贷款部分后，将剩余房屋销售合同交付宝玉集团、隆丰公司。

三、大连中院判决：解除《联建协议》及《补充协议》；宝玉集团、隆丰公司给付金世纪公司737万元及逾期付款违约金；金世纪公司按照66.5%的分配比例给付宝玉集团、隆丰公司合作开发房地产的利润及项目房屋。

四、隆丰公司不服，向辽宁高院上诉，主张一审判决对联建的地下停车场等未予分割，故应按照《联建协议》约定分割地下停车场等面积。辽宁高院认定涉案项目的地下停车场是人民防空工程的一部分，不属于可销售面积，不能分配。

五、隆丰公司、宝玉集团仍不服，向最高法院申请再审，最高法院亦认定不能对涉案项目的地下停车场进行分割。

裁判要点

最高法院未支持隆丰公司、宝玉集团分配案涉项目地下停车场的请求的原因在于：根据《中华人民共和国人民防空法》以及国家关于人防工程的有关规定，讼争项目的地下停车场属于人民防空工程的一部分，产权归国家所有，因此客观上不能分割。

实务经验总结

前事不忘，后事之师。为避免未来发生类似败诉，提出如下建议：

关于属于人防工程的地下停车场的产权归属问题，历来争议颇多，各地出台的规定对该问题的认定不统一，司法案例也存在不同的判定。认为属于人防工程的地下停车场产权归属于国家的主要依据是《中华人民共和国物权法》第五十二条，即“国防资产属于国家所有”；认为属于人防工程的地下停车场产权归属于开发商的主要依据是《中华人民共和国物权法》第三十条以及第一百四十二条，即“因合法建造、拆除房屋等事实行为设立或者消灭物权的，自事实行为成就时发生效力”，“建设用地使用权人建造的建筑物、构筑物及其附属设施的所有权属于建设用地使用权人，但有相反证据证明的除外”。

有鉴于上述争议，当事人只能按照当地房地产主管部门对该问题的认定，确认能否对属于人防工程的地下停车场办理物权登记。

相关法律规定

《中华人民共和国人民防空法》

第二条 人民防空是国防的组成部分。国家根据国防需要，动员和组织群众采取防护措施，防范和减轻空袭危害。

人民防空实行长期准备、重点建设、平战结合的方针，贯彻与经济建设协调发展、与城市建设相结合的原则。

第五条 国家对人民防空设施建设按照有关规定给予优惠。

国家鼓励、支持企业事业组织、社会团体和个人，通过多种途径，投资进行人民防空工程建设；人民防空工程平时由投资者使用管理，收益归投资者所有。

第二十二条 城市新建民用建筑，按照国家有关规定修建战时可用于防空的地下室。

《上海市民防工程建设和使用管理办法》

第二十条（所有权）

民防工程的投资者可以按照房地产管理的有关规定取得民防工程的所有权。

民防工程的所有权登记，按照本市房地产登记的有关规定执行。

《济南市城市地下空间开发利用管理办法》

第三十八条 国有人防工程由人民防空主管部门作为所有权人到市住房保障管理部门办理初始登记手续；其他人防工程的权属登记手续，由所有权人依法办理。

以下为该案在最高法院审理阶段，裁判文书中“本院认为”部分就该问题的论述：

二审判决对于讼争项目地下部分未予分割是否正确。隆丰公司、宝玉集团主张二审判决对于讼争项目地下部分收益权未予分割不当，并向本院提交了照片和金玉星海地下停产场管理规定等证据。但从隆丰公司的上诉请求看，其是要求对地下停车场面积进行分割，而根据《中华人民共和国人民防空法》以及国家关于人防工程的有关规定，讼争项目的地下停车场属于人民防空工程的一部分，产权归国家所有，客观上不能分割，故二审判决对该要求对地下停车场面积进行分割的上诉请求不予支持并无不妥。

延伸阅读

一、认定属于人民防空工程的地下停车场产权归属于国家的案例

案例 1：钦州希望房地产开发有限公司与南宁凭兴物业服务有限公司、南宁凭兴物业服务有限公司钦州分公司返还原物纠纷二审民事判决书［广西壮族自治区钦州市中级人民法院（2015）钦民一终字第 306 号］认为，“关于人防工程部分的车库的所有权和使用权问题。《中华人民共和国人民防空法》第 2 条规定：‘人民防空是国防的组成部分’，《中华人民共和国物权法》第 52 条规定：‘国防资产属于国家所有’。据此，作为国防资产组成部分的人防工程，其产权属于国家，居民小区修建的人防工程产权亦归属国家，同时，根据《中华人民共和国人民防空法》第五条第二款关于‘人民防空工程平时由投资者使用管理，收益归投资者所有’的规定，钦州市中金名苑住宅小区中的人防工程由被上诉人希望公司投资建设，所以应由被上诉人希望公司使用管理，收益也应归该公司所有，同时根据《商品房销售面积及公用建筑面积分摊规则》的规定，人防工程的地下室并不计入公用建筑面积，并且钦州市人民防空办公室 2015 年 4 月 9 日出具的答复意见称‘中金名苑防空地下室平时使用权证上使用单位为钦州希望房地产开发有限公司，证件未办理变更’。因此，一审法院确认人防工程部分的车库的使用权人亦应为被上诉人希望公司，并无不当。”

二、认定属于人民防空工程的地下停车场产权归属于开发商的案例

案例 2：柏志海、汪爱玲与盐城市力拓房地产开发有限公司车位纠纷二审民事判决书［江苏省盐城市中级人民法院（2014）盐民终字第 01318 号］认为，“争议焦点一：关于案涉人防地下车位的权利性质及权利归属问题。（一）关于土地使用权。《中华人民共和国物权法》（以下简称‘《物权法》’）第一百三十六条规定：‘建设用地使用权可以在土地的地表、地上或者地下分别设立。新设立的建设用地使用权，不得损害已设立的用益物权。’第一百三十七条第一款规定：‘设立建设用地使用权，可以采取出让或者划拨等方式。’被上诉人提交证据证明其已经按照法律规定的程序取得了相应的土地使用权。被上诉人与国土资源部门签订的《建设用地使用权出让合同》第四条约定了土地使用权的平面界址和空间界址，故被上诉人对本案所涉人防地下车位（在本部分指整个地下车位及其构筑物，下同）相对应的土地，拥有合法的土地使用权。（二）关于建筑物所有权。《物权法》第一百四十二条规定：‘建设用地使用权人建造的建筑物、构筑物及其附属设施的所有权属于建设用地使用权人，但有相反证据证明的除外。’该人防地下车位是被上诉人投资建

设，属于其建造的构筑物或者附属设施，被上诉人应当对此享有所有权。（三）关于人民防空法的相关规定是否影响物权权属。《中华人民共和国人民防空法》第十八条规定：‘人民防空工程包括为保障战时人员与物资掩蔽、人民防空指挥、医疗救护等而单独修建的地下防护建筑，以及结合地面建筑修建的战时可用于防空的地下室。’第十九条第一款规定：‘国家对人民防空工程建设，按照不同的防护要求，实行分类指导。’第二十一条第一款规定：‘人民防空指挥工程、公用的人员掩蔽工程和疏散干道工程由人民防空主管部门负责组织修建；医疗救护、物资储备等专用工程由其他有关部门负责组织修建。’第二十二条规定：‘城市新建民用建筑，按照国家有关规定修建战时可用于防空的地下室。’可见，人防工程既有为保障‘战时’而单独、专门建筑的工程，也有战时可用、‘平时’民用的建筑工程，且不同类人防工程的建筑主体不同，其权属也当然不同，但都要服从防空法的管理，而管理主体与权属主体并不等同。另该法第五条规定：‘国家对人民防空设施建设按照有关规定给予优惠。国家鼓励、支持企业事业组织、社会团体和个人，通过多种途径，投资进行人民防空工程建设；人民防空工程平时由投资者使用管理，收益归投资者所有。’结合前述几条规定，可见这是对人防工程‘平时’与‘战时’的使用问题所作的规定，不是对权属问题的专门界定，相反，该条规定恰恰也说明民用建筑的人防工程应为‘投资者’所有。总之，被上诉人对案涉人防地下车位享有除土地所有权之外的较为完整的物权，并且根据《物权法》第三十条的规定，因合法建造设立物权的，自事实行为成就时发生效力。人民防空法的有关规定不是对人防工程权属的专门规定，与物权法的规定并不存在冲突与矛盾，对案涉人防地下车位的权利性质及其归属的认定并无影响。”

057 合作开发房地产约定的出资未全部到位时，按照实际出资比例分配利润而不是按合同约定比例分配

——合作开发房地产约定的出资未全部到位的情况下，按照实际出资比例分配利润而不是按合同约定比例分配*

合作开发房地产过程中，出资未全部到位的一方能否主张按照合同约定的利润分配比例分配利润？本案例认为，如果能够认定当事人之间的真实意思是按投资数额确定分配比例，则应当按照实际出资比例分配利润。

裁判要旨

合作开发房地产只要事实上确定当事人“以投资数额确定利润分配比例”，就可以认定按实际出资比例分配利润，无需合同明确约定。

案情简介

一、2000年，金世纪公司与宝玉集团签订《联建协议》，约定金世纪公司以土地使用权出资，宝玉集团以资金出资，合作开发房地产；在金世纪公司收到宝玉集团3000万元的前提下，宝玉集团的分成比例提高至65%。

二、2002年，金世纪公司与宝玉集团下属隆丰公司签订《补充协议》，约定双方分成比例调整为金世纪公司33.5%、宝玉集团66.5%。

三、隆丰公司、宝玉集团应付3000万元款项尚欠737万元尚未支付。

四、金世纪公司向大连市中院提起诉讼，请求：解除《联建协议》及《补充协议》；宝玉集团及隆丰公司支付737万元及逾期付款违约金。宝玉集团、隆丰公司提出反诉，请求依照协议约定的分成比例分摊成本后分享利润。

五、大连中院判决：宝玉集团、隆丰公司给付金世纪公司737万元及逾期付款违约金；金世纪公司按照66.5%的分配比例给付宝玉集团、隆丰公司合作开发房地产的利润30392029元及项目房屋12140平方米。

六、金世纪公司、隆丰公司不服大连市中院判决，向辽宁省高院提起上诉。辽

* 案件来源：大连宝玉集团有限公司、大连隆丰房地产开发有限公司与大连金世纪房屋开发有限公司合资、合作开发房地产合同纠纷申请再审民事裁定书［最高人民法院（2013）民申字第1997号］。

宁省高院判决：按照实际投入比例分割联建利益，金世纪公司给付宝玉集团、隆丰公司合作开发房地产的利润款 19325788 元以及 47.4%的未销售房屋面积或相应利益。

七、隆丰公司、宝玉集团不服辽宁省高院判决，向最高人民法院申请再审，最高人民法院裁定驳回其再审申请。

裁判要点

本案中，双方的合作开发房地产合同约定了利润分配比例，虽然协议在文字表述方面没有明确“按照投资比例分配利润”，而是约定了一个固定的比例，但是该约定的固定比例是按照出资比例得出的，实际上蕴含了按照实际出资比例进行分配的原则。这种情况下，如合作一方的出资并没有全部到位，法院将判决不能按照合同约定的比例分配利润，而是调整为按照实际出资的比例分配利润。

最高人民法院认为，“本案处理可以参照《土地使用权解释》第二十二条的立法精神。该条之所以规定对未足额出资一方的利润分配比例进行调整，是基于投资是当事人利润分配的基础、权利义务相一致以及公平原则等因素的考虑。本案《联建协议》以及《补充协议》虽未对双方的投资数额作出明确约定，但在确定分配比例时显然是以出资作为计算的依据……二审判决以隆丰公司、宝玉集团实际投资额占其应完成投资额的比例为依据对《补充协议》约定的分配比例进行调整并无不妥”。

实务经验总结

前事不忘，后事之师。为避免未来发生类似败诉，提出如下建议：

签订合作开发房地产合同后，一定要及时按约定足额缴纳出资，否则可能会影响最终利润分配，导致不能按合同中约定的比例分配利润。企业切勿以为自己出资不到位，最后也可以按照合同约定的比例分配利润、坐享其成。

相关法律规定

《最高人民法院关于审理涉及国有土地使用权合同纠纷案件适用法律问题的解释》

第二十二条 合作开发房地产合同约定仅以投资数额确定利润分配比例，当事人未足额交纳出资的，按照当事人的实际投资比例分配利润。

以下为该案在最高法院审理阶段，裁判文书中“本院认为”部分关于利润分配比例确定的论述：

二审判决对讼争项目分配比例进行调整是否有事实和法律依据。1.《最高人民法院关于审理涉及国有土地使用权合同纠纷案件适用法律问题的解释》（以下简称《土地使用权解释》）第二十二条规定：“合作开发房地产合同约定仅以投资数额确定利润分配比例，当事人未足额出资的，按照当事人的实际投资比例分配利润。”该条适用的前提是合作开发房地产合同对双方当事人的投资数额有明确约定，而《联合建房协议书》（以下简称《联建协议》）和《〈联合建房协议书〉之补充协议》（以下简称《补充协议》）并没有对金世纪公司与隆丰公司、宝玉集团的投资数额作出明确约定。因此，二审判决直接适用《土地使用权解释》第二十二条的规定确有不妥。但是，本案处理可以参照《土地使用权解释》第二十二条的立法精神。该条之所以规定对未足额出资一方的利润分配比例进行调整，是基于投资是当事人利润分配的基础、权利义务相一致以及公平原则等因素的考虑。本案《联建协议》以及《补充协议》虽未对双方的投资数额作出明确约定，但在确定分配比例时显然是以出资作为计算的依据，其中金世纪公司的义务是提供土地使用权，而隆丰公司、宝玉集团则是负责“整体项目建设开工至竣工所需的全部经费及水、暖、电、气、电视、通讯通邮、道路、绿化、消防、物业管理系统等全部配套费以及工程费等”，并没有约定以其他标准分配利润，并且，根据《联建协议》的约定，隆丰公司、宝玉集团交付给金世纪公司的3000万元款项，也属于投资款的组成部分，金世纪公司在收到上述款项的前提下，相应地增加宝玉集团的应分配比例，该约定可以印证出资系双方确定分配比例的基础。……二审判决以隆丰公司、宝玉集团实际投资额占其应完成投资额的比例为依据对《补充协议》约定的分配比例进行调整并无不妥。综上，隆丰公司、宝玉集团关于二审判决违反法律和当事人的约定，对案涉项目权益进行分割，存在明显错误等申请理由不能成立。

058 合作开发房地产项目中抽逃出资的当事人能否请求按原约定比例分配利润*

——合作开发房地产合同一方当事人抽逃出资而对方同意按原约定比例分配利润的，仍应按原约定比例分配利润

根据《最高人民法院关于审理涉及国有土地使用权合同纠纷案件适用法律问题的解释》的规定，“合作开发房地产合同约定仅以投资数额确定利润分配比例，当事人未足额交纳出资的，按照当事人的实际投资比例分配利润”。对此，最高法院认为，在对方当事人同意按原约定比例分配利润的情形下，法院仍应认定按原约定比例分配利润。

裁判要旨

合作开发房地产合同的一方当事人未按约定出资，如另一方当事人同意按照原约定的分配比例分配利润的，双方仍应按原约定的分配比例分配利润，而不是按实际投资比例分配利润。

案情简介

一、2006 年，徐先超与曾宪明签订《联合开发协议》，约定：徐先超以其拥有的土地使用权作价 300 万元，曾宪明投入现金 300 万元进行联合开发；双方按 5∶5 进行利润分成。2007 年，双方按约定设立了项目公司（咪兰公司）进行开发。

二、2010 年，曾宪明从咪兰公司提取 300 万元并出具收据一份，载明：收取投资款。同日徐先超与曾宪明签订《补充协议》，约定：双方将项目公司账上存款、售房款按 5∶5 分别存在双方个人名下。

三、2013 年，曾宪明诉至徐州市中院，请求判令：咪兰公司、徐先超给付项目盈余分成款 1399.14 万元（以审计评估结算调整）。经鉴定，项目净利润为 1755.055 万元。徐州市中院认为，曾宪明应当获得的利润分成为 877.5275 万元（1755.055×50%），鉴于曾宪明已收取咪兰公司 300 万元，之后又自认从咪兰公司

* 案件来源：曾宪明与徐州咪兰房地产开发有限公司、徐先超合资、合作开发房地产合同纠纷申诉、申请再审民事裁定书［最高人民法院（2016）最高法民申 363 号］。

支取200万元，故曾宪明实际应得的利润分成款为377.5275万元，判决：咪兰公司支付曾宪明利润分成款377.5275万元，徐先超承担连带给付责任。

四、咪兰公司、徐先超不服徐州市中院判决，上诉至江苏高院称，曾宪明自认以房屋预售款偿还了其出资，应认定曾宪明未出资，无权要求分配咪兰公司的利润。江苏高院认为，合作一方未按约定投资，如合作另一方同意按照原约定的利润分配比例分配利润的，法律未作禁止性规定。故判决驳回上诉，维持原判。

五、咪兰公司、徐先超不服江苏高院判决，向最高法院申请再审。最高法院裁定驳回其再审申请。

裁判要点

法院认定曾宪明抽逃出资后仍享有利润分配请求权的原因在于：

根据《最高人民法院关于审理涉及国有土地使用权合同纠纷案件适用法律问题的解释》的相关规定，如合作开发房地产合同对合作利润分配比例的约定是建立在合作各方按约实际且足额出资的基础之上，当事人未足额交纳出资的，应按照当事人的实际投资比例分配利润。但对于合作一方未按约定投资，合作另一方同意按照原约定的分配比例分配利润的，法律也未作禁止性规定。

本案中咪兰公司成立后用房屋预售款返还曾宪明300万元出资款，曾宪明并未实际完成投资义务，对此徐先超是明知的，双方形成了抽逃出资的合意。且事后徐先超与曾宪明又签订一份《补充协议》，约定对咪兰公司账上存款及售房款按5∶5分配，与之前《联合开发协议》的利润分配约定相符，是对利润分配的再次确认。

因此，咪兰公司、徐先超关于应适用《最高人民法院关于审理涉及国有土地使用权合同纠纷案件适用法律问题的解释》第二十二条、第二十三条之规定，判决曾宪明无权请求分配利润的主张，最高法院不予支持。

实务经验总结

前事不忘，后事之师。为避免未来发生类似败诉，提出如下建议：

一、通常情形下，合作开发房地产的一方当事人未足额出资的，应按实际投资比例分配利润。但是如果对方当事人同意按原约定分配比例分配利润的，法院仍认定按照原约定分配比例分配。

二、合作开发房地产的一方当事人未足额出资的，如果另一方当事人不同意按原约定分配比例分配利润，应当及时提出异议，且不应再签署任何书面文件同意按原约定分配比例分配利润。

相关法律规定

《最高人民法院关于审理涉及国有土地使用权合同纠纷案件适用法律问题的解释》

第二十二条 合作开发房地产合同约定仅以投资数额确定利润分配比例，当事人未足额交纳出资的，按照当事人的实际投资比例分配利润。

第二十三条 合作开发房地产合同的当事人要求将房屋预售款充抵投资参与利润分配的，不予支持。

以下为该案在最高法院审理阶段，裁定书中“本院认为”部分就该问题的论述：

关于一、二审判决适用法律是否确有错误。本院认为，根据二审查明的事实，徐先超、曾宪明存在合资、合作开发房地产法律关系，进而适用《最高人民法院关于审理涉及国有土地使用权合同纠纷案件适用法律问题的解释》第十五条之规定，适用法律并无不当。二审判决认定，咪兰公司注册成立后仅数日该300万元借款即由咪兰公司用房屋预售款返还给了任永红，构成抽逃出资，曾宪明并未实际完成投资义务，徐先超对此知晓并予以认可，在《补充协议》中仍约定了对咪兰公司账上存款及售房款五五分配，与之前《联合开发协议》的利润分配约定相符，此约定为当事人的真实意思表示，不违反法律、行政法规的强制性规定。双方合作期间，徐先超并未提出曾宪明未出资不应享受利润分配。现咪兰公司、徐先超主张曾宪明没有投资不应享有利润分成，与双方的约定不符，二审判决对其主张不予支持，并无不当。咪兰公司、徐先超关于应适用《最高人民法院关于审理涉及国有土地使用权合同纠纷案件适用法律问题的解释》第二十二条、二十三条之规定，判决曾宪明无权请求分配利润的再审申请理由，本院不予支持。

延伸阅读

关于合作开发房地产当事人未足额出资，对方当事人未同意按原约定分配比例分配利润，最高法院认定按实际出资比例分配利润的案例：

案例1：刘平与赣州市海新房地产开发有限公司合资、合作开发房地产合同纠纷申诉、申请再审民事裁定书［最高人民法院（2016）最高法民申2871号］认为，“关于原审判决未按合作协议关于权益责任分配的约定，依职权改为按实际投资比例分享利润，是否属适用法律错误问题。本院认为，诉争合作协议虽然约定了双方各半投资，各半享受盈利分配，各半承担风险，但原审已查明的事实证明，双方实际上均未将约定的投资打入双方单独开立的银行账户封闭运行，而是采取以双方各自为项目垫付资金的形式进行出资。根据审计报告以及原审查明的事实，双方实际为项目垫付资金的款项数额并不相同，且在开发过程中均已经退回，而诉争项目对外又是以海新公司名义开发的，也是以海新公司名义进行的贷款，在项目部退场以后，海新公司接手并完成了遗留的后续事务，基于海新公司为诉争项目履行了大部分义务，原审酌情按双方对项目的实际投资比例进行利润分配，符合本案的实际情况，也符合公平正义的原则，适用法律并无不当。”

案例 2：大连宝玉集团有限公司、大连隆丰房地产开发有限公司与大连金世纪房屋开发有限公司合资、合作开发房地产合同纠纷申请再审民事裁定书［最高人民法院（2013）民申字第 1997 号］认为，“从一、二审查明的事实看，金世纪公司已经完成投资义务，隆丰公司、宝玉集团应付的 3000 万元款项尚欠 737 万元，且讼争项目并未全部完工，小区绿化及封闭工程、小区安全监控系统、部分配套工程及公建外装修、车库等系由金世纪公司完成。因此，在宝玉集团未按约定履行投资义务的情况下，如仍按照原分配比例进行分配，不仅违反合同约定，而且也有悖于权利义务相一致原则和公平原则。据此，二审判决对《联建协议》和《补充协议》约定的分配比例进行调整有相应的事实和法律依据。……二审判决以隆丰公司、宝玉集团实际投资额占其应完成投资额的比例为依据对《补充协议》约定的分配比例进行调整并无不妥。综上，隆丰公司、宝玉集团关于二审判决违反法律和当事人的约定，对案涉项目权益进行分割，存在明显错误等申请理由不能成立。”

案例 3：方明通与福州宏发房地产有限公司合作开发房地产合同纠纷二审民事判决书［最高人民法院（2013）民一终字第 20 号］认为，“关于方明通应享有的投资收益比例问题。双方虽在《联合开发建设合同书》中约定开发所得净利润，宏发公司和方明通分别按照 40%和 60%比例分成，但该利润分成系以双方按约投资到位，项目全部开发完成为预期。本案中，根据合同第一条约定，宏发公司对相应的合同义务已基本履行完毕，而方明通仅履行了部分合同义务，即支付前期的 1920 万元，项目开发的所有后续资金均未及投入。故方明通主张按照 60%比例计算其投资增值收益，依据不足，本院不予支持。根据《联合开发建设合同书》约定，6∶4 为原约定股份及利润分成比例，而非投资比例，原判决以 6∶4 作为投资比例并计算方明通应实际投资 4800 万元，依据不足，本院予以纠正。案涉合同因非归责于双方当事人自身原因终止，在方明通未全部出资到位的情况下，根据权利义务一致原则，以各方实际出资比例确定各自应享有的项目权益符合本案实际情况。《联合开发建设合同书》第一条约定，该项目至宏发公司办理变更土地用途为商住用地止，总价为3200万元。本案中，案涉土地性质已经变更为商住用地，故认定宏发公司出资额为3200万元符合当事人的本意。由上，宏发公司和方明通对‘绿源小区’项目的投资分别为3200万元和1920万元，方明通在‘绿源小区’项目中的实际投资比例为37.5%［即1920万元/（1920万元+3200万元）］，其对‘绿源小区’项目的权益为5481.45万元（即14617.2万元×37.5%）。”

059 合作开发项目新增建筑面积，合作各方应如何分配*

——合作开发项目规划面积增加的，土地提供方可请求按照原合同约定的分配比例分配新增面积部分

合作开发项目中有时会发生实际建筑面积增加的情况，如果当事人未约定对新增面积如何分配，又不能协商达成一致的，应如何对新增面积进行分配？最高法院认为，该情形下当事人可请求按照原合同约定的分配比例分配新增面积。

裁判要旨

双方在签订合作合同之后，如合作项目在双方共同努力下得以优化变更，建筑面积在土地面积不变的情况下因容积率变化而得以增加的，由于土地价值与容积率呈正相关，提供土地一方的出资部分因容积率增加而增值，其应分获的房产面积亦相应增加，该方当事人可按照原合同约定的分配比例请求分配新增面积部分。对于应分得但未实际获得的不足部分，如让另一方实际交付已不现实的，可根据市场行情认定该部分房产价值，由另一方以支付现金的方式补足该部分面积差。

案情简介

一、百货公司与新洪公司签订联建合同，约定：百货公司投入土地，新洪公司

---

* 案件来源：南昌新洪房地产综合开发有限公司与江西省南昌百货总公司、湖南赛福尔房地产开发公司合资、合作开发房地产合同纠纷再审民事裁定书［最高人民法院（2011）民申字第777号］，载于《最高人民法院公报》2013年第1期（总第195期）。

作为项目开发商进行开发；所建房屋分为整楼、裙楼，裙楼1—3层归百货公司所有，其余房屋归新洪公司所有。合作项目的“五证”（土地使用权证、建设用地规划许可证、建设工程规划许可证、建设工程施工许可证、商品房预售许可证）均登记在新洪公司名下。

二、合同履行中经双方共同努力，合作房地产项目的容积率增加，规划面积也随之增加。

三、房屋建成后，新洪公司一直占有该部分房屋，并自行用于商业用途。房地产登记机关已为百货公司办理了裙楼1—3层的房产证及土地使用权证。

四、百货公司向南昌中院提起诉讼，请求判令：新洪公司向百货公司补足裙楼面积差、整楼面积差的市场差价；新洪公司向百货公司支付1—3层裙楼未交付期间的租金。南昌中院、江西高院均支持了百货公司的诉讼请求。

五、新洪公司不服江西高院判决，向最高法院申请再审，主张一、二审判决认定新洪公司向百货公司补足整幢楼面积差价缺乏证据证明。最高法院裁定驳回其再审申请。

裁判要点

本案裁判要点在于：

第一，百货公司享有裙楼1—3层房产产权。本案双方为合作开发房地产关系，新洪公司作为项目开发商，“五证”办理在其名下符合常理，但新洪公司持有“五证”并不能说明其拥有合作开发全部房屋的所有权，从而否定联建合同对涉案房产所有权分配的约定。

第二，由于争议房产1—3层产权归百货公司所有，但新洪公司一直占有该部分房屋，并自行用于商业用途，新洪公司应按同时期市场租金价格支付百货公司房屋租金。

第三，在合作双方共同努力下，合作项目变更优化致使房屋建筑面积扩大之后，百货公司有权按照原确定的比例获得相应增加部分。具体原因为：（1）合作房地产项目的容积率增加，使合作项目的价值得以增加，该增加的价值中包含了土地价值部分。故百货公司所投入的土地价值因容积率增加也随之增加，在百货公司投入增加的情况下，应分得面积亦应相应增加。（2）合作项目面积的增加，是百货公司及其上级主管机构与新洪公司共同努力的结果，现该结果表现为实际的现实利益，百货公司亦应有权共同分享。因此，新洪公司应当补足百货公司裙楼面积差以及整楼面积差。最终法院根据鉴定机构对补差面积部分的价值所作出的鉴定结论，判决由新洪公司支付百货公司补差面积部分的相应市场价值。

实务经验总结

前事不忘，后事之师。为避免未来发生类似败诉，提出如下建议：

一、合作开发项目实际规划面积增加时，当事人可请求按原约定分配比例分配新增部分的建筑面积。另一方以合同未约定为由进行抗辩的，法院不予支持。

二、大部分合同争议是因合同约定不明而产生，就合作开发项目建筑面积新增部分如何分配而言，当事人可事先在合同中约定该情形下新增建筑面积的分配方式，以免履行中发生争议。本案中如果新洪公司在签订合同前，要求在合同中约定百货公司对于规划变更增加的建筑面积不享有分配的权利，那么案件结果可能会发生转变。

相关法律规定

《最高人民法院关于审理涉及国有土地使用权合同纠纷案件适用法律问题的解释》

第二十条 房屋实际建筑面积超出规划建筑面积，经有批准权的人民政府主管部门批准后，当事人对超出部分的房屋分配比例协商不成的，按照约定的利润分配比例确定。对增加的投资数额的承担比例，当事人协商不成的，按照约定的投资比例确定；没有约定投资比例的，按照约定的利润分配比例确定。

以下为该案在最高法院审理阶段，裁判文书中“本院认为”部分就该问题的论述：

第三，关于原审判令新洪公司向百货公司支付1—3层裙楼未交付期间的租金是否正确的问题。

由于争议房产1—3层产权应属百货公司所有，新洪公司一直占有该部分房屋，并自行用于商业用途。在此情况下，原判根据百货公司的请求，结合鉴定机构对同时期市场租金行情所作出的鉴定结论认定该部分房产租金数额，由新洪公司支付给百货公司及赛福尔公司，符合公平原则及等价有偿原则，并无不当。

第四，关于原审判令新洪公司向百货公司补足裙楼面积差、整楼面积差市场差价是否正确的问题。

新洪公司认为，根据合同约定，百货公司分获1—3层裙楼，其余部分归新洪公司享有，因此不论面积发生何种变化均与百货公司无关，新洪公司不应向其补足裙楼面积差及整楼面积差差价。

百货公司认为，双方约定合同以南昌市商贸委洪商贸市字［1997］18号《关于南昌中百大厦项目工程开发方案的批复》（以下简称18号批复）以及江西省计委（1992）41号《关于南昌中百大厦立项的批复》（以下简称41号批复）为合作基础，上述两文件中确定了合作项目总建筑面积以及百货公司应得面积，百货公司应获得部分占总建筑面积比例为17%。由于百货公司实际获得产权的1—3层裙楼面积少于18号批复和41号批复确定的面积，应由新洪公司补足；合作项目经双方共同努力增加了面积，新洪公司应按实际面积的17%补足整栋面积差。

经审查，联建合同第二条约定，双方以18号批复和41号批复为合作基础，沿用此立项进行合作；合同第四条约定："……裙楼6层均由乙方投入（每层层高4.5米，面积约____ m^2），裙楼建成后，甲方（百货公司）分获1—3层裙楼（基建面积约____ m^2），乙方分获4—6层裙楼，主楼部分由乙方投入并归乙方所有。"由于合同对裙楼总面积以及由百货公司分获的1—3层面积作了专门表述，仅未填写具体面积数，而双方又约定以上述批复作为合作原则和基础，因而上述未填写的面积数应理解为根据上述批复内容进行确定。根据上述两份批复内容，双方合作项目总建筑面积为55600 m^2，百货公司分获1—3层裙楼9544 m^2。该内容一是填补了双方联建合同中百货公司分获裙楼部分未填写面积的空白；二是明确了整栋楼面积，并由此使百货公司在总建筑面积内获得房产面积的比例得以确定。因此，在中百大厦建成之后，百货公司不仅应按照上述文件内容以及合同约定获得裙楼的相应面积数，而且在合作项目变更优化致使面积扩大之后，有权按照原确定的比例获得相应增加部分。在本院组织的询问调查中，双方当事人均表示，项目规划的变更是双方明知且系在双方共同努力下完成的，双方曾就增加面积的分配问题进行过协商但未果。因而，一方面，由于规划和设计变更，以至于合作房地产项目的容积率增加（在相同用地面积上总建筑面积增加），使合作项目的价值得以增加，该增加的价值中包含了土地价值部分。申言之，百货公司所投入的土地价值因容积率增加也随之增加，在其投入增加的情况下，百货公司应分获面积亦应相应增加。另一方面，合作项目面积的增加，是百货公司及其上级主管机构与新洪公司共同努力的结果，现该结果表现为实际的现实利益，百货公司亦应有权共同分享。因此，新洪公司应当补足百货公司裙楼面积差以及整栋楼面积差。原判根据查明的事实以及鉴定机构对补差部分的价值所作出的鉴定结论，判决由新洪公司支付百货公司补差部分的相应市场差价，并无不当。

延伸阅读

以下是本书作者在写作中另检索到的关于合作开发项目如何分配新增面积的司法案例，供读者参考。

一、认定合作开发项目规划建筑面积增加的，当事人可请求按原约定的分配比例分配增加部分面积的案例

案例 1：兰州常德物资开发部与兰州华欧房地产开发有限公司合作开发房地产合同纠纷二审民事判决书［最高人民法院（2001）民一终字第 106 号］认为，“开发部在与华欧公司签订联建开发土地的合同之前，与土地局签订了土地使用权出让合同，并且经当地人民政府批准。合同签订后，土地使用权出让金已经全部交清，即华欧公司代开发部垫付了含土地使用权出让金在内的有关土地费用。根据甘肃省高级人民法院（1999）甘行终字第 21 号行政判决书，兰州市人民政府作出的兰政地字（1997）第 042 号关于收回开发部土地使用权的批复、兰政地字（1997）第 043 号关于向华欧公司出让国有土地使用权的批复已被撤销，因此开发部对约定开发建设的土地享有合法使用权，开发部与华欧公司之间不是单纯的转让国有土地使用权的关系，双方的联建项目取得了《建设工程规划许可证》、《商品房预售许可证》和部分房屋的《房屋所有权证》。《合建楼房合同》已经实际履行，没有损害国家和他人利益，是有效合同。对于加建的 5 层房屋的分配双方当事人没有约定，一审法院根据《合建楼房合同》约定的分配办法进行划分并无不当。”

案例 2：重庆铁马工业集团有限公司与重庆斌鑫集团有限公司合资、合作开发房地产合同纠纷二审民事判决书［重庆市高级人民法院（2014）渝高法民终字第 00180 号］认为，“关于斌鑫集团公司是否应当向铁马工业公司补差分配实际竣工面积超过规划面积部分房屋的问题。《最高人民法院关于审理涉及国有土地使用权合同纠纷案件适用法律问题的解释》第二十条规定，房屋实际建筑面积超出规划建筑面积，经有批准权的人民政府主管部门批准后，当事人对超出部分的房屋分配比例协商不成的，按照约定的利润分配比例确定。在本案中，重庆市规划局确定案涉项目的建设规模为 181951 平方米，而该项目经竣工验收后的实际建筑面积为 190894.63 平方米，实际建筑面积超出规划建筑面积 8943.63 平方米。双方在签订《房屋分配协议》时不可能预知实际建筑面积将会超出规划建筑面积，双方通过《房屋分配协议》所分配的房屋与实际建筑面积超出规划建筑面积部分房屋在性质上亦不相同，故双方通过签订《房屋分配协议》分配的房屋并不包括实际建筑面积超出规划建筑面积部分房屋，现铁马工业公司要求对该部分房屋进行补差分配，斌

鑫集团公司应当根据《最高人民法院关于审理涉及国有土地使用权合同纠纷案件适用法律问题的解释》第二十条的相关规定进行分配。又因斌鑫·世纪城项目已无可供分配的房屋，故斌鑫集团公司应当根据房屋的价值向铁马工业公司进行补偿。”

二、合作开发项目规划建筑面积增加的，法院综合相关因素酌定分配增加部分面积的案例

案例 3：河北鑫泰房地产开发有限责任公司、石家庄双鸽食品有限责任公司合同解除纠纷再审民事判决书［河北省高级人民法院（2014）冀民再终字第 79 号］认为，“关于多建部分是否应予分割的问题，基于合作开发协议的约定案涉房产应为 18 层，但规划为 26 层，超出了双方合同约定。仲裁裁决解除合同后，鑫泰公司未将案涉土地返还双鸽公司，反而将楼房建成后又将相关房产卖与第三人，其违约行为较明显。对于多建部分，主要利益应归于鑫泰公司；综合双方合同约定、过错程度、土地面积比例、投资情况等因素，对于多建部分，鑫泰公司补偿双鸽公司 12650000 元为宜。”

案例 4：山东省五洲交通实业有限公司、威海光明房地产开发有限公司等与威海市妇女儿童医院合资、合作开发房地产合同纠纷申请再审民事裁定书［最高人民法院（2015）民申字第 873 号］认为，“关于超建部分的利润分配问题。依据妇儿医院与五洲公司所签订合同的性质，妇儿医院作为合作开发合同的一方当事人，有权依据合同约定分享合作利益。双方订立合同的目的为共享合同利益。妇儿医院以土地使用权为出资，理应获得相应的投资回报。五洲公司作为合作方已经享受到政府对涉案项目给予的各项优惠。虽然双方当事人在 1999 年 4 月 26 日签订的合同中对超建面积的分配未作约定，原审法院结合涉案合同性质及实际履行情况，已经考虑到双方对土地预期利益的期待及建设资金的投入情况，酌定按照 5∶5 的比例对于超建部分进行分配，并无不当，亦未损害五洲公司的预期利益。”

060 未经批准以划拨地作为投资订立的合作开发合同是否有效，有无例外情形*

——未经政府批准以划拨土地使用权作为投资与他人订立的合作开发房地产合同为无效合同

以划拨土地使用权作为投资与他人订立的合作开发房地产合同是否有效？本书作者经检索最高法院案例，梳理出如下四条裁判规则：

裁判规则一：以划拨土地使用权作为投资与他人订立合同合作开发房地产，起诉前未经有批准权的政府部门批准的，法院认定合同无效（案例1、案例2）。

裁判规则二：以划拨土地使用权作为投资与他人订立合同合作开发房地产，起诉前经有批准权的政府部门批准的，法院认定合同有效（案例3、案例4）。

裁判规则三：未经批准以划拨土地使用权作为投资与他人订立合同合作开发房地产，进行经济适用房开发建设的，法院认定合同有效（案例5）。

裁判要旨

土地使用权人未经有批准权的人民政府批准，以划拨土地使用权作为投资与他人订立合同合作开发房地产的，应当认定合同无效。

案情简介

一、2005年，物理研究所与科远公司（物理研究所所属集体企业）、天泰公司签订《合作协议书》，约定：物理研究所提供院内自有土地（该土地为划拨用地），天泰公司提供资金共同修建科研配套综合楼；配套综合楼产权归中科院，建成后将由天泰公司和科远公司共同经营或按照一定比例分配使用权。

二、配套综合楼竣工后，天泰公司得到配套综合楼B、C座的使用权，作为公寓经营；科远公司得到配套综合楼A座的使用权，作为酒店经营；首层、二层由天泰公司和科远公司按照7∶3的比例分得使用权；地下一层车库由天泰公司和科远公司共同管理。

---

* 案件来源：中国科学院高能物理研究所与中房集团山西天泰房地产开发有限公司、北京科远总公司确认合同无效纠纷申诉、申请再审民事裁定书［最高人民法院（2016）最高法民申3120号］。

三、物理研究所向北京一中院提起诉讼，请求判令《合作协议书》无效。北京一中院判决《合作协议书》无效。

四、天泰公司不服北京一中院判决，上诉至北京高院，北京高院判决驳回上诉，维持原判。天泰公司不服北京高院判决，向最高法院申请再审，最高法院裁定驳回再审申请。

裁判要点

本案《合作协议书》为合作开发房地产合同，物理研究所未经有批准权的人民政府批准，以划拨土地作为投资与他人合作开发房地产。根据《最高人民法院关于审理涉及国有土地使用权合同纠纷案件适用法律问题的解释》第十六条的规定，“土地使用权人未经有批准权的人民政府批准，以划拨土地使用权作为投资与他人订立合同合作开发房地产的，应当认定合同无效”。因此，《合作协议书》被法院认定无效，天泰公司因此败诉。

实务经验总结

前事不忘，后事之师。为避免未来发生类似败诉，提出如下建议：

一、资金方如果欲与划拨土地使用权人在划拨土地上合作开发房地产，应确保划拨土地使用权人已取得有批准权的政府批准。具体可采取如下措施：（1）约定划拨土地使用权人办理审批手续的时限及相应的违约责任；（2）约定先办理完审批手续，资金方再提供资金；（3）约定资金方将款项支付至资金共管账户，避免在未办妥审批手续之前资金已投入项目建设。

二、根据土地管理法律法规的相关规定，划拨土地使用权人擅自变更土地用途，可能面临被责令交还土地、罚款等行政处罚。

相关法律规定

《最高人民法院关于审理涉及国有土地使用权合同纠纷案件适用法律问题的解释》

第十四条 本解释所称的合作开发房地产合同，是指当事人订立的以提供出让土地使用权、资金等作为共同投资，共享利润、共担风险合作开发房地产为基本内容的协议。

第十六条 土地使用权人未经有批准权的人民政府批准，以划拨土地使用权作为投资与他人订立合同合作开发房地产的，应当认定合同无效。但起诉前已经办理批准手续的，应当认定合同有效。

《中华人民共和国土地管理法》

第八十一条 依法收回国有土地使用权当事人拒不交出土地的，临时使用土地期满拒不归还的，或者不按照批准的用途使用国有土地的，由县级以上人民政府自然资源主管部门责令交还土地，处以罚款。

以下为该案在最高法院审理阶段，裁定书中“本院认为”部分就该问题的论述：

根据查明的事实，案涉当事人在签订的《合作协议书》中约定，物理研究所提供院内自有土地（石景山玉泉路19号乙大院，该土地为国家划拨用地），天泰公司提供资金共同修建科研配套综合楼；建成后将由天泰公司和科远公司共同经营或按照一定比例分配使用权。案涉配套综合楼竣工后，天泰公司得到配套综合楼B、C座的使用权，作为公寓经营。科远公司得到配套综合楼A座的使用权，作为酒店经营；首层、二层由天泰公司和科远公司按照7：3的比例分得使用权；地下一层车库由天泰公司和科远公司共同管理。一、二审判决认定物理研究所与天泰公司、科远公司签订的《合作协议书》符合房地产合作开发合同的特征依据充分。由于物理研究所未经有批准权的人民政府批准，以无偿使用的划拨土地作为投资与他人合作开发房地产并共同分享利益，改变了划拨土地的公益用途。一、二审判决依据《最高人民法院关于审理涉及国有土地使用权合同纠纷案件适用法律问题的解释》第十六条的规定认定《合作协议书》无效，适用法律正确。天泰公司的再审申请理由不能成立。

延伸阅读

以划拨土地使用权作为投资，与他人订立合同合作开发房地产，最高法院确立的三个裁判规则：

裁判规则一：以划拨土地使用权作为投资与他人订立合同合作开发房地产，起诉前未经有批准权的政府部门批准的，法院认定合同无效。（案例1、案例2）

案例1：珠海市快利达商业有限公司与珠海经济特区白莲实业发展总公司撤销权纠纷申请再审民事裁定书［最高人民法院（2013）民再申字第10号］认为，“本案的焦点问题是双方合作开发合同的效力及所涉土地的性质。（一）关于合作开发土地的性质问题。经查，2007年12月12日，白莲公司领取了《建设用地规划许可证》，用地位置具体为唐家淇澳大桥南头、大桥路东侧，用地面积为18666.76

平方米，项目名称为‘自留用地’。2007年12月24日，白莲公司领取了《建设用地批准书》，土地所有权性质为国有，土地取得方式为划拨，用途为‘自留用地’，土地使用年限未定。2010年3月31日，白莲公司补交了地价款，土地所有权仍然为国有土地，用途为商业住宅，土地取得方式为出让，使用年限为自2009年12月8日起商业四十年，住宅七十年。白莲公司于2010年3月31日领取了《建设用地批准书》（2007年12月24日的《建设用地批准书》同时作废）。2010年4月28日，白莲公司领取了粤房地权证珠字第0100070393号房地产权证。据此，2010年3月31日白莲公司补交地价款之前案涉土地在性质上为国有划拨土地，属于当地政府在占用了官村集体土地后为方便生活、生产为该集体划拨的补偿用地，但在白莲公司补交地价款后土地性质已改为出让商业用地。（二）关于合作开发合同的效力问题。经查，白莲公司确属集体所有制企业，但其作为独立法人，对登记到其名下的资产依法有权处置。再审判决以案涉土地属于官村村民集体所有、白莲公司没有所有权及合作开发合同未经村民大会追认等确认合作开发合同无效，认定事实和适用法律确有瑕疵，本院予以纠正。但案涉土地作为合作开发用地，截至白莲公司2006年提起诉讼时其性质仍为国有划拨用地，对此，快利达公司也并无异议。根据《最高人民法院关于审理国有土地使用权合同纠纷案件适用法律问题的解释》第十六条‘土地使用权人未经有批准权的人民政府批准，以划拨土地使用权作为投资与他人订立合同合作开发房地产的，应当认定合同无效。但起诉前已经办理批准手续的，应当认定合同有效’之规定，快利达公司与白莲公司以国有划拨土地进行合作开发，未经当地有批准权的人民政府批准，依法应属无效，再审判决确认双方的合作开发合同无效，处理结果并无不当。白莲公司虽以显失公平起诉撤销双方之间订立的合作开发合同，但合同效力问题属人民法院依法审查的范围，快利达公司认为再审判决超出白莲公司的诉讼请求，无法律依据。”

案例2：陕西金亚置业有限公司与西安大信房地产开发有限公司联建合同纠纷申请再审民事裁定书［最高人民法院（2013）民申字第965号］认为，“关于《项目联合建设合同书》的性质及法律效力问题。金亚公司认为《项目联合建设合同书》的性质属于建设工程施工合同。经审查，该合同的名称、合同约定的权利义务内容及合同实际履行情况均反映出该合同是以大信公司提供土地使用权，金亚公司进行开发建设，双方共担风险、共享利润为主要内容的合作开发房地产合同，并非单纯以建设工程施工为内容，以支付工程款为对价的建设工程施工合同。二审法院对合同的定性并无不当。至于《项目联合建设合同书》的法律效力。一、二审法院查明，2004年8月10日西安市规划局向西安市田家湾旧村改造建设发展有限公司下发了《中华人民共和国建设用地规划许可证》，该许可证载明：经审核，本用地项目符合城市规划要求，准予办理征用划拨土地手续。2007年4月与6月，陕西省人民政府及西安市人民政府分别以陕政土批（2007）132号及市国土字第170号文件做出批复，同意将案涉土地转为建设用地，并依法征收为国有。2009年11月10日大信公司与金亚公司签订《项目联合建设合同书》时，案涉土地还未进行挂牌出让，故案涉土地仍属国有划拨性质，土地使用权属仍在田家湾村委会下设的西安市田家湾旧村改造建设发展有限公司名下。大信公司以土地使用权人身份签订《项目联合建设合同书》，但时至今日仍未办妥该土地使用权审批及转让手续，一、二审法院据此依据《最高人民法院关于审理涉及国有土地使用权合同纠纷案件适用法律问题的解释》确定《项目联合建设合同书》及其补充合同无效具有事实和法律依据，并无不当。金亚公司申请再审主张上述合同应按有效处理，并无事实与法律依据，本院不予采信。”

裁判规则二：以划拨土地使用权作为投资与他人订立合同合作开发房地产，起诉前经有批准权的政府部门批准的，法院认定合同有效。（案例3、案例4）

案例3：遵义市红花岗区商务局与遵义城建建筑工程有限责任公司委托代建合同纠纷申请再审民事裁定书［最高人民法院（2015）民申字第371号］认为，“关于红花岗区粮食局和铁路联营公司、电力房开公司、有线电视中心之间是何法律关系的问题。根据四方于1995年3月14日签订的《联合建房协议》、此四方与城建公司于1994年5月7日签订的《联合协议》以及1994年5月原遵义市城市规划管理局办理《建设用地许可证》的意见，红花岗区粮食局出地，铁路联营公司、电力房开公司、有线电视中心出资，在原红花岗区粮食局使用的土地范围内，四方联合修建办公楼等房屋，并各自取得一定的房屋建筑面积。因此，红花岗区粮食局和其他三方之间应为合作开发房地产合同关系。虽然原红花岗区粮食局使用的土地为划拨用地，但1994年5月原遵义市城市规划管理局为涉案项目办理了《建设用地许可证》，1995年4月29日原遵义市人民政府作出了《16号批复》，同意将该土地划拨给红花岗区粮食局等四单位共同使用修建综合楼及职工宿舍。这表明使用该划拨土地修建房屋的行为已经获得了政府部门的批准。根据最高人民法院《关于审理涉及国有土地使用权合同纠纷案件适用法律问题的解释》（法释（2005）5号）第十六条的规定‘土地使用权人未经有批准权的人民政府批准，以划拨土地使用权作为投资与他人订立合同合作开发房地产的，应当认定合同无效。但起诉前已经办理批准手续的，应当认定合同有效’，《联合建房合同》、《联合建房协议》和《联合协议》均为有效。故城建公司主张1993年1月3日《联合建房合同》无效、一审和二审认定联建关系违反最高人民法院法释（2005）5号文第十六条规定的申请再审的理由不成立。红花岗区粮食局和铁路联营公司、电力房开公司、有线电视中心之间的合作开发房地产合同关系为民事法律关系，其性质不受行政行为的影响，故城建公司关于《16号批复》属行政行为，红花岗区粮食局和铁路联营公司、电力房开公司、有线电视中心之间只能是拆迁与被拆迁的法律关系的申请再审的理由不成立。”

案例4：呼和浩特市东瓦窑房地产开发有限责任公司与呼和浩特市赛罕区人民政府综合建设项目债权债务概括转让合同纠纷二审民事判决书［最高人民法院（2012）民一终字第102号］认为，“《移交开发权协议》约定，丰华公司退出与赛罕区政府签订的《联合改造协议》，将与赛罕区政府联合改造地段的开发权移交给东瓦窑公司。依照上述约定，认定《移交开发权协议》的性质及效力，需要对上述协议签订的基础事实，即《联合改造协议》的性质及效力作出认定。《联合改造协议》约定的主要内容为，赛罕区政府提供建设用地，丰华公司提供资金，双方对赛罕区政府职工住宅危旧平房进行联合改造建设，建设的房屋安置回迁住户后，赛罕区政府分得两套房外，其余归丰华公司所有。上述约定符合共同出资、共担风险、共享利润合作建房合同的法律特征，《联合改造协议》应认定为合作建房合同。上述协议签订后，丰华公司对联合改造项目申请立项，并与呼和浩特市土地管理局签订《国有土地使用权出让合同》，呼和浩特市人民政府同意将诉争土地出让给丰华公司。上述事实表明，政府管理部门批准了赛罕区政府与丰华公司合作建房。《最高人民法院关于审理涉及国有土地使用权合同纠纷案件适用法律问题的解释》第十六条规定：‘土地使用权人未经有批准权的人民政府批准，以划拨土地使用权作为投资与他人订立合同合作开发房地产的，应当认定合同无效。但起诉前已经办理批准手续的，应当认定合同有效。’依据上述司法解释规定，《联合改造协议》有效。”

裁判规则三：未经批准以划拨土地使用权作为投资与他人订立合同合作开发房地产，进行经济适用房开发建设，法院认定合同有效。（案例5）

案例5：河南省锦寓置业有限公司与李宇隆合同纠纷申请再审民事裁定书［最高人民法院（2015）民申字第2699号］认为，“关于锦寓公司与李宇隆所签合同的效力问题。锦寓公司与南阳市东峰生化厂（以下简称东峰厂）签订的《联合开发协议》性质上应属于合资、合作开发房地产合同。东峰厂以其所有的国有划拨土地使用权与锦寓公司合作进行经济适用房开发建设，不违反法律、行政法规的强制性规定。”

061 就划拨土地签署的合作建房合同是否合法有效*

——双方均不具备房地产开发经营资质，以自用为目的就划拨土地签订的合作建房合同有效

城市房地产管理法明确规定划拨土地转让需要报批，那么能否在不报批的情况下以划拨土地与他人合作建房？本案例认为，如果满足特定条件，该合作建房合同可认定为有效。

裁判要旨

合作双方以自用为目的，且双方均不具备房地产开发经营资质的，可以在划拨土地上合作建房。这种行为并没有擅自变更划拨土地用途，没有将划拨土地用于房地产开发项目，以售房等开发行为获益，因此不违反法律、法规的强制性规定，合作建房合同合法有效。

案情简介

一、1993 年，中南汽修公司与中行宝丰支行签订《合作建房合同》，双方均不具备房地产开发经营资质。合同约定：由中南汽修公司出地（工业用途的划拨土地），中行宝丰支行出资金，合作建设十二层综合办公楼，建成后双方按 5 ∶ 5 分配为各自办公使用，中南汽修公司负责为中行宝丰支行办理产权转让手续。

二、1997 年，办公楼建成，双方依照约定比例对办公楼进行分配，中行宝丰支行占有使用至今。

三、2003 年，交通控股公司（中南汽修公司的控股股东）将其持有的中南汽修公司股权转让给中和信达公司。2004 年，交通控股公司、中合信达公司和中南汽修公司签订《协议书》，约定《合作建房合同》由中合信达公司继续履行。

四、2004 年，中南汽修公司办理了办公楼房屋所有权证和土地使用权证，用地性质仍为划拨，但尚未履行为中行宝丰支行办理产权转让手续的合同义务。

五、中行宝丰支行向武汉市中院提起诉讼，诉请中南汽修公司和中合信达公司

---

* 案件来源：中国银行股份有限公司武汉宝丰支行与武汉中南汽车修造有限公司、武汉中合信达投资有限公司合资、合作开发房地产合同纠纷再审民事判决书［最高人民法院（2014）民提字第 187 号］。

为其办理产权过户登记手续。中南汽修公司提起反诉，诉请确认《合作建房合同》无效，中行宝丰支行立即从办公楼腾退。武汉市中院判决认定《合作建房合同》有效，中南汽修公司和中合信达公司为中行宝丰支行办理转让过户登记手续。

六、中南汽修公司不服上述一审判决，向湖北省高院提起上诉，湖北省高院裁定撤销武汉市中院判决，发回重审。

七、武汉市中院对案件进行重审，判决认定《合作建房合同》无效。

八、中行宝丰支行、中南汽修公司不服武汉市中院重审判决，向湖北省高院提起上诉，湖北省高院判决维持《合作建房合同》无效。

九、中行宝丰支行不服湖北省高院判决，向最高人民法院申请再审，最高人民法院再审判决认定《合作建房合同》及《协议书》有效。

裁判要点

尽管《最高人民法院关于审理涉及国有土地使用权合同纠纷案件适用法律问题的解释》第十五条、第十六条规定，以划拨土地作为投资合作开发房地产需经有批准权的人民政府批准，且合作开发房地产需一方具备房地产开发经营资质。但是最高法院认为基于合作双方自用而在划拨土地上合作建房的行为不是为了售房获益，不是房地产开发行为，且未违背划拨土地用途，因此合作建房合同并不违反划拨土地管理相关的法律、法规强制性规定，合法有效。中南汽修公司主张合作建房合同因违反了法律、法规强制性规定而无效，法院不予支持，中南汽修公司因此败诉。

最高人民法院认为，“双方在《合作建房合同》中的有关约定内容，尽管不甚详尽，但并未违反法律、法规强制性规定。从合同履行情况看，双方履行了申请综合办公楼项目改造报批、开工建设审批、国有资产管理审核、申领房屋土地权证等行政审批手续，并无规避法律规定，违反城市整体规划或项目规划，偷逃出让金或国家税款等违规行为，也不存在擅自变更讼争建设项目占地的划拨性质，或违背划拨土地用途，擅自将划拨土地用于房地产开发，损害国家利益或社会公共利益等违法行为。时至今日，双方订立的合建合同基本履行完毕，中行宝丰支行已实际转移占有分配房屋 18 年余，讼争标的物——综合办公楼的房屋产权证、土地使用权证也均已办妥，尚余双方共同为中行宝丰支行分配房产办理相关房屋产权、土地使用权转让手续等合同义务，双方应当继续遵循诚信原则，按照订约目的，严守国家法律规定，为履行后续合同义务作出具体安排并实际履行，不能因为后续合同义务未履行完毕而反推在前订立的民事合同无效。据此，本院认为合作建房合同有效”。

实务经验总结

前事不忘，后事之师。为避免未来发生类似败诉，提出如下建议：

一、划拨土地使用权人以自用为目的用划拨土地合作建房时一定要慎重，签订协议后再企图主张合作建房协议因违反划拨土地管理相关法律、法规的强制性规定而无效，法院不会支持。

二、虽然以自用为目的在划拨土地上合作建房的合同被认定有效，但投入资金一方并非依照合同直接取得房屋所有权及土地使用权，仍需按照划拨土地上房屋转让的相关规定向政府部门报批，办理相关手续。具体而言，有两个路径："如需变更用地性质为出让，尚需履行规划审批及报经有批准权的人民政府批准、与土地管理部门签订出让合同等法定程序；如不改变用地性质，变更部分划拨用地的使用权人，也需报有批准权的人民政府审批。"

相关法律规定

《最高人民法院关于审理涉及国有土地使用权合同纠纷案件适用法律问题的解释》

第十五条 合作开发房地产合同的当事人一方具备房地产开发经营资质的，应当认定合同有效。

当事人双方均不具备房地产开发经营资质的，应当认定合同无效。但起诉前当事人一方已经取得房地产开发经营资质或者已依法合作成立具有房地产开发经营资质的房地产开发企业的，应当认定合同有效。

第十六条 土地使用权人未经有批准权的人民政府批准，以划拨土地使用权作为投资与他人订立合同合作开发房地产的，应当认定合同无效。但起诉前已经办理批准手续的，应当认定合同有效。

《中华人民共和国城市房地产管理法》

第四十条 以划拨方式取得土地使用权的，转让房地产时，应当按照国务院规定，报有批准权的人民政府审批。有批准权的人民政府准予转让的，应当由受让方办理土地使用权出让手续，并依照国家有关规定缴纳土地使用权出让金。

以划拨方式取得土地使用权的，转让房地产报批时，有批准权的人民政府按照国务院规定决定可以不办理土地使用权出让手续的，转让方应当按照国务院规定将转让房地产所获收益中的土地收益上缴国家或者作其他处理。

《中华人民共和国城镇国有土地使用权出让和转让暂行条例》

第四十四条 划拨土地使用权，除本条例第四十五条规定的情况外，不得转让、出租、抵押。

第四十五条 符合下列条件的，经市、县人民政府土地管理部门和房产管理部门批准，其划拨土地使用权和地上建筑物、其他附着物所有权可以转让、出租、抵押：

（一）土地使用者为公司、企业、其他经济组织和个人；

（二）领有国有土地使用证；

（三）具有地上建筑物、其他附着物合法的产权证明；

（四）依照本条例第二章的规定签订土地使用权出让合同，向当地市、县人民政府补交土地使用权出让金或者以转让、出租、抵押所获收益抵交土地使用权出让金。

转让、出租、抵押前款划拨土地使用权的，分别依照本条例第三章、第四章和第五章的规定办理。

《中华人民共和国合同法》

第六十条 当事人应当按照约定全面履行自己的义务。

当事人应当遵循诚实信用原则，根据合同的性质、目的和交易习惯履行通知、协助、保密等义务。

以下为该案在最高法院审理阶段，判决书中“本院认为”部分关于合作建房合同效力的论述：

《合作建房合同》性质。从《合作建房合同》的签约主体看，是由中南汽修厂（甲方）和中行宝丰支行（乙方）签订于1993年4月22日，签约当时的合同主体分别为国有企业和国有金融机构，均非房地产开发企业，不具备房地产开发经营资格。从合同的内容看，双方约定由甲方出地，乙方出资金合作建设十二层综合办公楼，建成后双方5∶5分配综合办公楼为各自办公使用。合同还约定，综合办公楼建成后，甲方负责为乙方办理产权转让手续。签约时，讼争土地登记为工业用途的划拨土地。中南汽修厂以对其生产办公楼进行改造为由，办理了立项、报建、规划等手续。从合同目的看，中南汽修厂是为实现企业办公楼的改造，采取融资方式合作建房，并约定房屋建成后按照5∶5比例分配办公用房。涉案十二层综合办公楼建成后，双方于1997年底依照约定比例对讼争办公楼实际进行分配，中行宝丰支行占有使用至今，至此，订约目的基本实现。综上，《合作建房合同》约定中南汽修厂出地、中行宝丰支行出资，双方合作改造中南汽修厂老旧综合办公楼并按5∶5分配重建新房的主要内容，体现了合作建房双方共同出资、共担风险、共享利益的法律特点，但合作建房目的是为改造中南汽修厂老旧办公楼以部分由划拨用地使用权人自用及部分交由中行宝丰支行使用，而非擅自变性为开发项目以售房等开发行为获益，故合同性质应认定为在国有划拨土地上的合作建房合同。

合作建房合同效力。《合作建房合同》约定，“综合楼建成后，属乙方（中行宝丰支行）所有权的部分，由甲方负责为乙方办理产权转让手续”；2001 年 9 月 7 日《协议书》约定，“甲乙（中行宝丰支行）双方各指派一人共同办理综合办公楼房屋产权证、土地使用权证及为乙方办理相关房屋产权、土地使用权转让手续”；中南汽修厂呈报武汉市规划局的《关于申请我厂十二层生产办公综合楼改造有关问题的请示报告》称，“请市规划局体谅企业的实际困难。对我厂第二期改造工程厂门前的生产办公楼不纳入批租”。从以上内容看，合作建房合同中，有关中行宝丰支行约定取得的讼争标的物土地使用权和分配房屋所有权证的性质如何？即所占划拨土地以后是否变性为出让土地；如不变性，应否向有权政府部门申请增加中行宝丰支行为改造后的综合办公楼划拨用地及地上附着物使用权人；如变性，如何将综合办公楼改造项目纳入开发项目立项及纳入年度开发规划，双方约定不具体、不明确。2004 年，中南汽修公司先后办妥了讼争建设项目房屋所有权证和土地使用权证，用地性质仍为划拨，但尚未履行“为乙方（中行宝丰支行）办理相关房屋产权、土地使用权转让手续”合同义务。可见，双方在《合作建房合同》中的有关约定内容，尽管不甚详尽，但并未违反法律、法规强制性规定。从合同履行情况看，双方履行了申请综合办公楼项目改造报批、开工建设审批、国有资产管理审核、申领房屋土地权证等行政审批手续；并无规避法律规定，违反城市整体规划或项目规划，偷逃出让金或国家税款等违规行为，也不存在擅自变更讼争建设项目占地的划拨性质，或违背划拨土地用途，擅自将划拨土地用于房地产开发，损害国家利益或社会公共利益等违法行为。时至今日，双方订立的合建合同基本履行完毕，中行宝丰支行已实际转移占有分配房屋 18 年余，讼争标的物——综合办公楼的房屋产权证、土地使用权证也均已办妥，尚余双方共同为中行宝丰支行分配房产办理相关房屋产权、土地使用权转让手续等合同义务，双方应当继续遵循诚信原则，按照订约目的，严守国家法律规定，为履行后续合同义务作出具体安排并实际履行，不能因为后续合同义务未履行完毕而反推在前订立的民事合同无效。据此，本院认为合作建房合同有效，双方应遵循诚信原则，依照《合同法》、《城乡规划法》、《城市房地产管理法》、《城镇国有土地使用权出让和转让暂行条例》等法律、法规相关规定，为中行宝丰支行分配房屋办理房产证和土地使用权证。

062 工业用地也可用来合作开发房地产？合作开发合同中必须约定哪类条款*

——以工业用地合作开发房地产并约定对用地性质进行变更的合作开发合同合法有效

以工业用地合作开发房地产是否会影响合作开发合同的效力？最高法院认为，如果当事人在合同中约定对用地性质进行变更，那么用地性质是否变更属于合同履行的问题，并不会导致合同无效。但是需注意，当事人以工业用地合作开发房地产但未在合同中约定对用地性质进行变更，擅自将工业用地用于商业开发的，该合作开发合同可被法院认定无效。

裁判要旨

考察合同效力的主要依据是合同约定的内容。合作开发房地产合同约定以工业用地合作开发房地产，以及变更工业用地性质的程序，符合法律规定。至于约定内容能否全面实际履行，是考量合同应否解除或终止的因素，并不能因此认定合同无效。

案情简介

一、2010 年 11 月，宏建公司与金力泰公司签订《联合开发协议》，约定金力泰公司出地，宏建公司出资，双方在金力泰公司拥有的工业用地上合作开发房地产，双方按照投资比例分配开发所建房屋；以金力泰公司为主，宏建公司协助共同申办土地变性手续；项目投资约 4.72 亿元。协议签订后宏建公司已向金力泰公司支付建设用地补偿款共计 4000 万元。

二、2014 年 3 月，宏建公司向宁夏高院起诉，请求判令：解除《联合开发协议》，金力泰公司向宏建公司返还 4000 万元，金力泰公司向宏建公司支付违约金 4300 万元。金力泰公司答辩称，《联合开发协议》无效，金力泰公司仅应返还 4000 万元。金力泰公司在庭审中同意解除合同。宁夏高院认为，本案工业用地转换为商

---

* 案件来源：宁夏金力泰钢结构有限公司与银川开发区宏建房地产开发有限公司合资、合作开发房地产合同纠纷二审民事判决书［最高人民法院（2015）民一终字第 57 号］。

住用地，是否获得政府主管部门批准并不影响双方签订的《联合开发协议》的效力。判决：解除《联合开发协议》；金力泰公司返还宏建公司4000万元，向宏建公司支付违约金3200余万元（按中国人民银行同期贷款利率的4倍计算）。

三、金力泰公司不服宁夏高院判决，向最高法院提起上诉称，《联合开发协议》约定的开发土地系法律禁止进行商住房开发的工业用地，协议违反了法律、行政法规的效力性强制性规定，应认定无效。最高法院亦认定《联合开发协议》有效，但对违约金予以调整，判决金力泰公司返还宏建公司4000万元，并按照中国人民银行同期贷款利率的2倍计算利息。

裁判要点

最高法院认定本案《联合开发协议》有效的原因在于，《联合开发协议》为合作开发房地产合同，从合同内容看，双方协议变更案涉工业用地性质并履行法定出让、补缴费用、过户、行政审批等程序，并未违反法律效力性强制性规定。至于约定内容能否全面实际履行，是考量合同应否解除或终止的因素，并不能因此认定合同无效。因此，金力泰公司关于协议无效的主张，缺乏法律依据，不能成立。

而关于解除合同后违约责任的承担问题，最高法院认为解除合同所产生的损失应根据过错分担。导致《联合开发协议》无法继续履行的原因包括合同当事人一方违约、双方当事人怠于履行合同义务、合同约定不明、政府出让土地四至存在争议等综合原因，双方对此均有过错，因此最高法院酌定金力泰公司向宏建公司返还4000万元投资款并按照中国人民银行同期贷款利率的2倍计息。

实务经验总结

前事不忘，后事之师。为避免未来发生类似败诉，提出如下建议：

一、当事人以工业用地合作开发房地产并在合同中约定双方对用地性质进行变更的，合作开发房地产合同并不会因用地性质为工业用地而无效。但是合同生效后当事人应按自然资源主管部门的要求办理用地性质变更手续，如果用地性质未变更就开工建设，则可能面临被责令交还土地等行政处罚。

二、如果当事人以工业用地合作开发房地产但未约定对用地性质进行变更，擅自将工业用地进行商业开发，则合作开发房地产合同可被法院认定无效（参见延伸阅读案例1）。

三、在合同未对合同解除的损失如何承担进行约定的前提下，合同解除的损失应根据合同当事人的过错分担。因此合同解除后，当事人应尽可能地提出事实和理由证明对方当事人对合同解除存在的过错，以免除或减轻己方责任。

相关法律规定

《最高人民法院关于审理涉及国有土地使用权合同纠纷案件适用法律问题的解释》

第十四条　本解释所称的合作开发房地产合同，是指当事人订立的以提供出让土地使用权、资金等作为共同投资，共享利润、共担风险合作开发房地产为基本内容的协议。

《中华人民共和国合同法》

第六十条　当事人应当按照约定全面履行自己的义务。

当事人应当遵循诚实信用原则，根据合同的性质、目的和交易习惯履行通知、协助、保密等义务。

第九十三条　当事人协商一致，可以解除合同。

当事人可以约定一方解除合同的条件。解除合同的条件成就时，解除权人可以解除合同。

第九十七条　合同解除后，尚未履行的，终止履行；已经履行的，根据履行情况和合同性质，当事人可以要求恢复原状、采取其他补救措施，并有权要求赔偿损失。

第九十八条　合同的权利义务终止，不影响合同中结算和清理条款的效力。

以下为该案在最高法院审理阶段，判决书中“本院认为”部分就该问题的论述：

关于合同效力问题。考察合同效力的主要依据是合同约定内容。从涉案合同内容看，案涉合同并未违反法律效力性强制性规定。金力泰公司上诉主张，订约双方约定变更土地性质，违反《中华人民共和国土地管理法》等法律规定，应认定无效。双方协议变更讼争用地性质并履行法定出让、补缴费用、过户、行政审批等程序，符合法律规定。至于约定内容能否全面实际履行，是考量合同应否解除或终止的因素，并不能因此认定合同无效。金力泰公司与贺兰县国土资源局签订的《国有土地使用权出让合同》第十七条和第二十四条明确约定，变更土地用途或转让土地均应报贺兰县国土资源局批准，说明该宗土地变更用途或转让并非禁止，可以通过申报批准而实现。金力泰公司关于协议无效的主张，缺乏法律依据，不能成立。

关于《联合开发协议》是否解除以及解除合同后果问题。宏建公司诉请解除合同，金力泰公司同意，一审法院亦判决解除合同。对此，本院予以认可。导致案涉合同无法继续履行的原因是多方面的，包括合同当事人一方违约、双方当事人怠于履行合同义务、合同约定不明、政府出让土地四至存在争议等综合原因。具体分析如下：一是《联合开发协议》约定变性后用于房地产开发的205.55亩土地中的80.94亩因出让环节存在误差出现用地红线四至争议，且尚未解决。二是案涉合同有关“以谁名义开发”等合作开发合同必备的核心条款约定不明。《联合开发协议》约定，合作项目用地全部保留以金力泰公司名义运行；还约定，项目报批材料均侧重宏建公司名义申报，最终确保《建设用地规划许可证》、《建设工程规划许可证》、《建设工程施工许可证》、《商品房预售许可证》办到宏建公司名下，有利于宏建公司进行整体项目规划、设计、施工招投标、施工管理、工程竣工验收和项目整体综合验收、承担前期建安工程费、配套工程费和开工前各项规费、销售、缴纳税费。上述约定内容冲突，难以履行。三是双方在履约中未尽到信赖与协助义务。合作开发合同本质特征是信赖与协作。本案双方履行合同中，未积极沟通协调，及时化解履行合同中出现的困难。《联合开发协议》第四条第一款约定，协议生效后，如一方不能履行义务，应及时书面告知对方，由对方及时调整资金计划并完成核缴义务，根据核缴额及协议相关条款调整双方权益比例。金力泰公司早在2012年已经知道讼争土地地界存在争议，但其并未举证证明及时告知宏建公司。宏建公司交付款项后土地用途一直未变更，其亦未尽协助义务。对此，双方均有责任，也是案涉合同不能全面实际履行的原因之一。四是签订《联合开发协议》时，金力泰公司已将案涉土地抵押，其主张已以口头形式告知宏建公司，但并无证据佐证。更为甚者，抵押借款债务清偿后金力泰公司又将讼争土地抵押，其行为已构成违约，并影响协议全面实际履行。

上述多重原因导致案涉合同不能履行，双方均有过错，解除合同所产生的损失应根据过错分担。一审判决认为因金力泰公司怠于履行合同义务，导致项目开发不能进行，金力泰公司应当承担因此造成的损失。本院认为，一审判决认定合同目的不能实现的原因不够全面，应予修正。综合各方当事人过错、结合本案实际，本院酌定金力泰公司向宏建公司返还4000万元投资款并按照中国人民银行同期贷款利率的2倍计息。

延伸阅读

以下是本书作者检索到的当事人以工业用地合作开发房地产的相关案例，供读者参考。

一、当事人以工业用地合作开发房地产但未在合同中约定对用地性质进行变更，擅自将工业用地进行商业开发的，合作开发房地产合同无效

案例1：南通江海湾华诚实业有限公司与南通通京置业有限公司合资、合作开发房地产合同纠纷二审民事判决书［江苏省高级人民法院（2010）苏民终字第0106号］认为，“据江苏省海门市发展改革与经济贸易委员会签发的《关于同意南通江海湾华诚实业有限公司新建江海湾国际企业项目核准的决定》，以及南通华诚公司报送的《海门开发区工业项目建筑设计效果图送审单》的内容来看，‘江海湾国际企业领地项目’系南通华诚公司在其取得的国有出让土地（性质为工业用地）上进行工业项目建设。而双方当事人在《合同书》及《补充协议书》中却约定‘江海湾国际企业领地项目’建成后，将建成的楼寓向不特定第三人进行销售，从中获取商业利润。据此可以认定，南通华诚公司在未补交土地出让金的情形下，擅自将工业用地进行商业开发，该行为亦违反了《中华人民共和国城市房地产管理法》和《中华人民共和国土地管理法》的规定。鉴于上述理由，双方当事人就联合开发‘江海湾国际企业领地项目’签订的《合同书》及《补充协议书》因违反法律、行政法规的强制性规定，应为无效合同。南通华诚公司上诉主张《合同书》及《补充协议书》有效的意见，本院不予支持。”

二、当事人以工业用地合作开发房地产且在合同中约定对用地性质进行变更的，用地是否办理变更手续影响的是合同的履行问题，而不是合同效力问题，不会导致合作开发房地产合同无效

案例2：四川盛名川科实业有限公司（原四川盛铭川科实业有限责任公司）与翟保省、翟长省等合资、合作开发房地产合同纠纷申诉、申请再审民事裁定书［最高人民法院（2016）最高法民申1267号］认为，“本案盛名公司一审法庭辩论终结前的诉请主要为：1. 判决确认《合作开发合同》无效；2. 判令翟保省等人及云府公司连带双倍返还定金共计人民币400万元整。而根据盛名公司、翟保省等人、云府公司三方签订的《合作开发合同》第二条第1项及第五条第3项的约定，翟保省等人以其现有资产即案涉国有出让工业用地土地使用权及地上房屋作为对合作项目的投资，盛名公司负责将该国有出让工业用地变更为商住出让用地。上述合同签订后，云府公司向当地政府投资项目审查工作领导小组申报了商住楼开发项目，该领导小组形成会议纪要，原则同意本案合作项目的实施，表明当地政府部门已经同意上述国有出让工业用地可以改变为商住出让用地。据此，该用地尚未办理变性手续及缴纳有关费用，影响的是合同的履行问题，而不是合同效力问题，不导致本案《合作开发合同》无效。原审判决认定《合作开发合同》合法有效，适用法律正

确。盛名公司基于合同无效主张双倍返还定金等的诉讼请求，因前提不成就原审亦不予支持适用法律并无不当。”

063 被查封的土地能否用来合作开发房地产，是否影响合同效力*

——合作开发房地产提供土地一方隐瞒土地被查封的事实导致项目延期的，应承担违约责任

以被查封的土地合作开发房地产是否会影响合作开发合同的效力？最高法院认为，土地被查封不会导致合作开发合同无效，但如果提供土地一方隐瞒土地被查封的事实导致项目延期的，应向对方承担违约责任。

裁判要旨

土地使用权人隐瞒土地使用权被查封的事实，以该土地与他人合作开发房地产，且该土地在合作开发房地产合同履行过程中仍被法院继续查封的，该等行为明显有悖诚实信用原则，构成违约，应承担违约责任。

案情简介

一、2002 年 7 月，安利公司与博祥公司签订《联合开发合同书》，约定安利公司提供土地使用权与博祥公司合作开发房地产，安利公司负责地上附着物的及时搬迁，不得影响工程的开工建设。签订合同时安利公司提供的土地已被查封，但未告知博祥公司。

二、因项目未能如期开工建设，博祥公司诉至法院，请求安利公司支付违约金，一、二审法院均支持了博祥公司的诉求。

三、安利公司向最高法院申请再审，认为：案涉土地是否处于查封状态并不影响施工许可证的办理，且案涉工程受到当地村民阻挠，与安利公司无关。最高法院裁定驳回安利公司的再审申请。

---

* 案件来源：再审申请人青岛宏亚置业有限公司、青岛安利橡胶有限公司因与被申请人青岛经济技术开发区博祥房地产开发有限公司合资、合作开发房地产合同纠纷申请再审民事裁定书［最高人民法院（2013）民申字第 270 号］。

裁判要点

最高法院认定安利公司应承担违约责任的原因在于：

首先，安利公司与博祥公司签订《联合开发合同书》前，案涉土地即因安利公司与案外人的另案纠纷，被人民法院依法采取诉前保全查封。安利公司未履行告知义务，仍就同一地块与博祥公司签订《联合开发合同书》，且在《联合开发合同书》履行过程中，案涉土地还因安利公司不及时履行前述另案的生效判决，被人民法院依法予以执行查封。安利公司的上述行为明显有悖诚实信用原则，构成违约。

其次，《联合开发合同书》第五条中约定："甲方……负责地上附着物的及时搬迁，不得影响工程的开工建设"，安利公司依约负有及时搬迁地上附着物、保证工程开工建设不因此受到影响的义务。但因其未能如约协调用地关系，导致案涉项目施工受到当地村民阻挠而被迫停工，亦构成违约。

安利公司的前述违约行为造成案涉项目未能如期开工建设。因此法院认定安利公司应向博祥公司支付违约金。

实务经验总结

前事不忘，后事之师。为避免未来发生类似败诉，提出如下建议：

一、如同土地被查封不影响土地转让合同的效力一样，以被查封的土地使用权投资开发房地产亦不会影响合作开发房地产合同的效力。但是如果合作开发房地产提供土地一方隐瞒土地被查封的事实导致项目延期，则土地提供方应承担违约责任。

二、一方提供土地、一方提供资金的合作开发房地产交易中，为避免土地提供方提供的土地存在被查封、被抵押等权利瑕疵，资金提供方可在签订合同前向不动产登记部门申请查询土地的权属状况，并要求合同相对方作出不存在权利瑕疵的陈述与保证。如果土地已经被查封，合作开发当事人可在合同中约定在一定期限内由土地提供方对土地进行解封，以及未解封应承担相应的违约责任。

相关法律规定

《最高人民法院关于审理涉及国有土地使用权合同纠纷案件适用法律问题的解释》

第十四条 本解释所称的合作开发房地产合同，是指当事人订立的以提供出让土地使用权、资金等作为共同投资，共享利润、共担风险合作开发房地产为基本内容的协议。

《中华人民共和国合同法》

第六条 当事人行使权利、履行义务应当遵循诚实信用原则。

第六十条 当事人应当按照约定全面履行自己的义务。

当事人应当遵循诚实信用原则，根据合同的性质、目的和交易习惯履行通知、协助、保密等义务。

以下为该案在最高法院审理阶段，裁判文书中“本院认为”部分就该问题的论述：

根据本案查明事实，2002年7月3日安利公司与博祥公司签订《联合开发合同书》前，案涉土地即因安利公司与案外人青岛鹏欢置业有限公司的另案纠纷，被人民法院依法采取诉前保全查封。安利公司未履行告知义务，仍就同一地块与博祥公司签订《联合开发合同书》，且在《联合开发合同书》履行过程中，案涉土地还因安利公司不及时履行前述另案的生效判决，被人民法院依法予以执行查封。安利公司的上述行为明显有悖诚实信用原则，构成违约。安利公司、宏亚公司再审申请虽主张查封不影响办理案涉项目的施工许可证，但并未提供确实证据证明，本院不予采信。本案中博祥公司要求支付违约金，虽以办理规划许可证和施工许可证的时间为计算起止时点，但该请求实质上是基于安利公司违约致项目逾期开工建设而提出，与查封是否影响办理施工许可证并无直接关联。况且，宏亚公司、安利公司的违约情形不仅限于案涉土地被查封这一事实。《联合开发合同书》第五条中约定：“甲方……负责地上附着物的及时搬迁，不影响工程的开工建设”，安利公司依约负有及时搬迁地上附着物、保证工程开工建设不因此受到影响的义务。但因其未能如约协调用地关系，导致案涉项目施工受到当地村民阻挠而被迫停工，亦构成违约。2004年12月13日，安利公司与黄岛薛家岛第一社区居委会、第五社区居委会签订《协议书》，明确表示其自愿向两居委会支付80万元。2004年12月15日，由博祥公司以转账支票方式支付该款项，支票存根注明用途为“补偿费”，薛家岛办事处出具的收据上亦注明“补偿费”字样，该款项支付后，再未发生村民阻挠施工现象。由此可知，该80万元性质为青苗补偿款，系基于《联合开发合同书》、《协议书》产生的应由安利公司负担的款项，博祥公司垫付后，安利公司应予返还。宏亚公司、安利公司申请再审虽称案涉工程施工受到村民阻挠与其无关，该80万款项应作为开发成本由博祥公司承担，或者至少作为项目外支出由双方共同承担，但该主张与上述事实不符，本院不予支持。安利公司未能及时履行搬迁义务导致当地村民阻挠施工，案涉土地亦因其与青岛鹏欢置业有限公司的另案纠纷被查封，前述违约情形造成案涉项目未能如期开工建设。一、二审法院依博祥公司的请求，判决安利公司支付自2004年4月1日办理规划许可证之日起至2004年12月15日补偿款支付完毕之日止的违约金，返还博祥公司80万元垫付款。同时，将违约金标准由日千分之五调整为日千分之一，驳回博祥公司赔偿逾期交房损失的请求，合法有据，处理妥当。

延伸阅读

以下是本书作者检索到的当事人以被查封的土地使用权合作开发房地产的相关案例，供读者参考。

裁判规则：以被查封的土地合作开发房地产不影响合作开发合同的效力，如对方当事人认为土地提供方故意隐瞒土地被查封的事实而具有欺诈行为，可以在合作开发合同生效之日起一年内请求撤销。

案例：淄博西召民盛置业有限公司与山东齐鲁塑编集团股份有限公司合作开发房地产合同纠纷再审审查民事裁定书［最高人民法院（2012）民申字第1120号］认为，“西召民盛公司申请再审称：1.《合作合同》约定齐鲁塑编公司提供的土地使用权于2005年12月31日前转户，但该土地使用权被山东省淄博市临淄区人民法院查封65490.6平方米，查封期限自2005年6月至2007年4月6日。对此，齐鲁塑编公司故意隐瞒，欺骗西召民盛公司，双方《合作合同》及《合作合同补充协议》应认定无效，二审判决认定有效错误。……关于《合作合同》及《合作合同补充协议》效力的问题。从二审查明的案件事实来看，齐鲁塑编公司与西召民盛公司签订的《合作合同》及《合作合同补充协议》，双方当事人意思表示真实，内容不违反国家法律、行政法规强制性规定，二审判决认定有效正确。根据《合作合同》约定，齐鲁塑编公司提供的80988.45平方米土地使用权应于2005年12月31日前转户至西召民盛公司名下。履行中，该土地使用权当时即使被山东省淄博市临淄区人民法院查封65490.6平方米（查封期限自2005年6月至2007年4月6日），致使齐鲁塑编公司实际无法在2005年12月31日前将之转户至西召民盛公司名下，亦属齐鲁塑编公司能否履约问题，并不影响《合作合同》及《合作合同补充协议》效力。西召民盛公司如认为齐鲁塑编公司故意隐瞒而具有欺诈行为，其可以在《合作合同》生效之日起一年内请求撤销。现齐鲁塑编公司已履行《合作合同》及《合作合同补充协议》完毕，西召民盛公司申请再审提出无效的理由，不仅缺乏法律依据，亦缺乏诚信，不能成立。”

064 合作开发房地产项目未取得工程规划许可证，当事人可否请求分配利益*

——合作开发项目未取得工程规划许可，当事人不能向法院诉请分配利益

合作开发房地产项目的各方在项目实施过程中，可能会因产生矛盾而导致项目无法继续进行。此时因项目手续未办理齐全或房屋尚未建成，各方对利益分配常处于进退两难的境地，那么一方能否诉请分配利益？最高法院认为，如果项目的工程规划手续尚未办理，则当事人无权请求分配项目利益。因此，合作开发房地产的资金方要避免过早将资金全部投入项目，可以采取分阶段投资的方式督促各方积极办理开发手续。

裁判要旨

合作开发房地产项目虽房屋已建成，但未取得建设工程规划许可证，当事人请求分配房地产项目利益的，法院不予受理；已经受理的，驳回起诉。

案情简介

一、自2006年起，城投公司与兴农公司先后签订了四份合作开发房地产合同。合同签订后至房屋建成，项目未办理建设工程规划许可证。

二、城投公司向兰州市中院提起诉讼，请求兴农公司按照合同约定交付分配房屋。兰州市中院判决：兴农公司按合同约定向城投公司交付项目房屋。

三、兴农公司向甘肃省高院提起上诉，甘肃省高院裁定驳回城投公司的起诉。

四、城投公司不服甘肃省高院裁定，向最高人民法院申请再审，最高法院裁定驳回其再审申请。

裁判要点

本案城投公司败诉的原因在于案涉合作建设项目未办理工程规划许可证，而《最高人民法院关于审理涉及国有土地使用权合同纠纷案件适用法律问题的解释》

---

* 案件来源：兰州经济技术开发区城市建设投融资发展公司与兰州兴农实业有限公司合资、合作开发房地产合同纠纷申请再审民事裁定书［最高人民法院（2015）民申字第234号］。

规定，合作开发房地产建设项目未取得建设工程规划许可证，当事人请求分配房地产项目利益的，不予受理；已经受理的，驳回起诉。故虽然案涉楼房已建成，城投公司也无法向法院请求分配项目利益。

实务经验总结

前事不忘，后事之师。为避免未来发生类似败诉，提出如下建议：

一、合作开发房地产当事人一定要及时办理相关规划手续，违规开工建设不仅会导致出现纠纷时当事人不能向法院请求分配合作项目利益，还存在被规划部门处以罚款甚至强制拆除建筑物的风险。

二、合作开发房地产当事人应在合同中约定办理立项、用地、规划、施工、销售、竣工验收等相关审批程序的义务主体、办理时限及违约责任，并且资金提供方可以采取分阶段出资的方式，督促办理审批程序的一方及时办理相关程序。

相关法律规定

《最高人民法院关于审理涉及国有土地使用权合同纠纷案件适用法律问题的解释》

第十九条　在下列情形下，合作开发房地产合同的当事人请求分配房地产项目利益的，不予受理；已经受理的，驳回起诉：

（一）依法需经批准的房地产建设项目未经有批准权的人民政府主管部门批准；

（二）房地产建设项目未取得建设工程规划许可证；

（三）擅自变更建设工程规划。

因当事人隐瞒建设工程规划变更的事实所造成的损失，由当事人按照过错承担。

《中华人民共和国城乡规划法》

第六十四条　未取得建设工程规划许可证或者未按照建设工程规划许可证的规定进行建设的，由县级以上地方人民政府城乡规划主管部门责令停止建设；尚可采取改正措施消除对规划实施的影响的，限期改正，处建设工程造价百分之五以上百分之十以下的罚款；无法采取改正措施消除影响的，限期拆除，不能拆除的，没收实物或者违法收入，可以并处建设工程造价百分之十以下的罚款。

以下为该案在最高法院审理阶段，裁判文书中“本院认为”部分就该问题的论述：

本院认为，双方合作开发的培黎广场经济适用房1号楼虽然建成，但城投公司未能按照合同的约定办理该楼的建设工程规划许可证。对于房地产建设项目未取得建设工程规划许可证之情形，本院《关于审理涉及国有土地使用权合同纠纷案件适用法律问题的解释》第十九条第一款第二项规定，合作开发房地产合同的当事人请求分配房地产项目利益的，不予受理；已经受理的，驳回起诉。因此，二审法院依据上述规定驳回城投公司的起诉是正确的。

延伸阅读

以下是我们写作中关注到的合作开发项目请求分配利益却被法院驳回的三种情况，共 12 个案例，投资各方要避免这三种鸡飞蛋打情况的出现：

一、依法需经批准的项目未经有批准权的政府主管部门批准的，不能请求分配项目利益

案例 1：济南市拆迁服务公司与济南市天桥区北园街道办事处黄桥社区居民委员会合同纠纷申诉、申请再审民事裁定书［最高人民法院（2015）民申字第 2131 号］认为，“本院《关于审理涉及国有土地使用权合同纠纷案件适用法律问题的解释》第十九条规定，依法需经批准的房地产建设项目未经有批准权的人民政府主管部门批准，合作开发房地产合同的当事人请求分配房地产项目利益的，不予受理；已经受理的，驳回起诉。黄桥居委会就黄桥小区 6 栋楼超建面积所提反诉，属于该条规定的范围，一、二审法院未予支持并无不当。”

案例 2：南京羽舜实业有限公司与北京祥胜明新技术开发有限责任公司、沈志坚合资、合作开发房地产合同纠纷申诉民事裁定书［最高人民法院（2014）民抗字第 14-1 号］认为，“根据本院《关于审理涉及国有土地使用权合同纠纷案件适用法律问题的解释》第十九条的规定，适用该条文需同时具备两个条件，一是符合该司法解释条文规定的三种情形之一，二是合作开发房地产合同的当事人提出分配房地产项目利益的诉讼请求。本案中，涉案房地产未经有批准权的政府主管部门批准，亦未取得建设工程规划许可证，无论合作开发房地产合同的效力如何，只要当事人请求分配该合同项下的房地产项目的利益，则根据上述司法解释条文的规定，不予受理，已经受理的，驳回起诉。”

案例 3：石家庄市军兴老干部俱乐部与河北盈通房地产开发有限公司合资、合作开发房地产合同纠纷申请再审民事裁定书［最高人民法院（2015）民申字第 2563 号］认为，“依照《最高人民法院关于审理涉及国有土地使用权合同纠纷案件适用法律问题的解释》第十九条第一款规定，在下列情形下，合作开发房地产合同的当事人请求分配房地产项目利益的，不予受理；已经受理的，驳回起诉：（一）依法需经批准的房地产建设项目未经有批准权的人民政府主管部门批准；（二）房地

产建设项目未取得建设工程规划许可证；（三）擅自变更建设工程规划。本案中涉案土地分为两部分，一部分属于干休所为划拨地，另一部分属于军兴俱乐部为出让地，故该合作开发用地涉及军产，需经干休所的上级主管部门批准方可用于开发，但直至本案发生纠纷诉讼时军兴俱乐部未能提供相关文件，导致土地无法收储挂牌出让，更无法办理建设工程规划许可证等报建手续。因此，该情况符合上述法律规定，二审法院撤销一审判决，驳回军兴俱乐部的起诉，并无不当。”

案例4：上诉人曹云庆与被上诉人程立朋、陈生中、刘声浩，原审原告刘华，原审第三人陆志祥确认合同无效纠纷二审民事裁定书［安徽省高级人民法院（2014）皖民四终字第00121号］认为，“因案涉各方合作开发的土地为集体土地，且该地块至今未取得土地使用权证，亦未经有批准权的人民政府主管部门批准，财产性质不能确定。据此，原审法院依照最高人民法院《关于审理涉及国有土地使用权合同纠纷案件适用法律问题的解释》第十九条的规定，驳回曹云庆、刘华的起诉及程立朋、陈生中、刘声浩的反诉，符合法律规定。”

案例5：上诉人中国人民解放军93176部队、大连东方金龙房地产开发有限公司与被上诉人大连新型房地产开发有限公司、原审第三人大连万嘉房地产开发有限公司、王金柱合资合作开发房地产合同纠纷二审民事裁定书［辽宁省高级人民法院（2013）辽民一终字第00262号］认为，“军用土地转让、与地方合作建房必须报总后勤部审批，取得《许可证》。93176部队没有证据证明其与新型公司合作建房的行为符合上述规定。93176部队、新型公司亦均认可该项目未办理《建设工程规划许可证》。本案中，93176部队依据其与新型公司签订的合资合作开发房地产合同提起诉讼，要求分配案涉项目利益。原审法院依据《最高人民法院关于审理涉及国有土地使用权合同纠纷案件适用法律问题的解释》第十九条第一款关于依法需经批准的房地产建设项目未经有批准权的人民政府主管部门批准，或者房地产建设项目未取得建设工程规划许可证，或者擅自变更建设工程规划的，合作开发房地产合同的当事人起诉请求分配房地产项目利益的，不予受理；已经受理的，驳回起诉之规定，驳回93176部队的起诉并无不妥。”

二、合作项目未取得建设工程规划许可证的，不能请求分配项目利益

案例6：方明通与福州宏发房地产有限公司合作开发房地产合同纠纷二审民事判决书［最高人民法院（2013）民一终字第20号］认为，“宏发公司主张，《最高人民法院关于审理涉及国有土地使用权合同纠纷案件适用法律问题的解释》第十九条规定，房地产建设项目未取得建设工程规划许可证的，合作开发房地产合同的当事人请求分配房地产项目利益的，不予受理；已经受理的，驳回起诉。本案中，案

涉项目尚未取得建设工程规划许可证，故方明通无权主张项目利益。本院认为，该条规定系针对已经实际建成而未取得建设工程规划许可证的违章建筑而言。本案中案涉项目尚未进行开工建设，故无该条规定的适用余地。”

案例7：聂静等六人、赵月等与北京欣盛泰置业有限公司、张运环确认合同无效纠纷二审民事裁定书［河南省高级人民法院（2016）豫民终583号］认为，“2012年8月28日，欣盛泰公司将合作建房合同约定的房产交付给六上诉人，因欣盛泰公司未按合同约定和法定程序办理土地使用权变更登记和土地规划许可证，该房产的建设手续尚不完备，目前属于禁止销售的房产。六上诉人请求判令将未取得建设工程规划许可证等手续的房产归其所有，属于《最高人民法院关于审理涉及国有土地使用权合同纠纷案件适用法律问题的解释》第十九条规定情形，对六上诉人的该项请求，人民法院应依法予以驳回。”

案例8：高天桥、陈洪校与袁成江合资、合作开发房地产合同纠纷二审民事裁定书［江苏省高级人民法院（2015）苏民终字第00128号］认为，“本案中，当事人签订了《合作开发房地产协议》，但未办理相关房地产开发手续，未取得建设工程规划许可证，因此，当事人要求分配房地产项目利益的，不属于人民法院受理案件的范围。虽然高天桥、陈洪校在原审中变更了诉讼请求，仅要求返还两人的出资款，但是否应当返还出资款必须对涉案房地产开发项目进行清算，核定收入、成本等之后，才能作出判断。因此，原审法院认为高天桥、陈洪校的诉讼请求实质上仍属于请求分配房地产项目利益，并据此驳回高天桥、陈洪校的起诉，符合法律规定。”

案例9：章丘市翠湖旅游开发有限公司与章丘市白云湖镇韩家码头村民委员会合资、合作开发房地产合同纠纷二审民事裁定书［山东省高级人民法院（2016）鲁民终2043号］认为，“涉案建设工程系上诉人与被上诉人在农村集体土地上合作开发的建设项目，未办理建设项目土地使用、建设工程规划等手续，属于违法建设。《最高人民法院关于审理涉及国有土地使用权合同纠纷案件适用法律问题的解释》第十九条第一款第二项规定，房地产建设项目未取得建设工程规划许可证的，合作开发房地产合同的当事人请求分配房地产项目利益的，不予受理，已经受理的，驳回起诉。该解释虽然是对国有土地上合作开发房地产项目产生的利益纠纷作出的规定，对其精神，在农村集体土地上合作开发的建设项目利益纠纷，也可以参照处理。人民法院不予处理，当事人仍然可以通过地方人民政府、调解组织等协调解决。”

三、合作项目擅自变更建设工程规划的，不能请求分配项目利益

案例10：淮北市大地土地复垦开发有限责任公司与淮北鸿图世纪置业有限公司合资、合作开发房地产合同纠纷一审民事裁定书［淮北市中级人民法院（2014）淮民一初字第00040号］认为，“建筑的实际面积37505.22平方米，超出了规划设计的面积36618平方米，建筑楼层23层已超出了规划的22层。根据《最高人民法院关于审理涉及国有土地使用权合同纠纷案件适用法律问题的解释》第十九条第一款第（三）项规定，合作开发房地产合同的当事人擅自变更建设工程规划，对于其请求分配房地产项目利益的，不予受理；已经受理的，驳回起诉。据此，在涉案房产的建设规划手续存在缺陷，实际施工变更建设工程规划的情况下，对大地公司要求分配合作利润的起诉应予驳回。”

案例11：李炳祥、梁润娣等与周锡林、珠海骏逸灯饰有限公司所有权确认纠纷二审民事裁定书［珠海市中级人民法院（2016）粤04民终2768号］认为，“对于变更建设工程规划建设合资楼的事实，有各方签订的《〈旧屋改造合作建房合同书〉的补充协议书》可以证明，上诉人对此也未持异议，且案涉的合资楼至今未取得新的建设工程规划许可，故原审法院作出当事人擅自变更建设工程规划的认定并无不当。因此，原审法院根据《最高人民法院关于审理涉及国有土地使用权合同纠纷案件适用法律问题的解释》第十九条的规定裁定驳回上诉人的起诉，认定事实清楚，适用法律正确，本院予以维持。”

案例12：邓发成、覃朝岗与杨毓英房地产开发经营合同纠纷二审民事裁定书［湘西土家族苗族自治州中级人民法院（2015）州民一终字第545号］认为，“邓发成、覃朝岗与杨毓英签订的《补充协议》所指向的房屋属于超规划楼层、面积的建筑，邓发成、覃朝岗依据该《补充协议》诉请退还被杨毓英占用的楼梯右侧第一间门面，在性质上属于分享整个房产开发项目的利益之一。因此，该纠纷不属于人民法院的受案范围。原审法院根据《最高人民法院关于审理涉及国有土地使用权合同纠纷案件适用法律问题的解释》第十九条的规定，裁定驳回起诉，并无不当。”

065 能否请求分配未开工建设的合作开发项目的利益*

——尚未开工建设的合作开发项目即使未取得工程规划许可证，当事人亦可请求分配项目利益

《最高人民法院关于审理涉及国有土地使用权合同纠纷案件适用法律问题的解释》第十九条规定，房地产建设项目未取得建设工程规划许可证的，合作开发房地产合同的当事人无权请求分配房地产项目利益。根据该规定，是否可得出未取得工程规划许可证的，当事人一概不能请求分配项目利益的结论？最高法院认为，如果项目未开工建设，则不适用该规条规定；如果项目已建设，则适用该条规定。

裁判要旨

《最高人民法院关于审理涉及国有土地使用权合同纠纷案件适用法律问题的解释》第十九条规定，房地产建设项目未取得建设工程规划许可证，合作开发房地产合同的当事人请求分配房地产项目利益的，不予受理；已经受理的，驳回起诉。该条规定系针对已经实际建成而未取得建设工程规划许可证的违章建筑而言，尚未进行开工建设的合作开发项目不适用该规定。

案情简介

一、方明通与宏发公司分别于 2005 年 6 月及 8 月签订《联合开发建设合同书》、《备忘录》，约定宏发公司投入土地，方明通投入资金，合作开发“绿源小区”项目。后因城市建设规划调整，福州市人民政府决定收回“绿源小区”项目建设用地，以福州二棉厂相应面积地块予以置换，并由福州市土地发展中心委托地价评估事务所对该两地块地价进行评估，差价互补后经相关程序出让给宏发公司。“绿源小区”项目被依法吊销《建设用地规划许可证》。

二、方明通向福建高院起诉，请求：确认《联合开发建设合同书》及《备忘录》终止；宏发公司以“绿源小区”地块评估价 14617.2 万元为计算依据支付方明

---

* 案件来源：方明通与福州宏发房地产有限公司合作开发房地产合同纠纷二审民事判决书［最高人民法院（2013）民一终字第 20 号］。

通投资增值收益 8770.32 万元及利息，返还垫付建设费用 817 万元及利息。福建高院判决：终止《联合开发建设合同书》、《备忘录》；宏发公司向方明通支付项目投资收益 4199.328 万元及利息，返还代垫款 817 万元及利息。

三、方明通和宏发公司均不服，向最高法院提起上诉。最高法院改判：宏发公司向方明通支付“绿源小区”项目投资收益 5481.45 万元及利息，维持福建高院其他判项。

裁判要点

法院认定宏发公司应以“绿源小区”地块评估价 14617.2 万元为计算依据向方明通分配项目收益的原因在于：

首先，本案双方已按照约定将各自的土地和资金投入到合作项目中，宏发公司投入的土地与方明通投入的资金成为“绿源小区”项目不可分割的组成部分。合同履行过程中，福州市人民政府因城市建设需要决定收回案涉项目土地，双方就进一步合作事宜未协商一致，导致合作行为终止。而方明通作为项目合作方，有权享有合作期间合作项目形成的相应权益。由于案涉项目尚未进行施工建设，法院最终认定以案涉土地的评估值作为“绿源小区”项目的价值，并以此为基础进行利益分配。

其次，本案宏发公司主张，《最高人民法院关于审理涉及国有土地使用权合同纠纷案件适用法律问题的解释》第十九条规定，房地产建设项目未取得建设工程规划许可证，合作开发房地产合同的当事人请求分配房地产项目利益的，不予受理；已经受理的，驳回起诉。因案涉项目尚未取得建设工程规划许可证，故方明通无权主张项目利益。对此最高法院认为，“该条规定系针对已经实际建成而未取得建设工程规划许可证的违章建筑而言。本案中案涉项目尚未进行开工建设，故无该条规定的适用余地”。

实务经验总结

前事不忘，后事之师。为避免未来发生类似败诉，提出如下建议：

一、对于未取得建设工程规划许可证的合作开发项目，当事人并非一概不能请求分配项目利益。合作开发项目尚未开工建设即终止的，即使项目未取得建设工程规划许可证，当事人仍可请求分配项目利益。

二、合作开发项目当事人应当及时办理相关规划许可手续，否则项目建成后当事人无权向法院请求分配项目利益，甚至还存在被规划部门处以罚款或强制拆除建筑物的风险。

相关法律规定

《最高人民法院关于审理涉及国有土地使用权合同纠纷案件适用法律问题的解释》

第十九条 在下列情形下，合作开发房地产合同的当事人请求分配房地产项目利益的，不予受理；已经受理的，驳回起诉：

（一）依法需经批准的房地产建设项目未经有批准权的人民政府主管部门批准；

（二）房地产建设项目未取得建设工程规划许可证；

（三）擅自变更建设工程规划。

因当事人隐瞒建设工程规划变更的事实所造成的损失，由当事人按照过错承担。

以下为该案在最高法院审理阶段，裁判文书中“本院认为”部分就该问题的论述：

根据《联合开发建设合同书》约定，方明通的投资义务主要为先期投入1920万元及项目后续开发的全部资金。对于该笔1920万元款项，合同中并未明确为项目合作保证金，从合同约定看，其不具有担保债务履行的功能，亦非独立于方明通应履行的债务之外，而是方明通需要履行的总投资义务的一部分，因此，该笔1920万元不具有保证金的功能；而且，在2005年6月22日宏发公司给方明通出具的《收据》中，宏发公司亦明确表示，收到的1799.06万元系方明通合作项目投资款。故原判决将方明通依约支付的1920万元认定为其对“绿源小区”项目的投资款，并无不当。

《联合开发建设合同书》签订后，双方均积极履行了相应的合同义务。根据本案查明的事实，2005年6月6日至6月28日期间，宏发公司陆续收到方明通支付的1920万元项目投资款。2005年6月28日，案涉土地性质变更为商住楼建设用地。2005年8月10日，宏发公司取得案涉土地的《国有土地使用权证》，其间宏发公司向有关部门支付了“绿源小区”项目地块的出让金等相关费用。从上述合同实际履行看，双方已按照约定将各自的土地和资金投入到合作项目中，成为共享利益、共担风险的利益共同体。宏发公司投入的土地与方明通投入的资金，因项目前期运作相互结合，成为“绿源小区”项目不可分割的组成部分。合同履行过程中，福州市人民政府因城市建设需要决定收回案涉项目土地，双方就进一步合作事宜未协商一致，导致合作行为终止。方明通作为项目合作方，有权享有合作期间合作项目形成的相应权益。由于案涉项目尚未进行施工建设，双方合作后仅将土地性质变更为商住楼建设用地，并支付了出让金、城市基础设施配套费等相关费用，故原判决将福州市土地矿产交易中心对案涉土地的评估值作为“绿源小区”项目的价值并无不当。宏发公司关于14617.2万元为案涉土地增值收益，而非项目增值收益的主张无事实依据，本院不予支持。宏发公司主张，《最高人民法院关于审理涉及国有土地使用权合同纠纷案件适用法律问题的解释》第十九条规定，房地产建设项目未取得建设工程规划许可证的，合作开发房地产合同的当事人请求分配房地产项目利益的，不予受理；已经受理的，驳回起诉。本案中，案涉项目尚未取得建设工程规划许可证，故方明通无权主张项目利益。本院认为，该条规定系针对已经实际建成而未取得建设工程规划许可证的违章建筑而言。本案中案涉项目尚未进行开工建设，故无该条规定的适用余地。综上，原判决认定方明通有权享有“绿源小区”项目投资收益，并以案涉地块评估价14617.2万元作为计算依据，并无不当，本院予以维持。

066 名为合作开发房地产、实为土地转让的认定 *

——合作开发房地产合同约定提供土地使用权的当事人只收取固定利益的，应认定为土地转让合同

名为房地产合作开发的合同，可能实际法律关系并非房地产合作开发。根据《最高人民法院关于审理涉及国有土地使用权合同纠纷案件适用法律问题的解释》的规定，真实的合同关系有可能被认定为土地使用权转让合同、房屋买卖合同、借款合同、房屋租赁合同等。

根据该司法解释第二十四条规定，“合作开发房地产合同约定提供土地使用权的当事人不承担经营风险，只收取固定利益的，应当认定为土地使用权转让合同”。

如何区分合作开发房地产合同与土地使用权转让合同？本文梳理了十余个案例，尤其需要关注发生争议时仍被认定为合作开发合同的案例（延伸阅读案例9、案例10），该案例中认定当事人之间成立合作开发合同关系而非土地使用权转让合同关系的原因是：合作协议以不同形式约定成本超出一定金额时合作方有继续支付成本的义务，或者开楼盘均价高于一定价格时对高出部分增加收益（具体分配办法双方另行协商），实现了“共同投资，共享利润、共担风险”。上述案例对避免合作开发房地产合同被认定为土地使用权转让合同具有重要启示。

裁判要旨

合作开发房地产合同约定提供土地使用权的当事人只收取固定收益，既不按照投资比例进行利润分成，也不承担该项目开发经营风险的，不具有合作开发房地产合同所必需的“共享利润、共担风险”条件，应认定为建设用地使用权转让合同。

---

* 案件来源：东营瑞康房地产开发有限公司与胜利油田泰恒实业总公司建设用地使用权转让合同纠纷申请再审民事裁定书［最高人民法院（2015）民申字第943号］。

案情简介

一、2007 年，泰恒公司与瑞康公司签订《合作开发协议书》，约定：泰恒公司提供通过出让方式取得的国有土地使用权，瑞康公司负责投资；泰恒公司合作开发所得收益包干价为 800 万元整。

二、后泰恒公司向东营市中院提起诉讼，请求瑞康公司支付合作收益。东营市中院认定双方系建设用地使用权转让合同纠纷，判决瑞康公司向泰恒公司支付土地补偿款 475 万元。

三、瑞康公司不服东营市中院判决，向山东省高院提起上诉。山东省高院认为东营市中院认定涉案协议系建设用地使用权转让合同，并无不当，判决瑞康公司向泰恒公司支付土地补偿款 428 万元。

四、瑞康公司不服山东省高院判决，向最高法院申请再审。最高法院裁定驳回其再审申请。

裁判要点

本案的裁判要点是案涉《合作开发协议书》的性质是国有土地使用权转让合同。依据《最高人民法院关于审理涉及国有土地使用权合同纠纷案件适用法律问题的解释》第二十四条之规定，提供土地的泰恒公司只收取固定收益，不符合合作开发房地产合同所必需的“共享利润、共担风险”条件。瑞康公司以《合作开发协议书》的性质是合作开发房地产合同为由申请再审，最高法院不予采信。

最高法院认为：“民事法律行为应探究当事人的真实意思表示，而不能仅仅根据当事人合同中所采用的合同名称即认定当事人之间的法律关系性质。本案基于瑞康公司与泰恒公司之间的真实意思系转让案涉建设用地使用权，故应认定为建设用地使用权转让纠纷。”

实务经验总结

前事不忘，后事之师。为避免未来发生类似败诉，提出如下建议：

一、在合作开发房地产过程中，如果拥有土地使用权的一方确实是仅想转让土地使用权并退出合作开发，可通过以下方式实现交易目的：（1）改变交易结构，以转让项目公司 100%股权形式达到项目用地和项目资产一并转让的目的。（2）直接签署《国有土地使用权转让合同》转让土地使用权。

二、如果拥有土地使用权的一方并非想转让土地使用权，而是希望合作开发，应当在专业律师的协助下起草无歧义、条款完善的《合作开发协议》。

三、拥有土地的“地主们”切记，如欲实现合作开发的合同目的，绝对不能约定提供土地使用权的一方只收取固定利益，而不承担经营风险。这种交易结构会被法院认定为土地使用权转让关系，提供土地使用权的一方将不能享受合作开发项目收益。

相关法律规定

《最高人民法院关于审理涉及国有土地使用权合同纠纷案件适用法律问题的解释》

第十四条 本解释所称的合作开发房地产合同，是指当事人订立的以提供出让土地使用权、资金等作为共同投资，共享利润、共担风险合作开发房地产为基本内容的协议。

第二十四条 合作开发房地产合同约定提供土地使用权的当事人不承担经营风险，只收取固定利益的，应当认定为土地使用权转让合同。

以下为该案在最高法院审理阶段，判决书中“本院认为”就该问题的论述：

关于二审法院认定案涉《合作开发协议书》的性质是否错误问题，根据最高人民法院《关于审理涉及国有土地使用权合同纠纷案件适用法律问题的解释》第二十四条之规定，共同投资、共享利润、共担风险是房地产合作开发合同的必要条件。本案《合作开发协议书》约定，泰恒公司享有土地所得收益包干价为800万元整，不承担合作开发项目的经营风险。在合同实际履行过程中，瑞康公司以自己的名义作为建设单位与施工单位签订建设工程施工合同，对建设项目对外独立承担责任；售楼期间楼房的销售所得由瑞康公司单独收取，瑞康公司单独管理经营项目账务，泰恒公司并非按照投资比例进行利润分担。上述约定明显系国有土地使用权转让的法律性质。

至于瑞康公司以《合作开发协议书》中已经约定了其应承担的相关义务，主张系泰恒公司应承担的风险。对此，从《合作开发协议书》中关于瑞康公司应承担的义务来看，第四条第3项和第六条第6项约定，在案涉建设用地使用权登记在泰恒公司名下的情况下，由泰恒公司协助瑞康公司以泰恒公司名义办理开工前的各项手续，以及对建设项目的质量、进度实施管理监督权，以确保合作项目顺利进行；第四条第7项约定，泰恒公司对开发项目的冠名有主张权。第六条第1项约定，泰恒公司负责施工现场的“三通一平”及泵房拆迁建设工作。第六条第2项约定，泰恒公司负责新建住宅天然气接入许可工作，并协调解决水、电、暖气、弱电等的接入许可工作。第六条第3项约定：泰恒公司负责安排该项目竣工后的物业管理工作。第六条第7项约定，泰恒公司负责对地下地上管、线、沟的迁移。第八条第2项约定，泰恒公司负责聘请监理单位，由其负责工程质量监理；第八条第3项、第4项则进一步约定了泰恒公司的监督权。第九条则约定了双方的违约责任，第5项约定了“因甲方原因致使开发期限拖延停建或土地性质变更而影响乙方销售，甲方承担乙方损失。已支付甲方的款额全部退还乙方，并按本项第3条规定计息，土地权属依然归甲方。因此造成的乙方损失（不含利润）由甲方承担，并追付给乙方赔偿金100万元。”上述约定均是瑞康公司履行交付国有土地使用权过程中的权利义务，而非针对合作开发项目的经营风险的负担，这种风险恰恰是建设用地使用权转让合同中当事人的权利义务的真实意思表示，而非合作、合资开发房地产的共享利润、共担风险的意思表示，故虽然当事人之间的协议名称为“合作开发协议书”，但是鉴于泰恒公司在此“合作开发项目”中只收取固定收益，既不存在按照投资比例进行利润分成，也不存在承担该项目开发经营风险的约定，故不具有合作、合资开发房地产合同所必需的“共享利润、共担风险”条件，不符合合作、合资开发房地产合同的实质要件。

民事法律行为应探究当事人的真实意思表示，而不能仅仅根据当事人合同中所采用的合同名称即认定当事人之间的法律关系性质。本案基于瑞康公司与泰恒公司之间的真实意思系转让案涉建设用地使用权，故应认定为建设用地使用权转让合同纠纷。一、二审法院对本案当事人之间《合作开发协议书》的法律性质，认定事实清楚，适用法律正确，本院予以确认。瑞康公司关于本案当事人之间的纠纷性质应为合作、合资开发房地产纠纷的再审申请理由，理据不足，本院不予采信。

延伸阅读

以下是我们写作中检索到的最高法院认定名为合作开发房地产的合同，其性质是否是土地转让合同的10个案例。其中，有8个案例认定合同性质为土地转让合同，有2个案例认定合同性质为合作开发合同。该两个合同被认定为合作开发合同的原因是：合作协议以不同形式约定成本超出某金额时合作方有继续支付成本的义务或者在开楼盘均价高于某价格时对高出部分增加收益（具体分配办法双方另行协商），实现了“共同投资，共享利润、共担风险”。

一、认定名为合作开发房地产的合同实质为土地转让合同的8个案例

案例1：陈全、皮治勇诉重庆碧波房地产开发有限公司、夏昌均、重庆奥康置

业有限公司合同纠纷再审民事裁定书［最高人民法院再审（2009）民申字第 1760 号］认为，“上述约定表明，奥康公司在与碧波公司联合开发过程中的主要义务是提供土地并办理相关手续，所分配的利益是 18000 平方米住房的包销款 1980 万元，不承担经营风险，符合最高人民法院《关于审理涉及国有土地使用权合同纠纷案件适用法律问题的解释》第二十四条关于‘合作开发房地产合同约定提供土地使用权的当事人不承担经营风险，只收取固定利益的，应当认定为土地使用权转让合同’的规定。奥康公司主张其为项目支付了 4000 余万元的费用，并提供了其向建筑公司支付工程款等部分单据复印件。本院认为，由于整个项目是以奥康公司名义开发，对外支付工程款也应是以奥康公司名义，且奥康公司举示的大部分票据复印件的日期为 2008 年、2009 年，而本案解除协议签订于 2007 年 12 月 28 日，在本院审查程序中不足以证明奥康公司关于其在与碧波公司合作期间投入资金 4000 余万元的主张。奥康公司主张由于项目是以其名义进行开发，因此其对外要依法承担此项目的全部责任。本院认为，根据《补充协议》的约定，项目部虽以奥康公司名义成立，但单独建账、独立核算，项目部经营活动的一切经济与法律责任由碧波公司、夏昌均承担。即使奥康公司对外承担了项目经营活动的责任，其仍可以要求碧波公司和夏昌均对于奥康公司的损失承担连带赔偿责任，因此，二审判决认定奥康公司不承担经营风险并无不当。综上，碧波公司、夏昌均、奥康公司关于二审判决将奥康公司和碧波公司之间的法律关系认定为土地使用权转让合同缺乏事实根据和法律依据的主张不能成立。”

案例 2：北海左右商贸有限公司与北海艺术设计学院建设用地使用权纠纷申请再审民事裁定书［最高人民法院（2016）最高法民申 1259 号］认为，“2009 年 9 月 24 日艺术学院与左右公司签订《补充协议二》，该合同又涉及两方面的内容：一是对左右公司尚欠的土地转让款 2280 万元的支付问题作出了重新约定；二是就艺术学院的合作开发投资收益也作出重新约定：‘左右公司同意按税后 1000 万元的金额作为固定回报，加 800 万元投资款，合计 1800 万元，从 2011 年 4 月份开始每月支付 200 万元至 2011 年 11 月份结清尾款。’依据《最高人民法院关于审理涉及国有土地使用权合同纠纷案件适用法律问题的解释》第二十四条的规定，‘合作开发房地产合同约定提供土地使用权的当事人不承担经营风险，只收取固定利益的，应当认定为土地使用权转让合同’，本案双方之间合同不再具有联合开发性质，而属于土地使用权转让合同性质。”

案例 3：再审申请人新疆雄鹰房地产开发有限公司与被申请人新疆维吾尔自治区和田地区科学技术协会建设用地使用权转让合同纠纷申请再审民事裁定书［最高

人民法院（2016）最高法民申1683号］认为，“《最高人民法院关于审理涉及国有土地使用权合同纠纷案件适用法律问题的解释》第二十四条规定：‘合作开发房地产合同约定提供土地使用权的当事人不承担风险，只收取利益的，应当认定为土地使用权转让合同。’根据一审、二审查明的事实，和田科协与雄鹰公司于2005年7月27日签订的《合同》明确约定，由和田科协出地，雄鹰公司投资，和田科协将土地转让给雄鹰公司，且明确约定了双方的责任和义务。一审、二审法院认定该《合同》性质为建设土地使用权转让合同并无不当，雄鹰公司主张合同性质认定错误，缺乏事实和法律依据，本院不予支持。”

案例4：哈尔滨市南岗区王岗镇永丰村村民委员会与哈尔滨市连海房地产开发有限公司建设用地使用权纠纷申请再审民事裁定书［最高人民法院（2016）最高法民申77号］认为，“由于本案永丰村委会与连海公司签订的意向性协议和协议书约定永丰村委会将案涉28-A-01地块用于建设永丰综合楼，其中建筑面积为887.5平方米的房屋所有权归永丰村委会所有，永丰村委会不承担任何费用，由连海公司负责项目的所有建设手续审批、缴费、建筑施工、全部小区基础设施配套等费用的支出，即永丰村委会仅提供土地使用权，收取固定利益，不承担经营风险，二审判决认定其与连海公司签订的意向性协议和协议书性质为土地使用权转让合同，并无不当。”

案例5：岳阳市新天地置业发展有限公司与湖南华菱置业有限公司其他合同纠纷二审民事判决书［最高人民法院（2013）民一终字第209号］认为，“从《合作协议》第三条第2项关于岳阳新天地应向华菱置业支付项目开发固定回报1100万元的约定内容看，该《合作协议》符合《最高人民法院关于审理涉及国有土地使用权合同纠纷案件适用法律问题的解释》第二十四条‘合作开发房地产合同约定提供土地使用权的当事人不承担经营风险，只收取固定利益的，应当认定为土地使用权转让合同’的规定，岳阳新天地关于案涉《合作协议》应为土地使用权转让合同的主张，于法有据。”

案例6：佛山市南海区新锐置业有限公司与广东省佛山市顺德区乐从镇北村股份合作经济社国有土地使用权转让合同纠纷申请再审民事裁定书［最高人民法院（2013）民申字第960号］认为，“经审查，该合同内容包括：合作地块情况、合作形式、投资收益分成、收益支付方式、双方权利义务、双方约定及违约责任六大部分。投资收益分成部分约定：新锐公司以4.05亿元作价入股全额购买涉案地块所有权，此净收益为股份社固定分成，一切税费等经营过程中产生的费用由新锐公司负责，项目开发结束后，经营剩余收益归新锐公司所有。收益支付方式部分约定：

合同签订后新锐公司即分期支付 4.05 亿元。若新锐公司不能竞得该地块，最终确保甲方净收益 4.05 亿元。待甲方收到竞得方款项后多余部分款项全部退回乙方（但不计利息）。以上内容符合《最高人民法院关于审理涉及国有土地使用权合同纠纷案件适用法律问题的解释》第二十四条‘合作开发房地产合同约定提供土地使用权的当事人不承担经营风险，只收取固定利益的，应当认定为土地使用权转让合同’的规定。故二审判决认定《联合开发合同》为土地使用权转让合同，并无不当。”

案例 7：中国工商银行股份有限公司雅安分行与四川省雅安鑫源城市建设开发有限责任公司房屋买卖合同纠纷申请再审民事裁定书［最高人民法院（2013）民申字第 842 号］认为，“本案双方当事人在《联合开发商住楼协议》中约定，工行雅安分行只提供土地，概不承担其他任何经济责任，无论该项目开发结果盈利与否，必须保证工行雅安分行分得 170 万元作为土地投入的全额回报。二审判决认定《联合开发商住楼协议》为土地使用权转让合同，并无不当。”

案例 8：株洲鼎盛昌房地产开发有限公司与周汉和及株洲县农村信用合作联社建设用地使用权纠纷申请再审民事裁定书［最高人民法院（2013）民申字第 337 号］认为，“案涉《土地转让协议书》明确约定‘甲方因经营转向原因，自愿将……土地使用权以及地上附着物，整体转让给乙方’，该协议还约定鼎盛昌公司只收取项目开发的挂靠和管理费，不参与利润分配。根据最高人民法院《关于审理涉及国有土地使用权合同纠纷案件适用法律问题的解释》第二十四条的规定，‘合作开发房地产合同约定提供土地使用权的当事人不承担经营风险，只收取固定利益的，应当认定为土地使用权转让合同’，故二审判决认定该协议书的性质为土地使用权转让合同，并无不当。”

二、认定名为合作开发房地产的合同不属于土地转让合同的 2 个案例

案例 9：陕西昊雍房地产开发有限责任公司与陕西兴庆熙园物业管理有限公司、陕西功德置业发展有限责任公司其他撤销权纠纷申请再审民事裁定书［最高人民法院（2014）民申字第 719 号］认为，“根据《最高人民法院关于审理涉及国有土地使用权合同纠纷案件适用法律问题的解释》第二十四条的规定，合作开发房地产合同约定提供土地使用权的当事人不承担经营风险，只收取固定利益的，应当认定为土地使用权转让合同。熙园公司与功德公司的合作开发合同约定，功德公司对兼并费用实际超出 2800 万元部分承担支付义务，双方未就功德公司固定收益的保证和风险责任的免除作出明确约定，因此，该约定应理解为双方关于合作开发收益分配方案的约定，而不属于上述司法解释规定的情形。”

案例 10：淄博西召民盛置业有限公司与山东齐鲁塑编集团股份有限公司合作开发房地产合同纠纷再审审查民事裁定书［最高人民法院（2012）民申字第 1120 号］认为，“本案中，《合作合同》约定齐鲁塑编公司以 80988.45 平方米土地使用权及基于搬迁而享受当地人民政府专门给予的政策优惠补贴等作为条件，与西召民盛公司合作开发房地产，开发楼盘西召民盛公司按每平方米 860 元付给齐鲁塑编公司，如新开楼盘均价每平方米高于 2000 元，高出部分西召民盛公司给齐鲁塑编公司增加收益，具体分配办法双方另行协商。对此，双方虽未约定齐鲁塑编公司承担合作项目风险，但亦未约定齐鲁塑编公司不承担合作项目任何风险，二审判决认定为合作开发房地产合同关系，并无不当。西召民盛公司申请再审提出双方构成土地使用权转让合同关系的理由，缺乏事实与法律依据，不能成立。”

067 资金方不担风险只分固定数量房屋的合作开发合同应认定为房屋买卖合同*

——合作开发房地产提供资金一方不承担经营风险，只分配固定数量房屋的，应认定为房屋买卖关系

名为房地产合作开发的合同，可能双方当事人实际法律关系并非房地产合作开发。根据《最高人民法院关于审理涉及国有土地使用权合同纠纷案件适用法律问题的解释》的规定，真实的合同关系有可能被认定为土地使用权转让合同、房屋买卖合同、借款合同、房屋租赁合同等。

根据上述司法解释第二十五条规定，“合作开发房地产合同约定提供资金的当事人不承担经营风险，只分配固定数量房屋的，应当认定为房屋买卖合同”。

如何区分合作开发房地产合同和房屋买卖合同？如何成立合作开发房地产关系？本文结合司法解释的规定，并通过检索和梳理十二个案例得出结论：成立合作开发房地产关系需具备共同投资、共享利润、共担风险三个特征，其中共担风险是关键特征。

---

* 案件来源：大连凯祥房屋开发有限公司与大连浩盛房地产开发有限公司、大连浩盛建筑工程有限公司其他买卖合同纠纷申请再审民事裁定书［最高人民法院（2014）民申字第 599 号］。

裁判要旨

合作开发房地产合同约定提供资金的当事人不承担经营风险，只分配固定数量房屋的，应当认定为房屋买卖合同。

案情简介

一、2011 年 8 月，浩盛地产、浩盛建筑与凯祥公司签订《合作协议书》、《补充协议》，约定：凯祥公司提供土地使用权，浩盛建筑施工，浩盛地产垫付建安费用，合作开发 A24 号楼；A24 号楼建筑面积约 3000 平方米；凯祥公司与浩盛地产各分得 50%，凯祥公司分得的部分以 550 万元的价格转让给浩盛地产，该楼面积无论增减转让价格均不变。

二、2011 年 10 月，浩盛地产与凯祥公司签订《协议书》，确认浩盛地产已将 A24 号楼的转让款支付给凯祥公司，A24 号楼全部归浩盛地产所有。

三、后 A24 号楼建成，尚未办理商品房预售许可证。

四、浩盛地产向大连中院提起诉讼，请求判令凯祥公司交付 A24 号楼，大连中院判决支持了其诉讼请求。

五、凯祥公司不服大连中院判决，向辽宁高院提起上诉，请求撤销大连中院判决。辽宁高院判决驳回上诉，维持原判。

六、凯祥公司不服辽宁高院判决，向最高法院申请再审，请求撤销辽宁高院判决。最高法院裁定驳回其再审申请。

裁判要点

本案当事人签订的《合作协议书》、《补充协议》中无共担风险的约定，作为提供资金方的浩盛地产不承担经营风险，即可分得建成房屋，根据《最高人民法院关于审理涉及国有土地使用权合同纠纷案件适用法律问题的解释》第二十五条规定，“合作开发房地产合同约定提供资金的当事人不承担经营风险，只分配固定数量房屋的，应当认定为房屋买卖合同”。因此，本案当事人签订的协议应认定为房屋买卖合同。凯祥公司申请再审主张案涉协议为合作开发房地产合同，最高法院不予支持。

实务经验总结

前事不忘，后事之师。为避免未来发生类似败诉，提出如下建议：

一、律师在为当事人起草合同时要探明当事人的真实意思，起草无歧义的合同。如欲实现合作开发房地产的目的，应当在合同中体现“共同投资，共享利润、共担风险”的特征；如欲实现房屋买卖的目的，可直接签订房屋买卖合同，约定具体价款、房屋交付时间等具体条款。

二、需提醒当事人注意的是，如欲实现合作开发房地产的目的，不能在合作开发房地产合同中约定提供资金的当事人不承担经营风险，只分配固定数量房屋，该约定会被法院认定为房屋买卖合同，造成的后果是：资金提供方仅能分配固定房屋，不能享受其他项目收益，但无需承担经营风险，且可请求交付房屋；其他方需承担经营风险，负有交付房屋的义务，但是可分配剩余项目收益。

三、名为合作开发实为房屋买卖的合同不因未办理商品房预售许可而无效。这是因为其交易的房屋并不是出卖人以公开的方式面向不特定的社会公众进行销售的房屋，交易对象是特定的，因此该房屋不属于商品房，不受商品房预售许可制度的调整。

相关法律规定

《最高人民法院关于审理涉及国有土地使用权合同纠纷案件适用法律问题的解释》

第十四条 本解释所称的合作开发房地产合同，是指当事人订立的以提供出让土地使用权、资金等作为共同投资，共享利润、共担风险合作开发房地产为基本内容的协议。

第二十五条 合作开发房地产合同约定提供资金的当事人不承担经营风险，只分配固定数量房屋的，应当认定为房屋买卖合同。

以下为该案在最高法院审理阶段，判决书中“本院认为”部分就该问题的论述：

案涉a24号楼约定及履行是合作开发房地产关系还是房屋买卖关系。根据《补充协议书》及《协议书》约定，凯祥公司提供土地使用权，浩盛建筑公司施工，浩盛地产公司垫付该楼的建安费用，符合合作开发房地产合同共同投资的形式要件，但从约定内容看，a24号楼建筑面积约3000平方米，凯祥公司与浩盛地产公司各自分得50%，待该楼详规批复后，凯祥公司分得的部分以550万元的价格转让给浩盛地产公司，该楼面积无论增与减转让价格不变。即当事人关于a24号楼并无共担风险的约定，作为提供资金方的浩盛地产公司亦不承担经营风险。且2011年10月20日，浩盛地产公司与凯祥公司签订《协议书》，确认浩盛地产公司已经将案涉一期a24号楼的转让款支付给凯祥公司，并确认至此a24号楼全部归浩盛地产公司所有。根据《最高人民法院关于审理涉及国有土地使用权合同纠纷案件适用法律问题的解释》第二十五条规定，合作开发房地产合同约定提供资金的当事人不承担经营风险，只分配固定数量房屋的，应当认定为房屋买卖合同。二审判决对此认定并无不妥。凯祥公司申请再审主张a24号楼为双方合作开发房地产并不符合"共同投资、共担风险、共享利润"的条件，事实依据和法律依据不足，本院不予支持。

延伸阅读

一、成立合作开发房地产关系需具备共同投资、共享利润、共担风险三个特征，其中共担风险是关键特征

案例1：河北豪名房地产开发有限公司与河北省第四建筑工程有限公司合资、合作开发房地产合同纠纷二审民事判决书［河北省高级人民法院（2016）冀民终351号］认为，"《合作开发合同》主要约定是河北四建提供土地使用权，以自己名义办理开发前期手续及工程建设，待工程建到十层以上后转入豪名公司名下，同时负责配合豪名公司进行立项、报建、土地变性及出让等相关手续，做好项目的协调和监督管理，取得建筑面积30%的房屋产权。豪名公司负责项目建设的全部工作，承担项目的投资及相关费用，取得建筑面积70%的房屋产权。从上述约定的内容看，为河北四建提供土地使用权、豪名公司提供资金作为共同投资的合作开发房地产合同。豪名公司作为提供资金的一方，并非只分配固定数量的房屋，其还要承担项目建设的相关义务与经营风险，因而该合同性质不是房屋买卖合同，不符合最高人民法院《关于审理涉及国有土地使用权合同纠纷案件适用法律问题的解释》第二十五条关于'合作开发房地产合同约定提供资金的当事人不承担经营风险，只分配固定数量房屋的，应当认定为房屋买卖合同'的规定。"

案例2：西安藻露堂药业集团有限责任公司与陕西西厦电力房地产开发有限公司合资、合作开发房地产合同纠纷二审民事判决书［陕西省高级人民法院（2013）陕民一终字第00110号］认为，"本案中，藻露堂公司不仅提供部分建设资金，还提供了其占有使用的土地权益。双方签订的《关于〈接建协议〉的补充协议》中明确约定，以各自所占建筑面积比例为基础进行利益分配与责任分担。藻露堂公司除了以2190元/m^{2}的价格按照其应得的权益建筑面积承担工程建造费以外，对于

高压变（配）电工程、室外工程、公共室内（外）装饰工程、集中供热（热力交换站）等工程及相关费用双方还要据实结算。因此，藻露堂公司支付的价款需要最终结算才能确定，不符合房屋买卖合同房屋售价具体明确的基本特征。双方为了实施联合建设，还共同组建了联合建设领导小组及联合建设办公室，并实际投入了运作。综上，无论从合同的约定内容，还是从合同的实际履行看，本案双方当事人之间的法律关系应认定为合资、合作开发房地产合同关系，不属于最高人民法院《关于审理涉及国有土地使用权合同纠纷案件适用法律问题的解释》第二十五条规定的情形。一审法院认定双方为房屋买卖关系适用法律错误，依法予以纠正。”

案例 3：宁夏金力泰钢结构有限公司与银川开发区宏建房地产开发有限公司合资、合作开发房地产合同纠纷二审民事判决书［最高人民法院（2015）民一终字第 57 号］认为，“宏建公司与金力泰公司签订的《联合开发协议》主要内容包括，金力泰公司出地，宏建公司出资，双方在金力泰公司享有土地使用权的工业用地上合作开发房地产，实行统一规划、分段实施的开发原则，最终收益分成方式为双方按照投资比例分配开发所建成品房。具体操作路径为，宏建公司以 4000 万元支付讼争 100 亩土地转让、变性及过户发生的税费，另 105.55 亩作价每亩 40 万元，变性及税费由金力泰公司承担；以金力泰公司为主，宏建公司协助共同申办变性手续；《建设用地规划许可证》、《建设工程施工许可证》、《建设工程规划许可证》、《商品房预售许可证》等房地产开发手续，办到宏建公司名下，便于整体市场销售、保障客户权利和纳税关系。即先实现工业用地变性为开发用地，再办妥开发手续，最终实现开发目标。《最高人民法院关于审理涉及国有土地使用权合同纠纷案件适用法律问题的解释》第十四条规定，本解释所称的合作开发房地产合同，是指当事人订立的以提供出让土地使用权、资金等作为共同投资，共享利润、共担风险合作开发房地产为基本内容的协议。共担风险是合作开发房地产合同的根本特征。《联合开发协议》符合上述司法解释规定的合作开发房地产合同法律特征，应认定为合作开发房地产合同。”

案例 4：武汉小屏房地产开发有限公司与武汉华氏实业集团发展有限公司、武汉双龙堂房地产发展有限公司项目权益转让合同纠纷二审民事判决书［最高人民法院（2015）民一终字第 7 号］认为，“根据《最高人民法院关于审理涉及国有土地使用权合同纠纷案件适用法律问题的解释》第十四条‘本解释所称的合作开发房地产合同，是指当事人订立的以提供出让土地使用权、资金等作为共同投资，共享利润、共担风险合作开发房地产为基本内容的协议’的规定，当事人约定分别以提供出让土地使用权和资金的方式进行房地产合作开发，必须具备共同投资、共享利润、共担风险的三个要件。本案查明的事实表明，2006 年 12 月 16 日，天丰公司与小屏公司在签订《合作开发房地产合同》时明确约定，双方分别以土地使用权、资金作为共同投资，共同开发‘中华城’项目；按照约定的投资比例分享（分担）合作项目的利润（风险），并参照该比例分配合作开发项目的经营管理权限及相关责任。具体为，合作开发项目的投资总额为 3.36 亿元，天丰公司以合作开发项目建设用地土地使用权作为共同投资，预计规划净用地面积 44 亩，规划总建筑面积 20 万平方米，作价 2.352 亿元，占合作开发项目投资总额的 70%，小屏公司以资金 1.008 亿元作为共同投资，占合作开发项目投资总额的 30%；双方按照建筑面积的数量划分合作开发项目的经营管理权责范围。此外，双方还对共管账户的开立与管理、项目联合管理机构、双方当事人的承诺与保证、合作开发项目收益分配、合同的解除、违约责任等事项作出了约定。从合同内容看，双方不仅约定了要共同投资、共享利润和共担风险，并明确了相应的比例，完全符合合作开发房地产的法定构成要件，一审判决认定该合同的性质为合作开发房地产合同合法正确。”

案例 5：凤阳县皇城房地产开发有限公司与合肥银山节电器有限公司合资、合作开发房地产合同纠纷申请再审民事裁定书［最高人民法院（2015）民申字第 995 号］认为，“《最高人民法院关于审理涉及国有土地使用权合同纠纷案件适用法律问题的解释》第十四条规定：本解释所称的合作开发房地产合同，是指当事人订立的以提供出让土地使用权、资金等作为共同投资，共享利润、共担风险合作开发房地产为基本内容的协议。案涉《合作开发经营协议》约定内容，符合合作开发房地产合同的法律特征。《最高人民法院关于审理涉及国有土地使用权合同纠纷案件适用法律问题的解释》第十五条规定：合作开发房地产合同的当事人一方具备房地产开发经营资质的，应当认定合同有效。凤阳皇城公司具备房地产开发经营资质，原审判决认定案涉《合作开发经营协议》有效，适用法律正确。合肥银山节公司是否依照《合作开发经营协议》约定出资，系合同履行问题，不影响合同效力。凤阳皇城公司以合肥银山节公司未履行出资义务为由，主张上述协议无效的理由，缺乏法律依据，不成立。”

案例 6：山西天宇环保技术有限公司与太原海天云煤焦有限公司买卖合同纠纷申请再审民事裁定书［最高人民法院（2014）民申字第 1477 号］认为，“天宇公司与海天云公司订立的《关于太原高新区科研办公楼的合作协议》、《关于合作新建太原高新区科研办公楼的协议》等协议约定由天宇公司提供土地使用权、海天云公司提供资金，双方共建、共享新建办公楼，符合《最高人民法院关于审理涉及国有土地使用权合同纠纷案件适用法律问题的解释》第十四条关于‘本解释所称的合作开发房地产合同，是指当事人订立的以提供出让土地使用权、资金等作为共同投资，共享利润、共担风险合作开发房地产为基本内容的协议’的规定，应认定为合作开发房地产合同。”

案例 7：新疆雍大农业科技开发有限公司与五家渠市雍大房地产开发有限公司合作开发房地产合同纠纷申请再审民事裁定书［最高人民法院（2014）民申字第 2205 号］认为，“根据双方当事人签订的《合作协议书》的约定，双方是以雍大农业公司提供出让土地使用权，雍大房产公司提供建设资金的方式进行合作开发，并以税后利润按比例分配利益，其中的以税后利润为利益分配的基础，意味着双方共担着合作结果无利润或利润较小的风险，不能认定为雍大农业公司只是收取固定利益。这种合作方式符合合作开发房地产合同的法律特征。二审法院依据《最高人民法院关于审理涉及国有土地使用权合同纠纷案件适用法律问题的解释》第十四条的规定，认定双方当事人之间的法律关系性质为合作开发房地产，法律依据充分，进而确定本案案由为合作开发房地产合同纠纷正确。”

案例 8：唐山中天房地产开发有限公司与董大见、蒋佰民合资、合作开发房地产合同纠纷申请再审民事裁定书［最高人民法院（2013）民申字第 1125 号］认为，“董大见、蒋佰民从中宇公司处所受让的债权是中宇公司基于其和中天公司于 2008 年 9 月 28 日所签订的《协议书》（以下简称 9. 28 协议）项下的权利。从 9. 28 协议约定的内容看，中宇公司对讼争项目负责出资建设和施工，中天公司则负责组织销售并按约定的时间、标准和方式向中宇公司支付投资回报款，并且，该协议也没有约定中宇公司不承担任何经营风险，故本案符合《最高人民法院关于审理涉及国有土地使用权合同纠纷案件适用法律问题的解释》第十四条‘本解释所称的合作开发房地产合同，是指当事人订立的以提供出让土地使用权、资金等作为共同投资，共享利润、共担风险合作开发房地产为基本内容的协议’的规定，一、二审判决据此认定本案为合资、合作开发房地产合同纠纷并无不妥。”

案例 9：浙江中广美联实业有限公司与盱眙海通置业有限公司合资、合作开发房地产合同纠纷二审民事判决书［最高人民法院（2013）民一终字第 123 号］认为，“《最高人民法院关于审理涉及国有土地使用权合同纠纷案件适用法律若干问题的解释》第十四条规定，合作开发房地产合同是指当事人订立的以提供土地使用权、资金等作为共同投资、共享利润、共担风险合作开发房地产为基本内容的协议。即共同投资、共享利润、共担风险为合作开发房地产合同的特征。本院认为，合作开发房地产合同具有多种表现形式，从广义解释，共同出资成为股东或被吸纳至项目公司也是合作开发房地产合同的形式，其以投资作为共同出资，按其所占股份享有公司收益，以出资为限对公司承担风险，也属于共同投资、共享利润、共担风险的表现形式，但是，就本案而言，中广公司出资成为海通置业公司股东，根据查明事实，中广公司亦认可其在相关协议中并没有共享利润、共担风险的特别约定，再未与海通置业公司签订别的合资合作协议、未再进行投资，所以中广公司只能根据公司法规定，以股东身份获得分红，其主张以讼争房地产项目15%权益享有案涉项目权益依据不足。”

二、合作开发房地产合同约定提供资金的当事人不承担经营风险，只分配固定数量房屋的，应当认定为房屋买卖合同

案例10：中国工商银行股份有限公司雅安分行与四川省雅安鑫源城市建设开发有限责任公司房屋买卖合同纠纷申请再审民事裁定书［最高人民法院（2013）民申字第842号］认为，“《最高人民法院关于审理涉及国有土地使用权合同纠纷案件适用法律问题的解释》第二十五条规定，合作开发房地产合同约定提供资金的当事人不承担经营风险，只分配固定数量房屋的，应当认定为房屋买卖合同。本案双方当事人在《联合开发住宅楼的补充协议》中约定，由鑫源公司负责修建房屋，工行雅安分行按600元/m^2支付代建费，三楼以上集资建房属于工行雅安分行。故二审判决认定《联合开发住宅楼的补充协议》为房屋买卖合同并无不当。”

案例11：天津信裕房地产发展有限公司、郭耀南合资、合作开发房地产合同纠纷申请再审民事裁定书［最高人民法院（2012）民申字第1268号］认为，“关于《参建协议书》和《商品房买卖合同》的效力问题。本案双方当事人于2005年5月签订的《参建协议书》约定，郭耀南向信裕公司支付人民币800万元，信裕公司以订立《商品房买卖合同》的方式向郭耀南给付固定数量的房屋，郭耀南不承担经营风险。根据最高人民法院《关于审理涉及国有土地使用权合同纠纷案件适用法律问题的解释》第二十五条‘合作开发房地产合同约定提供资金的当事人不承担经营风险，只分配固定数量房屋的，应当认定为房屋买卖合同’的规定，《参建协议书》的性质为房屋买卖合同。”

案例12：卢光昌与南宁宽博科技人员创业服务有限责任公司、广西华业建筑工程有限公司房屋买卖合同纠纷民事二审判决书［广西壮族自治区高级人民法院（2014）桂民一终字第6号］认为，“讼争的《科技大厦投资合作建设合同》及《补充协议》实际符合了一方提供土地、一方提供资金并以一定面积的房产作为对价的合作开发房地产行为。根据《最高人民法院关于审理涉及国有土地使用权合同纠纷案件适用法律问题的解释》第二十五条规定，合作开发房地产合同约定提供资金的当事人不承担经营风险，只分配固定数量房屋的，应当认定为房屋买卖合同。”

068 合作开发合同约定资金方不承担风险只收取定额货币的应认定为借款合同*

——合作开发房地产资金提供一方不承担经营风险，只收取固定数额货币的，应认定为借款关系

判断合同性质不能仅依据合同名称，而应以合同内容作为依据判断真实的法律关系。名为房地产合作开发的合同，可能实际法律关系并非房地产合作开发。根据《最高人民法院关于审理涉及国有土地使用权合同纠纷案件适用法律问题的解释》的规定，名为合作开发房地产的合同真实的合同关系有可能被认定为土地使用权转让合同、房屋买卖合同、借款合同、房屋租赁合同。

《最高人民法院关于审理涉及国有土地使用权合同纠纷案件适用法律问题的解释》第二十六条规定，"合作开发房地产合同约定提供资金的当事人不承担经营风险，只收取固定数额货币的，应当认定为借款合同"。

为便于读者深入理解该条文，本文另检索和梳理了16个案例、两类裁判规则：

（一）合同名称为合作开发，但资金提供方不承担经营风险，只收取固定数额货币的，法院认定真实法律关系为借贷关系（详见延伸阅读部分的案例1—案例11）；

（二）案件事实并不符合资金方不承担经营风险、只收取固定数额货币的特征，法院认定为合作开发房地产关系（详见延伸阅读部分的案例12—案例16）。

裁判要旨

合作开发房地产合同约定提供资金的当事人不承担经营风险，只收取固定数额货币的，应当认定为借款合同。

---

* 案件来源：上海龙域投资有限公司与海南建丰旅业开发有限公司、北京达义兴业房地产开发有限公司企业借贷纠纷二审民事判决书［最高人民法院（2016）最高法民终541号］。

案情简介

一、2013年3月，建丰公司、龙域公司、达义公司签订《投资合作协议书》。约定：建丰公司拥有处于开发建设阶段的度假项目，已取得土地使用权，龙域公司对该项目进行投资，分期投入5亿元，期限1年，达义公司为龙域公司的债权提供股权质押担保；龙域公司承担投资责任，不承担经营风险责任；建丰公司给予龙域公司固定投资回报，按年利率10%计算。

二、《投资合作协议书》签订后，龙域公司依约向建丰公司付款5亿元。达义公司出质的股权未办理出质登记。

三、2014年10月，三方再签订《投资合作协议书》一份，约定投资期限延长一年。2015年8月，建丰公司向龙域公司付款1000万元。

四、后龙域公司向海南高院起诉，请求判令建丰公司与达义公司连带偿还借款本金5亿元及利息。海南高院认定《投资合作协议书》实为借款合同，判决建丰公司向龙域公司偿还借款本金4.9亿元并支付相应利息；因质权未办理出质登记而尚未设立，未支持龙域公司要求达义公司承担连带责任的诉讼请求。

五、建丰公司上诉至最高法院，请求撤销原审判决，依法改判或发回重审，驳回龙域公司要求返还借款本息的诉讼请求。最高法院判决驳回上诉，维持原判。

裁判要点

本案《投资合作协议书》约定龙域公司不直接参与公司经营管理，不承担经营风险，只收取固定数额收益，不符合合作开发房地产共担风险的特征。

根据《最高人民法院关于审理涉及国有土地使用权合同纠纷案件适用法律问题的解释》第二十六条之规定："合作开发房地产合同约定提供资金的当事人不承担经营风险，只收取固定数额货币的，应当认定为借款合同。"因此，最高法院认定《投资合作协议书》为借款合同。建丰公司上诉主张其与龙域公司是投资合作关系，最高法院不予支持。

最高法院认为，"龙域公司不直接参与公司经营管理，不承担经营风险，只收取固定数额收益，即该协议书排除了双方共担合作风险的情形，其实质在于龙域公司所得的回报与合作结果无关。故建丰公司签订《投资合作协议书》的本意是融资，龙域公司的真实意思表示则为借款，双方并无合作开发案涉房地产的合意。根据合同法第二百零二条有关'贷款人按照约定可以检查、监督借款的使用情况'的规定，龙域公司作为贷款人为确保借款安全对资金的使用情况具有检查、监督的权利。故建丰公司以案涉合同约定龙域公司对合作项目具有监督、查阅等权利为由主张双方并非借款关系，没有事实和法律依据”。

实务经验总结

前事不忘，后事之师。为避免未来发生类似败诉，提出如下建议：

一、如欲实现合作开发房地产的目的，应当在合同中体现“共同投资，共享利润、共担风险”的特征，否则法院可能根据合同约定的不同的权利义务关系而判定为借款合同、房屋买卖合同、租赁合同等。

需特别提醒当事人注意的是，如欲实现合作开发房地产的目的，不能在合作开发房地产合同中约定资金提供方不承担经营风险，只收取固定数额货币，该约定会被法院认定为借贷关系，造成的后果是：资金提供方无需承担经营风险，且可请求偿还本息，但不能享受其他项目收益；其他当事人可以分配项目收益，但应承担经营风险，并负有偿还本息的义务。

二、质押权人应及时督促出质人交付动产或办理出质登记手续，否则，质押权未设立。质押权人可采取的措施有：（1）约定出质人先交付动产或办理出质登记手续，质押权人再履行出借资金等合同义务；（2）约定出质人交付动产或办理出质登记手续的时限及相应的违约责任。

相关法律规定

《最高人民法院关于审理涉及国有土地使用权合同纠纷案件适用法律问题的解释》

第十四条 本解释所称的合作开发房地产合同，是指当事人订立的以提供出让土地使用权、资金等作为共同投资，共享利润、共担风险合作开发房地产为基本内容的协议。

第二十六条 合作开发房地产合同约定提供资金的当事人不承担经营风险，只收取固定数额货币的，应当认定为借款合同。

《中华人民共和国合同法》

第二百零二条 贷款人按照约定可以检查、监督借款的使用情况。借款人应当按照约定向贷款人定期提供有关财务会计报表等资料。

《中华人民共和国民法总则》

第一百四十六条 行为人与相对人以虚假的意思表示实施的民事法律行为无效。

以虚假的意思表示隐藏的民事法律行为的效力，依照有关法律规定处理。

以下为该案在最高法院审理阶段，判决书中“本院认为”部分就该问题的论述：

《最高人民法院关于审理涉及国有土地使用权合同纠纷案件适用法律问题的解释》第二十六条规定：“合作开发房地产合同约定提供资金的当事人不承担经营风险，只收取固定数额货币的，应当认定为借款合同。”案涉《投资合作协议书》第二条就企业的经营管理及风险承担约定：“鉴于乙方龙域公司不直接参与公司经营管理，因此甲方建丰公司在经营管理过程中产生的风险责任由甲方建丰公司承担，即乙方龙域公司承担投资责任，不承担经营风险责任。”第三条就投资回报约定：“甲方建丰公司给予乙方龙域公司固定投资回报，本合同项下的年回报率按年利率10%计算，在本合同有效期内回报率保持不变。”第六条就龙域公司的权利义务约定：“乙方龙域公司享有合作项目的监督权、查阅权，投资回报收益权。”由此可见，案涉《投资合作协议书》在形式上虽有“投资合作”字样，但从其约定的内容看，龙域公司不直接参与公司经营管理，不承担经营风险，只收取固定数额收益，即该协议书排除了双方共担合作风险的情形，其实质在于龙域公司所得的回报与合作结果无关。故建丰公司签订《投资合作协议书》的本意是融资，龙域公司的真实意思表示则为借款，双方并无合作开发案涉房地产的合意。根据合同法第二百零二条有关“贷款人按照约定可以检查、监督借款的使用情况”的规定，龙域公司作为贷款人为确保借款安全对资金的使用情况具有检查、监督的权利。故建丰公司以案涉合同约定龙域公司对合作项目具有监督、查阅等权利为由主张双方并非借款关系，没有事实和法律依据。原审判决将本案认定为借款合同纠纷于法有据，本院予以维持。

延伸阅读

一、合同名称为合作开发，但被法院认定真实法律关系为借贷关系的案例（案例1—案例11）

案例1：灵宝市中鑫珠宝有限责任公司与灵宝市越海房地产有限责任公司不当得利纠纷申诉、申请再审民事裁定书［最高人民法院（2016）最高法民申52号］认为，“本案实质为房地产合作开发纠纷，涉案合作合同约定投资方中鑫公司投入资金后，只收取固定数量货币，不承担合作开发房地产的风险。根据《最高人民法院关于审理涉及国有土地使用权合同纠纷案件适用法律问题的解释》第二十六条‘合作开发房地产合同约定提供资金的当事人不承担经营风险，只收取固定数额货币的，应当认定为借款合同’的规定，本案应当按民间借贷处理。本案起诉及二审案由虽为不当得利纠纷，但二审判决按民间借贷处理并无不当。”

案例 2：海口徐海旅业投资开发公司与海口市华侨住宅服务公司、海口市永盈华侨实业发展公司借款合同纠纷二审民事判决书［海南省高级人民法院（2013）琼民一终字第 55 号］认为，“双方合同中约定若徐海公司仅投资 500 万元，则永盈公司不论项目盈亏均按投资总额的年利润 40%返还徐海公司，一年期满后连本带利共付 700 万元；若徐海公司投资 1000 万元以上，则共担风险，利润按双方投资比例分成。合同签订后，因徐海公司共投入 526 万元，未超过 1000 万元。根据合同约定，永盈公司应当按照徐海公司投资总额的年利润 40%支付徐海公司，徐海公司无须承担经营风险。首先，根据《最高人民法院关于审理涉及国有土地使用权合同纠纷案件适用法律问题的解释》第二十五条规定：‘合作开发房地产合同约定提供资金的当事人不承担经营风险，只分配固定数额货币的，应当认定为借款合同。’据此，双方签订的《合作兴建商品房合同》应认定为借款合同。”

案例 3：高远洪、刘颖与被上诉人简阳市空港工程项目管理有限公司、四川省简阳市红塔房地产开发公司借款合同纠纷二审民事裁定书［四川省高级人民法院（2016）川民终 607 号］认为，“关于高远洪、刘颖与空港公司之间的法律关系是否为联合开发房地产关系问题。根据 2014 年 5 月 5 日，空港公司（甲方）与高远洪（乙方）签订的《联合开发协议》，……表明高远洪提供资金，并不承担经营风险，只是收取固定数额的回报即 60%年收益。双方当事人的真实意思在于空港公司进行融资。空港公司支付给高远洪固定数额的货币，而且支付高于所提供资金的固定数额与合作开发经营的实际盈亏无关。因此，该《联合开发协议》与‘共担风险’的合作特征不相符。原判根据《最高人民法院关于审理涉及国有土地使用权合同纠纷案件适用法律问题的解释》第二十六条规定，认定高远洪、刘颖与空港公司之间为借贷关系正确。”

案例 4：龚伟、江西龙湾实业有限公司、江西庐山龙湾温泉开发有限公司、郭大军民间借贷纠纷二审民事判决书［江西省高级人民法院（2016）赣民终 188 号］认为，“2013 年 12 月 21 日龚伟、实业公司、郭大军签订的《合作协议书》以及同日龚伟、实业公司、郭大军、开发公司签订的《补充协议》约定，龚伟、实业公司共同出资建设九江市星子县城帝景御园住宅小区 17 号楼合作开发房产项目。龚伟出资 1000 万元人民币并支付至实业公司指定账户，项目其余出资由实业公司负责，确保项目的顺利完成。龚伟对九江市星子县城帝景御园住宅小区 17 号楼合作开发房产项目不承担经营风险，只收取固定数额收益。故依据《最高人民法院关于审理涉及国有土地使用权合同纠纷案件适用法律问题的解释》第二十六条‘合作开发房地产合同约定提供资金的当事人不承担经营风险，只收取固定数额货币的，应当认定为借款合同’之规定，原审认定本案案由应为民间借贷纠纷，于法有据，应予维持。”

案例 5：修政路与浙江钱江建设集团有限公司、浙江钱江建设集团有限公司文登分公司民间借贷纠纷二审民事判决书［山东省高级人民法院（2016）鲁民终 205 号］认为，“根据审理查明的事实，案涉《天山水榭花都项目合作参建协议书》约定由修政路向天山水榭花都项目投资，由文登分公司进行经营管理，不论项目盈利或者亏损，文登分公司均应偿还修政路本金 200 万元及利润 200 万元。对于约定的性质是否属于借款性质的问题，《中华人民共和国合同法》第一百九十六条规定‘借款合同是指借款人向贷款人借款，到期返还借款并支付利息的合同’，《最高人民法院关于审理涉及国有土地使用权合同纠纷案件适用法律问题的解释》第二十六条规定‘合作开发房地产合同约定提供资金的当事人不承担经营风险，只收取固定数额货币的，应当认定为借款合同’，结合上述规定，因本案修政国在双方协议约定中只收取固定数额货币，不承担经营风险，协议性质应当认定为借款合同。”

案例 6：重庆银坤矿业开发（集团）有限责任公司与重庆市伟映实业（集团）有限公司借款合同纠纷一审民事判决书［重庆市高级人民法院（2015）渝高法民初字第 00068 号］认为，“银坤矿业公司系重庆市永川区银坤矿业开发有限责任公司经工商登记变更而来，故其应继受重庆市永川区银坤矿业开发有限责任公司对外民事行为的权利义务。2009 年 6 月 20 日伟映集团公司与银坤矿业公司签订的《协议》虽约定伟映集团公司与银坤矿业公司共同开发内蒙古自治区赤峰市的‘金钰大都会’二期项目，但该协议明确约定银坤矿业公司固定投资 4000 万元并固定分红即收取固定收益（‘金钰大都会’二期项目商业营业建筑面积 15000 平方米），在之后 2014 年 6 月 24 日的《合伙投资结算协议》又约定将前述固定收益明确为分红利润 1.5 亿元，协议中虽明确‘金钰大都会’二期项目已经完工且盈利，但银坤矿业公司并未提交工程竣工验收的相应证据，伟映集团公司、赤峰伟映公司也陈述该工程并未竣工，结合银坤矿业公司未举证证明其派员参与项目管理的事实，依据《最高人民法院关于审理涉及国有土地使用权合同纠纷案件适用法律问题的解释》第二十六条‘合作开发房地产合同约定提供资金的当事人不承担经营风险，只收取固定数额货币的，应认定为借款合同’的规定，本案应为借款合同纠纷。”

案例7：中财高科投资有限公司与永清金泽恒盛房地产开发有限公司借款合同纠纷二审民事判决书［河北省高级人民法院（2015）冀民二终字第103号］认为，“中财公司在明确知晓丽嘉小镇销售额的5%远高于1500万元的情况下，不主张‘合作收益’，无理由放弃利益权利不合常理，双方所签协议的真实目的是由中财公司为金泽公司丽嘉小镇项目融资进行开发建设，原审法院适用《最高人民法院关于审理涉及国有土地使用权合同纠纷案件适用法律问题的解释》第二十六条的规定，认定双方的《合作协议》属于借款合同正确。”

案例8：上诉人兰州新区兰发实业投资有限公司与被上诉人甘晓军、甘文彬、原审被告甘肃星光达房地产开发有限公司合资、合作开发房地产合同纠纷二审民事判决书［甘肃省高级人民法院（2015）甘民一终字第103号］认为，“本案双方当事人协商签订的《合作协议书》是双方当事人的真实意思表示，不违反《中华人民共和国合同法》第五十二条的规定，应为有效。该《合作协议》第一条约定‘乙方向所开该项目投资肆佰万元人民币，并参与工程施工的一切管理，2013年8月中旬将投资资金全部到位’，明确了被上诉人甘晓军、甘文彬投入资金金额及投入时间；第六条1项约定‘乙方向甲方所投资的肆佰万元人民币，甲方在2014年10月30日前一次性退还给乙方’，明确了上诉人兰发实业公司还款期限。但该《协议书》没有约定甘晓军、甘文彬应承担的经营风险。根据最高人民法院关于《审理涉及国有土地使用权合同纠纷案件适用法律问题的解释》第二十六条‘合作开发房地产合同约定提供资金的当事人不承担经营风险，只收取固定数额货币的，应当认定为借款合同’的规定，本案《合作协议》名为开发房地产项目合作协议，实质上是上诉人为工程项目向被上诉人进行融资而形成的借款合同。”

案例9：四川润达信置业有限公司、王彦入与四川省鸿盛实业集团有限公司、成都角度营销策划有限责任公司房地产开发经营合同纠纷二审民事判决书［四川省高级人民法院（2014）川民终字第830号］认为，“鸿盛公司与润达信公司签订《项目合作开发合同》，双方根据鸿盛公司与康定县政府、新华集团签订《合作建房协议》的约定，鸿盛公司需承担出资800万元的义务，而鸿盛公司与润达信公司又协商共同来出资该笔资金，润达信公司固定投入400万元，并在销售收入中优先收回400万元投资及固定收益200万元。双方在《项目合作开发合同》中还约定，‘施工单位由鸿盛公司指定，并由鸿盛公司管理。如施工单位与鸿盛公司或第三方发生各种经济纠纷和安全责任事故，均与润达信公司无关，由鸿盛公司与施工单位负责’，‘该项目的土地由润达信公司在鸿盛公司的全力配合下公开招标取得，并在润达信公司名称下取得并支付该土地出让金及一切与土地有关的费用及税费’，

‘润达信公司在向鸿盛公司支付本合同约定的项目土地开发资金、项目开发费用后，鸿盛公司同意全权委托润达信公司行使对本项目的开发权、经营权及其他权利’，上述约定可以看出，润达信公司在《项目合作开发合同》中，对合作开发经营并未承担任何风险，收取固定数额的收益，并受鸿盛公司委托以自己的名义从事项目开发的相关工作。双方签订的《项目合作开发合同》，既存在最高人民法院《关于审理涉及国有土地使用权合同纠纷案件适用法律问题的解释》第二十六条规定名为房产开发，实为借贷的关系，又存在鸿盛公司与润达信公司的委托代理关系。在实际履行中，相关行政部门也对鸿盛公司委托润达信公司以自己名义办理相关行政许可手续予以认可。双方签订的《项目合作开发合同》中，除润达信公司固定出资 400 万元，收回固定收益 600 万元外，并无项目合作开发中的出资、分配的相关约定，润达信公司主张双方为合作开发房地产关系的理由不能成立。”

案例 10：秦皇岛北大荒龙业房地产开发有限公司与秦皇岛市弘企房地产开发有限公司借款合同纠纷二审民事判决书［黑龙江省高级人民法院（2014）黑高商终字第 67 号］认为，“根据上述《补充协议》约定，龙业公司为弘企公司提供的 3300 万元借款虽作为投资款，但无论盈亏，龙业公司均收取固定利润。此外，《补充协议》所涉的另一笔 4000 万元投资款的利润 1500 万元，弘企公司也已实际给付龙业公司。双方的上述行为与合作开发房地产的法律特征即共同投资、共享利润、共担风险并不相符。根据《最高人民法院关于审理涉及国有土地使用权合同纠纷案件适用法律问题的解释》第二十六条关于‘合作开发房地产合同约定提供资金的当事人不承担经营风险，只收取固定数额货币的，应当认定为借款合同’的规定，案涉 3300 万元仍应认定为借款。”

案例 11：盘锦瑞祥房地产开发有限公司与盘锦辰达房地产开发有限公司民间借贷合同纠纷二审民事判决书［辽宁省高级人民法院（2014）辽民二终字第 00190 号］认为，“判断合同的性质不应仅根据合同名称，而应以合同的内容即合同的权利义务条款作为依据。本案中，2011 年 4 月 5 日，张相仁与瑞祥公司签订的《投资开发协议书》，从协议形式上看，虽有‘投资开发’字样，但从该协议内容看，双方签订该协议的目的是解决‘义县幸运家园房地产开发项目’资金问题，双方只约定投资数额、投资期限、保底利润，双方并未就合作投资的经营方式、盈亏分配及风险分担等内容进行约定。从该协议的实际履行看，没有证据证明张相仁有参与开发‘义县幸运家园房地产开发项目’的实际经营行为。根据《最高人民法院关于审理涉及国有土地使用权合同纠纷案件适用法律问题的解释》第二十六条规定，‘合作开发房地产合同约定提供资金的当事人不承担经营风险，只收取固定数额货币的，应当认定为借款合同。’因此，原审判决认定本案1000万元的法律关系性质为民间借贷纠纷并无不当。故对瑞祥公司关于1000万元是投资合作关系的上诉主张缺乏事实和法律依据，本院不予支持。”

二、不符合资金方不承担经营风险、只收取固定数额货币的特征，法院认定为合作开发房地产合同的案例（案例12—案例16）

案例12：钟华与刘道先及禹代芬合伙协议纠纷申请再审民事裁定书［最高人民法院（2012）民申字第1170号］认为，“根据原审查明的事实，刘道先出资106.5万元参与涉案房屋建设，钟华对此予以否认，主张双方仅存在借贷关系或工程款垫付关系，事实和法律依据不足。再审法院结合刘道先在房屋建设过程中多次向承建方支付工程款、参与工程决算等证据，认定其与钟华之间存在合作建房关系，并无不当。双方并未约定刘道先不承担经营风险，只收取固定数额货币，不适用《最高人民法院关于审理涉及国有土地使用权合同纠纷案件适用法律问题的解释》第二十六条的规定。”

案例13：黄立新与赵家稳合同纠纷二审民事判决书［江苏省高级人民法院（2016）苏民终846号］认为，“关于《股权转让协议》效力问题。赵家稳同意将六合程桥镇鑫龙花苑二期商品房开发用地10%的股权转让给黄立新，总计资金118万元，已收88万元；赵家稳承认黄立新入伙于程桥二分公司，并按公司合伙协议所得利益给付黄立新，黄立新承认公司章程，享有股东权利与义务；赵家稳承诺如公司出现资不抵债或无利益分配的情况下，对于黄立新的出资，赵家稳按个人借款对待（另打借条），负责给付黄立新（给付时间为工程竣工后半年以内）借款总数88万元加年利息（百分之十二）。根据上述约定内容分析，假设涉案项目有盈利但盈利低于年息12%，黄立新也只能收取低于年息12%的利润。即黄立新获利多少与项目经营好坏相关联。此与《最高人民法院关于审理涉及国有土地使用权合同纠纷案件适用法律问题的解释》第二十六条规定的‘不承担经营风险，只收取固定数额货币’的特征不吻合。故赵家稳认为本案应认定为民间借贷的理由缺乏事实与法律依据，本院不予支持。”

案例14：上诉人曹锦成、永兴县锦兴房地产开发有限责任公司与被上诉人李善任、曹美玉、李涛及原审第三人湖南省烟草公司郴州市公司永兴县分公司、永兴县城关镇建筑工程公司合资、合作开发房地产合同纠纷二审民事判决书［湖南省高级人民法院（2015）湘高法民一终字第120号］认为，“曹锦成、锦兴公司上诉认为因李善任未承担风险，《协议书》及《锦兴家园结算方案》系借款合同。根据《最高人民法院关于审理涉及国有土地使用权合同纠纷案件适用法律问题的解释》第十四条规定，合作开发房地产合同的特征是当事人应当提供土地使用权、资金等作为共同投资，共享利润，共担风险。本案中，李善任与曹锦成签订的《协议书》约定：建房款项由李善任出资，按期直接向曹锦成下属的施工对外支付，建房外费用，李善任凭票据支付。建房款以外其他费用，由曹锦成负责出资。从上述约定及实际履行情况看，李善任方负责拿项目出资金，曹锦成等人负责项目的日常营运管理、建设销售等，涉案项目符合共同出资的特征。因涉案项目经曹锦成计算最低利润为 180 万元，曹锦成在《协议书》中承诺李善任定额分取 126.8 万元利润系双方共享利益的意思表示，至于曹锦成认为李善任未担风险的理由，因《协议书》第 9.1 条约定，李善任必须根据工程需要，如期与建筑施工方签订协议付款，如因资金影响工期，一切责任由李善任负责。上述约定表明李善任在合作开发中的主要义务是保证资金及时足额到位，如因李善任不能履行其主要义务，则应承担相应责任。现因李善任如期保证建设资金，合作开发的过程中并未因李善任方的原因导致相关后果，故李善任无需承担其他责任。合同约定的责任事由未出现并不能表示李善任没有承担风险，故曹锦成上诉提出李善任未共同承担风险的上诉理由不能成立。双方签订的《锦兴家园结算方案》，是双方当事人对《协议书》的补充和完善，系曹锦成、锦兴公司的真实意思表示，且锦兴公司在收取了李善任的购房款项后将房屋交付给李善任、曹美玉、李涛，结算方案已实际履行。综上，曹锦成、锦兴公司上诉提出《协议书》及《锦兴家园结算方案》系借款合同的理由均不能成立，本院不予支持。”

案例 15：程烨、瞿理证与曹洪初、谢守信等合同纠纷二审民事判决书［福建省高级人民法院（2014）闽民终字第 572 号］认为，“本案曹洪初、薛理平、桔海公司与程烨、瞿理证所签订的《合作协议》虽然约定程烨、瞿理证可以逐步先行收回 1800 万元的投资资金，但并没有约定程烨、瞿理证可以不承担风险，故不适用《最高人民法院关于审理涉及国有土地使用权合同纠纷案件适用法律问题的解释》第二十六条‘合作开发房地产合同约定提供资金的当事人不承担经营风险，只收取固定数额货币的，应当认定为借款合同’的规定，本案曹洪初四人主张该《合作协议》实质上为借款合同，与法律和事实不符，本院不予采信。”

案例 16：浙江某某控股有限公司（以下简称金城某某）与潘某某合作开发房地产合同纠纷二审民事裁定书［浙江省高级人民法院（2009）浙民终字第 129 号］认为，“经审查《协议书》的具体内容，首先，协议除约定金都某某需投入出资额 5684 万元外，按照协议第二条第 5 项、第四条第 4 项的约定，金都某某还应按出资比例承担税费、开发规费、方案设计费、融资成本等项目运营过程中发生的各种费用。其次，协议虽然约定由金城某某具体负责涉案项目的开发、建设，但按照协议第二条第2项、第3项，第四条第2项、第3项的约定，金城某某需书面告知金都某某涉案项目的设计、销售、建筑、管理等各种方案，各类房屋的销售单价须经协议三方签字确认；涉案项目需设立专用银行账户，并由金都某某与金城某某共同监管；金都某某需委派项目协调人员、营销人员。再次，按照协议第一条第4项、第三条第3项的约定，协议约定的2亿元净利润既可以是货币，也可以是房屋。而且，按照协议第四条第5项的约定，在出现不可抗力和国家、地方政策重大调整，导致涉案项目预期收益无法实现的情况下，三方可另行协议对项目利润进行调整。上述关于费用承担、参与经营管理等的约定，完全属于对参与合作开发房地产项目主体的权利、义务的约定，而对借款合同的出借方，合同一般只要明确付款的时间、金额，还款的时间、金额即可，不存在出借人介入整个项目开发运营过程的问题。上述协议中有关于某某调整的规定，而借款合同中的还款金额不存在因不可抗力等因素进行调整的问题。综上，按照《协议书》的约定，金都某某作为投资方在涉案房地产项目的开发过程中除了须按约定投入5684万元的出资外，还应承担项目开发运作过程中发生的各项费用，并参与整个项目的经营、管理，故本案《协议书》的性质属于合作开发房地产合同，并非借款合同，原审法院对合同的定性错误。”

069 白纸黑字的合作开发房地产合同为何被法院判决认定为租赁合同*

——合作开发房地产资金提供一方不承担经营风险，只以租赁形式使用房屋的，应认定为租赁关系

判断合同性质不能仅依据合同名称，而应以合同内容作为依据，探明当事人的真实意思。

《最高人民法院关于审理涉及国有土地使用权合同纠纷案件适用法律问题的解释》第二十七条规定："合作开发房地产合同约定提供资金的当事人不承担经营风险，只以租赁或者其他形式使用房屋的，应当认定为房屋租赁合同。"

为便于读者深入理解该条文，作者另检索和梳理了六个案例、两类裁判规则：

（1）合同名称为合作开发，但约定提供资金的当事人不承担经营风险，只以租赁或者其他形式使用房屋的，法院认定真实法律关系为房屋租赁关系（详见延伸阅读部分的案例1—案例5）；

（2）案件事实不符合资金方不承担经营风险、只以租赁或者其他形式使用房屋的特征，法院认定为合作开发房地产合同（详见延伸阅读部分的案例6）。

裁判要旨

合作开发房地产合同约定提供资金的当事人不承担经营风险，只以租赁或者其他形式使用房屋的，应认定为房屋租赁合同。

案情简介

一、2013年3月，福瑞达公司与百货公司签订《商业写字楼工程合作建设暨租赁合同》，约定福瑞达公司提供建设资金，百货公司提供建设用地，双方合作建设商业写字楼，该楼建成后，所有权归百货公司，由福瑞达公司整体承租经营使用，以租赁费抵消其垫付的建设投资款。

二、合作项目未取得工程规划许可证，也未经主管部门批准建设。

三、福瑞达公司向长子县法院提起诉讼，请求百货公司继续履行《商业写字楼

---

* 案件来源：再审申请人长子县福瑞达商贸有限公司与被申请人长子县国营百货公司合同纠纷再审裁定书［山西省高级人民法院（2016）晋民申344号］。

工程合作建设暨租赁合同》。长子县法院判决驳回福瑞达公司的诉讼请求。

四、福瑞达公司不服长子县法院判决，上诉至长治市中院。长治市中院判决驳回上诉，维持原判。

五、福瑞达公司不服长治市中院判决，向山西高院申请再审。山西高院裁定驳回其再审申请。

裁判要点

首先，《商业写字楼工程合作建设暨租赁合同》不符合合作开发房地产共担风险的特征。《商业写字楼工程合作建设暨租赁合同》约定，楼房建成后由资金提供方福瑞达公司整体承租经营使用，以租赁费抵消其垫付的投资款。根据《最高人民法院关于审理涉及国有土地使用权合同纠纷案件适用法律问题的解释》第二十七条之规定，"合作开发房地产合同约定提供资金的当事人不承担经营风险，只以租赁或者其他形式使用房屋的，应当认定为房屋租赁合同"。法院因此认定《商业写字楼工程合作建设暨租赁合同》为房屋租赁合同。

其次，根据《最高人民法院关于审理城镇房屋租赁合同纠纷案件具体应用法律若干问题的解释》第二条之规定，"出租人就未取得建设工程规划许可证或者未按照建设工程规划许可证的规定建设的房屋，与承租人订立的租赁合同无效。"由于本案项目未取得规划许可证，法院认定《商业写字楼工程合作建设暨租赁合同》无效。

实务经验总结

前事不忘，后事之师。为避免未来发生类似败诉，提出如下建议：

一、律师在为当事人起草合同时要探明当事人的真实意思，起草无歧义的合同。如欲实现合作开发房地产的目的，应当在合同中体现"共同投资，共享利润、共担风险"的特征，否则法院可能根据合同约定的不同的权利义务关系而判定为土地转让合同、借款合同、房屋买卖合同、租赁合同等。

需提醒当事人注意的是，如欲实现合作开发房地产的目的，不能在合作开发房地产合同中约定资金提供方不承担经营风险，只以租赁或其他形式使用房屋，该约定会被法院认定为房屋租赁关系。

二、房屋租赁合同承租人签订租赁合同前，应确保出租人租赁的房屋已取得规划许可证，否则合同会被法院认定为无效。承租人可要求将规划许可证、不动产登记证等证书作为合同附件。

相关法律规定

《最高人民法院关于审理涉及国有土地使用权合同纠纷案件适用法律问题的解释》

第十四条 本解释所称的合作开发房地产合同，是指当事人订立的以提供出让土地使用权、资金等作为共同投资，共享利润、共担风险合作开发房地产为基本内容的协议。

第二十七条 合作开发房地产合同约定提供资金的当事人不承担经营风险，只以租赁或者其他形式使用房屋的，应当认定为房屋租赁合同。

《最高人民法院关于审理城镇房屋租赁合同纠纷案件具体应用法律若干问题的解释》

第二条 出租人就未取得建设工程规划许可证或者未按照建设工程规划许可证的规定建设的房屋，与承租人订立的租赁合同无效。但在一审法庭辩论终结前取得建设工程规划许可证或者经主管部门批准建设的，人民法院应当认定有效。

《中华人民共和国民法总则》

第一百四十六条 行为人与相对人以虚假的意思表示实施的民事法律行为无效。

以虚假的意思表示隐藏的民事法律行为的效力，依照有关法律规定处理。

以下为该案在法院审理阶段，判决书中“本院认为”部分就该问题的论述：

根据《最高人民法院关于审理涉及国有土地所有权合同纠纷案件适用法律问题的解释》第十六条规定，土地使用权人未经有批准权的人民政府批准，以划拨土地使用权作为投资与他人订立合同合作开发房地产的，应当认定合同无效，但起诉前已经办理批准手续的，应当认定合同有效。《最高人民法院关于审理涉及国有土地使用权合同纠纷案件适用法律问题的解释》第二十七条规定，“合作开发房地产合同约定提供资金的当事人不承担经营风险，只以租赁或者其他形式使用房屋的，应当认定为房屋租赁合同”。本案双方当事人于2013年3月10日签订的《商业写字楼工程合作建设暨租赁合同》，其主要内容是由申请人提供建设资金，被申请人提供建设用地，双方合作建设商业写字楼，该楼建成后，所有权归被申请人，由申请人整体承租经营使用，以租赁费抵消其垫支的建设投资款。从双方签订的合同内容看，本案争议的合同应当认定为房屋租赁合同。依据《最高人民法院关于审理城镇房屋租赁合同纠纷案件具体应用法律若干问题的解释》第二条关于“出租人就未取得建设工程规划许可证或者未按照建设工程规划许可证的规定建设的房屋，与承租人订立的租赁合同无效。但在一审法庭辩论终结前取得建设工程规划许可证或者经主管部门批准建设的，人民法院应当认定有效”的规定，双方当事人签订的房屋租赁合同为无效合同。原审判决认定长子县国营百货公司与长子县福瑞达商贸有限公司签订的《商业写字楼工程合作建设暨租赁合同》无效并判决驳回长子县福瑞达商贸有限公司的诉讼请求并无不当。

延伸阅读

一、合同名称为合作开发，但由于约定提供资金的当事人不承担经营风险，只以租赁或者其他形式使用房屋，合同被法院认定真实法律关系为房屋租赁关系的案例（案例1—案例5）

案例1：聂本秀、张晓红、杨红琴、张波、张艳、张晓虎、张曦与紫阳中学合同纠纷二审民事判决书［安康市中级人民法院（2016）陕09民终24号］认为，“紫阳中学时任法定代表人王耕田与聂本秀之夫张瑞祥于1994年7月3日签订的《投资改建校门协议书》，有双方当事人签章，并经公证机关公证，可以认定签订合同时是双方当事人的真实意思表示。张瑞祥已按合同约定履行了支付9万元投资款的义务，紫阳中学亦依约将诉争门面房交由张瑞祥一方使用多年。按照《投资改建校门协议书》第二条的约定，紫阳中学享有诉争门面房的所有权，张瑞祥仅享有使用权。因此，协议内容没有转让房屋所有权的意思表示，该协议并非房屋所有权转让合同性质。从协议原意看，张瑞祥向紫阳中学支付9万元对价，取得诉争房屋的‘永久’使用权，紫阳中学通过收取张瑞祥的投资，完成校门改建项目。实际上是紫阳中学与张瑞祥通过投资合作方式改建校门后，紫阳中学将建成的一间门面房交由张瑞祥使用，张瑞祥使用房屋的对价是其先行投资的9万元。按照《最高人民法院关于审理涉及国有土地使用权合同纠纷案件适用法律问题的解释》第二十七条之规定，合作开发房地产合同约定提供资金的当事人不承担经营风险，只以租赁或者其他形式使用房屋的，应当认定为房屋租赁合同。故本案《投资改建校门协议书》也应认定为房屋租赁合同性质。”

案例2：惠州市创亿地产投资策划有限公司与台湾郁巧贸易有限公司、创艺家饰（惠州）有限公司租赁合同纠纷一审民事判决书［惠州市中级人民法院（2007）惠中法民三初字第39号］认为，“判断一个合同的基本属性不能仅从字面表述判断，应该根据合同主体条款内容探求当事人的真实意思，从而确认合同的性质及效力。本案中，原被告签订的《合作建设及租赁厂房合同书》及《补充合同书》约定，被告出资 500 万元作为合作建设资金，原告将厂房及配套工程租赁给被告，500 万元资金则分十五年或十年分摊，每年约 26 万元在应付租金中扣除，可见，该合同实质上是约定提供资金的被告不承担经营风险，只是以租赁形式使用房屋，符合《最高人民法院关于审理涉及国有土地使用权合同纠纷案件适用法律问题的解释》第二十七条‘合作开发房地产合同约定提供资金的当事人不承担经营风险，只以租赁或者其他形式使用房屋的，应当认定为房屋租赁合同’的规定，原被告签订的《合作建设及租赁厂房合同书》及《补充合同书》应当认定为房屋租赁合同。”

案例 3：磁县阜才中学与贺光寿租赁合同纠纷一审民事判决书［邯郸市中级人民法院（2014）磁民初字第 1441 号］认为，“合议庭认为，该协议为租赁合同。理由：认定合同性质应当探求合同当事人的意思表示和缔约目的。从《磁县第一中学集资建房协议》约定的内容看，被告签约的意思表示是在一定期限内租赁建成后的房屋。其缔约目的最终落实在对所建房屋的租赁上。被告的投资建设行为，是其租赁建成后房屋的对价。磁县第一中学的意思表示是通过预先收取租金，以完成房屋的建设，其缔约目的落实在通过提前收取承租人的租金并由承租人进行房屋建设，是其完成房屋建设的一种手段，或者说是其融资建设房屋的一种方式。《磁县第一中学集资建房协议》缔约双方的真实意思表示符合租赁合同的法律特征。《最高人民法院关于审理涉及国有土地使用权合同纠纷案件适用法律问题的解释》第二十七条规定：合作开发房地产合同约定提供资金的当事人不承担经营风险，只以租赁或者其他形式使用房屋的，应当认定为房屋租赁合同。本案所涉《磁县第一中学集资建房协议》约定内容符合司法解释规定的情形，应当依照司法解释规定认定《磁县第一中学集资建房协议》的性质为房屋租赁合同。”

案例 4：济南市职工文化事业发展中心与缤纷五洲集团有限公司合同纠纷一审民事判决书［济南市中级人民法院（2014）济民一初字第 24 号］认为，“本院认为，《最高人民法院关于审理涉及国有土地使用权合同纠纷案件适用法律问题的解释》第二十七条规定，合作开发房地产合同约定提供资金的当事人不承担经营风险，只以租赁或者其他形式使用房屋的，应当认定为房屋租赁合同。本案中，二宫与五洲商城在 2006 年 6 月 27 日双方签订的《合作协议书》、于 2007 年 9 月 6 日签订的《济南第二工人文化宫改扩建二期工程部分项目合作建设协议书》及《补充协议》中约定，二宫提供土地、五洲商城投资，双方合作建设济南第二工人文化宫改扩建二期工程中的工会大厦和文体中心项目，项目建成后全部产权归二宫所有，五洲商城只是有期限地使用其中的部分房产，并仅就其中的工会大厦 14440 平方米的酒店及地下面积 3111 平方米按每年 500 万元向二宫缴纳使用费，使用期限为 20

年，其他部分为无偿使用20年。本院认为，本案中系由五洲商城代为出资建设涉案的工会大厦和文体中心，建成后五洲商城租赁使用二宫的部分房产，房产的所有权并不发生变化。涉案房产不对外销售，五洲商城不承担经营风险，因此双方之间合作建设的项目不属于商品房，双方亦不是通过销售开发的涉案项目而获得商业利润，故双方之间的合同不符合合作开发房地产的特征，进而双方之间的争议不属于合作开发房地产纠纷。从双方签订合同的目的来看，五洲商城的投资获取的回报就是项目建成后在一定年限内无偿经营使用其中的大部分房产和有偿经营使用其中的小部分房产。该权利实质属于租赁权，五洲商城为项目投入的资金应为预付的租金。根据《最高人民法院关于审理涉及国有土地使用权合同纠纷案件适用法律问题的解释》第二十七条之规定，双方之间签订的协议应为房屋租赁合同。”

案例5：南宁市总工会与广西明龙投资有限公司租赁合同纠纷二审民事判决书［南宁市中级人民法院（2013）南市民二终字第217号］认为，“最高人民法院《关于审理涉及国有土地使用权合同纠纷案件适用法律问题的解释》第二十七条规定：‘合作开发房地产合同约定提供资金的当事人不承担经营风险，只以租赁或其他形式使用房屋的，应当认定为租赁合同。’本案中，双方均约定由明龙公司提供资金，项目建成后，产权归南宁市总工会所有。双方在合同中并未明确约定明龙公司应承担经营风险。从双方签订合同的目的来看，明龙公司的投资获取的回报就是项目建成后无偿经营使用一定年限的权利。该权利实质是属于用益物权。明龙公司为项目投入的资金应为预付的租金。一审法院认定双方之间的法律关系为房屋租赁合同关系，并无不当，本院予以维持。”

二、案件事实不符合资金方不承担经营风险、只以租赁或者其他形式使用房屋的特征，法院认定为合作开发房地产合同的案例

案例6：广州市道路扩建工程办公室与广州市鸿璟置业投资有限公司、黄章雄合同纠纷二审民事判决书［广州市中级人民法院（2015）穗中法民五终字第1200号］认为，“关于《六二三路十八甫南地块（F幢）商用楼合作协议》的效力问题。根据《最高人民法院关于审理涉及国有土地使用权合同纠纷案件适用法律问题的解释》第十四条、第十五条规定，合作开发房地产合同是指当事人订立的以提供出让土地使用权、资金等作为共同投资，共享利润、共担风险合作开发房地产为基本内容的协议。当事人均不具备房地产开发经营资质的应当认定合同无效。从广州道扩办与鸿璟公司签订的《六二三路十八甫南（F幢）地块商用楼合作协议》的内容来看，鸿璟公司作为协议的乙方，根据该协议中对乙方权利和义务的约定，乙方承担的不仅仅是出资的义务，还负责选定有相应施工资质的公司承担项目的施工，

保证施工质量和安全，并确保在限期内建成投入使用。合作项目建成后，鸿璟公司才享有对合作项目经营的权利，现合作项目至今未建成，这正是鸿璟公司所应承担的风险。鸿璟公司关于其与广州道扩办的合作协议其不承担风险，双方为租赁合同关系的主张，本院不予认定。原审法院认定广州道扩办与鸿璟公司签订的《六二三路十八甫南（F 幢）地块商用楼合作协议》属于合作开发房地产合同并无不当，本院予以认可。”

070 各方均无房地产开发资质，所签订的合作开发房地产合同有无法律效力*

——合作开发合同当事人均无房地产开发资质，但收购有资质企业进行开发的，合作开发合同为有效合同

合作开发合同当事人均不具备房地产开发经营资质，所签订的合作开发合同是否有效？本案例认为，当事人双方均不具备房地产开发经营资质，但通过收购具备房地产开发经营资质的公司对合作项目进行开发的，合作开发合同应认定为有效合同。

本文另梳理了合作开发房地产项目中与房地产开发经营资质相关的五大裁判规则：

一、合作开发房地产合同签订时，当事人一方具备房地产开发经营资质的，法院认定合同有效（延伸阅读部分案例1—案例3）；

二、合作开发房地产合同签订时当事人均不具备房地产开发经营资质，但起诉前当事人一方已经取得房地产开发经营资质的，法院认定合同有效（延伸阅读部分案例4）；

三、合作开发房地产合同签订时当事人均不具备房地产开发经营资质，但起诉前当事人已依法合作成立具有房地产开发经营资质的企业的，法院认定合同有效（延伸阅读部分案例5、案例6）；

四、合作开发房地产合同当事人均不具备房地产开发经营资质，借用其他企业的房地产开发经营资质开发合作项目的，法院认定合同无效（延伸阅读部分案例7、案例8）；

五、合作开发房地产合同当事人均不具备房地产开发资质，且在起诉前也没有取得房地产开发经营资质或者成立具有房地产开发经营资质的企业的，法院认定合同无效（延伸阅读部分案例9—案例11）。

---

* 案件来源：徐曼与孙然、海南伟亚实业有限公司合同纠纷二审民事判决书［最高人民法院（2015）民一终字第305号］。

裁判要旨

合作开发房地产合同当事人虽不具备房地产开发经营资质，但通过收购具备房地产开发经营资质的企业对合作项目进行开发的，合作开发合同为有效合同。

案情简介

一、2009 年 12 月，孙然与徐曼签订《投资合作协议书》，约定：双方共同投资开发建设某项目；孙然用 53 亩土地作为投资，徐曼以之前投入的 500 万元作为投资；双方各按 50%分享利润、分担亏损。

二、孙然收购了伟亚公司 75%的股权，伟亚公司具有房地产开发经营资质，合作项目开发实际是由伟亚公司进行。

三、2010 年 1 月，孙然、徐曼、伟亚公司签订《协议书》，约定：徐曼退出项目；孙然、伟亚公司向徐曼支付投资款本金、利息、投资收益合计 1.982 亿元，全部还清上述款项的时间不超过 8 个月；孙然将持有的伟亚公司 50%的股权转让给徐曼；待孙然、伟亚公司全部还清上述欠款之日，《投资合作协议书》自动失效，徐曼将伟亚公司 50%的股权转回孙然。

四、徐曼向海南高院提起诉讼，请求判令：孙然、伟亚公司向徐曼支付 1.734 亿元及利息。海南高院认为，《协议书》系一份附生效条件的协议，所附条件为孙然、伟亚公司付清约定款项。由于条件并未成就，《协议书》并未生效。判决：对孙然已投入成本进行评估确认后，由徐曼继续负责该项目的投资开发建设和销售，待该项目收益确定后，徐曼、孙然依照《投资合作协议书》的约定分配收益。

五、孙然、徐曼、伟亚公司不服海南高院判决，上诉至最高法院。最高法院判决：孙然、伟亚公司向徐曼支付人民币 1.734 亿元及其利息。

裁判要点

首先，徐曼及孙然虽均为自然人，不具备房地产开发资质，但是双方通过股权转让方式获得具备房地产开发资质的伟亚公司的股权，房地产开发实际是由伟亚公司进行的，因此，《投资合作协议书》有效。孙然主张《投资合作协议书》违反了《最高人民法院关于审理涉及国有土地使用权合同纠纷案件适用法律问题的解释》第十五条的规定，应认定无效，最高法院不予支持。

其次，《协议书》并非附生效条件的合同，《协议书》中关于还款时间不超过 8

个月的约定，是对履行期限的约定，并非合同生效条件的约定。故《协议书》已生效，孙然、伟亚公司应依约履行合同义务。

实务经验总结

前事不忘，后事之师。为避免未来发生类似败诉，提出如下建议：

合作开发房地产合同签订时，当事人一方应具备房地产开发经营资质，或者起诉前当事人一方应已取得房地产开发经营资质，或者已依法收购具有房地产开发经营资质的企业，否则合作开发合同会被法院认定为无效合同。

相关法律规定

《最高人民法院关于审理涉及国有土地使用权合同纠纷案件适用法律问题的解释》

第十五条　合作开发房地产合同的当事人一方具备房地产开发经营资质的，应当认定合同有效。

当事人双方均不具备房地产开发经营资质的，应当认定合同无效。但起诉前当事人一方已经取得房地产开发经营资质或者已依法合作成立具有房地产开发经营资质的房地产开发企业的，应当认定合同有效。

《中华人民共和国城市房地产管理法》

第三十条　房地产开发企业是以营利为目的，从事房地产开发和经营的企业。设立房地产开发企业，应当具备下列条件：

（一）有自己的名称和组织机构；

（二）有固定的经营场所；

（三）有符合国务院规定的注册资本；

（四）有足够的专业技术人员；

（五）法律、行政法规规定的其他条件。

设立房地产开发企业，应当向工商行政管理部门申请设立登记。工商行政管理部门对符合本法规定条件的，应当予以登记，发给营业执照；对不符合本法规定条件的，不予登记。

设立有限责任公司、股份有限公司，从事房地产开发经营的，还应当执行公司法的有关规定。

房地产开发企业在领取营业执照后的一个月内，应当到登记机关所在地的县级以上地方人民政府规定的部门备案。

《城市房地产开发经营管理条例》

第九条 房地产开发主管部门应当根据房地产开发企业的资产、专业技术人员和开发经营业绩等，对备案的房地产开发企业核定资质等级。房地产开发企业应当按照核定的资质等级，承担相应的房地产开发项目。具体办法由国务院建设行政主管部门制定。

以下为该案在最高法院审理阶段，判决书中“本院认为”部分就该问题的论述：

徐曼及孙然虽均为自然人，不具备房地产开发资质，但双方在《投资合作协议书》中明确约定共同投资成立“有限公司”开发建设凯莱项目，并实际通过股权转让方式获得具备房地产开发资质的伟亚公司的股权，房地产开发是由伟亚公司进行的，并非由徐曼、孙然直接进行。因此，《投资合作协议书》并不存在《最高人民法院关于审理涉及国有土地使用权合同纠纷案件适用法律问题的解释》规定的应当认定合同无效的情形。孙然关于其与徐曼均为自然人，不具备房地产开发经营资质，双方签订《投资合作协议书》，投资合作开发房地产项目，根据《最高人民法院关于审理涉及国有土地使用权合同纠纷案件适用法律问题的解释》第十五条的规定，应认定无效的上诉理由不能成立。

徐曼、孙然、伟亚公司三方于2010年1月30日签订《协议书》，载明“根据现在的市场行情，三方同意确定该项目（即凯莱项目）纯利润3个亿。现因三方的经营思路的不同，徐曼同意退出该项目。为此，三方经友好协商，达成如下协议”；第一条约定，无论项目盈亏情况如何，孙然、伟亚公司均应无条件向徐曼支付投资款本金、利息、投资收益1.982亿元，在该款项还清之前，徐曼仍保留项目50%的权益。由此可见，《协议书》的真实意思是将徐曼通过伟亚公司享有的凯莱项目的50%的权益转让给孙然，孙然向徐曼支付1.982亿元转让款作为对价，该意思表示真实，且不违反我国法律、行政法规的规定，应当认定有效。《协议书》第二条第九项关于最长不得超过8个月的约定，是对孙然支付股权转让款期限的约定，并非合同生效条件的约定。《协议书》并非附生效条件的合同，一审判决认为《协议书》系附生效条件的合同，且因生效条件未成就而未生效，适用法律错误，应予纠正。孙然主张其签订《协议书》是受胁迫而为，但并未举出充分的证据予以证明，故该抗辩理由不能成立。

……如前所述，《协议书》有效，孙然、徐曼均应依据《协议书》的约定履行各自的合同义务。根据《协议书》的约定，孙然应当在《协议书》签订之日起最长不超过 8 个月的时间内向徐曼支付 1.982 亿元，但孙然除此前支付的 1760 万元和 200 万元外，并未支付任何款项，因此构成违约，应当向徐曼支付欠付款项并承担相应的违约责任。

延伸阅读

基于当事人是否具备房地产开发经营资质，对合作开发房地产合同效力进行认定的五大裁判规则：

一、合作开发房地产合同签订时当事人一方具备房地产开发经营资质的，法院认定合同有效（案例 1—案例 3）

案例 1：武汉小屏房地产开发有限公司与武汉华氏实业集团发展有限公司、武汉双龙堂房地产发展有限公司项目权益转让合同纠纷二审民事判决书［最高人民法院（2015）民一终字第 7 号］认为，"《最高人民法院关于审理涉及国有土地使用权合同纠纷案件适用法律问题的解释》第十五条规定：'合作开发房地产合同的当事人一方具备房地产开发经营资质的，应当认定合同有效'。从查明的案件事实看，天丰公司和小屏公司双方均为具有房地产开发资质的企业，符合法定条件。华氏集团、华氏置业公司作为担保人在合同上盖章提供连带责任保证符合法律规定。一审法院作出的《合作开发房地产合同》系当事人真实意思表示，内容未违反法律、行政法规的强制性规定，且合作双方均具有房地产开发资质，该合同为有效的判决合法正确。华氏集团和双龙堂公司上诉提出该合同属于名为合作开发实为企业间违法借款合同，应确认合同无效的主张，没有事实和法律依据，不予支持。"

案例 2：凤阳县皇城房地产开发有限公司、合肥银山节电器有限公司合资、合作开发房地产合同纠纷申请再审民事裁定书［最高人民法院（2015）民申字第 995 号］认为，"《最高人民法院关于审理涉及国有土地使用权合同纠纷案件适用法律问题的解释》第十四条规定：本解释所称的合作开发房地产合同，是指当事人订立的以提供出让土地使用权、资金等作为共同投资，共享利润、共担风险合作开发房地产为基本内容的协议。案涉《合作开发经营协议》约定内容，符合合作开发房地产合同的法律特征。《最高人民法院关于审理涉及国有土地使用权合同纠纷案件适用法律问题的解释》第十五条规定：合作开发房地产合同的当事人一方具备房地产开发经营资质的，应当认定合同有效。凤阳皇城公司具备房地产开发经营资质，原审判决认定案涉《合作开发经营协议》有效，适用法律正确。合肥银山节公司是否依照《合作开发经营协议》约定出资，系合同履行问题，不影响合同效力。凤阳皇城公司以合肥银山节公司未履行出资义务为由，主张上述协议无效的理由，缺乏法律依据，不成立。”

案例 3：文山市卧龙街道办事处七花社区灰土寨第一居民小组与文山天驰运输集团有限公司确认合同效力纠纷再审复查与审判监督民事裁定书［云南省高级人民法院（2015）云高民申字第 298 号］认为，“关于双方签订《联合开发协议》的主体资格不适格的问题，根据最高人民法院《关于审理涉及国有土地使用权合同纠纷案件适用法律问题的解释》第十五条第二款关于‘当事人双方均不具备房地产开发经营资质的，应当认定合同无效。但在起诉前当事人一方已经取得房地产开发经营资质或者已依法合作成立具有房地产开发经营资质的房地产开发企业的，应当认定合同有效’的规定，天驰公司与具有房地产开发经营资质的云南灵峰房地产开发有限公司于 2012 年 5 月 30 日签订了房地产开发合作协议，因此，本案双方当事人主体适格，而申请人提出所谓造假的问题，因无证据证实，本院不予采信。”

二、合作开发房地产合同签订时当事人均不具备房地产开发经营资质，但起诉前当事人一方已经取得房地产开发经营资质的，法院认定合同有效（案例 4）

案例 4：甘肃天运贸易有限公司与天水市城市建设综合开发有限公司陇南分公司合资、合作开发房地产合同纠纷申请再审民事裁定书［最高人民法院（2016）最高法民申 867 号］认为，“《最高人民法院关于审理涉及国有土地使用权合同纠纷案件适用法律问题的解释》第十五条规定，合作开发房地产合同的当事人一方具备房地产开发经营资质的，应当认定合同有效。当事人双方均不具备房地产开发经营资质的，应当认定合同无效。但起诉前当事人一方已经取得房地产开发经营资质或者已依法合作成立具有房地产开发经营资质的房地产开发企业的，应当认定合同有效。根据天运公司认可的天水城开公司于本案一审期间提交的房地产开发企业资质证书，甘肃省住房和城乡建设厅于 2012 年 8 月 29 日向天水城开公司颁发了二级资质证书。天水城开陇南分公司于本院组织询问时，提交房地产开发企业资质证书复印件一份，证明天水城开公司于 2012 年之前即具有相应房地产开发企业资质，天运公司对该证据不予认可，但未提出相反证据。本院认为，即使按照天运公司认可的 2012 年 8 月 29 日颁发的房地产开发企业资质证书，亦应认定天水城开公司于本案起诉前已经取得房地产开发经营资质。天水城开陇南分公司为天水城开公司设立的非法人分支机构。根据《中华人民共和国公司法》第十四条第一款的规定，分公司不具备法人资格，其民事责任由公司承担。且天水城开公司于本案二审期间向二审法院出具情况说明，认可天水城开陇南分公司使用公司资质具体负责案涉项目开发事宜。故二审判决认定案涉《合作建设合同》中涉及商业、住宅用地部分合法有效，并无不当。”

三、合作开发房地产合同签订时当事人均不具备房地产开发经营资质，起诉前当事人已依法合作成立具有房地产开发经营资质的企业的，法院认定合同有效（案例 5—案例 6）

案例 5：云南普杰投资有限公司与嵩明县人民政府嵩阳街道办事处合同纠纷申诉、申请再审民事裁定书［最高人民法院（2015）民申字第 3591 号］认为，“根据《最高人民法院关于审理涉及国有土地使用权合同纠纷案件适用法律问题的解释》第十五条的规定，起诉前当事人一方已经取得房地产开发经营资质或者已依法合作成立具有房地产开发经营资质的房地产开发企业的，应当认定合同有效。原判决查明：嵩阳街道办对案外人云南普云房地产开发经营有限公司（以下简称普云公司）营业执照的真实性并无异议，该营业执照载明普云公司成立的时间为 2011 年 4 月。普杰公司在 2014 年 6 月提起本案诉讼。二审判决确认普云公司是为履行《合作协议》成立，《合作协议》及其补充协议有效，均有证据证明，也不属于适用法律确有错误。”

案例 6：饶启林、雷文胜与杨林民、永州东圣实业开发有限公司股权转让纠纷二审民事判决书［湖南省高级人民法院（2016）湘民终 427 号］认为，“虽然杨友元、饶启林和雷文胜在签订房地产合作开发协议书时均不具备房地产开发经营资质，但是合同签订后，三方已依法合作成立具有房地产开发经营资质的房地产开发企业中联公司。依照《最高人民法院关于审理涉及国有土地使用权合同纠纷案件适用法律问题的解释》第十五条第二款‘当事人双方均不具备房地产开发经营资质的，应当认定合同无效。但起诉前当事人一方已经取得房地产开发经营资质或者已依法合作成立具有房地产开发经营资质的房地产开发企业的，应当认定合同有效’的规定，该房地产合作开发协议书应当认定为有效。”

四、合作开发房地产合同当事人均不具备房地产开发经营资质，借用其他企业的房地产开发经营资质开发合作项目的，法院认定合同无效（案例 7—案例 8）

案例 7：权正兵与温道宾、吕晓容、廖泽勇、聂祯奇、易国华、罗国棋、任科、任陈诚、周宗焱、陈枫、泸州中科房地产开发有限责任公司合伙协议纠纷二审民事判决书［四川省高级人民法院（2016）川民终 857 号］认为，“无论当事人采取独自开发、合伙开发或者合资开发房地产模式，至少应当有一方必须具备房地产开发经营资格。关于案涉合同的效力问题。《项目合作开发协议》和《项目合作开发补充协议书》约定甲乙双方就开发案涉项目共同出资、共同经营、共享收益、共担风险。两份协议载明的合同甲方虽是中科公司，但《项目合作开发协议》将中科公司所占 50%份额明确约定为‘公司参与人权正兵占 20%、姜光蓉占 30%’，权正兵、罗国棋、中科公司二审中也均认可两份协议的实际签订主体是权正兵、姜光蓉、罗国棋，系三人合伙挂靠中科公司开发案涉项目。即《项目合作开发协议》签订时，权正兵、姜光蓉、罗国棋对借用中科公司资质合伙开发案涉项目系明知。因此，上述两份协议因合伙目的违反国家法律、法规的强制性规定而归于无效。”

案例8：张明善与齐齐哈尔市万达房地产开发有限责任公司、杨昆、王景泽、齐齐哈尔市宝坤小额贷款有限公司合资、合作开发房地产纠纷二审民事判决书［黑龙江省高级人民法院（2016）黑民终116号］认为，“杨昆借用万达公司的资质与张明善进行合作开发房地产，因杨昆与张明善均系自然人，并不具备房地产开发资质。根据《最高人民法院关于审理涉及国有土地使用权合同纠纷案件适用法律问题的解释》第十五条第二款规定：‘当事人双方均不具备房地产开发经营资质的，应当认定合同无效’。故杨昆与张明善签订的《合作开发协议书》无效。”

五、合作开发房地产合同当事人均不具备房地产开发资质，且在起诉前也没有取得房地产开发经营资质或者成立具有房地产开发经营资质的企业的，法院认定合同无效（案例9—案例11）

案例9：胡连培与李德华、一审第三人四川简阳西峰集团房地产开发有限公司、一审第三人刘正明合资、合作开发房地产合同纠纷再审民事判决书［四川省高级人民法院（2016）川民再357号］认为，“李德华与胡连培于2005年9月签订的《合伙开发修建协议》实为合资合作开发房地产合同，依照《最高人民法院关于审理涉及国有土地使用权合同纠纷案件适用法律问题的解释》第十五条第二款的规定，‘当事人双方均不具备房地产开发经营资质的，应当认定合同无效。但起诉前当事人一方已经取得房地产开发经营资质或者已依法合作成立具有房地产开发经营资质的房地产开发企业的，应当认定合同有效。’由于李德华、胡连培均不具备房地产开发资质，且在起诉前也没有取得房地产开发经营资质或者已依法合作成立具有房地产开发经营资质的房地产开发企业，故该《合伙开发修建协议》应属无效。”

案例10：姚玉春、城固县佛香源科贸有限公司与朱丽君合资、合作开发房地产合同纠纷再审民事判决书［陕西省高级人民法院（2015）陕民提字第00082号］认为，“关于原审判处姚玉春返还朱丽君117742元投资款是否存在适用法律错误的问题。最高人民法院《关于审理涉及国有土地使用权合同纠纷案件适用法律问题的解释》第十五条第二款规定，‘当事人双方均不具备房地产开发经营资质的，应当认定合同无效。’该规定充分说明房地产开发主体资格决定合作开发合同的效力，具有房地产开发经营资格是合作开发房地产项目的法定条件。本案中，姚玉春与朱丽君二人均系自然人，并无房地产开发资质，双方于2009年5月20日签订的《关于共同投资开发城固县博望镇栗子园村原小学旧址协议》，违反上述规定，原审认定该合作开发协议无效，并根据《中华人民共和国合同法》第五十八条的规定，判处姚玉春返还因该合同取得的朱丽君前期投资款，认定事实清楚，适用法律正确，判处并无不当。”

案例 11：龙远志与樊仁峰、枣阳市真龙汽车修理厂合伙协议纠纷二审民事判决书［湖北省高级人民法院（2015）鄂民一终字第 00241 号］认为，“龙远志和樊仁峰作为个人，签订《房地产开发合作协议》，约定双方共同合作开发房地产，因双方均无房地产开发的资质，故根据《最高人民法院关于审理涉及国有土地使用权合同纠纷案件适用法律问题的解释》第十五条二款‘当事人双方均不具备房地产开发经营资质的，应当认定合同无效’的规定，该《房地产开发合作协议》应认定无效。”

071 国有企业签订合作开发房地产合同是否需报批？未报批是否影响合同效力*

——国有企业签订合作开发房地产合同未经批准不影响合同效力

《中华人民共和国企业国有资产法》第三十一条规定：“国有独资企业、国有独资公司合并、分立，增加或者减少注册资本，发行债券，分配利润，以及解散、申请破产，由履行出资人职责的机构决定。”国有企业与他人合作开发房地产是否属于该规定中需要由履行出资人职责的机构决定的事项范围？本案例认为，该规定并未明确国有企业合作开发房地产需要经过批准，故未经批准并不影响合作开发房地产合同的效力。

裁判要旨

《中华人民共和国企业国有资产法》第三十一条规定，国有独资企业、国有独资公司合并、分立，增加或者减少注册资本，发行债券，分配利润，以及解散、申请破产，由履行出资人职责的机构决定。该条并未规定国有企业签订合作开发房地

* 案件来源：长治市今成房地产开发有限公司、长子县鑫华房地产开发有限公司与山西省长子县淀粉厂其他合同纠纷二审民事判决书［最高人民法院（2014）民一终字第 308 号］，长子县鑫华房地产开发有限公司与山西省长子县淀粉厂合资、合作开发房地产合同纠纷申诉、申请再审民事裁定书［最高人民法院（2016）最高法民申 3653 号］。

产合同需要履行报批手续。故国有企业签订合作开发房地产合同未经批准并不影响合同效力。

案情简介

一、鑫华公司与长子县淀粉厂签订《协议书》等三份合同，约定：长子县淀粉厂提供70余亩土地，鑫华公司出资，共同组建新的公司，合作开发房地产；鑫华公司垫付长子县淀粉厂前期办理各种手续的全部费用；鑫华公司的垫支款作为新公司的入股资金；如果鑫华公司不能成为新公司股东，淀粉厂应返还前期费用及按同期银行贷款利率四倍计算的利息。鑫华公司先后垫支总计14349174元。

二、因长子县国有资产经营公司公告对淀粉厂整体产权转让，合同不能履行，鑫华公司向山西高院提起诉讼，请求判令淀粉厂向鑫华公司给付合作投资款本金、违约金及赔偿金。山西高院认为，因淀粉厂属全民所有制企业，双方签订合同未经有关部门批准，合同未生效，故判决：淀粉厂返还鑫华公司投入的本金14349174元，按中国人民银行同期同类存款利率计算利息。

三、鑫华公司不服山西高院判决，上诉至最高法院。最高法院认为，案涉合同为有效合同，现鑫华公司不能成为新成立公司股东，长子县淀粉厂应按约偿还鑫华公司的垫支费用及利息。故判决淀粉厂返还鑫华公司投入的本金14349174元，并给付按中国人民银行同期同类贷款利率的四倍计算的利息。

四、淀粉厂不服最高法院判决，向最高法院申请再审，主张政府从未批准双方签订的合同，应认定合同无效。最高法院裁定驳回淀粉厂的再审申请。

裁判要点

本案最高法院认定案涉合作开发房地产合同有效的原因在于，《中华人民共和国企业国有资产法》第三十一条规定，国有独资企业、国有独资公司合并、分立，增加或者减少注册资本，发行债券，分配利润，以及解散、申请破产，由履行出资人职责的机构决定，并未规定国有企业签订合作开发房地产合同需要履行报批手续。且政府已批复同意长子县淀粉厂改制并将占用土地依法变性用于房地产开发，淀粉厂有权自主选定合作伙伴共同合作开发房地产项目。

基于上述案涉合同有效的认定，最高法院判决淀粉厂应依约返还鑫华公司投入的本金14349174元，并按中国人民银行同期同类贷款利率的四倍计算利息。

实务经验总结

前事不忘，后事之师。为避免未来发生类似败诉，提出如下建议：

国有企业签订合作开发房地产合同未经批准并不会导致合同未生效或无效，当事人以合作开发房地产合同未经批准为由，主张合同未生效或无效的，法院不会支持。但国有企业以土地使用权与他人合作开发房地产，会涉及国有资产处置、投资等，应积极与当地国资管理部门、上级主管部门沟通，确认交易的具体程序，履行相关审批手续。

关于国有资产转让未经批准是否影响转让合同效力的问题，请参阅本书文章：《国有资产转让未经批准、未经评估、未进场交易是否影响合同效力》。

相关法律规定

《中华人民共和国企业国有资产法》

第三十一条 国有独资企业、国有独资公司合并、分立，增加或者减少注册资本，发行债券，分配利润，以及解散、申请破产，由履行出资人职责的机构决定。

《中华人民共和国合同法》

第四十四条 依法成立的合同，自成立时生效。

法律、行政法规规定应当办理批准、登记等手续生效的，依照其规定。

以下为该案在最高法院审理阶段，裁判文书中“本院认为”部分就该问题的论述：

长子县工商企业改制领导组对《长子县淀粉厂企业改制方案》的批复［长企改字（2007）2号］及长子县人民政府关于淀粉厂改制有关事宜的会议纪要［长政纪字（2007）6号］，均证明政府许可淀粉厂与他人合作开发房地产，并非淀粉厂管理层自行对国有资产进行处置。在政府批复同意淀粉厂改制并将占用划拨土地依法变性用于房地产开发情形下，淀粉厂有权自主选定合作伙伴共同合作开发房地产项目。《企业国有资产法》第三十一条规定，国有独资企业、国有独资公司合并、分立，增加或者减少注册资本，发行债券，分配利润，以及解散、申请破产，由履行出资人职责的机构决定，并未规定国有企业签订合作开发房地产合同需要履行报批手续。并且《企业国有资产法》自2009年5月1日起施行，而《协议书》于2007年5月10日签订，亦不宜适用《企业国有资产法》认定协议未生效。双方签订的合作开发房地产合同明确约定土地变性、合作开发等应履行法定程序，约定内容合法；鑫华公司已依约支付大部分出资，合同成立并生效，且已部分实际履行。一审判决认定案涉协议未经批准或者备案，适用《合同法》第四十四条第二款规定认定案涉合同未生效有误。

072 集体土地能否用于合作开发房地产，如何约定合同才有效*

——未办理征收手续以集体土地合作开发房地产的，合作开发合同无效

本文梳理了以集体土地合作开发房地产相关的三个裁判规则：

裁判规则一：以集体土地合作开发房地产的当事人在合作开发合同中约定由一方办理集体土地的征收、出让等手续，再进行房地产开发的，合作开发合同有效（延伸阅读案例1）。

裁判规则二：农村新型社区建设涉及的合资、合作开发房地产纠纷由人民政府统筹协调处理较为妥当，不属于民事诉讼的受案范围（延伸阅读案例2）。

裁判规则三：未办理征收手续以集体土地合作开发房地产的，该合作开发合同无效（主文案例，延伸阅读案例3—案例4）。

需要关注的是，2019年8月26日修改的《中华人民共和国土地管理法》第六十三条第一款规定："土地利用总体规划、城乡规划确定为工业、商业等经营性用途，并经依法登记的集体经营性建设用地，土地所有权人可以通过出让、出租等方式交由单位或者个人使用，并应当签订书面合同，载明土地界址、面积、动工期限、使用期限、土地用途、规划条件和双方其他权利义务。"据此，集体经营性建设用地在该修改内容生效后可以入市交易。

裁判要旨

以农民集体所有的土地合作开发房地产，即使已办理规划审批手续，未依法办理征收、出让等相关手续的，该合作开发房地产合同无效。

---

* 案件来源：泰安市宏泰房地产开发有限公司与泰安市岱岳区天平街道办事处南黄社区居民委员会合作开发房地产合同纠纷再审审查民事裁定书［最高人民法院（2013）民申字第252号］。

案情简介

一、2006 年 1 月，南黄居委会与宏泰房地产开发公司签订《泰安市南黄村旧村改造合同书》，约定双方对南黄村村庄进行综合改造，建筑面积 84090 平方米，部分用于回迁，部分用于平价购买，部分由宏泰公司用于销售；宏泰公司有权销售回迁安置剩余部分楼房，收益归宏泰公司等。该综合改造项目已经过当地政府规划审批，用于开发的土地性质为集体所有。

二、山东高院二审认定双方构成合作开发房地产合同关系，因开发和销售楼房所涉土地性质为农民集体所有，未依法办理征收、出让等相关手续，故判决《泰安市南黄村旧村改造合同书》无效。

三、宏泰房地产开发公司不服山东高院判决，向最高法院申请再审，主张：《泰安市南黄村旧村改造合同书》是旧村改造，并非合作开发房地产；国家法律或行政法规并没有完全禁止在集体土地上进行建设，本案建设项目经过规划局、建设局等相关部门的审批，合法有效。最高法院裁定驳回宏泰房地产开发公司的再审申请。

裁判要点

本案中最高法院认定《泰安市南黄村旧村改造合同书》无效的原因在于：

首先，南黄居委会与宏泰房地产开发公司签订的《泰安市南黄村旧村改造合同书》构成合作开发房地产合同。根据双方合同约定内容，双方对南黄村村庄约定的综合改造并非仅仅建设村民住宅，或者建设村公共、公益事业设施，还包括开发和销售回迁安置剩余部分的楼房。据此，法院认定双方构成合作开发房地产合同关系。

其次，《中华人民共和国土地管理法》（2004 年版）第四十三条第一款①规定："任何单位和个人进行建设，需要使用土地的，必须依法申请使用国有土地；但是，兴办乡镇企业和村民建设住宅经依法批准使用本集体经济组织农民集体所有的土地的，或者乡（镇）村公共设施和公益事业建设经依法批准使用农民集体所有的土地的除外。"据此，除法定用途外，进行开发建设均应申请使用国有土地。而本案双方对南黄村村庄进行的综合改造虽然经过当地政府规划审批，但开发和销售楼房所涉土地性质仍为农民集体所有，并未依法办理征收、出让等相关手续。因此，法院

① 2019 年 8 月 26 日修改的《中华人民共和国土地管理法》已删除了该条内容。

认定《泰安市南黄村旧村改造合同书》无效。

实务经验总结

前事不忘，后事之师。为避免未来发生类似败诉，提出如下建议：

一、当事人以集体所有的土地合作开发房地产的，应当按规定办理征收、出让等手续，将集体所有的土地变更为国有土地。未办理上述手续，以集体所有的土地合作开发房地产的，合作开发房地产合同无效。需要关注的是，2019 年 8 月 26 日修改的《中华人民共和国土地管理法》相关内容在 2020 年 1 月 1 日生效后，集体经营性建设用地可以直接入市交易，无需先征收。

二、司法实践中有案例认为，当事人以集体所有的土地合作开发房地产，但在合同中约定先由一方办理征收、出让等手续，再进行房地产开发的，不违反法律、行政法规的效力性强制性规定，合作开发房地产合同有效。因此，当事人可采取上述方式争取使合同被确认为有效。

相关法律规定

《中华人民共和国土地管理法》（2004 年版）

第四十三条 任何单位和个人进行建设，需要使用土地的，必须依法申请使用国有土地；但是，兴办乡镇企业和村民建设住宅经依法批准使用本集体经济组织农民集体所有的土地的，或者乡（镇）村公共设施和公益事业建设经依法批准使用农民集体所有的土地的除外。

前款所称依法申请使用的国有土地包括国家所有的土地和国家征收的原属于农民集体所有的土地。

《中华人民共和国土地管理法》（2019 年 8 月 26 日修正）

第六十三条 土地利用总体规划、城乡规划确定为工业、商业等经营性用途，并经依法登记的集体经营性建设用地，土地所有权人可以通过出让、出租等方式交由单位或者个人使用，并应当签订书面合同，载明土地界址、面积、动工期限、使用期限、土地用途、规划条件和双方其他权利义务。

前款规定的集体经营性建设用地出让、出租等，应当经本集体经济组织成员的村民会议三分之二以上成员或者三分之二以上村民代表的同意。

通过出让等方式取得的集体经营性建设用地使用权可以转让、互换、出资、赠与或者抵押，但法律、行政法规另有规定或者土地所有权人、土地使用权人签订的书面合同另有约定的除外。

集体经营性建设用地的出租，集体建设用地使用权的出让及其最高年限、转让、互换、出资、赠与、抵押等，参照同类用途的国有建设用地执行。具体办法由国务院制定。

《最高人民法院关于审理涉及国有土地使用权合同纠纷案件适用法律问题的解释》

第十四条 本解释所称的合作开发房地产合同，是指当事人订立的以提供出让土地使用权、资金等作为共同投资，共享利润、共担风险合作开发房地产为基本内容的协议。

以下为该案在最高法院审理阶段，裁判文书中“本院认为”部分就该问题的论述：

关于南黄居委会与宏泰公司之间构成何种法律关系的问题。从二审查明的案件事实来看，双方于2006年1月6日签订的《泰安市南黄村旧村改造合同书》约定建筑面积84090平方米，其中用于回迁的面积约为2.16万平方米，平价购买房面积约为2.0万平方米，其他由宏泰公司用于销售的楼房面积约为3.5万平方米，宏泰公司有权销售回迁安置剩余部分楼房，收益归宏泰公司等；于2007年1月8日签订的《泰安市南黄村旧村改造合同书》亦约定了宏泰公司有权对回迁安置剩余部分楼房进行开发和销售等。由此可见，该二份合同对南黄村村庄约定的综合改造并非仅仅建设村民住宅，或者建设村公共、公益事业设施，还包括开发和销售回迁安置剩余部分的楼房。据此，二审判决认定双方构成合作开发房地产合同关系，证据充分。宏泰公司再审申请提出双方为旧村改造合同关系，并非合作开发房地产合同关系的理由，与事实不符，不能成立。

关于《泰安市南黄村旧村改造合同书》效力的问题。该合同订立前及履行中，双方对南黄村村庄进行的综合改造经过当地政府规划审批，但对开发和销售楼房所涉土地并未依法办理征收、出让等相关手续，性质仍为农民集体所有，违反了《中华人民共和国土地管理法》第四十三条第一款关于“任何单位和个人进行建设，需要使用土地的，必须依法申请使用国有土地；但是，兴办乡镇企业和村民建设住宅经依法批准使用本集体经济组织农民集体所有的土地的，或者乡（镇）村公共设施和公益事业建设经依法批准使用农民集体所有的土地的除外”之规定。据此，二审判决《泰安市南黄村旧村改造合同书》无效，适用法律正确。宏泰公司再审申请提出有效的理由，缺乏法律依据，不能成立。

延伸阅读

以集体土地合作开发房地产的相关案例及裁判规则：

裁判规则一：以集体土地合作开发房地产的当事人在合作开发合同中约定由一方办理集体土地的征收、出让等手续，再进行房地产开发的，合作开发合同有效。（案例1）

案例1：上诉人荆州市荆北房地产开发有限公司、荆州市荆州区郢城镇荆北村村民委员会与被上诉人湖北城堡投资有限责任公司合资、合作开发房地产合同纠纷二审民事判决书［湖北省高级人民法院（2014）鄂民二终字第00008号］认为，“关于合同效力。根据城堡投资公司与荆北房地产公司、荆北村委会签订的《协议书》及《补充协议书》的约定，双方的合同目的是，荆北房地产公司、荆北村委会将已经政府主管部门批准并经村民代表大会同意可进行商业开发的荆北村委会集体所有按10%预留的四宗土地，在合同签订后6个月期限内由荆北房地产公司将上述四宗土地办理‘征用、补偿、拆迁、土地出让等一系列手续，最后将该四宗土地变更为国有商业、住宅出让地’，并将土地使用权办至城堡投资公司名下，有关费用由城堡投资公司出资垫付，合作项目竣工后一个月内由荆北房地产公司、荆北村委会共同清偿，建设施工及管理部门规费则由城堡投资公司承担，待房地产项目建成后，再根据约定方式进行房屋的实物分割，分别销售，获取收益。其实质是荆北房地产公司、荆北村委会以集体土地变更为国有出让土地后出资，城堡投资公司以资金出资，共同出资、合作开发房地产，本案案由应为合资、合作开发房地产合同纠纷。双方能否继续合作，须以城堡投资公司垫资和荆北房地产公司将荆北村委会集体土地变性登记至城堡投资公司名下为前提，即荆北房地产公司、荆北村委会并非直接以集体土地出资，故双方签订的合同不存在因违反《中华人民共和国土地管理法》第十一条关于‘农民集体所有的土地依法用于非农业建设的，由县级人民政府登记造册，核发证书，确认建设用地使用权’的规定而无效的情形。……因荆北房地产公司、荆北村委会的出资原为荆北村委会集体土地，《中华人民共和国土地管理法》第四十三条规定：‘任何单位和个人进行建设，需要使用土地的，必须依法申请使用国有土地；但是，兴办乡镇企业和村民建设住宅经依法批准使用本集体经济组织农民集体所有的土地的，或者乡（镇）村公共设施和公益事业建设经依法批准使用农民集体所有的土地的除外。前款所称依法申请使用的国有土地包括国家所有的土地和国家征收的原属于农民集体所有的土地。’国土资源部《招标拍卖挂牌出让国有建设用地使用权规定》第四条规定：‘工业、商业、旅游、娱乐和商品住宅等经营性用地以及同一宗地有两个以上意向用地者的，应当以招标、拍卖或者挂牌方式出让。’依据上述规定，合同所指向土地使用权要办到城堡投资公司名下进行房地产开发，依法应首先对集体土地进行征用变更性质为国有土地，再通过招标、拍卖或挂牌程序竞买国有出让土地使用权。而《协议书》已经约定此项义务由荆北房地产公司履行，《协议书》第二条约定荆北房地产公司‘负责办理上述合作开发用地的征用、补偿、拆迁、土地出让等一系列手续，最后将该四宗土地变更为国有商业、住宅出让地’，第四条约定‘荆北房地产公司在国土资源部门取得上述四宗土地国有土地使用权时，需支付的土地拍卖款超出5000万元的，由荆北房地产公司、荆北村委会与政府部门协商妥当，待项目开发出来后用荆北房地产公司分得的房屋变卖后予以支付’，根据上述约定，荆北房地产公司有义务办理征用、参与竞买，并根据约定将土地使用权办理至城堡投资公司名下。上述约定义务不违反法律、行政法规的效力性禁止性规定，亦非在法律上或事实上不能履行，荆北房地产公司、荆北村委会在法律上或客观上并无办理征用审批手续及参与竞买的障碍。……综合以上分析，《协议书》及《补充协议书》不存在《中华人民共和国合同法》第五十二条规定的法定无效情形，应为合法有效，荆北房地产公司、荆北村委会认为合同无效的上诉理由不能成立。”

裁判规则二：农村新型社区建设涉及的合资、合作开发房地产纠纷由人民政府统筹协调处理较为妥当，不属于民事诉讼的受案范围。（案例2）

案例2：章丘市翠湖旅游开发有限公司与章丘市白云湖镇韩家码头村民委员会合资、合作开发房地产合同纠纷一审民事裁定书［济南市中级人民法院（2015）济民一初字第44号］认为，“涉案建设项目虽然有《建设用地规划许可证》，但是从章丘市发展和改革委员会《关于章丘市白云湖镇韩家码头村民委员会新建翠湖社区项目的核准意见》和《章丘市国土资源局关于白云湖镇翠湖社区用地的预审意见》看，涉案建设项目为农村新型社区，使用的土地为农村集体土地。在农村集体土地上进行的合资、合作开发房地产，我国目前尚无明确的立法规定，由此产生的争议是否可以通过民事诉讼程序处理，也缺少明确的立法依据，人民法院受理此类民事诉讼于法无据。并且此种大规模、大面积的农村新型社区建设，一般都是当地人民政府按照经济社会发展和城市建设的需要来推动和实施的，因此引发的纠纷由人民政府统筹协调处理较为妥当。况且涉案建设项目仅于2011年办理了《建设用地规划许可证》，未办理建设项目土地使用、建设工程规划等手续。在此情形下，翠湖旅游公司请求分配涉案建设项目利益，不属于人民法院受理民事诉讼的范围，本院不予审理。”

裁判规则三：未办理征收手续以集体土地合作开发房地产的，该合作开发合同无效。（案例3—案例4）

案例3：明鸿进出口贸易公司与珠海市金湾区三灶镇海澄村民委员会合资、合作开发房地产合同纠纷二审民事判决书［珠海市中级人民法院（2014）珠中法民三终字第180号］认为，“涉案土地《合作开发海澄乡华侨村合同书》本质上是土地使用权有偿转让的一种特殊形式，明鸿公司通过此种合作方式将农村集体用地自由流转用于开发建设商品房，从而取得涉案土地经营收入，此举与我国农村集体土地管理精神相违背，亦与珠海市政府同意三灶海澄村委会利用自留用地单项开发经营房地产的初衷相违背。涉案土地虽然取得17547平方米作为住宅用地的《建设用地许可证》，但迄今为止有效期已经截止，而另外30595.8平方米农用地及4844平方米草地并未取得任何审批手续，鉴于涉案集体土地不属于可以有偿转让范畴，该《合作开发海澄乡华侨村合同书》约定内容违反法律、行政法规强制性规定，应为无效。”

案例4：王学剑与肖雁文、陈飞等合资、合作开发房地产合同纠纷一审民事判决书［徐州市中级人民法院（2013）徐民初字第0181号］认为，“原被告当事人在2010年11月18日签订的联合开发合作协议效力认定的问题。合作开发房地产合同，是指当事人订立的以提供出让土地使用权、租金等作为共同投资，共享利润、共担风险合作开发房地产为基本内容的协议，最高人民法院《关于审理涉及国有土地使用权合同纠纷案件适用法律问题的解释》第十六条规定，土地使用权人未经有批准权的人民政府批准，以划拨土地使用权作为投资与他人订立合同合作开发房地产的，应当认定合同无效。该条规定说明合资合作开发房地产合同中以土地是否系合法取得为认定该合同有效与否的标准之一。《中华人民共和国城市房地产管理法》第九条规定，城市规划区内的集体所有的土地，经依法征用转为国有土地后，该幅国有土地的使用权方可有偿出让。本案中，原告与被告肖雁文、陈飞、方海强在2010年11月18日签订的合资合作开发协议中所约定开发的蔡楼地块，双方在庭审中一致认可该地块为集体土地，且2010年11月16日的协议内容也可以反映出蔡楼地块的土地性质为农用地，说明原被告清楚知道其协商开发蔡楼地块土地没有经过有权限的土地行政主管部门的审批同意，在没有办理土地出让手续的情形下即签订合作开发协议，这一点通过陈飞在陈述2010年11月18日的协议未能履行系因为蔡楼地块没有经过审批手续，相关部门不认可2010年11月16日签订的‘以地抵工程款’协议可以看出，2010年11月18日的合资、合作开发协议违反了法律、行政法规的强制性规定，原告和陈飞以此土地作为投资和方海强、肖雁文签订的2010年11月18日的合资合作开发房地产协议无效。”

073 合作开发项目一方拒不提供房屋销售资料，如何确定合作利润*

——合作开发一方持有销售资料但拒不提供的，法院可将已出售房屋备案合同价款作为销售收入

合作开发房地产合同纠纷中，有时持有房屋销售资料的一方会采取隐匿相关资料的方式，欲达到无法确定合作利润的目的，此时法院可采取何种方式确定合作利润？本案例中，最高法院认可该情形下法院可调取已出售房屋的备案《商品房买卖合同》，以此作为依据确认销售收入。

裁判要旨

合作开发房地产纠纷在法院委托审计期间，持有房产销售资料一方拒不提供房产销售资料，致使会计师事务所无法核算利润的，法院可调取已出售房屋的备案情况，并将备案《商品房买卖合同》价款作为销售收入。

案情简介

一、2007 年，鑫森公司与轩通公司签订《房地产联合开发合同》，约定项目建设、销售完成后鑫森公司按 40%的比例分配利润，轩通公司按 60%的比例分配利润。双方已合作完成部分项目工程的施工，鑫森公司已销售部分房屋。

二、后轩通公司向法院起诉，请求按合同约定比例分配合作利润。新疆高院二审判决鑫森公司支付轩通公司开发利润 4313324. 75 元。

三、鑫森公司不服新疆高院判决，向最高法院申请再审。最高法院裁定驳回鑫森公司的再审申请。

裁判要点

轩通公司在本案诉讼中提出按照合同约定比例参与利润分配的诉讼请求，在原审法院委托审计期间，鑫森公司不提供其持有的房产开发销售资料，致使会计师事

---

* 案件来源：新疆鑫森房地产开发有限责任公司、阿克苏地区轩通房地产开发有限责任公司合资、合作开发房地产合同纠纷申请再审民事裁定书［最高人民法院（2015）民申字第 1362 号］。

务所对合作项目利润无法进行审计。针对鑫森公司的做法，原审法院采取调取鑫森公司已出售房屋备案信息的方式，将备案的《商品房买卖合同》价款作为销售收入，以此核算合作利润。最高法院对原审法院的做法予以认可。

实务经验总结

前事不忘，后事之师。为避免未来发生类似败诉，提出如下建议：

一、合作开发房地产纠纷中，为确定合作利润，当事人可申请人民法院进行鉴定。

二、持有房屋销售资料的当事人应当积极提供资料供法院确定合作利润。如果持有房屋销售资料的当事人拒不提供相关资料的，法院仍可采取向房产管理部门调取已出售房屋备案的《商品房买卖合同》的方式，确定合作项目的销售收入。

相关法律规定

《最高人民法院关于审理涉及国有土地使用权合同纠纷案件适用法律问题的解释》

第十四条 本解释所称的合作开发房地产合同，是指当事人订立的以提供出让土地使用权、资金等作为共同投资，共享利润、共担风险合作开发房地产为基本内容的协议。

以下为该案在最高法院审理阶段，裁判文书中“本院认为”部分就该问题的论述：

在一期项目建设、销售完成后鑫森公司按40%的比例分配利润，轩通公司按60%的比例分配利润，这是涉案合同条款的约定。轩通公司有权按照上述比例参与利润分配。轩通公司在本案诉讼中提出该项诉讼请求，在一审法院委托审计期间，鑫森公司不提供房产开发销售资料，致使会计师事务所无法核算轩通公司应分配利润。一审法院调取了鑫森公司出售房屋的备案情况，并将已经销售和备案的《商品房买卖合同》价款作为销售收入，有事实根据和法律依据。

《开发合同》也约定了小区内配套设施、设备和附属建筑费用成本的核算和分配，轩通公司在诉讼中主张已建成项目工程费用的分摊，是其行使合同权利救济的体现，属于本案的审理范围。鑫森公司的该项申请再审事由不能成立。

延伸阅读

裁判规则：合作开发项目中持有资料的一方拒不提供资料进行利润鉴定，应承担举证不能的法律后果。

案例：汉中远东建设房地产开发有限公司、张保健等合资、合作开发房地产合同纠纷申请再审民事裁定书［最高人民法院（2015）民申字第1817号］认为，“关于二审对举证责任分配是否合法的问题。一审中，张保健等三人为支持其诉讼请求第三项，向法院提交鉴定申请，请求对远东公司的预期利润进行鉴定。由于远东公司系具有房地产开发资质的企业，案涉房地产开发建设的相关资料均由其掌握，远东公司不提供鉴定资料，导致鉴定不能，一审适用诉讼证据规定第二十五条第二款的规定，判决远东公司承担举证不能的法律后果，事实清楚，程序合法。‘谁主张、谁举证’是举证责任的一般性原则，法律还规定举证责任倒置、举证责任免除以及法律有明确规定的应依规定执行的其他一些原则。就本案而言，现有证据证明进行鉴定的资料在远东公司手中，在此情况下，应依法律的明确规定分配举证责任，二审法院对举证责任的分配并无不当。”

074 房地产合作开发项目“五证”登记一方是否享有房屋的全部产权*

——合作开发项目的房屋产权归属应依据合作协议的约定以及房地产管理部门的登记情况全面分析

本文梳理了合作开发项目物权确认相关的两个裁判规则：

裁判规则一：在审理合作开发房地产纠纷时，判断争议房屋产权的归属应当依据合作协议的约定以及房地产管理部门的登记情况进行全面分析（主文案例）。

裁判规则二：合作开发房地产项目取得的土地使用权虽登记在一方名下，但该土地使用权是双方共同投资合作开发期间所取得的共同财产（延伸阅读案例）。

裁判要旨

在审理合作开发房地产纠纷时，判断争议房屋产权的归属应当依据合作协议的约定以及房地产管理部门的登记情况进行全面分析。在没有证据证明双方变更了合作协议约定的情况下，一方当事人仅以为对方偿还部分债务或向对方出借款项、对争议房产享有优先受偿权，以及“五证”登记在其名下等事实为由，主张确认全部

---

* 案件来源：南昌新洪房地产综合开发有限公司与江西省南昌百货总公司、湖南赛福尔房地产开发公司合资、合作开发房地产合同纠纷再审民事裁定书［最高人民法院（2011）民申字第777号］，载于《最高人民法院公报》2013年第1期（总第195期）。

房产归其所有的，人民法院不予支持。

案情简介

一、百货公司与新洪公司签订联建合同，约定：百货公司投入土地，新洪公司作为项目开发商进行开发；所建房屋分为整楼、裙楼，裙楼1—3层归百货公司所有。合作项目的“五证”（土地使用权证、建设用地规划许可证、建设工程规划许可证、建设工程施工许可证、商品房预售许可证）均登记在新洪公司名下。

二、后双方签订《补充协议》和《借款协议》，双方之间形成借款关系，百货公司用其应得的裙楼1—3层作为担保，在债务不能偿还时由新洪公司销售后优先受偿。

三、房屋建成后，新洪公司一直占有裙楼1—3层，并自行用于商业用途。房地产登记机关已为百货公司办理了裙楼1—3层的房产证及土地使用权证。

四、因百货公司无法偿还赛福尔公司等债权人债务，法院另案裁定将案涉房产交付赛福尔公司等债权人共同所有以抵销债务，其他债权人全权委托赛福尔公司一并行使债权。

五、百货公司、赛福尔公司共同向法院起诉，请求判令新洪公司向百货公司、赛福尔公司支付1—3层裙楼未交付期间的租金。原审法院支持了百货公司的诉讼请求。

六、新洪公司不服原审判决，向最高法院申请再审，主张新洪公司已买断1—3层裙楼产权。最高法院裁定驳回新洪公司的再审申请。

裁判要点

最高法院认定新洪公司应支付1—3层裙楼未交付期间租金的原因在于：

首先，百货公司享有1—3层裙楼产权，而新洪公司提供的证据不能证明其已经买断1—3层裙楼产权。《补充协议》和《借款协议》不能证明百货公司已经同意将1—3层裙楼产权以物抵债，或新洪公司已经买断该部分产权的事实；新洪公司作为项目开发商，“五证”办在其名下符合常理，持有“五证”并不能说明其拥有大厦全部房屋的所有权，从而否定联建合同对涉案房产所有权分配的约定。中百大厦建成后，房地产登记机关为百货公司办理了争议房产的房产证及土地使用权证，根据公示公信原则，该争议房产的产权应属于百货公司所有。

其次，新洪公司一直占有百货公司享有产权的1—3层裙楼，自行使用。法院结合鉴定机构依据同时期市场租金行情所作出的鉴定结论认定该部分房产租金数额，由新洪公司支付给百货公司及赛福尔公司，符合公平原则及等价有偿原则。

实务经验总结

前事不忘，后事之师。为避免未来发生类似败诉，提出如下建议：

合作开发房地产项目中，“五证”登记在合作一方名下的，该方无权以此为依据主张其享有合作项目全部开发房屋的所有权。该情形下法院会依据合作协议的约定以及房地产管理部门的登记情况判断所开发房屋的产权归属主体。

相关法律规定

《最高人民法院关于审理涉及国有土地使用权合同纠纷案件适用法律问题的解释》

第十四条　本解释所称的合作开发房地产合同，是指当事人订立的以提供出让土地使用权、资金等作为共同投资，共享利润、共担风险合作开发房地产为基本内容的协议。

以下为该案在最高法院审理阶段，裁判文书中“本院认为”部分就该问题的论述：

第二，关于合同约定由百货公司拥有的1—3层裙楼是否已由新洪公司买断，原判认定百货公司享有该争议房产产权是否正确的问题。

新洪公司在原审中主张其已经买断争议房产1—3层产权，主要依据是百货公司与新洪公司2001年2月17日签订的《补充协议》、2001年12月17日签订的《借款协议书》、江西高院执行局2001年9月4日、5日执行协调会会议纪要、(2001)赣执字第39-1号民事裁定书（以下简称39-1号裁定）以及合作项目的“五证”（土地使用权证、建设用地规划许可证、建设工程规划许可证、建设工程施工许可证、商品房预售许可证）均登记在新洪公司名下的事实。经审查，《补充协议》约定，为了将中百大厦项目用地从因建设银行贷款和赛福尔公司欠款所涉诉讼而进行的查封中解封出来，新洪公司同意帮助百货公司归还建设银行贷款本息730万元，归还赛福尔公司600万元，百货公司同意用合同约定其所获裙楼1、2、3层由新洪公司售后优先受偿，百货公司须在借款期满后一年内以商场招商收入偿还新洪公司债务；如到期不能归还该款，新洪公司须按百货公司指定的评估机构评估，价格须经百货公司同意并报百货公司主管部门批复同意后，方可收购并处置，总金额超出百货公司借款部分，由新洪公司全部付给百货公司。《借款协议》约定，为了完成项目土地转让手续，新洪公司暂借给百货公司726万元，百货公司于2002年12月31日必须归还，如到期不还，百货公司同意用中百大厦所得的第1、2层房屋由新洪公司销售后优先受偿等。江西高院执行局的协调会记录，仅有中国银行徐文斌和新洪公司章主恩参加，百货公司并未参加，记录内容并不涉及百货公司与新洪公司协商转让裙楼1—3层产权的问题。39-1号裁定仅叙述了将原查封的项目地块解封、变更查封中百大厦第一层和第二层的事实，并未体现新洪公司买断争议房产1—3层的事实。从以上新洪公司所提供的证据来看，《补充协议》和《借款协议》仅能证明：新洪公司与百货公司合作开发房地产过程中，双方为了合作项目能顺利进行，新洪公司同意以借款或为百货公司偿还部分债务的方式使项目用地解封出来继续开发，双方之间因此形成了借款关系，百货公司用其应得的裙楼1—3层作为抵押担保，在债务不能偿还时由新洪公司销售后优先受偿；但不能证明百货公司已经同意将1—3层裙楼产权以物抵债，或新洪公司已经买断该部分产权的事实。会议纪要以及39-1号裁定是应新洪公司的异议请求作出的，目的是为了大厦建设的需要，解除对百货公司拥有土地的查封，转而查封属于百货公司的涉案房产。虽然该裁定表述了新洪公司用涉案房产进行抵押的内容，但并非对涉案房产产权归属的确认。关于“五证”，新洪公司作为项目开发商，办在其名下符合常理，但持有“五证”并不能说明其拥有大厦全部房屋的所有权，从而否定联建合同对涉案房产所有权分配的约定。因此，新洪公司上述证据及理由不能证明其已经买断1—3层裙楼产权的诉讼主张。

百货公司与新洪公司签订的联建合同为有效合同，应受法律保护，按照合同约定，案涉裙楼1—3层属百货公司所有。在中百大厦建成后，房地产登记机关根据人民法院生效法律文书，为百货公司办理了争议房产的房产证及土地使用权证。根据公示公信原则，该争议房产的产权应属于百货公司所有。虽新洪公司对该房屋产权一直存有争议，但新洪公司所提出的执行异议经江西省井冈山市人民法院审查，认为其异议不能成立，已裁定予以驳回；此外，对于争议房产的权属，新洪公司本应通过正常的诉讼渠道寻求救济，但其一直怠于行使诉权，在此情况下，原审法院依据双方当事人签订的合同以及政府部门颁发的产权证，认定百货公司享有争议房屋产权并无不当。

075 合作开发房地产纠纷是否适用不动产专属管辖*

——合作开发房地产合同纠纷不属于不动产纠纷，不适用不动产专属管辖

关于合作开发房地产合同纠纷是否适用不动产专属管辖的问题，实践中裁判观点不一，本案例认为合作开发房地产合同纠纷不适用不动产专属管辖的规定，原因是 2015 年《最高人民法院关于适用〈中华人民共和国民事诉讼法〉的解释》列举的不动产纠纷类型不包含此类纠纷，本书作者倾向于认同该种观点。

裁判要旨

《最高人民法院关于适用〈中华人民共和国民事诉讼法〉的解释》第二十八条规定，“民事诉讼法第三十三条第一项规定的不动产纠纷是指因不动产的权利确认、分割、相邻关系等引起的物权纠纷。农村土地承包经营合同纠纷、房屋租赁合同纠纷、建设工程施工合同纠纷、政策性房屋买卖合同纠纷，按照不动产纠纷确定管辖”。因合作开发房地产项目而引发的纠纷，不属于该司法解释所列举的不动产纠纷类型。

案情简介

一、原宝根、李海生、杨存金向河南高院起诉称：2011 年，三原告与被告世景公司签订《合作开发协议》，约定由三原告投资开发东岗区棚户区改造项目，由庞太昌、富阳泰公司承担连带担保责任。由于世景公司违约，双方于 2014 年签订《变更协议》，约定三原告将上述项目移交给世景公司，世景公司补偿三原告 8500 万元，并支付三原告在项目中投入的全部本金及利息。世景公司按照《变更协议》向三原告支付了部分款项。为此，请求法院判令：世景公司、庞太昌、富阳泰公司支付三原告实施工程所投入的本金及利息 186899861 元，支付补偿款 8500 万元，共计 271899861 元。

二、河南高院受理该案后，世景公司在答辩期内提出管辖权异议，认为该案系

---

* 案件来源：原宝根、李海生等与山西世景房地产开发有限公司、山西富阳泰房地产经营有限公司等管辖裁定书［最高人民法院（2016）最高法民辖终 73 号］。

因开发建设太原市东岗片区棚户区改造项目而引起的纠纷，属不动产纠纷案件，应由不动产所在地法院管辖，请求将该案移送山西省高级人民法院审理。河南高院认为，该案不属于不动产纠纷，故裁定驳回世景公司提出的管辖权异议。

三、世景公司不服，上诉至最高法院，主张本案并非因合作开发太原市东岗片区改造项目而引发的债权债务纠纷，而属于具有物权性质的合作开发建设房地产合同纠纷，应适用不动产专属管辖。最高法院裁定：驳回上诉，维持河南高院裁定。

裁判要点

最高法院认定本案不适用不动产专属管辖的原因在于，本案的基础合同是《合作开发协议》和《变更协议》。《最高人民法院关于适用〈中华人民共和国民事诉讼法〉的解释》第二十八条规定，“民事诉讼法第三十三条第一项规定的不动产纠纷是指因不动产的权利确认、分割、相邻关系等引起的物权纠纷。农村土地承包经营合同纠纷、房屋租赁合同纠纷、建设工程施工合同纠纷、政策性房屋买卖合同纠纷，按照不动产纠纷确定管辖”。本案是因合作开发有关“棚户区改造项目”而引发的纠纷，不属于该司法解释所列举的不动产纠纷类型。

实务经验总结

前事不忘，后事之师。为避免未来发生类似败诉，提出如下建议：

一、在未约定管辖法院的情形下，合作开发房地产合同纠纷的原告可向被告住所地或者合同履行地法院起诉，但该类纠纷不适用不动产专属管辖的规定。

二、合作开发房地产合同的当事人可约定选择被告住所地、合同履行地、合同签订地、原告住所地、标的物所在地等与争议有实际联系的地点的法院管辖。

相关法律规定

《中华人民共和国民事诉讼法》

第二十三条 因合同纠纷提起的诉讼，由被告住所地或者合同履行地人民法院管辖。

第三十四条 合同或者其他财产权益纠纷的当事人可以书面协议选择被告住所地、合同履行地、合同签订地、原告住所地、标的物所在地等与争议有实际联系的地点的人民法院管辖，但不得违反本法对级别管辖和专属管辖的规定。

《最高人民法院关于适用〈中华人民共和国民事诉讼法〉的解释》

第二十八条　民事诉讼法第三十三条第一项规定的不动产纠纷是指因不动产的权利确认、分割、相邻关系等引起的物权纠纷。

农村土地承包经营合同纠纷、房屋租赁合同纠纷、建设工程施工合同纠纷、政策性房屋买卖合同纠纷，按照不动产纠纷确定管辖。

不动产已登记的，以不动产登记簿记载的所在地为不动产所在地；不动产未登记的，以不动产实际所在地为不动产所在地。

《最高人民法院关于珠海市东兴房产综合开发公司与珠海经济特区侨辉房产公司、中国农村发展信托投资公司浙江办事处合作经营房地产合同纠纷案管辖问题的通知》

广东省珠海市中级人民法院受理的珠海市东兴房产综合开发公司诉中国农村发展信托投资公司浙江办事处、珠海经济特区侨辉房产公司合作经营房地产合同纠纷一案与浙江省高级人民法院受理的中国农村发展信托投资公司浙江办事处诉珠海市东兴房产综合开发公司、珠海经济特区侨辉房产公司借款合同纠纷一案，都是因合作开发经营珠海市吉大 ZD92-04 号地块房地产项目而引起的纠纷，应当作为一案审理。房地产属不动产，根据《中华人民共和国民事诉讼法》第三十四条第（一）项的规定，因不动产纠纷提起的诉讼，由不动产所在地人民法院管辖。因此，本院根据《中华人民共和国民事诉讼法》第三十七条第二款的规定，指定本案由房地产所在地的广东省高级人民法院管辖。请浙江省高级人民法院将该案移送广东省高级人民法院审理。广东省高级人民法院应依法审理，公正作出判决。

《最高人民法院关于湖南省湘潭物资贸易中心与广东省湛江市海林实业开发总公司房地产开发合同纠纷案指定管辖的通知》

本案双方当事人之间因房地产开发而产生纠纷，根据《中华人民共和国民事诉讼法》第三十四条第（一）项的规定，因不动产纠纷提起的诉讼，由不动产所在地的人民法院管辖。本院根据《民事诉讼法》第三十七条第二款的规定，指定本案由湛江市中级人民法院管辖。湖南省湘潭市中级人民法院应将该案移送湛江市中级人民法院审理，湛江市中级人民法院应依法审理，公正作出裁决。

以下为该案在最高法院审理阶段，裁判文书中“本院认为”部分就该问题的论述：

本院认为，本案的基础合同是《合作开发协议》和“关于《合作开发协议》的变更协议”。《合作开发协议》是由原宝根、李海生、刘新法与世景公司于 2011 年 10 月 14 日所签订，约定由原宝根、李海生、刘新法三人投资开发东岗区棚户区改造项目。后刘新法病故，原宝根、李海生与世景公司于2013年12月25日签订一份“关于《合作开发协议》乙方（指原宝根、李海生）合作人变更确认书”，杨存金加入乙方作为上述项目开发合作人。之后，原宝根、李海生与世景公司又签订“关于《合作开发协议》的变更协议”，约定原宝根、李海生退出项目合作，世景公司给付8500万元作为对原宝根、李海生的最终补偿等。还约定，该“变更协议”在世景公司付清乙方（指原宝根、李海生等项目开发合作人）上述款项后生效；该协议生效同时，双方所签订的《合作开发协议》及与该项目有关合同、协议全部终止。《最高人民法院关于适用〈中华人民共和国民事诉讼法〉的解释》第二十八条规定：“民事诉讼法第三十三条第一项规定的不动产纠纷是指因不动产的权利确认、分割、相邻关系等引起的物权纠纷；农村土地承包经营合同纠纷、房屋租赁合同纠纷、建设工程施工合同纠纷、政策性房屋买卖合同纠纷，按照不动产纠纷确定管辖。”本案是因合作开发有关“棚户区改造项目”而引发的纠纷，不属于该司法解释所列举的不动产纠纷类型。依照《中华人民共和国民事诉讼法》第三十四条关于“合同或者其他财产权益纠纷的当事人可以书面协议选择被告住所地、合同履行地、合同签订地、原告住所地、标的物所在地等与争议有实际联系的地点的人民法院管辖，但不得违反本法对级别管辖和专属管辖的规定”的规定，案涉《合作开发协议》第十一条关于“因履行协议发生争议……协议各方同意将提交原告所在地有管辖权的法院解决”的约定符合上述法律规定。至于上诉人提出“变更协议”的效力问题，属于实体审理问题，不影响本管辖权异议案件的处理。本案原告住所地均在河南省行政辖区，被告住所地在山西省行政辖区内，诉讼标的额为2.7亿余元。一审法院立案时间是2015年2月28日。依照本院《关于调整高级人民法院和中级人民法院管辖第一审民商事案件标准的通知》（法发［2008］10号）关于河南省高级人民法院可管辖“诉讼标的额在1亿元以上的第一审民商事案件，以及诉讼标的额在5000万元以上且当事人一方住所地不在本辖区或者涉外、涉港澳台的第一审民商事案件”的规定，河南省高级人民法院有权作为一审法院受理本案。

延伸阅读

一、认定合资合作开发房地产合同纠纷属于不动产纠纷，应适用不动产专属管辖的案例（案例1）

案例1：厦门市成达实业发展有限公司等与南中投资集团（厦门）有限公司合资、合作开发房地产合同纠纷二审民事裁定书［最高人民法院（2014）民一终字第66号］认为，“关于本案纠纷的性质，即本案是不动产纠纷，还是一般合同纠纷，是各方当事人争议的焦点问题。所谓‘不动产’应该是指依其自然属性或者法律规定不可移动的土地、土地定着物、与土地尚未脱离的土地生成物、因自然或者人力添附于土地并且不能分离的其他物，其主要特点是不能移动，一旦移动就会改变其特性、损害其价值。在不动产纠纷中，其法律关系的特点是以不动产为标的物或者围绕不动产而引发的纠纷。房地产是最典型的不动产，本案中的《协议书》是以合同的形式约定了各方当事人开发建设、经营房地产的内容，其订立、履行与不动产的占有、使用、收益和处分密切相关，与其他非以不动产为标的物的合同纠纷或者涉及不动产因素的合同纠纷存在明显差别。另外，本院《关于亳州市都发房地产有限公司与无锡市璜佳装饰材料有限公司、铜陵华源地产开发有限责任公司合作开发协议纠纷一案指定管辖的通知》、《关于湖南省湘潭物资贸易中心与广东省湛江市海林实业开发总公司开发合同纠纷案指定管辖的通知》、《关于珠海市东兴房地产综合开发公司与珠海经济特区侨辉房产公司、中国农村发展信托投资公司浙江办事处合作经营房地产合同纠纷案管辖问题的通知》等三个指定管辖通知，都明确了房地产开发合同纠纷或者合资、合作开发房地产合同纠纷属于不动产纠纷。因此，上诉人主张本案是合同纠纷而并非不动产纠纷的上诉理由不能成立。”

二、认定合作开发房地产合同纠纷不适用不动产专属管辖的案例（案例2—案例4）

案例2：国兴环球土地整理开发有限公司与诚成置业有限公司合资、合作开发房地产合同纠纷二审民事裁定书［最高人民法院（2014）民一终字第280号］认为，“本案系因双方合资、合作开发房地产合同引发的纠纷，根据《中华人民共和国民事诉讼法》第二十三条的规定，应由被告住所地或者合同履行地的人民法院管辖。因双方合作协议的履行地在河北省香河县，且根据《全国各省、自治区、直辖市高级人民法院和中级人民法院管辖第一审民商事案件标准》的规定，河北省高级人民法院管辖诉讼标的额在1亿元以上的第一审民商事案件，以及诉讼标的额在5000万元以上且当事人一方住所地不在本辖区或者涉外、涉港澳台的第一审民商事案件，本案一审起诉的标的额符合河北省高级人民法院的一审受案标准。国兴公司主张其主要机构在北京市，但没有提供证据予以证明，且该主张不影响本案以合同履行地确定管辖。”

案例3：唐山中天房地产开发有限公司与董大见、蒋佰民合资、合作开发房地产合同纠纷申请再审民事裁定书［最高人民法院（2013）民申字第1125号］认为，“关于管辖问题。从本案双方诉辩争点看，核心问题是对于讼争房地产项目合作利润是否应分配以及应如何分配的问题，而非直接涉及讼争房地产本身，故本案并不属于《中华人民共和国民事诉讼法》规定的不动产专属管辖的情形。同时，在董大见、蒋佰民向秦皇岛市中级人民法院（以下简称秦皇岛中院）提起本案诉讼后，中天公司在答辩期内提出管辖权异议，该管辖权异议一案经过一、二审审理，河北省高级人民法院（2012）冀立民终字第12号民事裁定已以本案被告之一的中宇公司住所地在秦皇岛为由认定该院对本案享有管辖权，该认定并无不妥之处。综上，中宇公司关于即使按照一、二审判决的认定，本案属于合资、合作开发房地产合同纠纷，则基于不动产专属管辖的相关规定，本案应由唐山市中级人民法院管辖，而非秦皇岛中院管辖等申请理由不能成立。”

案例4：国兴环球土地整理开发有限公司与富力（北京）地产开发有限公司合资、合作开发房地产合同纠纷管辖权异议二审民事裁定书［最高人民法院（2016）最高法民辖终165号］认为，“本案系因国兴公司与富力（北京）地产公司履行《香河县蒋辛屯镇项目用地合作协议书》引发的合同纠纷，合同履行地是指合同主要义务的履行地。根据协议书中有关‘国兴公司保证其有权处置蒋辛屯镇范围内约9000亩用地’以及‘国兴公司选定富力（北京）地产公司作为合作方进行本项目及其用地的开发’等内容，可以认定河北省系《香河县蒋辛屯镇项目用地合作协议书》所指的项目所在地，亦为本案合同履行地。根据《中华人民共和国民事诉讼法》第二十三条的规定，国兴公司选择向合同履行地的法院提起诉讼并无不当。根据《最高人民法院关于〈调整高级人民法院和中级人民法院管辖第一审民商事案件标准〉的通知》（法发［2015］7号）的相关规定，本案第一审应由河北高院管辖。”

076 合作开发房地产项目登记在一方名下的土地是否属于共有财产*

——合作开发房地产项目取得的土地使用权即使登记在一方名下，亦属于合作双方的共同财产

本文梳理了关于合作开发房地产项目物权归属问题的三个裁判规则：一、合作开发房地产项目取得的土地使用权虽然登记在一方名下，但属于合作双方的共同财产（主文案例）；二、在未约定为按份共有或者共同共有，当事人也不具有家庭关系的情形下，合作开发房地产项目取得的土地使用权为当事人按份共有（延伸阅读案例1）；三、合作开发房地产项目的收益分配请求权属于债权，而非对合作项目的土地使用权和地上建筑物的物权（延伸阅读案例2）。

裁判要旨

合作开发房地产项目约定以一方名义办理土地使用权出让手续的，该土地使用权虽然登记在该方名下，但属于双方共同投资合作开发期间所取得的共同财产，并非该方单独所有的财产。

案情简介

一、2006年，敬业公司与城建公司签订《房地产项目合作开发协议》，约定双方合作开发房地产，城建公司以自己的名义参加某宗商住建设用地的挂牌出让；城建公司具备房地产开发所需的资质条件，联合开发项目的土地出让、建设审批、房屋销售等手续均以城建公司名义办理；双方共同为该合作项目提供资金。夏津县人民政府于2007年颁发了夏国用（2007）字第094号《国有土地使用权证书》（以下称“94号土地使用权证”），证书记载的使用权人为城建公司。

二、后双方在履行合同中发生争议，敬业公司向德州中院起诉，请求：解除《房地产项目合作开发协议》；城建公司向敬业公司支付应分得资产的对价款42887283元。城建公司提起反诉，请求：解除《房地产项目合作开发协议》，确认

* 案件来源：淄博市临淄区城市建设综合开发公司与淄博敬业燃料有限公司一般房地产开发经营合同纠纷申请再审民事裁定书［最高人民法院（2013）民申字第2384号］。

敬业公司无权分配利润；确认 94 号土地是城建公司独自投资取得的，不属于联营共同财产。

三、德州中院认定：94 号土地使用权证记载的国有土地使用权人虽然是城建公司，但实为双方共同投资合作开发期间所取得的共同财产，并非城建公司单独所有的财产，双方均有权利要求分割合作期间所取得的全部财产。判决：解除《房地产项目合作开发协议》；城建公司支付敬业公司应分得财产的对价款 42410150.73 元。

四、城建公司、敬业公司均不服，上诉至山东高院。山东高院认定在实物资产不能实际分割，且在城建公司实际占有控制实物资产的情况下，敬业公司主张应分得资产对价款是正当的。山东高院改判城建公司支付敬业公司应分得财产的对价款 39710150.73 元，维持其他判项。

五、城建公司仍不服，向最高法院申请再审，主张城建公司是 94 号土地的唯一使用权人。最高法院未支持其主张。

裁判要点

法院认定涉案土地使用权为合作双方共同财产的原因在于：首先，城建公司与敬业公司在合作开发协议中约定，城建公司具备房地产开发所需的资质条件，为合作项目的对外名义开发商，联合开发项目的土地出让、建设审批、房屋销售等手续均以城建公司名义办理，以确保该合作开发项目的合法性。因此，涉案 94 号土地使用权证上载明的权利人虽然是城建公司，但该土地使用权实际上为双方履行合作开发协议的结果。其次，对于涉案国有土地使用权的获得，城建公司与敬业公司均投入了资金。因此，94 号土地使用权并非城建公司单独所有的财产，而是双方共同投资合作开发期间所取得的共同财产。

实务经验总结

前事不忘，后事之师。为避免未来发生类似败诉，提出如下建议：

一、合作开发房地产项目取得的项目土地使用权即使登记在合作一方名下，该土地使用权也并非一方单独所有的财产，而是合作各方共有的财产，一方无权请求确认该土地使用权属于其单独所有。

二、如果当事人在合作开发过程中发生争议，应当尽早协商解除合作开发合同，或者在享有单方解除权的情形下解除合作开发合同，以避免对于未来取得的土地使用权属于合作项目共有财产还是单独所有财产发生争议。

相关法律规定

《最高人民法院关于审理涉及国有土地使用权合同纠纷案件适用法律问题的解释》

第十四条 本解释所称的合作开发房地产合同，是指当事人订立的以提供出让土地使用权、资金等作为共同投资，共享利润、共担风险合作开发房地产为基本内容的协议。

以下为该案在最高法院审理阶段，裁判文书中“本院认为”部分就该问题的论述：

关于涉案土地使用权是否为合作双方共同取得的问题。城建公司与敬业公司在合作开发协议中约定：“城建公司具备房地产开发所需的资质条件，为合作项目的对外名义开发商，联合开发项目的土地出让、建设审批、房屋销售等手续均以城建公司名义办理，以确保该合作开发项目的合法性。”因此，涉案夏国用（2007）字第094号国有土地使用权证上载明的权利人虽然是城建公司，但实际上为双方履行合作开发协议的结果。对于涉案国有土地使用权的获得，除城建公司投入的资金外，敬业公司亦根据合作开发协议的约定投入1000万元。因此，涉案夏国用（2007）字第094号国有土地使用权为双方共同投资合作开发期间所取得的共同财产，并非城建公司单独所有的财产。

延伸阅读

裁判规则一：在未约定为按份共有或者共同共有，当事人也不具有家庭关系的情形下，合作开发房地产项目取得的土地使用权为当事人按份共有。

案例1：姜柏佃、曹全金与海南鑫保罗投资开发有限公司合资、合作开发房地产合同纠纷申请再审民事裁定书［最高人民法院（2014）民申字第466号］认为，“关于曹全金与姜柏佃对涉案土地使用权是否系按份共有的问题。本案中，曹全金主张与姜柏佃2003年9月9日共同参加竞拍并成功竞得涉案土地的事实，已被发生法律效力的海口中院1722号判决所认定，虽曾办理至曹全金、姜柏佃名下的涉案土地使用权被海南省海口市中级人民法院（2008）海中法行初字第26号行政判决撤销，海口市国土管理部门至今未对涉案土地重新进行不动产登记，但涉案土地使用权证被撤销的事实，并不影响曹全金、姜柏佃于2003年9月9日共同参加竞拍并成功竞得涉案土地事实的认定。参照《中华人民共和国物权法》第一百零三条的规定，共有人对共有的不动产或者动产没有约定为按份共有或者共同共有，或者约定不明确的，除了共有人具有家庭关系等外，视为按份共有。本案中，《协议书》虽表述‘双方共同投资购买该地块土地和新建昆源别墅（暂定名称）’的内容，但从该协议关于投资金额、项目投资股份及投资比例、股份转让、土地证的办理等情况看，均不能直接认定上述的表述即为涉案土地共同共有的约定，至少上述表述对双方是否为共同共有的约定并不明确，在双方不具有家庭关系等特定关系的情况下，二审判决推定双方对涉案土地使用权为按份共有，在适用法律上并无不当。”

裁判规则二：合作开发房地产项目的收益分配请求权属于债权，而非对合作项目的土地使用权和地上建筑物的物权。

案例 2：深圳富山宝实业有限公司与深圳市福星股份合作公司、深圳市宝安区福永物业发展总公司、深圳市金安城投资发展有限公司二审民事判决书［最高人民法院（2010）民一终字第 45 号］认为，“第一，从双方约定看，根据双方签订的《合作投资兴建三星花园合同书》的约定，福星公司以提供土地、富山宝公司以提供建设资金作为投资条件，涉案项目所得的利润以商住楼销售扣除福永公司挂靠费后分成，利润 25%归福星公司，75%归富山宝公司，双方共同管理的固定资产经营或承包、转让等分成则按福星公司占 35%，富山宝公司占 65%；随后双方签订的《补充协议》约定，福星公司将其按照上述合作合同书应得的商住楼面积的 25%以固定价格转让给富山宝公司，但同时明确了双方共同管理经营之宾馆、商场铺位为双方共同的固定资产，其产权及利润分成仍为福星公司占 35%，富山宝公司占 65%，且已售的商住楼的管理收入利润按固定资产的分成比例即 35∶65 分成；由双方组建物业公司，共同合作管理 50 年。从上述内容可以看出，双方之间系就合作项目的利润而非不动产物权所作的分配约定，《补充协议》则是对分配比例进行的部分调整。富山宝公司享有的是合同权益，就其性质而言应属于债权，而不是对‘金银城’项目上的土地和地上建筑物享有 75%的物权。”

077 合作开发房地产合同解除后，当事人是否仍可请求分配利润*

——合作开发房地产合同中的利润分配约定不属于结算和清理条款

实践中合作开发房地产合同解除后，部分当事人认为自己的损失未得到充分弥补，请求依据合同中的利润分配条款分配项目利润，该请求能否获得法院的支持？最高法院对此持否定态度。有鉴于此，当事人可事先在合作开发房地产合同中增加结算和清理条款，以增强合同解除后纠纷处理方式的可预见性，避免对相关问题的处理发生争议。

裁判要旨

合资合作开发房地产合同中关于利润分配的约定，系合同的主要内容，不属于结算和清理条款，因此当事人在合同解除后不再享有依据该约定分配利润的权利。

案情简介

一、晶鑫公司与康莲签订《房地产联合开发合同》，合资合作开发房地产。

二、后晶鑫公司与康莲签订补充协议，约定解除《房地产联合开发合同》，晶鑫公司退出案涉项目的合资合作开发，康莲退还晶鑫公司全部投资款项。

三、晶鑫公司主张其在合同解除后仍享有分配利润的权利。一、二审判决认定，晶鑫公司与康莲就《房地产联合开发合同》约定的相应权利义务已经终止，晶鑫公司不再享有该合同项下权利。

四、晶鑫公司不服，向最高法院申请再审，主张其与康莲虽然约定变更后由康莲开发案涉项目，并承担开发的风险，但这并不能得出晶鑫公司对变更前项目利润分配不再享有权利的结论；案涉项目销售收入已超一个亿，晶鑫公司未分得任何利润，显失公平。最高法院裁定驳回晶鑫公司的再审申请。

---

* 案件来源：康莲、博尔塔拉蒙古自治州博源房地产开发有限公司、博尔塔拉蒙古自治州博源拍卖有限公司、康江文与博尔塔拉蒙古自治州晶鑫房地产开发有限公司合资、合作开发房地产合同纠纷申请再审民事裁定书［最高人民法院（2015）民申字第94号］。

裁判要点

最高法院认定晶鑫公司不享有利润分配权利的原因在于，晶鑫公司与康莲已协商一致，解除《房地产联合开发合同》，《房地产联合开发合同》约定的相应权利义务已经终止，晶鑫公司不再享有该合同项下权利。

晶鑫公司认为其在合同解除后依据结算清理条款仍享有分配利润的权利，对此最高法院认为，"《房地产联合开发合同》中关于双方利润分配的约定，系合资合作开发房地产合同的主要内容，显然不属于合同中的结算清理条款"，因此晶鑫公司的主张缺乏事实和法律依据。

实务经验总结

前事不忘，后事之师。为避免未来发生类似败诉，提出如下建议：

一、合作开发房地产合同解除后，当事人可以请求恢复原状、赔偿损失，主张违约责任等，但是无权请求依据利润分配条款进行利润分配。

二、当事人可事先在合作开发房地产合同中约定合同解除后投资、收益的处理方案、损失的计算方法等，即增加结算和清理条款，避免在合同解除后对相关问题的处理发生争议。

相关法律规定

《中华人民共和国合同法》

第九十三条 当事人协商一致，可以解除合同。

当事人可以约定一方解除合同的条件。解除合同的条件成就时，解除权人可以解除合同。

第九十七条 合同解除后，尚未履行的，终止履行；已经履行的，根据履行情况和合同性质，当事人可以要求恢复原状、采取其他补救措施，并有权要求赔偿损失。

第九十八条 合同的权利义务终止，不影响合同中结算和清理条款的效力。

以下为该案在最高法院审理阶段，裁判文书中"本院认为"部分就该问题的论述：

晶鑫公司与康莲以及晶鑫公司、康莲、博元拍卖公司于2010年5月15日签订的协议及补充协议明确约定，晶鑫公司退出与康莲就案涉项目的合资合作开发，双方原《房地产联合开发合同》及《补充协议》解除，康莲退还晶鑫公司全部投资款项。上述协议约定已经实际履行完毕，一审、二审判决认定，晶鑫公司与康莲就《房地产联合开发合同》约定的相应权利义务已经终止，晶鑫公司不再享有该合同项下权利正确。《房地产联合开发合同》中关于双方利润分配的约定，系合资合作开发房地产合同的主要内容，显然不属于合同中的结算清理条款，故晶鑫公司认为其在合同解除后依据结算清理条款仍享有分配利润的权利，缺乏事实和法律依据。上述解除协议就原合作协议解除的约定清楚，补充协议进一步约定晶鑫公司不再承担案涉项目的开发风险，全部风险由康莲承担。现晶鑫公司已经退出案涉项目，康莲也已退还全部投资款。本院认为，合资、合作开发合同的基本特点为共同投资、共担风险、共享利润，合作合同解除后，晶鑫公司退出合作项目，不再承担开发风险，其主张分配开发利润，缺乏事实和法律依据。虽然双方上述解除协议有“未尽事宜双方协商解决”的约定，但就该约定系指向晶鑫公司继续享有原合作开发合同项下利润分配权利的事实，晶鑫公司应提供证据证明，在晶鑫公司未举证证明的情况下，二审判决认定该约定系指双方当事人可以就解除协议中未明确约定的解除开发合同之外的事项另行协商解决，并无不当。晶鑫公司主张其与康莲、博源拍卖公司签订补充协议，要求博源拍卖公司作为担保方，隐含了晶鑫公司对案涉项目具有利润分配权的含义，但未就此提供其他证据证明。本院认为，结合晶鑫公司与康莲签订的解除协议中约定，康莲负有退还晶鑫公司投资款500万元义务的事实，不能认定博源拍卖公司的上述担保系就项目利润分配义务的担保，晶鑫公司的上述申请再审理由，不能成立。由于晶鑫公司退出案涉项目开发后，不再享有分配项目利润的权利，故一审、二审法院对晶鑫公司提出的调取证据核实案涉项目实际利润之申请未予准许正确。

延伸阅读

裁判规则一：合作开发房地产合同中关于可提前或阶段性按比例分配利润的约定可视为具有清算性质的条款。

案例1：于文正、孙怀美与威海天和房地产开发有限公司、闫伟健合资、合作开发房地产合同纠纷申诉、申请再审民事裁定书［最高人民法院（2016）最高法民申3419号］认为，“综合《合作备忘录》第三条‘双方持有比例’及第六条‘项目运行过程中，万隆公司与被告天和公司双方同意可提前或阶段性按比例分配’的约定，‘万隆公司在该项目中占55%，天和公司占45%’可视为具有清算性质的条款。退一步而言，即使合同的权利义务终止，也不影响合同中结算和清理条款的效力。故原判决综合本案的实际情况，依照该条款的约定进行清算，适用法律并无不当。”

裁判规则二：合作开发房地产合同解除后即已终止履行，当事人不再享有项目利益分配请求权。

案例2：福建新高升房地产有限公司与福建嘉龙房地产开发有限公司合资、合作开发房地产合同纠纷申请再审民事裁定书［最高人民法院（2014）民申字第923号］认为，“嘉龙公司主张《项目合作协议》明确约定了嘉龙公司投资款的返还时间及收益的分配时间，且实际住宅面积已经最终审批确定，投资总额也据此可以确定。即使协议已解除，也应当对案涉项目进行评估清算后确定应当返还嘉龙公司的款项。《中华人民共和国合同法》第九十七条规定：合同解除后，尚未履行的，终止履行；已经履行的，根据履行情况和合同性质，当事人可以要求恢复原状、采取其他补救措施，并有权要求赔偿损失。合同因嘉龙公司违约已解除，尚未履行的合同应终止履行，已经履行的部分，可以依当事人的要求恢复原状，即返还嘉龙公司投资款。福建高院认定嘉龙公司的1500万元投资款是货币，系可以返还的种类物并判令返还，并无不当。嘉龙公司作为违约方，其自身违约行为导致合同解除，合同已终止履行，对于其要求根据约定条款进行结算，对已投资的份额参与分配收益的请求不成立。福建高院判决适用法律正确，应予维持。”

第七章　集体土地流转

078 集体土地、小产权房可否入市交易？为此订立的合同是否有效*

——城市居民购买集体土地使用权及地上房屋的合同原则上为无效合同

“小产权房”是指在农村集体土地上建设的房屋，未缴纳土地出让金等费用，未取得国有建设用地权属证书，也未取得规划、施工许可。转让集体土地使用权用于非农建设订立的合同是否有效？城市居民购买集体土地上建设的“小产权房”订立的合同是否有效？

本书作者检索了近几年最高法院的案例，均认为转让集体土地使用权用于非农建设订立的合同为无效合同，城市居民购买集体土地上建设的“小产权房”订立的合同亦为无效合同。

本书作者也关注到有地方法院认定“小产权房”买卖合同为有效合同，或者认定“小产权房”纠纷不宜由法院直接审理，应先行由行政机关处理，裁定驳回当事人的起诉。但是即使认定“小产权房”买卖合同为有效合同，根据相关规定，该房屋也不能办理不动产登记，不能实际取得物权。

因此本书作者提醒大家切勿贪图便宜购买“小产权房”，切勿直接购买集体土地使用权用于非农建设。

需要关注的是，2019 年 8 月 26 日修改的《中华人民共和国土地管理法》第六十三条第一款规定：“土地利用总体规划、城乡规划确定为工业、商业等经营性用途，并经依法登记的集体经营性建设用地，土地所有权人可以通过出让、出租等方式交由单位或者个人使用，并应当签订书面合同，载明土地界址、面积、动工期限、使用期限、土地用途、规划条件和双方其他权利义务。”据此，该修改生效后，集体经营性建设用地可以直接入市交易。

---

* 案件来源：刘玉柱、刘玉刚与张亚军确认合同无效纠纷申诉、申请再审民事裁定书［最高人民法院（2016）最高法民申 970 号］。

裁判要旨

除符合土地利用总体规划并依法取得建设用地的企业，因破产、兼并等致使土地使用权依法发生转移的情形外，城市居民购买建造在农村集体所有土地上的房屋，违反了《中华人民共和国土地管理法》的强行性规定，因此房屋买卖合同无效。

案情简介

一、刘玉柱、刘玉刚是城市居民，2014 年 2 月，刘玉柱与张亚军就位于凤凰镇回新村的某房屋达成买卖协议，房屋价款为 56 万元，房屋用地属于农村集体所有的土地。刘玉刚将房款汇入张亚军账户，张亚军出具了收据，并将房屋钥匙交予刘玉柱。刘玉柱、刘玉刚自 2014 年 2 月起已实际使用该房屋。

二、刘玉柱、刘玉刚向临夏中院提起诉讼，请求判令：确认双方所签协议无效，张亚军返还购房款 56 万元及利息 4.2 万元。张亚军提起反诉，请求判令：刘玉柱、刘玉刚支付房屋使用费 13.6 万元，赔偿经济损失 2 万元。

三、临夏中院认为，本案交易房屋属国家禁止交易的“小产权房”，房屋买卖协议违反相关法律、行政法规的强制性规定，判决：房屋买卖协议无效；张亚军返还刘玉柱、刘玉刚购房款 56 万元；刘玉柱、刘玉刚将房屋返还给张亚军，刘玉柱、刘玉刚给付张亚军房屋损失费 2.25 万元。

四、刘玉柱、刘玉刚与张亚军均不服临夏中院判决，向甘肃高院提起上诉，甘肃高院判决驳回上诉，维持原判。刘玉柱、刘玉刚不服甘肃高院判决，向最高法院申请再审，最高法院裁定驳回其再审申请。

裁判要点

首先，刘玉柱、刘玉刚为城市居民，张亚军出售给刘玉柱、刘玉刚的房屋建造在农村集体所有土地上，违反了《中华人民共和国土地管理法》（2004 年版）第六十三条[①]关于“农民集体所有的土地的使用权不得出让、转让或者出租用于非农业建设；但是，符合土地利用总体规划并依法取得建设用地的企业，因破产、兼并等情形致使土地使用权依法发生转移的除外”的强行性规定，因此法院认定讼争房屋

① 2019 年 8 月 26 日修改的《中华人民共和国土地管理法》对该条进行了修改。

买卖合同无效。

其次，双方明知案涉房屋建造在农村集体所有土地上，对于房屋买卖合同无效均具有过错，根据《中华人民共和国合同法》第五十八条规定，应各自承担相应的责任。据此，法院判决张亚军返还刘玉柱、刘玉刚支付的购房款，刘玉柱、刘玉刚向张亚军返还讼争房屋，同时鉴于刘玉柱、刘玉刚已实际占有使用讼争房屋，故参照同类房屋租金标准酌定刘玉柱、刘玉刚承担房屋使用费的一半。

实务经验总结

前事不忘，后事之师。为避免未来发生类似败诉，提出如下建议：

一、切勿购买集体土地上建设的“小产权房”，因该类交易订立的合同为无效合同。即使有少数法院认定“小产权房”买卖合同为有效合同，根据有关规定，房屋也不能办理不动产登记，购买人不能实际取得物权。合同被认定无效后，法院可能判决购买方支付实际占用房屋期间的房屋使用费。

二、对于“小产权房”出售方而言，购买者可诉请确认房屋买卖合同无效，请求返还购房款。此外根据《中华人民共和国土地管理法》相关规定，违反土地利用总体规划擅自将农用地改为建设用地，可能面临建筑物被限期拆除的行政处罚。

三、《中华人民共和国土地管理法》已于2019年8月26日进行了修改，修改部分于2020年1月1日生效后，集体经营性建设用地可以直接入市交易。

相关法律规定

《中华人民共和国土地管理法》

第六十三条 土地利用总体规划、城乡规划确定为工业、商业等经营性用途，并经依法登记的集体经营性建设用地，土地所有权人可以通过出让、出租等方式交由单位或者个人使用，并应当签订书面合同，载明土地界址、面积、动工期限、使用期限、土地用途、规划条件和双方其他权利义务。

前款规定的集体经营性建设用地出让、出租等，应当经本集体经济组织成员的村民会议三分之二以上成员或者三分之二以上村民代表的同意。

通过出让等方式取得的集体经营性建设用地使用权可以转让、互换、出资、赠与或者抵押，但法律、行政法规另有规定或者土地所有权人、土地使用权人签订的书面合同另有约定的除外。

集体经营性建设用地的出租，集体建设用地使用权的出让及其最高年限、转让、互换、出资、赠与、抵押等，参照同类用途的国有建设用地执行。具体办法由国务院制定。

第七十四条 买卖或者以其他形式非法转让土地的，由县级以上人民政府自然资源主管部门没收违法所得；对违反土地利用总体规划擅自将农用地改为建设用地的，限期拆除在非法转让的土地上新建的建筑物和其他设施，恢复土地原状，对符合土地利用总体规划的，没收在非法转让的土地上新建的建筑物和其他设施；可以并处罚款；对直接负责的主管人员和其他直接责任人员，依法给予处分；构成犯罪的，依法追究刑事责任。

《中华人民共和国城市房地产管理法》

第九条 城市规划区内的集体所有的土地，经依法征收转为国有土地后，该幅国有土地的使用权方可有偿出让，但法律另有规定的除外。

《中华人民共和国合同法》

第五十二条 有下列情形之一的，合同无效：

……

（五）违反法律、行政法规的强制性规定。

第五十八条 合同无效或者被撤销后，因该合同取得的财产，应当予以返还；不能返还或者没有必要返还的，应当折价补偿。有过错的一方应当赔偿对方因此所受到的损失，双方都有过错的，应当各自承担相应的责任。

《最高人民法院关于适用〈中华人民共和国合同法〉若干问题的解释（二）》

第十四条 合同法第五十二条第（五）项规定的“强制性规定”，是指效力性强制性规定。

《国务院办公厅关于严格执行有关农村集体建设用地法律和政策的通知》

农村住宅用地只能分配给本村村民，城镇居民不得到农村购买宅基地、农民住宅或“小产权房”。单位和个人不得非法租用、占用农民集体所有土地搞房地产开发。农村村民一户只能拥有一处宅基地，其面积不得超过省、自治区、直辖市规定的标准。农村村民出卖、出租住房后，再申请宅基地的，不予批准。

《国土资源部办公厅、住房和城乡建设部办公厅关于坚决遏制违法建设、销售“小产权房”的紧急通知》

一、正确认识“小产权房”问题的危害性和严重性

建设、销售“小产权房”，严重违反土地和城乡建设管理法律法规，不符合土地利用总体规划和城乡建设规划，不符合土地用途管制制度，冲击了耕地保护红线，扰乱了土地市场和房地产市场秩序，损害了群众利益，影响了新型城镇化和新

农村建设的健康发展，建设、销售和购买“小产权房”均不受法律保护。要全面、正确地领会十八届三中全会关于建立城乡统一的建设用地市场等改革措施，坚持依法依规，严格执行土地利用总体规划和城乡建设规划，严格实行土地用途管制制度，严守耕地红线，坚决遏制在建、在售“小产权房”行为。

《北京市高级人民法院关于审理婚姻纠纷案件若干疑难问题的参考意见》

三十五、【小产权房分割】对于已被有权机关认定为违法建筑的小产权房，不予处理；但违法建筑已经行政程序合法化的，可以对其所有权归属做出处理。

对于虽未经行政准建，但长期存在且未受到行政处罚的房屋，可以对其使用做出处理。在处理使用时，人民法院应向当事人释明变更相关诉讼请求。在处理相关房屋的使用归属时，能分割的进行分割，不能分割的可采用协商、竞价、询价等方式进行给予适当补偿。

在涉小产权房分割案件中，应在判决论理部分中明确使用处理的判决内容不代表对小产权房合法性的认定，不能以此对抗行政处罚、不能作为产权归属证明或拆迁依据等。

《海南省高级人民法院关于办理商品房买卖合同纠纷案件的指导意见（试行）》

22. 城镇居民就农村集体土地上修建的“小产权房”与他人所签订的买卖合同无效，由此而造成的损失由双方按过错责任大小分担。

《山东省高级人民法院2011年民事审判工作会议纪要》

对于因买卖在集体所有的土地上开发的“小产权房”而引发的纠纷案件，要严格贯彻国家的公共政策和诚信交易秩序，依法确认“小产权房”买卖合同无效，并通过出卖人承担缔约过失责任等方式避免当事人之间利益关系失衡。

《山东省高级人民法院2008年民事审判工作会议纪要》

（三）关于城镇居民购买农村村民私有房屋和“小产权房”的效力问题。宅基地使用权是我国农村集体经济组织成员享有的一项用益物权，与物权人特定的身份具有密切的联系。对于建立于集体所有土地之上的宅基地使用权的买卖问题，我国法律包括物权法均没有明确规定，因此应当适用国家有关政策的规定进行裁判。国务院办公厅1999年5月6日发布的《关于加强土地转让管理，严禁炒卖土地的通知》第二条第2款规定，“农村的住宅不得向城市居民出售”；2004年12月24日国务院在《关于深化改革严格土地管理的规定》中再次强调，“加强农村宅基地管理，禁止城镇居民在农村购置宅基地”。法律也明确规定禁止农村宅基地随意转让和抵押，可见，国家现行政策明确规定禁止城镇居民在农村购买宅基地或者地上建筑物，因此，人民法院应当按照《2005年全省民事审判工作座谈会纪要》的意见，据此认定城镇居民与农村居民之间签订的房屋或者宅基地的买卖合同为无效合同，不支持城镇居民要求在农村购买宅基地或者房屋的诉讼请求。

对于本集体经济组织之外的其他集体经济组织成员购买农村居民宅基地和住宅的，应当如何处理，法律未明确规定。由于农村宅基地具有极强的福利和保障性质，且是本集体经济组织成员无偿取得的，由此，取得宅基地使用权的主体应当限于本集体经济组织成员，否则将会扰乱现行的集体土地管理秩序和农村经济管理体制，因此，对本集体经济组织之外的村民购买本集体经济组织成员的宅基地和房屋的，原则上也应当确认为无效。

对于农村集体经济组织自行开发的“小产权房”的买卖问题，按照我国现行房地产管理法规的规定，我国集体所有的土地在未办理国家征收手续转为国有土地之前，禁止进入房地产市场，由此，集体经济组织开发“小产权房”的行为是不受法律保护的，买卖“小产权房”合同实质上变相买卖农村宅基地，也不可能办理物权变动手续，因此，“小产权房”的买卖合同也应当认定为无效。

以下为该案在最高法院审理阶段，裁判文书中“本院认为”部分就该问题的论述：

本案争议焦点为合同无效后双方责任的认定问题。张亚军出售给刘玉柱、刘玉刚的房屋系建造在农村集体所有土地上，违反了《中华人民共和国土地管理法》第六十三条“农民集体所有的土地的使用权不得出让、转让或者出租用于非农业建设；但是，符合土地利用总体规划并依法取得建设用地的企业，因破产、兼并等情形致使土地使用权依法发生转移的除外”的强行性规定，故二审判决认定讼争房屋买卖合同无效并无不妥。刘玉柱在购买讼争房屋之前已经到现场进行查看了解；2014年2月9日《房屋买卖协议书》约定“甲方（即张亚军）与刘少华签订的联建协议书中的相关权利随即转让给乙方（即刘玉柱、刘玉刚）享有”，从《联建协议书》载明的内容，可以得知讼争房屋系建造于农村集体所有土地上；刘玉柱签字的《售房合同》中也明确载明讼争房屋土地所有权性质为集体所有。综上，可以认定刘玉柱、刘玉刚在签订讼争房屋买卖合同时对于土地性质是知情的，现虽主张张亚军是以引诱、欺诈的方式骗取其缔结讼争房屋买卖合同，但并没有提交相应的证据予以证明，故对于该申请理由，本院不予支持。由于双方当事人对于讼争房屋买卖合同无效均具有过错，根据《中华人民共和国合同法》第五十八条规定，应各自承担相应的责任。据此，二审法院判决张亚军返还刘玉柱、刘玉刚支付的购房款，刘玉柱、刘玉刚向张亚军返还讼争房屋，同时鉴于刘玉柱、刘玉刚已实际占有使用讼争房屋，故参照同类房屋租金标准酌定刘玉柱、刘玉刚承担房屋使用费的一半，符合上述法律规定，该裁量权的行使无明显不当，本院予以维持。

延伸阅读

除符合土地利用总体规划并依法取得建设用地的企业，因破产、兼并等致使土地使用权依法发生转移的情形外，集体土地使用权及地上建筑物入市交易签订的合同是否有效的相关案例：

一、认定集体土地使用权及其地上建筑物入市交易签订的合同无效的案例（案例1—案例17）

案例1：刘柬与海南通澳经济开发投资有限公司项目转让合同纠纷申请再审民事裁定书［最高人民法院（2013）民申字第594号］认为，“海南省高级人民法院（2009）琼行终字第63号生效行政判决查明，‘1997年9月和1998年6月通什市政府向海南省人民政府报告调整后的机场用地（624.36亩）的征用、出让事宜，请省政府审批。海南省建设厅土地管理处就调整机场用地问题书面答复通什市政府需先兑现农民征地款等再报批，未予批准’。通澳公司与刘柬签订《五指山民用机场项目合作转让合同书》时，省政府未予批准，案涉土地性质仍属集体所有。依据《中华人民共和国土地管理法》第六十三条关于‘农民集体所有的土地的使用权不得出让、转让或出租用于非农业建设；但是，符合土地利用总体规划并依法取得建设用地的企业，因破产、兼并等情形致使土地使用权依法发生转移的除外’的规定，农民集体所有的土地使用权不得转让。上述行政判决同时认定：‘五指山市政府对于1699亩国有土地使用权是无权转让的’、‘五指山市政府出让1738亩的土地给通澳公司并颁发《国有土地使用证》的行政行为，已超越其行政职权，因此，五指山市政府的上述行为不合法’。案涉通国用（2000）字第120号土地使用权证已不能证明通澳公司合法取得了该证项下的土地使用权，故海南省高级人民法院认定通澳公司以该证项下的土地使用权为标的与刘柬签订的《五指山民用机场项目合作转让合同书》无效，并无不当。”

案例2：郭亚辉与王根平合同纠纷二审民事判决书［最高人民法院（2014）民一终字第319号］认为，“案涉房屋建设在集体所有的土地上，至今未办理农用地转为建设用地相关审批手续，王根平与郭亚辉签订的《增资合作协议书》及《增资合作协议书补充协议》，违反了《中华人民共和国土地管理法》第六十三条之规定，根据《中华人民共和国合同法》第五十二条第五项之规定，应当认定为无效。”

案例3：沈阳鹏润房地产开发有限公司与沈阳市皇姑区陵东街道东窑村民委员

会合同纠纷申诉、申请再审民事判决书［最高人民法院（2016）最高法民再4号］认为，“但在本院审查与审理过程中，鹏润公司均当庭明确陈述，其之所以与东窑村委会签订本案《土地腾迁合同书》，目的在于房地产开发，实际就是要建设‘小产权房’，并非是为了日后获得腾迁土地优先摘牌的权利，其也没有这方面的经济实力参与摘牌，其公司以类似所谓土地整理腾迁的模式已开发过房产。鹏润公司此等陈述，与东窑村委会关于腾迁合同目的在于出让土地的辩称，实质上相互吻合。本案双方所谓的‘出让’或商品房建设，实质就是规避国家关于土地出让的相关法律规定，目的就是不办理法定的土地出让手续而实施商品房开发。对此，《中华人民共和国城市房地产管理法》第九条规定：‘城市规划区内的集体所有的土地，经依法征用转为国有土地后，该幅国有土地的使用权方可有偿出让。’该法第十五条进一步规定：‘土地使用权出让，应当签订书面出让合同。土地使用权出让合同由市、县人民政府土地管理部门与土地使用者签订。’《中华人民共和国土地管理法》第六十三条也规定：‘农民集体所有的土地的使用权不得出让、转让或者出租用于非农业建设；但是，符合土地利用总体规划并依法取得建设用地的企业，因破产、兼并等情形致使土地使用权依法发生转移的除外。’很显然，本案双方所签《土地腾迁合同书》的实质目的违反了以上法律的强制性规定，根据《中华人民共和国合同法》第五十二条第（三）项之规定，以合法形式掩盖非法目的之合同应为无效，原审关于本案合同有效的认定，属于适用法律确有错误。”

案例4：唐山市路南区女织寨乡郑家庄村民委员会与唐山中天房地产开发有限公司合同纠纷申请再审民事判决书［最高人民法院（2016）最高法民再96号］认为，“中天公司与郑家庄村委会于2008年5月28日签订的《合作协议》约定，郑家庄村委会出地、中天公司出资，对郑家庄新村址可用面积约296.77亩的土地进行整体改造；中天公司自负盈亏，独立承担责任；村民安置房（含村委会办公用房）总面积为106000平方米（地下室除外），其余部分用于销售，销售收入归中天公司以便其收回投资。《最高人民法院关于审理涉及国有土地使用权合同纠纷案件适用法律问题的解释》第二十四条规定：‘合作开发房地产合同约定提供土地使用权的当事人不承担经营风险，只收取固定利益的，应当认定为土地使用权转让合同。’郑家庄村委会在与中天公司的合作中，不承担经营风险，只收取固定面积的房屋作为收益，故案涉《合作协议》应认定为土地使用权转让合同。《中华人民共和国土地管理法》第六十三条规定：‘农民集体所有的土地的使用权不得出让、转让或者出租用于非农业建设；但是，符合土地利用总体规划并依法取得建设用地的企业，因破产、兼并等情形致使土地使用权依法发生转移的除外。’郑家庄村委会和中天公司签订协议约定将郑家庄村集体所有的土地使用权转让用于商品房开发，擅自改变了农村集体土地的用途。根据《中华人民共和国合同法》第五十二条第五项之规定，案涉《合作协议》当属无效。中天公司根据无效的《合作协议》，要求郑家庄村委会提供20.63亩集体土地用于房地产开发，与法相悖，依法不应予以支持。”

案例5：徐怡等与北京八达岭山庄物业管理有限责任公司房屋买卖合同纠纷二审民事判决书［北京市高级人民法院（2016）京民终525号］认为，“根据已查明的事实，涉案房屋所占用的土地系北京市海淀区温泉镇太舟坞村经济合作社所有的集体土地，土地利用现状为建设用地。涉案房屋及其所属项目是否经过有关部门建设工程规划审批并不能影响和改变其所占土地系农村集体土地的性质。徐怡、徐恒、徐恺并非太舟坞村经济合作社成员，无权取得该集体土地建设用地使用权，其与八达岭山庄物业公司签订的《房屋转让协议》因违反法律、行政法规的强制性规定而属无效。八达岭山庄物业公司基于合同违反国家法律法规的强制性规定主张合同无效，一审判决适用法律正确。因此，徐怡、徐恒、徐恺的上诉理由不成立，对其上诉请求，本院不予支持。对于合同无效后的法律后果，双方如有争议可另行解决。”

案例6：麦焕金、中山市东升镇胜龙村民委员会建设用地使用权转让合同纠纷再审审查与审判监督民事裁定书［广东省高级人民法院（2016）粤民申4772号］认为，“本案为建设用地使用权转让合同纠纷。根据麦焕金的再审主张以及胜龙村委会的答辩意见，本案应重点审查涉案《工业建设用地使用权转让协议》的效力问题。《中华人民共和国土地管理法》第六十三条明确规定：‘农民集体所有的土地的使用权不得出让、转让或者出租用于非农业建设；但是，符合土地利用总体规划并依法取得建设用地的企业，因破产、兼并等情形致使土地使用权依法发生转移的除外。’本案中，麦焕金提交的证据并不足以证明涉案胜龙村委会辖区内的土地的性质已经转为国有土地，或者是已经符合集体建设用地使用权转让的条件。因此，一、二审法院认定涉案《工业建设用地使用权转让协议》为无效合同，并无不当。”

案例7：江门祥合实业发展有限公司与江门新会农村商业银行股份有限公司、江门市蓬江区棠下镇人民政府建设用地使用权纠纷二审民事判决书［广东省高级人民法院（2016）粤民终402号］认为，“对本案土地中仍属于集体土地的部分，根据《中华人民共和国土地管理法》第六十三条第一款的规定，除符合土地利用总体规划并依法取得建设用地的企业因破产、兼并等情形致使土地使用权依法发生转移的情况以外，农民集体所有的土地的使用权不得出让、转让或者出租用于非农业建设，故《抵债资产权益转让协议》中涉及集体土地使用权转让的约定亦应认定无效。”

案例 8：罗团大与开平市三埠区建联村委会洪门楼村建设用地使用权转让合同纠纷申诉、申请再审民事裁定书［广东省高级人民法院（2014）粤高法民一申字第770 号］认为，“《中华人民共和国土地管理法》第六十三条规定：农民集体所有的土地的使用权不得出让、转让或者出租用于非农业建设；但是，符合土地利用总体规划并依法取得建设用地的企业，因破产、兼并等情形致使土地使用权依法发生转移的除外。《合作兴建商住楼的补充协议》约定转让的是洪门楼村名下的集体土地使用权，至今尚未办理国有土地使用权出让审批手续，违反了前述《中华人民共和国土地管理法》第六十三条的强制性规定，二审判决认定该合同无效，符合《中华人民共和国合同法》第五十二条关于违反法律、行政法规的强制性规定的合同无效的规定，该合同也不能作为罗团大主张洪门楼村违约的依据。罗团大申请再审主张《合作兴建商住楼的补充协议》有效并据此主张洪门楼村违约迟延办理土地使用权过户登记手续，均理据不足，本院不予支持。”

案例 9：张智斌与周宝玲其他房屋纠纷再审民事判决书［广东省高级人民法院（2014）粤高法审监民提字第 52 号］认为，“根据《中华人民共和国土地管理法》第八条、第六十三条，以及《国务院办公厅关于严格执行有关农村集体建设用地法律和政策的通知》中‘农村住宅用地只能分配给本村村民，城镇居民不得到农村购买宅基地、农民住宅或“小产权房”’等相关规定，宅基地依法属于集体所有，其使用权只能分配给本村村民，宅基地使用权不得出让、转让或出租用于非农业建设，也不得转让给城镇居民及非同一集体经济组织成员（非本村村民）。按照房地一体的不动产处分原则，在宅基地上建设的房屋亦不得转让给非同一集体经济组织成员。虽然朱昌城与张智斌签订的《协议书》载明朱昌城向张智斌转让的是案涉房屋‘使用权’，但根据该协议的具体内容及其实际履行情况，朱昌城与张智斌签订的《协议书》实际上是将该房的整体权利一并转让，具有转让案涉房屋的性质。本案无证据证明张智斌符合受让案涉房屋的条件。故原二审判决认定朱昌城与张智斌签订的《协议书》实质是房屋转让协议，该《协议书》因违反了法律禁止性规定而无效，并无不当。张智斌若因该协议无效而遭受了经济损失，其可通过另案起诉解决。”

案例 10：王建生与吴九仔、黎集坤房屋买卖合同纠纷申诉、申请再审民事裁定书［广东省高级人民法院（2015）粤高法民一申字第 261 号］认为，“王建生与吴九仔、黎集坤于 1994 年 12 月 30 日签订的《合资建房协议》，名为合资建房，实为农户自建小产权房买卖，因王建生并非涉案房屋所属农村集体经济组织成员，《合资建房协议》无效。”

案例 11：温州云昂贸易有限公司与上海青春实业有限公司房屋买卖合同纠纷二审民事判决书［上海市高级人民法院（2011）沪高民一（民）终字第 2 号］认为，“本案中，云昂公司与青春公司签订《房屋买卖合同》，约定买卖集体土地上的房屋，并约定如果在 2006 年 12 月 30 日前未能办出土地转性手续及产权证等，则降低房价后云昂公司取得系争房屋的永久使用权。双方无论是对系争房屋所有权还是使用权的买卖均因为违反了我国农民集体所有土地的使用权不得转让的法律规定而无效。从合同条款的约定可以看出，双方对签约当时的房屋土地性质是清楚的，对土地转性不成功的可能性也是充分预见的，因此，原审认定对于合同的约定违反国家法律法规的规定而无效，双方都负有相应的责任并无不当，本院予以维持。”

案例 12：上海岳林工贸有限公司与上海曹中实业有限公司买卖合同纠纷再审民事判决书［上海市高级人民法院（2010）沪高民一（民）再提字第 4 号］认为，“本案处理的是岳林公司与曹中公司之间的房地产转让合同纠纷，该纠纷经一审、二审，事实已经查明，双方当事人对原再审所查明的事实也无异议，且案件的处理结果与陇兴公司无法律上的利害关系，岳林公司在本案再审中要求追加陇兴公司为本案第三人，于法无据，本院不予准许。当事人订立、履行合同，应当遵守法律、行政法规，违反法律、行政法规强制性规定所签订的合同，应当认定为无效。《中华人民共和国城市房地产管理法》第九条规定，‘城市规划区内的集体所有的土地，经依法征用转为国有土地后，该幅国有土地的使用权方可有偿出让’。《中华人民共和国土地管理法》第六十三条规定，‘农民集体所有的土地的使用权不得出让、转让或者出租用于非农业建设；但是，符合土地利用总体规划并依法取得建设用地的企业，因破产、兼并等情形致使土地使用权依法发生转移的除外’。本案系争土地权属为农村集体所有，依照法律规定应当办理土地使用权变更手续后方可有偿转让，现曹中公司未依法办理相关手续，即与岳林公司签订转让协议，且转让协议双方又不符合《中华人民共和国土地管理法》第六十三条规定的‘因破产、兼并等情形致使土地使用权依法发生转移’的除外情节，故双方当事人于 1999 年 8 月 31 日签订的《房屋、建筑物及其附属设施和场地的转让协议》违反了国家法律的强制性规定，应认定为无效。”

案例 13：天津市宏业达物业发展有限公司与静海县静海镇北五里村民委员会、原审第三人天津市静海县府君庙砖厂企业兼并合同纠纷二审民事判决书［天津市高级人民法院（2014）津高民二终字第 0056 号］认为，“综合分析本案宏业达公司签订诉争系列协议的内容以及履行情况，可以认定其真实意思表示系以对府君庙砖厂实施企业兼并改制为名，取得诉争的集体土地使用权。不符合我国《土地管理法》第六十三条规定的，只有在符合土地利用总体规划并依法取得建设用地的企业，因破产、兼并等情形致使土地使用权依法发生转移的情形下，农民集体所有的土地使用权才能出让、转让或者出租用于非农业建设的相关规定。故原审法院确认宏业达公司与北五里村委会签订的《协议书》、《补充协议》，以及本案三方当事人签订的《府君庙砖厂改制协议书》因违反法律的强制性规定而无效并无不当。"

案例 14：闫立君与章丘市圣井街道办事处西省庄村民委员会房屋买卖合同纠纷再审民事判决书［山东省高级人民法院（2015）鲁民提字第 307 号］认为，"涉案房屋系西省庄村委会利用集体土地开发的小产权房屋，其买卖行为因违反了法律及国家相关政策，购房合同无效，房屋应予以返还。"

案例 15：柴烽与丹阳市后巷镇飞达村村民委员会房屋买卖合同纠纷再审复查与审判监督民事裁定书［江苏省高级人民法院（2014）苏审三民申字第 0476 号］认为，"飞达村委会与柴烽所买卖的房屋系小产权房，房屋所涉土地系农民集体土地。飞达村委会与柴烽于 2010 年 2 月 9 日签订的房屋买卖合同虽系双方的真实意思表示，且柴烽取得该房屋后使用至今，但因双方当事人的行为违反农民集体所有的土地使用权不得出让和转让的强制性规定，故一、二审判决认定飞达村委会与柴烽签订的房屋买卖合同无效，并无不当。"

案例 16：赵春玲与刘国英、岳鹏飞、长春市南关区房屋征收经办中心、廉利如房屋拆迁安置补偿合同纠纷再审审查民事裁定书［吉林省高级人民法院（2016）吉民申 1778 号］认为，"《国务院办公厅关于严格执行有关农村集体建设用地法律和政策的通知》（国办发〔2007〕71 号）第二条'严格规范使用农民集体所有土地进行建设'第三款规定：'农村住宅用地只能分配给本村村民，城镇居民不得到农村购买宅基地、农民住宅或"小产权房"。单位和个人不得非法租用、占用农民集体所有土地搞房地产开发。农村村民一户只能拥有一处宅基地，其面积不得超过省、自治区、直辖市规定的标准。农村村民出卖、出租住房后，再申请宅基地的，不予批准。'据此，本案中赵春玲委托赵春丽与刘国英签订的《房屋买卖合同书》涉及农村宅基地买卖违反《村庄和集镇规划建设管理条例》的规定，依照《中华人民共和国合同法》（以下简称合同法）第五十二条关于'有下列情形之一的，合同无效：（一）一方以欺诈、胁迫的手段订立合同，损害国家利益；（二）恶意串通，损害国家、集体或者第三人利益；（三）以合法形式掩盖非法目的；（四）损害社会公共利益；（五）违反法律、行政法规的强制性规定'的规定，二审判决认定赵春丽与刘国英签订的《房屋买卖合同书》无效，并无不当。"

案例17：上海市浦东新区曹路镇人民政府诉上海陆洋经济联合发展有限公司建设用地使用权出让合同纠纷二审民事判决书［上海市第一中级人民法院（2015）沪一中民二（民）终字第1939号］认为，“《中华人民共和国土地管理法》（以下简称《土地管理法》）第六十三条第一款规定：农民集体所有的土地的使用权不得出让、转让或者出租用于非农业建设。该条法律规定禁止直接出让集体土地用于非农业建设。现曹路镇政府主张新华村土地在签约时属集体所有性质，其无权以协议方式处分该土地，2000年8月18日《协议书》应属无效。”

二、认定集体土地使用权及其地上建筑物入市交易签订的合同有效的案例（案例18）

案例18：周颜玲、石家庄市新华区赵陵铺镇赵二街村村民委员会确认合同无效纠纷再审审查与审判监督民事裁定书［河北省高级人民法院（2016）冀民申1073号］认为，“再审申请人之父周振东在世时与赵二街村委会签订《购高层住宅楼协议书》后取得包括争议房产的楼房，后周振东将涉案房产卖给方春艳，方春艳支付了合理价款，并经赵二街村委会同意；此后该楼房经人民法院确权为周振东、贾文芝、周喜珍及周颜玲共有，现再审申请人以周振东无单独处分权为由要求确认周振东与方春艳所签订房屋买卖合同无效，原审对其请求不予支持并无不当；对于再审申请人所提出‘小产权房’买卖效力问题，但该房屋买卖合同为当事人真实意思表示，且我国对‘小产权房’的相关法律规定尚未出台，该买卖合同并未违反法律或行政法规规定的效力性强制性规定，故对其该主张不予支持。”

三、认定集体土地使用权及其地上建筑物入市交易产生合同纠纷应先由行政机关处理，裁定驳回起诉的案件（案例19）

案例19：李江平与邢台市东兴房地产开发有限公司房屋买卖合同纠纷再审复查与审判监督民事裁定书［河北省高级人民法院（2016）冀民申2587号］认为，“2015年3月18日李江平与邢台市东兴房地产开发有限公司签订《花千树订购协议》，约定购买邢台市东兴房地产开发有限公司所开发建设的花千树小区12-1-501和15-1-501房屋，但该小区房屋所占用土地并未在相关国土资源管理部门办理过用地手续，该房屋属于小产权房。对于未履行相关土地征收、征用手续即占用农村集体土地开发建设所引发的房屋买卖合同纠纷，应先由行政机关对土地性质问题进行处理，原审认定不宜由法院直接审理，裁定驳回李江平起诉并无不当。综上，李江平的再审申请不符合《中华人民共和国民事诉讼法》第二百条规定的情形。”

079 未经村民集体同意，村委会可否直接将土地发包给非本村村民*

——未经村民会议三分之二以上成员同意，发包方与本集体经济组织以外的单位或者个人订立的土地承包合同无效

未经村民会议三分之二以上成员或者三分之二以上村民代表同意，发包方能否将农村土地发包给本集体经济组织以外的单位或者个人承包？承包合同是否有效？经检索相关案例，司法实践对该问题的裁判观点不一：有的认定承包合同无效（主文案例、延伸阅读案例1—案例7），有的认定承包合同未生效（延伸阅读案例8），有的认定该情形不影响承包合同效力（延伸阅读案例9—案例10）。但多数案例倾向于认同承包合同无效。

本书作者另梳理出土地承包经营权流转时民主程序是否影响合同效力的相关裁判规则如下：

（1）《中华人民共和国农村土地承包法》第五十二条关于“发包方将农村土地发包给本集体经济组织以外的单位或者个人承包，应当事先经本集体经济组织成员的村民会议三分之二以上成员或者三分之二以上村民代表的同意，并报乡（镇）人民政府批准”的规定，系针对不宜采取家庭承包方式的荒山、荒沟、荒丘、荒滩等农村土地在发包时所作出的规定，并不适用于以家庭承包方式承包的土地流转（延伸阅读案例11—案例13）；

（2）《中华人民共和国农村土地承包法》第五十二条关于“发包方将农村土地发包给本集体经济组织以外的单位或者个人承包，应当事先经本集体经济组织成员的村民会议三分之二以上成员或者三分之二以上村民代表的同意，并报乡（镇）人民政府批准”的规定，系针对发包方的发包行为而言，不适用于土地承包经营权流转合同（延伸阅读案例14—案例15）；

* 案件来源：雷州市英利镇那停村委会迈炉村民小组与陈康福返还原物纠纷再审复查与审判监督民事裁定书［广东省高级人民法院（2015）粤高法民申字第590号］。

（3）村民将自己的土地承包经营权转让给本集体经济组织以外的单位或者个人，未经过发包方同意，也未经过村民会议三分之二以上成员或者三分之二以上村民代表同意，并报乡（镇）人民政府批准的，转让行为无效（延伸阅读案例16）；

（4）转让以其他方式承包的农村土地，不以发包方同意为合同的有效要件（延伸阅读案例17）。

裁判要旨

发包方将农村土地发包给本集体经济组织以外的单位或者个人承包，应当事先经本集体经济组织成员的村民会议三分之二以上成员或者三分之二以上村民代表同意，并报乡（镇）人民政府批准，否则承包合同无效。

案情简介

一、1999年10月，陈康福与迈炉村民小组签订土地承包合同书，约定迈炉村民小组将48亩土地发包给陈康福经营，发包期限为5年。

二、承包期满后，陈康福继续占有案涉土地，迈炉村民小组多次要求陈康福返还，陈康福以其于2005年9月与该村村民陈福、陈文会（2005年陈福、陈文会不是迈炉村村长或村民小组小组长）签订了《续承包土地合同书》为由，一直不予返还。

三、迈炉村民小组遂向雷州法院提起诉讼，请求判令：陈康福自行清理案涉土地地上附着物，将案涉土地返还迈炉村民小组。雷州法院认为，陈福、陈文会以个人名义将该村集体所有的土地发包给陈康福并与陈康福签订《续承包土地合同书》违反了法律及行政法规的禁止性规定，该《续承包土地合同书》显属无效。雷州法院判决支持了迈炉村民小组的诉求。

四、陈康福不服，上诉至湛江中院，主张迈炉村民小组将案涉土地续包给陈康福，已经过迈炉村多数村民的同意，当时没有在《续承包土地合同书》上加盖迈炉村民小组的公章，是因为双方均不懂土地承包的有关法律造成的。湛江中院判决：驳回上诉，维持原判。

五、陈康福仍不服，向广东高院申请再审。广东高院裁定驳回陈康福的再审申请。

裁判要点

法院认定案涉合同无效的原因在于，《中华人民共和国农村土地承包法》第五十二条第一款规定："发包方将农村土地发包给本集体经济组织以外的单位或者个人承包，应当事先经本集体经济组织成员的村民会议三分之二以上成员或者三分之二以上村民代表的同意，并报乡（镇）人民政府批准。"而本案陈康福一直未能提供证据证明《续承包土地合同书》经迈炉村民小组村民会议三分之二以上成员或者三分之二以上村民代表同意，并报乡（镇）人民政府批准。且陈福、陈文会并非时任的迈炉村民小组组长，亦未经迈炉村民小组授权，《续承包土地合同书》签订后，迈炉村民小组未在该合同书上加盖公章确认，承包金亦未作为迈炉村民小组的收入入账。因此，《续承包土地合同书》因违反了上述规定而无效。

因案涉土地是迈炉村民小组集体所有的土地，故根据《中华人民共和国物权法》第三十四条关于"无权占有不动产或者动产的，权利人可以请求返还原物"的规定，法院判令陈康福返还案涉土地给迈炉村民小组。

实务经验总结

前事不忘，后事之师。为避免未来发生类似败诉，提出如下建议：

一、农村集体经济组织以外的当事人欲承包该村土地的，应当与有权限的发包方签订承包合同，并且应当要求发包方提供本集体经济组织成员的村民会议三分之二以上成员或者三分之二以上村民代表同意发包土地的书面文件，以及乡政府的批准文件，以确保承包合同有效。在发包方提供上述文件之前，承包人不应向发包方支付承包金，避免遭受损失。

二、根据《中华人民共和国合同法》相关规定，合同无效后，当事人可以请求返还财产、折价补偿、赔偿损失。

相关法律规定

《中华人民共和国农村土地承包法》

第五十二条 发包方将农村土地发包给本集体经济组织以外的单位或者个人承包，应当事先经本集体经济组织成员的村民会议三分之二以上成员或者三分之二以上村民代表的同意，并报乡（镇）人民政府批准。

由本集体经济组织以外的单位或者个人承包的，应当对承包方的资信情况和经营能力进行审查后，再签订承包合同。

《中华人民共和国物权法》

第三十四条 无权占有不动产或者动产的，权利人可以请求返还原物。

第六十一条 城镇集体所有的不动产和动产，依照法律、行政法规的规定由本集体享有占有、使用、收益和处分的权利。

第六十三条 集体所有的财产受法律保护，禁止任何单位和个人侵占、哄抢、私分、破坏。

集体经济组织、村民委员会或者其负责人作出的决定侵害集体成员合法权益的，受侵害的集体成员可以请求人民法院予以撤销。

以下为该案在法院审理阶段，裁判文书中“本院认为”就该问题的论述：

《中华人民共和国农村土地承包法》第四十八条第一款规定：“发包方将农村土地发包给本集体经济组织以外的单位或者个人承包，应当事先经本集体经济组织成员的村民会议三分之二以上成员或者三分之二以上村民代表的同意，并报乡（镇）人民政府批准。”1999 年 10 月 20 日，陈康福与迈炉村民小组签订土地承包合同书，约定发包期限为 5 年（即从 1999 年 10 月至 2004 年 10 月止）。承包期满后，陈康福于 2005 年 9 月 9 日与该村陈福、陈文会签订《续承包土地合同书》，继续承包涉案土地。一、二审期间，陈康福一直未能提供证据证明该《续承包土地合同书》经迈炉村民小组村民会议三分之二以上成员或者三分之二以上村民代表同意，并报乡（镇）人民政府同意；且陈福、陈文会并非时任的迈炉村民小组组长，亦未经迈炉村民小组授权；《续承包土地合同书》签订后，迈炉村民小组未在该合同书上加盖公章确认；承包金亦未作为迈炉村民小组的收入入账；故陈康福与陈福、陈文会签订的《续承包土地合同书》无效，一、二审判决判令陈康福返还涉案土地给迈炉村民小组，并无不当。陈康福的再审申请不能成立，本院不予支持。陈康福因合同无效所受到的损失，可另觅途径主张权利。

延伸阅读

一、关于发包方发包农村土地时，民主程序是否影响承包合同效力的案例

（一）认定发包方将农村土地发包给本集体经济组织以外的单位或者个人承包，应当事先经村民会议三分之二以上成员或者三分之二以上村民代表同意，并报乡（镇）人民政府批准，否则承包合同无效的案例。（案例 1—案例 7）

案例 1：王安峰、王家华等与古耀国、珠海市唐家湾镇那洲二上经济合作社经贸行政管理再审复查与审判监督民事裁定书［广东省高级人民法院（2015）粤高法民一申字第 1230 号］认为，“根据珠海市国土资源局于 2012 年 9 月 18 日向一审法院出具的珠国土函（2012）626 号复函，本案土地属于珠海市政统征后的国有土地，统征土地在国家未使用前，经土地主管部门批准，可以由农村集体经济组织耕

种，由珠海市土地主管部门与土地承租人签订租赁耕种协议。因此，本案土地仍属于农村土地而非国有土地，王安峰、王家华申请再审亦未对一、二审对土地性质的认定提出异议，故处理本案土地纠纷应适用《中华人民共和国农村土地承包法》的相关规定。王安峰、王家华与二上合作社、二下合作社于 2009 年 12 月 23 日签订的《土地租赁协议》名为土地租赁，实为土地承发包。根据《中华人民共和国农村土地承包法》第四十八条第一款的规定，发包方将农村土地发包给本集体经济组织以外的单位或者个人承包，应当事先经本集体经济组织成员的村民会议三分之二以上成员或者三分之二以上村民代表的同意，并报乡（镇）人民政府批准。该条款为效力性强制性规定，王安峰、王家华认为其非属效力性强制性规定不当，本院不予采纳。本案中，王安峰、王家华并非二上合作社、二下合作社集体经济组织成员，其承包本案土地理应经过民主议定程序。同时，根据珠海高新技术产业开发区党政办公室于 2011 年 12 月 22 日向二审法院出具的复函，那洲社区已于 2001 年完成'村改居'工作，原村委会的社会管理事务转交那洲社区居委会管理，'村改居'工作完成之后，群众所称的'村民代表'实为居民代表，其职责是社区行政事务的管理，不得以居民代表的身份参加合作社管理事务，故在本案《土地租赁协议》上签名的 6 个村民代表实际上是居民代表，其无权代表古耀国等社员对外签订土地承发包合同。因此，本案《土地租赁协议》因签订时未经民主议定程序，一、二审据此认定其无效并无不当。"

案例 2：林汝洪与永康市东城街道办事处城塘村民委员会、永康市东城街道城塘村经济合作社确认合同无效纠纷再审民事裁定书［浙江省高级人民法院（2017）浙民申 440 号］认为，"《中华人民共和国农村土地承包法》第四十八条规定，发包方将农村土地发包给本集体经济组织以外的单位或者个人承包，应当事先经本集体经济组织成员的村民会议三分之二以上成员或者三分之二以上村民代表的同意，并报乡（镇）人民政府批准。根据查明的事实，案涉《土地承包合同》最初签订时并未召开村民大会或村民代表会议并经三分之二多数表决通过，而现三分之二以上的村民代表只同意合同约定 10 年租赁期限中的 5 年。因此原判以《土地承包合同》租赁期限超过 5 年的部分违反法律行政法规的强制性规定为由认定无效，符合法律规定。"

案例 3：蒋长乐、高青县高城镇李官村村民委员会农村土地承包合同纠纷再审复查与审判监督民事裁定书［山东省高级人民法院（2015）鲁民申字第 721 号］认为，"蒋长乐不是李官村村民，其于 2003 年转包了李官村村民吴乃辉承包的 5 亩土地，后又于 2004 年春与李官村村委签订了《土地延包合同》一份，载明'为本村修路筹集资金，村委商议：将逍遥村蒋长乐转包的本村吴乃辉承包庞窑地和逍遥村周焕义转包的本村吴乃友承包庞窑地，继续（再延包给蒋长乐自己）承包。承包期自2013年4月4日起至2023年4月4日止。承包费共计贰万肆仟元整。’李官村村委主张该合同未得到全村三分之二以上的村民同意，蒋长乐的承包期到2013年4月4日止，诉求蒋长乐退出所占土地。蒋长乐的证人原村委会主任李某提交140户村民签名一份，主张涉案土地的延包得到了相应村民的同意，该签名用纸为‘淄博市高青县高城镇李官村民委员会’信纸，在信纸上端该村委会名称的上方写有‘李官村修路承包土地多续承包期同意’字样，该份证据的记载不足以证明相应的村民签名是同意蒋长乐延包争议土地，涉案合同的记载内容亦无法证明蒋长乐延包争议土地时经过了村民会议三分之二以上成员或者三分之二以上村民代表的同意。该合同签订于《中华人民共和国农村土地承包法》实施之后，应当适用该法的规定，现没有证据证明当事人签订合同时履行了该法第四十八条规定的法定程序，因此，原审认定该合同属无效合同，在事实认定及法律适用上均无不当。”

案例4：赵明与青岛市崂山区王哥庄街道高家社区居民委员会农村土地承包合同纠纷再审复查与审判监督民事裁定书［山东省高级人民法院（2014）鲁民申字第697号］认为，“2009年8月1日，再审申请人赵明与被申请人高家居委会签订《土地承包协议书》，因赵明不是被申请人高家居委会所在村的村民，故该协议应适用《中华人民共和国农村土地承包法》第四十八条的规定，即：‘发包方将农村土地发包给本集体经济组织以外的单位或者个人承包，应当事先经本集体经济组织成员的村民会议三分之二以上成员或者三分之二以上村民代表的同意，并报乡（镇）人民政府批准’。本案诉争的承包协议未经本集体经济组织成员的村民会议三分之二以上成员或者三分之二以上村民代表的同意，并报乡（镇）人民政府批准。因此，本案诉争的承包合同为无效合同。”

案例5：闫文秀、荣玉林等与原阳县师寨镇西磁村村民委员会土地承包经营权纠纷再审民事判决书［河南省高级人民法院（2015）豫法民提字第220号］认为，“依据《中华人民共和国农村土地承包法》第四十八条第一款规定：‘发包方将农村土地发包给本集体经济组织以外的单位或个人承包，应当事先经本集体经济组织成员的村民会议三分之二以上成员或者三分之二以上村民代表同意并报乡（镇）人民政府批准’。本案中西磁村委与闫文秀签订的土地延包合同事先未经集体经济组织成员的村民会议三分之二以上成员或者三分之二以上村民代表同意并报乡（镇）人民政府批准，属违反法律强制性规定的情形，且延包合同约定的承包价格仍是1992年承包合同约定的每亩每年50元，明显低于2007年当时的土地承包价款，损害了西磁村村民的集体利益。原审判决确认西磁村委与闫文秀签订的土地延包合同无效并无不妥。”

案例6：申请人冯红杰因与被申请人汝州市风穴路街道办事处城北居委会礼西组及一审被告吕章记、郭丛、张新菊、吕晓燕、吕晓隆土地承包合同纠纷再审民事裁定书［河南省高级人民法院（2013）豫法立二民申字第01321号］认为，“2004年9月15日，时任城北居委会礼西组组长吕永和与冯红杰签订了土地承包合同，合同中城北居委会礼西组村民代表显示为吕安玉、吕全有、龙江、吕永和四人。2006年7月19日汝州市风穴路街道办事处城北党支部、汝州市风穴路街道办事处城北居委会出具的‘证明’显示：城北居委会礼西组的村民代表为吕中义、吕万年、杨章成、吕国政、许献政、吕全有六人。因该‘证明’材料中没有龙江、吕安玉两人，故城北居委会礼西组组长吕永和与冯红杰签订的土地承包合同中甲方（城北居委会礼西组）代表人数不够三分之二，且该合同签订后也未报乡（镇）人民政府批准，违反了《中华人民共和国农村土地承包法》第四十八条规定，因此，一、二审确认双方签订的土地承包合同无效并无不当，本案事实清楚且适用法律正确，冯红杰申请再审理由均不能成立。”

案例7：陈文昌、河南省驻马店市驿城区胡庙乡龚楼村塘湾村民组农村土地承包合同纠纷再审复查与审判监督民事裁定书［河南省高级人民法院（2012）豫法立二民申字第02076号］认为，“塘湾组村民共有33户，人口110人。2006年5月22日，陈文昌与塘湾组签订了《荒山承包合同书》，时任塘湾组长张凤启、10户村民代表与陈文昌在该合同书中签名，胡庙乡龚楼村委会主任张应杰也在该合同书上签字同意并加盖龚楼村委会公章予以确认。依据《中华人民共和国农村土地承包法》第四十八条规定，塘湾组将土地发包给陈文昌承包，应当经过塘湾组村民会议三分之二以上成员或者三分之二以上村民代表的同意，并应报驻马店市驿城区胡庙乡人民政府批准。从双方合同签订的情况看，塘湾组33户村民，只有时任塘湾组长张凤启、10户村民代表在原合同上签名，未达到三分之二以上的村民代表同意的法定人数，且该合同未经驻马店市驿城区胡庙乡人民政府批准。综上所述，双方签订的荒山承包合同不符合法律规定，原审法院确认双方签订的荒山承包合同无效并无不当。”

（二）认定发包方将农村土地发包给本集体经济组织以外的单位或者个人承包，应当事先经村民会议三分之二以上成员或者三分之二以上村民代表同意，并报乡（镇）人民政府批准，否则承包合同未生效的案例。（案例8）

案例8：陈礼柏与雷著强排除妨害纠纷再审复查与审判监督民事裁定书［广东

省高级人民法院（2015）粤高法民申字第1813号］认为，“根据陈礼柏申请再审的理由，本案的争议焦点为陈礼柏是否取得禁岭山地的承包经营权。根据《中华人民共和国农村土地承包法》第四十八条‘发包方将农村土地发包给本集体经济组织以外的单位或者个人承包，应当事先经本集体经济组织成员的村民会议三分之二以上成员或者三分之二以上村民代表的同意，并报乡（镇）人民政府批准’之规定，陈礼柏非乌泥塘村村民，在未经村民会议三分之二以上成员或者三分之二以上村民代表的同意，并报乡镇在人民政府批准的情况下，其承包合同尚未生效，二审法院认定陈礼柏尚未取得禁岭林地承包经营权，并对其主张雷著强停止侵害、恢复林地原状等诉请不予支持并无不当。”

（三）认定发包方将农村土地发包给本集体经济组织以外的单位或者个人承包，未事先经村民会议三分之二以上成员或者三分之二以上村民代表同意，不影响承包合同的效力的案例。（案例9）

案例9：湛江市东海岛试验区东简镇龙水村后山村民小组与吴居来土地承包经营权纠纷申请再审民事裁定书［广东省高级人民法院（2012）粤高法民一申字第1969号］认为，“本案为土地承包经营权纠纷。（一）关于吴居来与后山村于2002年8月7日签订的《土地承包合同》是否有效的问题。后山村的原村干部在发包林地前，虽然没有召开村民会议并经2/3以上成员或2/3以上村民代表的同意，但是后山村的原村干部将向外发包林地的信息，已经在社会上公开张贴招标公告，并经过公开招标投标后才与中标者吴居来签订《土地承包合同》，双方的意思表示真实。该《土地承包合同》亦送交给东简镇合同办公室进行了‘合同鉴证’，吴居来已按合同的约定期限付清203亩土地的承包金，后山村在收到该承包金后已将发包的土地交给吴居来经营使用。吴居来在2002年8月接收承包地后，投入大量资金开发林地种植桉树至2010年3月，在这将近八年时间，后山村或后山村的村民知道了该土地承包关系后，也没有依法对该土地承包关系提起诉讼，对此，后山村及后山村的村民应负相应的法律责任。另外，由于目前的法律没有明确规定违反‘召开村民会议并经2/3以上成员或2/3以上村民代表的同意’的土地承包关系无效，而且继续履行该承包合同也没有损害国家利益和社会公共利益，故应认定后山村未召开村民会议并经2/3以上成员或2/3以上村民代表的同意就发包土地给吴居来经营，违反的是管理性强制性规定而非效力性强制性规定。后山村认为该土地承包关系未召开村民会议并经2/3以上成员或2/3以上村民代表的同意，应属违反效力性的强制性规定，依据不足，不予采纳。依照《中华人民共和国合同法》第五十二条第（五）项‘有下列情形之一的，合同无效：……违反法律、行政法规的强制性规定'，《最高人民法院关于适用合同法若干问题解释（二）》第十四条'合同法第五十二条第（五）项规定的强制性规定，是指效力性强制性规定'的规定，结合本案的实际情况，应认定后山村与吴居来于2002年8月7日签订的《土地承包合同》是有效合同，双方应继续履行。"

（四）认定村委会将农村土地发包给本集体经济组织以外的单位或者个人承包，未事先经村民会议三分之二以上成员或者三分之二以上村民代表同意，但已实际履行多年的，承包经营合同有效的案例。（案例10）

案例10：东莞市樟木头镇石新社区居民委员会与黄淦波、东莞市观音山森林公园开发有限公司承包经营合同纠纷二审民事判决书［最高人民法院（2013）民一终字第44号］认为，"《联合开发合同》虽名为联合开发合同，实为承包经营合同。……《联合开发合同》约定的经营项目涉及对山地、林地等土地的使用，双方均确认这一部分土地的权属为石新村农民集体所有。依据当时适用的《土地管理法》第十五条第二款规定，农民集体所有的土地由本集体经济组织以外的单位或者个人承包经营的，必须经村民会议三分之二以上成员或者三分之二以上村民代表的同意，并报乡（镇）人民政府批准。本案中，黄淦波不是石新村集体经济组织的成员，其承包经营涉案土地应当经过上述民主议定程序。根据本案查明的事实，《联合开发合同》签订时并未经过上述民主议定程序，但《联合开发合同》不应因此认定无效。理由如下：1. 石新居委会作为基层群众性自治组织，依照《村民委员会组织法》相关规定，管理本村属于村农民集体所有的土地和其他财产，但应向村民会议、村民代表会议负责并报告工作。基于其法律地位，石新居委会在和黄淦波签订《联合开发合同》时，应保证对内就《联合开发合同》的签订已经经过了民主议定程序，此为其基于诚实信用原则而应负担的缔约义务，不因居委会换届而有所改变。现石新居委会作为缔约主体以《联合开发合同》未经过民主议定程序为由主张合同无效，是将自己没有尽到缔约义务而可能造成的法律后果让对方当事人承担，有违诚信原则。2. ……上述事实表明，在本案诉讼之前，在《联合开发合同》签订后10余年间，石新居委会和樟木头镇政府不仅没有对《联合开发合同》的签订提出异议，反而对黄淦波、观音山公司履行合同的行为一再表示肯定和认可。现石新居委会又以未经民主议定程序、未报乡（镇）政府批准为由主张合同无效，不应得到支持。3. 《联合开发合同》签订时，最高人民法院法释（1999）15号《农业承包合同若干问题规定》仍然适用。该司法解释第二十五条规定，'人民法院在审理依本规定第二条所起诉的案件中，对发包方违背集体经济组织成员大会或者成员代表大会决议，越权发包的，应当认定该承包合同为无效合同，并根据当事人的过错，确定其应承担的相应责任。属本条前款规定的情形，自承包合同签订之日起超过一年，或者虽未超过一年，但承包人已实际做了大量的投入的，对原告方要求确认该承包合同无效或者要求终止该承包合同的，人民法院不予支持。但可根据实际情况，依照公平原则，对该承包合同的有关内容进行适当调整。’本案中，《联合开发合同》已签订并履行10余年，黄淦波、观音山公司已做大量投入，参照该条第二款的规定，本院对石新居委会要求认定《联合开发合同》无效的主张不予支持。综上，《联合开发合同》为双方当事人的真实意思表示，已签订且履行多年，本院依法认定其为有效。”

二、关于土地承包经营权流转时，民主程序是否影响流转合同效力的案例

（一）认定《中华人民共和国农村土地承包法》第五十二条关于“发包方将农村土地发包给本集体经济组织以外的单位或者个人承包，应当事先经本集体经济组织成员的村民会议三分之二以上成员或者三分之二以上村民代表的同意，并报乡（镇）人民政府批准”的规定，系针对不宜采取家庭承包方式的荒山、荒沟、荒丘、荒滩等农村土地在发承包时所作出的规定，并不适用于以家庭承包方式承包的土地流转的案例。（案例11—案例13）

案例11：宿迁市五洲农业发展有限公司与宿迁锦家农业发展有限公司、戴少东租赁合同纠纷二审民事判决书［江苏省高级人民法院（2014）苏民终字第0426号］认为，“双方于2011年11月9日签订《大棚租赁合同》，约定五洲公司将54间光能大棚、17间钢架大棚及配套设备租赁给锦家公司使用，土地面积约为339.98亩，租金分为大棚租金和土地租金两部分。锦家公司上诉认为根据《中华人民共和国农村土地承包法》第四十八条‘发包方将农村土地发包给本集体经济组织以外的单位或者个人承包，应当事先经本集体经济组织成员村民会议三分之二以上成员或者三分之二以上村民代表的同意，并报乡（镇）人民政府批准’的规定，双方的租赁合同应认定为无效。但该条系针对不宜采取家庭承包方式的荒山、荒沟、荒丘、荒滩等农村土地在发承包时所作出的规定，并不适用于本案以家庭承包方式承包的土地。而对于家庭承包，《中华人民共和国农村土地承包法》第三十四条规定：‘土地承包经营流转的主体是承包方。承包方有权依法自主决定土地承包经营权是否流转和流转的方式。’第三十七条第一款规定：‘土地承包经营权采取转包、出租、互换、转让或者其他方式流转，当事人双方应当签订书面合同。采取转让方式流转的，应当经发包方同意；采取转包、出租、互换或者其他方式流转的，应当报发包方备案。’本案中，漏河一、二、五组村民承包本案所涉土地后，将之流转给漏河居委会，漏河居委会又将之出租给五洲公司，并同意五洲公司再转

租给锦家公司使用，五洲公司与锦家公司签订租赁合同时，有漏河居委会所在的蔡集镇人民政府和宿豫区农业委员会作为见证方在合同上盖章。故本案的《大棚租赁合同》并不违反法律、行政法规的禁止性规定。锦家公司关于土地每次流转均需经全体村民大会或村民代表大会三分之二通过，否则无效的主张，没有法律依据，本院不予支持。”

案例 12：何思益与优大益、中碧华等土地承包经营权转让合同纠纷申诉、申请再审民事裁定书［云南省高级人民法院（2016）云民申第 415 号］认为，“关于何思益提出土地转包未经村民会议三分之二以上成员或者三分之二以上的村民代表同意的问题，根据《中华人民共和国农村土地承包法》第十二条、第十八条之规定，农村集体经济组织、村民委员会或者村民小组作为发包方，在统一组织本集体经济组织成员承包时，承包方案应当按照法定程序经本集体经济组织成员的村民会议三分之二以上成员或者三分之二以上村民代表的同意；国家保护承包方依法、自愿、有偿地进行土地承包经营权流转，承包方有权依法自主决定土地承包经营权是否流转和流转的方式，以家庭为单位的土地承包经营权流转无需征得村民会议三分之二以上成员或者三分之二以上村民代表的同意。”

案例 13：江西福坤投资有限公司、张炳林农村土地承包合同纠纷再审审查与审判监督民事裁定书［江西省高级人民法院（2015）赣民申字第 553 号］认为，“福坤公司提出《承包荒山合同》没有经过村民会议三分之二以上成员或者三分之二以上村民代表的同意，也未报乡镇人民政府批准，系违反法律禁止性规定而无效。《土地承包法》第四十四条和第四十八条规定的须报政府批准的是指不宜采取家庭承包方式的农村土地发包给本集体经济组织以外的单位或者个人承包的情形。而本案《承包荒山合同》所涉的土地系家庭承包的土地，已有具体的承包方，无须适用经过村民代表的同意和政府报批的程序。”

（二）认定《中华人民共和国农村土地承包法》第五十二条关于“发包方将农村土地发包给本集体经济组织以外的单位或者个人承包，应当事先经本集体经济组织成员的村民会议三分之二以上成员或者三分之二以上村民代表的同意，并报乡（镇）人民政府批准”的规定，系针对发包方的发包行为而言，不适用于土地承包经营权流转合同的案例。（案例 14—案例 15）

案例 14：张宏业、丁丽新与司丙久、王丽农村土地承包合同纠纷再审审查民事裁定书［吉林省高级人民法院（2014）吉民申字第 410 号］认为，“《中华人民共和国农村土地承包法》第四十八条规定，发包方将农村土地发包给本集体经济组织以外的单位或者个人承包，应当事先经本集体经济组织成员的村民会议三分之二以上成员或者三分之二以上村民代表的同意，并报乡（镇）人民政府批准。上述规定仅针对发包方的发包行为而言，不适用于土地承包经营权流转合同。再审申请人为证明其主张所引用的《最高人民法院关于审理农业承包合同纠纷案件若干问题的规定（试行）》已于2008年废止。虽然本案司丙久并不是本村人，但并不影响其与丁丽新、张学海签订的土地承包经营权流转合同的效力；（二）《最高人民法院关于审理涉及农村土地承包纠纷案件适用法律问题的解释》第十四条规定，承包方依法采取转包、出租、互换或者其他方式流转土地承包经营权，发包方仅以该土地承包经营权流转合同未报其备案为由，请求确认合同无效的，不予支持。因此，土地承包经营权流转合同是否备案并不影响合同的效力，原审法院适用法律并无不当；”

案例15：王兆祥与敦化市额穆镇北大秧村村民委员会、任保伟确认合同无效纠纷再审民事判决书［吉林省高级人民法院（2017）吉民再68号］认为，“2006年3月1日，任保伟与王兆祥签订的《自留山承包转让协议书》，从协议内容上看，任保伟将土地承包经营权转移给王兆祥，双方应为转让关系。《中华人民共和国土地管理法》第十五条‘农民集体所有的土地由本集体经济组织以外的单位或者个人承包经营的，必须经村民会议2/3以上成员或者2/3以上村民代表的同意，并报乡（镇）人民政府批准’及《中华人民共和国农村土地承包法》第四十八条‘发包方将农村土地发包给本集体经济组织以外的单位或者个人承包，应当事先经本集体经济组织成员的村民会议三分之二以上成员或者三分之二以上村民代表的同意，并报乡（镇）人民政府批准’的规定，系对于发包方与自然人签订合同的情形的规定，任保伟与王兆祥之间合同签订的双方均系自然人，不能以违背民主议定程序认定合同无效，二审以违背民主议定程序认定合同无效属适用法律错误。”

（三）认定村民将自己的土地承包经营权转让给本集体经济组织以外的单位或者个人，未经过发包方同意，也未经过村民会议三分之二以上成员或者三分之二以上村民代表同意，并报乡（镇）人民政府批准的，转让行为无效的案例。（案例16）

案例16：冯士荣、冯志秋与王洪军、王宝山、辽源市经济开发区连昌村民委员会土地承包经营权转让合同纠纷再审审查民事裁定书［吉林省高级人民法院（2015）吉民申字第896号］认为，“原审判决已经认定冯士荣与王洪军之间关于土地承包经营权的约定属于转让性质。根据双方于2001年4月8日签订的协议内容，以及证人的证言看，原审对此事实的认定正确。冯士荣虽然提供了其向村里交纳农业税及领取直补款的证据，以及冯志秋落户村里的事实，但并不能证明村里同意王洪军将土地承包经营权转让给冯士荣。因为土地承包经营权是农民基本生活保障，农民将自己的土地承包经营权转让给他人，必须经过发包方的明确同意，而不能根据相关行为予以推定。《中华人民共和国农村土地承包法》、《最高人民法院关于审理涉及农村土地承包经营权纠纷案件适用法律问题的解释》分别实施于2003年、2005年，对本案不具有溯及力。原审适用以上法律和司法解释属于适用法律错误，应予纠正。但是依据当时尚未失效的1999年《最高人民法院关于审理农业承包合同纠纷案件若干问题的规定（试行）》第十四条关于‘承包方未经发包方同意，转让承包合同，转包或者互换承包经营标的物的，人民法院应当认定该转让、转包、互换行为无效’，第十五条关于‘承包方转让承包合同，转包或者互换承包经营标的物时，违反《中华人民共和国土地管理法》关于“农民集体所有的土地由本集体经济组织以外的单位或者个人承包经营的，必须经村民会议三分之二以上成员或者三分之二以上村民代表同意，并报乡（镇）人民政府批准”的规定的，人民法院应当认定其转让、转包、互换行为无效’的规定，因王洪军将土地承包经营权转让给非连昌村经济组织成员的冯士荣，未经过发包方同意，也未经过村民会议三分之二以上成员或者三分之二以上村民代表同意，并报乡（镇）人民政府批准，故转让行为无效。”

（四）认定转让以其他方式承包的农村土地不以发包方同意为合同的有效要件的案例。（案例17）

案例17：王兆祥与敦化市额穆镇北大秧村村民委员会、任保伟确认合同无效纠纷再审民事判决书［吉林省高级人民法院（2017）吉民再68号］认为，“任保伟与王兆祥之间是以其他方式的承包，不以承包人是否为本集体组织成员为合同有效要件。《最高人民法院关于审理涉及农村土地承包纠纷案件适用法律问题的解释》第十三条‘承包方未经发包方同意，采取转让方式流转其土地承包经营权的，转让合同无效’的规定，系对以家庭承包方式土地流转的规定，本案中，任保伟以其他方式承包自留山，再转让给王兆祥，故不以是否经发包方同意作为合同有效要件。任保伟与王兆祥签订的《自留山承包转让协议书》，是双方当事人真实意思表示，且不违反法律强制性规定，村委会主张合同无效，缺乏事实及法律依据，本院不予支持。”

080 未经村民会议讨论决定，村委会出租集体土地是否有效*

——村委会未经村民会议讨论决定而订立的集体土地租赁合同无效

村委会能否将其所有的集体土地出租给他人？未经村民会议讨论决定租赁合同是否有效？最高法院认为，该等事宜是涉及全体村民利益的重大问题，应当经村民会议讨论决定，未经村民会议讨论决定的租赁合同无效。但是实践中关于该问题的裁判观点并不统一。

裁判要旨

村委会未经村民会议讨论决定即将其所有的集体土地出租给他人，违反了《中华人民共和国村民委员会组织法》的规定，应当认定为无效。

案情简介

一、文柏池与久裕村联合社签订《合同书》等合同，约定久裕村联合社将其所有的总面积为250000平方米农用地有偿出租给裕丰公司进行工厂、宿舍和综合性建设。后裕丰公司与大宁公司签订协议，约定对租赁土地进行联合开发。

二、1994年9月18日，久裕村委会与裕丰公司签订《协议书》，约定由久裕村委会下属的“久裕经济发展公司”将《合同书》项下的土地收回开发，并承诺支付23860000元给裕丰公司及大宁公司作为补偿。协议签订后，久裕村委会未履行付款义务。文柏池向广州中院提起诉讼，请求：久裕村委会、久裕村联合社支付文柏池补偿款1193万元。广州中院认为，案涉合同未经村民会议讨论决定，是无效合同；文柏池在整个投资过程中取回的款项已超出其投资款，故久裕村联合社、久裕村委会无需再返还文柏池对涉案土地的投资款。广州中院判决：驳回文柏池的诉讼请求。

三、文柏池不服，上诉至广东高院，主张《中华人民共和国村民委员会组织法》中关于民主决定程序的规定，属于管理性规定而非效力性规定。广东高院判决：驳回上诉，维持原判。

---

* 案件来源：文柏池、东莞大宁永盛制衣有限公司与增城市新塘镇久裕村民委员会、增城市新塘镇久裕村经济联合社土地租赁合同纠纷申请再审民事裁定书［最高人民法院（2015）民申字第759号］。

四、文柏池仍不服，向最高法院申请再审。最高法院裁定：驳回文柏池的再审申请。

裁判要点

法院认定案涉合同无效的原因在于，久裕村联合社将该社所有的案涉土地出租，是涉及全体村民利益的重大问题，根据《中华人民共和国村民委员会组织法（试行）》（1988年版，已失效）第十一条关于“涉及全村村民利益的问题，村民委员会必须提请村民会议讨论决定”的规定，该事宜应当经村民会议讨论决定。然而案涉合同的签订均未经村民会议讨论决定，违反了上述规定，故应当认定无效。

实务经验总结

前事不忘，后事之师。为避免未来发生类似败诉，提出如下建议：

当事人欲与村委会签订租赁合同租赁集体土地时，应当要求村委会提供出租该集体土地经村民会议讨论通过的书面文件，以确保租赁合同有效。在村委会提供该文件之前，当事人不应向村委会支付租金，避免遭受损失。

相关法律规定

《中华人民共和国村民委员会组织法》

第二十四条 涉及村民利益的下列事项，经村民会议讨论决定方可办理：

（一）本村享受误工补贴的人员及补贴标准；

（二）从村集体经济所得收益的使用；

（三）本村公益事业的兴办和筹资筹劳方案及建设承包方案；

（四）土地承包经营方案；

（五）村集体经济项目的立项、承包方案；

（六）宅基地的使用方案；

（七）征地补偿费的使用、分配方案；

（八）以借贷、租赁或者其他方式处分村集体财产；

（九）村民会议认为应当由村民会议讨论决定的涉及村民利益的其他事项。

村民会议可以授权村民代表会议讨论决定前款规定的事项。

法律对讨论决定村集体经济组织财产和成员权益的事项另有规定的，依照其规定。

以下为该案在最高法院审理阶段，判决书中“本院认为”部分就该问题的论述：

久裕村联合社与“香港裕丰发展公司”等签订《租用土地使用合同书》，将久裕村联合社的案涉土地有偿出租给“香港裕丰发展公司”兴办工厂、宿舍和综合性建设，并对租用土地地点、租用土地年限、租用土地价格及租金管理，以及租用土地用途等均作了明确的约定；文柏池主张该合同不是土地租赁协议，而是一份土地使用权租赁的前期协议，是对拟租赁土地的前期开发协议。原判决以久裕村联合社将该社所有的案涉土地出租是涉及全体村民利益的重大问题为由，认定无论《租用土地使用合同书》性质如何，均应经村民会议讨论决定；同时，因《协议一》和《协议二》是双方当事人对案涉土地的处理问题签订的补充协议，均涉及久裕村全体村民的重大利益问题，亦认定应经村民会议讨论决定。原判决以《租用土地使用合同书》、《协议一》、《协议二》的签订均未经村民会议讨论决定，违反了《中华人民共和国村民委员会组织法》的规定为由，认定上述协议无效，于法有据。因此，文柏池关于原判决适用法律确有错误的再审申请理由，本院亦不予支持。

延伸阅读

关于村委会出租集体土地时，民主程序是否影响租赁合同效力的问题，实践中尚存在争议。

一、认定《中华人民共和国村民委员会组织法》关于以借贷、租赁或者其他方式处分集体财产的，需经村民会议讨论决定方可办理的规定不属于效力性强制性规定，不能作为认定租赁合同是否有效的依据的案例

案例 1：烟台市芝罘区只楚街道沙埠居民委员会、王曰胜返还原物纠纷再审审查与审判监督民事裁定书［山东省高级人民法院（2017）鲁民申 62 号］认为，“对于租赁协议的效力，原审法院认为，《中华人民共和国村民委员会组织法》第二十四条第一款第（八）项‘以借贷、租赁或者其他方式处分集体财产的，需经村民会议讨论决定方可办理’的规定，只是为了对村委会行为进行规范管理，村委会与他人签订租赁合同并不为法律所禁止，该条规定并不属于效力性强制性规定，不能作为认定该协议书是否有效的法律依据。对此，本院认为，原审的认定符合《中华人民共和国合同法》第五十二条第（五）项及《最高人民法院关于适用〈中华人民共和国合同法〉若干问题的解释（二）》第十四条的规定。”

二、认定村委会将集体土地以出租的方式对外流转给本集体经济组织以外的单位或者个人，未事先经村民会议三分之二以上成员或者三分之二以上村民代表的同意的，租赁合同无效的案例

案例2：柘荣县乍洋乡水碓村民委员会与陈清华、刘宜达土地租赁合同纠纷二审民事判决书［福建省高级人民法院（2014）闽民终字第1292号］认为，“上诉人陈清华、刘宜达与被上诉人水碓村委会双方签订的《集体林地（使用地）租赁合同》明确约定水碓村委会以出租的方式将林地租赁给陈清华、刘宜达营林，陈清华、刘宜达按年支付租金给水碓村委会，因此，根据合同约定，双方之间所产生的法律关系为租赁法律关系，故原审认定本案为土地租赁合同纠纷，并无不当。《中华人民共和国农村土地承包法》第三条规定：‘国家实行农村土地承包经营制度。农村土地承包采取农村集体经济组织内部的家庭承包方式，不宜采取家庭承包方式的荒山、荒沟、荒丘、荒滩等农村土地，可以采取招标、拍卖、公开协商等方式承包。’第四十八条规定：‘发包方将农村土地发包给本集体经济组织以外的单位或者个人承包的，应当事先经本集体经济组织成员的村民会议三分之二以上成员或者三分之二以上村民代表的同意，并报乡（镇）人民政府批准。’本案水碓村委会将总面积达3500亩的宜林地直接以出租的方式对外流转给本集体经济组织以外的陈清华、刘宜达，因此，水碓村委会对外出租林地的行为明显违反了《中华人民共和国农村土地承包法》关于国家实行农村土地承包经营制度的强制性规定，故原审判决确认上诉人陈清华、刘宜达与被上诉人水碓村委会双方签订的《集体林地（使用地）租赁合同》为无效合同，并对被上诉人诉请返还集体林地予以支持，于法有据。另，上诉人陈清华、刘宜达、绿世纪公司在二审期间向本院申请调取涉案出租林地的权属登记、四至范围以及村内发包等情况，鉴于该申请调取的内容不影响对本案租赁合同的效力认定，本院不予支持。”

081 宅基地及地上房屋能否抵债？以物抵债合同是否有效 *

本案发生的背景事实是城中村改造过程中，负责实施城中村改造的居委会向外举债，后通过订立以物抵债合同的方式，将改造后在宅基地上建设的房屋部分抵偿给债权人。该以物抵债合同是否有效？因涉及宅基地的流转问题，最高法院对此持否定态度。

裁判要旨

农村宅基地使用权不能自由流转，债务人通过以物抵债方式将宅基地使用权及房屋抵偿给非集体经济组织成员的债权人的，以物抵债合同无效，原借款关系未消灭，债务人仍应履行原借款关系项下的还款义务。

案情简介

一、2012 年，北店街城中村改造指挥部向三江源公司借款，城关镇政府为担保人。

二、2013 年，北店街城中村改造指挥部、北店街居委会与三江源公司签订《还款协议》，约定北店街城中村改造指挥部仍欠三江源公司本息约 700 万元，北店街城中村改造指挥部在于沟河建设完工后划出一层商业房 700 平方米交给三江源公司，用于偿还所有本息。后北店街城中村改造指挥部被撤销，权利义务由北店街居委会承担。

三、《还款协议》所涉及的抵债房屋属于城中村改造工程的一部分，建设在农村宅基地上。

四、2015 年，三江源公司与吴自民签订《债权转让协议书》，将全部债权及从权利转让给吴自民，并通知北店街居委会、城关镇政府。

五、吴自民向洛阳中院起诉，请求判令：北店街居委会、城关镇政府归还借款 700 万元及利息 200 万元。诉讼中吴自民死亡，其法定继承人闫景梅、吴晓乐、吴

---

* 案件来源：嵩县城关镇人民政府、吴晓乐、闫景梅、吴东洋、嵩县城关镇北店街社区居民委员会借款合同纠纷申请再审民事裁定书［最高人民法院（2016）最高法民申 3285 号］。

东洋参加诉讼。洛阳中院认为，还款协议系无效合同，北店街居委会应当继续承担还款责任。故判决：北店街居委会支付闫景梅、吴晓乐、吴东洋700万元及其利息，城关镇政府对北店街居委会不能清偿部分在二分之一范围内承担连带赔偿责任。

六、北店街居委会、城关镇政府不服，上诉至河南高院，主张《还款协议》不违反法律效力性强制性规定，应认定为有效，协议对双方权利义务作了终结，且已履行完毕，双方债权债务关系已经消灭。河南高院认为，吴自民及闫景梅三人均非北店街集体经济组织成员，《还款协议》因合同一方当事人不具备受领代物清偿标的物的主体资格而应认定无效，北店街居委会应按原借款权利义务关系承担还款责任。故判决：驳回上诉，维持原判。

七、城关镇政府仍不服，向最高法院申请再审，最高法院裁定：驳回城关镇政府的再审申请。

裁判要点

最高法院认定案涉《还款协议》无效的原因在于：首先，《还款协议》用于抵债的房屋属于城中村改造工程的一部分，建设在农村宅基地上。根据地随房走的一般原则，案涉宅基地使用权将与房屋一并实现流转。其次，根据《中华人民共和国土地管理法》第九条规定，宅基地属于农民集体所有。吴自民及闫景梅三人均非北店街集体组织成员，不享有该集体组织宅基地使用权，不能通过以物抵债方式受让该集体组织宅基地上房屋。因此《还款协议》的约定违反现行法律规定，应认定《还款协议》无效。

因《还款协议》自始无效，原借款关系并未消灭，故北店街居委会、城关镇政府仍应履行原借款关系项下义务。

实务经验总结

前事不忘，后事之师。为避免未来发生类似败诉，提出如下建议：

一、因农村宅基地使用权不能自由流转，故不能通过以物抵债方式将宅基地使用权及地上房屋抵偿给非集体经济组织成员。

二、根据担保法及司法解释的规定，国家机关和以公益为目的的事业单位、社会团体违反法律规定提供担保的，担保合同无效。主合同有效而担保合同无效，债权人无过错的，担保人与债务人对主合同债权人的经济损失，承担连带赔偿责任；

债权人、担保人有过错的，担保人承担民事责任的部分，不超过债务人不能清偿部分的1/2。

相关法律规定

《中华人民共和国物权法》

第一百五十一条 集体所有的土地作为建设用地的，应当依照土地管理法等法律规定办理。

《中华人民共和国土地管理法》

第九条 城市市区的土地属于国家所有。

农村和城市郊区的土地，除由法律规定属于国家所有的以外，属于农民集体所有；宅基地和自留地、自留山，属于农民集体所有。

第六十三条 土地利用总体规划、城乡规划确定为工业、商业等经营性用途，并经依法登记的集体经营性建设用地，土地所有权人可以通过出让、出租等方式交由单位或者个人使用，并应当签订书面合同，载明土地界址、面积、动工期限、使用期限、土地用途、规划条件和双方其他权利义务。

前款规定的集体经营性建设用地出让、出租等，应当经本集体经济组织成员的村民会议三分之二以上成员或者三分之二以上村民代表的同意。

通过出让等方式取得的集体经营性建设用地使用权可以转让、互换、出资、赠与或者抵押，但法律、行政法规另有规定或者土地所有权人、土地使用权人签订的书面合同另有约定的除外。

集体经营性建设用地的出租，集体建设用地使用权的出让及其最高年限、转让、互换、出资、赠与、抵押等，参照同类用途的国有建设用地执行。具体办法由国务院制定。

以下为该案在最高法院审理阶段，裁判文书中“本院认为”部分就该问题的论述：

本案再审审查争议的焦点问题是《还款协议》的效力。本案原债权债务关系是借款关系，改造指挥部向三江源公司借款，城关镇政府为担保人。为清偿借款债务，改造指挥部、北店街居委会与三江源公司签订《还款协议》，各方确认截至2013年12月31日，改造指挥部仍欠三江源公司本息约700万元，改造指挥部负责在于沟河建设完工后划出一层商业房柒佰平方米交给三江源公司，用于偿还所欠其所有本息。改造指挥部撤销后，权利义务由北店街居委会承担。《还款协议》约定以交付商业房代替原借款合同约定的偿还货币义务，以消灭原债权债务关系。原审查明，《还款协议》所涉及房屋属于城中村改造工程的一部分，建设在农村集体土地上，没有相关规划审批手续，至今未交付闫景梅等三人。根据《中华人民共和国物权法》第一百五十一条规定，农村集体土地作为建设用地，应当依照土地管理法等法律规定办理。根据地随房走的一般原则，案涉宅基地使用权将与房屋一并实现流转。根据《中华人民共和国土地管理法》第八条规定，宅基地属于农民集体所有。吴自民及闫景梅三人均非北店街集体组织成员，不享有该集体组织宅基地使用权，不能通过以物抵债方式受让该集体组织宅基地上房屋。故《还款协议》的约定违反现行法律规定。城关镇政府主张国家对宅基地流转限制呈放开趋势，但是双方签订《还款协议》时及至吴自民起诉之时，案涉农村宅基地使用权仍不能自由流转，故二审判决认定《还款协议》无效，并无不当。《还款协议》自始无效，原借款关系未消灭，吴自民请求北店街居委会、城关镇政府履行原借款关系项下义务应予支持。

吴自民与三江源公司签订的《债权转让协议》系当事人真实意思表示，并不违反法律规定。二审判决认定有效，亦无不当。

第八章　土地征收

082 征收补偿问题未依法定程序解决前，被征收人有权拒绝交出土地和房屋*

本案例载于《最高人民法院公报》2017年第1期（总第243期），最高法院的判决对政府征收国有土地和房屋的补偿原则、补偿标准、补偿程序等问题作出了详细论述，值得仔细研读，对行政机关、法院、当事人均具有极为重要的参考价值。

裁判要旨

有征收必有补偿，无补偿则无征收。征收补偿应当遵循及时补偿原则和公平补偿原则。补偿问题未依法定程序解决前，被征收人有权拒绝交出房屋和土地。

案情简介

一、太原市政府为实施道路改造建设，于2014年4月发布《通告》，决定收回安业公司749.5平方米国有土地使用权。太原市政府未听取安业公司的陈述申辩，未对涉案土地的四至范围作出认定，一直未对安业公司进行任何补偿。

二、安业公司对《通告》不服，向太原中院起诉，请求依法撤销太原市政府收回其国有土地使用权的行为。太原中院认为，太原市政府的收回程序符合法律规定，安业公司认为太原市政府在作出《通告》前必须落实补偿的主张没有事实和法律依据，故判决：驳回安业公司的诉讼请求。

三、安业公司不服，上诉至山西高院，山西高院判决：驳回上诉，维持原判。

四、安业公司仍不服，向最高法院申请再审。最高法院提审本案，改判：确认

* 案件来源：山西省安业集团有限公司与山西省太原市人民政府行政命令申诉行政判决书［最高人民法院（2016）最高法行再80号］，载《最高人民法院公报》2017年第1期（总第243期）。

《通告》中有关收回安业公司 749.5 平方米国有土地使用权的行政行为违法。

裁判要点

本案最高法院改判确认《通告》中有关收回安业公司 749.5 平方米国有土地使用权的行政行为违法的原因在于：

为了保障国家安全、促进国民经济和社会发展等公共利益的需要，国家可以依法收回国有土地使用权，也可征收国有土地上单位、个人的房屋，但必须对被征收人给予及时公平补偿。本案中，太原市政府收回安业公司拥有使用权的 749.5 平方米土地时，既未听取安业公司的陈述申辩，也未对涉案土地的四至范围作出认定，尤其是未对安业公司进行任何补偿，不符合《中华人民共和国土地管理法》第五十八条、《中华人民共和国物权法》第四十二条第三款、《中华人民共和国城市房地产管理法》第六条以及《国有土地上房屋征收与补偿条例》第八条、第十三条、第二十七条等规定的精神，依法应予以撤销。

但考虑到相关道路建设改造工程确属公共利益需要，因此根据《中华人民共和国行政诉讼法》相关规定，对《通告》中有关收回安业公司 749.5 平方米国有土地使用权的行政行为应确认违法。

此外，最高法院特别强调，“今后如因道路建设改造实际使用安业公司相应土地，安业公司有权主张以实际使用土地时的土地市场价值为基准进行补偿；安业公司也有权要求先补偿后搬迁，在未依法解决补偿问题前，安业公司有权拒绝交出土地”。

实务经验总结

前事不忘，后事之师。为避免未来发生类似败诉，提出如下建议：

一、政府因公共利益需要拟依法收回国有土地使用权、征收国有土地上房屋时，应当遵循法定的程序，依法听取当事人陈述申辩，对拟收回土地的四至范围作出认定，对被征收不动产价值进行评估，及时解决补偿问题。政府作出征收行政行为时违反法定程序的，行政行为将被撤销或确认违法。

二、对于国有土地使用权人和房屋所有权人而言，政府征收土地和房屋时未解决补偿问题的，土地使用权人和房屋所有权人有权拒绝交出土地和房屋。

相关法律规定

《中华人民共和国土地管理法》

第五十八条　有下列情形之一的，由有关人民政府自然资源主管部门报经原批准用地的人民政府或者有批准权的人民政府批准，可以收回国有土地使用权：

（一）为实施城市规划进行旧城区改建以及其他公共利益需要，确需使用土地的；

（二）土地出让等有偿使用合同约定的使用期限届满，土地使用者未申请续期或者申请续期未获批准的；

（三）因单位撤销、迁移等原因，停止使用原划拨的国有土地的；

（四）公路、铁路、机场、矿场等经核准报废的。

依照前款第（一）项的规定收回国有土地使用权的，对土地使用权人应当给予适当补偿。

《中华人民共和国物权法》

第四十二条　为了公共利益的需要，依照法律规定的权限和程序可以征收集体所有的土地和单位、个人的房屋及其他不动产。

征收集体所有的土地，应当依法足额支付土地补偿费、安置补助费、地上附着物和青苗的补偿费等费用，安排被征地农民的社会保障费用，保障被征地农民的生活，维护被征地农民的合法权益。

征收单位、个人的房屋及其他不动产，应当依法给予拆迁补偿，维护被征收人的合法权益；征收个人住宅的，还应当保障被征收人的居住条件。

任何单位和个人不得贪污、挪用、私分、截留、拖欠征收补偿费等费用。

《中华人民共和国城市房地产管理法》

第六条　为了公共利益的需要，国家可以征收国有土地上单位和个人的房屋，并依法给予拆迁补偿，维护被征收人的合法权益；征收个人住宅的，还应当保障被征收人的居住条件。具体办法由国务院规定。

《国有土地上房屋征收与补偿条例》

第八条　为了保障国家安全、促进国民经济和社会发展等公共利益的需要，有下列情形之一，确需征收房屋的，由市、县级人民政府作出房屋征收决定：

（一）国防和外交的需要；

（二）由政府组织实施的能源、交通、水利等基础设施建设的需要；

（三）由政府组织实施的科技、教育、文化、卫生、体育、环境和资源保护、防灾减灾、文物保护、社会福利、市政公用等公共事业的需要；

（四）由政府组织实施的保障性安居工程建设的需要；

（五）由政府依照城乡规划法有关规定组织实施的对危房集中、基础设施落后等地段进行旧城区改建的需要；

（六）法律、行政法规规定的其他公共利益的需要。

第十条 房屋征收部门拟定征收补偿方案，报市、县级人民政府。

市、县级人民政府应当组织有关部门对征收补偿方案进行论证并予以公布，征求公众意见。征求意见期限不得少于30日。

第十一条 市、县级人民政府应当将征求意见情况和根据公众意见修改的情况及时公布。

因旧城区改建需要征收房屋，多数被征收人认为征收补偿方案不符合本条例规定的，市、县级人民政府应当组织由被征收人和公众代表参加的听证会，并根据听证会情况修改方案。

第十三条 市、县级人民政府作出房屋征收决定后应当及时公告。公告应当载明征收补偿方案和行政复议、行政诉讼权利等事项。

市、县级人民政府及房屋征收部门应当做好房屋征收与补偿的宣传、解释工作。

房屋被依法征收的，国有土地使用权同时收回。

第十五条 房屋征收部门应当对房屋征收范围内房屋的权属、区位、用途、建筑面积等情况组织调查登记，被征收人应当予以配合。调查结果应当在房屋征收范围内向被征收人公布。

第二十七条 实施房屋征收应当先补偿、后搬迁。

作出房屋征收决定的市、县级人民政府对被征收人给予补偿后，被征收人应当在补偿协议约定或者补偿决定确定的搬迁期限内完成搬迁。

任何单位和个人不得采取暴力、威胁或者违反规定中断供水、供热、供气、供电和道路通行等非法方式迫使被征收人搬迁。禁止建设单位参与搬迁活动。

《中华人民共和国行政诉讼法》

第七十四条 行政行为有下列情形之一的，人民法院判决确认违法，但不撤销行政行为：

（一）行政行为依法应当撤销，但撤销会给国家利益、社会公共利益造成重大损害的；

（二）行政行为程序轻微违法，但对原告权利不产生实际影响的。

行政行为有下列情形之一，不需要撤销或者判决履行的，人民法院判决确认违法：

（一）行政行为违法，但不具有可撤销内容的；

（二）被告改变原违法行政行为，原告仍要求确认原行政行为违法的；

（三）被告不履行或者拖延履行法定职责，判决履行没有意义的。

以下为该案在最高法院审理阶段，裁判文书中“本院认为”部分就该问题的论述：

有征收必有补偿，无补偿则无征收。为了保障国家安全、促进国民经济和社会发展等公共利益的需要，国家可以依法收回国有土地使用权，也可征收国有土地上单位、个人的房屋；但必须对被征收人给予及时公平补偿，而不能只征收不补偿，也不能迟迟不予补偿。通常，征收决定应当包括具体补偿内容，因评估或者双方协商以及其他特殊原因，征收决定未包括补偿内容的，征收机关应当在征收决定生效后的合理时间内，及时通过签订征收补偿协议或者作出征收补偿决定的方式解决补偿问题。征收补偿应当遵循及时补偿原则和公平补偿原则。国家因公共利益需要使用城市市区的土地和房屋的，市、县人民政府一般应按照《国有土地上房屋征收与补偿条例》（以下简称《征补条例》）规定的程序和方式进行，并应根据《国有土地上房屋征收评估办法》和《城镇土地估价规程》等规定精神，由专业的房地产价格评估机构在实地查勘的基础上，根据被征收不动产的区位、用途等影响被征收不动产价值的因素和当地房地产市场状况，综合选择市场法、收益法、成本法、假设开发法等评估方法对被征收不动产价值进行评估，合理确定评估结果，并在此基础上进行补偿。对国有土地上房屋所有权人补偿内容已经包含了国有土地使用权补偿的，对同时收回的国有土地的土地使用权人不再单独给予补偿。对被征收不动产价值评估的时点，一般应当为征收决定公告之日或者征收决定送达被征收人之日。因征收人原因造成征收补偿问题不合理迟延的，且被征收不动产价格明显上涨的，被征收人有权主张以作出征收补偿决定或者签订征收补偿协议时的市场价格作为补偿基准。被征收人对征收补偿决定或者征收补偿协议所确定的补偿金额和其他内容有异议的，可以依法提起行政诉讼。征收机关依法办理相关提存等手续并书面告知被征收人领取补偿款项、使用安置房屋等内容的，被征收人无法定正当理由拒绝领取的，征收机关对诉讼期间被征收财物价格上涨而形成的损失不承担补偿责任。

本案中，因实施道路建设改造工程的需要，太原市政府与相关职能部门可以依法收回国有土地使用权，但应当遵循法定的程序和步骤并应依法及时解决补偿问题。在本案中，太原市政府收回安业公司拥有使用权的749.5平方米土地时，既未听取安业公司的陈述申辩，也未对涉案土地的四至范围作出认定，尤其是至今尚未对安业公司进行任何补偿，不符合《土地管理法》第五十八条、《中华人民共和国物权法》第四十二条第三款、《中华人民共和国城市房地产管理法》第六条以及《征补条例》第八条、第十三条、第二十七条等规定的精神，依法应予以撤销。但考虑到相关道路建设改造工程确属公共利益需要，因此根据《中华人民共和国行政诉讼法》第七十四条第一款第一项规定，对太原市政府以《通告》形式收回安业公司749.5平方米国有土地使用权的行政行为应确认违法。今后如因道路建设改造实际使用安业公司相应土地，安业公司有权主张以实际使用土地时的土地市场价值为基准进行补偿；安业公司也有权要求先补偿后搬迁，在未依法解决补偿问题前，安业公司有权拒绝交出土地。

延伸阅读

裁判规则：被征收人同意先拆迁后商谈拆迁安置补偿事宜的，政府拆除被征收人房屋的行为不违反先补偿后搬迁的原则。

案例：陈伯威与甘肃省兰州市七里河区人民政府、甘肃省兰州市七里河区城乡建设与交通运输局等拆除房屋行为纠纷再审行政裁定书［最高人民法院（2016）最高法行申270号］认为，“本案中，区政府在实施国有土地上房屋征收补偿工作中，未与陈伯威达成补偿协议。但经双方协商，陈伯威同意先拆迁、后商谈拆迁安置补偿事宜。嗣后，区政府将陈伯威的房屋拆除。由此可见，拆除陈伯威商铺的行为是经其本人同意的，不存在违法拆除行为。虽然后来双方对安置补偿事宜未能达成共识，但不应认为拆除申请人房屋的行为违反《条例》规定的先补偿后搬迁的原则。故陈伯威要求确认未进行房屋征收补偿安置的情形下拆除房屋的行政行为违法，无事实根据和法律依据，原审裁定驳回其诉讼请求并无不当。陈伯威提出的该项目建设未经省发改委和规划局批准的理由，不属于本案审查的范围。申请人提出要求赔偿因房屋被拆迁所产生的损失问题，因被诉行政行为并未被确认违法，不存在行政赔偿的问题。其房屋被拆迁所产生的损失可依据《条例》的有关规定，另行解决。”

083 政府有偿收回土地应按何种标准补偿*

——政府有偿收回国有土地使用权应按作出收地决定时的市场评估价补偿

本案例载于《最高人民法院公报》2015 年第 2 期（总第 219 期），确立了政府有偿收回国有土地使用权的补偿标准。但司法实践中亦存在不同的裁判观点。

裁判要旨

行政机关依法收回国有土地使用权的，对土地使用权人应当按照作出收回土地使用权决定时的市场评估价给予补偿。因行政补偿决定违法造成逾期支付补偿款的，人民法院可以根据当事人的实际损失等情况，判决行政机关承担逾期支付补偿款期间的同期银行贷款利息损失。

案情简介

一、城东公司于 1996 年取得县政府颁发的第 6 号国土证，共 6706 平方米。县政府为建设县政府办公楼需要使用案涉土地，于 2007 年 11 月作出《关于有偿收回国有土地使用权的通知》(以下称“112 号通知”)，决定按原登记成本价 80.6072 万元有偿收回案涉土地。同年 12 月，县政府作出《关于撤销定安国用（96）字第 6 号〈国有土地使用证〉的决定》(以下称“150 号撤证决定”)，以城东公司申请土地登记发证未填写土地用途为由，撤销第 6 号国土证。

二、城东公司不服 150 号撤证决定，向原海南中院提起行政诉讼。原海南中院认为，县政府按原土地价有偿收回土地使用权，未考虑土地增值的因素，其收地行为显然是不适当的；县政府在作出 112 号通知前存在先决定收回后举行听证的情形，违反法定程序；土地登记申请书未载明土地用途并不是注销土地登记的法定事由。故判决：确认 112 号通知、150 号撤证决定违法；责令县政府对收回城东公司国有土地使用权的损失采取补救措施。

---

* 案件来源：海南省定安城东建筑装修工程公司与海南省定安县人民政府收回国有土地使用权及撤销土地证再审行政判决书［最高人民法院（2012）行提字第 26 号］，载于《最高人民法院公报》2015 年第 2 期（总第 220 期）。

三、县政府不服，上诉至海南高院。海南高院认为，县政府作出的112号通知认定事实清楚，适用法律正确，150号撤证决定是对112号通知有关事宜的完善。故判决：驳回城东公司的诉求。

四、城东公司不服，向最高法院申请再审。最高法院裁定提审本案。最高法院认为，112号通知中收地决定行为违反法定程序；150号撤证决定滥用职权；112号通知中行政补偿决定显失公正。故判决：确认112号通知、150号撤证决定违法；责令县政府向城东公司支付收回土地使用权补偿款135万元及同期银行贷款利息。

裁判要点

最高法院认定本案县政府按土地原成本价予以补偿构成违法的原因在于：

首先，县政府应以作出收地决定之日的市场评估价对城东公司进行补偿。根据《中华人民共和国土地管理法》第五十八条第二款规定，因公共利益需要使用土地收回国有土地使用权的，对土地使用权人应当给予适当补偿。本案县政府根据省政府批准的总体规划要求为建设县政府办公楼需要使用涉案土地，收回城东公司的土地使用权，应当依法给予"适当补偿"。所谓"适当补偿"应当是公平合理的补偿，即按照被收回土地的性质、用途、区位等，以作出收地决定之日的市场评估价予以补偿。县政府按土地原成本价予以补偿于法无据。

其次，县政府应支付城东公司逾期支付补偿款的利息。鉴于县政府收回土地使用权行为违法，补偿价格明显不公，且收地决定作出后案涉土地升值较大，而案涉土地上存有抵押贷款，城东公司因不能以转让土地使用权方式及时偿还银行贷款，存在贷款利息损失，县政府在支付补偿款的同时，还应当支付自决定收回土地使用权之日起至实际支付全部补偿款之日的同期银行贷款利息。

实务经验总结

前事不忘，后事之师。为避免未来发生类似败诉，提出如下建议：

一、政府因公共利益需要或者实施城市规划进行旧城区改建收回国有土地使用权的，对土地使用权人应当给予适当补偿，即按照被收回土地的性质、用途、区位等，以作出收地决定之日的市场评估价予以补偿。

二、政府作出收地决定后应当及时支付补偿款，否则可能要支付逾期利息。

相关法律规定

《中华人民共和国土地管理法》

第五十八条 有下列情形之一的，由有关人民政府自然资源主管部门报经原批准用地的人民政府或者有批准权的人民政府批准，可以收回国有土地使用权：

（一）为实施城市规划进行旧城区改建以及其他公共利益需要，确需使用土地的；

（二）土地出让等有偿使用合同约定的使用期限届满，土地使用者未申请续期或者申请续期未获批准的；

（三）因单位撤销、迁移等原因，停止使用原划拨的国有土地的；

（四）公路、铁路、机场、矿场等经核准报废的。

依照前款第（一）项的规定收回国有土地使用权的，对土地使用权人应当给予适当补偿。

《中华人民共和国物权法》

第二十八条 因人民法院、仲裁委员会的法律文书或者人民政府的征收决定等，导致物权设立、变更、转让或者消灭的，自法律文书或者人民政府的征收决定等生效时发生效力。

第四十二条 为了公共利益的需要，依照法律规定的权限和程序可以征收集体所有的土地和单位、个人的房屋及其他不动产。

征收集体所有的土地，应当依法足额支付土地补偿费、安置补助费、地上附着物和青苗的补偿费等费用，安排被征地农民的社会保障费用，保障被征地农民的生活，维护被征地农民的合法权益。

征收单位、个人的房屋及其他不动产，应当依法给予拆迁补偿，维护被征收人的合法权益；征收个人住宅的，还应当保障被征收人的居住条件。

任何单位和个人不得贪污、挪用、私分、截留、拖欠征收补偿费等费用。

第一百四十八条 建设用地使用权期间届满前，因公共利益需要提前收回该土地的，应当依照本法第四十二条的规定对该土地上的房屋及其他不动产给予补偿，并退还相应的出让金。

《中华人民共和国城市房地产管理法》

第二十条 国家对土地使用者依法取得的土地使用权，在出让合同约定的使用年限届满前不收回；在特殊情况下，根据社会公共利益的需要，可以依照法律程序提前收回，并根据土地使用者使用土地的实际年限和开发土地的实际情况给予相应的补偿。

《中华人民共和国城镇国有土地使用权出让和转让暂行条例》

第四十二条 国家对土地使用者依法取得的土地使用权不提前收回。在特殊情况下，根据社会公众利益的需要，国家依照法律程序提前收回，并根据土地使用者已使用的年限和开发、利用土地的实际情况给予相应的补偿。

以下为该案在最高法院审理阶段，裁判文书中“本院认为”部分就该问题的论述：

关于112号通知中行政补偿内容的合法性问题。根据《中华人民共和国土地管理法》第五十八条第二款规定，因公共利益需要使用土地收回国有土地使用权的，对土地使用权人应当给予适当补偿。县政府根据省政府批准的总体规划要求为建设县政府办公楼需要使用涉案土地，收回城东公司的土地使用权，应当依法给予“适当补偿”。所谓“适当补偿”应当是公平合理的补偿，即按照被收回土地的性质、用途、区位等，以作出收地决定之日的市场评估价予以补偿。县政府按土地原成本价予以补偿于法无据。城东公司以收地决定违法，涉案土地使用权至今仍属于其享有为由，主张应以最终判决时的市场评估价予以补偿，其理由不能成立。本案收地决定属于违反程序，判决确认收地决定违法并未否定其法律效力。根据《中华人民共和国物权法》第二十八条规定，涉案土地使用权自收地决定生效之日已经发生物权转移的效力。考虑到涉案土地登记资料中“土地用途”栏系空白，结合当地土地交易市场情况，对涉案土地以使用年限最长、市场价值最高的“住宅用地”用途进行评估，有利于维护行政相对人的合法权益。鉴于县政府收回土地使用权行为违法，补偿价格明显不公，且收地决定作出后涉案土地升值较大，而当事人因不能以转让土地使用权方式及时偿还银行贷款，存在贷款利息损失，县政府在支付补偿款的同时，还应当支付自决定收回土地使用权之日起至实际支付全部补偿款之日的同期银行贷款利息。

延伸阅读

关于政府有偿收回国有土地使用权的补偿标准问题，司法实践中的裁判观点尚不统一。以下为本书作者检索到的部分案例及裁判观点，供读者在该类案件中参考。

一、认定政府有偿收回国有土地使用权无须按市场评估价进行补偿的案例

案例1：重庆农村商业银行股份有限公司江津支行与重庆市巴南城市建设发展有限公司、重庆市巴南区城乡建设委员会、重庆塑皇建设（集团）有限公司一般抵

押合同纠纷申请再审民事裁定书［最高人民法院（2013）民申字第1120号］认为，“关于二审判决适用法律是否确有错误的问题。1. 2004年修正的《中华人民共和国土地管理法》第五十八条、2007年8月30日修正的《中华人民共和国城市房地产管理法》第二十条、1990年发布的《中华人民共和国城镇国有土地使用权出让和转让暂行条例》第四十二条等法律、行政法规均规定，为公共利益需要，国家可以提前收回土地使用权，但对于补偿标准仅规定了‘适当补偿’、‘相应的补偿’，并未要求按市场评估价进行补偿。而《重庆市国有土地建设用地使用权出让管理实施办法》效力等级过低。2007年10月1日起施行的《中华人民共和国物权法》第一百四十八条规定，建设用地使用权期间届满前，因公共利益需要提前收回该土地的，应当依照本法第四十二条的规定对该土地上的房屋及其他不动产给予补偿，并退还相应的出让金。塑皇公司被征用土地上没有房屋及其他不动产，按照该条规定仅需退还相应的土地出让金。因此，从对法律的理解、法律的效力等级及法律制定的先后顺序等方面来看，二审法院依据《中华人民共和国物权法》第一百四十八条的规定作出判决并无不当。”

二、认定政府收回国有土地使用权可参照房屋征收补偿的规定，以收地行为作出时的市场价格进行补偿的案例

案例2：山东省阳信华芝草制品工艺有限公司与阳信县人民政府行政补偿二审行政判决书［山东省高级人民法院（2014）鲁行终字第52号］认为，“《国有土地上房屋征收与补偿条例》第十九条第一款规定：‘对被征收房屋价值的补偿，不得低于房屋征收决定公告之日被征收房屋类似房地产的市场价格。被征收房屋的价值，由具有相应资质的房地产价格评估机构按照房屋征收评估办法评估确定’。《国有土地上房屋征收评估办法》第十条第一款规定：‘被征收房屋价值评估时点为房屋征收决定公告之日’。根据以上规定，对国有土地上房屋征收补偿时，是按照征收行为作出之日的市场价格确定补偿价格，对土地的征收补偿可参照上述规定，以相关征收行为作出或实施之日作为确定补偿价格的基准日期。本案大济路拓宽占用华芝公司土地的行为发生在2007年，一审法院确定按照2007年土地的市场价格对华芝公司进行补偿，符合上述法律法规的规定。上诉人华芝公司提交的交易案例中，国有建设用地使用权出让合同签订时间是2013年7月份，本案占用土地行为发生于2007年，所以该交易案例不能作为以市场比较法进行测算的依据。因未搜集到估价日期2007年9月1日前已发生的类似的用地交易案例，鑫峰公司采用基准地价系数修正法和成本逼进法进行评估，符合《城镇土地估价规程》的规定，得出的同样是涉案土地的市场价格。铭泰事务所按照通常的情况评估的硬化路面的价

格较为合理。鑫峰公司和名泰事务所评估的华芝公司损失的数额基本合理，一审法院作为本案确定补偿数额的依据并无不当。”

三、政府收回国有土地使用权的“适当补偿”并非是象征性的随意性补偿，而是指不违反法律强制性规定，且不限于合意协商一致补偿或市场价格补偿等的补偿

案例3：安阳市中亚房地产开发有限责任公司、安阳县人民政府土地征收补偿纠纷二审行政裁定书［河南省高级人民法院（2016）豫行终1361号］认为，“案涉协议系《最高人民法院关于适用〈中华人民共和国行政诉讼法〉若干问题的解释》第十一条规定的行政机关为实现公共利益在法定职责范围内与公民、法人或者其他组织协商订立的具有行政法上权利义务内容的协议，属于《中华人民共和国行政诉讼法》第十二条第一款第十一项规定的行政协议。该协议中的土地补偿属于《中华人民共和国土地管理法》第五十八条规定中为公共利益需要使用土地而依法收回国有土地使用权并对土地使用权人应当给予适当补偿的情形。该‘适当给予补偿’并非是象征性的随意性补偿，而是指不违反法律强制性规定，且不限于合意协商一致补偿或市场价格补偿等的补偿。该协议中明确土地补偿费373.68万元由安阳县海纳房地产评估有限公司土地估价报告作出，是协议双方合意协商的结果，系上诉人真实意思表示。上诉人没有提交有效证据证明被上诉人订立协议时存在应予解除或确认无效的法定情形。一审法院适用《中华人民共和国土地管理法》对案涉土地补偿作出裁判，并无不当。上诉人要求依据《国有土地上房屋征收与补偿条例》给予土地补偿的上诉理由不能成立，本院不予支持。”

四、国有土地使用权人未实际对土地进行开发建设的，政府有偿收回土地使用权时可按成本法评估的土地价值进行补偿

案例4：中山市基础工程公司第一机械施工处、广州市国土资源和规划委员会土地行政管理再审审查与审判监督行政裁定书［广东省高级人民法院（2016）粤行申1342号］认为，“《中华人民共和国土地管理法》第五十八条规定：‘有下列情形之一的，由有关人民政府土地行政主管部门报经原批准用地的人民政府或者有批准权的人民政府批准，可以收回国有土地使用权：（一）为公共利益需要使用土地的；……。依照前款第（一）项、第（二）项的规定收回国有土地使用权的，对土地使用权人应当给予适当补偿。’涉案土地的国有土地使用权因公共利益需要被依法收回，申请人中山市基础工程公司第一机械施工处作为该土地使用权的原受让方可依法获得适当补偿。在法律法规对具体的补偿程序和标准未作规定，且双方未能就土地补偿价协商一致的情况下，被申请人广州南沙开发区土地开发中心根据涉案土地的具体情况和《广州南沙闲置土地处置和回收国有建设用地使用权审批领

导小组议事规则》的相关规定，委托当时具有资质的评估公司采取成本法对涉案土地的价值进行评估，以此作为参考价格进而确定收回涉案土地使用权的补偿价格，作出涉案《关于明确收地补偿价格的函》，决定补偿申请人 1281450 元。原审法院经审理认为，本案中，申请人向案外人受让土地使用权时支付了‘购地款’和行政费用，其后并无实际对涉案土地进行开发建设；故此，被申请人采取成本法委托第三方机构对被收回土地的价值进行评估，并根据第三方评估结论对申请人进行补偿是合理的，符合《中华人民共和国土地管理法》第五十八条的适当补偿原则；对申请人提出应按土地的市场价值每平方米 4500 元，按 2114.76 平方米，共计 9516420 元进行补偿的意见不予支持，并判决驳回申请人的诉讼请求，并无不当。申请人中山市基础工程公司第一机械施工处申请再审主张，被申请人采取土地成本法确定补偿价违背公平合理原则，可按市场价格进行赔偿，应赔偿移除建筑材料造成的损失，涉案《关于明确收地补偿价格的函》违法且不合理等，请求撤销原审判决并支持其一审的诉讼请求，因理据不足，本院不予采纳。”

五、政府征收房屋时，国有土地使用权补偿问题应在房屋拆迁安置补偿中一并解决

案例 5：孙惠芳、王京治等与浙江省宁波市土地行政批准案再审行政裁定书［最高人民法院（2016）最高法行申 1267 号］认为，“再审申请人孙惠芳等原所有的鄞奉路 130 号房屋在 2008 年 1 月被再审被申请人宁波市政府列入城区非成套房地块改造总体计划。根据《土地管理法》第五十八条第一款第（二）项的规定，为实施城市规划进行旧城区改建，需要调整使用土地，由有关人民政府土地行政主管部门报经原批准用地的人民政府或有批准权的人民政府批准，可以收回国有土地使用权。宁波市国土资源局据此报请再审被申请人批准收回涉案国有土地使用权符合法律规定。再审被申请人审核该局提交的《关于要求收回富邦百家缘配送中心（A 区）地块国有建设用地使用权的请示》、宁波市海城投资开发有限公司《关于要求收回国有土地使用权的报告》、宁波市海曙区发展和改革局海发改投（2009）15 号《关于同意鄞奉路（一期）二批富邦百家缘配送中心地块（A 区）拆迁项目的批复》、宁波市规划局（2009）浙规地字第 0200009《建设用地规划许可证》及附图等文件后，作出被诉甬政办抄第 24 号《抄告单》，批准同意收回涉案国有建设用地使用权并无不当。该收回国有土地使用权的批准行为系房屋拆迁行为的组成部分，按照房屋拆迁的法律规定，国有土地使用权补偿问题应当在房屋拆迁安置补偿中一并解决，不单独予以补偿。再审申请人涉案房屋的安置补偿问题，已经原宁波市房产管理局甬房拆裁海（2009）15 号房屋拆迁行政裁决明确，其认为涉案国有

土地使用权系无偿收回，不符合事实。再审申请人如果认为其房屋存续权益和安置补偿权益受到侵犯，可以针对直接影响其权益的房屋拆迁许可和安置补偿裁决寻求适合的救济方式，其针对房屋拆迁过程中上级政府对下级政府部门作出的国有土地使用权内部审批行为提起诉讼，无益于解决其主张的权益受损问题。”

案例 6：张成功与内蒙古天地伟业房地产开发有限公司房屋拆迁安置补偿合同纠纷再审民事判决书［内蒙古自治区高级人民法院（2017）内民再 58 号］认为，“《国有土地上房屋征收与补偿条例》第十七条规定，对被征收人给予的补偿包括被征收房屋价值的补偿、因征收房屋造成的搬迁、临时安置的补偿、因征收房屋造成的停产停业损失的补偿。根据《国有土地上房屋征收评估办法》第十一条第一款的规定，被征收房屋价值包括被征收房屋及其占用范围内的土地使用权的价值。张成功与呼和浩特市建发房屋拆迁有限责任公司达成拆迁补偿协议后，要求另行对土地使用权价值进行补偿无事实及法律依据。张成功的房屋已被拆迁，要求天地伟业公司向其交付土地使用权价值无法律依据。”

084 政府公告注销不动产权属证书不产生物权变动效力*

——不动产权利人的确定应以不动产登记簿的记载为依据，政府注销土地权属证书的行为不改变土地的权属状况

实践中，有的地方政府在征收过程中存在一些不规范的行为，例如通过公告注销的方式征收不动产，该种行为实际上并不会产生物权变动的效力，此时不动产权利人并未发生变更。

裁判要旨

根据《中华人民共和国物权法》第十四条以及第十七条的规定，不动产权利人的确定应以不动产登记簿的记载为依据。政府注销国有土地使用证的行为，不能产生变更土地权属状况的效力。

* 案件来源：达州广播电视大学与四川省聚丰房地产开发有限责任公司合资、合作开发房地产合同纠纷申请再审民事裁定书［最高人民法院（2014）民申字第 56 号］。

案情简介

一、2008 年达州电大与聚丰公司签订《合作开发协议书》，约定：达州电大以土地使用权投资，聚丰公司以现金投资并独立开发建设合作项目；拟建设规模为 129800 平方米；达州电大有权获得 2500 万元、教学用房 6200 平方米、运动场等收益，且不承担项目开发建设风险；聚丰公司享有剩余收益；达州电大协助聚丰公司办理土地过户手续。

二、2011 年 5 月，达州电大向聚丰公司发出《解除函》，声称：因达州市政府决定对学校的土地使用权以招拍挂方式公开进行交易，学校已无法履行《合作开发协议书》，决定解除此协议。

三、2011 年 11 月，达州市政府在《达州日报》刊登《关于注销土地使用证的公告》，决定注销达州电大的涉案土地使用证。但达州市地籍地政事务中心保存的土地登记档案仍载明涉案土地的权利人是达州电大。

四、聚丰公司向四川高院提起诉讼，请求判令达州电大立即全面履行《合作开发协议书》。四川高院判决驳回聚丰公司的诉讼请求。

五、聚丰公司不服四川高院判决，向最高法院提起上诉，最高法院改判支持了聚丰公司的诉讼请求。达州电大不服二审判决，向最高法院申请再审，最高法院裁定驳回其再审申请。

裁判要点

首先，《合作开发协议书》的性质为土地使用权转让合同。《合作开发协议书》约定达州电大只享有固定开发收益，不承担开发经营的风险。根据《最高人民法院关于审理涉及国有土地使用权合同纠纷案件适用法律问题的解释》第二十四条的规定，“合作开发房地产合同约定提供土地使用权的当事人不承担经营风险，只收取固定利益的，应当认定为土地使用权转让合同”。

其次，达州电大主张政府拟对合作开发的土地重新拍卖，导致其无法履行合作协议。但上述事项并非《合作开发协议书》约定的可以解除合同的条件，也不属于合同法规定的法定解除条件。故达州电大发出的《解除函》不发生解除合同的效力。

再次，不动产权利人的确定应当以不动产登记簿的记载为依据。达州市政府虽然公告注销了涉案国有土地使用证，但在二审诉讼期间，达州市地籍地政事务中心保存的土地登记档案中载明的涉案土地的权利人仍然是达州电大。因此，达州电大仍然是涉案土地使用权的权利人，《合作开发协议书》的履行不存在法律上的障碍。达州电大主张《合作开发协议书》已不能履行，最高法院不予支持，达州电大因此败诉。

实务经验总结

前事不忘，后事之师。为避免未来发生类似败诉，提出如下建议：

一、根据土地管理的相关规定，国家为了公共利益需要征收不动产时，应当依照法律规定的权限和程序进行征收，不动产物权自政府的征收决定生效时发生变动。政府仅以公告方式注销原不动产权属证书，不产生物权变动的法律效力。

二、当事人单方解除合同需满足法定或约定条件。根据《中华人民共和国合同法》第九十四条，当事人可以解除合同的法定条件为：(1) 因不可抗力致使不能实现合同目的；(2) 在履行期限届满之前，当事人一方明确表示或者以自己的行为表明不履行主要债务；(3) 当事人一方迟延履行主要债务，经催告后在合理期限内仍未履行；(4) 当事人一方迟延履行债务或者有其他违约行为致使不能实现合同目的；(5) 法律规定的其他情形。

三、约定提供土地的一方不承担经营风险，只收取固定利益的合资、合作开发房地产合同会被法院认定为土地使用权转让合同。

相关法律规定

《中华人民共和国物权法》

第十四条 不动产物权的设立、变更、转让和消灭，依照法律规定应当登记的，自记载于不动产登记簿时发生效力。

第十六条 不动产登记簿是物权归属和内容的根据。不动产登记簿由登记机构管理。

第十七条 不动产权属证书是权利人享有该不动产物权的证明。不动产权属证书记载的事项，应当与不动产登记簿一致；记载不一致的，除有证据证明不动产登记簿确有错误外，以不动产登记簿为准。

第二十八条 因人民法院、仲裁委员会的法律文书或者人民政府的征收决定等，导致物权设立、变更、转让或者消灭的，自法律文书或者人民政府的征收决定等生效时发生效力。

《最高人民法院关于适用〈中华人民共和国物权法〉若干问题的解释（一）》

第二条　当事人有证据证明不动产登记簿的记载与真实权利状态不符、其为该不动产物权的真实权利人，请求确认其享有物权的，应予支持。

《中华人民共和国合同法》

第九十三条　当事人协商一致，可以解除合同。

当事人可以约定一方解除合同的条件。解除合同的条件成就时，解除权人可以解除合同。

第九十四条　有下列情形之一的，当事人可以解除合同：

（一）因不可抗力致使不能实现合同目的；

（二）在履行期限届满之前，当事人一方明确表示或者以自己的行为表明不履行主要债务；

（三）当事人一方迟延履行主要债务，经催告后在合理期限内仍未履行；

（四）当事人一方迟延履行债务或者有其他违约行为致使不能实现合同目的；

（五）法律规定的其他情形。

以下为该案在法院审理阶段，裁判文书中“本院认为”部分就该问题的论述：

关于第一个焦点问题，《合作开发协议书》约定的内容表明，达州电大只享有固定开发收益，不承担开发经营的风险。根据《最高人民法院关于审理涉及国有土地使用权合同纠纷案件适用法律问题的解释》第二十四条“合作开发房地产合同约定提供土地使用权的当事人不承担经营风险，只收取固定利益的，应当认定为土地使用权转让合同”的规定，本案合同性质为土地使用权转让合同，二审判决对于合同性质的认定是正确的。根据2009年5月13日起施行的《最高人民法院关于适用〈中华人民共和国合同法〉若干问题的解释（二）》第十四条的规定，“合同法第五十二条第（五）项规定的‘强制性规定’，是指效力性强制性规定”，而《城镇国有土地使用权出让和转让暂行条例》第十九条、《中华人民共和国城市房地产管理法》第三十九条第二项均为管理性强制规定，不能据此认定合同无效。达州电大在再审申请中虽然不再坚持其在原审中认为的应当依据《城镇国有土地使用权出让和转让暂行条例》第十九条和《中华人民共和国城市房地产管理法》第三十九条第二项认定合同无效，但提出了新的理由，即：达州电大和聚丰公司违反上述法律规定转让土地，必然导致炒卖土地等损害社会公共利益的后果出现，而损害社会公共利益属于合同法第五十二条规定的第四种合同无效情形，因此应当认定《合作开发协议书》无效。本院认为，聚丰公司与达州电大签订《合作开发协议书》，履行合同义务，行使合同权利，实施合同约定，并没有违反相关法律关于合同效力的强制性规范。达州电大认为双方签订合同的行为侵害了社会公共利益，既无事实依据，也无法律依据，此项理由不能成立，本院不予支持。二审判决关于合同有效的认定是正确的。

关于第二个焦点问题，双方订立的《合作开发协议书》第十条约定，在聚丰公司未按照该合同第九条第一款约定按期兑现其利益以及聚丰公司违反合同第六条第七款“将本项目整体或部分转让给其他任何单位或个人开发”的情况下，达州电大可以解除合同。政府拟对合作开发的土地重新拍卖，无法履行合作协议，并非合同约定的达州电大可以解除合同的条件，亦不属于《中华人民共和国合同法》第九十四条规定的合同的法定解除条件。《中华人民共和国合同法》第九十六条和《最高人民法院关于适用〈中华人民共和国合同法〉若干问题的解释（二）》第二十四条关于合同的约定解除和法定解除权利行使方式和期限的规定，不能适用于达州电大通知解除合同的情形，其以《解除函》通知聚丰公司解除合同的行为，不发生解除合同的效力。即使聚丰公司在一审期间没有以达州电大的解除理由不符合解除条件为由提出抗辩，但其诉讼请求是确认《合作开发协议书》并继续履行，实际上包含了达州电大解除理由不成立的意思。二审判决依据事实和法律认定合同有效并支持当事人诉讼请求，程序合法，不存在非法剥夺当事人抗辩权的情形。因此，达州电大认为合同已经解除的再审申请理由也不成立。

关于第三个焦点问题，虽然2011年11月17日达州市人民政府注销了达州电大涉案土地的国有土地使用证，但根据《中华人民共和国物权法》第十四条以及第十七条的规定，不动产权利人的确定应当以不动产登记簿的记载为依据。达州市人民政府虽然公告注销了作为涉案土地不动产物权证明的国有土地使用证，但在二审诉讼期间，达州市地籍地政事务中心保存的土地登记档案中载明的涉案土地的权利人仍然是达州电大。这表明政府注销国有土地使用证的行为，并未改变涉案土地的权属状况，达州电大仍然是涉案土地使用权的权利人，《合作开发协议书》的履行不存在法律上的障碍，能够继续履行。

达州电大作为新证据提交的两份材料，其一为达州市政府2013年12月15日作出的《达州市人民政府关于依法收回达州市广播电视大学土地使用权的批复》，其二为达州市国土资源局2013年12月20日作出的《收回国有建设用地使用权决定书》。内容是解除与达州电大关于涉案土地使用权的出让合同，收回土地使用权，注销土地使用权登记和土地权利证书，以进一步证明其与聚丰公司签订的《合作开发协议书》在客观上不可能继续履行。这两份材料的内容所反映的只是政府有关部门在二审判决生效后对涉案土地使用权作出的新的决定，并不符合证实原审时案件真实情况的新证据的条件。不过却能够进一步证明，涉案土地使用权在二审时仍然属于达州电大，当时判决继续履行有法律依据，并非适用法律错误。

085 政府可否无偿收回划拨土地？是否需给予补偿*

——政府收回划拨土地的行为未造成地上建筑物损失的，无需给予补偿

本文梳理了与政府收回划拨土地相关的两个裁判规则：（1）政府无偿收回划拨土地时依法只应对其地上建筑物、其他附着物予以适当补偿，未造成地上建筑物、其他附着物损失的，无需给予补偿（主文案例，延伸阅读案例1—案例5）；（2）政府无偿收回划拨土地时未对其地上建筑物、其他附着物予以适当补偿的，收回土地决定应予撤销（延伸阅读案例6）。

裁判要旨

人民政府根据城市建设发展需要和城市规划的要求无偿收回划拨土地使用权时，没有证据证明收回划拨土地使用权的行为造成地上建筑物、其他附着物损失的，人民政府无需给予补偿。

案情简介

一、韶关市国土局将4700平方米土地无偿划拨给开发公司，开发公司自1993年领取国有土地使用权证后一直未开发利用。

二、2012年，韶关市人民政府、韶关市国土资源局以城市建设及公共利益需要为由，收回开发公司的划拨土地使用权。广建公司向韶关市国土资源局提出申请，主张目前案涉国有土地使用权的产权属于广建公司所有，要求政府进行补偿。

三、广建公司向韶关中院提起行政诉讼，请求判令：韶关市人民政府、韶关市国土资源局支付收回土地使用权补偿款1317万元。韶关中院判决驳回广建公司的诉讼请求。

四、广建公司不服，上诉至广东高院，主张韶关市人民政府因公共利益收回土

* 案件来源：广东广建集团股份有限公司与韶关市人民政府、韶关市国土资源局行政补偿申诉行政裁定书［最高人民法院（2016）最高法行申263号］。

地使用权，应根据《中华人民共和国土地管理法》第五十八条的规定依法予以补偿。广东高院判决驳回上诉，维持原判。

五、广建公司仍不服，向最高法院申请再审，主张案涉划拨土地使用权应属于广建公司，韶关市人民政府应向广建公司支付补偿款。最高法院裁定驳回广建公司的再审申请。

裁判要点

最高法院认定韶关市人民政府、韶关市国土资源局无需就收回案涉划拨土地使用权的行政行为向广建公司支付补偿款的原因在于：

《中华人民共和国土地管理法》第五十八条规定："有下列情形之一的，由有关人民政府自然资源主管部门报经原批准用地的人民政府或者有批准权的人民政府批准，可以收回国有土地使用权：（一）为实施城市规划进行旧城区改建以及其他公共利益需要，确需使用土地的；……依照前款第（一）项的规定收回国有土地使用权的，对土地使用权人应当给予适当补偿。"《中华人民共和国城镇国有土地使用权出让和转让暂行条例》第四十七条规定，"对划拨土地使用权，市、县人民政府根据城市建设发展需要和城市规划的要求，可以无偿收回，并可依照本条例的规定予以出让。无偿收回划拨土地使用权时，对其地上建筑物、其他附着物，市、县人民政府应当根据实际情况给予适当补偿"。据此，政府无偿收回划拨土地使用权的补偿对象是地上建筑物及其他附着物。

案涉划拨土地使用权登记在开发公司名下，开发公司一直未对该土地进行动工开发，没有证据证明韶关市人民政府、韶关市国土资源局收回案涉划拨土地使用权的行为造成地上建筑物、其他附着物损失的事实。因此，韶关市人民政府、韶关市国土资源局根据城市建设和公共利益的要求无偿收回案涉划拨土地使用权时，无论案涉划拨土地使用权是否归属广建公司所有，均无需支付补偿款。

实务经验总结

前事不忘，后事之师。为避免未来发生类似败诉，提出如下建议：

在人民政府根据城市建设发展需要和城市规划的要求无偿收回划拨土地使用权时，如果划拨土地上未建有任何建筑物、附着物，人民政府无需支付任何补偿；而如果划拨土地上建有建筑物、附着物，人民政府应当根据实际情况给予适当补偿。因此，当事人取得划拨土地使用权后应及时进行开发建设，充分利用土地。

相关法律规定

《中华人民共和国土地管理法》

第五十八条 有下列情形之一的，由有关人民政府自然资源主管部门报经原批准用地的人民政府或者有批准权的人民政府批准，可以收回国有土地使用权：

（一）为实施城市规划进行旧城区改建以及其他公共利益需要，确需使用土地的；

（二）土地出让等有偿使用合同约定的使用期限届满，土地使用者未申请续期或者申请续期未获批准的；

（三）因单位撤销、迁移等原因，停止使用原划拨的国有土地的；

（四）公路、铁路、机场、矿场等经核准报废的。

依照前款第（一）项的规定收回国有土地使用权的，对土地使用权人应当给予适当补偿。

《中华人民共和国城镇国有土地使用权出让和转让暂行条例》

第四十七条 无偿取得划拨土地使用权的土地使用者，因迁移、解散、撤销、破产或者其他原因而停止使用土地的，市、县人民政府应当无偿收回其划拨土地使用权，并可依照本条例的规定予以出让。

对划拨土地使用权，市、县人民政府根据城市建设发展需要和城市规划的要求，可以无偿收回，并可依照本条例的规定予以出让。

无偿收回划拨土地使用权时，对其地上建筑物、其他附着物，市、县人民政府应当根据实际情况给予适当补偿。

以下为该案在最高法院审理阶段，裁判文书中“本院认为”部分就该问题的论述

根据本案当事人的诉辩意见，各方当事人对韶关市人民政府、韶关市国土资源局收回涉案划拨土地使用权的行政行为并无异议，其争议主要在于韶关市人民政府、韶关市国土资源局是否应就收回涉案划拨土地使用权的行政行为向广建公司支付补偿款。

开发公司系根据韶府发［1992］84号《关于将市区江心岛土地划拨给开发公司开发利用的通知》、韶地征［1993］97号《关于划拨市区江心岛土地开发使用权的通知》等文件，于1993年领取韶府国用（1993）字第020100131号《国有土地使用证》，无偿取得了涉案划拨土地使用权。至今，涉案划拨土地仍登记在开发公司名下，且开发公司未对该土地进行动工开发。依照《中华人民共和国土地管理法》第五十八条，“有下列情形之一的，由有关人民政府土地行政主管部门报经原批准用地的人民政府或者有批准权的人民政府批准，可以收回国有土地使用权：（一）为公共利益需要使用土地的；（二）为实施城市规划进行旧城区改建，需要调整使用土地的；（三）土地出让等有偿使用合同约定的使用期限届满，土地使用者未申请续期或者申请续期未获批准的；（四）因单位撤销、迁移等原因，停止使用原划拨的国有土地的；（五）公路、铁路、机场、矿场等经核准报废的。依照前款第（一）项、第（二）项的规定收回国有土地使用权的，对土地使用权人应当给予适当补偿”；以及《中华人民共和国城镇国有土地使用权出让和转让暂行条例》第四十七条，“无偿取得划拨土地使用权的土地使用者，因迁移、解散、撤销、破产或者其他原因而停止使用土地的，市、县人民政府应当无偿收回其划拨土地使用权，并可依照本条例的规定予以出让。对划拨土地使用权，市、县人民政府根据城市建设发展需要和城市规划的要求，可以无偿收回，并可依照本条例的规定予以出让。无偿收回划拨土地使用权时，对其地上建筑物、其他附着物，市、县人民政府应当根据实际情况给予适当补偿”等规定，基于本案中开发公司系无偿取得涉案划拨土地使用权，且没有证据证明收回涉案划拨土地使用权的行为造成地上建筑物、其他附着物损失的事实，韶关市人民政府有权根据城市建设和公共利益的要求无偿收回涉案土地使用权，无需支付补偿款。因此，无论广建公司是否与开发公司为同一主体，涉案划拨土地使用权是否归属广建公司所有，均不影响对韶关市人民政府作出无偿收回涉案划拨土地使用权且不予支付补偿款的这一行政行为合法性的认定。故广建公司以有新的证据足以推翻原判决为由申请再审，事实和法律依据不足，本院不予支持。

延伸阅读

一、认定政府无偿收回划拨土地时依法只应对其地上建筑物、其他附着物予以适当补偿，无需对土地使用权予以补偿的案例（案例1—案例5）

案例1：北京市华表工贸有限公司与北京红都集团公司用益物权确认纠纷申诉民事判决书［最高人民法院（2014）民提字第85号］认为，“红都集团不是涉案被拆迁主体。涉案房屋拆迁主体分别是国瑞地产公司和华表工贸公司，双方签订的《崇文区东花市三期危改非住宅房屋拆迁补偿协议》内容合法有效，房屋拆迁补偿款的构成包括购房款和搬迁奖励费，不含土地补偿款，应全部补偿给华表工贸公司。尽管北京市住建委复函明确‘拆迁款项中应包含土地的因素’，但由于红都集团不是涉案土地的使用权人，即使拆迁补偿款中包含土地因素也与其无关，故其无权参与拆迁补偿款的分配。涉案土地原为政府无偿划拨的国有土地，《中华人民共和国城镇国有土地使用权出让和转让暂行条例》第四十七条规定：‘对划拨土地使用权，市、县人民政府根据城市建设发展需要和城市规划的要求，可以无偿收回，并可依照本条例的规定予以出让。无偿收回划拨土地使用权时，对其他地上建筑物、其他附着物，市、县人民政府应当根据实际情况给予适当补偿。’涉案房屋拆迁补偿协议约定补偿的购房款和搬迁奖励费并不涉及土地补偿款。红都集团委托评估机构作出的评估报告，将绝大部分拆迁补偿款评估为土地补偿款，混淆了土地使用权性质，本院不予认可。”

案例 2：兰州泰生房地产开发有限公司与景泰县人民政府、景泰县第五中学合同纠纷二审民事判决书［最高人民法院（2013）民一终字第 45 号］认为，“根据《中华人民共和国土地管理法》、《中华人民共和国城镇国有土地使用权出让和转让暂行条例》的规定，土地使用权是否属于无偿取得，取决于土地使用权人取得该土地使用权时，是否向国家缴纳了相应的土地使用权费用，即土地出让金。使用权人是否基于土地使用权转让合同之外的其他民事合同履行义务、支付对价，不应当影响对土地使用权的取得是否为有偿取得的判断。因此，泰生公司以其履行了投资办学义务为由，认为诉争 82 亩土地的使用权取得并非无偿，进而要求景泰县政府向其支付收回土地使用权的补偿，缺乏法律依据。按照《中华人民共和国城镇国有土地使用权出让和转让暂行条例》第四十七条的规定，无偿取得的划拨土地使用权停止使用的，相关人民政府应当无偿收回其划拨土地使用权，并可依照本条例的规定予以出让；无偿收回划拨土地使用权时，对其地上建筑物、其他附着物，应当根据实际情况给予适当补偿。泰生公司系因办学陷入困境，无法维持正常运转，请求将京华中学移交景泰县政府，并最终将学校及其占用土地实际移交景泰县政府。根据泰生公司庭后自行提供的景泰县民政局的文件显示，京华中学已经被核准注销。景泰县政府已经按照京华中学资产评估情况，对泰生公司进行了移交资产的补偿，其收回诉争土地使用权的做法，符合法律的规定。景泰县政府在收回诉争土地使用权后，将其交给新设立的景泰五中仍作为教育用地使用，既未改变该土地的性质和用途，亦未从中获利。泰生公司要求景泰县政府在收回划拨土地使用权时支付其相应的地价款，缺乏法律依据。”

案例 3：沈阳新元建设集团有限公司与沈阳市于洪区沙岭街道办事处、沈阳市城市管理行政执法局于洪分局、沈阳市于洪区城乡建设局确认行政强制违法并赔偿纠纷再审审查行政裁定书［辽宁省高级人民法院（2016）辽行申 1452 号］认为，“本案中争议焦点是涉案的 7628. 32 平方米国有划拨土地的使用权补偿问题。尽管生效的民事判决确认了位于沈阳市于洪区沙岭镇沙岭村含本案所涉 7628.32 平方米划拨土地合计 24000 平方米的土地的权益归沈阳新元建设集团有限公司所有，但沈阳新元建设集团有限公司随后既未补交土地出让金也未办理登记手续。该宗土地现依然登记在沈阳南山老年公寓名下。根据《中华人民共和国土地管理法》第五十八条第一款第（二）项规定：为公共利益或城区改建，需要调整使用土地的，可以收回国有土地使用权，收回国有土地使用权的对土地使用权人应当给予适当补偿。《中华人民共和国城镇国有土地使用权出让和转让暂行条例》第四十七条规定：无偿收回划拨土地使用权时，对其地上建筑物、其他附着物，市、县人民政府应当根据实际情况给予适当补偿。因本案涉及的 7628.32 平方米的土地为国有划拨土地，无偿收回时依法只对其地上建筑物、其他附着物予以适当补偿。且原审已对该宗土地上的建筑物、其他附着物的损失判决予以赔偿，故原审法院驳回沈阳新元建设集团有限公司的诉讼请求并无不当。”

案例 4：潘爱民与厦门市人民政府不服土地行政批复二审行政裁定书［福建省高级人民法院（2014）闽行终字第 341 号］认为，“根据《中华人民共和国土地管理法》第五十八条第二款的规定，收回国有土地使用权如需进行补偿的，补偿对象是土地使用权人。《中华人民共和国城镇国有土地使用权出让和转让暂行条例》第四十七条第二款规定：‘对划拨土地使用权，市、县人民政府根据城市建设发展需要和城市规划的要求，可以无偿收回，并可依照本条例的规定予以出让。’第三款规定：‘无偿收回划拨土地使用权时，对其地上建筑物、其他附着物，市、县人民政府应当根据实际情况给予适当补偿。’由此可见，无偿收回划拨土地使用权时，市、县人民政府根据实际情况应当给予适当补偿的范围也仅是土地使用权人的地上建筑物与其他附着物。”

案例 5：黎文经与三亚市人民政府颁发土地房屋权证纠纷二审行政判决书［海南省高级人民法院（2012）琼行终字第 54 号］认为，“根据查明的本案事实，黎文经的第 0283 号《国土证》项下的 240 平方米土地属于国有划拨土地。依据《中华人民共和国城镇国有土地使用权出让和转让暂行条例》第四十七条第二款及第三款的规定，对划拨土地使用权，市、县人民政府根据城市建设发展需要和城市规划的要求，可以无偿收回，并可依照本条例的规定予以出让。无偿收回划拨土地使用权时，对其地上建筑物、其他附着物，市、县人民政府应当根据实际情况给予适当补偿。据此，三亚市政府根据城市建设发展的需要，可以无偿收回黎文经所取得的第 0283 号《国土证》项下的国有划拨土地使用权，并可依法予以出让，只是在无偿收回该划拨土地使用权时，对于黎文经该地上的建筑物和其他附着物应当根据实际情况给予适当补偿。1993 年 1 月 15 日，三亚市政府作出市府函［1993］18 号《关于同意征用红沙镇以西部分土地出让给泰星实业有限公司使用的批复》，同意将包括黎文经第 0283 号《国土证》项下 240 平方米国有土地在内的 28.24 亩国有土地出让给泰星公司使用，三亚市国土局并于同年 1 月 30 日就该部分土地与泰星公司签订了《国有土地使用权出让合同》。自此，黎文经第 0283 号《国土证》项下 240 平方米国有划拨土地已被三亚市政府无偿收回。其后，三亚市政府因建设红沙大桥引道工程需占用泰星公司 28.24 亩用地中的 3.1 亩土地，拆迁单位三亚城市投资建设有限公司经与黎文经对其第 0283 号《国土证》项下 240 平方米土地上房屋及附属物统计确认后，与黎文经签订了《红沙大桥引道工程建设用地房屋拆迁补偿安置协议》，并据此就该地上的全部建筑物及附着物对黎文经进行了相应的货币补偿，红沙大桥引道工程拆迁领导小组还于 2006 年 8 月 23 日另外安排了一块 140 平方米的宅基地给黎文经使用。自此，三亚市政府对黎文经 0283 号《国土证》项下 240 平方米土地上的全部建筑物及其他附着物已进行依法补偿，黎文经对这些建筑物及附着物的权利随之消灭。"

二、认定政府无偿收回划拨土地时未对其地上建筑物、其他附着物予以适当补偿，收回土地决定应予撤销的案例（案例 6）

案例 6：马丹峰与内黄县人民政府行政处罚纠纷二审行政判决书［河南省高级人民法院（2014）豫法行终字第 00038 号］认为，"2006 年 11 月 29 日，马丹峰通过司法协助执行程序取得内房权证城字第××号《房屋所有权证》。2012 年 11 月 27 日，内黄县人民政府作出内政（2012）142 号《关于收回吉林通化富通工贸有限公司国有土地使用权的决定》，收回了 17550.33 平方米国有土地使用权，其中包括马丹峰名下房屋占用范围内的土地使用权。根据《中华人民共和国城镇国有土地使用权出让和转让暂行条例》第四十七条第三款之规定，无偿收回划拨土地使用权时，对其地上建筑物、其他附着物，市、县人民政府应当给予相应补偿。而本案中内黄县人民政府未对本案所涉的房屋进行任何补偿，故其作出《关于收回吉林通化富通工贸有限公司国有土地使用权的决定》中涉及该房屋占用范围内的土地，属违反法定程序，应予撤销。一审判决认定事实清楚，适用法律法规错误，依法改判。"

086 土地被征收后又被出让，原使用权人能否对出让行为提起行政诉讼*

——土地使用权被依法征收后原土地使用权人与后续的土地出让行为不再具有利害关系，故不具有提起行政诉讼的原告资格

实践中，有的被征收人为了保护自身利益，采取各种方式对征收行为提出异议，甚至对政府部门后续出让土地的行为提出异议。本案例明确，被征收人与后续的出让行为不具有利害关系，故无权对出让行为提起诉讼。

裁判要旨

一、《中华人民共和国行政诉讼法》在原告资格方面所确立的“利害关系”标准，通常要考虑以下三个要素：是否存在一项权利；该权利是否属于原告的主观权利；该权利是否可能受到了被诉行政行为的侵害。

二、在人民政府的征收决定生效后，原土地使用权人享有的土地使用权就已经消灭，因此原土地使用权人与后续的国有建设用地使用权出让行为不再具有利害关系，也就不再具有提起行政诉讼的原告资格。

案情简介

一、2013年，洛阳市老城区人民政府作出《房屋征收决定》，决定对案涉熊怡萍拥有的房屋及土地使用权实施征收。2014年，洛阳市政府作出《关于洛阳古城整治与保护项目一期地块国有建设用地使用权出让方案的批复》（以下简称《批复》），同意将案涉土地以挂牌方式公开出让。

二、熊怡萍认为《批复》侵犯其合法权益，诉至郑州中级法院，请求撤销该《批复》。郑州中院认为，洛阳市政府对已经被收归国有的土地作出同意公开挂牌出让的批复与熊怡萍没有法律上的利害关系，熊怡萍不具备原告诉讼主体资格，故裁定驳回熊怡萍的起诉。

三、熊怡萍不服，上诉至河南高院。河南高院裁定：驳回上诉，维持原裁定。

---

* 案件来源：熊怡萍不服洛阳市人民政府土地出让批复案再审行政裁定书［最高人民法院（2017）最高法行申1168号］。

四、熊怡萍仍不服，向最高法院申请再审，主张其还持有房产证，说明政府没有征收其房屋的合法手续，其与《批复》有法律上的利害关系。最高法院裁定驳回熊怡萍的再审申请。

裁判要点

法院驳回熊怡萍的起诉的原因在于：

首先，熊怡萍已丧失对案涉房屋及土地使用权享有的物权。《中华人民共和国物权法》第二十八条规定："因人民法院、仲裁委员会的法律文书或者人民政府的征收决定等，导致物权设立、变更、转让或者消灭的，自法律文书或者人民政府的征收决定等生效时发生效力。"《国有土地上房屋征收与补偿条例》第十三条第三款规定："房屋被依法征收的，国有土地使用权同时收回。"根据上述规定，本案《房屋征收决定》作出后，该房屋所有权即转归国家所有，熊怡萍对其房屋不再享有所有权。而房屋被依法征收的，国有土地使用权亦同时收回。

其次，熊怡萍不具有提起本案行政诉讼的原告资格。《中华人民共和国行政诉讼法》第二十五条第一款规定："行政行为的相对人以及其他与行政行为有利害关系的公民、法人或者其他组织，有权提起诉讼。"本条在原告资格方面所确立的"利害关系"标准，通常要考虑以下三个要素：是否存在一项权利；该权利是否属于原告的主观权利；该权利是否可能受到了被诉行政行为的侵害。如前述分析，熊怡萍已丧失对案涉房屋及土地使用权享有的物权，其与后续的国有建设用地使用权出让行为不再具有利害关系，也即丧失了提起行政诉讼的原告资格。

实务经验总结

前事不忘，后事之师。为避免未来发生类似败诉，提出如下建议：

原土地使用权人对征收决定和补偿行为不服的，可以就征收决定和补偿行为提起行政复议、行政诉讼，以正确的途径维护自身合法权益，但是原土地使用权人无权就后续的土地使用权出让行为提起行政诉讼。

相关法律规定

《中华人民共和国行政诉讼法》

第二十五条第一款　行政行为的相对人以及其他与行政行为有利害关系的公民、法人或者其他组织，有权提起诉讼。

《中华人民共和国物权法》

第二十八条 因人民法院、仲裁委员会的法律文书或者人民政府的征收决定等，导致物权设立、变更、转让或者消灭的，自法律文书或者人民政府的征收决定等生效时发生效力。

《国有土地上房屋征收与补偿条例》

第十三条 市、县级人民政府作出房屋征收决定后应当及时公告。公告应当载明征收补偿方案和行政复议、行政诉讼权利等事项。

市、县级人民政府及房屋征收部门应当做好房屋征收与补偿的宣传、解释工作。

房屋被依法征收的，国有土地使用权同时收回。

以下为该案在最高法院审理阶段，裁判文书中"本院认为"部分就该问题的论述：

《中华人民共和国行政诉讼法》第二十五条第一款规定："行政行为的相对人以及其他与行政行为有利害关系的公民、法人或者其他组织，有权提起诉讼。"本条在原告资格方面所确立的"利害关系"标准，通常要考虑以下三个要素：是否存在一项权利；该权利是否属于原告的主观权利；该权利是否可能受到了被诉行政行为的侵害。本案中，再审申请人请求撤销的是洛阳市政府作出的《批复》，对于自己提起诉讼的权利基础，再审申请人主张系基于其享有的土地使用权，并且认为："其房屋虽被列为征收范围，但实际并没有完成征收。其还持有房产证，说明政府没有征收其房屋的合法手续，故政府无权作出同意公开挂牌出让其享有的土地使用权的批复，其与该批复有法律上的利害关系。"但《中华人民共和国物权法》第二十八条规定："因人民法院、仲裁委员会的法律文书或者人民政府的征收决定等，导致物权设立、变更、转让或者消灭的，自法律文书或者人民政府的征收决定等生效时发生效力。"《国有土地上房屋征收与补偿条例》第十三条第三款规定："房屋被依法征收的，国有土地使用权同时收回。"根据上述规定，一旦征收范围内的房屋被依法征收，该房屋所有权即转归国家所有，被征收人对其房屋不再享有所有权。城市房屋的征收也意味着建设用地使用权的收回，房屋被依法征收的，国有土地使用权亦同时收回。原土地使用权人对征收决定和补偿行为不服的，可以通过行政复议、行政诉讼等法定途径维护自身合法权益，但在房屋被依法征收之后，由于其享有的国有土地使用权已经消灭，其针对后续的国有建设用地使用权出让等行为提起诉讼则不再具有利害关系。

在提起本案诉讼之前，再审申请人先已针对征收决定提起行政诉讼，但生效裁判迄今未作出。一审法院认为，“在未有生效判决明确撤销该征收决定的情况下，该征收决定应视为具有效力的行政行为，洛阳市政府据此对已经被收归国有的土地作出同意公开挂牌出让的批复与熊怡萍没有法律上的利害关系，熊怡萍不具备本案的原告诉讼主体资格”。再审申请人对此提出质疑，认为这等于说“违法的行政行为也有效”。本院认为，一审法院的前述论点并不“荒唐”。由于行政行为具有公定力，一经作出，不论合法与否，除因严重违法而依法无效外，在未经法定机关和法定程序撤销或变更之前，都推定为有效，对行政机关、相对人、其他利害关系人以及其他国家机关均具有约束力。征收决定也是如此，一经作出，不论是否合法，立即发生效力，对作出决定的行政机关和被征收人都有法律约束力，并直接导致物权变动的法律效果。当然，正如二审裁定所言：“如以后该决定被依法撤销，熊怡萍自可根据新的事实另行起诉。”但对于本案而言，原审法院裁定驳回起诉并无不当，再审申请人的再审理由并不成立。

延伸阅读

认定土地被征收后原土地使用权人与后续的土地出让行为无利害关系的案例：

案例 1：吴红博、吴立波土地行政登记案再审审查与审判监督行政裁定书［最高人民法院（2017）最高法行申 770 号］认为，“本案的核心争议是再审申请人吴红博、吴立波与再审被申请人东营市政府为西郊公司颁发 297 号证的行政行为是否具有利害关系。经原审法院查明，山东省人民政府于 2005 年 12 月作出鲁政土字〔2005〕1412 号《关于东营市 2005 年第六批次城市建设用地的批复》，征收东营区史口镇土地 393524 平方米。再审被申请人于 2007 年 6 月作出东政土批字〔2007〕51 号《关于向东营市西郊铁路货场有限责任公司出让国有土地使用权的批复》，同意将其中的 208329 平方米的国有建设用地使用权出让给西郊公司。在山东省人民政府所作上述批复生效后，涉案土地即被征收为国有，再审申请人主张的其使用该地的合法权益亦因征收行为的作出而终止。在再审被申请人于 2008 年 6 月为西郊公司颁发 297 号证时，再审申请人与该颁证行为的利害关系便因土地征收行为产生的法律效果而阻断。且再审申请人亦未向本院提交其他有效证据证明其合法权益受到侵犯，故一、二审法院认定再审申请人与被诉行政行为无利害关系并无不当。再审申请人所提再审申请理由不能成立，本院不予支持。”

案例 2：陈启彬与启动市国土资源局不服土地行政批复案再审复查与审判监督行政裁定书［江苏省高级人民法院（2015）苏行监字第 00360 号］认为，“涉案土地于 2010 年 11 月由江苏省人民政府苏征地（2010）6158 号《关于批准启东市城乡建设用地增减挂钩建新区第 1 批次（2010 年度）建设用地的通知》批准征收，征收后土地性质转为国有，原土地使用权人的利益应当通过法定程序得到安置补偿。原审法院认定启东市国土局在土地征收后将国有土地使用权出让给开发公司，该土地出让行为与原土地使用权人没有法律上利害关系，对其权利义务不产生实际影响，陈启彬不具有本案原告主体资格并无不当。陈启彬以其对启东市国土局的土地出让行为具有监督权主张本案的诉权，该主张不能成立。因《最高人民法院关于土地的实际使用人对行政机关出让土地行为不服可以作为原告提起行政诉讼问题的答复》系最高人民法院的个案答复，且案情与本案并不相同或类似，故该答复对本案不适用。”

案例 3：王文强与山东省人民政府土地行政复议二审行政判决书［山东省高级人民法院（2014）鲁行终字第 33 号］认为，“本案中，上诉人王文强的养猪场所在的土地是原属于菏泽市丹阳办事处赵王李社区（原赵王李村）的集体土地，经省政府鲁政土字（2010）1986 号批复，已经批准该宗土地征收为国有土地。上诉人在上诉中已经表明，其并非对地上物的补偿标准不服，而是对于没有按照法律规定进行征地程序和补偿而直接收回土地、出让土地的行为违法不服。因此，上诉人王文强申请行政复议的是菏泽市人民政府作出菏政复（2011）l0 号批复，同意将涉案国有土地使用权进行公开出让的行为。批复国有土地使用权公开出让行为与行政征收行为并非同一法律行为，菏泽市人民政府作出批复，同意将涉案国有土地使用权进行公开出让，是在涉案土地已经被征收，土地性质由集体转变为国有之后。行政征收行为对后续行为具有阻断作用，上诉人王文强作为原土地使用权人，在涉案土地被征收为国有之后，与之后的批复国有土地使用权公开出让行为不再具有法律上的利害关系。被上诉人省政府据此认定申请人王文强对菏政复（2011）10 号批复申请行政复议，不符合《中华人民共和国行政复议法实施条例》第二十八条规定的受理条件，驳回其行政复议申请，并无不当。一审法院判决认可被上诉人省政府作出的鲁政复驳字（2013）227 号《驳回行政复议申请决定书》符合法律规定，本院亦予以支持。”

案例 4：彭文志、汪传朝、汪传江、彭文军诉安徽省人民政府行政复议二审行政判决书［安徽省高级人民法院（2016）皖行终 543 号］认为，“根据《中华人民共和国行政复议法实施条例》第二十八条第（二）项的规定，行政复议申请人与具体行政行为应当有利害关系。宣城市人民政府作出的 210 号《批复》系土地被征收后，行政机关针对该土地作出的批准出让行为。对于原土地使用权人而言，对其权利义务产生直接影响的是土地征收及补偿安置行为。上诉人彭文志等四人认为其所使用的土地在 721 号《批复》确定的征收范围内，其对该批复不服，已经向安徽省人民政府申请行政复议并被受理。在此情形下，征地批复作出后的批准出让行为与上诉人并无直接的利害关系。安徽省人民政府以上诉人的申请不符合受理条件为由，作出驳回其行政复议申请的决定并无不当。上诉人的上诉理由不能成立，本院不予支持。”

案例 5：茂名市金泓发展有限公司与茂名市人民政府行政不作为纠纷二审行政裁定书［广东省高级人民法院（2014）粤高法行终字第 244 号］认为，“本案争议土地已经茂名市中级人民法院作出民事判决，并于 2009 年 7 月 20 日裁定其使用权归属茂名市土地储备中心。茂名市国土资源局据此收回土地系协助执行法院生效裁判行为。土地是否再出让，以及出让后是否仍有剩余土地与原土地使用权人金泓公司无利害关系，金泓公司已不具有向原审法院提起诉讼，请求将涉案土地登记于其名下并向其颁发国有土地使用权证的主体资格，故依法应裁定驳回上诉人金泓公司的起诉。原审判决驳回上诉人金泓公司的诉讼请求不妥，本院依法应予以纠正。”

案例 6：陈建英与湖州市人民政府、浙江省人民政府行政批准、行政复议二审行政判决书［浙江省高级人民法院（2016）浙行终 714 号］认为，“《最高人民法院关于适用〈中华人民共和国行政诉讼法〉若干问题的解释》第六条第一款规定，行政诉讼法第二十六条第二款规定的‘复议机关决定维持原行政行为’，包括复议机关驳回复议申请或者复议请求的情形，但以复议申请不符合受理条件为由驳回的除外。被上诉人浙江省人民政府就上诉人陈建英对涉案的湖土划字［2011］第 38 号建设用地批文提出的行政复议申请，于 2015 年 12 月 30 日作出浙政复［2015］427 号《驳回行政复议申请决定书》，该决定书以‘国有土地的再行出让与原土地使用权人没有法律上的利害关系，申请人的申请不符合受理条件’为由，驳回了上诉人的行政复议申请。故上诉人将被上诉人湖州市人民政府作出的湖土划字［2011］38 号建设用地批准文件与浙江省人民政府作出的浙政复［2015］427 号《驳回行政复议申请决定书》一并提起诉讼，显然不符合《中华人民共和国行政诉讼法》第四十九条第（四）项规定的受理条件，故对上诉人的起诉应予驳回。且上诉人涉案房屋原使用的位于湖州市清河河嘉园保障性安居社区二期工程用地范围内的集体土地，2005 年 11 月 15 日经浙江省人民政府批准（浙土字［B2005］第 10451 号）被征为国有，上诉人原使用的集体土地被征为国有后，上诉人与涉及该土地的后续批准行为不具有法律上的利害关系。鉴于此，原审法院驳回上诉人的起诉，结论正确，依法应予维持。”

案例 7：程保芳与信阳市人民政府土地行政管理二审行政判决书［河南省高级

人民法院（2015）豫法行终字第 00049 号］认为，“《关于收回五星乡大拱桥村、平西村部分国有土地使用权的批复》（信政土（2005）3 号）已被本院判决确认违法并保留法律效力。根据《物权法》第二十八条关于因人民政府征收决定导致物权变更的，自人民政府征收决定生效时发生法律效力的规定，该批复产生的法律效果为自该收回土地使用权批复生效之日起涉案土地被依法作为国有土地收回土地使用权，程保芳作为原土地使用权人因该收回土地使用权批复的生效，与信阳市人民政府产生安置补偿或者损失赔偿关系。至于信阳市人民政府在收回程保芳土地使用权之后作出本案被诉批复将土地使用权出让给中铁公司，并批准同意为其颁证的处置行为，均不侵犯程保芳的合法权益。程保芳要求撤销被诉批复的理由不能成立，依法不应得到支持。”

087 政府收回土地的决定未引用具体法律条款可能被撤销*

——行政机关作出的具体行政行为未引用具体法律条款，且不能证明符合法律规定的，应予撤销

本文分析的主案例为 2014 年最高人民法院发布的第九批指导性案例之案例四十一，确立了在行政机关作出的具体行政行为未引用具体法律条款的情形下，行政机关在诉讼中应当证明该具体行政行为符合法律的具体规定，否则视为该具体行政行为没有法律依据，适用法律错误的裁判规则。各级法院在审理同类案例时应当适用该裁判规则。

裁判要旨

行政机关作出具体行政行为时未引用具体法律条款，且在诉讼中不能证明该具体行政行为符合法律的具体规定的，应当视为该具体行政行为没有法律依据，适用法律错误。

---

* 案件来源：2014 年最高人民法院发布第九批指导性案例之案例四十一：宣懿成等诉浙江省衢州市国土资源局收回国有土地使用权案［浙江省衢州市柯城区人民法院（2003）柯行初字第 8 号］，载于《最高人民法院公报》2015 年第 8 期（总第 226 期）。

案情简介

一、原告宣懿成等 18 人系衢州府山中学教工宿舍楼的住户。2002 年 12 月 25 日，被告衢州市国土局请示收回前述住户的国有土地使用权 187.6 平方米，报衢州市人民政府审批同意。同月 31 日，衢州市国土局作出衢市国土（2002）37 号《收回国有土地使用权通知》（以下简称《通知》），并告知宣懿成等 18 人其正在使用的国有土地使用权将被收回及相应诉权等内容。该《通知》说明了行政决定所依据的法律名称，但没有对所依据的具体法律条款予以说明。

二、原告不服，向柯城区人民法院提起行政诉讼，请求撤销《通知》。柯城区人民法院判决：撤销被告作出的《通知》。

三、柯城区人民法院宣判后，双方当事人均未上诉。

裁判要点

法院判决撤销《通知》的原因在于：

第一，《通知》未引用具体法律条款，没有明确的法律依据。被告在作出《通知》时，仅说明是依据《中华人民共和国土地管理法》及浙江省的有关规定作出的，但并未引用具体的法律条款，故被告作出的具体行政行为没有明确的法律依据，属于适用法律错误。

第二，被告不能证明《通知》符合法律的具体规定。根据《中华人民共和国行政诉讼法》及其相关司法解释的规定，在行政诉讼中，被告对其作出的具体行政行为承担举证责任。本案被告辩称其系依据《中华人民共和国土地管理法》第五十八条第一款作出《通知》，但其提供的证据难以证明其作出的《通知》符合《中华人民共和国土地管理法》第五十八条第一款规定的为公共利益需要使用土地或实施城市规划进行旧城区改造需要调整使用土地的情形，故被告主张其作出的《通知》符合《中华人民共和国土地管理法》规定的理由不能成立。

综上，被告作出的《通知》主要证据不足，适用法律错误，应予撤销。

实务经验总结

前事不忘，后事之师。为避免未来发生类似败诉，提出如下建议：

一、行政机关作出收回土地决定等具体行政行为时，应当确保该具体行政行为符合具体的法律规定，且有充分的证据支撑。

二、根据《中华人民共和国土地管理法》的规定，政府收回国有土地使用权应当符合如下情形之一：（1）为实施城市规划进行旧城区改建以及其他公共利益需要，确需使用土地的；（2）土地出让等有偿使用合同约定的使用期限届满，土地使用者未申请续期或者申请续期未获批准的；（3）因单位撤销、迁移等原因，停止使用原划拨的国有土地的；（4）公路、铁路、机场、矿场等经核准报废的。

相关法律规定

《中华人民共和国土地管理法》

第五十八条 有下列情形之一的，由有关人民政府自然资源主管部门报经原批准用地的人民政府或者有批准权的人民政府批准，可以收回国有土地使用权：

（一）为实施城市规划进行旧城区改建以及其他公共利益需要，确需使用土地的；

（二）土地出让等有偿使用合同约定的使用期限届满，土地使用者未申请续期或者申请续期未获批准的；

（三）因单位撤销、迁移等原因，停止使用原划拨的国有土地的；

（四）公路、铁路、机场、矿场等经核准报废的。

依照前款第（一）项的规定收回国有土地使用权的，对土地使用权人应当给予适当补偿。

《中华人民共和国行政诉讼法》

第三十四条 被告对作出的行政行为负有举证责任，应当提供作出该行政行为的证据和所依据的规范性文件。

被告不提供或者无正当理由逾期提供证据，视为没有相应证据。但是，被诉行政行为涉及第三人合法权益，第三人提供证据的除外。

第七十条 行政行为有下列情形之一的，人民法院判决撤销或者部分撤销，并可以判决被告重新作出行政行为：

（一）主要证据不足的；

（二）适用法律、法规错误的；

（三）违反法定程序的；

（四）超越职权的；

（五）滥用职权的；

（六）明显不当的。

以下为该案在法院审理阶段，裁判文书中“本院认为”部分就该问题的论述：

被告衢州市国土局作出《通知》时，虽然说明了该通知所依据的法律名称，但并未引用具体法律条款。在庭审过程中，被告辩称系依据《中华人民共和国土地管理法》（以下简称《土地管理法》）第五十八条第一款作出被诉具体行政行为。《土地管理法》第五十八条第一款规定："有下列情况之一的，由有关人民政府土地行政主管部门报经原批准用地的人民政府或者有批准权的人民政府批准，可以收回国有土地使用权：（一）为公共利益需要使用土地的；（二）为实施城市规划进行旧城区改建，需要调整使用土地的；……"衢州市国土局作为土地行政主管部门，有权依照《土地管理法》对辖区内国有土地的使用权进行管理和调整，但其行使职权时必须具有明确的法律依据。被告在作出《通知》时，仅说明是依据《土地管理法》及浙江省的有关规定作出的，但并未引用具体的法律条款，故其作出的具体行政行为没有明确的法律依据，属于适用法律错误。

本案中，衢州市国土局提供的衢州市发展计划委员会（2002）35号《关于同意扩建营业用房项目建设计划的批复》、《建设项目选址意见书审批表》、《建设银行衢州分行扩建营业用房建设用地规划红线图》等有关证据，难以证明其作出的《通知》符合《土地管理法》第五十八条第一款规定的"为公共利益需要使用土地"或"实施城市规划进行旧城区改造需要调整使用土地"的情形，主要证据不足，故被告主张其作出的《通知》符合《土地管理法》规定的理由不能成立。根据《中华人民共和国行政诉讼法》及其相关司法解释的规定，在行政诉讼中，被告对其作出的具体行政行为承担举证责任，被告不提供作出具体行政行为时的证据和依据的，应当认定该具体行政行为没有证据和依据。

综上，被告作出的收回国有土地使用权具体行政行为主要证据不足，适用法律错误，应予撤销。

延伸阅读

认定行政机关对其作出的具体行政行为负有举证责任的相关案例：

案例1：陈先景、陕西省旬阳县人民政府土地行政管理再审审查与审判监督行政裁定书［最高人民法院（2017）最高法行申3771号］认为，"本案的核心争议是：陈先景承包的土地是否在761号征地批复范围内。旬阳县政府在一审时提交的2份旬阳北火车站铁路外侧地区修建性详细规划图，一审法院以不符合书证形式要求而不予确认，因此旬阳县政府并无证据证明陈先景原承包土地在761号征地批复范围内，一审法院仅以旬阳县政府在组织实施征地时对陈先景原承包土地进行了实地丈量为由认定涉案土地被确定为扩建旬阳北火车站建设用地及配套设施用地范围，明显不当。二审法院对此问题亦未进行审查，迳行认定涉案土地在西康铁路第二线工程配套的旬阳北站迁（扩）建项目用地范围内，亦属不当。本院组织双方当事人询问时，旬阳县政府称涉案土地确在761号征地批复范围内，原来规划为建设通往旬阳北站的道路，但并未实际使用涉案土地，后陕西省人民政府作出1113号征地批复，将包括涉案土地在内的集体农用地转为建设用地并依法征收为国有，用于保障性住房建设。旬阳县政府向本院提交了1113号征地批复、农用地转用和土地征收地块信息、白柳镇土地利用总体规划图和勘测定界图。根据《中华人民共和国行政诉讼法》第三十四条、第七十条第（一）项的规定，旬阳县政府无正当理由逾期提供证据，应视为没有相应证据，被诉行政行为依法应当撤销。因主要证据不足被撤销的行政行为，在撤销后被告可以根据新的证据重新作出行政行为。鉴于上述证据能够证明涉案土地确实在1113号征地批复范围内，旬阳县政府重新作出的行政行为的结果与被诉行政行为相同，且征地补偿款已向白柳社区兑付完毕，陈先景可以随时从白柳社区领取，其补偿权益并未受到侵犯，从减少当事人诉累的角度考虑，本案不予再审。”

案例2：于中民与河南省新乡市人民政府土地行政批复纠纷再审行政裁定书［最高人民法院（2016）最高法行申3124号］认为，“钊军军持有商水县政府于2006年7月8日为其颁发的集体土地建设用地使用证，但商水县政府并未提供任何证据证明其颁发集体土地建设用地使用证行政行为的合法性。钊军军无有效证据证明其土地权属来源亦未提供有效证据证明商水县政府为其颁证的情况。依据《中华人民共和国行政诉讼法》第三十四条规定：‘被告对作出的行政行为负有举证责任，应当提供作出该行政行为的证据和所依据的规范性文件。被告不提供或者无正当理由逾期提供证据，视为没有相应证据。但是，被诉行政行为涉及第三人合法权益，第三人提供证据的除外。’一审法院以证据不足为由判决撤销商水县政府于2006年7月8日为钊军军颁发的集体土地建设用地使用证并无不当。”

案例3：张旭东与中华人民共和国国家知识产权局专利复审委员会发明专利申请驳回复审行政纠纷申诉行政裁定书［最高人民法院（2014）知行字第1号］认为，“按照《中华人民共和国行政诉讼法》第三十二条的规定，专利复审委员会对其作出的复审请求审查决定是否合法负有相应的举证责任，该举证责任的承担，不以人民法院是否要求为前提。在专利复审委员会认为利用微处理器对内部各个部件和外部设备进行集中控制以实现相应的功能是本领域常规技术手段，且专利申请人对此有异议的情况下，其有责任就其引入的公知常识提供证据加以证明，因其在二审阶段没有提供相应的证据，二审法院据此认定其举证不足，并无不当，专利复审委员会的上述申请再审理由，不能成立。”

案例4：贵州省盘县（现盘州市）人民政府、张文玉房屋行政征收决定案二审行政判决书［贵州省高级人民法院（2017）黔行终729号］认为，“本案征收房屋的各项建设活动，盘县政府未提供证据证明其作出盘府征字〔2016〕43号征收决定涉及国有土地上的房屋征收符合《国有土地上房屋征收与补偿条例》第九条第一款规定的‘四规划一计划’；该征收区块内涉及的集体土地，盘县政府未根据《中华人民共和国土地管理法》第四十五条、第四十六条的规定依照法定程序批准直接作出征收决定，直接组织实施，故其作出的盘府征字〔2016〕43号征收决定证据不足，程序违法，依据《中华人民共和国行政诉讼法》第七十条第（一）项、第（三）项之规定，依法应当判决撤销。”

案例5：钊军军、商水县人民政府土地行政管理（土地）案二审行政判决书［河南省高级人民法院（2017）豫行终1231号］认为，“《中华人民共和国行政诉讼法》第三十四条中规定，被告对作出的行政行为负有举证责任，应当提供作出该行政行为的证据和所依据的规范性文件；被告不提供或者无正当理由逾期提供证据，视为没有相应证据。本案中，关于王福贵提出的设备移机费、履行补偿程序等事项，门头沟区政府并未提供有效证据证明被诉决定书对此认定事实清楚，且本案中门头沟区政府也存在提交证据不完整的情况，应承担相应的法律后果。一审法院判决撤销被诉决定书的处理结果并无不当，本院予以支持。门头沟区政府和王福贵的相关上诉理由不能成立，本院不予支持。”

088 县政府收回土地自建办公楼，因事先未听取当事人申辩被确认违法*

——行政机关有偿收回国有土地使用权未事先听取当事人陈述、申辩的，属于行政诉讼法规定的“违反法定程序”的情形

本案例载于《最高人民法院公报》2015年第2期（总第219期），该案例认为，政府有偿收回国有土地使用权属于对当事人不利的行为，应当遵循“先听取意见后作决定”的基本程序规则。

---

* 案件来源：海南省定安城东建筑装修工程公司与海南省定安县人民政府收回国有土地使用权及撤销土地证再审行政判决书［最高人民法院（2012）行提字第26号］，载于《最高人民法院公报》2015年第2期（总第220期）。

裁判要旨

行政机关作出对当事人不利的行政行为，未听取其陈述、申辩，违反正当程序原则的，属于行政诉讼法规定的“违反法定程序”的情形。

案情简介

一、城东公司于1996年取得县政府颁发的第6号国土证，取得案涉6706平方米土地使用权。后县政府为建设县政府办公楼需要使用案涉土地，于2007年11月作出《关于有偿收回国有土地使用权的通知》（以下称“112号通知”），决定按原登记成本价80.6072万元有偿收回案涉土地。同年12月，县政府作出《关于撤销定安国用（96）字第6号〈国有土地使用证〉的决定》（以下称“150号撤证决定”），以城东公司申请土地登记发证未填写土地用途为由，撤销第6号国土证。

二、城东公司不服150号撤证决定，向原海南中院提起行政诉讼。原海南中院认为，县政府在作出112号通知前存在先决定收回后举行听证的情形，违反法定程序；土地登记申请书未载明土地用途并不是注销土地登记的法定事由。故判决：确认112号通知、150号撤证决定违法，责令县政府对收回城东公司国有土地使用权的损失采取补救措施。

三、县政府不服，上诉至海南高院。海南高院认为，县政府作出的112号通知认定事实清楚，适用法律正确，150号撤证决定是对112号通知有关事宜的完善。故判决：驳回城东公司的诉求。

四、城东公司不服，向最高法院申请再审。最高法院裁定提审本案。最高法院认为，112号通知中收地决定行为违反法定程序；150号撤证决定滥用职权；112号通知中行政补偿决定适用法律错误、违反法定程序，并显失公正，应以作出收地决定之日的市场评估价予以补偿。故判决：确认112号通知、150号撤证决定违法，责令县政府向城东公司支付收回土地使用权补偿款135万元及同期银行贷款利息。

裁判要点

最高法院确认112号通知违法的原因在于：国务院《全面推进依法行政实施纲要》明确要求，行政机关实施行政管理要“程序正当”，“除涉及国家秘密和依法受到保护的商业秘密、个人隐私的外，应当公开，注意听取公民、法人和其他组织的意见；要严格遵循法定程序，依法保障行政管理相对人、利害关系人的知情权、参与权和救济权”。然而县政府在作出被诉 112 号通知之前，未听取当事人的陈述和申辩意见，事后通知城东公司举行听证，违反“先听取意见后作决定”的基本程序规则，该通知应依法撤销。但考虑到县政府办公楼已经建成并投入使用，撤销 112 号通知已无实际意义，且可能会损害公共利益，最高法院依法判决确认该行政行为违法。

最高法院确认 150 号撤证决定违法的原因在于：县政府以城东公司持有的第 6 号国土证未按《国家土地管理局土地登记规则》第十一条规定载明土地用途，土地管理部门也未按《国家土地管理局土地登记规则》第十四条规定全面审核并填写土地登记审批表，造成错误登记发证为由，作出 150 号撤证决定。但是当初未填写土地用途，并非城东公司的原因所致，本可以补正方式解决，县政府却以此为由撤销城东公司合法持有的第 6 号国土证，属于滥用行政职权，该决定依法应予撤销。考虑到涉案土地已经收回并建成办公楼投入使用，亦应依法确认 150 号撤证决定违法。

实务经验总结

前事不忘，后事之师。为避免未来发生类似败诉，提出如下建议：

政府在作出有偿收回国有土地使用权决定之前，应当听取当事人陈述、申辩，并留存相关证据。未听取当事人陈述、申辩的，属于“违反法定程序”的情形，根据行政诉讼法第七十条的规定，人民法院可撤销该具体行政行为。

相关法律规定

《中华人民共和国土地管理法》

第五十八条　有下列情形之一的，由有关人民政府自然资源主管部门报经原批准用地的人民政府或者有批准权的人民政府批准，可以收回国有土地使用权：

（一）为实施城市规划进行旧城区改建以及其他公共利益需要，确需使用土地的；

（二）土地出让等有偿使用合同约定的使用期限届满，土地使用者未申请续期或者申请续期未获批准的；

（三）因单位撤销、迁移等原因，停止使用原划拨的国有土地的；

（四）公路、铁路、机场、矿场等经核准报废的。

依照前款第（一）项的规定收回国有土地使用权的，对土地使用权人应当给予适当补偿。

《全面推进依法行政实施纲要》

5. 依法行政的基本要求。

……

程序正当。行政机关实施行政管理，除涉及国家秘密和依法受到保护的商业秘密、个人隐私的外，应当公开，注意听取公民、法人和其他组织的意见；要严格遵循法定程序，依法保障行政管理相对人、利害关系人的知情权、参与权和救济权。行政机关工作人员履行职责，与行政管理相对人存在利害关系时，应当回避。

……

《国家土地管理局土地登记规则》

第十一条 申请土地登记，申请者须向土地管理部门领取土地登记申请书。

土地登记申请书应当载明下列基本事项，并由申请者签名盖章：

（一）申请者名称、地址；

（二）土地座落、面积、用途、等级、价格；

（三）土地所有权、使用权和土地他项权利权属来源证明；

（四）其他事项。

第十四条 土地管理部门应当根据地籍调查和土地定级估价成果，对土地权属、面积、用途、等级、价格等逐宗进行全面审核，填写土地登记审批表。

土地登记审批表以宗地为单位填写。两个以上土地使用者共同使用一宗土地的，应当分别填写土地登记审批表。

《中华人民共和国行政诉讼法》

第七十条 行政行为有下列情形之一的，人民法院判决撤销或者部分撤销，并可以判决被告重新作出行政行为：

（一）主要证据不足的；

（二）适用法律、法规错误的；

（三）违反法定程序的；

（四）超越职权的；

（五）滥用职权的；

（六）明显不当的。

第七十四条 行政行为有下列情形之一的，人民法院判决确认违法，但不撤销行政行为：

（一）行政行为依法应当撤销，但撤销会给国家利益、社会公共利益造成重大损害的；

（二）行政行为程序轻微违法，但对原告权利不产生实际影响的。

行政行为有下列情形之一，不需要撤销或者判决履行的，人民法院判决确认违法：

（一）行政行为违法，但不具有可撤销内容的；

（二）被告改变原违法行政行为，原告仍要求确认原行政行为违法的；

（三）被告不履行或者拖延履行法定职责，判决履行没有意义的。

第七十六条　人民法院判决确认违法或者无效的，可以同时判决责令被告采取补救措施；给原告造成损失的，依法判决被告承担赔偿责任。

以下为该案在法院审理阶段，裁判文书中“本院认为”部分就该问题的论述：

（一）关于被诉112号通知中收回土地使用权决定的合法性问题。根据《中华人民共和国土地管理法》第五十八条第一款规定，县政府有偿收回涉案土地使用权，具有法定职权。但县政府在作出被诉112号通知之前，未听取当事人的陈述和申辩意见，事后通知城东公司和定安支行举行听证，违反“先听取意见后作决定”的基本程序规则。国务院《全面推进依法行政实施纲要》明确要求，行政机关实施行政管理要“程序正当”，“除涉及国家秘密和依法受到保护的商业秘密、个人隐私的外，应当公开，注意听取公民、法人和其他组织的意见；要严格遵循法定程序，依法保障行政管理相对人、利害关系人的知情权、参与权和救济权”。县政府作出112号通知前，未听取当事人意见，违反正当程序原则，本应依法撤销，但考虑到县政府办公楼已经建成并投入使用，撤销112号通知中有偿收回涉案土地使用权决定已无实际意义，且可能会损害公共利益。依据《最高人民法院关于执行〈中华人民共和国行政诉讼法〉若干问题的解释》第五十八条规定，应当依法判决确认该行政行为违法。

……

（三）关于150号撤证决定的合法性问题。县政府作出112号通知后，并未要求城东公司持有关证明文件到土地管理部门申请注销土地登记，而是以该公司持有的《国有土地使用证》未按《土地登记规则》第十一条规定载明土地用途，土地管理部门也未按《土地登记规则》第十四条规定全面审核并填写土地登记审批表，造成错误登记发证为由，作出150号撤证决定。当初未填写土地用途，并非城东公司的原因所致，本可以补正方式解决，县政府却以此为由撤销城东公司合法持有的《国有土地使用证》，属于滥用行政职权，依法应予撤销。考虑到涉案土地已经收回并建成办公楼投入使用，根据《最高人民法院关于执行〈中华人民共和国行政诉讼法〉若干问题的解释》第五十八条规定，亦应依法确认该行政行为违法。

延伸阅读

一、认定收回国有土地无需听证的案例（案例1）

案例1：欣誉投资有限公司与广州市国土资源和规划委员会资源行政管理-土地行政管理案二审行政判决书［广州铁路运输中级法院（2016）粤71行终447号］认为，“《中华人民共和国土地管理法》第五十八条规定：‘有下列情形之一的，由有关人民政府土地行政主管部门报经原批准用地的人民政府或者有批准权的人民政府批准，可以收回国有土地使用权：（一）为公共利益需要使用土地的；……依照前款第（一）项、第（二）项的规定收回国有土地使用权的，对土地使用权人应当给予适当补偿。’本案中，案涉土地位于大小马站书院群历史文化保护区范围，已纳入‘广东省非物质文化遗产中心’，广州市人民代表大会常务委员亦有通过《广州市人民代表大会常务委员会关于审议市人民政府办理〈关于保护大小马站、流水井古书院群的议案〉实施方案的决议》，被上诉人业已根据该决议精神要求第三人停止了房屋拆迁，涉案地块尚未实施建设。由于位于历史文化保护区范围内且因城市规划的调整无法按照原出让合同约定的公寓、商业的土地用途使用等原因，被上诉人经广州市人民政府批准，为公共利益需要作出本案收回相关土地使用权的决定，依法通知土地使用权人，并注销相关凭证、依法对使用权人予以补偿，符合前述法律规定。收回国有土地是否需要进行听证，暂无强制性规定，且上诉人仅为第三人的合作股东，被上诉人对其没有法定告知义务，上诉人认为被上诉人收回土地使用权没有听证、没有通知属程序违法的上诉意见，本院不予采纳。”

二、认定房屋征收过程中多数被征收人同意征收的，行政机关未组织听证会不构成违法的案例（案例2、案例3）

案例2：李正涛与潍坊市奎文区人民政府行政征收案二审行政判决书［山东省高级人民法院（2014）鲁行终字第138号］认为，“本案老市委片区一期房屋征收范围内已有95.37%被征收户签订协议同意征收，被上诉人未组织听证会不违反《条例》的规定，上诉人提出的被上诉人没有组织听证会，程序违法的主张不能成立；本案被诉《征收调整决定》作出前，奎文区住建局对老市委片区房屋征收情况进行了社会稳定风险评估，形成了《社会稳定风险评估报告》，结论为风险程度较低，并经奎文区政府常务会议讨论决定通过，符合《条例》的规定，上诉人以一名副区长没有参加会议为由否认常务会议的合法性没有法律依据，本院不予支持。”

案例3：马鹏鹤与义县人民政府房屋征收补偿决定案一审行政判决书［锦州市中级人民法院（2015）锦行初字第00028号］认为，“根据《国有土地上房屋征收与补偿条例》第四条、第二十六之规定，被告义县人民政府具有作出房屋征收补偿决定的职权。……关于原告提出的被告没有组织召开听证会属于违法的主张，经查，被告作出《义县房屋征收与补偿安置方案》后，多数被征收人都予以认可，所以，被告未组织听证会不违反法律规定。”

089 企业缴纳土地出让金后国土局又另行出让给他人，企业即使未取得土地证也仍可获征收补偿*

——企业经开发区管委会同意使用土地且对未办理出让手续没有过错，国土局将该土地另行出让的，应承担赔偿责任

本案例对自然资源主管部门及开发区管委会具有警示作用。实践中部分开发区管委会为防止企业囤地，迟迟不办理土地使用手续。但最高法院认为，该情形下企业仍对土地享有合法使用权，自然资源主管部门将该土地另行出让的，企业可诉请承担侵权赔偿责任。

值得注意的是，目前工业用地应当通过招标拍卖挂牌方式出让，由市、县人民政府自然资源主管部门作为出让人负责实施。

裁判要旨

开发区管理委员会为防止企业囤地，没有为企业办理土地使用手续，但同意企业使用土地且企业已缴纳出让金的，企业即对该土地享有合法使用权。自然资源主管部门将该土地另行出让的，应按征收补偿标准向企业承担赔偿责任。

案情简介

一、银铁龙公司经过德胜工业园管委会的同意占有、使用案涉22亩土地，缴纳了土地出让金，并建成厂房。但德胜工业园管委会按照有关指示精神，为防止企

---

* 案件来源：贺兰县国土资源局与宁夏银铁龙物流有限公司等建设用地使用权纠纷申请再审民事裁定书［最高人民法院（2015）民申字第1146号］。

业囤地，没有为银铁龙公司办理土地使用手续。

二、后贺兰县国土局将案涉土地挂牌出让给第三人。

三、银铁龙公司向银川中院提起民事诉讼，主张贺兰县国土局的行为构成侵权，请求其承担赔偿责任。银川中院认为，银铁龙公司虽然没有和贺兰县国土局签订《国有建设用地使用权出让合同》，但对案涉土地享有合法的使用权，银铁龙公司作为权利主体主张赔偿符合法律规定。故判决：贺兰县国土局向银铁龙公司支付补偿款 2700874 元及利息。

四、贺兰县国土局不服，上诉至宁夏高院，主张银铁龙公司未取得案涉土地的使用权，故贺兰县国土局对案涉土地挂牌出让不属于侵权。宁夏高院判决：驳回上诉，维持原判。

五、贺兰县国土局仍不服，向最高法院申请再审。最高法院裁定驳回贺兰县国土局的再审申请。

裁判要点

贺兰县国土局败诉的原因在于：

第一，银铁龙公司对涉案土地享有合法使用权。首先，银铁龙公司占有、使用案涉土地经过德胜工业园管委会同意且缴纳了土地出让金，对此，管委会一直予以认可。管委会作为对工业园进行统一管理的政府部门，依法虽不能以自己名义出让土地，但其对工业园区内的工商企业用地享有规划和一定程度的决定权，对此国土局也并不否认。案涉土地经管委会批准同意使用后，当时及之后相当长时间内没有办理土地使用手续，是管委会按照有关指示精神防止企业囤地所致，案涉企业并没有过错。其次，案涉土地作为园区企业用地，地上厂房已建成使用多年，管委会与案涉企业还签订了《银川德胜工业园进区企业工业项目建设投资合同书》，实际上承认案涉企业的土地使用行为，之后无论是管委会还是国土局对此长期均未提出异议。

第二，贺兰县国土局应对银铁龙公司予以补偿。银铁龙公司虽没有取得案涉土地的国有土地使用权，但其占有、使用案涉土地并予以建设的行为并不违法，根据《国有土地上房屋征收与补偿条例》第二条之规定，应当对被征收的房屋所有权人予以公平补偿。最终法院参照案涉土地相邻土地的征收补偿标准，即工业用地每亩 122767 元，判令贺兰县国土局承担赔付责任。

实务经验总结

前事不忘，后事之师。为避免未来发生类似败诉，提出如下建议：

一、本案为开发区内的企业提供了新的诉讼思路，对自然资源主管部门及开发区管委会也有警示作用。开发区管委会迟迟不为企业办理土地出让手续，自然资源主管部门又将该土地另行挂牌出让的，企业可通过提起民事侵权诉讼的方式主张赔偿责任。当然，在本案认定企业对土地享有合法使用权的基础上，企业以行政相对人的身份，针对此后自然资源主管部门的出让及颁证行为提起行政诉讼，或许也是一种诉讼思路。

二、根据国务院及国土资源部的相关行政规定，目前工业用地必须采用招标拍卖挂牌方式出让。在此背景下，出让人向中标人发出中标通知书或者与竞得人签订成交确认书后，中标人或者竞得人应当按文件载明的签订国有建设用地使用权出让合同的时间，及时向出让人提出签订出让合同的要求。

三、根据《最高人民法院关于审理涉及国有土地使用权合同纠纷案件适用法律问题的解释》，开发区管理委员会作为出让方与受让方订立的土地使用权出让合同为无效合同。因此，受让方应当与自然资源主管部门签订土地出让合同。

相关法律规定

《中华人民共和国民法通则》

第五条　公民、法人的合法的民事权益受法律保护，任何组织和个人不得侵犯。

第一百零六条　公民、法人违反合同或者不履行其他义务的，应当承担民事责任。

公民、法人由于过错侵害国家的、集体的财产，侵害他人财产、人身的应当承担民事责任。

没有过错，但法律规定应当承担民事责任的，应当承担民事责任。

《国有土地上房屋征收与补偿条例》

第二条　为了公共利益的需要，征收国有土地上单位、个人的房屋，应当对被征收房屋所有权人（以下称被征收人）给予公平补偿。

以下为该案在法院审理阶段，裁判文书中“本院认为”部分就该问题的论述：

（一）关于银铁龙公司对涉案土地是否享有合法使用权的问题。根据原审及本院审查期间查明的事实，银铁龙公司占有和使用案涉土地具有合法根据。第一，银铁龙公司占有、使用案涉土地经过德胜工业园管委会的同意且交纳了土地出让金，对此，管委会一直予以认可。管委会作为对工业园进行统一管理的政府部门，依法虽不能以自己名义出让土地，但其对工业园区内的工商企业用地享有规划和一定程度的决定权，对此国土局也并不否认。案涉土地经管委会批准同意使用后，当时及之后相当长时间内没有办理土地使用手续，是管委会按照有关指示精神防止企业圈地所致，涉案企业并没有过错。第二，案涉土地作为园区企业用地，厂房已建成使用多年，管委会与案涉企业还签订了《银川德胜工业园进区企业工业项目建设投资合同书》，实际上承认涉案企业的土地使用行为，之后无论是管委会还是国土局对此长期均未提出异议。据此，原审认为银铁龙公司对涉案土地有合法的使用权，并无不当。（二）国土局是否应予补偿的问题。银铁龙公司虽没有取得案涉土地的国有土地使用权，但其占有、使用案涉土地并予以建设的行为并不违法，根据《国有土地上房屋征收与补偿条例》第二条之规定，应当对被征收的房屋所有权人予以公平补偿。国土局未与银铁龙公司签订补偿协议即将案涉土地使用权予以出让侵犯了银铁龙公司的合法权益，原审参照工业用地标准对银铁龙公司的损失予以补偿，并无不当。国土局申请再审的理由，无事实依据和法律依据，本院不予支持。

延伸阅读

裁判规则：国有土地上的房屋被征收时，只有被征收房屋的所有权人才享有获得补偿的权利。

案例 1：李素花与重庆市长寿区房屋管理局、重庆市长寿区政府履行征收补偿职责纠纷二审行政裁定书［重庆市高级人民法院（2016）渝行终 12 号］认为，“根据《国有土地上房屋征收与补偿条例》第二条的规定，征收国有土地上单位、个人的房屋，应当对被征收房屋所有权人给予公平补偿。因此，国有土地上房屋征收的补偿对象为被征收人，即被征收房屋的所有权人。李素花作为本案被征收房屋的承租人而非所有权人，不属于房屋征收的补偿对象，其要求长寿区政府、长寿区土房局予以行政补偿没有法律依据，与长寿区政府、长寿区土房局是否实施征收补偿行为没有利害关系，故不具备提起本案诉讼的主体资格。一审法院据此裁定驳回李素花的起诉并无不当。”

案例 2：张春梅与山西振鹏投资开发有限公司财产损害赔偿纠纷一案再审审查民事裁定书［山西省高级人民法院（2014）晋民申字第 641 号］认为，“晋中市榆次区新建北街晋中市财贸学校外围商铺的房屋所有权人为晋中市财贸学校，根据《国有土地上房屋征收与补偿条例》第二条的规定，国有土地上单位、个人的房屋被征收时，只有被征收房屋的所有权人方能享有补偿的权利。再审申请人张春梅仅仅是在 2008 年 10 月前租赁过上述外围商铺，在上述外围商铺被列为拆迁范围后，晋中市财贸学校已不再同各商铺租户续租，各租户亦陆续搬离，再审申请人张春梅也认可其最后一次缴纳房租的时间为2008年10月，在上述外围商铺拆迁行为发生时的2009年5月，再审申请人张春梅既非被拆迁房屋的合法使用者，更非所有权人。因此，原审法院关于再审申请人张春梅无权要求获得相应的征收补偿的认定是正确的，本院予以支持。根据再审申请人张春梅在原审中提交的拆迁通知，可以看出，上述外围商铺是由晋中市榆次区安宁实业有限公司实施的拆迁，对此，再审申请人张春梅是明知的。故再审申请人张春梅称其是商铺的合法使用者，被申请人山西振鹏投资开发有限公司的魏工负责并实施的拆迁行为，所以，被申请人山西振鹏投资开发有限公司应该承担赔偿责任的申请再审理由，没有证据证明，与本案查明的事实不符，本院不予支持。”

090 同一征收程序不能既征收国有土地上房屋，又征收集体土地*

本案例中，最高法院从征收对象、征收主体和实施主体、征收程序以及适用法律方面，对征收国有土地上房屋与征收集体土地的区别作出了详细的论述，基于此得出不能在同一征收程序中既征收国有土地上的房屋，又征收集体土地的结论，值得仔细研读，对法院、行政机关、当事人具有较大的参考价值。

裁判要旨

国有土地上房屋的征收与集体土地的征收，在征收对象、征收主体、征收程序以及所适用的法律等方面均存在明显区别，故不能在同一征收程序中既征收国有土地上的房屋，又征收集体土地。

案情简介

一、2012年6月，太谷县政府作出征收公告，决定对城南片区的建筑物和土地实施分期、分片征收，征收对象既有国有土地上的房屋，也有集体土地。孟伟的房屋位于征收范围内。

---

* 案件来源：孟伟、山西省太谷县人民政府行政征收案再审审查与审判监督行政裁定书［最高人民法院（2016）最高法行申1863号］。

二、孟伟以太谷县政府作出的征收决定违法，严重侵害其知情权和参与权为由，向晋中中院起诉，请求撤销征收公告，并判令太谷县政府立即停止违法征收行为。晋中中院认为，被诉征收公告将建筑物和土地一并征收的表述不符合相关规定，应确认违法。故判决：确认被诉征收公告的主要内容合法，确认被诉征收公告中涉及集体土地的内容违反《中华人民共和国土地管理法》的相关规定。

三、孟伟不服，上诉至山西高院。山西高院判决：驳回上诉，维持原判。

四、孟伟仍不服，向最高法院申请再审，主张案涉项目未履行征收集体土地所需履行的审批手续，也未对相关人员进行安置。最高法院认为，考虑到被诉征收公告涉及面广，在孟伟未能举证证明多数被征收人不同意征收的情况下，撤销该征收公告可能会给社会公共利益造成重大损害，故应当判决确认征收公告违法，但不宜予以撤销；原审判决涉及国有土地上房屋的征收部分合法、涉及集体土地的征收部分违法，并无明显不当。最高法院裁定：驳回孟伟的再审申请。

裁判要点

最高法院认定本案征收公告违法的原因在于：

国有土地上房屋的征收与集体土地的征收存在明显区别，不能在同一征收程序中既征收国有土地上的房屋，又征收集体土地。从本案征收公告确定的征收对象看，既有国有土地上的房屋，也有集体土地，但太谷县政府却统一根据《国有土地上房屋征收与补偿条例》的相关规定作出征收公告，并组织实施征收行为。本案征收公告涉及集体土地部分的征收，太谷县政府既无作出征收决定的法定职权，亦违反了《中华人民共和国土地管理法》规定的诸如农用地转用审批等法定程序，还存在适用法律错误等问题，根据《中华人民共和国行政诉讼法》第七十条之规定，理应予以撤销。

但是考虑到被诉征收公告涉及面广，在孟伟未能举证证明多数被征收人不同意征收的情况下，撤销该征收公告可能会给社会公共利益造成重大损害，根据《中华人民共和国行政诉讼法》第七十四条第一款第一项的规定，应当判决确认征收公告违法，但不宜予以撤销。

实务经验总结

前事不忘，后事之师。为避免未来发生类似败诉，提出如下建议：

一、因征收国有土地上的房屋和集体土地的程序不同，故应当采取不同的征收程序分别对国有土地上的房屋和集体土地进行征收。

二、征收集体土地，应当按权限由国务院或者省、自治区、直辖市人民政府批准，由市、县级以上人民政府予以公告并组织实施。征收农用地的，还应当先行办理农用地转用审批。

三、《中华人民共和国行政诉讼法》第七十六条规定，“人民法院判决确认违法或者无效的，可以同时判决责令被告采取补救措施；给原告造成损失的，依法判决被告承担赔偿责任”。因此，针对法院确认违法的行政行为，当事人可请求赔偿损失。

相关法律规定

《国有土地上房屋征收与补偿条例》

第二条　为了公共利益的需要，征收国有土地上单位、个人的房屋，应当对被征收房屋所有权人（以下称被征收人）给予公平补偿。

第四条　市、县级人民政府负责本行政区域的房屋征收与补偿工作。

市、县级人民政府确定的房屋征收部门（以下称房屋征收部门）组织实施本行政区域的房屋征收与补偿工作。

市、县级人民政府有关部门应当依照本条例的规定和本级人民政府规定的职责分工，互相配合，保障房屋征收与补偿工作的顺利进行。

第十三条第三款　房屋被依法征收的，国有土地使用权同时收回。

《中华人民共和国土地管理法》

第四十四条　建设占用土地，涉及农用地转为建设用地的，应当办理农用地转用审批手续。

永久基本农田转为建设用地的，由国务院批准。

在土地利用总体规划确定的城市和村庄、集镇建设用地规模范围内，为实施该规划而将永久基本农田以外的农用地转为建设用地的，按土地利用年度计划分批次按照国务院规定由原批准土地利用总体规划的机关或者其授权的机关批准。在已批准的农用地转用范围内，具体建设项目用地可以由市、县人民政府批准。

在土地利用总体规划确定的城市和村庄、集镇建设用地规模范围外，将永久基本农田以外的农用地转为建设用地的，由国务院或者国务院授权的省、自治区、直辖市人民政府批准。

第四十五条　为了公共利益的需要，有下列情形之一，确需征收农民集体所有的土地的，可以依法实施征收：

（一）军事和外交需要用地的；

（二）由政府组织实施的能源、交通、水利、通信、邮政等基础设施建设需要用地的；

（三）由政府组织实施的科技、教育、文化、卫生、体育、生态环境和资源保护、防灾减灾、文物保护、社区综合服务、社会福利、市政公用、优抚安置、英烈保护等公共事业需要用地的；

（四）由政府组织实施的扶贫搬迁、保障性安居工程建设需要用地的；

（五）在土地利用总体规划确定的城镇建设用地范围内，经省级以上人民政府批准由县级以上地方人民政府组织实施的成片开发建设需要用地的；

（六）法律规定为公共利益需要可以征收农民集体所有的土地的其他情形。

前款规定的建设活动，应当符合国民经济和社会发展规划、土地利用总体规划、城乡规划和专项规划；第（四）项、第（五）项规定的建设活动，还应当纳入国民经济和社会发展年度计划；第（五）项规定的成片开发并应当符合国务院自然资源主管部门规定的标准。

第四十六条 征收下列土地的，由国务院批准：

（一）永久基本农田；

（二）永久基本农田以外的耕地超过三十五公顷的；

（三）其他土地超过七十公顷的。

征收前款规定以外的土地的，由省、自治区、直辖市人民政府批准。

征收农用地的，应当依照本法第四十四条的规定先行办理农用地转用审批。其中，经国务院批准农用地转用的，同时办理征地审批手续，不再另行办理征地审批；经省、自治区、直辖市人民政府在征地批准权限内批准农用地转用的，同时办理征地审批手续，不再另行办理征地审批，超过征地批准权限的，应当依照本条第一款的规定另行办理征地审批。

第四十七条 国家征收土地的，依照法定程序批准后，由县级以上地方人民政府予以公告并组织实施。

县级以上地方人民政府拟申请征收土地的，应当开展拟征收土地现状调查和社会稳定风险评估，并将征收范围、土地现状、征收目的、补偿标准、安置方式和社会保障等在拟征收土地所在的乡（镇）和村、村民小组范围内公告至少三十日，听取被征地的农村集体经济组织及其成员、村民委员会和其他利害关系人的意见。

多数被征地的农村集体经济组织成员认为征地补偿安置方案不符合法律、法规规定的，县级以上地方人民政府应当组织召开听证会，并根据法律、法规的规定和听证会情况修改方案。

拟征收土地的所有权人、使用权人应当在公告规定期限内，持不动产权属证明材料办理补偿登记。县级以上地方人民政府应当组织有关部门测算并落实有关费用，保证足额到位，与拟征收土地的所有权人、使用权人就补偿、安置等签订协议；个别确实难以达成协议的，应当在申请征收土地时如实说明。

相关前期工作完成后，县级以上地方人民政府方可申请征收土地。

《中华人民共和国行政诉讼法》

第七十条 行政行为有下列情形之一的，人民法院判决撤销或者部分撤销，并可以判决被告重新作出行政行为：

（一）主要证据不足的；

（二）适用法律、法规错误的；

（三）违反法定程序的；

（四）超越职权的；

（五）滥用职权的；

（六）明显不当的。

第七十四条 行政行为有下列情形之一的，人民法院判决确认违法，但不撤销行政行为：

（一）行政行为依法应当撤销，但撤销会给国家利益、社会公共利益造成重大损害的；

（二）行政行为程序轻微违法，但对原告权利不产生实际影响的。

行政行为有下列情形之一，不需要撤销或者判决履行的，人民法院判决确认违法：

（一）行政行为违法，但不具有可撤销内容的；

（二）被告改变原违法行政行为，原告仍要求确认原行政行为违法的；

（三）被告不履行或者拖延履行法定职责，判决履行没有意义的。

以下为该案在最高法院审理阶段，裁判文书中“本院认为”部分就该问题的论述：

国有土地上房屋的征收与集体土地的征收，在征收对象、征收主体、征收程序以及所适用的法律等方面均存在明显区别，不能在同一征收程序中既征收国有土地上的房屋，又征收集体土地。二者的区别表现在以下几个方面：其一，从征收对象看，前者的征收对象是国有土地上的房屋，国有土地使用权与房屋一起征收；后者的征收对象是集体土地，地上的房屋则随着集体土地一并征收。其二，从征收主体及实施主体看，国有土地上房屋的征收，由市、县级人民政府根据法定程序作出征收决定，由市、县级人民政府确定的房屋征收部门组织实施具体的征收与补偿工作；而征收集体土地，需要省、自治区、直辖市人民政府甚至是国务院批准，由市、县级以上人民政府予以公告并组织实施。其三，从征收程序看，由于涉及土地用途的变更以及耕地保护等问题，在征收集体土地时，在办理征地审批手续之前，原则上应当先行办理农用地转用审批，国务院或者省、自治区、直辖市人民政府批准农用地转用的，同时办理征地审批手续。而国有土地上房屋的征收，因本身就属于国有土地，不存在农用地转用及审批的问题。其四，从法律依据看，前者主要依据《国有土地上房屋征收与补偿条例》进行，而后者的法律依据则是《中华人民共和国土地管理法》。可见，确定征收的对象是国有土地上的房屋还是集体土地，具有重要意义。本案中，从被诉征收公告确定的征收对象看，既有国有土地上的房屋，也有集体土地，但太谷县政府却统一根据《国有土地上房屋征收与补偿条例》的相关规定作出征收决定，并组织实施征收行为。根据前述分析，其中涉及集体土地部分的征收，太谷县政府既无作出征收决定的法定职权，亦违反了《中华人民共和国土地管理法》规定的诸如农用地转用审批等法定程序，还存在适用法律错误等问题，根据《中华人民共和国行政诉讼法》第七十条之规定，理应予以撤销。但考虑到被诉征收公告涉及面广，在孟伟未能举证证明多数被征收人不同意征收的情况下，撤销该征收公告可能会给社会公共利益造成重大损害，根据《中华人民共和国行政诉讼法》第七十四条第一款第一项的规定，应当判决确认违法，但不宜予以撤销。鉴于本案还涉及国有土地上房屋的征收，而就该部分的征收而言，从原审查明的事实看，是符合法律规定的。因而原审判决涉及国有土地上房屋的征收部分合法、涉及集体土地的征收部分违法，并无明显不当。孟伟主张案涉项目并非为了社会公共利益，而是为了商业开发，不符合征收的法定条件。根据原审查明的事实，案涉项目是政府组织对基础设施落后地段进行旧城区改建而实施的征收，具有社会公共利益的属性。至于政府在组织实施过程中通过合法正当程序并以市场化的方式具体实施，与征收决定的社会公共利益性并不矛盾，故孟伟有关本案征收是为了商业开发而非为了社会公共利益，并据此请求撤销被诉征收公告的该项再审理由，本院不予支持。

延伸阅读

关于征收集体土地与征收国有土地上房屋的区别的案例：

裁判规则一：征收集体土地时，集体土地上的房屋仅作为地上附着物给予补偿，其补偿不含土地使用权的补偿；征收国有土地上房屋时的补偿含有同时收回国有土地使用权的补偿。

案例1：曾玉英与柳州市人民政府征地补偿安置纠纷二审行政判决书［广西壮族自治区高级人民法院（2015）桂行终字第115号］认为，"《广西壮族自治区实施〈中华人民共和国土地管理法〉》第二十五条第一款第（三）项规定：房屋及其他建筑物、构建物，按重置价格并结合成新确定补偿费，具体标准由设区的市、县（市）人民政府规定。本案中柳州市政府所作出的《补偿安置方案批复》确定的补偿标准是按重置价格并结合成新确定补偿费，符合上述法规规定。征收集体土地时土地补偿费单独计付，集体土地上的房屋仅作为地上附着物给予补偿，其补偿不含土地使用权的补偿，不同于征收国有土地上房屋时含有同时收回国有土地使用权的补偿，因此柳州市政府确定的对集体土地上房屋具体补偿标准2800元/m^2，并不低于目前市场的房屋重置价格；选择产权调换的，可按1：1.2的比例调换安置房，若选择产权调换的，所得的房产面积不低于被拆迁房屋面积。故上诉人主张补偿标准过低事实依据不足。《最高人民法院关于审理涉及农村集体土地行政案件若干问题的规定》第十二条'征收农村集体土地时未就征收土地上的房屋及其他不动产进行安置补偿，补偿安置时房屋所在地已纳入城市规划区，土地权利人请求参照执行国有土地上房屋征收补偿标准的，人民法院一般应予支持，但应当扣除已经取得的土地补偿费'的规定，是指征地时未纳入城市规划区，且征收与补偿安置不同时进行的情形，本案不属于该情形，不能适用该规定。上诉人主张对其农村集体土地上的房屋的补偿价格应以类似国有土地上房屋的市场价格补偿的理由不成立，本院不予支持。"

裁判规则二：征收国有土地上房屋适用《国有土地上房屋征收与补偿条例》，征收集体土地上房屋适用土地管理法及其实施条例的相关规定，也可参照适用《国有土地上房屋征收与补偿条例》。

案例2：周建明与如皋市国土资源局行政征收纠纷二审行政裁定书［南通市中级人民法院（2017）苏06行终28号］认为，"本案的争议焦点是被诉行政行为是否属人民法院行政诉讼的受案范围。《最高人民法院关于适用〈中华人民共和国行政诉讼法〉若干问题的解释》第三条第一款第（八）项规定，行政行为对公民、法人或其他组织的合法权益明显不产生实际影响的，不属人民法院行政诉讼的受案范围。按照现行法律规定，征收国有土地上房屋适用《国有土地上房屋征收与补偿条例》，征收集体土地上房屋适用土地管理法及其实施条例的相关规定，同时也可参照《国有土地上房屋征收与补偿条例》执行。本案被诉3号补偿安置方案只是在房屋征收实施过程中的一个阶段性行为，对周建明的合法权益并不产生实际影响，该方案仅是对补偿范围、方式、用于产权调换的房源及基准价等相关事项的告知，而不是最终的安置补偿行为。对周建明合法权益产生实际影响的是补偿安置方案的后续行为，具体如何补偿安置有待双方当事人进行协商，或者由有关行政机关进行裁决。如周建明对相关补偿安置决定不服的，可以通过申请行政复议或提起行政诉讼直接实现权利的救济，复议机关和人民法院的审查也包括对征收补偿方案的附带审查，足以保障周建明的合法权益。因此，3 号补偿方案不能单独对周建明的权利义务产生实际影响，依法不属于行政诉讼的受案范围。”

第九章　土地行政

091 被认定为闲置的土地，一定会被政府部门无偿收回吗*

——已开发面积不足 1/3 或者已投资额不足 25%而中止建设满 1 年的闲置土地，不适用无偿收回的规定

国家处置闲置土地的目的在于规范土地市场行为，禁止国有建设用地使用权人恶意囤地、炒地。本文梳理了行政机关认定闲置土地的两种类型及相应的处置方式，以及相关规定及案例，供读者在该类案件中参考。

裁判要旨

一、《闲置土地处置办法》第二条第二款规定，“已动工开发建设但开发建设的面积占应动工开发建设总面积不足三分之一或者已投资额占总投资额不足 25%，中止开发建设满 1 年的国有建设用地，也可以认定为闲置土地”。

二、以出让等有偿使用方式取得土地使用权进行房地产开发，超过出让合同约定的动工开发日期满 1 年未动工开发的，可以征收相当于土地使用权出让金 20%以下的土地闲置费；满 2 年未动工开发的，可以无偿收回土地使用权；但是，因不可抗力或者政府、政府有关部门的行为或者动工开发必需的前期工作造成动工开发迟延的除外。

案情简介

一、2006 年 3 月，南坊佳苑公司与胶州市国土局签订《9 号出让合同》，受让案涉土地。同年 12 月，南化公司与南坊佳苑公司签订《129-131 号转让合同》受让该土地，并由胶州市政府登记发证。

---

* 案件来源：青岛市南化置业有限公司与胶州市国土资源局土地行政处理案二审行政判决书［山东省高级人民法院（2012）鲁行终字第 125 号］。

二、南化公司取得涉案土地使用权后，已开发建设的面积未达到应动工开发建设总面积的三分之一，且于2006年年底停工。

三、2011年7月，胶州市国土局作出《87号收回土地使用权决定》，认为南化公司取得案涉土地后，开发建设面积不足应动工开发建设面积的三分之一，且中止开发建设连续满两年，应认定为闲置土地，故依据相关规定，将案涉土地部分无偿收回、部分延期开发。

四、南化公司向青岛中院起诉，请求：撤销《87号收回土地使用权决定》。青岛中院判决驳回南化公司的诉讼请求。

五、南化公司不服，上诉至山东高院。山东高院认为，原审法院判决认定事实不清，适用法律不当，改判：撤销《87号收回土地使用权决定》。

裁判要点

山东高院改判撤销《87号收回土地使用权决定》的原因在于：

第一，案涉土地已开发建设的面积未达到应动工开发建设总面积的三分之一，且未经批准即于2006年年底停工，根据《闲置土地处置办法》（1999年版）第二条第二款第二项的规定，案涉土地属于闲置土地。

第二，可以无偿收回土地使用权的处置方式只适用于超过规定期限未动工开发的闲置土地，本案应依据《闲置土地处置办法》（1999年版）第三条的规定，采取延长开发建设时间、安排临时使用、置换等价土地等方式处置。

实务经验总结

前事不忘，后事之师。为避免未来发生类似败诉，提出如下建议：

一、根据现行《闲置土地处置办法》，已动工开发但开发建设用地面积占应动工开发建设用地总面积不足三分之一或者已投资额占总投资额不足百分之二十五，中止开发建设满一年的国有建设用地，可以认定为闲置土地。但是政府无权对该类土地征缴闲置土地费或者无偿收回。针对该类闲置土地，自然资源主管部门应当与国有建设用地使用权人协商，选择下列方式处置：（1）延长动工开发期限；（2）调整土地用途、规划条件；（3）由政府安排临时使用；（4）协议有偿收回国有建设用地使用权；（5）置换土地；（6）根据实际情况规定其他处置方式。

二、因不可抗力或者政府、政府有关部门的行为造成动工开发迟延的闲置土地，仍适用前述延长动工开发期限等6种处置方式。

相关法律规定

《中华人民共和国土地管理法》

第三十八条 禁止任何单位和个人闲置、荒芜耕地。已经办理审批手续的非农业建设占用耕地，一年内不用而又可以耕种并收获的，应当由原耕种该幅耕地的集体或者个人恢复耕种，也可以由用地单位组织耕种；一年以上未动工建设的，应当按照省、自治区、直辖市的规定缴纳闲置费；连续二年未使用的，经原批准机关批准，由县级以上人民政府无偿收回用地单位的土地使用权；该幅土地原为农民集体所有的，应当交由原农村集体经济组织恢复耕种。

在城市规划区范围内，以出让方式取得土地使用权进行房地产开发的闲置土地，依照《中华人民共和国城市房地产管理法》的有关规定办理。

《中华人民共和国城市房地产管理法》

第二十六条 以出让方式取得土地使用权进行房地产开发的，必须按照土地使用权出让合同约定的土地用途、动工开发期限开发土地。超过出让合同约定的动工开发日期满一年未动工开发的，可以征收相当于土地使用权出让金百分之二十以下的土地闲置费；满二年未动工开发的，可以无偿收回土地使用权；但是，因不可抗力或者政府、政府有关部门的行为或者动工开发必需的前期工作造成动工开发迟延的除外。

《闲置土地处置办法》

第二条 本办法所称闲置土地，是指国有建设用地使用权人超过国有建设用地使用权有偿使用合同或者划拨决定书约定、规定的动工开发日期满一年未动工开发的国有建设用地。

已动工开发但开发建设用地面积占应动工开发建设用地总面积不足三分之一或者已投资额占总投资额不足百分之二十五，中止开发建设满一年的国有建设用地，也可以认定为闲置土地。

第八条 有下列情形之一，属于政府、政府有关部门的行为造成动工开发延迟的，国有建设用地使用权人应当向市、县国土资源主管部门提供土地闲置原因说明材料，经审核属实的，依照本办法第十二条和第十三条规定处置：

（一）因未按照国有建设用地使用权有偿使用合同或者划拨决定书约定、规定的期限、条件将土地交付给国有建设用地使用权人，致使项目不具备动工开发条件的；

（二）因土地利用总体规划、城乡规划依法修改，造成国有建设用地使用权人不能按照国有建设用地使用权有偿使用合同或者划拨决定书约定、规定的用途、规划和建设条件开发的；

（三）因国家出台相关政策，需要对约定、规定的规划和建设条件进行修改的；

（四）因处置土地上相关群众信访事项等无法动工开发的；

（五）因军事管制、文物保护等无法动工开发的；

（六）政府、政府有关部门的其他行为。

因自然灾害等不可抗力导致土地闲置的，依照前款规定办理。

第十二条 因本办法第八条规定情形造成土地闲置的，市、县国土资源主管部门应当与国有建设用地使用权人协商，选择下列方式处置：

（一）延长动工开发期限。签订补充协议，重新约定动工开发、竣工期限和违约责任。从补充协议约定的动工开发日期起，延长动工开发期限最长不得超过一年；

（二）调整土地用途、规划条件。按照新用途或者新规划条件重新办理相关用地手续，并按照新用途或者新规划条件核算、收缴或者退还土地价款。改变用途后的土地利用必须符合土地利用总体规划和城乡规划；

（三）由政府安排临时使用。待原项目具备开发建设条件，国有建设用地使用权人重新开发建设。从安排临时使用之日起，临时使用期限最长不得超过两年；

（四）协议有偿收回国有建设用地使用权；

（五）置换土地。对已缴清土地价款、落实项目资金，且因规划依法修改造成闲置的，可以为国有建设用地使用权人置换其他价值相当、用途相同的国有建设用地进行开发建设。涉及出让土地的，应当重新签订土地出让合同，并在合同中注明为置换土地；

（六）市、县国土资源主管部门还可以根据实际情况规定其他处置方式。

除前款第四项规定外，动工开发时间按照新约定、规定的时间重新起算。

符合本办法第二条第二款规定情形的闲置土地，依照本条规定的方式处置。

第十三条 市、县国土资源主管部门与国有建设用地使用权人协商一致后，应当拟订闲置土地处置方案，报本级人民政府批准后实施。

闲置土地设有抵押权的，市、县国土资源主管部门在拟订闲置土地处置方案时，应当书面通知相关抵押权人。

第十四条 除本办法第八条规定情形外，闲置土地按照下列方式处理：

（一）未动工开发满一年的，由市、县国土资源主管部门报经本级人民政府批准后，向国有建设用地使用权人下达《征缴土地闲置费决定书》，按照土地出让或者划拨价款的百分之二十征缴土地闲置费。土地闲置费不得列入生产成本；

（二）未动工开发满两年的，由市、县国土资源主管部门按照《中华人民共和国土地管理法》第三十七条和《中华人民共和国城市房地产管理法》第二十六条的规定，报经有批准权的人民政府批准后，向国有建设用地使用权人下达《收回国有建设用地使用权决定书》，无偿收回国有建设用地使用权。闲置土地设有抵押权的，同时抄送相关土地抵押权人。

第二十二条 国有建设用地使用权有偿使用合同或者划拨决定书应当就项目动工开发、竣工时间和违约责任等作出明确约定、规定。约定、规定动工开发时间应当综合考虑办理动工开发所需相关手续的时限规定和实际情况，为动工开发预留合理时间。

因特殊情况，未约定、规定动工开发日期，或者约定、规定不明确的，以实际交付土地之日起一年为动工开发日期。实际交付土地日期以交地确认书确定的时间为准。

第三十条 本办法中下列用语的含义：

动工开发：依法取得施工许可证后，需挖深基坑的项目，基坑开挖完毕；使用桩基的项目，打入所有基础桩；其他项目，地基施工完成三分之一。

已投资额、总投资额：均不含国有建设用地使用权出让价款、划拨价款和向国家缴纳的相关税费。

《海南省闲置土地认定和处置规定》

第二条 本规定所称闲置土地，是指具有下列情形之一的国有建设用地：

（一）超过动工开发日期满 1 年未动工开发的；

（二）超过动工开发日期满 2 年未完成项目投资总额 25%的；

（三）已动工开发但开发建设用地面积占应动工开发建设用地总面积不足 1/3 或者已投资额占总投资额不足 25%，中止开发建设满 1 年的；

（四）法律、法规规定的其他情形。

第六条 本规定第二条所称动工开发日期，按照国有建设用地使用权有偿使用合同约定或者划拨决定书规定认定；没有约定、规定或者约定、规定不明确的，以实际交付土地之日起 1 年为动工开发日期；实际交付土地日期不明确的，以核发土地使用权证之日起 1 年为动工开发日期。

第七条 本规定第二条所称应动工开发建设用地总面积，按照国有建设用地使用权人取得国有建设用地使用权后依法报建的建筑物或者构筑物所占的土地面积进行认定。

已动工开发建设用地面积按照应动工开发建设用地总面积中国有建设用地使用权人已经进行实际动工开发建设的土地面积进行认定。

第八条 闲置土地面积按照国有建设用地使用权有偿使用合同约定或者划拨决定书规定的宗地面积进行认定。

因特殊原因需要分割发证的，应当按照分割后的土地面积重新签订国有建设用地使用权有偿使用合同或者重新核发划拨决定书。

第二十八条 非因政府原因和不可抗力造成土地闲置，超过动工开发日期满1年未满2年不动工开发的，市、县、自治县人民政府按照下列标准征缴土地闲置费：

（一）以出让方式取得国有建设用地使用权的，按照土地出让金的5%至20%征缴；

（二）以租赁、承包方式取得土地使用权的，按照当年租金、承包金的20%至50%征缴；

（三）以划拨方式取得土地使用权的，按照划拨价款的5%至20%征缴；没有划拨价款的，按照政府支付的划拨土地取得成本的5%至20%征缴。

第二十九条 非因政府原因和不可抗力造成土地闲置，具有下列情形之一的，市、县、自治县人民政府可以无偿收回国有建设用地使用权：

（一）超过动工开发日期满2年未动工开发的；

（二）超过动工开发日期满2年未完成项目投资总额25%的；

（三）法律、法规规定的其他情形。

《深圳市贯彻执行〈闲置土地处置办法〉的实施意见（试行）》

六、土地闲置费的征收标准

《处置办法》实施后新产生的闲置土地，按规定应缴纳土地闲置费的，土地闲置费按照土地出让或划拨价款的20%计征。

《处置办法》实施前已闲置但未处置的土地，土地闲置费按照征收基数的20%计征。土地闲置费征收基数按以下方式确定：以招标、拍卖、挂牌方式出让的土地，以原土地使用权出让合同地价作为土地闲置费征收基数；其余情形用地以现行公告基准地价作为土地闲置费征收基数。未规定基准地价的用地类型如容积率小于1.0的住宅、加油（气）站等，以现行评估地价作为土地闲置费征收基数。

七、土地闲置费的征收对象

闲置土地的土地使用权人是缴纳土地闲置费的义务人。凡依法被认定为闲置土地的，除下列情形外，均应按本办法缴纳土地闲置费：

（一）因不可抗力、政府或政府有关部门的行为造成土地闲置的，相应期间不征收土地闲置费。

（二）通过招标、拍卖、挂牌方式转让或法院裁定取得土地使用权不满两年的，但转让公告或法院拍卖公告中明确受让人应承担土地闲置责任的除外。

（三）被依法无偿收回土地使用权的。

（四）因中止开发建设满一年被认定为闲置土地的。

（五）法律、法规、规章及本文件规定的其他情形。

以下为该案在法院审理阶段，裁判文书中“本院认为”部分就该问题的论述：

综合上述法律、法规、规章的相关规定，《城市房地产管理法》第二十六条与《闲置土地处置办法》第四条第二款对于“满2年未动工开发时，可以无偿收回土地使用权”的规定是一致的。《闲置土地处置办法》第二条第二款第（二）项“已动工开发建设但开发建设的面积占应动工开发建设总面积不足三分之一或者已投资额占总投资额不足25%且未经批准中止开发建设连续满1年的，也可以认定为闲置土地”规定的“闲置土地”，应依据该办法第三条的规定，采取延长开发建设时间、安排临时使用、置换等价土地等方式处置；对于城市规划区内，以出让等有偿使用方式取得土地使用权进行房地产开发，超过规定期限未动工的闲置土地，则适用该办法第四条第二款的规定处置。

本案中，涉案土地原系南坊佳苑公司通过与市国土局签订《9号出让合同》受让而来。后上诉人南化公司通过与南坊佳苑公司签订《129-131号转让合同》受让该土地并由胶州市政府登记发证。故被上诉人市国土局根据《9号出让合同》的内容认定涉案土地为一宗地并无不当。上诉人南化公司取得涉案土地使用权后，虽然已动工开发，但已开发建设的面积未达到应动工开发建设总面积的三分之一，且未经批准即于2006年底停工至今，符合《闲置土地处置办法》第二条第二款第（二）项“已动工开发建设但开发建设的面积占应动工开发建设总面积不足三分之一或者已投资额占总投资额不足25%且未经批准中止开发建设连续满1年的，也可以认定为闲置土地”规定的情形，且不符合“因政府、政府有关部门的行为造成动工开发迟延”的情形。因此，涉案土地依法属于闲置土地，应依据《闲置土地处置办法》第三条的规定，采取延长开发建设时间、安排临时使用、置换等价土地等方式处置。被上诉人虽然将涉案土地认定为闲置土地定性正确，但其根据《闲置土地处置办法》第四条的规定，作出部分收回、部分延期开发的处置，属于适用法律错误。原审法院判决认定该处罚决定合法正确并据此判决驳回上诉人南化公司的诉讼请求，亦属于适用法律错误，应予纠正。

延伸阅读

关于闲置土地认定及处置的案例：

裁判规则一：超过出让合同约定的动工开发日期满一年未动工开发的国有建设用地属于闲置土地。未动工开发满一年的，政府有权按照土地出让价款的百分之二十征缴土地闲置费；未动工开发满两年的，政府有权无偿收回国有建设用地使用权。但是因不可抗力或者政府、政府有关部门的行为或者动工开发必需的前期工作造成动工开发迟延的除外。（案例1—案例9）

案例1：海口新大陆塑胶有限公司与澄迈县人民政府收回国有土地使用权行政纠纷申诉行政裁定书［最高人民法院（2015）行监字第1751号］认为，“关于澄迈县政府作出的155号收地决定是否违反法定程序的问题。新大陆公司于1993年9月25日受让土地后仅修筑了围墙，之后一直未对出让土地进行投资建设，至2000年12月7日澄迈县政府作出收地决定时在长达七年的时间里出让土地一直闲置。根据《中华人民共和国城镇国有土地使用权出让和转让暂行条例》第十七条第二款及当时有效的《中华人民共和国城市房地产管理法》第二十五条、国土资源部《闲置土地处置办法》（1999年施行）第四条第二款、《海南经济特区土地管理条例》（1999年施行）第四条第二款等规定，新大陆公司闲置涉案土地的行为已符合法律规定关于无偿收回土地的条件。澄迈县政府经报省政府批准后作出的155号收地决定程序合法。虽然海南省国土环境资源厅及澄迈县政府分别作出的《无偿收回国有土地使用权事先告知书》及155号收地决定在送达程序上未穷尽其他送达方式的前提下直接在《海南日报》上公告刊登送达新大陆公司，程序上存在瑕疵，但不足以否定因新大陆公司闲置土地满两年依据法律规定应当收回土地的事实及法律规定。”

案例2：广州新都房地产发展有限公司、广州市国土资源和规划委员会资源行政管理：土地行政管理（土地）二审行政判决书［广东省高级人民法院（2016）粤行终1040号］认为，“2004年8月31日，上诉人广州新都房地产发展有限公司与原广州市国土资源和房屋管理局签订（现被上诉人广州市国土资源和规划委员会）《广州市国有土地使用权出让合同》（穗国地出合（2004）276号），该合同第十二条第一款约定‘乙方（新都公司）应当在合同签订之日起15个月内对合同项下的土地进行动工开发’。由于上诉人未能在出让合同约定的期限内动工开发涉案土地，涉案土地已于2008年1月22日被原广州市国土资源和房屋管理局作出的穗国土闲认［2008］8号《闲置土地认定通知书》认定自2005年12月1日起为闲置土地，上诉人未提起复议或诉讼，该行政行为已发生法律效力，各方当事人对此均无异议。”

案例3：烟台开发区丰源海运有限公司与无棣县国土资源局土地行政收回案二审行政判决书［山东省高级人民法院（2016）鲁行终754号］认为，“根据上述法律规定，在城市规划区范围内，以出让方式取得国有土地使用权进行房地产开发，无正当理由满二年未动工开发的，市、县国土资源主管部门可以依法无偿收回国有土地使用权。本案中，滨州中盛公司于2005年11月8日与被上诉人无棣县国土局签订《国有土地使用权出让合同》，取得了位于原无棣县马山子镇东风港174022平方米的国有建设用地使用权，土地使用证号为棣国用（2005）第05171号。但滨州中盛公司未按照合同约定进行建设，且已满两年未动工开发，属于土地闲置，且符合前述法律规定应由市、县国土资源主管部门无偿予以收回的情形。因此，被上诉人无棣县国土局在依法履行了立案、调查、闲置土地认定等程序后，经无棣县人民政府批准，于2013年1月5日作出本案被诉《收回决定》并于当日送达，认定事实清楚，程序合法，适用法律正确。”

案例4：增城荔丰房地产有限公司与增城市国土资源和房屋管理局收回国有土地使用权行政纠纷二审行政判决书［广东省高级人民法院（2013）粤高法行终字第35号］认为，“关于增城市国土房管局收回涉案土地使用权是否合法的问题。《闲置土地处置办法》第四条第二款规定：‘在城市规划区范围内，以出让等有偿使用方式取得土地使用权进行房地产开发的闲置土地，超过出让合同约定的动工开发日期满1年未动工开发的，可以征收相当于土地使用权出让金20%以下的土地闲置费；满2年未动工开发时，可以无偿收回土地使用权；但是，因不可抗力或者政府、政府有关部门的行为或者动工开发必须的前期工作造成动工开发迟延的除外。’《广州市闲置土地处理办法》第十八条规定：‘已完善建设用地手续的闲置土地，闲置期间累计满2年的，政府可以无偿收回。’根据上述规定，荔丰房产公司闲置涉案土地已经超过两年，且并非不可抗力或政府及其有关部门的原因所致，增城市国土房管局作出收回涉案土地使用权的决定事实清楚，证据充分，一审判决维持该收地决定并无不当，本院予以支持。”

案例5：东方基和公司与乌拉特后旗人民政府土地行政管理纠纷二审行政判决书［内蒙古自治区巴彦淖尔市（盟）中级人民法院（2017）内08行终16号］认为，“2010年4月，基和公司通过挂牌出让方式，取得位于乌拉特后旗潮格温都尔镇7.3456公顷的国有建设用地使用权，并签订了拍卖成交确认书，自取得该国有建设用地使用权之日起基和公司在两年内未动工开发。《闲置土地处置办法》第二条规定‘本办法所称闲置土地，是指国有建设用地使用权人超过国有建设用地使用权有偿使用合同或者划拨决定书约定、规定的动工开发日期满一年未动工开发的国有建设用地’,《闲置土地处置办法》第二十二条规定‘国有建设用地使用权有偿使用合同或者划拨决定书应当就项目动工开发时间和违约责任等作出明确约定、规定。约定、规定动工开发时间应当综合考虑办理开发所需相关手续的时限规定和实际情况，为动工开发预留合理时间。因特殊情况，未约定、规定动工开发日期，或者约定、规定不明确的，以实际交付之日起一年为动工开发日期。实际交付土地日期以交地确认书确定的时间为准’。按照以上规定，基和公司自取得国有建设用地使用权之日起满两年未开发使用，构成了闲置土地。”

案例6：恩平市永安电器厂与恩平市国土资源局、江门市人民政府土地行政管理纠纷二审行政判决书［广东省江门市中级人民法院（2016）粤07行终27号］认为，“关于第一个争议焦点，根据《闲置土地处置办法》第二条第一款‘本办法所称闲置土地，是指国有建设用地使用权人超过国有建设用地使用权有偿使用合同或者划拨决定书约定、规定的动工开发日期满一年未动工开发的国有建设用地’以及第二十二条第二款‘因特殊情况，未约定、规定动工开发日期，或者约定、规定不明确的，以实际交付土地之日起一年为动工开发日期。实际交付土地日期以交地确认书确定的时间为准’的规定，闲置土地是指超过规定的期限未动工开发建设的建设用地。现有证据显示，永安电器厂与恩平市东安镇人民政府签订的《土地转让合同》中没有约定、规定动工开发日期，但永安电器厂已于2002年7月5日分别取得涉案地块的四份《国有土地使用证》，即永安电器厂已经于2002年7月5日取得涉案土地的使用权。截至2013年11月18日，涉案土地仍未动工开发，连续闲置已经超过两年。因此，恩平国土局认定涉案土地为闲置土地并无不当。……涉案土地已超过2年未动工开发，恩平国土局报经恩平市政府批准后，作出恩国土资收［2015］01号《收回国有建设用地使用权决定书》，并未违反法律规定。永安电器厂认为涉案土地存在属于政府、政府有关部门的行为造成其动工开发延迟的，缺乏事实和法律依据，本院不予支持。”

案例7：海口市国土资源局与海口市城市建设投资有限公司土地行政处罚纠纷二审行政判决书［海南省海口市中级人民法院（2014）海中法行终字第94号］认为，“城投公司自2008年取得涉案土地后，至今未就涉案土地拟定开发建设方案向海口市国资委请示，仍未进行开发建设，闲置时间已逾两年。国土局依据《闲置土地处置办法》第十四条第二项、第十七条和《海口市处置闲置土地若干规定》第二条第一项的规定，作出涉案决定，并无不妥。国土局经历立案、调查听证等程序后，报经海口市人民政府批准，才作出涉案决定，程序并无不当。”

案例8：中卫永安地质资源勘探开发有限公司与中卫市国土资源局土地使用权行政收回纠纷二审行政裁定书［宁夏回族自治区中卫市中级人民法院（2016）宁05行终43号］认为，“根据中卫市国土资源局提供的证据，中卫永安地质资源勘探开发有限公司自2010年1月24日取得国有土地使用证至2015年8月20日，未动工开发建设的事实清楚，该情形符合《闲置土地处置办法》第二条第一款的规定，中卫市国土资源局认定中卫永安地质资源勘探开发有限公司构成闲置土地，事实清楚，证据确凿，适用法律正确。根据《闲置土地处置办法》第十四条第二项的规定，涉案土地未动工开发满两年的，中卫市国土资源局经报中卫市人民政府批准后，可以无偿收回国有建设用地使用权。中卫永安地质资源勘探开发有限公司主张涉案土地闲置是因政府、政府有关部门的行为造成，但其未提供充分的证据予以证实。且在行政程序中中卫永安地质资源勘探开发有限公司亦未按照中卫市国土资源局的通知提供土地闲置原因说明材料，故其提出的中卫市国土资源局应根据《闲置土地处置办法》第八条和第十二条的规定与其协商处置闲置土地的意见不成立，不予支持。本案中卫市国土资源局作出卫国土资发〔2015〕第505号《收回国有建设用地使用权决定书》时依照法定程序进行了调查、现场勘测、下达闲置土地认定书、听证并经过中卫市人民政府的批准，程序合法。中卫永安地质资源勘探开发有限公司主张撤销卫国土资发〔2015〕第505号《收回国有建设用地使用权决定书》的理由不成立，不予支持。”

案例9：江门市溢远助剂科技有限公司与江门市国土资源局土地行政管理其他行政行为纠纷二审行政判决书［广东省江门市中级人民法院（2014）江中法行终字第61号］认为，“《闲置土地处置办法》第十四条规定：‘除本办法第八条规定情形外，闲置土地按照下列方式处理：（一）未动工开发满一年的，由市、县国土资源主管部门报经本级人民政府批准后，向国有建设用地使用权人下达《征缴土地闲置费决定书》，按照土地出让或者划拨价款的百分之二十征缴土地闲置费。土地闲置费不得列入生产成本；’，本案中涉案土地应于2011年1月20日之前开工，至2012年10月11日江门国土局向江门市人民政府报批时已超过一年未动工开发，江门国土局按涉案土地出让价款的20%，征缴土地闲置费2530000元，适用法律、法规正确，处理适当。”

裁判规则二：政府相关职能部门未对土地是否闲置进行认定前，法院不能直接认定土地是否闲置。（案例10）

案例10：湖南应用技术学院与常德市鼎城区人民政府、原审第三人常德市鼎城维根置业有限公司、常德市仁祥房地产开发有限公司土地行政登记纠纷二审行政判决书［湖南省高级人民法院（2015）湘高法行终字第 436 号］认为，“上诉人认为，涉案土地到 2009 年才开始建设，应该由被上诉人按照《闲置土地处置办法》的相关规定依法收回。根据《闲置土地处置办法》第二条、第三条、第四条规定，市、县人民政府土地行政主管部门对建设用地是否闲置进行认定。但本案中，鼎城区政府和鼎城区国土局均认为第三人未开发土地的原因是土地开发条件不成熟，并同意其延期开发。故在相关职能部门未对涉案土地是否闲置进行认定之前，法院不能直接认定土地是否闲置。且涉案土地现已经开发完毕，再要求政府收回土地不具有现实可行性。”

裁判规则三：无偿收回闲置土地的主体是县级以上人民政府，自然资源主管部门无权作出无偿收地决定。（案例 11）

案例 11：五指山明珠文化旅业发展有限公司与五指山市国土环境资源局收回国有土地使用权纠纷二审行政判决书［海南省高级人民法院（2014）琼环行终字第 9 号］认为，“依据《中华人民共和国土地管理法》第三十七条第一款的规定，无偿收回用地单位土地使用权的主体是县级以上人民政府，五指山国土局作为五指山市政府的职能部门，无权作出无偿收地决定，故其作出本案被诉的 218 号收地决定，无偿收回涉案土地，属超越职权。五指山国土局上诉称依据《中华人民共和国城市房地产管理法》第二十六条、《闲置土地处置办法》（国土资源部第 53 号令）及《海南省闲置土地认定和处置规定》的规定，其作为政府的土地主管部门，有权作出收地决定，但《中华人民共和国城市房地产管理法》第二十六条并未规定政府土地主管部门有权作出收地决定，《闲置土地处置办法》（国土资源部第 53 号令）为行政规章，《海南省闲置土地认定和处置规定》为地方规章，依据《中华人民共和国立法法》第七十九条第一款规定，法律的效力高于行政法规、地方性法规和规章。根据职权法定原则，在行政规章的规定与法律规定不一致的情况下，应当适用法律的规定，故五指山国土局上诉主张其有权作出本案收地决定的理由不能成立。五指山国土局上诉还主张本案所涉土地闲置系明珠旅业公司自身原因所造成，鉴于五指山国土局作出本案收地决定属超越职权，该决定因此应予撤销，故对土地闲置的原因本案不作认定。”

裁判规则四：闲置土地的认定主体为市、县自然资源主管部门，而非人民政府。（案例 12）

案例 12：宋某、王某、郭某与承德县人民政府确认具体行政行为违法案二审行政裁定书［河北省承德市中级人民法院（2014）承行终字第 00068 号］认为，

"《闲置土地处置办法》明确规定了'闲置土地'的认定主体是市、县国土资源部门，并非人民政府。而上诉人自己认定涉案土地为'闲置土地'于法无据。"

092 土地闲置超两年政府可收回！附抗辩成功阻止政府收回的相关案例*

——土地闲置超过两年的，政府可无偿收回土地使用权

本文梳理了与政府收回闲置土地相关的两个裁判规则：（1）土地闲置超过两年的，政府有权无偿收回（主文案例）；（2）因不可抗力或者政府、政府有关部门的行为或者动工开发必需的前期工作造成动工开发迟延的，政府无权以土地闲置为由收回土地使用权（延伸阅读案例1—案例2）。

裁判要旨

以出让方式取得土地使用权进行房地产开发的，必须按照土地使用权出让合同约定的土地用途、动工开发期限开发土地。除因不可抗力或者政府、政府有关部门的行为或者动工开发必需的前期工作造成动工开发迟延外，超过出让合同约定的动工开发日期满二年未动工开发的，政府可以无偿收回土地使用权。

案情简介

一、1993年5月，新大陆公司与澄迈县土地管理局签订《国有土地使用权出让合同》，约定澄迈县土地管理局将29.8亩土地出让给新大陆公司兴建木材加工厂。同年9月，澄迈县土地管理局向新大陆公司颁发了老城国用（1993）字第54号《国有土地使用证》（以下简称"54号土地证"）。新大陆公司受让土地后仅修筑了围墙，之后一直未对土地进行投资建设

二、2000年12月，澄迈县政府对新大陆公司作出澄府（2000）155号《无偿收回土地使用权决定》（以下简称"155号收地决定"），决定无偿收回新大陆公司54号土地证下的国有土地使用权。

---

* 案件来源：澄迈县人民政府与海口新大陆塑胶有限公司收回国有土地使用权纠纷申诉行政裁定书［最高人民法院（2015）行监字第1751号］。

三、新大陆公司向海南一中院起诉，请求：撤销155号收地决定，澄迈县政府返还54号土地证下的国有土地使用权，或置换同等价值的土地使用权，或依据上述土地使用权的现市场价值支付赔偿金1588万元。海南一中院判决驳回了新大陆公司的诉讼请求。

四、新大陆公司不服，上诉至海南高院。海南高院判决驳回上诉，维持原判。

五、新大陆公司仍不服，向最高法院申请再审。最高法院裁定驳回新大陆公司的再审申请。

裁判要点

最高法院认定澄迈县政府作出的155号收地决定合法的原因在于：新大陆公司于1993年受让土地后仅修筑了围墙，之后一直未对出让土地进行投资建设，至2000年澄迈县政府作出155号收地决定时，在长达七年的时间里出让土地一直闲置。根据《中华人民共和国城镇国有土地使用权出让和转让暂行条例》第十七条第二款及当时有效的《中华人民共和国城市房地产管理法》第二十五条、《闲置土地处置办法》（1999年版）第四条第二款等规定，新大陆公司闲置涉案土地的行为已符合无偿收回土地的条件。因此，澄迈县政府经报海南省政府批准后作出的155号收地决定程序合法。

实务经验总结

前事不忘，后事之师。为避免未来发生类似败诉，提出如下建议：

一、当事人受让建设用地使用权后，应当按照土地使用权出让合同约定的动工开发期限开发土地。超过出让合同约定的动工开发日期未动工开发的，将可能遭受行政处罚，具体而言：（1）超过出让合同约定的动工开发日期满一年未动工开发的，政府可以征收相当于土地使用权出让金百分之二十以下的土地闲置费；（2）超过出让合同约定的动工开发日期满二年未动工开发的，政府可以无偿收回土地使用权。但是，因不可抗力或者政府、政府有关部门的行为或者动工开发必需的前期工作造成动工开发迟延的除外。

二、根据现行《闲置土地处置办法》第二条的规定，以下情形可认定为闲置土地：（1）国有建设用地使用权人超过国有建设用地使用权有偿使用合同或者划拨决定书约定、规定的动工开发日期满一年未动工开发的国有建设用地；（2）已动工开发但开发建设用地面积占应动工开发建设用地总面积不足三分之一或者已投资额占总投资额不足百分之二十五，中止开发建设满一年的国有建设用地。

相关法律规定

《中华人民共和国城镇国有土地使用权出让和转让暂行条例》

第十七条 土地使用者应当按照土地使用权出让合同的规定和城市规划的要求，开发、利用、经营土地。

未按合同规定的期限和条件开发、利用土地的，市、县人民政府土地管理部门应当予以纠正，并根据情节可以给予警告、罚款直至无偿收回土地使用权的处罚。

《中华人民共和国城市房地产管理法》

第二十六条 以出让方式取得土地使用权进行房地产开发的，必须按照土地使用权出让合同约定的土地用途、动工开发期限开发土地。超过出让合同约定的动工开发日期满一年未动工开发的，可以征收相当于土地使用权出让金百分之二十以下的土地闲置费；满二年未动工开发的，可以无偿收回土地使用权；但是，因不可抗力或者政府、政府有关部门的行为或者动工开发必需的前期工作造成动工开发迟延的除外。

《闲置土地处置办法》

第十四条 除本办法第八条规定情形外，闲置土地按照下列方式处理：

（一）未动工开发满一年的，由市、县国土资源主管部门报经本级人民政府批准后，向国有建设用地使用权人下达《征缴土地闲置费决定书》，按照土地出让或者划拨价款的百分之二十征缴土地闲置费。土地闲置费不得列入生产成本；

（二）未动工开发满两年的，由市、县国土资源主管部门按照《中华人民共和国土地管理法》第三十七条和《中华人民共和国城市房地产管理法》第二十六条的规定，报经有批准权的人民政府批准后，向国有建设用地使用权人下达《收回国有建设用地使用权决定书》，无偿收回国有建设用地使用权。闲置土地设有抵押权的，同时抄送相关土地抵押权人。

以下为该案在最高法院审理阶段，裁判文书中“本院认为”部分就该问题的论述：

关于澄迈县政府作出的155号收地决定是否违反法定程序的问题。新大陆公司于1993年9月25日受让土地后仅修筑了围墙，之后一直未对出让土地进行投资建设，至2000年12月7日澄迈县政府作出收地决定时在长达七年的时间里出让土地一直闲置。根据《中华人民共和国城镇国有土地使用权出让和转让暂行条例》第十七条第二款及当时有效的《中华人民共和国城市房地产管理法》第二十五条、国土资源部《闲置土地处置办法》(1999 年施行) 第四条第二款、《海南经济特区土地管理条例》(1999 年施行) 第四条第二款等规定,新大陆公司闲置涉案土地的行为已符合法律规定关于无偿收回土地的条件。澄迈县政府经报海南省政府批准后作出的 155 号收地决定程序合法。虽然海南省国土环境资源厅及澄迈县政府分别作出的《无偿收回国有土地使用权事先告知书》及 155 号收地决定在未穷尽其他送达方式的前提下直接在《海南日报》上刊登公告送达新大陆公司,送达程序上存在瑕疵,但不足以否定因新大陆公司闲置土地满两年依据法律规定应当收回土地的事实及法律规定。

延伸阅读

裁判规则一:因不可抗力或者政府、政府有关部门的行为或者动工开发必需的前期工作造成动工开发迟延的,政府无权以土地闲置为由收回土地使用权。(案例 1—案例 2)

案例 1:陵水香泉国际旅游度假中心有限公司与海南省陵水黎族自治县人民政府无偿收回国有土地使用权纠纷再审行政判决书[最高人民法院(2013)行提字第 13 号]认为,"依据城市建设相关法律法规以及申请再审人与被申请人签订的《国有土地使用权出让合同》,争议土地的开发建设必须要得到规划职能部门的批准,方能动土施工,而该地块却一直没有出台明确的规划指标,申请再审人虽多次将其拟定的规划设计方案报请被申请人相关部门审批,但有关部门对此一直未予答复。因此,未获得规划审批亦成为造成申请再审人无法对争议地块进行开发建设的一个重要原因。《中华人民共和国城市房地产管理法》第二十五条规定:'以出让方式取得土地使用权进行房地产开发的,必须按照土地使用权出让合同约定的土地用途、动工开发期限开发土地。超过出让合同约定的动工开发日期满一年未动工开发的,可以征收相当于土地使用权出让金百分之二十以下的土地闲置费;满二年未动工开发的,可以无偿收回土地使用权;但是,因不可抗力或者政府、政府有关部门的行为或者动工开发必需的前期工作造成动工开发迟延的除外。'本案中,申请再审人由于东线高速公路封闭以及一直未能取得规划审批等原因无法如期开发争议土地,应属'因不可抗力或者政府、政府有关部门的行为或者动工开发必需的前期工作造成动工开发迟延'的情形。综上,陵水县政府作出的陵府(2007)45 号《关于依法无偿收回国有土地使用权的决定》违法,依据《中华人民共和国行政诉讼法》第五十四条第(二)项第 1、2 目之规定,应予撤销。"

案例 2:文昌市人民政府与海南惠普森医药生物技术有限公司行政处罚纠纷二

审行政判决书［海南省高级人民法院（2011）琼行终字第 118 号］认为，“关于 136 号《收地决定》适用法律是否正确的问题。文昌市政府作出 136 号《收地决定》，法律依据是《中华人民共和国土地管理法》第三十七条、1995 年 1 月 1 日起施行的《中华人民共和国城市房地产管理法》第二十五条以及《中华人民共和国城镇国有土地使用权出让和转让暂行条例》第十七条、十八条、二十一条。上述法律、法规主要规定了在城市规划区范围内，以出让方式取得土地使用权进行房地产开发的，必须按照土地使用权出让合同约定的土地用途、动工开发期限开发土地。闲置土地超过出让合同约定的动工开发日期满一年未动工开发的，可以征收相当于土地使用权出让金百分之二十以下的土地闲置费；满两年未动工开发的，可以无偿收回土地使用权。但这些规定同时还规定因不可抗力或者政府、政府有关部门的行为或者动工开发必需的前期工作造成动工开发迟延的除外。从本案已查明的事实可见，本案争议地闲置的主要原因是文昌市政府在收取惠普森公司 32 万元设施费且在惠普森公司多次请求的情况下，未能完善相应的基础设施建设。据此，本案争议地的闲置属于 1995 年 1 月 1 日起施行的《中华人民共和国城市房地产管理法》第二十五条规定的除外条件，文昌市政府依法不能无偿收回争议地使用权，其作出的 136 号《收地决定》虽然所援引的法律依据不存在错误，但在具体适用法律上却存在错误。文昌市政府有关其作出的 136 号《收地决定》适用法律正确的意见亦不能成立。”

裁判规则二：土地闲置超过两年的，政府有权无偿收回。（案例 3）

案例 3：增城巽城房地产有限公司与增城市人民政府、增城市国土资源和房屋管理局收回国有土地使用权行政纠纷二审行政判决书［广东省高级人民法院（2013）粤高法行终字第 36 号］认为，“上诉人巽城公司（乙方）与原增城市国土局（甲方）于 1994 年 6 月 13 日签订的增国合字（1994）第 68 号《土地使用权出让合同书》第 9 条约定：‘乙方必须在完善受让土地手续后一年内完成工程设计、开始施工。二年内不施工或不投资建设的，甲方按照《中华人民共和国土地管理法》第十九条之规定，对用地者给予警告、罚款直到无偿收回土地使用权。’《闲置土地处置办法》（国土资源部令第 5 号）第二条规定：‘本办法所称闲置土地，是指土地使用者依法取得土地使用权后，未经原批准用地的人民政府同意，超过规定的期限未动工开发建设的建设用地。’上诉人巽城公司自 1997 年领取《国有土地使用证》（增国用［1997］字第特 010 号），取得该涉案土地的使用权后至今未动工开发建设。2005 年 11 月 29 日，增城市国土房管局作出《闲置土地认定通知书》（增国房处字［2005］788 号），认定涉案土地自 1995 年 6 月 13 日起为闲置土地，并告知如不服该认定结果，可自收到该《闲置土地认定通知书》之日起60日内依法申请行政复议。诉讼期间，上诉人未能提供证据证明其已在收到该《闲置土地认定通知书》之后在法定期间内依法寻求救济，该《闲置土地认定通知书》已发生确定力和拘束力。增城市国土房管局认定涉案土地属于‘闲置土地’，且‘闲置’时间超过两年，作出收回涉案土地使用权的决定，具有事实和法律依据。原审判决维持被诉的《收回国有土地使用权决定书》（增国房处字［2010］158号）第（一）项决定并无不妥，依法应予以维持。巽城公司认为其不能动工的原因主要在于政府改变规划等导致涉案土地至今无法开发，上诉请求撤销原审判决及被诉收地决定，因缺乏事实根据和法律依据，上诉理由不成立，本院不予采纳。”

093 被认定为闲置土地后，当事人是否有权提起行政复议和诉讼*

——《闲置土地认定书》为程序性行为，不属于行政复议范围

主案例认为当事人没有对《闲置土地认定书》提起行政复议和诉讼的权利，但多地司法案例中亦存在相反的裁判观点。

裁判要旨

《闲置土地认定书》是对土地闲置状态进行确认的一个载体，虽与当事人的权利义务有一定的关系，但尚未产生最终的影响，因此《闲置土地认定书》为程序性行为，不属于行政复议范围。《闲置土地处置办法》亦没有赋予当事人对《闲置土地认定书》提起行政复议和诉讼的权利。

案情简介

一、2011年，鸿峰公司与东胜区国土局签订《国有建设用地使用权出让合同》。2016年，东胜区国土局作出《闲置土地认定书》，认定鸿峰公司购买的土地为闲置土地，并载明“我局将与你单位进行协商处置，协商一致后拟定闲置土地处置方案，请予以配合，特此告知”。

---

* 案件来源：内蒙古鸿峰房地产开发有限责任公司与内蒙古自治区鄂尔多斯市人民政府土地行政复议纠纷二审行政判决书［内蒙古自治区高级人民法院（2017）内行终199号］。

二、鸿峰公司针对《闲置土地认定书》向鄂尔多斯市政府提起行政复议。鄂尔多斯市政府认为，《闲置土地认定书》属于对行政相对人的权利义务不产生实际影响的程序性行为，作出《不予受理决定书》。

三、鸿峰公司不服鄂尔多斯市政府作出的《不予受理决定书》，向鄂尔多斯中院提起行政诉讼。鄂尔多斯中院认为，《闲置土地认定书》只是国土资源主管部门在作出《征缴土地闲置费决定书》之前的一种过程性行为。故判决：驳回鸿峰公司的诉讼请求。

四、鸿峰公司不服，上诉至内蒙古高院，主张《闲置土地认定书》对鸿峰公司的实体权利义务产生了实际影响，应该是行政确认行为。内蒙古高院判决：驳回上诉，维持原判。

裁判要点

本案法院认为鸿峰公司无权对《闲置土地认定书》提起行政复议，具体理由如下：

第一，《闲置土地认定书》属于程序性行为，不属于行政复议范围。本案被诉的《闲置土地认定书》只是对涉案土地闲置的客观表述，并没有对土地闲置原因作出认定，尚未明确责任归属，只是提出就土地闲置问题进行协商解决的意向。因此，该认定书虽与当事人的权利义务有一定的关系，但尚未产生最终的影响。

第二，《闲置土地处置办法》未赋予当事人对《闲置土地认定书》提起行政复议和诉讼的权利。根据《闲置土地处置办法》第十条规定，“《闲置土地认定书》应当载明下列事项：（一）国有建设用地使用权人的姓名或者名称、地址；（二）闲置土地的基本情况；（三）认定土地闲置的事实、依据；（四）闲置原因及认定结论；（五）其他需要说明的事项”。以上规定并没有赋予当事人对《闲置土地认定书》提起复议和诉讼的权利。而《闲置土地处置办法》第十六条对《征缴土地闲置费决定书》和《收回国有建设用地使用权决定书》应当包括的内容中明确规定应载明“申请行政复议或者提起行政诉讼的途径和期限”。可见当事人是可以对《征缴土地闲置费决定书》和《收回国有建设用地使用权决定书》提起复议或诉讼的。因此，鄂尔多斯市政府不受理鸿峰公司对《闲置土地认定书》的复议申请于法有据。

实务经验总结

前事不忘，后事之师。为避免未来发生类似败诉，提出如下建议：

一、虽然本案认定当事人无权对《闲置土地认定书》提起复议、诉讼，但实践中仍有司法案例支持当事人对《闲置土地认定书》提起行政诉讼（详见延伸阅读部分案例1—案例5）。故当事人在实践中仍可尝试向法院针对《闲置土地认定书》提起诉讼。

二、当事人收到《征缴土地闲置费决定书》和《收回国有建设用地使用权决定书》后，可对其提起复议和诉讼。但需关注的是，实践中有司法案例认为《收回国有建设用地使用权决定书》属于复议前置的行政行为（详见延伸阅读部分案例6）。

相关法律规定

《闲置土地处置办法》

第二条 本办法所称闲置土地，是指国有建设用地使用权人超过国有建设用地使用权有偿使用合同或者划拨决定书约定、规定的动工开发日期满一年未动工开发的国有建设用地。

已动工开发但开发建设用地面积占应动工开发建设用地总面积不足三分之一或者已投资额占总投资额不足百分之二十五，中止开发建设满一年的国有建设用地，也可以认定为闲置土地。

第十条 《闲置土地认定书》应当载明下列事项：

（一）国有建设用地使用权人的姓名或者名称、地址；

（二）闲置土地的基本情况；

（三）认定土地闲置的事实、依据；

（四）闲置原因及认定结论；

（五）其他需要说明的事项。

第十六条 《征缴土地闲置费决定书》和《收回国有建设用地使用权决定书》应当包括下列内容：

（一）国有建设用地使用权人的姓名或者名称、地址；

（二）违反法律、法规或者规章的事实和证据；

（三）决定的种类和依据；

（四）决定的履行方式和期限；

（五）申请行政复议或者提起行政诉讼的途径和期限；

（六）作出决定的行政机关名称和作出决定的日期；

（七）其他需要说明的事项。

以下为该案在法院审理阶段，裁判文书中“本院认为”部分就该问题的论述：

本案争议的焦点为被诉的不予受理决定是否合法。

一、关于闲置土地认定书的属性问题。根据《闲置土地处置办法》第二条第一款的规定，闲置土地是指国有建设用地使用权人超过国有建设用地使用权有偿使用合同或者划拨决定书约定、规定的动工开发日期满1年未动工开发的国有建设用地。《闲置土地认定书》是对土地闲置状态确认的一个载体。从本案来看，被诉的《闲置土地认定书》只是对涉案土地闲置的客观表述，并没有对土地闲置原因作出认定。同时，该认定书告知当事人“我局将与你单位进行协商处置，协商一致后拟定闲置土地处置方案，请予以配合，特此告知”，由此可见，该认定书尚未明确土地闲置原因和责任归属，只是提出就土地闲置问题进行协商解决的意向。因此，该认定书虽与当事人的权利义务有一定的关系，但尚未产生最终的影响，因此被上诉人和原审判决将该认定书视为程序性行为，不属于复议范围并无不当。

二、关于闲置土地认定书的复议和诉讼问题。根据《闲置土地处置办法》第十条规定，《闲置土地认定书》应当载明下列事项：（一）国有建设用地使用权人的姓名或者名称地址；（二）闲置土地的基本情况；（三）认定土地闲置的事实、依据；（四）闲置原因及认定结论；（五）其他需要说明的事项。以上规定并没有赋予当事人对《闲置土地认定书》复议和诉讼的权利。而在《闲置土地处置办法》第十六条对《征缴土地闲置费决定书》和《收回国有建设用地使用权决定书》应当包括的内容中明确载明“申请行政复议或者提起行政诉讼的途径和期限”。可见后者是可以复议或诉讼的。因此，被上诉人不受理上诉人对《闲置土地认定书》的复议申请于法有据。

延伸阅读

一、认定当事人可对闲置土地认定书提起行政诉讼的案例（案例1—案例5）

案例1：慈溪市国土资源局与慈溪市明月湖酒店管理有限公司土地行政确认纠纷二审行政判决书［浙江省宁波市中级人民法院（2017）浙02行终77号］认为，“双方当事人对上诉人具有作出被诉闲置土地认定的法定职权均无异议，本院予以认可。行政确认是指行政机关依照法定权限和程序对有关法律事实进行甄别，通过确定、证明等方式决定管理相对人某种法律地位的行政行为。被诉闲置土地认定性质上属于行政确认，且闲置土地确认以后将作为后续闲置土地处理的依据，故被诉闲置土地认定对行政相对人的权利义务产生影响，属于行政诉讼的受案范畴。”

案例2：湖南宏大空调设备有限公司与衡阳县国土资源局土地行政管理纠纷二审行政判决书［湖南省衡阳市中级人民法院（2016）湘04行终102号］认为，“关于闲置土地认定书是否属于可诉的行政行为的问题，《闲置土地处置办法》第四条规定，市、县国土资源主管部门负责对本行政区域内闲置土地的调查认定和处置工作的组织实施。涉案土地坐落于衡阳科技工业园内，属县国土局行政区域内，其是本区域内法定的土地资源行政管理机关。县国土局依职权对涉案土地进行调查后，根据《闲置土地处置办法》第二条第一款之规定，对宏大、宏太公司作出蒸国土资闲认字［2016］01-06 号《闲置土地认定书》，该行政行为对行政相对人的权利义务产生了实质影响，属于可诉的行政行为。因此，县国土局上诉提出《闲置土地认定书》是作出《闲置土地处理决定》的前置条件，是处理闲置土地的阶段性工作或中间行政行为，不是一个完整的行政行为，具有不可诉的理由于法不符，本院不予支持。”

案例 3：跃进汽车集团公司与苏州市吴江区国土资源局行政确认纠纷二审行政判决书［江苏省苏州市中级人民法院（2015）苏中行终字第 00199 号］认为，“《闲置土地处置办法》第十一条所规定的国土资源主管部门应当通过门户网站等形式向社会公开闲置土地的位置、使用权人名称、闲置时间等信息，应属于国土资源主管部门作出闲置土地认定后，对相关信息进行政府信息公开的法定程序，而非闲置土地认定程序中的一个环节。被上诉人是否在网站上公开涉案闲置土地的相关信息，并不影响被诉《闲置土地认定书》的效力。”

案例 4：四川省建设开发房地产公司、广东省龙门县国土资源局资源行政管理：土地行政管理（土地）纠纷二审行政判决书［广东省惠州市中级人民法院（2012）惠中法行终字第 106 号］认为，“本案被上诉人对涉案土地虽未提供国有土地使用权出让合同对动工开发日期有约定或者建设用地批准书对动工开发日期规定的有关材料，但上诉人已经在 1994 年 6 月领取有国土证，而且确已客观实际闲置了十多年，不论从领取土地使用权证时起算，还是从订立合同时起算，均已经远远超过闲置土地认定期限。被上诉人龙门县国土资源局根据《闲置土地处置办法》第二条的规定，在作出《土地闲置确认书》之前，已以书面形式告知上诉人该地块未有实质性开发建设，拟定为闲置土地，要求上诉人如有异议可申辩，并要求上诉人对该地块是否进行实质性开发建设进行说明。原四川省建设厅收到告知书已作出了书面复函，后因四川省住建厅（前身为四川省建设厅）未能与被上诉人龙门县国土资源局对涉案土地的处置达成一致意见，被上诉人龙门县国土资源局依法作出《土地闲置确认书》，该确认行为事实清楚，程序合法，适用法律法规正确。……综上，上诉人请求撤销被上诉人作出的《土地闲置确认书》，理由不充分，对其请求，本院不予支持。”

案例 5：鲁山县和平花卉苗木有限公司与鲁山县国土资源局、鲁山县人民政府行政确认纠纷二审行政判决书［河南省平顶山市中级人民法院（2016）豫 04 行终 48 号］认为，“《闲置土地处置办法》第二条规定：‘本法所称闲置土地，是指国有建设用地使用权人超过国有建设用地使用权有偿使用合同或者划拨决定书约定、规定的动工开发日期满一年未动工开发的国有建设用地……’本案，上诉人鲁山县和平花卉苗木有限公司与鲁山县国土资源局签订的国有建设用地使用权出让合同中约定的开工日期是 2013 年 12 月 31 日前，鲁山县国土局作出并送达《闲置土地认定书》的时间是 2015 年 3 月 10 日，距合同约定的开工日期已超过一年，鲁山县国土局认定该宗土地为闲置土地符合上述规定，鲁山县人民政府对鲁山县国土局作出的上述土地闲置认定书予以维持并无不妥。”

二、认定收回闲置土地决定属于复议前置的具体行政行为的案例（案例 6）

案例 6：广州市坚持咨询服务有限公司与南澳县国土资源局收回土地使用权决定纠纷二审行政裁定书［广东省汕头市中级人民法院（2016）粤 05 行终 8 号］认为，“根据《中华人民共和国行政复议法》第三十条第一款规定：‘公民、法人或者其他组织认为行政机关的具体行政行为侵犯其已经依法取得的土地、矿藏、水流、森林、山岭、草原、荒地、滩涂、海域等自然资源的所有权或者使用权的，应当先申请行政复议；对行政复议决定不服的，可以依法向人民法院提起行政诉讼。’在本案中，广州坚持公司认为南澳国土局于 2014 年 8 月 20 日作出南国土资［2014］99 号《收回国有土地使用权决定书》，侵犯其已经依法取得位于南澳县钱澳国公山地段 10.03 亩国有土地使用权，于 2014 年 12 月 26 日向南澳国土局邮寄《异议函》，提出异议，在南澳国土局未予答复的情况下，径直向原审法院提起诉讼。广州坚持公司起诉请求的‘撤销汕头市南澳县国土资源局关于收回南府国用［2000］字第特 261 号的土地使用权、注销土地使用权决定’事项属于《中华人民共和国行政复议法》第三十条第一款规定的应当先申请行政复议的情形。广州坚持公司虽曾就汕头市南澳县国土资源局作出的南国土资［2014］99 号收回国有土地使用权决定向南澳国土局提出异议，但并未先申请行政复议，径直提起行政诉讼，不符合上述法律规定。《中华人民共和国行政诉讼法》第四十四条第二款规定：‘法律、法规规定应当先向行政机关申请复议，对复议决定不服再向人民法院提起诉讼的，依照法律、法规的规定。’最高人民法院《关于适用〈中华人民共和国行政诉讼法〉若干问题的解释》第三条第一款第（五）项规定：‘有下列情形之一，已经立案的，应当裁定驳回起诉：……（五）未按照法律、法规规定先向行政机关申请复议的……’对于广州坚持公司提起的行政诉讼，应当裁定驳回起诉；原审判决适用法律错误，依法应予撤销。”

094 无偿收回闲置土地的政府决定仅因未事先告知被判撤销*

——政府作出无偿收回闲置土地决定前未告知相对人作出决定的事实、理由、依据以及依法享有的权利的，该决定应予撤销

本案例认定政府作出无偿收回闲置土地决定前，应当履行事先告知义务，否则属于违反法定程序的行为，依法可予以撤销。本书作者另检索到部分与作出无偿收回闲置土地决定程序相关的案例，梳理出相关裁判规则，供读者在该类案件中参考。

裁判要旨

政府因土地闲置无偿收回国有土地使用权，属于对违法行为给予的较重的行政处罚，在作出无偿收回土地决定之前，应当告知相对人作出处罚决定的事实、理由、依据以及依法享有的权利，保障行政相对人依法享有的陈述、申辩权以及要求举行听证的权利。

案情简介

一、1993 年万宁市政府将案涉土地出让给海容公司，双方签订出让合同。海容公司自取得案涉国有土地使用权后，一直未按规定规划、报建，涉案土地处于闲置状态。

二、2001 年，万宁市政府对海容公司作出万府函（2001）70 号、万府函（2001）75 号公告，决定无偿收回案涉土地使用权。万宁市政府在作出该公告之前，虽然制作了预先通知书，但无证据证明该通知书已送达海容公司，未能在作出收回涉案国有土地使用权决定之前向海容公司告知作出决定的事实、理由和依据，以及海容公司有要求举行听证的权利。

三、海容公司对此不服，向海南一中院起诉，请求撤销万宁市政府上述收回土地使用权的行政行为。海南一中院认为，万宁市政府决定无偿收回海容公司土地使

* 案件来源：海南万宁海容振兴实业有限公司与万宁市人民政府行政命令、行政确认纠纷二审行政判决书［海南省高级人民法院（2015）琼环行终字第 7 号］。

用权的行政行为程序违法，依法应予撤销。故判决：撤销万宁市政府万府函（2001）70号、万府函（2001）75号收回公告中决定无偿收回海容公司土地使用权的行政行为。

四、万宁市政府不服，上诉至海南高院。海南高院判决：驳回上诉，维持原判。

裁判要点

法院判决撤销万宁市政府作出的案涉行政行为的原因在于，万宁市政府作出的行政行为违反了法定程序，具体理由如下：

本案万宁市政府决定无偿收回国有土地使用权，属于对违法行为给予的较重的行政处罚。依据万宁市政府作出案涉行政行为时有效的《中华人民共和国行政处罚法》（1996年版）第三十一条之规定，“行政机关在作出行政处罚决定之前，应当告知当事人作出行政处罚决定的事实、理由及依据，并告知当事人依法享有的权利”。本案中，万宁市政府虽然制作了预先通知书，但无证据证明已送达海容公司，剥夺了海容公司依法享有的陈述、申辩权以及要求举行听证的权利，法院因此认定万宁市政府无偿收回海容公司土地使用权的行政行为程序违法，根据《中华人民共和国行政诉讼法》，应予撤销。

实务经验总结

前事不忘，后事之师。为避免未来发生类似败诉，提出如下建议：

一、政府作出无偿收回闲置土地决定之前，应当告知当事人作出决定的事实、理由及依据，并告知当事人依法享有的权利。当事人提出陈述和申辩的，政府必须充分听取当事人的意见，对当事人提出的事实、理由和证据，应当进行复核；当事人提出的事实、理由或者证据成立的，政府应当采纳。

二、根据《闲置土地处置办法》，《收回国有建设用地使用权决定书》应当载明下列内容：（1）国有建设用地使用权人的姓名或者名称、地址；（2）违反法律、法规或者规章的事实和证据；（3）决定的种类和依据；（4）决定的履行方式和期限；（5）申请行政复议或者提起行政诉讼的途径和期限；（6）作出决定的行政机关名称和作出决定的日期；（7）其他需要说明的事项。

相关法律规定

《中华人民共和国行政处罚法》

第三十一条 行政机关在作出行政处罚决定之前，应当告知当事人作出行政处罚决定的事实、理由及依据，并告知当事人依法享有的权利。

第三十二条 当事人有权进行陈述和申辩。行政机关必须充分听取当事人的意见，对当事人提出的事实、理由和证据，应当进行复核；当事人提出的事实、理由或者证据成立的，行政机关应当采纳。

行政机关不得因当事人申辩而加重处罚。

第四十一条 行政机关及其执法人员在作出行政处罚决定之前，不依照本法第三十一条、第三十二条的规定向当事人告知给予行政处罚的事实、理由和依据，或者拒绝听取当事人的陈述、申辩，行政处罚决定不能成立；当事人放弃陈述或者申辩权利的除外。

《中华人民共和国行政诉讼法》

第七十条 行政行为有下列情形之一的，人民法院判决撤销或者部分撤销，并可以判决被告重新作出行政行为：

（一）主要证据不足的；

（二）适用法律、法规错误的；

（三）违反法定程序的；

（四）超越职权的；

（五）滥用职权的；

（六）明显不当的。

以下为该案在法院审理阶段，裁判文书中“本院认为”部分就该问题的论述：

关于程序是否违法的问题。本案系无偿收回国有土地使用权，属于对违法行为给予较重的行政处罚，依据《中华人民共和国行政处罚法》(1996 年版）第三十一条之规定，万宁市政府在作出无偿收回土地决定之前，应当告知海容公司作出处罚决定的事实、理由、依据以及依法享有的权利。本案中，万宁市政府虽然制作了预先通知书，但无证据证明已送达海容公司，剥夺了海容公司依法亨有的陈述、申辩权以及要求举行听证的权利，故原审判决认定万宁市政府无偿收回海容公司 6.533 公顷国有土地使用权的行政行为程序违法并无不当。

延伸阅读

裁判规则一：政府作出无偿收回闲置土地决定前未履行事先告知义务的，该决定程序不合法，应予撤销。

案例1：海口市国土资源局与海口市城市建设投资有限公司土地行政处罚纠纷二审行政判决书［海南省海口市中级人民法院（2014）海中法行终字第99号］认为，“本案国土局收回土地使用权证的行为系行政处罚行为，依据《中华人民共和国行政处罚法》第三条第二款、第三十一条、第四十一条之规定，国土局在作出行政处罚决定之前，应当就作出行政处罚决定的事实、理由、依据及当事人依法享有的权利对当事人进行告知，不遵守法定程序的，行政处罚无效。国土局向城投公司送达的《行政处罚听证通知书》中，载明对（2010）第003993号土地使用证项下土地拟作出收取土地闲置费的行政处罚进行听证，其后亦以此为内容组织了听证，但却于2013年7月18日作出海土资处字［2013］76号《收回国有建设用地使用权决定书》，决定无偿收回（2010）第003993号土地使用证项下土地。该具体行政行为在作出前，国土局应当告知城投公司其拟无偿收回涉案土地的事实、理由、依据及城投公司依法享有的权利，但国土局却未履行告知义务，影响了城投公司依法享有的陈述权和申辩权，故国土局作出的海土资处字［2013］76号《收回国有建设用地使用权决定书》，程序不合法，应予撤销。上诉人国土局的上诉请求，于法无据，本院不予支持。原审判决认定事实清楚，处理结果并无不当，应予维持。”

裁判规则二：行政机关在能够对土地使用权人征缴土地闲置费的情况下，没有依法征缴土地闲置费，随后却决定无偿收回土地使用权，该执法行为明显不当。

案例2：长沙新世纪房地产开发有限公司与宁乡县国土资源局、宁乡县人民政府土地行政处罚纠纷二审行政判决书［湖南省长沙市中级人民法院（2016）湘01行终866号］认为，“本案中被上诉人宁乡县国土局认定上诉人新世纪公司闲置土地，于2014年12月12日对新世纪公司下达了《征缴土地闲置费决定书》，决定对新世纪公司征缴土地闲置费，但宁乡县国土局没有将该决定书送达给新世纪公司，在2015年7月6日决定撤销对新世纪公司作出的《征缴土地闲置费决定书》等系列法律文书后，宁乡县国土局又于2015年12月23日决定无偿收回新世纪公司该宗土地使用权。行政处罚兼具惩戒与教育的双层功能，行政机关对当事人予以行政处罚并不是目的，而只是纠正当事人违法行为的手段，旨在通过处罚达到教育和促使当事人改正其违法行为的目的。宁乡县国土局在能够对新世纪公司征缴土地闲置费的情况下，没有依法征缴土地闲置费，随后却加重对新世纪公司的处罚，决定无偿收回新世纪公司的土地使用权，其执法行为无疑扩大了新世纪公司的损失，明显不当。”

裁判规则三：自然资源主管部门是否在网站公开闲置土地的信息，不影响闲置土地认定书的效力。

案例 3：跃进汽车集团公司与苏州市吴江区国土资源局行政确认纠纷二审行政判决书［江苏省苏州市中级人民法院（2015）苏中行终字第 00199 号］认为，“《闲置土地处置办法》第十一条所规定的国土资源主管部门应当通过门户网站等形式向社会公开闲置土地的位置、使用权人名称、闲置时间等信息，应属于国土资源主管部门作出闲置土地认定后，对相关信息进行政府信息公开的法定程序，而非闲置土地认定程序中的一个环节。被上诉人是否在网站上公开涉案闲置土地的相关信息，并不影响被诉《闲置土地认定书》的效力。”

裁判规则四：政府依照《中华人民共和国城镇国有土地使用权出让和转让暂行条例》第四十七条第一款、第二款的规定收回国有划拨土地使用权行政行为属于行政处理决定，不适用《中华人民共和国行政处罚法》的规定。

案例 4：吴昌河与安达市国土资源局土地行政管理纠纷再审行政裁定书［黑龙江省绥化市中级人民法院（2016）黑 12 行再 4 号］认为，“有关案涉决定法律性质的问题，原国家土地管理局于 1997 年 10 月 30 日印发的《关于认定收回土地使用权行政决定法律性质的意见》指出：收回土地使用权是人民政府及其土地管理部门一项重要的行政行为，主要采取行政处理决定和行政处罚决定两种方式进行。《行政处罚法》颁布施行后，除行政处理决定仍旧按照土地管理法律、法规执行外，土地管理的各项行政处罚必须依照《行政处罚法》由土地管理法律、法规或者规章规定，并由行政机关依照《行政处罚法》规定的程序实施。为了进一步贯彻执行《行政处罚法》和土地管理法律、法规、规章，正确区分行政处理决定和行政处罚决定的界限，切实做到依法行政，现对认定收回土地使用权行政决定的法律性质提出意见：‘……七、依照《城镇国有土地使用权出让和转让暂行条例》第四十七条第一款的规定，因迁移、解散、撤销、破产或者其他原因而停止使用土地，需要依法收回国有划拨土地使用权的，属于行政处理决定。依照该条例第四十七条第二款的规定，根据城市建设发展需要和城市规划的要求，市、县人民政府无偿收回国有划拨土地使用权的，也应属于行政处理决定。’安达市国土资源局依据《中华人民共和国城镇国有土地使用权出让和转让暂行条例》第四十七条的规定作出的案涉决定书，该决定的性质为行政处理决定。”

095 土地登记后能否直接对登记结果提起行政诉讼，是否需政府先行处理*

——土地登记发证后利害关系人向政府申请处理土地权属争议的，政府不予受理，但利害关系人可直接对登记结果提起行政诉讼

《中华人民共和国土地管理法》第十四条第一款规定，“土地所有权和使用权争议，由当事人协商解决；协商不成的，由人民政府处理”。而《国土资源部办公厅关于土地登记发证后提出的争议能否按权属争议处理问题的复函》规定，“土地权属争议是指土地登记前，土地权利利害关系人因土地所有权和使用权的归属而发生的争议。土地登记发证后已经明确了土地的所有权和使用权，土地登记发证后提出的争议不属于土地权属争议”。因此土地登记发证后发生争议的，土地权利的利害关系人可向原登记机关申请更正登记，可向原登记机关的上级主管机关提出行政复议，也可直接提起行政诉讼，请求撤销或变更登记行为。但是利害关系人向政府申请处理土地权属争议的，政府将不予受理。

裁判要旨

土地权属争议是指土地登记前，土地权利的利害关系人因土地所有权和使用权的归属而发生的争议。土地登记发证后已经明确了土地的所有权和使用权，土地登记发证后提出的争议不属于土地权属争议。土地所有权、使用权依法登记后利害关系人对登记结果提出异议的，可向原登记机关申请更正登记，也可向原登记机关的上级主管机关提出行政复议或直接向法院提起行政诉讼。

案情简介

一、永兴村、集贤县湿地局因 44 公顷土地权属产生纠纷。1983 年 12 月，集贤县政府向集贤县湿地局颁发土地证，涉案 44 公顷土地确认在集贤县湿地局土地证范围内。自 1987 年起，永兴村以涉案 44 公顷土地的权属问题为由，多次向有关部门上访。

---

* 案件来源：黑龙江省集贤县永安乡永兴村村民委员会与黑龙江省集贤县人民政府、黑龙江省集贤县安邦河湿地自然保护区管理局土地确权申请纠纷再审行政裁定书［最高人民法院（2016）最高法行申 3241 号］。

二、2014 年，永兴村委会向集贤县政府提出土地权属争议申请，请求确认涉案 44 公顷土地归其所有。集贤县政府以永兴村提出的申请不属于土地权属争议为由，决定对其申请不予受理。永兴村委会不服，向双鸭山市政府申请复议。双鸭山市政府作出行政复议决定，维持集贤县政府作出的不予受理决定。

三、2015 年，永兴村委会向双鸭山市中院提起行政诉讼，请求撤销集贤县政府作出的不予受理决定。双鸭山市中院认为，依据《国土资源部办公厅关于土地登记发证后提出的争议能否按权属争议处理问题的复函》的规定，永兴村委会提出的申请不属于土地权属争议，集贤县政府作出不予受理决定，事实清楚，证据确凿，程序合法，故判决驳回永兴村委会的诉讼请求。

四、永兴村委会不服双鸭山市中院判决，向黑龙江高院提起上诉。黑龙江高院判决驳回上诉，维持原判。

五、永兴村委会不服黑龙江高院判决，向最高法院申请再审。最高法院裁定驳回永兴村委会的再审申请。

裁判要点

法院不支持永兴村委会请求撤销集贤县政府不予受理决定的原因在于，本案审理时有效的《中华人民共和国土地管理法》（2004 年版）第十六条第一款规定："土地所有权和使用权争议，由当事人协商解决；协商不成的，由人民政府处理。"为进一步明确"土地所有权和使用权争议"的范围，《国土资源部办公厅关于土地登记发证后提出的争议能否按权属争议处理问题的复函》规定，"土地权属争议是指土地登记前，土地权利利害关系人因土地所有权和使用权的归属而发生的争议。土地登记发证后已经明确了土地的所有权和使用权，土地登记发证后提出的争议不属于土地权属争议"。

依照上述规定，在涉案 44 公顷土地已确认在集贤县湿地局持有的土地证范围内的情况下，永兴村委会对涉案 44 公顷土地权属申请确权，其申请显然不属于土地权属争议申请，集贤县政府无权依照《中华人民共和国土地管理法》的规定受理其土地确权申请，因此集贤县政府决定对永兴村委会的确权申请不予受理，事实清楚，适用法律法规正确。

实务经验总结

前事不忘，后事之师。为避免未来发生类似败诉，提出如下建议：

当事人在权利受损害时应选择正确的救济途径。根据《国土资源部办公厅关于土地登记发证后提出的争议能否按权属争议处理问题的复函》的规定，利害关系人对土地登记提出异议，有以下救济途径：（1）向登记机关申请更正登记；（2）向登记机关的上级主管机关提出行政复议；（3）提起行政诉讼请求撤销或变更登记。

相关法律规定

《中华人民共和国土地管理法》

第十四条　土地所有权和使用权争议，由当事人协商解决；协商不成的，由人民政府处理。

单位之间的争议，由县级以上人民政府处理；个人之间、个人与单位之间的争议，由乡级人民政府或者县级以上人民政府处理。

当事人对有关人民政府的处理决定不服的，可以自接到处理决定通知之日起三十日内，向人民法院起诉。

在土地所有权和使用权争议解决前，任何一方不得改变土地利用现状。

《国土资源部办公厅关于土地登记发证后提出的争议能否按权属争议处理问题的复函》

土地权属争议是指土地登记前，土地权利利害关系人因土地所有权和使用权的归属而发生的争议。土地登记发证后已经明确了土地的所有权和使用权，土地登记发证后提出的争议不属于土地权属争议。土地所有权、使用权依法登记后第三人对其结果提出异议的，利害关系人可根据《土地登记规则》的规定向原登记机关申请更正登记，也可向原登记机关的上级主管机关提出行政复议或直接向法院提起行政诉讼。《土地权属争议调查处理办法》（国土资源部令第17号）第二十条中的“人民政府颁发的确定土地权属的凭证”，是指初始土地登记完成前，争议土地原有的人民政府颁发的确定土地权属的凭证。

《中华人民共和国物权法》

第十九条　权利人、利害关系人认为不动产登记簿记载的事项错误的，可以申请更正登记。不动产登记簿记载的权利人书面同意更正或者有证据证明登记确有错误的，登记机构应当予以更正。

不动产登记簿记载的权利人不同意更正的，利害关系人可以申请异议登记。登记机构予以异议登记的，申请人在异议登记之日起十五日内不起诉，异议登记失效。异议登记不当，造成权利人损害的，权利人可以向申请人请求损害赔偿。

《最高人民法院关于适用〈中华人民共和国物权法〉若干问题的解释（一）》

第一条 因不动产物权的归属，以及作为不动产物权登记基础的买卖、赠与、抵押等产生争议，当事人提起民事诉讼的，应当依法受理。当事人已经在行政诉讼中申请一并解决上述民事争议，且人民法院一并审理的除外。

第二条 当事人有证据证明不动产登记簿的记载与真实权利状态不符、其为该不动产物权的真实权利人，请求确认其享有物权的，应予支持。

第三条 异议登记因物权法第十九条第二款规定的事由失效后，当事人提起民事诉讼，请求确认物权归属的，应当依法受理。异议登记失效不影响人民法院对案件的实体审理。

以下为该案在法院审理阶段，裁判文书中“本院认为”部分就该问题的论述：

《中华人民共和国土地管理法》第十六条第一款规定，土地所有权和使用权争议，由当事人协商解决；协商不成的，由人民政府处理。为进一步明确“土地所有权和使用权争议”的范围，国土资源部办公厅60号复函规定，土地权属争议是指土地登记前，土地权利利害关系人因土地所有权和使用权的归属而发生的争议。土地登记发证后已经明确了土地的所有权和使用权，土地登记发证后提出的争议不属于土地权属争议。土地所有权、使用权依法登记后第三人对其结果提出异议的，利害关系人可根据《土地登记规则》的规定向原登记机关申请更正登记，也可向原登记机关的上级主管机关提出行政复议或直接向法院提起行政诉讼。本案中，1983年集贤县政府已分别为永兴村委会（当时称永兴大队）和集贤县湿地局（当时称芦苇站）颁发土地证，涉案44公顷土地在集贤县湿地局持有的土地证范围内，当时土地权属即已明确属集贤县湿地局。依照上述规定，在已经取得土地证，土地证确定的土地权属明确的情况下，永兴村委会对涉案44公顷土地权属申请确权，其申请显然不属于土地权属争议申请，集贤县政府无权依照土地管理法第十六条的规定受理其土地确权申请，决定对其确权申请不予受理，主要事实清楚，适用法律法规正确。

延伸阅读

关于土地登记发证后发生权利争议能否直接提起行政诉讼的问题，裁判观点并不统一，但是最高法院案例均认为该情形下可以直接提起行政诉讼。

一、认为可以直接提起行政诉讼的案例（案例1—案例5）

案例1：广东永通物流有限公司、陈嘉琪等与遂溪县南海新技术开发研究所有限公司、遂溪县广祺实业有限公司等行政复议纠纷申诉行政裁定书［最高人民法院

（2016）最高法行申1366号］认为，“《国土资源部办公厅关于土地登记发证后提出的争议能否按权属争议处理问题的复函》规定：‘土地权属争议是指土地登记前，土地权利利害关系人因土地所有权和使用权的归属而发生的争议。土地登记发证后已经明确了土地的所有权和使用权，土地登记发证后提出的争议不属于土地权属争议。土地所有权、使用权依法登记后第三人对其结果提出异议的，利害关系人可根据《土地登记规则》的规定向原登记机关申请更正登记，也可向原登记机关的上级主管机关提出行政复议或直接向法院提起行政诉讼。’本案中，遂溪县政府已分别向陈嘉琪、南海公司及广祺公司颁发土地使用权证书，该两宗土地相邻且界限明确。根据国土资源部上述复函的规定，陈嘉琪超出受让土地的范围对其433号证之外的相邻土地主张使用权，并不属于土地权属争议的范畴。原判决认为本案属土地权属争议，并作出根据《中华人民共和国土地管理法》的相关规定向人民政府申请土地权属确认的指引，存有不妥，但不影响本案撤销湛江市政府复议决定的结果。”

案例2：肇源县民意乡建民村村民委员会与肇源县人民政府土地行政登记纠纷二审行政裁定书［黑龙江省高级人民法院（2016）黑行终390号］认为，“根据《中华人民共和国行政诉讼法》第十二条第一款第（四）项‘对行政机关作出的关于确认土地、矿藏、水流、森林、山岭、草原、荒地、滩涂、海域等自然资源的所有权或者使用权的决定不服的’，属于人民法院行政诉讼受案范围的规定，公民、法人或者其他组织，对县级以上各级人民政府依职确认土地等自然资源的所有权或使用权并核发证书的行为不服，可以申请行政复议，也可以提起行政诉讼。另，国土资源部办公厅给江苏省国土资源厅《关于土地登记发证后提出的争议能否按权属争议处理问题的复函》亦对何为土地权属争议进行了解释，明确‘土地权属争议是指土地登记前，土地权利利害关系人因土地所有权和使用权的归属而发生的争议。土地登记发证后已经明确了土地的所有权和使用权，土地登记发证后提出的争议不属于土地权属争议。土地所有权、使用权依法登记后第三人对其结果提出异议的，利害关系人可根据《土地登记规则》的规定向原登记机关申请更正登记，也可向原登记机关的上级主管机关提出行政复议或直接向法院提起行政诉讼。’本案中，建民村与民意村所争议的土地，包含在县政府2012年10月8日为民意村颁发的源集有（2012）第0017号集体土地所有证内，建民村认为该证侵犯其合法权益，请求撤销该证，可以直接向人民法院提起行政诉讼。原审裁定认为，根据《中华人民共和国土地管理法》第十六条的规定，本案不属于行政诉讼受案围，属适用法律错误。综上，建民村的上诉理由成立，本院予以支持。”

案例3：曹振、成漫与曹云海（曹振之父）所有权确认纠纷再审审查与审判监督民事裁定书［新疆维吾尔自治区高级人民法院（2016）新民申2173号］认为（注：本案例认为初始登记引发的争议仍需行政确权前置），“本案属于所有权确认纠纷。《中华人民共和国物权法》规定不动产登记都必须在通过土地总登记建立起的不动产登记簿上进行，目的在于反映土地总登记后的不动产权利变动。《中华人民共和国土地管理法》第十六条规定：‘土地所有权和使用权争议，由当事人协商解决；协商不成的，由人民政府处理。’从上述法律规定分析，只有在当事人之间的权属争议是因人民政府进行初始登记而引发时才能认为权属争议与行政确权有关，如果不是因人民政府对土地等自然资源的权属进行初次登记引发的争议，就不能要求行政确权前置。故曹振、成漫提出原审程序错误，本案不属人民法院直接受理案件范围的理由不能成立。”

案例4：蔡浚与蔡润兰及蔡萍、蔡沁财产所有权纠纷再审审查民事裁定书［山西省高级人民法院（2016）晋民申445号］认为，“蔡浚提出，原审法院举证责任分配错误。本案争议宅院房产1951年原始登记簿记载为五人共有，而该房产属于祖产，结合当时蔡家的人口情况，可以认定蔡润兰的母亲为该房产的共有人之一。蔡浚主张1989年该房产使用权证登记的产权人为其父亲蔡昌甫一人，其父亲应当是该房产的所有权人。根据《中华人民共和国物权法》第十七条的规定，不动产权属证书记载的事项与不动产登记簿不一致的，以不动产登记簿为准，但有证据证明不动产登记簿确有错误的除外。据此，原审法院将‘不动产登记簿确有错误’及‘房产如何由五人共有变为蔡昌甫一人所有’的举证责任分配给蔡浚，符合法律规定。蔡浚提出，本案属于土地所有权和使用权争议，应当先由行政部门处理。本案双方对平定县西关大街原109号宅院房产权属产生争议，不属于土地所有权和使用权争议，该争议属于人民法院民事案件的受案范围，当事人可以选择不经过行政部门处理，直接向人民法院提起诉讼。”

案例5：上诉人沈阳市中兴防爆电器总厂有限公司与被上诉人辽宁中兴防爆电器厂、被上诉人李伟所有权确认纠纷二审民事判决书［辽宁省高级人民法院（2016）辽民终234号］认为，“一审法院认为：……关于确认涉案土地使用权份额，是否属于民事案件受理范围的问题。《中华人民共和国土地管理法》第十六条规定：‘土地所有权和使用权争议，由当事人协商解决；协商不成的，由人民政府处理。……当事人对有关人民政府的处理决定不服的，可以自接到处理决定通知之日起三十日内，向人民法院起诉。在土地所有权和使用权争议解决前，任何一方不得改变土地利用现状’，上述法律，适用的前提条件是土地权属不清，而本案土地使用权明确登记在辽宁中兴防爆名下，不属于权属不清的情形，沈阳中兴防爆要求按照出资比例，确定土地使用权份额，属于财产权益纠纷，应由人民法院按照民事案件进行审理，故对辽宁中兴防爆提出关于沈阳中兴防爆违反土地争议行政处理前置程序的规定，属程序违法的抗辩主张，不予支持，本案对此争议依法进行审理。”二审判决驳回上诉，维持原判。

二、认为不能直接提起行政诉讼的案例（案例6—案例14）

案例6：贺军与库尔勒市人民政府、库尔勒市国土资源局其他行政行为纠纷再审审查与审判监督行政裁定书［新疆维吾尔自治区高级人民法院（2017）新行申130号］认为，“从本案原审判决认定的事实上看，第三人巴州金梨公司获取本案十宗土地《国有土地使用证》，系其于1997年依照有关法律、法规和政策的规定向行政主管机关申报，历经行政主管机关分别逐次逐级上报审批。……再审申请人在本案诉讼中诉称自行投入资金自1994年至1996年开垦荒地种植香梨至今已20年，但始终未能提交自己是如何初次取得荒地开垦权与该种植香梨土地使用权应归其享有的相关证据。拥有实际的土地种植权并不等于已依法获取了该国有土地使用权权属，再审申请人在本案诉讼中称自己为该种植土地权益人及合法拥有该种植土地使用权属，虽反映出其有土地使用权属争议，但没有确凿、有效证据予以证实。对土地权属争议，依照《中华人民共和国土地管理法》第十六条规定应当是向人民政府申请确权，走行政诉讼前置程序，一审法院认为该主张不在本案的审理范围之内。未给予审理并无不当，其适用法律正确。”

案例7：李成林与李丛林宅基地使用权纠纷申诉、申请再审民事裁定书［北京市高级人民法院（2017）京民申526号］认为，“根据《中华人民共和国土地管理法》第十六条的规定，土地所有权和使用权争议，由当事人协商解决；协商不成的，由人民政府处理。依据上述法律规定，本案中，李成林要求法院确认涉案宅院南半部分的宅基地使用权归其所有的问题，不属于人民法院审理民事案件处理的范围。关于李成林要求拆除李丛林在涉案宅院南半部分上所修建的房屋问题。该房屋系李丛林在拆除双方继承的原有老房后在原址独自出资所建，且翻建过程李成林也是知情并同意的。另，考虑到该地块《集体土地建设用地使用证》记载的合法使用权人为李丛林，故李成林要求拆除房屋之请求亦缺乏依据。”

案例8：梁新春与迟同和、通化市东昌区金厂镇夹皮沟村村民委员会土地承包经营权纠纷再审民事裁定书［吉林省高级人民法院（2017）吉民再56号］认为，“梁新春诉请迟同和返还其承包的土地，其请求权基础应系享有争议土地承包经营权。现梁新春与迟同和均对争议土地主张承包经营权，均提供了政府相关部门颁发的土地承包证书。故双方当事人争议土地权属不清。依照《中华人民共和国土地管理法》第十六条关于‘土地所有权和使用权争议，由当事人协商解决；协商不成的，由人民政府处理。单位之间的争议，由县级以上人民政府处理；个人之间、个人与单位的争议，由乡级人民政府或县级以上人民政府处理。当事人对有关人民政府处理决定不服的，可以自接到通知之日起三十日内，向人民法院起诉’规定，本案纠纷属于土地所有权和使用权争议，应由人民政府处理，当事人应向有关行政主管部门申请解决。故本案不属于人民法院受理民事诉讼的范围。”

案例9：魏家和与魏兴平宅基地使用权纠纷申诉、申请再审民事裁定书［湖南省高级人民法院（2017）湘民申522号］认为，“魏家和与魏兴平系近邻关系，双方因宅基地使用权而引发纠纷。在一审审理期间，魏兴平认可占用了魏家和的部分土地，对一审判决魏兴平吊脚楼屋外檐滴水至魏兴初屋后坎间的土地（长9.50米，宽3.97米）归魏家和管理使用亦未提出异议，但其对魏家和所主张的宅基地使用权的范围不认可。根据《中华人民共和国土地管理法》第十六条规定：‘土地所有权和使用权争议，由当事人协商解决；协商不成的，由人民政府处理。当事人对有关人民政府的处理决定不服的，可以自接到处理决定通知之日起三十日内，向人民法院起诉。’本案中，魏家和认为魏兴平占用其宅基地使用权面积长20米，宽8.97米，请求予以返还，而对于魏家和所主张上述范围的土地使用权归属问题，魏兴平并不认可，该争议亦未经人民政府处理。申请人主张原审判决存在认定事实的主要证据未经质证与适用法律确有错误，请求被申请人返还土地并赔偿损失。因魏家和与魏兴平提交的土地使用证所记载的住宅界限并不明确，亦无其他证据证明上述住宅的具体界限，且魏家和对其所主张宅基地使用权的具体范围亦未能提供相关有效的证据证实。故魏家和的上述再审申请主张与请求不能成立，本院不予支持。”

案例10：刘晓檬与北京裕顺通房地产开发有限公司物权确认纠纷二审民事裁定书［北京市第三中级人民法院（2016）京03民终11159号］认为，“当事人向人民法院提起民事诉讼，应当属于人民法院受理民事诉讼的范围。本案中，根据双方一审提供的证据和诉辩意见可见，刘晓檬及裕顺通公司均持有《国有土地使用证》，且经生效的行政裁定书查明裕顺通公司目前持有的《国有土地使用证》范围包括刘晓檬取得的《国有土地使用证》范围。故涉诉土地的权利归属尚存在争议。依据《中华人民共和国土地管理法》第十六条第一款的规定：土地所有权和使用权争议，由当事人协商解决；协商不成的，由人民政府处理。因此本案属于应当由其他机关处理的争议，不属于民事诉讼受理范围。”

案例11：韩淑珍与刘存孝所有权确认纠纷二审民事裁定书［北京市第三中级人民法院（2015）三中民终字第08932号］认为，“当事人向人民法院提起民事诉讼，应当属于人民法院受理民事诉讼的范围。诉争房屋的宅基地使用证登记在刘存孝名下，韩淑珍要求确认该宅基地上房屋归其所有，现宅基地使用问题发生争议，应与人民政府相关部门协商或通过其他途径解决。该争议不属于人民法院受理民事诉讼的范围，综上，韩淑珍的上诉主张不能成立，本院不予支持；一审法院裁定驳回韩淑珍的起诉，并无不当，本院予以维持。”

案例 12：黄桂婵与张玉春所有权确认纠纷二审民事裁定书［深圳市中级人民法院（2015）深中法房终字第 1708 号］认为，“在本案中，双方当事人对于涉案的××号房产所在土地原为张玉春母亲冯某某分得的宅基地，以及××号房产的产权原办理在冯某某名下并无争议，本案系因冯某某去世后双方当事人对于××号相关房产的权属产生的争议，并不属于土地管理法第十六条规定的土地所有权和使用权争议，原审依据该条规定认为本案的争议属于人民政府处理的争议，不属于人民法院的民事案件的受案范围，从而驳回黄桂婵的起诉，适用法律不当，应予纠正。综上，黄桂婵的起诉符合民事诉讼法第一百一十九条所规定的起诉条件，属于人民法院的受理范围，依法应予受理。”

案例 13：黄荫明与汤薛某所有权纠纷二审民事裁定书［广州市中级人民法院（2014）穗中法立民终字第 1066 号］认为，“本案为宅基地房屋的权属纠纷。上诉人向原审法院起诉时提交的穗郊建字第 341888 号《农村（墟镇）宅基地使用证》上载明的宅基地使用人为‘汤某’，而上诉人主张上述宅基地上所建房屋只是以被起诉人汤薛某的名义领取宅基地使用权证，请求判决穗郊建字第 341888 号《农村（墟镇）宅基地使用证》所涵盖的位于广州市白云区石井新庄上街×号之一的房产归上诉人所有，被起诉人汤薛某配合上诉人进行相应的产权变更。上诉人的上述主张及请求，显示本案涉及对上述宅基地使用权及宅基地上盖房屋权属的争议。《中华人民共和国土地管理法》第十六条规定：‘土地所有权和使用权争议，由当事人协商解决；协商不成的，由人民政府处理。……当事人对有关人民政府的处理决定不服的，可以自接到处理决定通知之日起三十日内，向人民法院起诉。’据此，本案纠纷应先提交人民政府处理。综上所述，原审裁定对上诉人的起诉不予受理，并无不当，本院予以维持。”

案例 14：张明辉诉长葛市八七居委会、原审原告长葛市人民政府、长葛市国土资源局土地行政登记纠纷二审行政裁定书［许昌市中级人民法院（2015）许行终字第 5 号］认为，“根据《中华人民共和国土地管理法》第十六条第一款‘土地所有权和使用权争议，由当事人协商解决；协商不成的，由人民政府处理’和第三款‘当事人对有关人民政府的处理决定不服的，可以自接到处理决定通知之日起三十日内，向人民法院起诉’的规定，本案中，上诉人张明辉持有长集建（1999）字第99140107017号集体土地建设用地使用证，而被上诉人八七居委会认为该集体土地建设用地使用证所涉土地应属于集体所有，上诉人取得该证未经被上诉人依法报送、审核等程序。同时，原审被告长葛市人民政府、原审被告长葛市国土局均对本案所涉土地使用证的真实性、合法性提出了异议，并同意被上诉人八七居委会撤销本案所涉土地使用权证的诉讼请求。故本案争议应属于土地所有权和使用权争议，应先由人民政府作出处理。当事人对人民政府处理决定不服的，可以自接到处理决定通知之日起三十日内，向人民法院提起诉讼。”

096 土地权属争议能否直接提起民事确权诉讼，是否需政府先行处理*

——对于未登记的土地权属发生争议，不能直接提起民事诉讼请求行使物权权利

《中华人民共和国土地管理法》第十四条第一款规定：“土地所有权和使用权争议，由当事人协商解决；协商不成的，由人民政府处理。”本书《土地登记后能否直接对登记结果提起行政诉讼，是否需政府先行处理》一文对利害关系人能否直接对土地登记结果提起行政诉讼进行了分析。

而当事人对土地权属发生争议时，能否直接提起民事诉讼请求确认物权或行使物权权利？司法实践中，土地登记发证前发生争议，法院认为不能直接提起民事诉讼。

裁判要旨

对于未登记的土地权属发生争议，应由人民政府先行处理，而不能直接提起民事诉讼请求行使物权权利。

---

* 案件来源：抚松县露水河镇清水河村村民委员会物权确认纠纷再审审查民事裁定书［吉林省高级人民法院（2017）吉民申542号］。

案情简介

一、清水河村委会与露水河林业局、抚松县政府对案涉土地所有权和使用权产生争议，案涉土地未登记。

二、清水河村委会向抚松林区法院提起诉讼，认为抚松县政府、露水河林业局侵犯了其土地所有权，请求归还侵占的耕地 82.4 亩。抚松林区法院认为，案涉土地应由有权部门确定权属，待权属确认后再向法院起诉，故裁定不予受理清水河村委会的起诉。

三、清水河村委会不服抚松林区法院裁定，上诉至长春林区中院。长春林区中院裁定驳回上诉，维持原裁定。

四、清水河村委会不服长春林区中院裁定，向吉林高院申请再审。吉林高院裁定驳回再审申请。

裁判要点

法院不予受理清水河村委会起诉的原因在于：

第一，《中华人民共和国土地管理法》规定，“依法登记的土地的所有权和使用权受法律保护，任何单位和个人不得侵犯”。由此可见，土地所有权和使用权依法应当受到保护的前提是“依法登记”，本案争议土地并没有进行依法登记，所以是否被非法侵占，人民法院无法确认。

第二，本案所涉土地存在权属争议，在权属不清且存在争议的情况下，法院无法对抚松县政府、露水河林业局是否存在侵权行为作出裁判。本案审理时有效的《中华人民共和国土地管理法》（2004 年版）第十六条第一款规定：“土地所有权和使用权争议，由当事人协商解决；协商不成的，由人民政府处理。”由该规定可知，对于权属有争议的土地，应当由人民政府先行处理，因此法院依据《中华人民共和国民事诉讼法》第一百二十四条第三项关于“依照法律规定，应当由其他机关处理的争议，告知原告向有关机关申请解决”的规定，裁定不予受理本案。

实务经验总结

前事不忘，后事之师。为避免未来发生类似败诉，提出如下建议：

针对土地权利争议，当事人应区分两种情形采取不同的救济途径：（1）如果土地未登记发证，当事人应先向政府申请对土地权属争议进行处理，再提起民事诉讼或行政诉讼（复议前置）；（2）如果土地已登记发证，当事人可向登记机关申请更正登记，也可向登记机关的上级主管机关提出行政复议或提起行政诉讼请求撤销登记，还可提起民事确权诉讼（但根据相关司法实践的裁判观点，部分法院持不支持可提起民事确权诉讼的观点）。

相关法律规定

《中华人民共和国土地管理法》

第十四条 土地所有权和使用权争议，由当事人协商解决；协商不成的，由人民政府处理。

单位之间的争议，由县级以上人民政府处理；个人之间、个人与单位之间的争议，由乡级人民政府或者县级以上人民政府处理。

当事人对有关人民政府的处理决定不服的，可以自接到处理决定通知之日起三十日内，向人民法院起诉。

在土地所有权和使用权争议解决前，任何一方不得改变土地利用现状。

《中华人民共和国民事诉讼法》

第一百二十四条 人民法院对下列起诉，分别情形，予以处理：

……

（三）依照法律规定，应当由其他机关处理的争议，告知原告向有关机关申请解决；

……

以下为该案在法院审理阶段，裁判文书中“本院认为”部分就该问题的论述：

（一）清水河村委会在本案一审时的诉讼请求为“归还侵占耕地82.4亩，赔偿相应损失”，结合其“事实及理由”部分内容可知，清水河村委会认为二被告侵犯了其土地所有权。《中华人民共和国物权法》第九条第一款规定：“不动产物权的设立、变更、转让和消灭，经依法登记，发生效力；未经登记，不发生效力，但法律另有规定的除外。”第十七条规定：“不动产权属证书是权利人享有该不动产物权的证明。不动产权属证书记载的事项，应当与不动产登记簿一致；记载不一致的，除有证据证明不动产登记簿确有错误外，以不动产登记簿为准。”《中华人民共和国土地管理法》第十一条第一款规定：“农民集体所有的土地，由县级人民政府登记造册，核发证书，确认所有权。”根据上述法律规定，清水河村委会主张二被告侵权，应当以向人民法院出具其对争议土地拥有所有权的权利凭证为请求权基础，否则无法证明其对争议土地享有所有权。在本案一、二审诉讼过程中，清水河村委会并没有出具该权属证明，而且露水河林业局在该争议土地上栽种了树木，主张该土地归其所有，故本案所涉土地存在权属争议，原审法院将本案案由确定为物权纠纷符合客观实际，并无不当。（二）《中华人民共和国土地管理法》第十六条第一款规定："土地所有权和使用权争议，由当事人协商解决；协商不成的，由人民政府处理。"由该规定可知，对于权属有争议的土地，首先应当由人民政府进行处理，所以一、二审法院依据《中华人民共和国民事诉讼法》第一百二十四条第三项关于"依照法律规定，应当由其他机关处理的争议，告知原告向有关机关申请解决"的规定，裁定不予受理本案，并不违反法律程序。（三）本案确实发生在《中华人民共和国土地管理法》生效之后，所以原审法院适用该法第十六条第一款的规定处理本案，适用法律并无错误。该法第十三条同时规定："依法登记的土地的所有权和使用权受法律保护，任何单位和个人不得侵犯。"由此可见，土地依法应当受到保护的前提是"依法登记"，本案争议土地并没有进行依法登记，所以是否被非法侵占，人民法院无法确认。（四）原审法院根据露水河林业局依据《林用地交接协议书》占用争议土地进行栽种树木和清水河村委会提起本案诉讼主张被侵权这两个事实，可以确认本案所涉土地存在权属争议，所以依据《中华人民共和国土地管理法》第十六条第一款的规定裁定不予受理本案，并无不当。至于《林用地交接协议书》的内容是否与国家法律规定相抵触，一、二审法院并没有就此进行评判，而应当由相关国家机关先行处理。（五）如前所述，露水河林业局是否侵犯清水河村委会耕地所有权，要以权利登记为准。在权属不清且存在争议的情况下，人民法院无法对露水河林业局是否存在侵权行为作出裁判。至于被告是否违反刑事法律规定，更不属于人民法院应当审理的民事案件范围，所以原审法院不予受理是正确的。

延伸阅读

关于土地登记发证前发生争议能否直接提起民事诉讼的案例（本书作者检索到的以下案例均认为该情形下不能直接提起民事诉讼）：

案例1：上诉人浙江××开发有限公司与被上诉人温岭市××人民政府、温岭市××门××菜场有限公司、原审第三人温岭市××资源局所有权确认纠纷二审民事裁定书［浙江省高级人民法院（2010）浙民终字第38号］认为，"由于讼争的育英菜场房屋至今尚未办理产权登记，无从知晓该讼争房屋的实际土地使用权人，仅凭各方当事人在诉讼中提供的证据也不能确定讼争房屋的土地使用权人即为金诺××，而本案各方当事人对金诺××通过拍卖受让的土地使用权除了住宅用地外是否还包括（菜场）商业用地存在争议，该争议直接影响到对讼争房屋所有权归属的确定，故本案实为土地使用权争议。根据我国土地管理法第十六条‘土地所有权和使用权争议，由当事人协商解决，协商不成的，由人民政府解决；当事人对有关人民政府的处理决定不服的，可以自接到处理决定通知之日起三十日内，向人民法院起诉’之规定，土地使用权争议应由人民政府进行处理，故本案不属于人民法院受理民事诉讼的范围。原审法院据此并依照民事诉讼法第一百零八条之规定，裁定驳回金诺××的起诉并无不当。”

案例2：唐国华与汝州市水利局、唐永水鱼塘所有权确认纠纷再审民事裁定书［河南省高级人民法院（2010）豫法民提字第3号］认为，“当事人起诉必须属于人民法院受理民事诉讼的范围。本案表面上是鱼塘所有权之争，实质是鱼塘所依存土地的所有权之争。该诉争鱼塘所依存的土地原为农村集体所有，后温泉大队第三生产队将该块土地出让，征地协议约定，该块土地由县水利局和温泉镇公社所有。现汝州市水利局和唐国华均主张通过购买的方式取得了土地所有权，却都没有到土地管理部门办理物权变动的相关手续，导致该纠纷发生。根据《中华人民共和国土地管理法》第十六条第一款‘土地所有权和使用权争议，应当由当事人协商解决；协商不成的，由人民政府处理’的规定，争议双方应到汝州市人民政府申请对该块土地的所有权或使用权进行确认。对政府的确权决定不服，可依法进行行政复议或提起行政诉讼。故汝州市水利局直接提起民事诉讼，诉请人民法院对土地权属径行确权没有法律依据，依法应予驳回；该种争议不属于人民法院民事诉讼的管辖范围，原一、二审对此予以受理并作出判决错误，依法应予撤销。”

案例3：王淑英与永城市第二建筑安装工程公司物权确认纠纷再审民事裁定书［河南省高级人民法院（2015）豫法民提字第00401号］认为，“本案系双方当事人对土地使用权的争议所引发的纠纷，对本案的处理应当以《中华人民共和国土地管理法》为依据。该法第十一条第三款规定，单位和个人依法使用的国有土地，由县级以上人民政府登记造册，核发证书，确认使用权。本案中，永城二建公司自认双方争议地块所在的该宗土地并未办理土地使用权证书，其仅持有土地管理部门颁发的《建设用地批准书》，且双方对涉案土地是划拨土地还是出让土地存在争议，故应认定涉案土地的使用权处于未确定的状态。根据《中华人民共和国土地管理法》第十六条之规定，土地所有权和使用权争议，由当事人协商解决；协商不成的，由人民政府处理。本案所涉土地争议应由当事人协商解决，协商不成则应由人民政府处理，而不应由人民法院受理。”

案例4：哈尔滨市松北区万达养殖场与纪国军、彭玉英排除妨碍纠纷再审民事裁定书［黑龙江省高级人民法院（2017）黑民申114号］认为，“案涉承包合同用地使用权双方有争议，根据《中华人民共和国土地管理法》第十六条的规定，不属于人民法院受案范围。而排除妨碍的主要构成要件是存在妨碍他人行使民事权利或者享有民事权益的状态。在双方案涉承包土地四至有关行政机关未确认之前，是否存在妨碍万达养殖场行使民事权利无法确定。”

案例5：温全娣与李密权物权确认纠纷二审民事裁定书［广州市中级人民法院（2015）穗中法民五终字第4088号］认为，“对于涉案未办理宅基地证的旧房的权属问题。由于该房屋尚未办理宅基地使用权证，权属尚未明。《中华人民共和国土地管理法》第十六条规定，‘土地所有权和使用权争议，由当事人协商解决；协商不成的，由人民政府处理……当事人对有关人民政府的处理决定不服的，可以自接到处理决定通知之日起三十日内，向人民法院起诉。’故此，该间房屋的权属问题不属于法院民事案件的审理范围，温全娣上诉要求对上述宅基地及附着房产直接予以确权的诉请于法相悖，本院不予采纳。”

097 行政登记行为导致房屋和土地登记分离时如何处理*

——行政机关的颁证行为导致土地使用权人与房屋所有权人不一致的，当事人可请求撤销违法的颁证行为

本案例是最高人民法院首席大法官周强亲自审理的案件（裁判文书落款为院长周强），对错误登记行为导致房地登记不一的处理具有重要指导意义。本书作者另检索了房地登记不一的相关司法案例，梳理出相关裁判规则，供读者在该类案件中参考。

裁判要旨

政府颁发国有土地使用证时，颁证行为所依据的权属来源资料有涂改，所盖印章也与当时使用的不符且颁证程序违法的，该颁证行为应予撤销。

---

* 案件来源：张永杰、韩作刚与吕梁市人民政府行政复议申诉行政裁定书［最高人民法院（2014）行监字第356号］。

案情简介

一、韩作刚基于与山西省通信公司文水县分公司签订的《土地使用权出让合同》取得文水县政府核发的《国有土地使用证》，张永杰依据有关宅基地转让协议书在上述土地范围内修建房屋并取得文水县政府颁发的房屋所有权证，上述事实导致房地登记不一。

二、2012年7月，张永杰向吕梁市政府提起行政复议。吕梁市政府认为，韩作刚的土地权属来源是1996年文水县邮电局和土堂村村民委员会签订的征地协议，在文水县通信公司（原文水县邮电局）既未办理有关征地手续，又未申请国有土地使用权设定登记，也未取得《国有土地使用证》的情况下，文水县政府批准转让变更登记，并向韩作刚核发《国有土地使用证》，违反了《土地登记规则》第二十六条、第三十七条的规定。故作出吕府复决字（2012）5号行政复议决定（被诉行政复议决定），撤销文水县政府为韩作刚核发的《国有土地使用证》，责令文水县政府重新作出具体行政行为。

三、韩作刚向吕梁中院起诉，请求：撤销被诉行政复议决定。吕梁中院认为，被诉行政复议决定认定基本事实清楚，程序合法，适用法律正确。故判决：驳回韩作刚的诉讼请求。

四、韩作刚不服，上诉至山西高院。山西高院认为，韩作刚与张永杰的争议实质上是土地权属争议，吕梁市政府应当将土地权属争议与行政争议结合起来综合考虑。故改判：撤销被诉行政复议决定，要求吕梁市政府重新作出行政复议决定。

五、张永杰不服，向最高法院申请再审。最高法院认为，二审判决适用法律错误，应予纠正。故裁定：本案指令山西高院另行组成合议庭进行再审。

六、山西高院再审认为，二审判决已被最高人民法院认定为适用法律错误，应予纠正。故判决：维持吕梁中院一审判决。

裁判要点

最高法院认为应当驳回韩作刚的起诉的原因在于，案涉土地使用证和房屋所有权证的颁发，违背了房地一致原则。吕梁市政府根据张永杰的申请对案涉《国有土地使用证》进行复议时，查明该颁证行为所依据的权属来源资料有涂改，所盖印章也与当时使用的不符且颁证程序违法，据此复议决定撤销该颁证行为，并责令文水县政府在30日内重新作出具体行政行为，符合法律规定。

实务经验总结

前事不忘，后事之师。为避免未来发生类似败诉，提出如下建议：

一、根据《不动产登记暂行条例实施细则》第三十八条的规定，申请国有建设用地使用权转移登记的，应当提交不动产权属证书，买卖、互换、赠与合同，相关税费缴纳凭证等。据此，不动产登记机构在办理国有建设用地使用权转移登记时，应当对申请人提交的上述资料进行核查。在申请人未提供上述资料或者提供虚假资料的情形下，不动产登记机构办理转移登记的，转移登记及颁证行为应当予以撤销。

二、当事人拟受让国有建设用地使用权时，可根据《不动产登记暂行条例实施细则》第九十七条的规定，事先前往不动产登记机构查询不动产登记资料，核查拟受让的国有建设用地使用权的自然状况、权利人及查封、抵押、预告登记、异议登记等状况，确保拟受让的国有建设用地使用权不存在权利瑕疵。

三、根据《中华人民共和国物权法》第十九条的规定，权利人、利害关系人认为不动产登记簿记载的事项错误的，可以申请更正登记。不动产登记簿记载的权利人书面同意更正或者有证据证明登记确有错误的，登记机构应当予以更正。不动产登记簿记载的权利人不同意更正的，利害关系人可以申请异议登记。

相关法律规定

《国家土地管理局土地登记规则》

第二十六条　以出让方式取得国有土地使用权的，受让方应当在按出让合同约定支付全部土地使用权出让金后三十日内，持土地使用权出让合同和土地使用权出让金支付凭证申请国有土地使用权设定登记。

成片开发用地采取一次出让、分期付款、分期提供出让国有土地使用权的，受让方应当在每期付款后三十日内，持土地使用权出让合同和土地使用权出让金支付凭证申请国有土地使用权设定登记。

第三十七条　有下列情形之一的，土地使用权转让双方当事人应当在转让合同或者协议签订后三十日内，涉及房产变更的，在房产变更登记发证后十五日内，持转让合同或者协议、土地税费缴纳证明文件和原土地证书等申请变更登记：

（一）依法转让土地使用权的；

（二）因买卖、转让地上建筑物、附着物等一并转移土地使用权的；

房屋所有权变更而使土地使用权变更的，在申请变更登记时，应当提交变更后的房屋所有权证书。

《中华人民共和国行政复议法》

第二十八条 行政复议机关负责法制工作的机构应当对被申请人作出的具体行政行为进行审查，提出意见，经行政复议机关的负责人同意或者集体讨论通过后，按照下列规定作出行政复议决定：

（一）具体行政行为认定事实清楚，证据确凿，适用依据正确，程序合法，内容适当的，决定维持；

（二）被申请人不履行法定职责的，决定其在一定期限内履行；

（三）具体行政行为有下列情形之一的，决定撤销、变更或者确认该具体行政行为违法；决定撤销或者确认该具体行政行为违法的，可以责令被申请人在一定期限内重新作出具体行政行为：

1. 主要事实不清、证据不足的；
2. 适用依据错误的；
3. 违反法定程序的；
4. 超越或者滥用职权的；
5. 具体行政行为明显不当的。

（四）被申请人不按照本法第二十三条的规定提出书面答复、提交当初作出具体行政行为的证据、依据和其他有关材料的，视为该具体行政行为没有证据、依据，决定撤销该具体行政行为。

行政复议机关责令被申请人重新作出具体行政行为的，被申请人不得以同一的事实和理由作出与原具体行政行为相同或者基本相同的具体行政行为。

以下为该案在法院审理阶段，裁判文书中“本院认为”部分就该问题的论述：

本案再审被申请人韩作刚基于土地使用权出让合同取得文水县政府核发的文国用（2006）字第G0112130002号《国有土地使用证》，再审申请人张永杰依有关宅基地转让协议书在争议土地修建房屋并取得文水县政府颁发的（文）房权证凤城字第010900143号房屋所有权证。上述土地使用证和房屋所有权证的颁发，违背房地一致原则。吕梁市政府根据张永杰申请对文水县政府核发的文国用（2006）字第G0112130002号《国有土地使用证》进行复议时，查明该颁证行为所依据的权属来源资料有涂改，所盖印章也与当时使用的不符且颁证程序违法，据此复议决定撤销该颁证行为，并责令文水县政府在30日内重新作出具体行政行为，并无不当。一审判决驳回韩作刚的诉讼请求，亦符合法律规定。二审判决以韩作刚与张永杰的争议实质上是土地权属争议，吕梁市政府应利用行政复议中止手段，先行解决当事人之间的基础性纠纷为由，撤销一审行政判决及吕梁市政府吕府复决字（2012）5号行政复议决定，要求吕梁市政府重新作出行政复议决定，适用法律错误，应予纠正。本案当事人如果存在土地权属争议，文水县政府可以在综合考虑相关事实证据的基础上，依照《土地管理法》和《土地权属争议调查处理办法》等规定对土地权属争议作出处理决定。

延伸阅读

裁判规则一：土地使用权和地上建筑物、其他附着物所有权分割转让的，应当经市、县人民政府土地管理部门和房产管理部门批准，并依照规定办理过户登记，此时发生房地分离的例外情形。（案例1）

案例1：陈柏彝与陈健珍等知识产权权属纠纷再审知识产权判决书［广东省高级人民法院（2009）粤高法民三提字第6号］认为，“关于本案讼争房屋所有权归属问题。根据1984年《最高人民法院关于贯彻执行民事政策法律若干问题的意见》第六十四条、1990年《中华人民共和国城镇国有土地使用权出让和转让暂行条例》第二十三条、1995年《城市房地产管理法》第三十一条（2007年修正后为第三十二条）、1990年《城市房屋产权产籍管理暂行办法》第三条等的有关规定，房屋所有权和房屋占用范围内的土地使用权权利主体应保持一致，在房地权利发生异动时，我国法律遵循的是‘房随地走’或者‘地随房走’的原则。只有符合《城镇国有土地使用权出让和转让暂行条例》第二十五条规定，即土地使用权和地上建筑物、其他附着物所有权分割转让的，应当经市、县人民政府土地管理部门和房产管理部门批准，并依照规定办理过户登记，此时才发生房地分离的例外情形。”

裁判规则二：“房随地走、地随房走”的统一原则是我国法律规定处理房地关系的规则，但该规则只是法律规定的倡导性规定，并非法律的禁止性规定。（案例2）

案例2：贾汪区大吴街道办事处小吴村村民委员会与李孝民土地租赁合同纠纷再审复查与审判监督民事裁定书［江苏省高级人民法院（2016）苏民申2212号］认为，“本案中，2007年3月，小吴村进行企业改制，李孝民与新星纸业有限公司华泰分公司、小吴村委会签订资产买卖合同一份，约定将新星纸业有限公司华泰分公司的厂房、设备等资产出售给李孝民，并约定所涉土地租赁使用费由李孝民交予小吴村委会。2008年10月7日，李孝民与小吴村委会签订土地租赁合同一份，约定小吴村委会将位于新星纸业有限公司华泰分公司所属范围的土地12677.31平方米（19.035亩）租赁给李孝民使用，并对租金数额、支付方式、违约责任等问题进行了明确约定。首先，‘房随地走，地随房走’的统一原则是我国法律规定处理房地关系的规则，但该规则只是法律规定的倡导性规定，并非法律的禁止性规定。若房产受让人同时为地产的实际权利人的，可以请求将土地使用权变更至其名下。小吴村进行村办集体企业改制时，双方均认可并未转让案涉土地使用权，李孝民未支付案涉土地使用权转让之对价，亦未举证证明其系案涉土地使用权的实际权利人，故李孝民据‘房地一体’原则主张其应取得案涉土地的使用权、小吴村委会无权再行将涉案土地出租于他的主张，与事实不符，本院不予支持。其次，兴办乡镇企业经依法批准可以使用本集体经济组织农民集体所有的土地。新星纸业有限公司华泰分公司系小吴村村办集体企业，案涉土地租赁是因村办集体企业改制情形而设立，虽然涉案土地未办理登记造册手续，但土地管理部门关于大吴镇土地利用总体规划图（2006—2020 年）显示涉案土地为建设用地，确认了涉案土地作为建设用地的事实。据此，一、二审认定涉案土地为建设用地，以本案情形不符合合同无效的条件为由，对李孝民要求确认土地租赁合同无效的主张不予采信，并无不当。”

裁判规则三：未取得房屋所有权的地上建筑物也应遵循房地不能分离的原则。（案例 3）

案例 3：鞍山市百年锻造有限公司与海城市农机修造六厂买卖合同纠纷申请再审民事裁定书［辽宁省高级人民法院（2014）辽审三民提字第 40 号］认为，“对于土地转让条款无效，双方当事人均无异议，本案争议焦点为厂房应否返还以及维修费用的承担问题。依据《中华人民共和国城镇国有土地使用权出让和转让暂行条例》第二十三条、第二十四条规定，房屋与土地使用权在转让过程中不应分离。虽然本案中的房屋是没有取得房屋所有权证的厂房，不具备《中华人民共和国城市房地产管理法》等法律规定的房屋的条件，其性质应认定为地上建筑物，但其仍然是不动产，无法实现房地分离，应当参照相关法律规定处理，判决返还厂房及其价款并无不当。”

裁判规则四：行政机关作出的登记行为、颁证行为致使房地登记分离的，当事人可请求撤销错误的登记行为、颁证行为。（案例 4—案例 8）

案例 4：梅焕清与许昌县人民政府土地登记纠纷二审行政判决书［河南省高级人民法院（2014）豫法行终字第 00176 号］认为，“上诉人于 2002 年 4 月 28 日通过民事执行程序公开拍卖竞得了许昌东方光色玻璃有限责任公司建设在争议土地上的二十八间房屋，并办理了房屋所有权证。2005 年 12 月 31 日，许昌县人民政府依据许昌市公安局用地申请作出被诉批复，将许昌东方光色玻璃有限责任公司 5449 平方米的国有划拨土地使用权，调整划拨给许昌市公安局作为行政办公用地使用，其中包括上诉人房屋占用范围内的土地，造成了房地分离的局面，致使上诉人拥有房屋但没有土地使用权，许昌市公安局拥有土地但不能实际使用。《中华人民共和国城市房地产管理法》第三十二条规定，房地产转让、抵押时，房屋的所有权和该房屋占用范围的土地使用权同时转让、抵押。《中华人民共和国城镇国有土地使用权出让和转让暂行条例》第二十四条规定，地上建筑物、其他附着物的所有权人或者共有人，享有该建筑物、附着物使用范围内的土地使用权。土地使用者转让地上建筑物、其他附着物所有权时，其使用范围内的土地使用权随之转让，但地上建筑物、其他附着物作为动产转让的除外。第四十七条第三款规定，无偿收回划拨土地使用权时，对其地上建筑物、其他附着物，市、县人民政府应当给予相应补偿。许昌县人民政府作出被诉批复时，没有考虑争议土地上房屋产权已经发生变化的实际情况，将包括争议土地在内的全部土地划拨给许昌市公安局使用，不符合上述法律法规的规定，对涉及上诉人房屋占用范围内的土地部分应当予以撤销。上诉人要求撤销被诉批复的部分理由成立，本院予以支持。”

案例 5：遂平县嵖岈山镇常韩村民委员会新村组与遂平县人民政府行政登记纠纷二审行政判决书［河南省高级人民法院（2015）豫法行终字第 00463 号］认为，“根据《中华人民共和国土地管理法》第四十三条第一款规定，村民建设住宅需经依法批准使用本集体经济组织农民集体所有的土地。本案涉及房屋所占土地系新村组集体所有土地，新村组村民可依法取得土地使用权，冯臣并非新村组村民，其未依法取得涉案房屋所占土地的使用权，遂平县人民政府在为冯臣颁发本案被诉房屋所有权证时，未对土地权属情况进行审查，导致房地分离，颁证错误，应予撤销。冯臣出资建造案涉房屋，建房前经批准取得村镇建设规划许可证和村镇建筑许可证，之后多年一直在此实际经营，撤销房产证造成的损失可依法另行主张。因冯臣所持街道建房款是以李效忠名义所交，新村组称一直以为是李效忠所建房屋，不知道房产证办在冯臣名下的理由，本院予以采信。一审判决认定事实清楚，适用法律错误，本院依法予以纠正。”

案例 6：青岛新兴集团公司与青岛市国土资源和房屋管理局、青岛海利丰足球俱乐部有限公司房产行政登记案审判监督行政判决书［山东省高级人民法院（2015）鲁行再字第 2 号］认为，“关于本案被诉登记行为是否合法正确的问题。本案被诉登记行为作出于 2002 年 5 月 8 日，根据当时有效的《城市房屋权属登记管理办法》第十六条第一款的规定，登记机关应当对登记申请人提供的材料进行审核，其中‘用地证明文件或者土地使用权证、建设用地规划许可证、建设工程规划许可证、施工许可证、房屋竣工验收资料以及其他有关的证明文件’是申请人应当提供的必要材料。而本案中青岛市人民政府以青政地字〔2000〕40号文件的形式已经将涉案房产项下土地划拨给新兴集团使用，海利丰公司向房管局提供的用以证明新兴集团同意将涉案房产登记在其名下的‘书函’中有关意思表示并不明确，且经一审法院委托的鉴定机构鉴定，该书函上加盖的‘青岛新兴集团公司’印文与新兴集团单位公章不一致。即海利丰公司申请房产登记所提供的用地证明文件不符合上述有关法律规定，且客观上造成了房地不一致的情况。因此原一审法院以房管局为海利丰公司办理涉案房屋的房产行政登记行为所依据的证据不足，予以撤销，二审法院判决予以维持，并无不当。”

案例7：乌鲁木齐迪城公司诉乌鲁木齐市人民政府，第三人新疆青建公司不服土地行政登记一案二审行政判决书［新疆维吾尔自治区高级人民法院（2014）新行终字第32号］认为，“2008年5月30日，乌鲁木齐市中级人民法院作出终审判决，将位于涉案宗地上的6栋房屋（建筑面积合计600平方米）所有权确权给了迪城公司。2009年4月22日，乌鲁木齐市房产管理局向迪城公司颁发了上述房屋所有权证。但迪城公司与新疆新通集团公司破产清算组、新疆新通集团公司劳动服务公司发生争议提起诉讼，则早在2007年6月就发生了。乌鲁木齐市政府向新疆青建公司核发乌国用（2009）0026430号《国有土地使用权证》的时间为2009年11月27日，之前的5月8日，自治区国有资产监督委员会建议乌鲁木齐市国土资源局协调办理原新通集团公司9宗合计约698683.3平方米国有划拨土地协议出让手续。上述时间节点发生的事实，充分证明新疆青建公司在取得涉案宗地的土地使用权时，迪城公司已经拥有该宗土地上的部分房屋的所有权。而乌鲁木齐市政府在给青建公司出让该宗土地时，11月12日，《地籍调查表（初始）》写明地籍号为02-002-00440，调查员意见为经查该宗地四至界限清楚无争议，却忽视了涉案宗地上的房屋所有权人与土地使用权人并不一致的事实，既不符合产权明晰、无争议的办证原则，也未尽到充分的审查义务，由此才造成双方当事人争议不断、诉讼不断。同时，自治区人民政府新政复意（2011）1号行政复议意见书专门写明，土地登记以形式审查为基本原则，但在必要时，应当进行实地查看，且不能流于形式。显然，行政复议机关认为《地籍调查表（初始）》中所写‘四至界限清楚无争议’的事实，实际上是缺少实地查看、核对的程序。因此，原审法院认定乌鲁木齐市政府颁发国有土地使用证的行为违反法定程序事实清楚，应当予以维持。”

案例8：陈珊珊、陈珊妮、詹彩云、詹彩霞与电白县国土资源局土地行政登记纠纷二审行政判决书［茂名市中级人民法院（2014）茂中法行终字第50号］认为，“地上建有房屋的国有土地使用权转让依法实行‘地随房走’的原则，其法定行政程序为办理房屋所有权变更登记发证后才进行土地使用权变更登记。本案涉案土地上已建有房屋，于1998年4月9日由电白县树仔粮食管理所领取了《房屋所有权证》。电白国土局于2009年4月23日向宏博公司核发电国用（2009）第00438号《国有土地使用证》时，涉案土地上的房屋产权未进行权属变更登记，其权属仍登记在电白县树仔粮食管理所的名下。电白国土局在作出被诉具体行政行为时对地上已有建筑物的事实不予查清确认，并在房屋所有权未依法变更登记时就单独就房屋所涉的土地使用权进行变更登记，导致了房屋所有权人与土地使用权人不一致，违反了上述法律和规章的规定，该发证行为应属主要事实不清，证据不足，且违反法定程序。……电白国土局在申请土地登记人未依法提交'地籍调查表'和'地上附着物权属证明'的情况下，对申请人提交的登记材料是否齐全及是否符合法定形式不予审查和确认，就办理了土地使用权变更登记，其行为显然未尽审慎审查义务，所颁发的电国用（2009）第00438号《国有土地使用证》程序亦属违法。上诉人陈珊珊等四人据此请求撤销被诉具体行政行为具有事实和法律依据，本院应予支持。"

098 土地使用权人能否对发改委的棚户区改造项目批复提起行政诉讼*

——发展改革部门作出的棚户区改造项目可行性研究报告行政批复是行政机关的内部行为，不具有可诉性

棚户区改造过程中，部分土地使用权人和房屋所有权人为最大可能地保护自身利益，或出于不配合征地拆迁的目的，在发展改革部门作出棚户区改造项目批复后即对该批复提起行政诉讼，该类诉讼是否属于行政诉讼的受案范围？最高法院认为，发展改革部门作出的项目批复未对当事人的权利义务产生实际影响，因而不属于行政诉讼的受案范围。

* 案件来源：王蕊霞、康乐县人民政府城建行政批复及行政复议决定纠纷再审审查与审判监督行政裁定书［最高人民法院（2017）最高法行申2083号］。

裁判要旨

发展改革部门作出的棚户区改造项目可行性研究报告行政批复是行政机关的内部行为，该行政批复不直接改变棚户区内的土地使用权人和房屋所有权人对土地及房屋所享有的权利和承担的义务，也不会对其权利义务产生实际影响，因而不具有可诉性。

案情简介

一、2015年，临夏州发改委作出《关于康乐县环城北路棚户区改造项目A区可行性研究报告的批复》(以下简称《批复A》)和《关于康乐县环城北路棚户区改造项目B区可行性研究报告的批复》(以下简称《批复B》)。

二、王蕊霞向兰州铁路运输中院提起诉讼，请求判决《批复A》和《批复B》违法，并予以撤销。兰州铁路运输中院认为，《批复A》和《批复B》尚未对王蕊霞的合法权益产生实际影响，故裁定：驳回王蕊霞的起诉。

三、王蕊霞不服，上诉至甘肃高院。甘肃高院裁定：驳回上诉，维持原裁定。

四、王蕊霞仍不服，向最高法院申请再审，主张可行性研究报告批复与王蕊霞有直接的利害关系，可行性研究报告批复实施后，对王蕊霞产生直接的、必然的影响。若无可行性研究报告批复，则不会产生任何征收、城建、土地规划等相关实体文件，王蕊霞的房屋和土地将不会被征收。最高法院裁定：驳回王蕊霞的再审申请。

裁判要点

法院驳回王蕊霞起诉的原因在于，临夏州发改委作出的《批复A》和《批复B》，是临夏州发改委应康乐县发改局申请，按照《甘肃省政府投资项目管理办法》规定，针对康乐县环城北路棚户区改造项目可行性研究报告作出的行政批复。该可行性研究报告批复是行政机关的内部行为，不直接改变王蕊霞对案涉房屋及土地所享有的权利和承担的义务，该行为也不会对其权利义务产生实际影响。根据当时有效的《最高人民法院关于执行〈中华人民共和国行政诉讼法〉若干问题的解释》第一条第二款第六项的规定，对公民、法人或者其他组织权利义务不产生实际影响的行为不服提起诉讼，不属于人民法院行政诉讼的受案范围。据此，法院驳回了王蕊霞的起诉。

实务经验总结

前事不忘，后事之师。为避免未来发生类似败诉，提出如下建议：

棚户区内的土地使用权人和房屋所有权人如对政府的相关征收事宜不服，应当待政府发布正式征收决定后针对该决定提起行政诉讼，而非直接针对发改委作出的棚户区改造项目审批行为提起行政诉讼。

相关法律规定

《中华人民共和国行政诉讼法》

第二十五条第一款　行政行为的相对人以及其他与行政行为有利害关系的公民、法人或者其他组织，有权提起诉讼。

《最高人民法院关于适用〈中华人民共和国行政诉讼法〉的解释》

第六十九条　有下列情形之一，已经立案的，应当裁定驳回起诉：

（一）不符合行政诉讼法第四十九条规定的；

（二）超过法定起诉期限且无行政诉讼法第四十八条规定情形的；

（三）错列被告且拒绝变更的；

（四）未按照法律规定由法定代理人、指定代理人、代表人为诉讼行为的；

（五）未按照法律、法规规定先向行政机关申请复议的；

（六）重复起诉的；

（七）撤回起诉后无正当理由再行起诉的；

（八）行政行为对其合法权益明显不产生实际影响的；

（九）诉讼标的已为生效裁判或者调解书所羁束的；

（十）其他不符合法定起诉条件的情形。

前款所列情形可以补正或者更正的，人民法院应当指定期间责令补正或者更正；在指定期间已经补正或者更正的，应当依法审理。

人民法院经过阅卷、调查或者询问当事人，认为不需要开庭审理的，可以迳行裁定驳回起诉。

以下为该案在法院审理阶段，裁判文书中“本院认为”部分就该问题的论述：

经审查，临夏州发改委于2015年12月18日作出的《批复A》和《批复B》，是临夏州发改委应康乐县发改局申请，按照《甘肃省政府投资项目管理办法》规定，针对康乐县环城北路棚户区改造项目可行性研究报告作出的行政批复。可行性研究报告批复是行政机关的内部行为。该行政批复不直接改变起诉人对案涉房屋及土地所享有的权利和承担的义务，仅该行为也不会对其权利义务产生实际影响，因而不具有可诉性，故原审裁定适用本院《关于执行〈中华人民共和国行政诉讼法〉若干问题的解释》第一条第二款第六项的规定，并无不当。王蕊霞还称，其为该行政批复的行政相对人，并与该行政批复有法律上利害关系。行政诉讼法第二十五条及本院《关于执行〈中华人民共和国行政诉讼法〉若干问题的解释》第十二条对行政诉讼原告资格作出了规定。上述规定属于行政诉讼法第四十九条规定的行政诉讼起诉条件的具体内容。本案要解决的问题是该条第四项即起诉人提起的诉讼是否“属于人民法院受案范围”，而非该条第一项关于原告资格规定的适用问题。王蕊霞有关原告资格的主张不影响原审裁定关于本案被诉行政行为不具有可诉性的认定，其理由不成立。

延伸阅读

裁判规则：建设项目涉及的土地使用权人或房屋所有权人与发展改革部门对项目的审批行为不具有利害关系，因而不具有提起行政诉讼的原告主体资格。

案例1：刘广明与张家港市人民政府行政复议案再审行政裁定书［最高人民法院（2017）最高法行申169号］认为，“就本案而言，根据《国务院关于投资体制改革的决定》（国发〔2004〕20号）、《中央预算内直接投资项目管理办法》、《政府核准投资项目管理办法》、《江苏省企业投资项目备案暂行办法》等规定，发展改革部门对政府投资项目的审批行为和企业投资项目的核准和备案行为，主要是从维护经济安全、合理开发利用资源、保护生态环境、优化重大布局、保障公共利益、防止出现垄断等方面，判断某一项目是否应予审批、核准或备案（以下统称项目审批行为）。考察上述一系列规定，并无任何条文要求发展改革部门必须保护或者考量项目用地范围内的土地使用权人权益保障问题，相关立法宗旨也不可能要求必须考虑类似于刘广明等个别人的土地承包经营权的保障问题。发展改革部门在作出项目审批行为时，也就无需审查项目用地范围内的征地拆迁、补偿安置等事宜，无需考虑项目用地范围内单个土地、房屋等权利人的土地使用权和房屋所有权的保护问题。因此，项目建设涉及的土地使用权人或房屋所有权人与项目审批行为不具有利害关系，也不具有行政法上的权利义务关系，其以项目审批行为侵犯其土地使用权或者房屋所有权为由，申请行政复议或者提起行政诉讼，并不具有申请人或者原告主体资格。具体到本案中，张家港市发改委作出823号通知即使涉及刘广明依法使用的土地，刘广明也不能仅以影响其土地承包经营权为由申请行政复议。张家港市政府以再审申请人的行政复议申请不符合《实施条例》第二十八条第二项的规定为由，作出驳回其申请之决定，符合法律规定。一、二审法院判决并无不当。再审申请人刘广明如认为项目建设过程中行政机关的土地征收与补偿等行为侵犯其合法权益，应当通过其他法定途径解决。”

案例 2：邹秀兰诉兰州市发改委行政批复案二审行政裁定书［甘肃省高级人民法院（2017）甘行终 7 号］认为，“《最高人民法院关于适用〈中华人民共和国行政诉讼法〉若干问题的解释》第三条第一款第（八）项规定，行政行为对其合法权益明显不产生实际影响的，已经立案的，应当裁定驳回起诉。本案中，邹秀兰诉请撤销的兰州市发改委作出的《关于兰州兰石集团有限公司棚户区改造项目（一期）可行性研究报告的批复》，并非针对上诉人作出，仅是针对兰石集团有限公司区域内的棚户区改造项目的建设规模、投资估算、资金来源作出的审批，并未对上诉人邹秀兰的合法权益产生直接和实际的影响，故对其起诉应予驳回。上诉人邹秀兰认为房屋被强制拆除，可以采取其他的救济途径予以解决。综上，一审裁定结果正确，应予维持。”

案例 3：丁淑娟诉南昌市发展和改革委员会批复案再审审查与审判监督行政裁定书［江西省高级人民法院（2016）赣行申 70 号］认为，“本案中的《关于十字街二期旧城（棚户区）改造项目开展前期工作的批复》，系南昌市发展和改革委员会针对南昌市西湖区发展和改革委员会关于十字街二期旧城（棚户区）改造项目开展前期工作的申请作出的内部批复，该批复同意的是南昌市西湖区发展和改革委员会开展改造项目的前期工作，要求南昌市西湖区发展和改革委员会完善规划、用地、环评审批等项目前期手续，属于上下级行政机关之间的内部行为，该内部批复对丁淑娟的合法权益并不产生实际影响。根据《最高人民法院关于适用〈中华人民共和国行政诉讼法〉若干问题的解释》第三条第一款第（八）项关于‘有下列情形之一，已经立案的，应当裁定驳回起诉：……（八）行政行为对其合法权益明显不产生实际影响的’的规定，原审裁定驳回丁淑娟的起诉，并无不当。”

099 政府会议纪要是否具有可诉性*

——政府作出的关于划转土地的会议纪要不属于对外的行政行为，不具有可诉性

会议纪要是政府机关一种常见的公文，在行政案件中，政府会议纪要是否属于具体行政行为，是否可针对其提起行政诉讼？在民事案件中，政府主持各方当事人形成的会议纪要是否属于民事合同，当事人是否可据此提起民事诉讼？本文梳理了最高法院相关案例及裁判规则，供读者在该类案件中参考。

裁判要旨

政府会议纪要是摘要记载会议情况和议定事项的内部文件，不属于对外的行政行为，故政府会议纪要不具有可诉性。

案情简介

一、2009 年，经三亚市国资委批准，三亚江南学校与三亚市国有资产管理公司签订租赁协议，约定江南学校承租案涉土地使用权。

二、2012 年，三亚市人民政府作出第 284 期《研究将崖城糖厂 51 亩工业用地划转给三亚大小洞天公司问题》专题会议纪要（以下简称“第 284 期会议纪要”），纪要内容为：市政府原则同意将案涉土地使用权划转给三亚大小洞天发展有限公司作为市国资委对其增加的资本金。

三、2013 年，三亚市国有资产管理公司向三亚江南学校发出《关于原崖城糖厂生产区土地资产移交等有关情况的通知函》，通知三亚江南学校终止 2009 年双方签订的租赁协议，收回全部出租的土地及房产。

四、三亚江南学校向法院提起行政诉讼，请求确认三亚市人民政府于 2012 年作出的第 284 期会议纪要将案涉划拨土地使用权划转给三亚大小洞天发展有限公司的具体行政行为违法。原审法院未支持其诉求。

五、三亚江南学校不服，向最高法院申请再审，请求改判确认第 284 期会议纪

---

* 案件来源：三亚江南学校与三亚市人民政府行政确认纠纷申诉行政裁定书［最高人民法院（2015）行监字第 732 号］。

要违法。最高法院认为，政府会议纪要不属于对外的行政行为，裁定驳回三亚江南学校的再审申请。

裁判要点

三亚江南学校败诉的原因在于：

政府会议纪要是摘要记载会议情况和议定事项的内部文件，不属于对外的行政行为。政府会议纪要议定事项涉及公民、法人或者其他组织权利义务的，只有在相关部门依据法律规定制作行政许可或行政处罚等行政执法文书后，政府会议纪要才转化为行政行为。本案中，三亚市政府作出第284期会议纪要并不是具体行政行为，故三亚江南学校无权对该会议纪要提起行政诉讼。而且最高法院认为，三亚江南学校如认为案涉土地使用权权属发生变更影响其权益，可通过民事诉讼就其与三亚市国有资产管理公司订立的租赁协议主张民事赔偿。

实务经验总结

前事不忘，后事之师。为避免未来发生类似败诉，提出如下建议：

一、在行政关系中，政府会议纪要议定事项涉及当事人权利义务的，当事人可与相关政府部门协商，促使政府部门尽快作出行政执法文书，形成真实可靠的具体行政行为，以保障自身权益。

二、根据《中华人民共和国行政诉讼法》第十二条的规定，行政诉讼的受案范围包括：（1）对行政拘留、暂扣或者吊销许可证和执照、责令停产停业、没收违法所得、没收非法财物、罚款、警告等行政处罚不服的；（2）对限制人身自由或者对财产的查封、扣押、冻结等行政强制措施和行政强制执行不服的；（3）申请行政许可，行政机关拒绝或者在法定期限内不予答复，或者对行政机关作出的有关行政许可的其他决定不服的；（4）对行政机关作出的关于确认土地、矿藏、水流、森林、山岭、草原、荒地、滩涂、海域等自然资源的所有权或者使用权的决定不服的；（5）对征收、征用决定及其补偿决定不服的；（6）申请行政机关履行保护人身权、财产权等合法权益的法定职责，行政机关拒绝履行或者不予答复的；（7）认为行政机关侵犯其经营自主权或者农村土地承包经营权、农村土地经营权的；（8）认为行政机关滥用行政权力排除或者限制竞争的；（9）认为行政机关违法集资、摊派费用或者违法要求履行其他义务的；（10）认为行政机关没有依法支付抚恤金、最低生活保障待遇或者社会保险待遇的；（11）认为行政机关不依法履行、未按照约定履行或者违法变更、解除政府特许经营协议、土地房屋征收补偿协议等协议的；（12）认为行政机关侵犯其他人身权、财产权等合法权益的；（13）法律、法规规定可以提起诉讼的其他行政案件。

相关法律规定

《中华人民共和国行政诉讼法》

第四十九条 提起诉讼应当符合下列条件：

（一）原告是符合本法第二十五条规定的公民、法人或者其他组织；

（二）有明确的被告；

（三）有具体的诉讼请求和事实根据；

（四）属于人民法院受案范围和受诉人民法院管辖。

以下为该案在最高法院审理阶段，裁判文书中“本院认为”部分就该问题的论述：

政府会议纪要是摘要记载会议情况和议定事项的内部文件，不属于对外的行政行为。会议议定事项涉及公民、法人或者其他组织权利义务的，应当由相关职能部门依据法律规定制作行政许可或行政处罚等行政执法文书，将政府决策转化为行政行为。本案中，三亚市政府作出将本案所涉51亩工业用地划转到大小洞天公司名下作价入股的决策并不是具体行政行为，实际对外发生法律效力的是由三亚市国资委作出的《关于将崖城糖厂51亩工业用地划转给三亚大小洞天公司的批复》。三亚江南学校如认为本案所涉土地使用权属发生变更影响其权益，亦可通过民事诉讼就其与三亚市国有资产管理公司所订立的不定期场地厂房租赁协议主张民事赔偿，依法实现其民事权利。另外，根据原国家土地管理局于1998年2月17日发布的《国有企业改革中划拨土地使用权管理暂行规定》第二条关于“国有企业实行公司制改造、组建企业集团、股份合作制改组、租赁经营和出售、兼并、合并、破产等改革，涉及的划拨土地使用权管理，应当遵守本规定”以及第三条第二款关于“对国有企业改革中涉及的划拨土地使用权，根据企业改革的不同形式和具体情况，可分别采取国有土地使用权出让、国有土地租赁、国家以土地使用权作价出资（入股）和保留划拨用地方式予以处置”的规定，三亚市国资委以土地使用权作价出资处置划拨用地具有法律依据。在实际操作上，因新城市规划将本案所涉工业用地调整为商服用地，土地区位功能发生变化可在未来实现地价增值，故在新城市规划批准实施后再按新土地性质启动价格评估，更有利于增加三亚市国资委对大小洞天公司以土地使用权作价入股所持股权比例、实现国有资产保值增值，这一方式并非自始无偿地将土地使用权划拨给大小洞天公司使用。

延伸阅读

一、关于政府会议纪要在行政法律关系中是否具有可诉性的案例

裁判规则一：判断会议纪要是否属于行政诉讼的受案范围的标准是该会议纪要是否对行政管理相对人的权利和义务产生直接影响。

案例1：阎玉果诉山东省潍坊市人民政府会议纪要案再审行政裁定书［最高人民法院（2016）最高法行申2986号］认为，“会议纪要作为行政机关用于记载和传达有关会议情况和议定事项的内部公文，通常不对行政相对人的权利和义务产生直接影响。只有在其转化为对外发生效力的行政行为时，才具有法律上的强制执行力。判断会议纪要是否属于行政诉讼的受案范围，主要审查其是否对行政管理相对人的权利和义务产生直接影响。案涉《会议纪要》是由潍坊市政府组织市建设局、市规划与国土资源局、市交通局、市财政局等部门，针对高新区提出关于健康东街的拓宽改造方案而作出的内部决定。潍坊市建设局向高新区建设局颁发该项目《房屋拆迁许可证》，并由高新区建设局对案涉地块的建筑物和构筑物实施了拆迁行为，因此，影响阎玉果权利义务的，并非案涉会议纪要，而是高新区建设局的拆迁行为，原审认为阎玉果的请求事项不属于人民法院行政诉讼受案范围并裁定驳回起诉，认定事实清楚，适用法律正确。”

裁判规则二：具有行政强制执行力的政府会议纪要是可诉的具体行政行为。

案例2：吉德仁等诉盐城市人民政府行政决定案二审行政判决书［江苏省高级人民法院（2003）苏行终字第025号，载《最高人民法院公报》2003年第4期（总第84期）］认为，“所谓行政指导行为，是指行政机关在进行行政管理的过程中，所作出的具有咨询、建议、训导等性质的行为，不具有行政强制执行力。而被上诉人盐城市人民政府《会议纪要》中有关公交车辆在规划区免交规费的规定，是明确要求必须执行的，因此，盐城市人民政府认为该行为属行政指导行为没有法律依据。该项免交规费的规定，是针对公交总公司这一特定的主体并就特定的事项即公交总公司在规划区内开通的线路是否要缴纳交通规费所作出的决定，《会议纪要》的上述内容实际上已直接给予了公交总公司在规划区内免交交通规费的利益，不应认定为抽象行政行为。同时，由于该《会议纪要》是赋予一方当事人权利的行为，公交总公司作为受益人也参加了会议，因此《会议纪要》虽未向利益相对方直接送达，但《会议纪要》的相关内容在其后已经得到执行，城区交通局已将无法对公交

总公司进行行政管理的原因及《会议纪要》的内容书面告知了吉德仁等人，因此应当认定盐城市政府在《会议纪要》中作出的有关公交车辆在规划区免征规费的行为是一种可诉的具体行政行为。”

二、关于政府会议纪要在民事法律关系中是否具有可诉性的案例

裁判规则三：政府会议纪要不同于当事人之间设立法律关系的协议书，但会议纪要能够反映出参会的主观态度和意见，是判断当事人在诉争问题上是否达成一致的重要考证。

案例3：中国银行股份有限公司十堰分行、中国银行股份有限公司湖北省分行与十堰荣华东风汽车专营有限公司金融借款合同纠纷二审民事判决书［最高人民法院（2013）民二终字第4号］认为，“对于上述11号会议纪要，中行十堰分行确认其真实性、合法性，但对关联性提出异议，认为会议纪要不同于当事人设立法律关系的协议书，不能代表中行十堰分行的意思表示，不能证明荣华公司是应中行要求垫资，中行十堰分行不应承担向荣华公司偿还垫付资金的义务；对于20号会议纪要，中行十堰分行称该纪要形成于会议之后十个月，内容是虚假的。对于中行十堰分行的质证意见，本院认为，政府会议纪要作为政府记载、传达会议情况的公文，确如中行十堰分行所称，不同于当事人之间设立法律关系的协议书，但会议纪要作为对会议所议定事项的概要纪实，能够反映出参会各方对于议定事项的主观态度和意见，该主观态度和意见是判断当事人在诉争问题上是否达成一致的重要考证。从中行十堰分行的质证意见看，中行十堰分行并未对会议纪要关于荣华公司为解决票据违规事件、维护十堰信用环境作出巨大贡献的记载提出异议，亦未否认荣华公司筹集资金先行垫交中行十堰分行用于解决票据违规事件的事实。同时，上述事实亦能够从2010年12月20日十堰市金融办在中行十堰分行《关于我行近期化解荣华公司不良债务有关情况报告》上关于‘荣华公司在当年的风险化解上作出了实质性贡献’的批示得到印证。因此，从上述事实和证据之间的关联性分析，原审法院关于荣华公司垫付资金5858万元用于帮助中行十堰分行解决票据违规事件的认定有事实依据，并无不当。而本案当事人争议的焦点是，荣华公司主张上述款项是为中行十堰分行垫资，其与中行十堰分行形成借款法律关系；中行十堰分行抗辩主张荣华公司不是为其垫资，而是为汇启公司等案外人垫资，荣华公司与汇启公司等案外人形成借款法律关系。……综合分析上述事实和证据之间的关联性，本院认为，荣华公司为中行十堰分行的垫资行为，使得双方形成事实上的借款法律关系，荣华公司由此受到的损失应当由中行十堰分行承担返还垫资款本金和利息的责任。原审法院对此认定正确，应予维持。中行十堰分行上诉所称其未与荣华公司形成借款法

律关系，不应承担案涉款项归还责任的理由，与本案查明的事实不符，本院不予支持。”

裁判规则四：双方当事人明确表示同意政府主持达成的会议纪要的，该会议纪要对双方均有约束力。

案例4：泛华工程有限公司西南公司与重庆新型建筑材料开发公司、重庆市土地房屋管理局土地使用权纠纷二审民事判决书［最高人民法院（1998）民终字第28号］认为，“重庆新材司受让土地使用权后，对土地进行了投入。后重庆市国土局将该地块土地使用权收回，重新出让给了泛华西南公司，泛华西南公司享用了重庆新材司在该地块上的投入，应当对其投入予以补偿。重庆新材司和泛华公司对经市开发办和市房管局审查核实的该土地前期开发成本1500万元，均明确表示同意。依此形成的由重庆市政府主持达成的会议纪要，是双方一致的意思表示，对双方均有约束力，双方应当遵守。泛华西南公司是泛华工程有限公司为在重庆市进行房地产开发而设立的公司，承接了泛华工程有限公司依协调会取得的项目开发权利，亦应承担向重庆新材司支付成本费的义务。原审法院经传票传唤，泛华西南公司无正当理由拒不到庭，原审法院缺席审理，符合法律规定。原审判决认定事实清楚，适用法律正确，依法应予维持。上诉人没有充分的证据足以推翻原审判决，上诉请求理据不足，不予支持。”

图书在版编目（CIP）数据

国有土地使用权案件胜诉实战指南：典型案件办案思路和实务要点详解/唐青林，李舒，杨巍编著．—北京：中国法制出版社，2019.12

ISBN 978-7-5216-0599-0

Ⅰ.①国… Ⅱ.①唐…②李…③杨… Ⅲ.①国有土地—土地使用权—案例—中国 Ⅳ.①D922.335

中国版本图书馆 CIP 数据核字（2019）第 226049 号

策划编辑 袁笋冰　　责任编辑 李璞娜　　封面设计 杨泽江

国有土地使用权案件胜诉实战指南：典型案件办案思路和实务要点详解

GUOYOU TUDI SHIYONGQUAN ANJIAN SHENGSU SHIZHAN ZHINAN：
DIANXING ANJIAN BAN'AN SILU HE SHIWU YAODIAN XIANGJIE

编著/唐青林，李舒，杨巍
经销/新华书店
印刷/三河市国英印务有限公司
开本/710 毫米×1000 毫米 16 开　　印张/36.75 字数/677 千
版次/2019 年 12 月第 1 版　　2019 年 12 月第 1 次印刷

中国法制出版社出版
书号 ISBN 978-7-5216-0599-0　　定价：149.00 元

北京西单横二条 2 号　　值班电话：010-66026508
邮政编码 100031　　传真：010-66031119
网址：http://www.zgfzs.com　　**编辑部电话：010-66066627**
市场营销部电话：010-66033393　　**邮购部电话：010-66033288**

（如有印装质量问题，请与本社印务部联系调换。电话：010-66032926）